环境遥感叙词表

杨 芬 主编

科学出版社

北 京

内 容 简 介

《环境遥感叙词表》是一部环境科学、遥感科学、地理信息科学方面的专业性主题检索工具书,不仅涵盖了环境科学、遥感科学、地理信息科学等多学科交叉领域的核心术语,还涉及其相关学科中的关键概念,旨在构建一个清晰、易于理解且具有一致性的专业语言体系,为学术研究、技术交流及项目实施提供有效支撑。本书包括主表、范畴索引、词族索引、英汉对照索引及各部分使用说明等。

本书适合于广大环境科学、遥感、地理信息系统(GIS)、导航与定位等领域的科研人员、教学人员、工程师以及技术工作者提供标准化的词汇和概念参照。

图书在版编目(CIP)数据

环境遥感叙词表 / 杨芬主编 . –– 北京:科学出版社,2025. 3.
ISBN 978-7-03-081142-4

Ⅰ. G254. 243

中国国家版本馆 CIP 数据核字第 20250GV667 号

责任编辑:刘 超 / 责任校对:樊雅琼
责任印制:徐晓晨 / 封面设计:无极书装

科 学 出 版 社 出版
北京东黄城根北街 16 号
邮政编码:100717
http://www.sciencep.com

北京中科印刷有限公司印刷
科学出版社发行 各地新华书店经销
*
2025 年 3 月第 一 版 开本:787×1092 1/16
2025 年 3 月第一次印刷 印张:49
字数:600 000
定价:255.00 元
(如有印装质量问题,我社负责调换)

| 目　　录 |

编制和使用说明

《环境遥感叙词表》是一本系统性汇编对地观测领域相关术语的专业工具书，旨在为从事对地观测、遥感、地理信息系统（GIS）、导航与定位、环境科学等领域的科研人员、工程师，以及技术从业者提供标准化的词汇和概念参照。本书不仅涵盖了对地观测领域的核心术语，还涉及其相关学科中的关键概念，旨在构建一个清晰、易于理解且具有一致性的专业语言体系，为学术研究、技术交流及项目实施提供有效支撑。

一、体 系 结 构

本词表由主表、主表索引两部分组成。主表共收录叙词 10 000 条。

1. 主表

主表是本词表的主要组成部分。主表按照叙词的领域分成了五个部分，分别为环境科学叙词表、遥感科学叙词表、地理信息科学叙词表、导航技术叙词表、通信技术叙词表。各领域内的叙词全部按照汉语拼音声叙依次排列，同一汉字起首的叙词可在主表中集中反应，既有利于查找所需叙词，也便于用来组织主题索引和目录。主表中每个叙词都附有范畴号（用 [ ] 表示）和英文译名。多数叙词款目还包含 Y（用）、D（代）、F（分）、S（属）、C（参）五种语义参照项。

用代关系表示正式词与非正式词之间的同义或近义关系，目的在于保证标引一致性和文献的查全率。含 D 项的为正式词，含 Y 项的为非正式词。

属分关系表示同族叙词间最邻近的上下级关系。是标引和查阅文献的补充途径。含有 F 项的叙词，是 F 所指引词的上位词（又称广义词），含有 S 项的叙词，是 S 所指引词的下位词（又称狭义词）。主表收录的叙词款目中，有的只有分（F）项，有的只有属（S）项。

相关关系，及参（C）项，指那些彼此间关系密切但不具备属分关系的叙词，有助于理解词义，扩大检索途径。

附：叙词款目图解说明

汉语拼音	di yi shu ju kuai	
款目叙词	第一数据块 ［0202C］	范畴号
英文译名	First Data Block	
代项符号	D 时钟数据块	非正式词
分项符号	F 星期数	下位词

用户测距精度		下位词
卫星健康状况		下位词
时钟校正参数		下位词
群波延时校正值		下位词
时钟数据期号		下位词
属项符号	S 导航电文	上位词

2. 索引

索引是主表的辅助检索工具，是为满足标引、检索人员选择叙词表的需要而编制的。本书的索引主要为范畴索引，是按照对地观测领域分支学科结合词汇分类编制而成，是分类查询叙词的手段。

范畴索引包括主表中全部叙词，共分 5 个一级类、24 个二级类和 46 个三级类。一级类用两位数阿拉伯数字标识，二级类在一级类号之后加上两位数阿拉伯数字标识，三级类用二级类号之后加上大写的拉丁字母标识。

二、使 用 范 围

（1）本词表主要用于中文对地观测文献的标引和检索，也可经过语言转换标引和检索外文文献。

（2）本词表既可以用于建立计算机检索文献数据库，也可用于建立手工文献检索系统。

（3）本词表还可以标引检索这种出版类型的对地观测文献资料。

三、使 用 方 法

（1）掌握本表的体系结构与编制原则，了解主表和索引之间的内在关系。

（2）文献通过主题分析确定主题概念之后，可在词表中查找与概念相对应的叙词。

（3）根据需要可先试查范畴表，亦可直接按汉语拼音查主表，再将两者结合起来，通过语义参照以确定最确切地表达主题概念的标引词。

（4）词表中确实找不到与专指概念相对应的叙词时，可试将此概念分解成几个较泛指的概念后再按上述方法查找。

（5）词表中的任一叙词并非孤立存在，而是作为整个词表的一员与其他叙词发生各种语义上的关联，并通过这种关联明确其自身的含义。因此必须从词表的体系结构、参照关系、语义注释、范畴号、英译名，及与其他叙词的比较来确定一个叙词的含义。

主　表

环境科学叙词表

ban shan qu

半山区 ［0504］

Semi-Mountainous Area

  S 山区

bei ji

北极 ［0501］

The North Pole

  S 地极

bei feng po

背风坡 ［0501］

Leeward Slope

  S 坡

bing ba

冰坝 ［0501］

Ice Dam

  S 坝

bing chuan rong shui jing liu

冰川融水径流 ［0501］

Glacial Meltwater Runoff

  S 径流

bo lang xing

波浪形 ［0501］

Wave-Shaped

  S 烟形

cheng shi huan jing

城市环境 ［0504］

Urban Environment

  S 地球环境（泛指性）

cheng shi huan jing rong liang

城市环境容量 ［0505］

Urban Environmental Capacity

  S 环境容量

chi dao di ya dai

赤道低压带 ［0506］

Equatorial Low Pressure Belt

  S 气压带

chi dao wu feng dai

赤道无风带 ［0501］

Equatorialatorial Windless Zone

  S 风带

chi dao wu feng dai

赤道无风带 ［0501］

Equatorialatorial Windless Zone

  D 热带无风带

chou yang

臭氧 ［0506］

Ozone

  S 气态污染物

chu shui kou

出水口 ［0504］

Water Outlet

  D 泻流点

chuan gan qi wai jie huan jing

传感器外界环境 ［0501］

Sensor Environment

  C 辐射误差

chui zhi huan liu
垂直环流 [0506]
Vertical Circulation
  S 环流

da qi ceng
大气层 [0506]
Atmosphere
  F 电离层
    平流层
    对流层

da qi huan jing
大气环境 [0506]
Atmospheric Environment
  S 地球环境（专门性）

da qi huan jing rong liang
大气环境容量 [0506]
Atmospheric Environmental Capacity
  S 环境容量

da qi huan jing xue
大气环境学 [0506]
Atmospheric Environmental Studies
  S 部门环境学

da qi huan jing xue
大气环境学 [0506]
Atmospheric Environment
  S 基础环境学

da qi huan liu
大气环流 [0506]
Atmospheric Circulation
  S 环流

da qi ke xue
大气科学 [0506]
Atmospheric Science
  C 地球系统科学

da qi quan
大气圈 [0506]
Atmosphere
  S 地球系统

da qi quan
大气圈 [0506]
Atmospheric Sphere
  S 地理圈

da qi zhuang kuang
大气状况 [0506]
Atmospheric Conditions
  C 遥感图像分类精度

da xun huan
大循环 [0501]
Great Circulation
  S 水循环

da xun huan
大循环 [0501]
Great Circulation
  D 外循环

da xun huan
大循环 [0501]
Great Circulation
  D 海陆间循环

dan shui
淡水 [0503]
Fresh Water
  S 水

dan shui hu
淡水湖 [0503]
Freshwater Lake
  S 湖泊

di ji
地极 [0501]
Earth Pole

F 南极
　　北极

di li quan
地理圈 ［0501］
Geographical Sphere
　F 城市圈
　　大气圈
　　极圈
　　景观圈
　　经济圈
　　冷圈
　　人与生物圈
　　水圈
　　土壤圈
　　岩石圈

di qiu da qi
地球大气 ［0506］
Earth Atmosphere
　F 干洁空气
　　水汽
　　固体杂质
　　气污染物

di qiu huan jing（fan zhi xing）
地球环境（泛指性）［0501］
Earth Environment（Generic）
　F 城市环境
　　乡村环境
　　牧区环境
　　工矿环境
　　生活区环境
　　居室环境
　　院落环境
　　社区环境
　　旅游环境

di qiu huan jing（zhuan men xing）
地球环境（专门性）［0501］
Earth Environment（Specialised）
　F 地质环境
　　地理环境

大气环境
水环境
土壤环境

di qiu xi tong
地球系统 ［0501］
Earth System
　F 水圈
　　生物圈
　　大气圈
　　岩石圈

di qiu xuan zhuan
地球旋转 ［0501］
Earth Rotation
　S 外部误差

di xia hu
地下湖 ［0507］
Underground Lake
　S 湖泊

di xia jing liu
地下径流 ［0507］
Groundwater Runoff
　S 径流

di xia shui
地下水 ［0507］
Groundwater
　S 天然水

di xia shui
地下水 ［0507］
Groundwater
　F 承压水
　　地热水
　　多年冻土区地下水
　　喀斯特地下水
　　孔隙水
　　矿化水
　　矿泉水
　　裂隙水

潜水
浅层地下水
区域地下水
深层地下水
土壤水
自流水

di xia shui wen du
地下水温度 [0507]
Groundwater Temperature
S 水温

di xia shui xi tong
地下水系统 [0504]
Groundwater System
S 水文系统

di xing ni wen
地形逆温 [0501]
Topographic Inversion
S 逆温层

di xing qi fu
地形起伏 [0501]
Topographic Undulation
C 太阳辐射

di xing qi fu
地形起伏 [0501]
Topographic Relief
S 外部误差

di zhi huan jing
地质环境 [0501]
Geological Environment
S 地球环境（专门性）

di zhong hai qi hou
地中海气候 [0501]
Mediterranean Climate
S 气候

di di
低地 [0504]
Lowland
S 地貌

di wa di qu
低洼地区 [0504]
Low-Lying Area
S 洼地

dian li ceng
电离层 [0506]
Ionosphere
S 大气层

dian li ceng
电离层 [0501]
Ionosphere
F 散逸层
　热层
　中间层

dian li ceng
电离层 [0501]
Ionospheric
Y 热成层

dong bei xin feng
东北信风 [0501]
Northeast Trade
S 信风

dong nan xin feng
东南信风 [0501]
Southeast Trade
S 信风

dong yu xing
冬雨型 [0501]
Winter Rainfall Type
S 全球气候（降水）

dong tu dai
冻土带［0501］
Permafrost Zone
　S 自然地带

dong xue qi hou
洞穴气候［0501］
Cave Climate
　S 小气候

dui liu
对流［0501］
Convection
　S 空间交互形式

dui liu ceng
对流层［0506］
Troposphere
　S 大气层

dui liu ceng
对流层［0506］
Troposphere
　F 上层
　　中层
　　下层

dui liu ceng
对流层［0501］
Tropospheric
　C 传播延迟

dui liu ceng zhe she rao dong
对流层折射扰动［0506］
Tropospheric Refraction Disturbance
　C 信号闪烁

er yang hua tan
二氧化碳［0506］
Carbon Dioxide
　S 碳氧化物

er yang hua tan
二氧化碳［0506］
Carbon Dioxide
　S 气体

fan qi xuan
反气旋［0501］
Anticyclone
　C 高压

fan xin feng
反信风［0501］
Antitrade Winds
　C 高空信风

fei sheng wu huan jing
非生物环境［0501］
Abiotic Environment
　S 自然环境

fei sheng wu huan jing yao su
非生物环境要素［0501］
Abiotic Environmental Element
　S 自然环境要素

feng dai
风带［0501］
Wind Zone
　F 赤道无风带
　　信风带
　　西风带
　　极地东风带

feng su
风速［0501］
Wind Velocity
　S 微气象参数

feng xiang
风向［0501］
Wind
　S 微气象参数

feng xiang qu hua

风向区划 [0501]

Wind Direction Zoning

　S 气候区划

feng mian ni wen

锋面逆温 [0506]

Frontal Inversion

　S 逆温层

fu re dai

副热带 [0501]

Subtropical Zone

　S 温度带

fu re dai

副热带 [0501]

Subtropical Zone

　Y 亚热带

gan jie kong qi

干洁空气 [0501]

Dry Clean Air

　S 地球大气

gan jie kong qi

干洁空气 [0506]

Dry Clean Air

　D 干空气

gan kong qi

干空气 [0506]

Dry Air

　Y 干洁空气

gao han shan qu

高寒山区 [0501]

Alpine and Cold Mountainous Area

　S 山区

gao kong xin feng

高空信风 [0501]

Upper Trade

　C 反信风

gao shan

高山 [0501]

Alpine Mountain

　S 地貌

gao shan hong xi bao zeng duo zheng

高山红细胞增多症 [0501]

Alpine Erythrocytosis

　S 慢性高山病

gao shan qu

高山区 [0504]

High Mountainous Area

　S 山区

gao shan xin zang bing

高山心脏病 [0501]

Alpine Heart Disease

　S 慢性高山病

gao shan xu ruo

高山虚弱 [0501]

Alpine Weakness

　S 慢性高山病

gao shan xu ruo

高山虚弱 [0501]

Alpine Weakness

　D 慢性高山反应

gao yuan shan di qi hou

高原山地气候 [0501]

Alpine Climate

　S 气候

gong kuang huan jing

工矿环境 [0504]

Industrial and Mining Environment

　S 地球环境（泛指性）

han dai

寒带 [0501]

Frigid Zone

S 温度带

han dai xing
寒带型 ［0501］
Boreal
　　S 全球气候（气温）

han liu
寒流 ［0501］
Cold Current
　　S 海流

han wen dai
寒温带 ［0501］
Cold Temperate Zone
　　S 温度带

he dao
河道 ［0501］
Water Course
　　F 分汊型河道
　　　古河道
　　　顺直型河道
　　　天然河道
　　　通航河道
　　　蜿蜒型河道
　　　游荡性河道

he kou huan liu
河口环流 ［0501］
Estuarine Circulation
　　S 环流

he liu jie di
河流阶地 ［0504］
River Terrace
　　S 阶地

he liu xi tong
河流系统 ［0504］
River System
　　S 水文系统

he shui
河水 ［0503］
River Water
　　S 天然水

he shui
河水 ［0503］
River Water
　　F 重碳酸盐类河水
　　　硫酸盐类河水
　　　氯化物类河水

he yuan di qu
河源地区 ［0504］
River Source Area
　　S 水文区

hu po di mao
湖泊地貌 ［0504］
Lake Landform
　　S 地貌

huan jing ji zhi
环境基质 ［0501］
Environmental Substrate
　　Y 环境要素

huan liu
环流 ［0501］
Circulation
　　F 垂直环流
　　　大气环流
　　　河口环流
　　　湖水环流

huan tai ping yang huo shan dai
环太平洋火山带 ［0501］
Pacific Rim Volcanic Belt
　　S 全球火山带

huang dao mian
黄道面 ［0501］
Ecliptic Plane

C 坐标系

ji di dong feng dai
极地东风带 [0501]
Polar Easterly Zone
 S 风带

ji di gao ya dai
极地高压带 [0501]
Polar High Pressure Belt
 S 气压带

ji di qi hou
极地气候 [0501]
Polar Climate
 S 气候

ji quan
极圈 [0501]
Polar Circle
 S 地理圈

jie di ni wen
接地逆温 [0501]
Ground Inversion
 S 逆温

ka si te qi hou
喀斯特气候 [0501]
Karst Climate
 S 小气候

kong qi wen du
空气温度 [0501]
Air Temperature
 S 微气象参数

kong xi shui
孔隙水 [0501]
Pore Water
 S 地下水

lei dian
雷电 [0501]
Thunder and Lightning

S 气象灾害

leng ceng
冷层 [0506]
Cold Layer
 S 平流层

leng quan
冷圈 [0501]
Cold Sphere
 S 地理圈

lu di chu zhi
陆地处置 [0504]
Land Disposal
 S 固体废物处置方法

lu di chu zhi
陆地处置 [0504]
Land Disposal
 F 土地耕作
  深井灌注
  土地填埋

mai cang di mao
埋藏地貌 [0504]
Buried Landform
 S 地貌

mang gu
盲谷 [0501]
Blind Valley
 S 喀斯特地貌

mu qu huan jing
牧区环境 [0504]
Pastoral Environment
 S 地球环境（泛指性）

nan ji
南极 [0501]
Antarctica
 S 地极

nian yu xing

年雨型 ［0501］

Annual Rainfall Type

　S 全球气候（降水）

nong wu

浓雾 ［0501］

Fog Damage

　S 气象灾害

nuan ceng

暖层 ［0508］

Warm Layer

　S 平流层

nuan ceng

暖层 ［0508］

Warm Layer

　Y 热成层

nuan liu

暖流 ［0501］

Warm Current

　S 海流

nuan wen dai huang mo

暖温带荒漠 ［0504］

Warm Temperate Desert

　S 荒漠

ping liu ceng

平流层 ［0501］

Stratosphere

　S 大气层

ping liu ceng

平流层 ［0501］

Stratosphere

　F 冷层

　　暖层

　　同温层

ping liu ni wen

平流逆温 ［0506］

Advection Inversion

　S 逆温层

po

坡 ［0501］

Slope

　F 背风坡

　　边坡

　　陡坡

　　均衡坡

　　落沙坡

　　山坡

　　岩屑坡

　　阳坡

　　阴坡

　　迎风坡

qi hou dai

气候带 ［0501］

Climatic Zone

　S 自然地带

qi hou jie di

气候阶地 ［0501］

Climatic Terrace

　S 阶地

qi ti

气体 ［0506］

Gas

　S 溶解物质

qi ti

气体 ［0506］

Gas

　F 氧

　　二氧化碳

　　硫化氢

　　氮

qi ya dai

气压带 [0501]

Pressure Belts

  F 赤道低压带

    亚热带高压带

    温带低压带

    极地高压带

qian shui

潜水 [0501]

Unconfined Water

  S 地下水

qin nuo ke feng

钦诺可风 [0501]

Chinook

  Y 焚风

qing zang gao yuan xing

青藏高原型 [0501]

Tibetan Plateau Type

  S 高原疫源地

qiu ling qu

丘陵区 [0504]

Hilly Area

  S 山区

quan qiu huo shan dai

全球火山带 [0501]

Global Volcanic Belt

  F 环太平洋火山带

    大洋中脊火山带

    东非裂谷火山带

    阿尔卑斯-喜马拉雅火山带

re ceng

热层 [0508]

Thermosphere

  S 电离层

re ceng

热层 [0508]

Thermosphere

  D 增温层

re cheng ceng

热成层 [0501]

Thermosphere

  S 大气层

re cheng ceng

热成层 [0501]

Thermosphere

  D 暖层

re cheng ceng

热成层 [0501]

Thermosphere

  D 电离层

re dai

热带 [0501]

Tropical Zone

  S 温度带

re dai cao yuan qi hou

热带草原气候 [0501]

Tropical Savanna Climate

  S 气候

re dai ji feng qi hou

热带季风气候 [0501]

Tropical Monsoon Climate

  S 气候

re dai sha mo qi hou

热带沙漠气候 [0501]

Tropical Desert Climate

  S 气候

re dai wu feng dai

热带无风带 [0506]

Tropical Calm Zone

  Y 赤道无风带

re dai xing

热带型 [0501]

Tropical

S 全球气候（气温）

re dai yu lin qi hou
热带雨林气候 ［0501］
Tropical Rainforest Climate
　　S 气候

re rong liang
热容量 ［0501］
Thermal Capacity
　　C 比热容

san yi ceng
散逸层 ［0508］
Fugitive Layer
　　S 电离层

shan gu
山谷 ［0504］
Mountain Valley
　　S 谷

shan qu
山区 ［0504］
Mountainous Area
　　F 半山区
　　干旱山区
　　高寒山区
　　高山区
　　丘陵区
　　湿润山区
　　亚热带山区

shan qu jie di
山区阶地 ［0504］
Mountainous Terrace
　　S 阶地

shang ceng ni wen
上层逆温 ［0506］
Upper Level Inversion
　　S 逆温

she qu
社区 ［0505］
Community
　　S 流的空间分布模式

she qu huan jing
社区环境 ［0505］
Community Environment
　　S 地球环境（泛指性）

sheng huo qu huan jing
生活区环境 ［0504］
Living Area Environment
　　S 地球环境（泛指性）

sheng wu huan jing
生物环境 ［0501］
Biotic Environment
　　S 自然环境

sheng wu huan jing
生物环境 ［0501］
Biotic Environment
　　F 植物
　　动物
　　微生物

sheng wu quan
生物圈 ［0501］
Biosphere
　　S 地球系统

shi run di dai
湿润地带 ［0501］
Humid Zone
　　S 自然地带

shi run shan qu
湿润山区 ［0501］
Humid Mountainous Area
　　S 山区

shui

水 [0503]

Water

  F 冰川融水

    城市用水

    淡水

    地表水

    废水

    高硼卤水

    工业用水

    农业用水

    天然水

    未冻水

    咸水

    饮用水

    自来水

shui huan jing

水环境 [0503]

Water Environment

  S 地球环境（专门性）

shui huan jing

水环境 [0503]

Aquatic Environment

  S 基础环境学

shui quan

水圈 [0501]

Hydrosphere

  S 地球系统

shui quan

水圈 [0501]

Hydrosphere

  S 地理圈

shui shang jing guan

水上景观 [0501]

Water Landscape

  S 水成景观

shui wen

水温 [0501]

Water Temperature

  F 地下水温度

    海面温度

    海水温度

    湖水温度

shui wen qu

水文区 [0501]

Hydrologic Province

  F 补给区

    河口区

    河源地区

    汇水区

    排水区

    无潮区

    滞洪区

shui xia di mao

水下地貌 [0501]

Submarine Landform

  S 地貌

shui xia jing guan

水下景观 [0501]

Underwater Landscape

  S 水成景观

tai yang wei zhi

太阳位置 [0501]

Solar Position

  F 太阳高度角

    太阳方位角

tian ran shui

天然水 [0501]

Natural Water

  F 大气降水

    河水

    湖泊水

    地下水

tian ran shui

天然水 ［0501］

Natural Water

S 水

tian wen chao

天文潮 ［0501］

Astronomical Tide

Y 潮汐

tong hang he dao

通航河道 ［0504］

Navigable River Course

S 河道

tong wen ceng

同温层 ［0501］

Stratosphere

S 平流层

tu rang huan jing

土壤环境 ［0504］

Soil Environment

S 地球环境（专门性）

tu rang huan jing xue

土壤环境学 ［0504］

Soil Environment

S 基础环境学

tu rang quan

土壤圈 ［0501］

Pedosphere

S 地理圈

wai ceng da qi

外层大气 ［0501］

Outer Atmosphere

C 外逸层

wai da qi ceng

外大气层 ［0508］

Outer Atmosphere

F 质子层

氦层

wai yi ceng

外逸层 ［0508］

Exosphere

D 逃逸区

wai yi ceng

外逸层 ［0508］

Exosphere

C 外层大气

wan yan xing he dao

蜿蜒型河道 ［0504］

Meandering River

S 河道

wei du

纬度 ［0501］

Latitude

Y 大地纬度

wei du di dai xing

纬度地带性 ［0501］

Latitudinal Zonation

S 水平地带性

wei du wei zhi

纬度位置 ［0501］

Latitude Position

C 对流层闪烁强度

wei xing wai re liu huan jing

卫星外热流环境 ［0508］

Extra-Satellite Heat Flow Environment

S 热控分系统设计指标

wen dai

温带 ［0501］

Temperate Zone

S 温度带

wen dai da lu xing qi hou
温带大陆性气候 ［0501］
Temperate Continental Climate
S 气候

wen dai di ya dai
温带低压带 ［0501］
Temperate Low Pressure Belt
S 气压带

wen dai hai yang xing qi hou
温带海洋性气候 ［0501］
Temperate Oceanic Climate
S 气候

wen dai ji feng qi hou
温带季风气候 ［0501］
Temperate Monsoon Climate
S 气候

wen dai xing
温带型 ［0501］
Temperate
S 全球气候（气温）

wu chao qu
无潮区 ［0501］
Tide-Free Region
S 水文区

wu li huan jing xue
物理环境学 ［0501］
Physical Environmental Studies
S 部门环境学

xi feng dai
西风带 ［0501］
Westerlies
S 风带

xi hu
潟湖 ［0501］
Lagoon

S 湖泊

xia chen ni wen
下沉逆温 ［0501］
Subsidence Inversion
S 逆温层

xia chen ni wen
下沉逆温 ［0501］
Subsidence Inversion
D 压缩逆温

xiang cun huan jing
乡村环境 ［0504］
Rural Environment
S 地球环境（泛指性）

xiao qi hou
小气候 ［0501］
Microclimate
F 城市小气候
地形小气候
洞穴气候
喀斯特气候
库区气候
牧区气候
农田小气候
温室气候

xin feng
信风 ［0501］
Trade Wind
F 东南信风
东北信风

xin feng dai
信风带 ［0501］
Trade Wind Zone
S 风带

ya suo ni wen
压缩逆温 ［0506］
Compression Inversion

Y 下沉逆温

ya han dai xing
亚寒带型 ［0501］
Subfreezing
　　S 全球气候（气温）

ya re dai
亚热带 ［0501］
Subtropics
　　D 副热带

ya re dai gao ya dai
亚热带高压带 ［0501］
Subtropical High Pressure Belt
　　S 气压带

ya re dai ji feng qi hou
亚热带季风气候 ［0501］
Subtropical Monsoon Climate
　　S 气候

ya re dai xing
亚热带型 ［0501］
Subtropical
　　S 全球气候（气温）

yang
氧 ［0506］
Oxygen
　　S 气体

yi san ceng
逸散层 ［0506］
Fugitive Layer
　　S 大气层

yu
雨 ［0501］
Rain
　　C 信号衰减

yu
雨 ［0501］
Rain

C 噪声增加

yu
雨 ［0501］
Rain
　　C 信号去极化

yuan luo huan jing
院落环境 ［0501］
Courtyard Environment
　　S 地球环境（泛指性）

yun shu ceng
运输层 ［0506］
Transport Layer
　　S 空间通信协议体系结构

zeng wen ceng
增温层 ［0506］
Warming Layer
　　Y 热层

zhao ze jing liu
沼泽径流 ［0501］
Marsh Runoff
　　S 径流

zhi zi ceng
质子层 ［0508］
Proton Layer
　　S 外大气层

zhong ceng
中层 ［0506］
Mesosphere
　　S 对流层

zhong chi du da qi mo xing
中尺度大气模型 ［0506］
Mesoscale Atmospheric Models
　　S 中尺度陆-气耦合卫星数据同化系统

zhong jian ceng
中间层 ［0501］
Interlayer

S 电离层

S 环境

zi liu shui pen di
自流水盆地 ［0504］

Artesian Basin
　S 盆地

zi ran di dai
自然地带 ［0501］

Natural Zone
　F 垂直带
　　低硒带
　　冻土带
　　黑土地带
　　滑坡带
　　荒漠地带
　　火山带
　　景观带
　　泥石流地带
　　气候带
　　沙漠带
　　山前地带
　　湿润地带
　　水平地带

zi ran huan jing
自然环境 ［0501］

Natural Environment

zi ran huan jing
自然环境 ［0501］

Natural Environment
　F 非生物环境
　　生物环境

zi ran huan jing xi tong
自然环境系统 ［0501］

Natural Environmental System
　S 地理系统

zi ran huan jing yao su
自然环境要素 ［0501］

Natural Environment Element
　S 环境要素

zi ran huan jing yao su
自然环境要素 ［0501］

Natural Environment Element
　F 非生物环境要素
　　生物环境要素

遥感科学叙词表

4 jiao mo xing
4 交模型 [0202C]
4-Intersection Model
  S 拓扑关系描述模型

4 jiao mo xing
4 交模型 [0202C]
4-Intersection Model
  D 4 元组模型

4 yuan zu mo xing
4 元组模型 [0202C]
4-Tuple Model
  Y 4 交模型

9 jiao mo xing
9 交模型 [0202C]
9-Intersection Model
  S 拓扑关系描述模型

BPSK-R tiao zhi
BPSK-R 调制 [0201C]
BPSK-R Modulation
  S 数字通信系统调制

C/A ma xin hao（GLONASS）
C/A 码信号（GLONASS） [0203D]
C/A Code Signal（GLONASS）
  Y 民用标准精度信号

C/A ma xin hao（GLONASS）
C/A 码信号（GLONASS） [0203D]
C/A Code Signal（GLONASS）
  D S 码信号

C35 ji gui wei xing yun zai huo jian
C35 极轨卫星运载火箭 [0201D]
C35 Polar Orbit Satellite Launch Vehicle
  S 极地卫星运载火箭系列

CCD she xiang sao miao yi
CCD 摄像扫描仪 [0201C]
CCD Camera Scanner
  S 扫描仪（结构）

CCD xiang ji cheng xiang she bei
CCD 相机成像设备 [0201B]
CCD Camera Imaging Equipment
  S 机载 LiDAR 设备

CSG-1
CSG-1 [0201D]
Carrier Strike Group 1
  C 地球资源卫星

CSG-1
CSG-1 [0201D]
Carrier Strike Group 1
  C 太阳同步轨道

DGS-1 xing kong zhong duo pu duan sao miao yi
DGS-1 型空中多谱段扫描仪 [0201C]
Airborne Multispectral Scannermodel DGS-1
  S 扫描仪

Echostar G1 wei xing xi tong
Echostar G1 卫星系统 [0201D]
Echostar G1 Satellite System
  S 卫星移动多媒体广播系统

ENVI yao gan tu xiang chu li xi tong

ENVI 遥感图像处理系统 ［0202D］

ENVI Remote Sensing Image Processing System

　　S 遥感数字图像处理系统（软件）

EOS chuan gan qi

EOS 传感器 ［0201C］

EOS Sensor

　　F 先进的星载热发射及反射辐射计

　　　云与地球辐射能量系统

　　　中分辨率成像光谱仪

　　　多角成像光谱辐射计

　　　对流层污染测量仪

　　　大气红外探测器

　　　先进的微博探测装置

　　　微波湿度探测器

　　　多频成像微波辐射计

　　　海洋观测宽视场遥感器

　　　平流层气溶胶气体实验-Ⅲ

　　　高度计

　　　地球科学激光测距系统高度计

　　　GPS 地球科学仪

　　　饱和散射计

　　　对流层发射光谱仪

　　　高分辨率动态分层探测仪

ER Mapper yao gan tu xiang chu li xi tong

ER Mapper 遥感图像处理系统 ［0202B］

ER Mapper Remote Sensing Image Processing System

　　S 遥感数字图像处理系统（软件）

ERDAS IMAGINE yao gan tu xiang chu li xi tong

ERDAS IMAGINE 遥感图像处理系统
［0202B］

ERDAS IMAGINE Remote Sensing Image Processing System

　　S 遥感数字图像处理系统（软件）

EROS-A1

EROS-A1 ［0201D］

EROS-A1

　　C 地球资源卫星

EROS-A1

EROS-A1 ［0201D］

EROS-A1

　　C 太阳同步轨道

EROS-A1

EROS-A1 ［0201D］

EROS-A1

　　C 全色 CCD 相机

EROS-A1

EROS-A1 ［0201D］

EROS-A1

　　C 以色列航空工业公司

EROS-A1

EROS-A1 ［0201D］

EROS-A1

　　C 以色列 IMAGESAT INTERNATIONAL 公司

EROS-B

EROS-B ［0201D］

EROS-B

　　S 环境与灾害监测卫星

EROS-B

EROS-B ［0201D］

EROS-B

　　C 太阳同步轨道

EROS-B

EROS-B ［0201D］

EROS-B

　　C 时间延迟积分 CCD 相机

EROS-B

EROS-B ［0201D］

EROS-B

　　C 以色列航空工业公司

EROS-B

EROS-B ［0201D］

EROS-B

C 以色列 IMAGESAT INTERNATIONAL 公司

ETM+zeng qiang xing zhuan ti zhi tu yi
ETM+增强型专题制图仪 ［0201C］
ETM+Enhanced Thematic Mapper
　　S 扫描成像类型传感器

Eutelsat 10A wei xing xi tong
Eutelsat 10A 卫星系统 ［0201D］
Eutelsat 10A Satellite System
　　S 卫星移动多媒体广播系统

EXACTVIEW-1
EXACTVIEW-1 ［0201C］
EXACTVIEW-1
　　S 气象卫星

EXACTVIEW-1
EXACTVIEW-1 ［0201D］
EXACTVIEW-1
　　C 太阳同步轨道

EXACTVIEW-1
EXACTVIEW-1 ［0201D］
EXACTVIEW-1
　　C AIS 接收器

EXACTVIEW-1
EXACTVIEW-1 ［0201D］
EXACTVIEW-1
　　C 萨里卫星技术有限公司

EXACTVIEW-1
EXACTVIEW-1 ［0201D］
EXACTVIEW-1
　　C 联盟-FG 运载火箭

F han shu
F 函数 ［0203D］
F Function
　　S 距离分析方法

G/T zhi biao fen jie
G/T 指标分解 ［0203D］
G/T Index Decomposition

S 通信载荷系统指标分解

G/T zhi biao fen jie
G/T 指标分解 ［0203D］
G/T Index Decomposition
　　C 接收天线增益

G/T zhi biao fen jie
G/T 指标分解 ［0203D］
G/T Index Decomposition
　　C 接收系统噪声

GeoTIFF tu xiang ge shi
GeoTIFF 图像格式 ［0202C］
GeoTIFF Image Format
　　S 遥感图像专用数据格式

GPS/GNSS shi jian cha yi can shu
GPS/GNSS 时间差异参数 ［0203D］
GPS/GNSS Time Difference Parameter
　　S 现代导航电文数据内容

GPS dao hang zai he
GPS 导航载荷 ［0201C］
GPS Navigation Load
　　F 原子钟
　　　L 频段双频发射机
　　　S 频段接收机
　　　伪随机码发生器
　　　导航电文存储器

GPS di qiu ke xue yi
GPS 地球科学仪 ［0201C］
GPS Earth Science Instrument（GGI）
　　S EOS 传感器

GPS jie shou ji xin pian
GPS 接收机芯片 ［0201B］
GPS Receiver Chip
　　S 系统级芯片

G han shu
G 函数 ［0203D］
G Function

S 距离分析方法

H-2A yun zai huo jian
H-2A 运载火箭 ［0201D］
H-2A Launch Vehicle
　　C 三菱重工业公司

H-3 yun zai huo jian
H-3 运载火箭 ［0201D］
H-3 Launch Vehicle
　　C 中型运载火箭

HDF shu ju lei xing
HDF 数据类型 ［0202C］
HDF Data Type
　　F 栅格图像数据
　　　调色板
　　　科学数据集
　　　HDF 注释
　　　虚拟数据
　　　虚拟组

HDF zhu shi
HDF 注释 ［0202C］
HDF Annotations
　　S HDF 数据类型

HLS bian huan
HLS 变换 ［0202A］
HLS Transformation
　　S 彩色变换

HRV xian zhen lie tui sao shi sao miao yi
HRV 线阵列推扫式扫描仪 ［0201C］
HRV Line Array Push-Scan Scanner
　　S 扫描成像类型传感器

I/Q jie tiao
I/Q 解调 ［0203C］
I/Q Demodulation
　　S 载波跟踪环路

ICESat-1
ICESat-1 ［0201D］
ICESat-1
　　S ICESat

ICESat-1
ICESat-1 ［0201D］
ICESat-1
　　C 环境与灾害监测卫星

ICESat-1
ICESat-1 ［0201D］
ICESat-1
　　C 非太阳同步轨道

ICESat-1
ICESat-1 ［0201D］
ICESat-1
　　C 波音德尔塔 2 型运载火箭

ICESat-1
ICESat-1 ［0201D］
ICESat-1
　　C 地球科学激光测高系统

ICESat-1
ICESat-1 ［0201D］
ICESat-1
　　C NASA、工业界、大学联合研发

ICESat-1
ICESat-1 ［0201D］
ICESat-1
　　C 美国范登堡空军基地

ICESat-1
ICESat-1 ［0201D］
ICESat-1
　　C 美国国防部

ICESat-2
ICESat-2 ［0201D］
ICESat-2

S ICESat

C 衍射分光元件

ICESat-2

ICESat-2 [0201D]

ICESat-2

C 环境与灾害监测卫星

ICESat-2

ICESat-2 [0201D]

ICESat-2

C 激光对齐系统

ICESat-2

ICESat-2 [0201D]

ICESat-2

C 非太阳同步轨道

ICESat-2

ICESat-2 [0201D]

ICESat-2

C 星敏感器

ICESat-2

ICESat-2 [0201D]

ICESat-2

C 波音德尔塔 2 型运载火箭

IGSO dao hang wei xing

IGSO 导航卫星 [0201D]

IGSO Navigation Satellite

S 导航卫星

ICESat-2

ICESat-2 [0201D]

ICESat-2

C NASA、工业界、大学联合研发

KH-11 wei xing

KH-11 卫星 [0201D]

KH-11 Satellite

S 跟踪与数据中继卫星系统服务对象

ICESat-2

ICESat-2 [0201D]

ICESat-2

C 美国范登堡空军基地

K-L bian huan

K-L 变换 [0202A]

K-L Transform

C 主成分分析

ICESat-2

ICESat-2 [0201D]

ICESat-2

C 美国国防部

K-L bian huan

K-L 变换 [0202A]

K-L Transform

C 去相关拉伸方法

ICESat-2

ICESat-2 [0201D]

ICESat-2

C 先进地形激光测高系统

K-L bian huan

K-L 变换 [0202A]

K-L Transform

C 最小噪声分离方法（MNF）

ICESat-2

ICESat-2 [0201D]

ICESat-2

C 激光器

K-L bian huan

K-L 变换 [0202A]

K-L Transform

D 霍特林变换

ICESat-2

ICESat-2 [0201D]

ICESat-2

K-T bian huan

K-T 变换 [0202A]

K-T Transform

Y 穗帽变换

K han shu
K 函数［0203D］
K Function
  S 距离分析方法

K zui jin lin fen lei suan fa
K 最近邻分类算法［0202B］
K-Nearest Neighbors
  S 监督分类

L han shu
L 函数［0203D］
L Function
  S 距离分析方法

Mie san she ji guang lei da
Mie 散射激光雷达［0201C］
Mie Scattering Lidar
  D 散射激光雷达

Mie san she ji guang lei da
Mie 散射激光雷达［0201C］
Mie Scattering Lidar
  F 对流层探测 Mie 散射激光雷达
    平流层探测 Mie 散射激光雷达

Mie san she ji guang lei da
Mie 散射激光雷达［0201C］
Mie Scattering Lidar
  S 大气探测激光雷达

m xu lie
m 序列［0203D］
M Sequence
  S 伪码

NoSQL shu ju ku xi tong
NoSQL 数据库系统［0202C］
NoSQL Database System
  F 列簇存储
    键值模型

文档模型
图模型

PCI Geomatica yao gan tu xiang chu li xi tong
PCI Geomatica 遥感图像处理系统
［0202C］
PCI Geomatica Remote Sensing Image Processing System
  S 遥感数字图像处理系统（软件）

Prewitt suan zi
Prewitt 算子［0202B］
Prewitt Operator
  S 锐化

PSLV-CA yun zai huo jian
PSLV-CA 运载火箭［0201D］
PSLV-CA Carrier Rocket
  C 极轨卫星运载火箭

RCC mo xing
RCC 模型［0202A］
RCC Model
  S 拓扑关系描述模型

SAE J3016 biao zhun
SAE J3016 标准［0203B］
SAE J3016
  S 导航标准

SAR-Lupe zhen cha wei xing-1
SAR-Lupe 侦察卫星-1［0201D］
SAR-Lupe-1
  S SAR-Lupe 侦察卫星

SAR-Lupe zhen cha wei xing-1
SAR-Lupe 侦察卫星-1［0201D］
SAR-Lupe-1
  C 电子侦察卫星

SAR-Lupe zhen cha wei xing-1
SAR-Lupe 侦察卫星-1［0201D］
SAR-Lupe-1

C 近地轨道

SAR-Lupe zhen cha wei xing-1
SAR-Lupe 侦察卫星-1［0201D］
SAR-Lupe-1
    C 合成孔径雷达（X 波段）

SAR-Lupe zhen cha wei xing-1
SAR-Lupe 侦察卫星-1［0201D］
SAR-Lupe-1
    C 德国联邦国防军

SAR-Lupe zhen cha wei xing-1
SAR-Lupe 侦察卫星-1［0201D］
SAR-Lupe-1
    C 普列谢茨克航天发射基地

SAR-Lupe zhen cha wei xing-1
SAR-Lupe 侦察卫星-1［0201D］
SAR-Lupe-1
    C OHB 系统股份公司

SAR-Lupe zhen cha wei xing-1
SAR-Lupe 侦察卫星-1［0201D］
SAR-Lupe-1
    C 宇宙-3M 运载火箭

SAR-Lupe zhen cha wei xing-2
SAR-Lupe 侦察卫星-2［0201D］
SAR-Lupe-2
    S SAR-Lupe 侦察卫星

SAR-Lupe zhen cha wei xing-2
SAR-Lupe 侦察卫星-2［0201D］
SAR-Lupe-2
    C 电子侦察卫星

SAR-Lupe zhen cha wei xing-2
SAR-Lupe 侦察卫星-2［0201D］
SAR-Lupe-2
    C 近地轨道

SAR-Lupe zhen cha wei xing-2
SAR-Lupe 侦察卫星-2［0201D］
SAR-Lupe-2

C 合成孔径雷达（X 波段）

SAR-Lupe zhen cha wei xing-2
SAR-Lupe 侦察卫星-2［0201D］
SAR-Lupe-2
    C 德国联邦国防军

SAR-Lupe zhen cha wei xing-2
SAR-Lupe 侦察卫星-2［0201D］
SAR-Lupe-2
    C 普列谢茨克航天发射基地

SAR-Lupe zhen cha wei xing-2
SAR-Lupe 侦察卫星-2［0201D］
SAR-Lupe-2
    C OHB 系统股份公司

SAR-Lupe zhen cha wei xing-2
SAR-Lupe 侦察卫星-2［0201D］
SAR-Lupe-2
    C 宇宙-3M 运载火箭

SAR-Lupe zhen cha wei xing-3
SAR-Lupe 侦察卫星-3［0201D］
SAR-Lupe-3
    S SAR-Lupe 侦察卫星

SAR-Lupe zhen cha wei xing-3
SAR-Lupe 侦察卫星-3［0201D］
SAR-Lupe-3
    C 电子侦察卫星

SAR-Lupe zhen cha wei xing-3
SAR-Lupe 侦察卫星-3［0201D］
SAR-Lupe-3
    C 近地轨道

SAR-Lupe zhen cha wei xing-3
SAR-Lupe 侦察卫星-3［0201D］
SAR-Lupe-3
    C 合成孔径雷达（X 波段）

SAR-Lupe zhen cha wei xing-3
SAR-Lupe 侦察卫星-3［0201D］
SAR-Lupe-3

C 德国联邦国防军

SAR-Lupe zhen cha wei xing-3
SAR-Lupe 侦察卫星-3 ［0201D］
SAR-Lupe-3
　C 普列谢茨克航天发射基地

SAR-Lupe zhen cha wei xing-3
SAR-Lupe 侦察卫星-3 ［0201D］
SAR-Lupe-3
　C OHB 系统股份公司

SAR-Lupe zhen cha wei xing-3
SAR-Lupe 侦察卫星-3 ［0201D］
SAR-Lupe-3
　C 宇宙-3M 运载火箭

SAR-Lupe zhen cha wei xing-4
SAR-Lupe 侦察卫星-4 ［0201D］
SAR-Lupe-4
　S SAR-Lupe 侦察卫星

SAR-Lupe zhen cha wei xing-4
SAR-Lupe 侦察卫星-4 ［0201D］
SAR-Lupe-4
　C 电子侦察卫星

SAR-Lupe zhen cha wei xing-4
SAR-Lupe 侦察卫星-4 ［0201D］
SAR-Lupe-4
　C 近地轨道

SAR-Lupe zhen cha wei xing-4
SAR-Lupe 侦察卫星-4 ［0201D］
SAR-Lupe-4
　C 合成孔径雷达（X 波段）

SAR-Lupe zhen cha wei xing-4
SAR-Lupe 侦察卫星-4 ［0201D］
SAR-Lupe-4
　C 德国联邦国防军

SAR-Lupe zhen cha wei xing-4
SAR-Lupe 侦察卫星-4 ［0201D］
SAR-Lupe-4

C 普列谢茨克航天发射基地

SAR-Lupe zhen cha wei xing-4
SAR-Lupe 侦察卫星-4 ［0201D］
SAR-Lupe-4
　C OHB 系统股份公司

SAR-Lupe zhen cha wei xing-4
SAR-Lupe 侦察卫星-4 ［0201D］
SAR-Lupe-4
　C 宇宙-3M 运载火箭

SAR-Lupe zhen cha wei xing-5
SAR-Lupe 侦察卫星-5 ［0201D］
SAR-Lupe-5
　S SAR-Lupe 侦察卫星

SAR-Lupe zhen cha wei xing-5
SAR-Lupe 侦察卫星-5 ［0201D］
SAR-Lupe-5
　C 电子侦察卫星

SAR-Lupe zhen cha wei xing-5
SAR-Lupe 侦察卫星-5 ［0201D］
SAR-Lupe-5
　C 近地轨道

SAR-Lupe zhen cha wei xing-5
SAR-Lupe 侦察卫星-5 ［0201D］
SAR-Lupe-5
　C 合成孔径雷达（X 波段）

SAR-Lupe zhen cha wei xing-5
SAR-Lupe 侦察卫星-5 ［0201D］
SAR-Lupe-5
　C 德国联邦国防军

SAR-Lupe zhen cha wei xing-5
SAR-Lupe 侦察卫星-5 ［0201D］
SAR-Lupe-5
　C 普列谢茨克航天发射基地

SAR-Lupe zhen cha wei xing-5
SAR-Lupe 侦察卫星-5 ［0201D］
SAR-Lupe-5

C OHB 系统股份公司

SAR-Lupe zhen cha wei xing-5
SAR-Lupe 侦察卫星-5 ［0201D］
SAR-Lupe-5
　　C 宇宙-3M 运载火箭

SQL cha xun yu yan de gong neng
SQL 查询语言的功能 ［0202C］
SQL Query Language Features
　　F 数据定义
　　　数据操作
　　　数据查询
　　　数据控制

TSAT
TSAT ［0201D］
TSAT
　　S VAST 系统分类

USAT
USAT ［0201D］
USAT
　　S VAST 系统分类

UTC can shu
UTC 参数 ［0203D］
UTC Parameter
　　S 电文内容

V9I mo xing
V9I 模型 ［0202D］
V9I Model
　　S 拓扑关系描述模型

VAST xi tong
VAST 系统 ［0201D］
VAST System
　　C 微型站

VAST xi tong
VAST 系统 ［0201D］
VAST System

C 小型数据站

VAST xi tong
VAST 系统 ［0201D］
VAST System
　　C 甚小孔径终端

VAST xi tong
VAST 系统 ［0201D］
VAST System
　　D VAST 终端

VAST xi tong
VAST 系统 ［0201D］
VAST System
　　D VAST 网络

VAST xi tong
VAST 系统 ［0201D］
VAST System
　　F 主站
　　　分配式主站
　　　小型主站
　　　小站

VAST xi tong fen lei
VAST 系统分类 ［0202C］
VAST System Classification
　　F VSAT
　　　USAT
　　　TSAT
　　　TVSAT

Web fu wu fang shi
Web 服务方式 ［0202D］
Web Service Mode
　　S 空间数据转换方式

X-Y zhou zuo jia
X-Y 轴座架 ［0201C］
X-Y Axis Mount
　　S 天线座架形式

X she xian he γ she xian fu she

X 射线和 γ 射线辐射 ［0201C］

X- Ray and Gamma- Ray Radiation

　S 遥感辐射

Z bian huan

Z 变换 ［0202C］

Z- Transform

　S 信号分析方法

II/4- DQPSK

II/4- DQPSK ［0201C］

II/4- DQPSK

　S 数字调制

a er ji li ya wei xing

阿尔及利亚卫星 ［0201D］

Algeria Satellite- 1

　S ALSat

a er ji li ya wei xing

阿尔及利亚卫星 ［0201D］

Algeria Satellite- 1

　C 地球资源卫星

a er ji li ya wei xing

阿尔及利亚卫星 ［0201D］

Algeria Satellite- 1

　C 太阳同步轨道

a er ji li ya wei xing

阿尔及利亚卫星 ［0201D］

Algeria Satellite- 1

　C 英国萨里航天中心

a er ji li ya wei xing

阿尔及利亚卫星 ［0201D］

Algeria Satellite- 1

　C 阿尔及利亚航天局

a er ji li ya wei xing

阿尔及利亚卫星 ［0201D］

Algeria Satellite- 1

　C 宇宙 3 号 M 型运载火箭

a er ji li ya wei xing

阿尔及利亚卫星 ［0201D］

Algeria Satellite- 1

　C 地球成像相机

a er ji li ya wei xing-1B

阿尔及利亚卫星-1B ［0201D］

Algeria Satellite- 1B

　S ALSat

a er ji li ya wei xing-1B

阿尔及利亚卫星-1B ［0201D］

Algeria Satellite- 1B

　C 地球资源卫星

a er ji li ya wei xing-1B

阿尔及利亚卫星-1B ［0201D］

Algeria Satellite- 1B

　C 太阳同步轨道

a er ji li ya wei xing-1B

阿尔及利亚卫星-1B ［0201D］

Algeria Satellite- 1B

　C 阿尔及利亚航天局

a er ji li ya wei xing-1B

阿尔及利亚卫星-1B ［0201D］

Algeria Satellite- 1B

　C 萨迪什·达万航天中心

a er ji li ya wei xing-1B

阿尔及利亚卫星-1B ［0201D］

Algeria Satellite- 1B

　C C35 极轨卫星运载火箭

a er ji li ya wei xing-1B

阿尔及利亚卫星-1B ［0201D］

Algeria Satellite- 1B

　C 光谱成像仪

a er ji li ya wei xing-2A

阿尔及利亚卫星-2A ［0201D］

Algeria Satellite- 2A

S ALSat

a er ji li ya wei xing-2A
阿尔及利亚卫星-2A ［0201D］
Algeria Satellite-2A
　C 地球资源卫星

a er ji li ya wei xing-2A
阿尔及利亚卫星-2A ［0201D］
Algeria Satellite-2A
　C 太阳同步轨道

a er ji li ya wei xing-2A
阿尔及利亚卫星-2A ［0201D］
Algeria Satellite-2A
　C 阿斯特里姆

a er ji li ya wei xing-2A
阿尔及利亚卫星-2A ［0201D］
Algeria Satellite-2A
　C 阿尔及利亚航天局

a er ji li ya wei xing-2A
阿尔及利亚卫星-2A ［0201D］
Algeria Satellite-2A
　C 萨迪什·达万航天中心

a er ji li ya wei xing-2B
阿尔及利亚卫星-2B ［0201D］
Algeria Satellite-2B
　S ALSat

a er ji li ya wei xing-2B
阿尔及利亚卫星-2B ［0201D］
Algeria Satellite-2B
　C 地球资源卫星

a er ji li ya wei xing-2B
阿尔及利亚卫星-2B ［0201D］
Algeria Satellite-2B
　C 太阳同步轨道

a er ji li ya wei xing-2B
阿尔及利亚卫星-2B ［0201D］
Algeria Satellite-2B

C 极轨卫星运载火箭-C3

a er ji li ya wei xing-2B
阿尔及利亚卫星-2B ［0201D］
Algeria Satellite-2B
　C 阿尔及利亚航天局

a er ji li ya wei xing-2B
阿尔及利亚卫星-2B ［0201D］
Algeria Satellite-2B
　C 萨迪什·达万航天中心

a er ji li ya wei xing-2B
阿尔及利亚卫星-2B ［0201D］
Algeria Satellite-2B
　C 欧洲航天局

a er ji li ya wei xing-2B
阿尔及利亚卫星-2B ［0201D］
Algeria Satellite-2B
　C 新型 AstroSat 光学模块化仪器

a gen ting wei bo guan ce wei xing-1A
阿根廷微波观测卫星-1A ［0201D］
Satélite Argentino de Observación con Microondas-1A
　S 阿根廷微波观测卫星

a gen ting wei bo guan ce wei xing-1A
阿根廷微波观测卫星-1A ［0201D］
Satélite Argentino de Observación con Microondas-1A
　C 环境与灾害监测卫星

a gen ting wei bo guan ce wei xing-1A
阿根廷微波观测卫星-1A ［0201D］
Satélite Argentino de Observación con Microondas-1A
　C 太阳同步轨道

a gen ting wei bo guan ce wei xing-1A
阿根廷微波观测卫星-1A ［0201D］
Satélite Argentino de Observación con Microondas-1A
　C 合成孔径雷达（L 波段）

a gen ting wei bo guan ce wei xing-1A
阿根廷微波观测卫星-1A ［0201D］
Satélite Argentino de Observación con Microondas-1A

C 太空探索技术公司

a gen ting wei bo guan ce wei xing-1A
阿根廷微波观测卫星-1A ［0201D］
Satélite Argentino de Observación con Microondas-1A
　C 国家太空活动委员会

a gen ting wei bo guan ce wei xing-1A
阿根廷微波观测卫星-1A ［0201D］
Satélite Argentino de Observación con Microondas-1A
　C 阿根廷应用研究所

a gen ting wei bo guan ce wei xing-1A
阿根廷微波观测卫星-1A ［0201D］
Satélite Argentino de Observación con Microondas-1A
　C 猎鹰 9 号

a gen ting wei bo guan ce wei xing-1B
阿根廷微波观测卫星-1B ［0201D］
Satélite Argentino de Observación con Microondas-1B
　S 阿根廷微波观测卫星

a gen ting wei bo guan ce wei xing-1B
阿根廷微波观测卫星-1B ［0201D］
Satélite Argentino de Observación con Microondas-1B
　C 环境与灾害监测卫星

a gen ting wei bo guan ce wei xing-1B
阿根廷微波观测卫星-1B ［0201D］
Satélite Argentino de Observación con Microondas-1B
　C 太阳同步轨道

a gen ting wei bo guan ce wei xing-1B
阿根廷微波观测卫星-1B ［0201D］
Satélite Argentino de Observación con Microondas-1B
　C 合成孔径雷达（L 波段）

a gen ting wei bo guan ce wei xing-1B
阿根廷微波观测卫星-1B ［0201D］
Satélite Argentino de Observación con Microondas-1B
　C 国家太空活动委员会

a gen ting wei bo guan ce wei xing-1B
阿根廷微波观测卫星-1B ［0201D］
Satélite Argentino de Observación con Microondas-1B

C 阿根廷应用研究所

a gen ting wei bo guan ce wei xing-1B
阿根廷微波观测卫星-1B ［0201D］
Satélite Argentino de Observación con Microondas-1B
　C 卡纳维拉尔角空军基地

a gen ting wei bo guan ce wei xing-1B
阿根廷微波观测卫星-1B ［0201D］
Satélite Argentino de Observación con Microondas-1B
　C 猎鹰 9 号

a li lang er hao
阿里郎二号 ［0201D］
Korea Multi-Purpose Satellite-2
　S 阿里郎卫星

a li lang er hao
阿里郎二号 ［0201D］
Korea Multi-Purpose Satellite-2
　C 环境与灾害监测卫星

a li lang er hao
阿里郎二号 ［0201D］
Korea Multi-Purpose Satellite-2
　C 太阳同步轨道

a li lang er hao
阿里郎二号 ［0201D］
Korea Multi-Purpose Satellite-2
　C 多光谱相机

a li lang er hao
阿里郎二号 ［0201D］
Korea Multi-Purpose Satellite-2
　C 普列谢茨克航天发射基地

a li lang er hao
阿里郎二号 ［0201D］
Korea Multi-Purpose Satellite-2
　C 韩国航空宇宙研究院

a li lang er hao
阿里郎二号 ［0201D］
Korea Multi-Purpose Satellite-2

C 洛克希德·马丁公司

a li lang er hao
阿里郎二号 [0201D]
Korea Multi-Purpose Satellite-2
　C 罗科特-km

a li lang san hao
阿里郎三号 [0201D]
Korea Multi-Purpose Satellite-3
　S 阿里郎卫星

a li lang san hao
阿里郎三号 [0201D]
Korea Multi-Purpose Satellite-3
　C 地球资源卫星

a li lang san hao
阿里郎三号 [0201D]
Korea Multi-Purpose Satellite-3
　C 太阳同步轨道

a li lang san hao
阿里郎三号 [0201D]
Korea Multi-Purpose Satellite-3
　C 高级地球成像传感器系统

a li lang san hao
阿里郎三号 [0201D]
Korea Multi-Purpose Satellite-3
　C 种子岛宇宙中心

a li lang san hao
阿里郎三号 [0201D]
Korea Multi-Purpose Satellite-3
　C 韩国科学技术院

a li lang san hao
阿里郎三号 [0201D]
Korea Multi-Purpose Satellite-3
　C 韩国航空宇宙研究院

a li lang san hao
阿里郎三号 [0201D]
Korea Multi-Purpose Satellite-3

C H-2A 运载火箭

a li lang san hao A xing
阿里郎三号 A 星 [0201D]
Korea Multi-Purpose Satellite-3A
　S 阿里郎卫星

a li lang san hao A xing
阿里郎三号 A 星 [0201D]
Korea Multi-Purpose Satellite-3A
　C 地球资源卫星

a li lang san hao A xing
阿里郎三号 A 星 [0201D]
Korea Multi-Purpose Satellite-3A
　C 太阳同步轨道

a li lang san hao A xing
阿里郎三号 A 星 [0201D]
Korea Multi-Purpose Satellite-3A
　C 高级地球成像传感器系统-A

a li lang san hao A xing
阿里郎三号 A 星 [0201D]
Korea Multi-Purpose Satellite-3A
　C 红外成像系统

a li lang san hao A xing
阿里郎三号 A 星 [0201D]
Korea Multi-Purpose Satellite-3A
　C 韩国航空宇宙研究院

a li lang san hao A xing
阿里郎三号 A 星 [0201D]
Korea Multi-Purpose Satellite-3A
　C 日本新能源产业技术综合开发机构

a li lang san hao A xing
阿里郎三号 A 星 [0201D]
Korea Multi-Purpose Satellite-3A
　C 多姆巴罗夫斯基空军基地

a li lang san hao A xing
阿里郎三号 A 星 [0201D]
Korea Multi-Purpose Satellite-3A

C 第聂伯运载火箭

C 地球资源卫星

a li lang wu hao
阿里郎五号 ［0201D］
Korea Multi-Purpose Satellite-5
　S 阿里郎卫星

a li lang yi hao
阿里郎一号 ［0201D］
Korea Multi-Purpose Satellite-1
　C 太阳同步轨道

a li lang wu hao
阿里郎五号 ［0201D］
Korea Multi-Purpose Satellite-5
　C 地球资源卫星

a li lang yi hao
阿里郎一号 ［0201D］
Korea Multi-Purpose Satellite-1
　C 光电相机

a li lang wu hao
阿里郎五号 ［0201D］
Korea Multi-Purpose Satellite-5
　C 太阳同步轨道

a li lang yi hao
阿里郎一号 ［0201D］
Korea Multi-Purpose Satellite-1
　C 海洋扫描多光谱成像仪

a li lang wu hao
阿里郎五号 ［0201D］
Korea Multi-Purpose Satellite-5
　C 韩国航空宇宙研究院

a li lang yi hao
阿里郎一号 ［0201D］
Korea Multi-Purpose Satellite-1
　C 空间物理传感器

a li lang wu hao
阿里郎五号 ［0201D］
Korea Multi-Purpose Satellite-5
　C 日本新能源产业技术综合开发机构

a li lang yi hao
阿里郎一号 ［0201D］
Korea Multi-Purpose Satellite-1
　C 普列谢茨克航天发射基地

a li lang wu hao
阿里郎五号 ［0201D］
Korea Multi-Purpose Satellite-5
　C 多姆巴罗夫斯基空军基地

a li lang yi hao
阿里郎一号 ［0201D］
Korea Multi-Purpose Satellite-1
　C 韩国航空宇宙研究院

a li lang wu hao
阿里郎五号 ［0201D］
Korea Multi-Purpose Satellite-5
　C 第聂伯运载火箭

a li lang yi hao
阿里郎一号 ［0201D］
Korea Multi-Purpose Satellite-1
　C 洛克希德·马丁公司

a li lang yi hao
阿里郎一号 ［0201D］
Korea Multi-Purpose Satellite-1
　S 阿里郎卫星

a li lang yi hao
阿里郎一号 ［0201D］
Korea Multi-Purpose Satellite-1
　C 金牛座运载火箭

a li lang yi hao
阿里郎一号 ［0201D］
Korea Multi-Purpose Satellite-1

a li ya na
阿丽亚娜 ［0201D］
Ariane 1

S 阿里安系列火箭

a li ya na 4 xing yun zai huo jian
阿丽亚娜 **4** 型运载火箭 ［**0201D**］
Ariana 4 Carrier Rocket
　　S 阿里安系列火箭

a li ya na 4 xing yun zai huo jian
阿丽亚娜 **4** 型运载火箭 ［**0201D**］
Ariana 4 Carrier Rocket
　　S 阿里安系列火箭

a li ya na wu hao ECA xing
阿丽亚娜五号 **ECA** 型 ［**0201D**］
Ariane V ECA Type
　　S 阿里安系列火箭

an xiang yuan fa
暗像元法 ［**0202B**］
Dark Pixel Method
　　S 绝对大气校正

ao da li ya huang jia kong jun M1
澳大利亚皇家空军 **M1** ［**0201D**］
RAAF-M1
　　S RAAF

ao da li ya huang jia kong jun M1
澳大利亚皇家空军 **M1** ［**0201D**］
RAAF-M1
　　C 环境与灾害监测卫星

ao da li ya huang jia kong jun M1
澳大利亚皇家空军 **M1** ［**0201D**］
RAAF-M1
　　C 太阳同步轨道

ao da li ya huang jia kong jun M1
澳大利亚皇家空军 **M1** ［**0201D**］
RAAF-M1
　　C 新南威尔士大学

ao da li ya huang jia kong jun M1
澳大利亚皇家空军 **M1** ［**0201D**］
RAAF-M1

C 皇家澳大利亚空军

ao da li ya huang jia kong jun M1
澳大利亚皇家空军 **M1** ［**0201D**］
RAAF-M1
　　C 澳大利亚国防学院

ao da li ya huang jia kong jun M1
澳大利亚皇家空军 **M1** ［**0201D**］
RAAF-M1
　　C 范登堡空军基地

ao da li ya huang jia kong jun M1
澳大利亚皇家空军 **M1** ［**0201D**］
RAAF-M1
　　C 猎鹰 9 号

ao da li ya huang jia kong jun M2 tan lu zhe
澳大利亚皇家空军 **M2** 探路者 ［**0201D**］
RAAF-M2 Pathfinder
　　S RAAF

ao da li ya huang jia kong jun M2 tan lu zhe
澳大利亚皇家空军 **M2** 探路者 ［**0201D**］
RAAF-M2 Pathfinder
　　C 环境与灾害监测卫星

ao da li ya huang jia kong jun M2 tan lu zhe
澳大利亚皇家空军 **M2** 探路者 ［**0201D**］
RAAF-M2 Pathfinder
　　C 太阳同步轨道

ao da li ya huang jia kong jun M2 tan lu zhe
澳大利亚皇家空军 **M2** 探路者 ［**0201D**］
RAAF-M2 Pathfinder
　　C 皇家澳大利亚空军

ao da li ya huang jia kong jun M2 tan lu zhe

澳大利亚皇家空军 M2 探路者 ［0201D］

RAAF-M2 Pathfinder

C 澳大利亚国防学院

ao da li ya huang jia kong jun M2 tan lu zhe

澳大利亚皇家空军 M2 探路者 ［0201D］

RAAF-M2 Pathfinder

C 火箭实验室

ao da li ya huang jia kong jun M2 tan lu zhe

澳大利亚皇家空军 M2 探路者 ［0201D］

RAAF-M2 Pathfinder

C 火箭实验室发射综合体

ao da li ya huang jia kong jun M2 tan lu zhe

澳大利亚皇家空军 M2 探路者 ［0201D］

RAAF-M2 Pathfinder

C 电子运载火箭

ao da li ya kan pei la di mian zhan

澳大利亚堪培拉地面站 ［0201D］

Canberra, Australia, Ground Station

S 跟踪与数据中继卫星系统地面终端站

ba ji si tan ji shu ping gu wei xing

巴基斯坦技术评估卫星 ［0201D］

Pakistan Technology Evaluation Satellite

C 地球资源卫星

ba ji si tan ji shu ping gu wei xing

巴基斯坦技术评估卫星 ［0201D］

Pakistan Technology Evaluation Satellite

C 太阳同步轨道

ba ji si tan ji shu ping gu wei xing

巴基斯坦技术评估卫星 ［0201D］

Pakistan Technology Evaluation Satellite

C 中国运载火箭技术研究院

ba ji si tan ji shu ping gu wei xing

巴基斯坦技术评估卫星 ［0201D］

Pakistan Technology Evaluation Satellite

C 空间和高层大气研究委员会

ba ji si tan ji shu ping gu wei xing

巴基斯坦技术评估卫星 ［0201D］

Pakistan Technology Evaluation Satellite

C 酒泉卫星发射中心

ba ji si tan ji shu ping gu wei xing

巴基斯坦技术评估卫星 ［0201D］

Pakistan Technology Evaluation Satellite

C 长征二号丙运载火箭

ba ji si tan yao gan wei xing yi hao

巴基斯坦遥感卫星一号 ［0201D］

Pakistan Remote Sensing Satellite I

C 地球资源卫星

ba ji si tan yao gan wei xing yi hao

巴基斯坦遥感卫星一号 ［0201D］

Pakistan Remote Sensing Satellite I

C 太阳同步轨道

ba ji si tan yao gan wei xing yi hao

巴基斯坦遥感卫星一号 ［0201D］

Pakistan Remote Sensing Satellite I

C 酒泉卫星发射中心

ba ji si tan yao gan wei xing yi hao

巴基斯坦遥感卫星一号 ［0201D］

Pakistan Remote Sensing Satellite I

C 上海航天技术研究院

ba ji si tan yao gan wei xing yi hao

巴基斯坦遥感卫星一号 ［0201D］

Pakistan Remote Sensing Satellite I

C 中国空间技术研究院

ba ji si tan yao gan wei xing yi hao

巴基斯坦遥感卫星一号 ［0201D］

Pakistan Remote Sensing Satellite I

C 长征二号丙运载火箭

ba si M2 hao

巴斯 M2 号 ［0201D］

BARS-M2

C 成像侦察卫星

ba si M2 hao

巴斯 M2 号 ［0201D］

BARS-M2

C 太阳同步轨道

ba si M2 hao

巴斯 M2 号 ［0201D］

BARS-M2

C 新南威尔士大学

ba si M2 hao

巴斯 M2 号 ［0201D］

BARS-M2

C 普列谢茨克航天发射基地

ba si M2 hao

巴斯 M2 号 ［0201D］

BARS-M2

C 列宁格勒光学机械协会

ba si M2 hao

巴斯 M2 号 ［0201D］

BARS-M2

C 联盟号 2.1a

ba si M hao

巴斯 M 号 ［0201D］

BARS-M

C 成像侦察卫星

ba si M hao

巴斯 M 号 ［0201D］

BARS-M

C 太阳同步轨道

ba si M hao

巴斯 M 号 ［0201D］

BARS-M

C 新南威尔士大学

ba si M hao

巴斯 M 号 ［0201D］

BARS-M

C 普列谢茨克航天发射基地

ba si M hao

巴斯 M 号 ［0201D］

BARS-M

C 列宁格勒光学机械协会

ba si M hao

巴斯 M 号 ［0201D］

BARS-M

C 联盟-2.1b 号运载火箭

bai

白 ［0203B］

White

S 灰阶

bai kong fan zhao lü

白空反照率 ［0202A］

White-Sky Albedo

C 双半球反射率

ban dao ti ji guang qi

半导体激光器 ［0201B］

Semiconductor Laser

S 激光器（工作物质）

ban jian du fen lei

半监督分类 ［0202B］

Semi-Supervised Classification

S 遥感图像分类方法

ban jiao ju

半焦距 ［0201B］

Semi-Focal Length

S 卫星轨道参量

ban jing yan fen xi fang fa

半经验分析方法 ［0202B］

Semi-Empirical Analysis Methods

S 水体遥感反演方法

ban jing yan mo xing
半经验模型 [0202A]
Semi-Empirical Model
　S 定量遥感模型

ban qiu bo shu tian xian
半球波束天线 [0201B]
Hemisphere-Beam Antenna
　S 通信卫星天线

ban qiu fan she lü
半球反射率 [0202A]
Hemispherical Reflectivity
　S 地物反射特征描述方法

ban qiu-fang xiang fan she lü
半球–方向反射率 [0203B]
Hemispherical Directional Reflectance
　HDR
　S 地表反射率

ban yi bi li chi fu hao
半依比例尺符号 [0202B]
Semi-Scaled Symbol
　S 地图符号

bao han guan xi
包含关系 [0202D]
Inclusion
　S 地物空间关系（二维）

bao han guan xi
包含关系 [0202D]
Containment Relationship
　S 拓扑关系

bao han guan xi cha xun
包含关系查询 [0202B]
Includes Relational Query
　S 空间关系查询

bao ceng ceng xi fa
薄层层析法 [0202C]
Thin Layer Chromatography
　S 液相色谱分析法

bao he du
饱和度 [0203B]
Saturation
　S 颜色属性

bao he du
饱和度 [0203B]
Saturation
　Y 纯度

bao he san she ji
饱和散射计 [0201C]
Saturated Scattering Meter（SSM）
　S EOS 传感器

bao zheng shi shi tiao jian
保证实施条件 [0202C]
Guarantee Conditions
　S 管理方式设计

bei jing-1
北京-1 [0201D]
Beijing-1
　C 环境与灾害监测卫星

bei jing-1
北京-1 [0201D]
Beijing-1
　C 太阳同步轨道

bei jing-1
北京-1 [0201D]
Beijing-1
　C 极轨卫星运载火箭-CA

bei jing-1
北京-1 [0201D]
Beijing-1

C 萨里卫星技术有限公司

bei jing-1
北京-1 ［0201D］
Beijing-1
　C 普列谢茨克航天发射基地

bei jing-1
北京-1 ［0201D］
Beijing-1
　C 北京宇视蓝图信息技术有限公司

bei jing-1
北京-1 ［0201D］
Beijing-1
　C 多光谱和全色片传感器

bei jing-2
北京-2 ［0201D］
Beijing-2
　C 商用遥感卫星

bei jing-2
北京-2 ［0201D］
Beijing-2
　C 太阳同步轨道

bei jing-2
北京-2 ［0201D］
Beijing-2
　C 阿丽亚娜

bei jing-2
北京-2 ［0201D］
Beijing-2
　C 乌法国立航空技术大学

bei jing-2
北京-2 ［0201D］
Beijing-2
　C OHB 系统股份公司

bei jing-2
北京-2 ［0201D］
Beijing-2

C 中国二十一世纪空间技术应用股份有限公司

bei mei（quan qiu）lu mian shu ju tong hua xi tong
北美（全球）陆面数据同化系统 ［0202D］
North American（Global）Land Data Assimilation System
　S 陆面数据同化系统

bei er ka 1 hao
贝尔卡 1 号 ［0201D］
BelKa-1
　S 贝尔卡

bei er ka 1 hao
贝尔卡 1 号 ［0201D］
BelKa-1
　C 商用遥感卫星

bei er ka 1 hao
贝尔卡 1 号 ［0201D］
BelKa-1
　C 太阳同步轨道

bei er ka 1 hao
贝尔卡 1 号 ［0201D］
BelKa-1
　C 白俄罗斯科学院

bei er ka 1 hao
贝尔卡 1 号 ［0201D］
BelKa-1
　C 第聂伯运载火箭

bei er ka 2 hao
贝尔卡 2 号 ［0201D］
BelKa-2
　S 贝尔卡

bei er ka 2 hao
贝尔卡 2 号 ［0201D］
BelKa-2
　C 商用遥感卫星

bei er ka 2 hao
贝尔卡 2 号　[0201D]
BelKa-2
　　C 太阳同步轨道

bei ye si gu ji fa
贝叶斯估计法　[0202B]
Bayesian Estimation Method
　　S 数据同化法

bei ye si zhun ze
贝叶斯准则　[0202B]
Bayes Criterion
　　Y 最大自然判决

bei san she dian zi
背散射电子　[0203B]
Backscattered Electron
　　S 二次电子

bei pin qi
倍频器　[0201B]
Frequency Multiplier
　　S 测控发射机

bei dong re kong chan pin
被动热控产品　[0201B]
Passive Thermal Control Products
　　S 热控硬件

bei dong re kong chan pin
被动热控产品　[0201C]
Passive Thermal Control Products
　　F 热控涂层
　　　多层隔热组件
　　　热管
　　　导热填料
　　　隔热垫片
　　　扩热板

bei dong tong bu fa
被动同步法　[0202A]
Passive Synchronization Method
　　S 子帧捕获方法

bei dong xi tong
被动系统　[0201C]
Passive System
　　S 卫星系统

bei dong xi tong
被动系统　[0201C]
Passive System
　　D 光学系统

ben zhen bei pin dian lu
本振倍频电路　[0201B]
Local Frequency Doubling Circuit
　　S 测控接收机

ben zhen zao sheng
本振噪声　[0201B]
Local Noise
　　S 内部噪声

bi jiao yun suan
比较运算　[0202A]
Comparison Operations
　　S 图像运算

bi li xi shu
比例系数　[0203D]
Proportional Coefficient
　　S 地图投影参数

bi li yin zi
比例因子　[0202A]
Scale Factor
　　S 惯性传感测量误差

bi luo si
比罗斯　[0201D]
BIROS
　　C 环境与灾害监测卫星

bi luo si
比罗斯　[0201D]
BIROS

C 太阳同步轨道

bi luo si
比罗斯 ［0201D］
BIROS
C 光学红外有效载荷

bi luo si
比罗斯 ［0201D］
BIROS
C 光学空间红外下行系统

bi luo si
比罗斯 ［0201D］
BIROS
C 德国航空航天中心

bi luo si
比罗斯 ［0201D］
BIROS
C 萨迪什·达万航天中心

bi luo si
比罗斯 ［0201D］
BIROS
C 极轨卫星运载火箭-CA

bi lü shu ju
比率数据 ［0203D］
Ratio Data
S 属性数据分类（测量范围）

bi re rong
比热容 ［0203D］
Specific Heat
C 热容量

bi te liu chu li zhuan fa qi
比特流处理转发器 ［0202C］
Bitstream Processing Transponder
S 处理转发器

bi zhi bian huan
比值变换 ［0202B］
Ratio Transformation

S 特征变换

bi zhi fa
比值法 ［0202B］
Ratio Method
S 遥感变化检测方法

bi zhi zhi bei zhi shu
比值植被指数 ［0202A］
Ratio Vegetation Index（RVI）
S 植被指数

bi zhi zhi bei zhi shu
比值植被指数 ［0202A］
Ratio Vegetation Index（RVI）
C 绿度

bi yun suan
闭运算 ［0202B］
Closed Operation
S 数学形态学方法

bi zhang suan fa
避障算法 ［0202B］
Obstacle Avoidance Algorithm
S 导航算法

bian jie dai shu suan fa
边界代数算法 ［0202B］
Boundary Algebra Algorithm
S 多边形栅格化方法

bian jie fa
边界法 ［0202B］
Boundary Method
S 矢量数据栅格化

bian jie gen zong
边界跟踪 ［0202B］
Boundary Tracking
S 边缘连接

bian jie lin jie fa
边界邻接法 ［0202B］
Boundary Adjacency Method

S 空间邻接性方法

bian jie tian chong suan fa
边界填充算法 ［0202B］
Boundary Filling Algorithm
　　Y 递归种子填充算法

bian yuan fen pei guang ceng
边缘分配光层 ［0202A］
Edge Distribution Layer
　　S 光突发交换系统体系结构

bian yuan jian ce
边缘检测 ［0202B］
Edge Detection
　　S 梯度方法

bian yuan jian ce suan zi
边缘检测算子 ［0202B］
Canny Operator
　　S 锐化

bian yuan lian jie
边缘连接 ［0202B］
Edge Connection
　　S 梯度方法

bian yuan lian jie
边缘连接 ［0202C］
Edge Connection
　　F 启发式搜索
　　　曲线拟合
　　　边界跟踪

bian yuan zeng qiang
边缘增强 ［0202B］
Edge Enhancement
　　Y 图像锐化

bian cheng fa
编程法 ［0202B］
Programming Method
　　S 计算机制图符号绘制方法

bian tu zi liao
编图资料 ［0202D］
Compilation Data
　　S 地图元数据

bian fen tong hua
变分同化 ［0202A］
Variational Assimilation
　　C 数据同化

bian fen tong hua fa
变分同化法 ［0202A］
Variational Assimilation
　　S 数据同化法

bian fen tong hua fa
变分同化法 ［0202A］
Variational Assimilation
　　D 变分约束法

bian fen yue shu fa
变分约束法 ［0202B］
Variational Constraint Method
　　Y 变分同化法

bian gui kong zhi
变轨控制 ［0203C］
Orbit Change Control
　　S 轨道控制

bian hua xiang liang fa
变化向量法 ［0202B］
Change Vector Method
　　S 遥感变化检测方法

bian hua xin xi ti qu
变化信息提取 ［0202B］
Change Information Extraction
　　S 遥感信息提取

bian huan jian ce
变换检测 ［0202B］
Change Detection

S 专题特征提取

bian xie shi ji guang sao miao xi tong
便携式激光扫描系统 [0201C]
Portable LiDAR System
　S 激光雷达系统

biao zhun li cha
标准离差 [0202C]
Standard Deviation
　S 数据分类方法

biao zhun wei xian
标准纬线 [0201A]
Standard Latitude
　S 地图投影参数

biao zhun xian
标准线 [0203C]
Standard Lines
　S 地图投影参数

biao guan wen du
表观温度 [0202A]
Apparent Temperature
　C 辐射温度

biao mian cu cao du
表面粗糙度 [0203A]
Surface Roughness
　　C 土壤反射率

biao mian guang hua cheng du
表面光滑程度 [0202A]
Surface Smoothness
　S 反射波谱影响因素（岩石）

biao mian wu ti
表面物体 [0203A]
Surface Object
　　C 反射多径

biao pi wen du
表皮温度 [0202A]
Epidermal Temperature

D 皮肤温度

bin an hai di di mao jie yi
滨岸海底地貌解译 [0202B]
Coastal Seabed Geomorphology Interpretation
　S 海岸带地貌解译

bin an hai di di mao jie yi
滨岸海底地貌解译 [0202B]
Coastal Seabed Geomorphology Interpretation
　F 深海海底深度解译
　　浅海海底地形解译
　　水下潮流三角洲解译
　　水下沙坝与沙洲解译
　　水下溺谷与水下河槽解译
　　沿岸泥沙流解译
　　河口解译

bing chuan she ying ce liang
冰川摄影测量 [0202D]
Glacier Photogrammetry
　S 摄影测量

bing jie jing ti
冰结晶体 [0203B]
Ice Crystal
　　C 信号去极化

bing xue jian ce fang fa
冰雪检测方法 [0202B]
Snow and Ice Detection Method
　F 人机交互阈值判识
　　多光谱半自动阈值判识
　　微波监测

bing zhuang tong ji di tu
饼状统计地图 [0202B]
Pie Chart Map
　S 定量地图类型

bing xing
并行 [0202C]
Parallel

S 流的空间分布模式

bing xing ma xiang wei sou suo
并行码相位搜索 ［0202B］
Parallel Code Phase Search
　S 信号搜索捕获算法

bing xing sou suo
并行搜索 ［0202C］
Parallel Search
　S 信号搜索捕获算法

bing xing tong dao jie shou ji
并行通道接收机 ［0201B］
Parallel Channel Receiver
　S GPS 接收机

bing xing tong dao jie shou ji
并行通道接收机 ［0201B］
Parallel Channel Receiver
　D 多通道接收机

bo duan an xiang yuan jiao cha ge shi
波段按像元交叉格式 ［0202C］
Band Interleaved by Pixel
　S 遥感图像通用数据格式

bo duan an xing jiao cha ge shi
波段按行交叉格式 ［0202C］
Band Interleaved by Line
　S 遥感图像通用数据格式

bo duan shu
波段数 ［0203D］
Number of Bands
　C 谱分辨率

bo duan shun xu ge shi
波段顺序格式 ［0203B］
Band Sequential Format
　S 遥感图像通用数据格式

bo duan shun xu ge shi wen jian
波段顺序格式文件 ［0202C］
BSQ File

　F 磁带目录文件
　　图像属性文件
　　图像数据文件
　　尾部文件

bo duan yun suan
波段运算 ［0202A］
Band Operation
　S 图像增强方法

bo pu fen xi
波谱分析 ［0203B］
Spectral Analysis
　S 数学分析

bo pu te xing
波谱特性 ［0203A］
Spectral Characteristic
　S 遥感技术通用基础

bo shu xing cheng wang luo
波束形成网络 ［0201B］
Beamforming Network
　S 相控阵天线

bo yin de er ta 2 xing yun zai huo jian
波音德尔塔 2 型运载火箭 ［0201D］
Boeing Delta 2 Launch Vehicle
　S 德尔塔系列

bo chang
波长 ［0203D］
Wave Length
　C 反射率

bo chang fan wei
波长范围 ［0203D］
Wavelength Range
　C 谱分辨率

bu dui chen yin zi
不对称因子 ［0202A］
Asymmetry Factor

S 大气气溶胶光学参数

bu gui ze ge wang hui zhi suan fa
不规则格网绘制算法 ［0202A］
Irregular Grid Drawing Algorithm
　S 等值线法

bu gui ze san jiao wang mo xing
不规则三角网模型 ［0202A］
Irregular TIN Model
　S 数字高程模型

bu xiang gan tu xiang
不相干图像 ［0202B］
Incoherent Image
　S 遥感图像（传感器电磁波谱范围）

bu xiang gan tu xiang
不相干图像 ［0202B］
Incoherent Image
　F 多光谱图像
　　高光谱图像
　　高空间分辨率图像

bu yi bi li chi fu hao
不依比例尺符号 ［0202B］
Unscaled Symbol
　S 地图符号

bu jin gen zong
步进跟踪 ［0202A］
Step Tracking
　S 自动跟踪

bu fen guang pu fang an
部分光谱方案 ［0202A］
Partial Spectrum Scheme
　S 通用色彩方案

ca chu
擦除 ［0202C］
Erase
　S 图层要素操作

cai liao ke xue shi yan wei xing
材料科学试验卫星 ［0201C］
Materials Science Test Satellite
　S 技术试验卫星

cai jian
裁剪 ［0202B］
Tailor
　S 影像/图像预处理

cai yang
采样 ［0202A］
Sampling
　F 随机采样
　　分层采样
　　系统采样
　　专家采样
　　聚类采样
　　均匀采样
　　尺度采样
　　灰度采样
　　动态范围采样

cai yang ji shu
采样技术 ［0202C］
Sampling Techniques
　S 环境监测技术

cai yang jian ge
采样间隔 ［0202C］
Sampling Interval
　C 光学分辨率

cai hong wai xiang pian
彩红外像片 ［0203B］
Color Infrared Photo
　S 遥感摄影像片

cai se bian huan
彩色变换 ［0202B］
Color Transformation
　F 单波段彩色变换
　　多波段彩色变换

HLS 变换
　　S 卫星图像几何纠正模型

cai se bian huan rong he
彩色变换融合 ［0202B］
Color Transformation Fusion
　　S 图像融合

cai se he cheng
彩色合成 ［0202B］
Color Synthesis
　　S 图像增强方法

cai se hong wai ying xiang
彩色红外影像 ［0202A］
Color Infrared Image
　　S 红外影像

cai se sao miao yi
彩色扫描仪 ［0201B］
Colour Scanner
　　S 扫描仪（辐射分辨率）

cai se xiang pian
彩色像片 ［0202B］
Color Photo
　　S 遥感摄影像片

cai se zeng qiang
彩色增强 ［0202B］
Color Enhancement
　　S 图像增强

can shu cheng tu ji shu
参数成图技术 ［0202A］
Parameter Mapping Technique
　　S 植被遥感分析方法

can shu fa jiu zheng
参数法纠正 ［0202A］
Parameter Correction Method
　　S 图像几何处理

can shu mo xing
参数模型 ［0203D］
Parameter Model

can shu mo xing
参数模型 ［0203D］
Parameter Model
　　D 严格物理模型

can shu shui wen xue
参数水文学 ［0203D］
Parametric Hydrology
　　S 水文学

ce shi lei da
侧视雷达 ［0201C］
Side Looking Radar
　　S 雷达

ce xiang fen bian lü
侧向分辨率 ［0202A］
Lateral Resolution
　　C 距离分辨率

ce hou chu li
测后处理 ［0202D］
Post-Test Processing
　　S 差分 GPS（实时性定位）

ce ji fa mo shi
测记法模式 ［0202B］
Metrical Pattern
　　S 全站仪数据采集

ce ju jing du zhi shi
测距精度指示 ［0203D］
Range Accuracy Indication
　　S 基本导航信息

ce ju ma
测距码 ［0203D］
Ranging Code
　　Y 伪码

ce ju zi xi tong
测距子系统 ［0201C］
Distance Measuring Subsystem

S 航天测控技术地球站

ce kong dan yuan
测控单元 ［0203C］
Measurement and Control Unit
　S 数管分系统硬件设备

ce kong dan yuan
测控单元 ［0203C］
Measurement and Control Unit
　F 服务舱北测控单元
　　服务舱南测控单元
　　通信舱北测控单元
　　通信舱南测控单元

ce kong dan yuan ruan jian
测控单元软件 ［0203C］
Measurement and Control Unit Software
　S 数管分系统软件

ce kong fa she ji
测控发射机 ［0203C］
Measurement and Control Transmitter
　F 晶振电路
　　调制器
　　倍频器

ce kong fen xi tong
测控分系统 ［0203C］
Measurement and Control Subsystem
　S 卫星平台分系统

ce kong fen xi tong she ji zhi biao
测控分系统设计指标 ［0203C］
Measurement and Control Subsystem Design Index
　S 测控分系统

ce kong fen xi tong she ji zhi biao
测控分系统设计指标 ［0203C］
Measurement and Control Subsystem Design Index
　F 测控频段
　　测控体制
　　天线覆盖

　　发射 EIRP 值
　　接收 G/T 值
　　上行捕获门限值
　　上下行调制方式
　　遥控指令容量
　　遥测参数容量
　　抗干扰能力

ce kong gen zong he zhi ling zhan
测控跟踪和指令站 ［0203C］
Measurement, Control, Tracking and Command
(TT&C) Station
　S 卫星测控管理地球站

ce kong jie shou ji
测控接收机 ［0203C］
Measurement and Control Receiver
　F 低噪放
　　变频器
　　鉴频器
　　本振倍频电路
　　中频放大器
　　终端滤波器

ce kong pin duan
测控频段 ［0203C］
Measurement and Control Frequency Band
　S 测控分系统设计指标

ce kong shu chuan yi ti hua ti zhi
测控数传一体化体制 ［0203C］
Integrated System of Measurement, Control, Data and
Transmission
　S 测控系统

ce kong ti zhi
测控体制 ［0203C］
Measurement and Control System
　S 测控分系统设计指标

ce kong xi tong
测控系统 ［0203C］
Measurement and Control System

F 非相干扩频测控体制
　相干扩频测控体制
　扩跳频结合测控体制
　测控数传一体化体制

ce kong zhi biao
测控指标［0203C］
Measurement and Control Index
　S 卫星平台能力指标

ce liang shu ju
测量数据［0202A］
Measurement Data
　S 野外数据

ce liang wu cha
测量误差［0202A］
Measurement Error
　S 遥感误差

ce liang wu cha
测量误差［0202A］
Measurement Error
　F 距离测量误差
　　高程误差
　　钟误差

ce liang xi tong zai ti
测量系统载体［0201D］
Measurement System Carrier
　S 机载 LiDAR 设备

ce liang zhi zu zhuang
测量值组装［0202C］
Measurement Assembly
　S 基带数字信号处理

ce shi ji shu
测试技术［0202A］
Testing Techniques
　S 环境监测技术

ceng ci si cha shu
层次四叉树［0202B］
Hierarchical Quadtree
　S 四叉树

ceng xi fa
层析法［0202A］
Chromatography
　Y 色谱分析法

cha bu suan fa
插补算法［0202C］
Interpolation Algorithm
　F 线性迭代法
　　分段三次多项式插值法
　　正轴抛物线平均加权法
　　斜轴抛物线平均加权法
　　样条函数插值法

cha fen GNSS xi tong
差分 GNSS 系统［0201A］
Differential GNSS System
　S 机载 LiDAR 设备

cha fen GNSS xiang dui ding wei suan fa
差分 GNSS 相对定位算法［0202A］
Differential GNSS Relative Positioning Algorithm
　F 单差伪距定位
　　双差伪距定位
　　单差载波相位定位
　　双差载波相位定位

cha fen shi xiang guan fa
差分式相关法［0202B］
Difference Correlation Method
　S 信号搜索捕获算法

cha fen shi xiang guan fa
差分式相关法［0202B］
Difference Correlation Method
　D 延时相乘法

cha fen xi shou ji guang lei da

差分吸收激光雷达 ［0201C］

Differential Absorption Lidar

　　S 大气探测激光雷达

cha fen jiao zheng can shu

差分校正参数 ［0203D］

Differential Correction Parameter

　　F 时钟差分校正参数

　　　星历差分校正参数

cha yi zhi bei zhi shu

差异植被指数 ［0202A］

Differential Vegetation Index

　　C 农业植被指数

cha zhi fa

差值法 ［0202A］

Difference Method

　　S 遥感变化检测方法

cha zhi zhi bei zhi shu

差值植被指数 ［0202A］

Difference Vegetation Index （DVI）

　　S 植被指数

chang gui jian ce

常规监测 ［0202D］

Routine Monitoring

　　Y 监视性监测

chang wen shen hua jia chang xiao ying fang da qi

常温砷化镓场效应放大器 ［0201B］

Ambient GaAs FEAs

　　S 低噪声放大器

chang qu jian ce

厂区监测 ［0202D］

Factory Area Monitoring

　　S 环境监测 （区域）

chang di ding biao

场地定标 ［0202A］

Site Calibration

　　S 遥感器定标

chao guang pu chuan gan qi

超光谱传感器 ［0201C］

Hyperspectral Sensors

　　S 遥感传感器

chao guang pu yao gan wei xing

超光谱遥感卫星 ［0201C］

Hyperspectral Remote Sensing Satellites

　　S 光学遥感卫星

chao jin zu he

超紧组合 ［0202A］

Ultra-Tight Combination

　　Y 深性组合

chao yuan hong wai

超远红外 ［0203B］

Ultra-Far Infrared

　　S 红外线

chao yuan hong wai

超远红外 ［0203A］

Ultra-Far Infrared

　　C 地物热辐射

chao jian ping tan jie yi

潮间平滩解译 ［0202B］

Interpretation of Intertidal Flats

　　S 海岸地貌解译

che zai ji guang lei da

车载激光雷达 ［0201C］

Vehicle-Mounted Lidar

　　S 大气探测激光雷达 （运载方式）

chen ai

尘埃 ［0203B］

Dust

S 固体杂质

chen dian
沉淀 [0203B]
Precipitation
　S 化学处理

cheng fen tan ce
成分探测 [0202A]
Composition Detection
　S 大气探测

cheng fen xin xi ti qu
成分信息提取 [0202B]
Component Information Extraction
　S 遥感信息提取

cheng tu shi jian
成图时间 [0202A]
Mapping Time
　S 地图元数据

cheng xiang chuan gan qi
成像传感器 [0201B]
Imaging Sensor
　F 摄影成像传感器
　　扫描成像传感器

cheng xiang chuan gan qi
成像传感器 [0201C]
Imaging Sensor
　S 传感器

cheng xiang guang pu yi
成像光谱仪 [0201C]
Imaging Spectrometer
　S 扫描成像类型传感器

cheng xiang lei da
成像雷达 [0201C]
Imaging Radar
　S 雷达

cheng xiang yao gan
成像遥感 [0202D]
Imaging Remote Sensing
　S 遥感

cheng xing bo shu tian xian
成形波束天线 [0201C]
Shaped Beam Antenna
　S 通信卫星天线

cheng li tong shi
承力筒式 [0201C]
Bearing Cylinder Type
　S 主承力结构形式

cheng zai neng li
承载能力 [0201D]
Carrying Capacity
　S 卫星构型局部设计

cheng shi di wu
城市地物 [0202B]
Urban Feature
　F 建筑物
　　道路
　　水体
　　植被

cheng shi she ying ce liang
城市摄影测量 [0202D]
Urban Photogrammetry
　S 摄影测量

cheng shi yao gan
城市遥感 [0202D]
Urban Remote Sensing
　S 遥感

cheng fu she
程辐射 [0202A]
Path Radiation
　D 路径辐射

cheng fu she du
程辐射度 ［0203D］
Path Irradiance
　D 雾霾校正

cheng xu gen zong
程序跟踪 ［0203C］
Program Tracking
　S 天线跟踪

chi du cai yang
尺度采样 ［0202A］
Scale Sampling
　S 采样

chi du xiao ying
尺度效应 ［0202A］
Scale Effect
　C 空间交互模式

chi dao gui dao
赤道轨道 ［0201A］
Equatorial Orbit
　S 卫星轨道（倾角）

chong qi tian xian
充气天线 ［0201C］
Gas-Filled Antenna
　Y 膜面天线

chou xiang fu hao
抽象符号 ［0202B］
Abstract Symbol
　S 地图符号

chu ji shu ju chan pin
初级数据产品 ［0202C］
Primary Data Products
　S 遥感数据预处理

chuan tou shen du
穿透深度 ［0202A］
Depth of Penetration

　Y 趋肤深度

chuan gan jie zhi bu jun yun
传感介质不均匀 ［0202A］
Uneven Sensing Medium
　S 外部误差

chuan gan qi
传感器 ［0201B］
Transducers
　D 遥感器

chuan gan qi
传感器 ［0201B］
Sensor
　F 遥感传感器
　　地面传感器
　　成像传感器
　　非成像传感器

chuan gan qi ding wei ji shu
传感器定位技术 ［0201B］
Sensor Positioning Technology
　S 定位技术

chuan gan qi duan de fu she jiao zheng
传感器端的辐射校正 ［0202A］
Radiation Correction at the Sensor End
　S 用户辐射校正

chuan gan qi duan de fu she jiao zheng
传感器端的辐射校正 ［0202A］
Radiation Correction at the Sensor End
　D 传感器校正

chuan gan qi duan de fu she jiao zheng
（wei xing yao gan tu xiang）
传感器端的辐射校正（卫星遥感图像）
［0202A］
Radiation Correction at the Sensor End（Satellite
Remote Sensing Images）
　C 大气顶面辐射校正

chuan gan qi duan de fu she jiao zheng (wei xing yao gan tu xiang)
传感器端的辐射校正（卫星遥感图像）［0202A］
Radiation Correction at the Sensor End（Satellite Remote Sensing Images）
　C 辐射定标

chuan gan qi duan de fu she jiao zheng (wei xing yao gan tu xiang)
传感器端的辐射校正（卫星遥感图像）［0202A］
Radiation Correction at the Sensor End（Satellite Remote Sensing Images）
　C 大气上界辐射校正

chuan gan qi wai fang wei bian hua
传感器外方位变化［0201B］
Sensor External Position Change
　S 外部误差

chuan gan qi xiang ying han shu
传感器响应函数［0203D］
Sensor Response Function
　Y 光谱响应函数

chuan gan qi xiang ying te xing
传感器响应特性［0201B］
Sensor Response Characteristics
　C 辐射误差

chuan gan qi jiao zheng
传感器校正［0202A］
Sensor Calibration
　Y 传感器端的校正

chuan zai ji guang lei da
船载激光雷达［0201C］
Shipborne Lidar
　S 大气探测激光雷达（运载方式）

chuan lian dian jing-X
串联电镜-X［0202C］
TanDEM-X

　C 环境与灾害监测卫星

chuan lian dian jing-X
串联电镜-X［0202C］
TanDEM-X
　C 太阳同步轨道

chuan lian dian jing-X
串联电镜-X［0202C］
TanDEM-X
　C 阿斯特里姆

chuan lian dian jing-X
串联电镜-X［0202C］
TanDEM-X
　C 德国航空航天中心

chuan lian dian jing-X
串联电镜-X［0202C］
TanDEM-X
　C 第聂伯 RS-20B 运载火箭

chuan lian dian jing-X
串联电镜-X［0202C］
TanDEM-X
　C 合成孔径雷达

chui zhi ce liang
垂直测量［0202A］
Vertical Measurement
　S 野外测量

chui zhi ji hua
垂直极化［0203D］
Vertical Polarization
　S 极化

chui zhi pou mian fa
垂直剖面法［0202B］
Vertical Profile Method
　S 地形制图技术

chui zhi she ying
垂直摄影［0202A］
Vertical Photography

S 摄影

chui zhi she ying qing jiao
垂直摄影倾角 ［0202B］
Vertical Photographic Inclination
　S 摄影倾角

chui zhi wen du fen bu fu she ji
垂直温度分布辐射计 ［0201C］
Vertical Temperature Profile Radiometer （VTPR）
　S 可见光–红外辐射计

chun du
纯度 ［0203B］
Purity
　S 色彩三要素

chun du
纯度 ［0203B］
Purity
　D 饱和度

ci li ji
磁力计 ［0201B］
Magnetometer
　S 导航传感器

ci yi chang
磁异常 ［0202A］
Magnetic Anomaly
　S 地球物理异常

ci xiang yuan
次像元 ［0202A］
Subcell
　S 像元

si fu gen zong fen xi tong
伺服跟踪分系统 ［0201A］
Servo Tracking Subsystem
　S 地球站

cong sheng fen bu
丛生分布 ［0203A］
Clumping Distribution

S 空间散布方式

cong sheng fen bu
丛生分布 ［0203A］
Clumping Distribution
　D 负二项式分布

cu cao du
粗糙度 ［0202A］
Roughness
　S 纹理的性质

cu hua
粗化 ［0202C］
Coarsening
　S 数学形态学方法

cu miao kong zhi qi
粗瞄控制器 ［0201B］
Coarse Sight Controller
　S 粗瞄装置

cu miao tan ce qi
粗瞄探测器 ［0201B］
Coarse Sight Detector
　S 粗瞄装置

cu miao zhuang zhi
粗瞄装置 ［0201B］
Coarse Sighting Device
　S 瞄准捕获跟踪功能装置

cu miao zhuang zhi
粗瞄装置 ［0201B］
Coarse Sighting Device
　F 万向转台
　　粗瞄控制器
　　粗瞄探测器

cu xi du
粗细度 ［0203B］
Coarseness
　S 纹理的性质

cun chu qi jian

存储器件 ［0201B］

Memory Device

　　S 系统级芯片

cun chu qi jian

存储器件 ［0201B］

Memory Device

　　F 随机存取存储器

　　　只读存储器

　　　电可擦可编程只读存储器

　　　闪存

da bu jian jie kou

大部件接口 ［0201A］

Large Component Interface

　　S 结构分系统组成

da di er hao

大地二号 ［0201D］

Advanced Land Observation Satellite 2

　　C 地球资源卫星

da di er hao

大地二号 ［0201D］

Advanced Land Observation Satellite 2

　　S ALOS

da di er hao

大地二号 ［0201D］

Advanced Land Observation Satellite 2

　　C 太阳同步轨道

da di er hao

大地二号 ［0201D］

Advanced Land Observation Satellite 2

　　C 日本宇宙航空研究开发机构

da di er hao

大地二号 ［0201D］

Advanced Land Observation Satellite 2

　　C 日本种子岛宇宙中心

da di er hao

大地二号 ［0201D］

Advanced Land Observation Satellite 2

　　C 日本宇宙航空研究开发机构

da di er hao

大地二号 ［0201D］

Advanced Land Observation Satellite 2

　　C H-3 运载火箭

da di er hao

大地二号 ［0201D］

Advanced Land Observation Satellite 2

　　C H-IIA 运载火箭24号

da di san hao

大地三号 ［0201D］

Advanced Land Observation Satellite 3

　　C 地球资源卫星

da di san hao

大地三号 ［0201D］

Advanced Land Observation Satellite 3

　　S ALOS

da di san hao

大地三号 ［0201D］

Advanced Land Observation Satellite 3

　　C 太阳同步轨道

da di san hao

大地三号 ［0201D］

Advanced Land Observation Satellite 3

　　C 日本宇宙航空研究开发机构

da di san hao

大地三号 ［0201D］

Advanced Land Observation Satellite 3

　　C 科斯特空间研究所

da di san hao

大地三号 ［0201D］

Advanced Land Observation Satellite 3

C TAYLP-2

C 船舶自动识别系统接收器

da di san hao
大地三号 ［0201D］
Advanced Land Observation Satellite 3
　C 宽幅高分辨率光学成像仪

da fu mian xiang ji
大幅面相机 ［0201B］
Large Format Camera （LFC）
　S 遥感相机

da di yi hao
大地一号 ［0201D］
Advanced Land Observation Satellite
　C 地球资源卫星

da qi bei dong yao gan
大气被动遥感 ［0202A］
Passive Atmospheric Remote Sensing
　S 大气遥感

da di yi hao
大地一号 ［0201D］
Advanced Land Observation Satellite
　S ALOS

da qi chuang kou yao gan
大气窗口遥感 ［0202A］
Atmospheric Window Remote Sensing
　Y 环境遥感

da di yi hao
大地一号 ［0201D］
Advanced Land Observation Satellite
　C 太阳同步轨道

da qi ding mian fu she jiao zheng
大气顶面辐射校正 ［0202A］
Atmospheric Top Radiation Correction
　C 传感器端的辐射校正（卫星遥感图像）

da di yi hao
大地一号 ［0201D］
Advanced Land Observation Satellite
　C 日本宇宙航空研究开发机构

da qi guang xue yao gan
大气光学遥感 ［0202A］
Atmospheric Optical Remote Sensing
　S 大气遥感

da di yi hao
大地一号 ［0201D］
Advanced Land Observation Satellite
　C 日本种子岛宇宙中心

da qi he jiang yu zao sheng
大气和降雨噪声 ［0202A］
Atmospheric and Rainfall Noise
　S 卫星通信噪声

da di yi hao
大地一号 ［0201D］
Advanced Land Observation Satellite
　C 日本宇宙航空研究开发机构

da qi hong wai tan ce qi
大气红外探测器 ［0201C］
Atmospheric Infrared Sounder （AIRS）
　S EOS 传感器

da di yi hao
大地一号 ［0201D］
Advanced Land Observation Satellite
　CL 波段合成孔径雷达

da qi huan jing yao gan
大气环境遥感 ［0202D］
Atmospheric Environment Remote Sensing
　S 环境遥感

da di yi hao
大地一号 ［0201D］
Advanced Land Observation Satellite

da qi huan jing yao gan ji shu
大气环境遥感技术 ［0202D］
Atmospheric Environment Remote Sensing Technology

F 掩星技术
散射技术
发射技术

da qi qi rong jiao guang xue can shu
大气气溶胶光学参数 [0203D]
Atmospheric Aerosol Optical Parameters
F 气溶胶粒子折射指数
大小谱分布
不对称因子
散射相关函数

da qi qi rong jiao jian ce
大气气溶胶监测 [0202D]
Atmospheric Aerosol Monitoring
S 大气环境监测

da qi san she
大气散射 [0202A]
Atmospheric Scattering
F 有选择性散射
无选择性散射

da qi san she
大气散射 [0202A]
Atmospheric Scattering
C 辐射光波长

da qi san she fu she
大气散射辐射 [0202A]
Diffuse Radiation
S 入射辐射

da qi shang jie fu she jiao zheng
大气上界辐射校正 [0202A]
Atmospheric Upper Boundary Radiometric Correction
C 传感器端的辐射校正（卫星遥感图像）

da qi sheng xue yao gan
大气声学遥感 [0202D]
Atmospheric Acoustic Remote Sensing
S 大气遥感

da qi tan ce
大气探测 [0202D]
Atmospheric Sounding
F 温度探测
成分探测
气压探测
密度探测
测风

da qi tan ce hong wai guang pu fu she ji- I xing
大气探测红外光谱辐射计- I 型 [0201C]
Atmospheric Sounding Infrared Spectroradiometer-Type I
S 可见光–红外辐射计

da qi tan ce ji guang lei da
大气探测激光雷达 [0201C]
Atmospheric Detection Lidar
F Mie 散射激光雷达
瑞利散射激光雷达
拉曼散射激光雷达
差分吸收激光雷达
共振荧光激光雷达

da qi tan ce ji guang lei da（yun zai fang shi）
大气探测激光雷达（运载方式） [0201C]
Atmospheric Detection Lidar（Delivery Mode）
F 固定激光雷达
车载激光雷达
机载激光雷达
船载激光雷达
星载激光雷达

da qi wei bo yao gan
大气微波遥感 [0202D]
Atmospheric Microwave Remote Sensing
S 大气遥感

da qi xiao chu fa
大气消除法 [0202A]
Atmospheric Removal Method

S 大气校正算法

da qi jiao zheng
大气校正 ［0202A］
Atmospheric Correction
　C 辐射定标

da qi jiao zheng
大气校正 ［0202A］
Atmospheric Correction
　S 用户辐射校正

da qi jiao zheng
大气校正 ［0202A］
Atmospheric Correction
　F 相对大气校正
　　模型大气校正
　　绝对大气校正

da qi jiao zheng can shu
大气校正参数 ［0203D］
Atmospheric Correction Parameters
　F 几何参数
　　大气组分参数
　　气溶胶组分参数

da qi jiao zheng suan fa
大气校正算法 ［0202A］
Atmospheric Correction Algorithm
　F 平地校正法
　　对数残差法
　　经验线法
　　内部均值相对反射率法
　　大气消除法

da qi yao gan
大气遥感 ［0202D］
Atmosphere Remote Sensing
　S 遥感

da qi yao gan
大气遥感 ［0202D］
Atmospheric Remote Sensing

　F 大气光学遥感
　　大气微波遥感
　　大气声学遥感
　　大气主动遥感
　　大气被动遥感
　　地基大气遥感
　　空基大气遥感

da qi yao gan chan pin zhen shi xing jian yan
大气遥感产品真实性检验 ［0203E］
Authenticity Inspection of Atmospheric Remote Sensing Products
　S 遥感产品真实性检验

da qi zao sheng
大气噪声 ［0203D］
Atmospheric Noise
　S 外部噪声

da qi zhe she
大气折射 ［0202C］
Atmospheric Refraction
　S 星-地链路附加损耗

da qi zhu dong yao gan
大气主动遥感 ［0202D］
Active Atmospheric Remote Sensing
　S 大气遥感

da qi zu fen can shu
大气组分参数 ［0203D］
Atmospheric Composition Parameters
　S 大气校正参数

da wen li
大纹理 ［0202B］
Large Texture
　S 纹理

da xiao pu fen bu
大小谱分布 ［0203B］
Size Distribution

S 大气气溶胶光学参数

da xing ke zhan kai tian xian
大型可展开天线 ［0201C］
Large Deployable Antenna
　F 环形天线
　　径向肋天线
　　架构式可展开天线

dai shu yun suan
代数运算 ［0202B］
Algebraic Operations
　S 图像运算

dai kuan
带宽 ［0203D］
Bandwidth
　S 频段及带宽参数

dai tong lü bo
带通滤波 ［0202B］
Band-Pass Filtering
　S 频率域滤波

dai tong lü bo qi
带通滤波器 ［0201B］
Bandpass Filter
　S 频率域滤波器

dai wai gan rao
带外干扰 ［0202C］
Out-of-Band Interference
　S 信号干扰（干扰信号频带的位置）

dai zhuang yun xian
带状晕线 ［0202B］
Band Shading Line
　S 线状符号图元

dai zu lü bo qi
带阻滤波器 ［0202C］
Band-Stop Filter
　S 频率域滤波器

dan bo duan cai se bian huan
单波段彩色变换 ［0202B］
Single Band Color Conversion
　D 密度分割

dan bo duan cai se bian huan
单波段彩色变换 ［0202B］
Single-Band Colour Conversion
　S 彩色变换

dan cha
单差 ［0202A］
Single Difference
　S 差分 GPS（差分操作的级数）

dan hang xian she ying
单航线摄影 ［0201C］
Single Route Photography
　S 摄影实施方式

dan jie shen hua jia dian chi pian
单结砷化镓电池片 ［0201B］
Single Junction GaAs Cell
　S 太阳电池片类型

dan jing tou hua fu shi she ying ji
单镜头画幅式摄影机 ［0201C］
Single-Lens Format Camera
　S 摄影成像传感器

dan mai chong gen zong
单脉冲跟踪 ［0203C］
Monopulse Tracking
　S 自动跟踪

dan pian she ying
单片摄影 ［0201C］
Single Film Photography
　S 摄影实施方式

dan se diao fang an
单色调方案 ［0202B］
Monochromatic Colour Scheme

S 通用色彩方案

dan xiang gen zong
单向跟踪 [0202D]
One-Way Tracking
　　S 深空通信跟踪

dan xiang ce liang
单项测量 [0202A]
Individual Measurement
　　S GPS 授时和校频方法

dan yi ceng mian zha ge shu ju ju lei fen xi
单一层面栅格数据聚类分析 [0202B]
Single Level Raster Data Cluster Analysis
　　S 聚类分析

dan zu yuan tui jin xi tong
单组元推进系统 [0201C]
Single-Component Propulsion System
　　S 推进系统

tan xing san she dian zi
弹性散射电子 [0202C]
Elastic Scattered Electron
　　S 二次电子

dan
氮 [0203A]
Nitrogen
　　S 气体

dao hang chuan gan qi
导航传感器 [0201C]
Navigation Sensor
　　F GPS 接收器
　　　陀螺仪
　　　加速度计
　　　磁力计

dao hang dian wen yi ma
导航电文译码 [0202B]
Navigation Message Decoding

S 基带数字信号处理

dao hang lei da
导航雷达 [0201A]
Navigation Radar
　　S 雷达

de er ta 2910 xing yun zai huo jian
德尔塔 2910 型运载火箭 [0201D]
Delta-2910
　　C 德尔塔系列

de er ta 2914 yun zai huo jian
德尔塔 2914 运载火箭 [0201D]
Delta-2914
　　S 德尔塔系列

de er ta 2 xing yun zai huo jian
德尔塔 2 型运载火箭 [0201D]
Delta-2
　　S 德尔塔系列

de er ta 3920 xing yun zai huo jian
德尔塔 3920 型运载火箭 [0201D]
Delta-3920
　　S 德尔塔系列

de er ta 904 xing yun zai huo jian
德尔塔 904 型运载火箭 [0201D]
Delta 904
　　C 德尔塔系列

de mo si-1
德莫斯-1 [0201D]
Deimos-1
　　S Deimos 系列

de mo si-1
德莫斯-1 [0201D]
Deimos-1
　　C 地球资源卫星

de mo si-1
德莫斯-1 [0201D]
Deimos-1

C 太阳同步轨道

de mo si-1
德莫斯-1 ［0201D］
Deimos-1
    C 萨里卫星技术有限公司

de mo si-1
德莫斯-1 ［0201D］
Deimos-1
    C 拜科努尔航天发射场

de mo si-1
德莫斯-1 ［0201D］
Deimos-1
    C UrtheCast

de mo si-1
德莫斯-1 ［0201D］
Deimos-1
    C 第聂伯运载火箭

de mo si-2
德莫斯-2 ［0201D］
Deimos-2
    S Deimos 系列

de mo si-2
德莫斯-2 ［0201D］
Deimos-2
    C 地球资源卫星

de mo si-2
德莫斯-2 ［0201D］
Deimos-2
    C 太阳同步轨道

de mo si-2
德莫斯-2 ［0201D］
Deimos-2
    C 第聂伯运载火箭

de mo si-2
德莫斯-2 ［0201D］
Deimos-2

C 萨里卫星技术有限公司

de mo si-2
德莫斯-2 ［0201D］
Deimos-2
    C 拜科努尔航天发射场

de mo si-2
德莫斯-2 ［0201D］
Deimos-2
    C UrtheCast

di biao fan she lü
地表反射率 ［0202A］
Surface Reflectivity
    D 反照率

di biao fan she lü
地表反射率 ［0202A］
Surface Reflectivity
    F 方向–半球反射率
      双半球反射率
      半球–方向反射率

di biao fu she wen du
地表辐射温度 ［0202A］
Surface Radiant Temperature
    D 地面亮温

di biao fu she jiao zheng
地表辐射校正 ［0202A］
Surface Radiation Correction
    S 用户辐射校正

di biao jing fu she tong liang
地表净辐射通量 ［0202A］
Net Radiant Flux
    D 辐射平衡

di biao jing fu she tong liang
地表净辐射通量 ［0202A］
Net Radiant Flux
    D 辐射差额

di biao re zhuang kuang

地表热状况 ［0202A］

Surface Thermal Conditions

 F 微气象参数

  土壤参数

  植物覆盖状况

  地表粗糙度

  地形地貌

di biao zu cheng cheng xiang fu she ji

地表组成成像辐射计 ［0201C］

Surface Corm-Position Mapping Radiometer（SCMR）

 S 可见光–红外辐射计

di ji da qi yao gan

地基大气遥感 ［0202D］

Ground-Based Atmospheric Remote Sensing

 S 大气遥感

di ji she ying ce liang

地籍摄影测量 ［0202D］

Cadastral Photogrammetry

 S 摄影测量

di ju fen bian lü

地距分辨率 ［0202A］

Ground-Range Resolution

 S 遥感分辨率

di li can zhao

地理参照 ［0202C］

Geo-Referencing

 C 图像纠正

di li xiang guan fen xi fa

地理相关分析法 ［0202B］

Geographic Correlation Analysis

 S 目视解译方法

di li xin xi xi tong ying jian pei zhi

地理信息系统硬件配置 ［0201A］

Geographic Information System Hardware Configuration

 F 单机模式

  局域网模式

  广域模式

di li xin xi xi tong zu cheng

地理信息系统组成 ［0201A］

The System Composition of GIS

 F 数据采集子系统

  数据处理子系统

  数据管理子系统

  数据分析子系统

  数据产品输出子系统

di mao yun xuan fa

地貌晕渲法 ［0202B］

Hillshade Rendering Method

 S 地形制图技术

di mian cai ji fang fa

地面采集方法 ［0202C］

Ground Acquisition Method

 S 环境空间数据采集方法

di mian chuan gan qi

地面传感器 ［0201B］

Ground Sensor

 S 传感器

di mian chuan gan qi

地面传感器 ［0201B］

Ground Sensor

 F GPS 接收器

  光谱辐射计

  土壤湿度传感器

  热红外传感器

  雷达传感器

  全站仪

  激光扫描仪

  空气质量传感器

  水质传感器

di mian fen bian lü

地面分辨率 ［0202A］

Ground Resolution

S 遥感分辨率

di mian guan ce tai
地面观测台 ［0201A］
Round-Based Observatories
S 地面平台

di mian ji guang lei da dian yun ce liang
地面激光雷达点云测量 ［0201C］
Terrestrial LiDAR Point Cloud Measurement
S 激光雷达点云测量

di mian liang wen
地面亮温 ［0202A］
Surface Brightness Temperature
Y 地表辐射温度

di mian ping tai
地面平台 ［0201D］
Ground Platforms
S 遥感平台

di mian ping tai
地面平台 ［0201D］
Ground Platforms
F 遥感车
手提平台
地面观测台
遥感塔

di mian qi xiang guan ce
地面气象观测 ［0202D］
Surface Meteorological Observation
S 气象观测

di mian she ying ce liang
地面摄影测量 ［0201A］
Terrestrial Photogrammetry
S 摄影测量

di mian xing ji guang sao miao xi tong
地面型激光扫描系统 ［0201A］
Terrestrial LiDAR System

S 激光雷达系统

di mian yao gan
地面遥感 ［0202D］
Ground Remote Sensing
S 遥感

di mian zao sheng
地面噪声 ［0202C］
Ground Noise
S 地球站天线噪声

di ping xian-1
地平线-1 ［0201D］
Ofeq-1
S 地平线系列卫星

di ping xian-1
地平线-1 ［0201D］
Ofeq-1
C 电子侦察卫星

di ping xian-1
地平线-1 ［0201D］
Ofeq-1
C 近地轨道

di ping xian-1
地平线-1 ［0201D］
Ofeq-1
C 沙维特运载火箭

di ping xian-1
地平线-1 ［0201D］
Ofeq-1
C 以色列航空工业公司

di ping xian-1
地平线-1 ［0201D］
Ofeq-1
C 帕勒玛希姆空军试验基地

di ping xian-1
地平线-1 ［0201D］
Ofeq-1

C 以色列国防部

di ping xian-10
地平线-10 ［0201D］
Ofeq-10
　　S 地平线系列卫星

di ping xian-10
地平线-10 ［0201D］
Ofeq-10
　　C 电子侦察卫星

di ping xian-10
地平线-10 ［0201D］
Ofeq-10
　　C 近地轨道

di ping xian-10
地平线-10 ［0201D］
Ofeq-10
　　C 高分辨率合成孔径雷达

di ping xian-10
地平线-10 ［0201D］
Ofeq-10
　　C 沙维特 2 号运载火箭

di ping xian-10
地平线-10 ［0201D］
Ofeq-10
　　C 以色列航空工业公司

di ping xian-10
地平线-10 ［0201D］
Ofeq-10
　　C 帕勒玛希姆空军试验基地

di ping xian-10
地平线-10 ［0201D］
Ofeq-10
　　C 以色列国防部

di ping xian-16
地平线-16 ［0201D］
Ofeq-16

S 地平线系列卫星

di ping xian-16
地平线-16 ［0201D］
Ofeq-16
　　C 电子侦察卫星

di ping xian-16
地平线-16 ［0201D］
Ofeq-16
　　C 近地轨道

di ping xian-16
地平线-16 ［0201D］
Ofeq-16
　　C 沙维特 2 号运载火箭

di ping xian-16
地平线-16 ［0201D］
Ofeq-16
　　C 以色列航空工业公司

di ping xian-16
地平线-16 ［0201D］
Ofeq-16
　　C 帕勒玛希姆空军试验基地

di ping xian-16
地平线-16 ［0201D］
Ofeq-16
　　C 以色列国防部

di ping xian-2
地平线-2 ［0201D］
Ofeq-2
　　S 地平线系列卫星

di ping xian-2
地平线-2 ［0201D］
Ofeq-2
　　C 电子侦察卫星

di ping xian-2
地平线-2 ［0201D］
Ofeq-2

C 近地轨道

di ping xian-2
地平线-2 ［0201D］
Ofeq-2
　　C 沙维特运载火箭

di ping xian-2
地平线-2 ［0201D］
Ofeq-2
　　C 以色列航空工业公司

di ping xian-2
地平线-2 ［0201D］
Ofeq-2
　　C 帕勒玛希姆空军试验基地

di ping xian-2
地平线-2 ［0201D］
Ofeq-2
　　C 以色列国防部

di ping xian-3
地平线-3 ［0201D］
Ofeq-3
　　S 地平线系列卫星

di ping xian-3
地平线-3 ［0201D］
Ofeq-3
　　C 电子侦察卫星

di ping xian-3
地平线-3 ［0201D］
Ofeq-3
　　C 近地轨道

di ping xian-3
地平线-3 ［0201D］
Ofeq-3
　　C 波音德尔塔 2 型运载火箭

di ping xian-3
地平线-3 ［0201D］
Ofeq-3

C 以色列航空工业公司

di ping xian-3
地平线-3 ［0201D］
Ofeq-3
　　C 帕勒玛希姆空军试验基地

di ping xian-3
地平线-3 ［0201D］
Ofeq-3
　　C 以色列国防部

di ping xian-4
地平线-4 ［0201D］
Ofeq-4
　　S 地平线系列卫星

di ping xian-4
地平线-4 ［0201D］
Ofeq-4
　　C 电子侦察卫星

di ping xian-4
地平线-4 ［0201D］
Ofeq-4
　　C 近地轨道

di ping xian-4
地平线-4 ［0201D］
Ofeq-4
　　C 以色列航空工业公司

di ping xian-4
地平线-4 ［0201D］
Ofeq-4
　　C 帕勒玛希姆空军试验基地

di ping xian-4
地平线-4 ［0201D］
Ofeq-4
　　C 以色列国防部

di ping xian-4
地平线-4 ［0201D］
Ofeq-4

C 沙维特 1 号运载火箭

C 电子侦察卫星

di ping xian-5
地平线-5［0201D］
Ofeq-5
    S 地平线系列卫星

di ping xian-6
地平线-6［0201D］
Ofeq-6
    C 近地轨道

di ping xian-5
地平线-5［0201D］
Ofeq-5
    C 电子侦察卫星

di ping xian-6
地平线-6［0201D］
Ofeq-6
    C 以色列航空工业公司

di ping xian-5
地平线-5［0201D］
Ofeq-5
    C 近地轨道

di ping xian-6
地平线-6［0201D］
Ofeq-6
    C 帕勒玛希姆空军试验基地

di ping xian-5
地平线-5［0201D］
Ofeq-5
    C 以色列航空工业公司

di ping xian-6
地平线-6［0201D］
Ofeq-6
    C 以色列国防部

di ping xian-5
地平线-5［0201D］
Ofeq-5
    C 帕勒玛希姆空军试验基地

di ping xian-6
地平线-6［0201D］
Ofeq-6
    C 沙维特 1 号运载火箭

di ping xian-5
地平线-5［0201D］
Ofeq-5
    C 以色列国防部

di ping xian-7
地平线-7［0201D］
Ofeq-7
    S 地平线系列卫星

di ping xian-5
地平线-5［0201D］
Ofeq-5
    C 沙维特 1 号运载火箭

di ping xian-7
地平线-7［0201D］
Ofeq-7
    C 电子侦察卫星

di ping xian-6
地平线-6［0201D］
Ofeq-6
    S 地平线系列卫星

di ping xian-7
地平线-7［0201D］
Ofeq-7
    C 近地轨道

di ping xian-6
地平线-6［0201D］
Ofeq-6

di ping xian-7
地平线-7［0201D］
Ofeq-7

C 以色列航空工业公司

di ping xian-7
地平线-7 ［0201D］
Ofeq-7
　C 帕勒玛希姆空军试验基地

di ping xian-7
地平线-7 ［0201D］
Ofeq-7
　C 以色列国防部

di ping xian-7
地平线-7 ［0201D］
Ofeq-7
　C 沙维特 2 号运载火箭

di ping xian-7
地平线-7 ［0201D］
Ofeq-7
　C 高分辨率光学侦察相机

di ping xian-8
地平线-8 ［0201D］
Ofeq-8
　S 地平线系列卫星

di ping xian-8
地平线-8 ［0201D］
Ofeq-8
　C 电子侦察卫星

di ping xian-8
地平线-8 ［0201D］
Ofeq-8
　C 近地轨道

di ping xian-8
地平线-8 ［0201D］
Ofeq-8
　C X 频段合成孔径雷达

di ping xian-8
地平线-8 ［0201D］
Ofeq-8

C 以色列航空工业公司

di ping xian-8
地平线-8 ［0201D］
Ofeq-8
　C 帕勒玛希姆空军试验基地

di ping xian-8
地平线-8 ［0201D］
Ofeq-8
　C 以色列国防部

di ping xian-8
地平线-8 ［0201D］
Ofeq-8
　C 极轨卫星运载火箭-CA

di ping xian-9
地平线-9 ［0201D］
Ofeq-9
　S 地平线系列卫星

di ping xian-9
地平线-9 ［0201D］
Ofeq-9
　C 电子侦察卫星

di ping xian-9
地平线-9 ［0201D］
Ofeq-9
　C 近地轨道

di ping xian-9
地平线-9 ［0201D］
Ofeq-9
　C 高分辨率全色相机

di ping xian-9
地平线-9 ［0201D］
Ofeq-9
　C 沙维特 2 号运载火箭

di ping xian-9
地平线-9 ［0201D］
Ofeq-9

C 以色列航空工业公司

di ping xian-9
地平线-9［0201D］
Ofeq-9
　C 帕勒玛希姆空军试验基地

di ping xian-9
地平线-9［0201D］
Ofeq-9
　C 以色列国防部

di qiu di xing xiang ji
地球地形相机［0201C］
Earth Terrain Camera（ETC）
　S 遥感相机

di qiu fan she de ji hua he fang xiang xing tan ce yi
地球反射的极化和方向性探测仪［0201C］
Directional Polarization and Radiance Detector for Earth Reflectance
　S 先进地球观测卫星传感器

di qiu fu she
地球辐射［0202A］
Earth Radiation
　F 长波辐射
　　短波辐射
　　中红外辐射

di qiu fu she
地球辐射［0202A］
Terrestrial Radiation
　S 自然辐射源

di qiu fu she shou zhi ping heng wei xing
地球辐射收支平衡卫星［0201C］
Earth Radiation Balance Satellite
　S 跟踪与数据中继卫星系统服务对象

di qiu guan ce
地球观测［0202D］
Earth Observation

C 对地观测

di qiu guan ce wei xing
地球观测卫星［0201D］
Earth Observation Satellites
　S 科学卫星

di qiu guan ce wei xing
地球观测卫星［0201D］
Earth Observation Satellites
　F 地球资源卫星
　　气象卫星
　　海洋卫星
　　极地卫星
　　环境卫星
　　空间天气卫星

di qiu guan ce wei xing-1
地球观测卫星-1［0201D］
Satellite Probatoire de l'Observation de la Terre
　S 地球观测卫星

di qiu guan ce wei xing-2
地球观测卫星-2［0201D］
Satellite Probatoire de l'Observation de la Terre
　S 地球观测卫星

di qiu guan ce wei xing-3
地球观测卫星-3［0201D］
Satellite Probatoire de l'Observation de la Terre
　S 地球观测卫星

di qiu guan ce wei xing-4
地球观测卫星-4［0201D］
Satellite Probatoire de l'Observation de la Terre
　S 地球观测卫星

di qiu guan ce wei xing-5
地球观测卫星-5［0201D］
Satellite Probatoire de l'Observation de la Terre
　S 地球观测卫星

di qiu guan ce wei xing-6
地球观测卫星-6 ［0201D］
Satellite Probatoire de l'Observation de la Terre
  S 地球观测卫星

di qiu guan ce wei xing-7
地球观测卫星-7 ［0201D］
Satellite Probatoire de l'Observation de la Terre
  S 地球观测卫星

di qiu guan ce xi tong-guang huan
地球观测系统-光环 ［0201D］
Earth Observation System-Aura
  S ESO

di qiu guan ce xi tong-guang huan
地球观测系统-光环 ［0201D］
Earth Observation System-Aura
  C 气象卫星

di qiu guan ce xi tong-guang huan
地球观测系统-光环 ［0201D］
Earth Observation System-Aura
  C 太阳同步轨道

di qiu guan ce xi tong-guang huan
地球观测系统-光环 ［0201D］
Earth Observation System-Aura
  C 高分辨动力发声器

di qiu guan ce xi tong-guang huan
地球观测系统-光环 ［0201D］
Earth Observation System-Aura
  C 微波分叉发声器

di qiu guan ce xi tong-guang huan
地球观测系统-光环 ［0201D］
Earth Observation System-Aura
  C 臭氧层观测仪

di qiu guan ce xi tong-guang huan
地球观测系统-光环 ［0201D］
Earth Observation System-Aura

  C 对流层放射光谱仪

di qiu guan ce xi tong-guang huan
地球观测系统-光环 ［0201D］
Earth Observation System-Aura
  C 洛克希德·马丁公司

di qiu guan ce xi tong-guang huan
地球观测系统-光环 ［0201D］
Earth Observation System-Aura
  C 波音德尔塔 2 型运载火箭

di qiu guan ce xi tong-xia wu xing
地球观测系统-下午星 ［0201D］
Earth Observing System-Afternoon Star
  S EOS

di qiu guan ce xi tong-xia wu xing
地球观测系统-下午星 ［0201D］
Earth Observing System-Afternoon Star
  C 环境与灾害监测卫星

di qiu guan ce xi tong-xia wu xing
地球观测系统-下午星 ［0201D］
Earth Observing System-Afternoon Star
  C 太阳同步轨道

di qiu guan ce xi tong-xia wu xing
地球观测系统-下午星 ［0201D］
Earth Observing System-Afternoon Star
  C 洛克希德·马丁空间系统公司

di qiu guan ce xi tong-xia wu xing
地球观测系统-下午星 ［0201D］
Earth Observing System-Afternoon Star
  C 德尔塔 2 型运载火箭

di qiu jing zhi gui dao
地球静止轨道 ［0201D］
Geostationary Orbit（GSO）
  S 卫星轨道（高度）

di qiu jing zhi gui dao qi xiang wei xing
地球静止轨道气象卫星 ［0201A］
Geostationary Orbit Meteorological Satellite

S 气象遥感卫星

di qiu jing zhi gui dao wei xing
地球静止轨道卫星 ［0201D］
Geostationary Orbit Satellite
　　S 空间段通信卫星

di qiu jing zhi wei xing
地球静止卫星 ［0201D］
Geostationary（GEO）Satellite
　　S 全球导航卫星系统卫星类型

di qiu ke xue ji guang ce ju xi tong gao du ji
地球科学激光测距系统高度计 ［0201C］
Earth Science Laser Altimeter System（ELAS）
　　S EOS 传感器

di qiu min gan qi
地球敏感器 ［0201B］
Earth Sensor
　　S 敏感器

di qiu tong bu gui dao
地球同步轨道 ［0201D］
Geostationary Earth Orbit/Geosynchronous Orbit（GEO）
　　S 卫星轨道（高度）

di qiu tong bu gui dao
地球同步轨道 ［0201D］
Eosynchronous Orbit
　　D 高地球轨道

di qiu tong bu wei xing
地球同步卫星 ［0201D］
Geostationary Satellites
　　D 高轨卫星

di qiu tong bu wei xing
地球同步卫星 ［0201D］
Geosynchronous Satellite
　　S 世广数字音频与多媒体广播系统

di qiu wu li wei xing
地球物理卫星 ［0201D］
Geophysical Satellite
　　S 科学卫星

di qiu zhong gui wei xing
地球中轨卫星 ［0201D］
Medium Earth Orbit（MEO）Satellite
　　S 全球导航卫星系统卫星类型

di qiu zi yuan wei xing
地球资源卫星 ［0201D］
Earth Resources Satellites
　　S 地球观测卫星

di re yao gan
地热遥感 ［0202D］
Geo-Thermal Remote Sensing
　　S 遥感

di tong ji xue
地统计学 ［0202A］
Geostatistics
　　D 地质统计学

di tu bian hui
地图编绘 ［0202D］
Map Compilation
　　S 地图编制

di tu die zhi fang fa
地图叠置方法 ［0202B］
Map Overlay Method
　　F 联合
　　　求交
　　　对称差异
　　　识别

di tu fu zhao
地图复照 ［0202B］
Map Reproduction
　　S 地图制印

di tu pi pei suan fa

地图匹配算法 ［0202B］

Map Matching Algorithm

    S 导航算法

di tu pi pei suan fa

地图匹配算法 ［0202B］

Map Matching Algorithm

    F 几何匹配算法

      概率匹配算法

      紧性组合匹配算法

      综合匹配算法

di tu sao miao shu zi hua

地图扫描数字化 ［0202B］

Map Scanning and Digitization

    S 地理数据采集

di tu tou ying can shu

地图投影参数 ［0203D］

Map Projection Parameters

    F 标准线

      标准纬线

      标准经线

      主比例尺

      比例系数

di tu zai fu liang

地图载负量 ［0202B］

Map Load

    Y 地图容量

di tu zhi yin

地图制印 ［0202D］

Map Printing

    S 地图编制

di wu bian jie gen zong fa

地物边界跟踪法 ［0202B］

Ground Object Boundary Tracking Method

    S 遥感图像特征抽取方法

di wu biao mian cu cao du

地物表面粗糙度 ［0203A］

Feature Surface Roughness

    C 雷达回波

di wu bo pu

地物波谱 ［0203A］

Spectral

    D 地物光谱

di wu da xiao

地物大小 ［0203A］

Feature Size

    C 微波反射

di wu fan she bo pu ce liang li lun

地物反射波谱测量理论 ［0203A］

Theory of Reflection Spectrum Measurement of Ground Objects

    F 双向反射分布函数

      双向反射比因子

di wu fan she te zheng miao shu fang fa

地物反射特征描述方法 ［0202B］

Description Method of Reflection Features of Ground Objects

    F 双向反射率分布函数

      双向反射率因子

      半球反射率

di wu fen bu tong ji fen xi mo xing

地物分布统计分析模型 ［0202B］

Statistical Analysis Model of Ground Object Distribution

    S 统计系列模型

di wu guang pu

地物光谱 ［0203A］

Spectral

    Y 地物波谱

di wu guang pu te zheng

地物光谱特征 ［0203A］

Spectral Characteristics of Ground Objects

C 遥感图像分类方法

di wu kong jian guan xi（er wei）
地物空间关系（二维）[0202B]
Spatial Relationship of Ground Objects（2D）
    F 方位关系
      包含关系
      相邻关系
      相交关系
      相贯关系

di wu kong jian guan xi te zheng miao shu
yu ti qu
地物空间关系特征描述与提取 [0202B]
Description and Extraction of Spatial Relation Features
of Ground Objects
    S 遥感图像特征抽取方法

di wu mu biao ti qu
地物目标提取 [0202B]
Ground Object Extraction
    S 遥感信息提取

di wu re fu she
地物热辐射 [0203B]
Geothermal Radiation
    C 中红外

di wu re fu she
地物热辐射 [0203B]
Geothermal Radiation
    C 远红外

di wu re fu she
地物热辐射 [0203B]
Geothermal Radiation
    C 超远红外

di wu shi bie te zheng
地物识别特征 [0202B]
Feature Recognition Characteristics
    C 判读标志

di wu xing zhuang
地物形状 [0202B]
Feature Shape
    C 微波反射

di xin jing wei du
地心经纬度 [0203A]
Geocentric Latitude and Longitude
    S 经纬度

di xing ke shi jie gou ji suan
地形可视结构计算 [0202B]
Terrain Visual Structure Calculation
    C 可视性分析

di xing zhi tu ji shu
地形制图技术 [0202D]
Topographic Mapping Techniques
    F 等高线法
      垂直剖面法
      地貌晕渲法
      分层设色法
      透视图法

di xue tong ji fen xi
地学统计分析 [0202A]
Geostatistical Analysis
    S 空间统计方法

di zhi kan tan wei xing
地质勘探卫星 [0201C]
Geological Exploration Satellites
    S 应用卫星

di zhi kuang wu ti qu fang fa（gao guang
pu yao gan shu ju）
地质矿物提取方法（高光谱遥感数据）
[0202D]
Geological Mineral Extraction Method（Hyperspectral
Remote Sensing Data）
    F 光谱微分技术
      光谱匹配技术
      混合光谱分解技术

光谱分类技术
光谱维特征提取方法
模型方法

di zhi yao gan
地质遥感 ［0202D］
Geological Remote Sensing
S 遥感

deng bian xing xian
等变形线 ［0202B］
Deformational Line
S 等值线

deng fang wei tou ying
等方位投影 ［0202A］
Isotropic Projection
S 地图投影（保留性质）

deng gao xian fa
等高线法 ［0202B］
Contour Method
S 地形制图技术

deng gao xian mo xing
等高线模型 ［0202A］
Contour Model
S 数字高程模型

deng hun he ju li fa
等混合距离法 ［0202B］
Equal Mixing Distance Method
S 图像分类

deng ji bian huan
等积变换 ［0202A］
Equal Product Transformation
S 几何变换

deng ji fen ge fen lei qi
等级分割分类器 ［0202B］
Hierarchical Segmentation Classifier
Y 平行管道分类器

deng ji fen ge fen lei qi
等级分割分类器 ［0202B］
Hierarchical Segmentation Classifier
D 平行六面体分类器

deng jian ge
等间隔 ［0202C］
Equal Interval
S 数据分类方法

deng ju tou ying
等距投影 ［0202A］
Isometric Projection
S 地图投影（保留性质）

deng wen xian
等温线 ［0203A］
Isotherm
S 等值线

deng ya xian
等压线 ［0203A］
Isobar
S 等值线

deng yun liang xian
等云量线 ［0202B］
Isohelo
S 等值线

deng zhi qu yu di tu
等值区域地图 ［0202B］
Isopleth Map
S 定量地图类型

deng zhi xian
等值线 ［0202B］
Isoline
F 等高线
等深线
等温线
等雨量线
等云量线

等日照线
等压线
等变压线
等变形线
等磁偏角线
等震线

deng zhi xian fa
等值线法 ［0202B］
Isoline Method
　S 专题地图表示方法

deng zhi xian fa
等值线法 ［0202B］
Isoline Method
　F 规则格网绘制算法
　　不规则格网绘制算法

di di qiu gui dao
低地球轨道 ［0201D］
Low-Earth Orbit（LEO）
　S 卫星轨道（高度）

di di qiu gui dao wei xing
低地球轨道卫星 ［0201D］
Low Earth Orbit Satellite
　S 空间段通信卫星

di fen bian lü fei sao miao fu she ji
低分辨率非扫描辐射计 ［0201C］
Low-Resolution Non-Scanning Radiometer（LRNR）
　S 可见光–红外辐射计

di fen bian lü quan xiang fu she ji
低分辨率全向辐射计 ［0201C］
Low-Resolution Omnidirectional Radiometer（LROR）
　S 可见光–红外辐射计

di fen bian lü wei xing shu ju
低分辨率卫星数据 ［0203B］
Low Resolution Satellite Data
　S 卫星遥感数据

di guan xing sao miao
低惯性扫描 ［0201C］
Low Inertia Scan
　S 激光扫描技术

di gui dao wei xing
低轨道卫星 ［0201D］
Low-Orbit Satellites
　S LEO 卫星通信移动系统组成

di gui fei xing qi
低轨飞行器 ［0201D］
Low Orbit Vehicle
　D 用户航天器

di gui fei xing qi gong neng
低轨飞行器功能 ［0201D］
Low Orbit Vehicle Function
　F 跟踪测轨
　　数据中继

di gui gui dao
低轨轨道 ［0201D］
Low Earth Orbit（LEO）
　S 卫星通信系统圆形轨道

di gui wei xing
低轨卫星 ［0201D］
Low Orbit Satellite
　Y 太阳同步卫星

di su tu xiang
低速图像 ［0202C］
Low Speed Image
　S VAST 卫星通信网业务

di su yi dong ji zai
低速移动记载 ［0201D］
Low Speed Moving Record
　S 专用业务终端

di tong lü bo
低通滤波 ［0202A］
Low-Pass Filtering

S 频率域滤波

di tong lü bo qi
低通滤波器 ［0202C］
Low-Pass Filter
　S 频率域滤波器

di wen lin bian sao miao gan she fu she ji
低温临边扫描干涉辐射计 ［0201C］
Cryogenic Limb Scanning Interferometer Radiometer
（CLSIR）
　S 可见光–红外辐射计

di zao sheng fang da qi
低噪声放大器 ［0201B］
Low Noise Amplifier
　S RF 终端

di zao sheng fang da qi
低噪声放大器 ［0201B］
Low Noise Amplifier
　F 参量放大器
　　致冷砷化镓场效应放大器
　　常温砷化镓场效应放大器

di gui zhong zi tian chong suan fa
递归种子填充算法 ［0202B］
Recursive Seed Filling Algorithm
　S 区域填充

di gui zhong zi tian chong suan fa
递归种子填充算法 ［0202B］
Recursive Seed Filling Algorithm
　D 边界填充算法

di er shu ju kuai
第二数据块 ［0202C］
Second Data Block
　S 导航电文

di nie bo yun zai huo jian
第聂伯运载火箭 ［0201D］
Dnepr Launch Vehicle

S 第聂伯系列

di san shu ju kuai
第三数据块 ［0202C］
Third Data Block
　S 导航电文

di yi shu ju kuai
第一数据块 ［0202C］
First Data Block
　S 导航电文

di yi shu ju kuai
第一数据块 ［0202C］
First Data Block
　D 时钟数据块

di yi shu ju kuai
第一数据块 ［0202C］
First Data Block
　F 星期数
　　用户测距精度
　　卫星健康状况
　　时钟校正参数
　　群波延时校正值
　　时钟数据期号

di yi xing sheng chan li
第一性生产力 ［0202D］
First Sexual Productivity
　Y 植被净初级生产力

dian bo shu
点波束 ［0201C］
Spot Beam
　Y 窄波束

dian bo shu tian xian
点波束天线 ［0201B］
Spot Beam Antenna
　S 通信卫星天线

dian- dian pi pei fa

点–点匹配法 ［0202B］

Point- to- Point Matching Method

　　S 几何匹配算法

dian miao fa di tu

点描法地图 ［0202B］

Dot Density Map

　　S 定量地图类型

dian qun fen xi

点群分析 ［0202B］

Point Group Analysis

　　C 非监督分类

dian- xian pi pei fa

点–线匹配法 ［0202B］

Point- Line Matching Method

　　S 几何匹配算法

dian xu xian

点虚线 ［0202B］

Dotted Line

　　S 线状符号图元

dian zhi fa

点值法 ［0202B］

Point Value Method

　　S 专题地图表示方法

dian zhuang di wu

点状地物 ［0202B］

Point Feature

　　S 地表物体形式

dian zhuang fu hao

点状符号 ［0202B］

Dot Notation

　　S 地图符号

dian zhuang fu hao hui zhi

点状符号绘制 ［0202B］

Dot Symbol Drawing

　　S 矢量符号绘制方法

dian zhuang fu hao tu yuan

点状符号图元 ［0202B］

Dot Symbol Element

　　S 地图符号图元

dian bo chuan bo

电波传播 ［0203C］

Radio Wave Propagation

　　C 对流层闪烁

dian chou yun ji guang qi

电抽运激光器 ［0201B］

Electrically Pumped Laser

　　S 激光器（抽运方式）

dian ci bo

电磁波 ［0203B］

Electromagnetic Waves

　　C 光

dian ci bo

电磁波 ［0203B］

Electromagnetic Waves

　　S 波

dian ci bo de pian zhen te xing

电磁波的偏振特性 ［0202C］

Polarization Characteristics of Electromagnetic Waves

　　C 横波

dian ci bo de xiang wei

电磁波的相位 ［0202A］

Phase of Electromagnetic Wave

　　C 横波

dian ci bo de zhen fu

电磁波的振幅 ［0203B］

Amplitude of Electromagnetic Wave

　　C 横波

dian ci bo fu she qiang du

电磁波辐射强度 ［0203D］

Radiation Intensity of Electromagnetic Wave

C 亮度值

dian ci bo ji hua
电磁波极化 ［0202C］
Polarization of Electromagnetic Wave
　F 线极化
　　圆极化
　　椭圆极化

dian ci bo pu
电磁波谱 ［0203A］
Electromagnetic Spectrum
　F 紫外线
　　可见光
　　红外线
　　微波

dian ci fu she du liang
电磁辐射度量 ［0203D］
Electromagnetic Radiation Metric
　F 辐射能量
　　辐射通量
　　辐射通量密度
　　辐照度
　　辐射出射度
　　辐射亮度

dian ci fu she jian ce
电磁辐射监测 ［0202D］
Electromagnetic Radiation Monitoring
　S 环境监测（对象）

dian ci fu she yuan
电磁辐射源 ［0202C］
Electromagnetic Radiation Source
　D 电磁振源

dian ci fu she yuan
电磁辐射源 ［0201B］
Electromagnetic Radiation Source
　F 自然辐射源
　　人工辐射源

dian ci zhen yuan
电磁振源 ［0201B］
Electromagnetic Vibration Source
　Y 电磁辐射源

dian gan zao sheng
电感噪声 ［0202C］
Inductive Noise
　S 内部噪声

dian ke ca ke bian cheng zhi du cun chu qi
电可擦可编程只读存储器 ［0201B］
Electrically Erasable Programmable Read Only Memory
（EEPROM）
　S 存储器件

dian li ceng shan shuo
电离层闪烁 ［0203D］
Ionospheric Scintillation
　S 星-地链路附加损耗

dian li ceng yan shi jiao zheng can shu
电离层延时校正参数 ［0203D］
Ionospheric Delay Correction Parameter
　S 电文内容

dian qi te xing
电气特性 ［0203D］
Electrical Characteristic
　S 接口规范

dian tui jin xi tong
电推进系统 ［0201C］
Electric Propulsion System
　S 推进系统

dian wei fen xi fa
电位分析法 ［0202A］
Potentiometric Analysis Method
　S 电化学分析法

dian wei fen xi fa
电位分析法 ［0202C］
Potentiometric Analysis Method

F 直接电位法

电位滴定法

dian zi-L1

电子-L1 ［0201D］

Electro-L1

　S Electro-L

dian zi-L1

电子-L1 ［0201D］

Electro-L1

　C 气象卫星

dian zi-L1

电子-L1 ［0201D］

Electro-L1

　C 地球同步轨道

dian zi-L1

电子-L1 ［0201D］

Electro-L1

　C 多光谱扫描仪 MSU-GS

dian zi-L1

电子-L1 ［0201D］

Electro-L1

　C 通信载荷

dian zi-L1

电子-L1 ［0201D］

Electro-L1

　C 拉沃奇金

dian zi-L1

电子-L1 ［0201D］

Electro-L1

　C 拜科努尔国际天文台

dian zi-L1

电子-L1 ［0201D］

Electro-L1

　C 俄罗斯空间水文气象科学研究中心

dian zi-L1

电子-L1 ［0201D］

Electro-L1

　C 天顶-2SB 运载火箭

dian zi-L2

电子-L2 ［0201D］

Electro-L2

　S Electro-L

dian zi-L2

电子-L2 ［0201D］

Electro-L2

　C 气象卫星

dian zi-L2

电子-L2 ［0201D］

Electro-L2

　C 地球同步轨道

dian zi-L2

电子-L2 ［0201D］

Electro-L2

　C 拉沃奇金

dian zi-L2

电子-L2 ［0201D］

Electro-L2

　C 拜科努尔国际天文台

dian zi-L2

电子-L2 ［0201D］

Electro-L2

　C 俄罗斯空间水文气象科学研究中心

dian zi-L2

电子-L2 ［0201D］

Electro-L2

　C 天顶-3F 运载火箭

dian zi-L3

电子-L3 ［0201D］

Electro-L3

S Electro-L

dian zi-L3
电子-L3 [0201D]
Electro-L3
　C 气象卫星

dian zi-L3
电子-L3 [0201D]
Electro-L3
　C 地球同步轨道

dian zi-L3
电子-L3 [0201D]
Electro-L3
　C 拉沃奇金

dian zi-L3
电子-L3 [0201D]
Electro-L3
　C 拜科努尔国际天文台

dian zi-L3
电子-L3 [0201D]
Electro-L3
　C 俄罗斯空间水文气象科学研究中心

dian zi-L3
电子-L3 [0201D]
Electro-L3
　C 质子-M 运载火箭

dian zi guan fang da qi
电子管放大器 [0201B]
Vacuum Tube Amplifier
　S 高功率功放

dian zi lü bo
电子滤波 [0202C]
Electronic Filtering
　S 滤波

dian zi ping ban fang shi
电子平板方式 [0202C]
Electronic Tablet System

S 全站仪数据采集

dian zi sao miao gen zong
电子扫描跟踪 [0201B]
Electronic Scanning Tracking
　S 自动跟踪

dian zi xiang guan qi
电子相关器 [0202C]
Electrnoic Correlator
　S 相关器

dian zi yuan
电子源 [0201C]
Electron Source
　S 微放电检测系统

dian zu zao sheng
电阻噪声 [0202C]
Resistance Noise
　S 内部噪声

tiao se ban
调色板 [0202B]
Palette
　S HDF 数据类型

tiao zhi qi
调制器 [0201B]
Modulator
　S 测控发射机

tiao zhi ying she
调制映射 [0202C]
Modulation Mapping
　S DVB-S2 发射机功能单元组成

die dai fa
迭代法 [0202C]
Iterative Method
　Y 迭代式自组织数据分析算法

die dai shi zi zu zhi shu ju fen xi suan fa
迭代式自组织数据分析算法 [0202B]
Iterative Self-Organizing Data Analysis Techniques

Algorithm（ISODATA）
　　D 迭代法

die he guang pu tu
叠合光谱图 ［0202B］
Coincident Spectral Plot
　　D 多波段响应表

die yan
叠掩 ［0202B］
Layover
　　D 顶底位移

die zhi fen xi
叠置分析 ［0202B］
Overlay Analysis
　　S 矢量数据空间分析

die zhi fen xi
叠置分析 ［0202B］
Overlay Analysis
　　S 栅格数据空间分析

die zhi fen xi
叠置分析 ［0202B］
Overlay Analysis
　　F 逻辑判断复合运算
　　　数学复合运算

ding di wei yi
顶底位移 ［0202A］
Top and Bottom Displacement
　　Y 叠掩

ding dian fu hao fa
定点符号法 ［0202B］
Fixed-Point Symbol Method
　　S 专题地图表示方法

ding ju li kong jian sou suo mo xing
定距离空间搜索模型 ［0202D］
Fixed Distance Space Search Model
　　Y 缓冲区分析模型

ding liang di tu lei xing
定量地图类型 ［0202B］
Quantitative Map Type
　　F 点描法地图
　　　等值区域地图
　　　分级符号地图
　　　饼状统计地图
　　　流量地图
　　　等值线地图

ding liang pan du
定量判读 ［0202B］
Quantitative Interpretation
　　S 判读

ding liang xin xi ti qu
定量信息提取 ［0202B］
Quantitative Information Extraction
　　S 遥感信息提取方法

ding liang yao gan mo xing
定量遥感模型 ［0202A］
Quantitative Remote Sensing Models
　　F 统计模型
　　　物理模型
　　　半经验模型

ding wei fu hao
定位符号 ［0202B］
Locational Symbol
　　S 地图符号

ding wei ji shu
定位技术 ［0203C］
Positioning Technique
　　F 卫星定位技术
　　　惯性定位技术
　　　无线电定位技术
　　　视觉定位技术
　　　传感器定位技术
　　　超声波定位技术

ding xiang

定向 ［0202A］

Orientation

　　S 地图要素

ding xiang jian ce

定向检测 ［0202B］

Directional Detection

　　S 锐化

ding xiang xing

定向性 ［0202C］

Directionality

　　S 纹理的性质

ding xing pan du

定性判读 ［0202B］

Qualitative Interpretation

　　S 判读

dong fang-2

东方-2 ［0201D］

Vostok-2

　　S 东方系列

dong fang-K

东方-K ［0201D］

Vostok-K

　　S 东方系列

dong li xue wen du

动力学温度 ［0202A］

Kinetic Temperature

　　C 热力学温度

dong tai cha fen

动态差分 ［0202A］

Dynamic Difference

　　S 相对定位

dong tai fan wei cai yang

动态范围采样 ［0202A］

Dynamic Range Sampling

　　S 采样

dong tai ju lei fa

动态聚类法 ［0202B］

Dynamic Clustering Method

　　S 非监督分类

dong tai she ying ce liang

动态摄影测量 ［0202B］

Dynamic Photogrammetry

　　S 摄影测量

dong tai wu cha

动态误差 ［0202A］

Dynamic Error

　　S 遥感图像误差

dong xian fa

动线法 ［0202B］

Run-of-the-Line Method

　　Y 运动线法

duan bo

短波 ［0203A］

Short Waves

　　S 波

duan bo fu she

短波辐射 ［0203D］

Short-Wave Radiation

　　S 地球辐射

duan ju li ji guang sao miao yi

短距离激光扫描仪 ［0201B］

Short-Range Laser Scanner

　　S 三维激光扫描仪

duan qi zi tai pian zhi neng li

短期姿态偏置能力 ［0201C］

Short-Term Attitude Bias Capability

　　S 控制分系统技术指标

duan zhou qi shi jian fen bian lü

短周期时间分辨率 ［0202A］

Short Cycle Temporal Resolution

S 时间分辨率

dui bi du
对比度 [0202A]
Contrast
S 纹理的性质

dui bi du bian huan
对比度变换 [0202B]
Contrast Transformation
C 辐射增强

dui bi du bian huan
对比度变换 [0202B]
Contrast Transformation
S 数字图像处理方法

dui bi du bian huan
对比度变换 [0202B]
Contrast Transformation
D 辐射增强

dui bi du bian huan
对比度变换 [0202B]
Contrast Transformation
F 对比度线性变换
对比度非线性变换

dui bi du fei xian xing bian huan
对比度非线性变换 [0202B]
Contrast Nonlinear Transformation
S 对比度变换

dui bi du xian xing bian huan
对比度线性变换 [0202A]
Contrast Linear Transformation
S 对比度变换

dui bi fen xi fa
对比分析法 [0202B]
Comparative Analysis
S 目视解译方法

dui bi fen xi fa
对比分析法 [0202B]
Comparative Analysis
F 同类地物对比分析法
空间对比分析法
时相动态对比法

dui chen cha yi
对称差异 [0202B]
Symmetrical Difference
S 地图叠置方法

dui liu ceng fa she guang pu yi
对流层发射光谱仪 [0201C]
Tropospheric Emission Spectrometer
S EOS 传感器

dui liu ceng shan shuo
对流层闪烁 [0202A]
Tropospheric Scintillation
S 星−地链路附加损耗

dui liu ceng shan shuo qiang du
对流层闪烁强度 [0203D]
Tropospheric Scintillation Intensity
C 物理参数

dui liu ceng shan shuo qiang du
对流层闪烁强度 [0202A]
Tropospheric Scintillation Intensity
C 纬度位置

dui liu ceng shan shuo qiang du
对流层闪烁强度 [0202A]
Tropospheric Scintillation Intensity
C 时节

dui liu ceng tan ce Mie san she ji guang lei da
对流层探测 Mie 散射激光雷达 [0201A]
Mie Scattering Lidar for Tropospheric Exploration
S Mie 散射激光雷达

dui liu ceng wu ran ce liang yi
对流层污染测量仪［0201C］
Tropospheric Pollution Meter
　　S EOS 传感器

dui liu ceng yan chi
对流层延迟［0202A］
Tropospheric Delay
　　S 观测误差

dui liu ceng yan shi wu cha
对流层延时误差［0202C］
Tropospheric Delay Error
　　S 信号传播相关误差

dui shu can cha fa
对数残差法［0202B］
Log-Residual Method
　　S 大气校正算法

duo bian xing cha xun
多边形查询［0202B］
Polygon Query
　　S 空间位置查询

duo bian xing zha ge hua fang fa
多边形栅格化方法［0202B］
Polygon Rasterization Method
　　F 内部点扩散算法
　　　复数积分算法
　　　射线算法
　　　扫描算法
　　　边界代数算法
　　　颜色填充法
　　　掩模法

duo bian liang fen xi
多变量分析［0202B］
Multivariate Analysis
　　S 数学分析

duo bo duan cai se bian huan
多波段彩色变换［0202B］
Multi-Band Colour Conversion
　　S 彩色变换

duo bo duan fa
多波段法［0202B］
Multiband Method
　　C 双色比法

duo bo duan she ying xiang pian
多波段摄影像片［0203B］
Multi-Band Photographic Photo
　　S 遥感摄影像片

duo bo duan tu xiang
多波段图像［0203B］
Multiband Image
　　Y 多光谱图像

duo bo duan xiang ying biao
多波段响应表［0203B］
Multiband Response Table
　　Y 叠合光谱图

duo bo duan yao gan
多波段遥感［0202A］
Multiband Remote Sensing
　　C 多光谱遥感

duo bo duan yao gan
多波段遥感［0202D］
Multi-Band Remote Sensing
　　S 遥感手段

duo bo shu tian xian
多波束天线［0201B］
Multi-Beam Antenna
　　S 通信卫星天线

duo bo shu tian xian
多波束天线［0201B］
Multibeam Antenna
　　F 反射面式多波束天线
　　　阵列式多波束天线
　　　透镜式多波束天线

duo ceng ge re zu jian
多层隔热组件 ［0201C］
Multilayer Thermal Insulation Components
　S 被动热控产品

duo ceng mian zha ge shu ju ju lei fen xi
多层面栅格数据聚类分析 ［0202B］
Multilayer Raster Data Clustering Analysis
　S 聚类分析

duo chi du fen lei
多尺度分类 ［0202B］
Multi-Scale Classification
　S 遥感图像分类方法

duo chuan gan qi rong he suan fa
多传感器融合算法 ［0202A］
Multi-Sensor Fusion Algorithm
　S 导航算法

duo feng jian ce fa
多峰检测法 ［0202B］
Multimodal Detection Method
　S 互相关抑制技术

duo guang pu ban zi dong yu zhi pan shi
多光谱半自动阈值判识 ［0202B］
Multispectral Semi-Automatic Threshold Detection
　S 冰雪检测方法

duo guang pu bian huan
多光谱变换 ［0202B］
Multispectral Transformation
　S 数字图像处理方法

duo guang pu chuan gan qi
多光谱传感器 ［0201C］
Multispectral Sensors
　S 遥感传感器

duo guang pu fu she ding biao
多光谱辐射定标 ［0202A］
Multispectral Radiometric Calibration

　S 辐射定标

duo guang pu fu she ji
多光谱辐射计 ［0201C］
Multispectral Radiometer
　S 辐射计

duo guang pu sao miao yi
多光谱扫描仪 ［0201C］
Multispectral Scanner
　S 扫描成像类型传感器

duo guang pu she ying
多光谱摄影 ［0201C］
Multispectral Photography
　S 摄影

duo guang pu she ying ji
多光谱摄影机 ［0201C］
Multispectral Camera
　S 摄影成像传感器

duo guang pu she ying ji
多光谱摄影机 ［0201C］
Multispectral Camera
　F 多相机组合型
　　多镜头组合型
　　光束分离型

duo guang pu tu xiang
多光谱图像 ［0203B］
Multispectral Image
　S 不相干图像

duo guang pu tu xiang
多光谱图像 ［0203B］
Multispectral Image
　D 多波段图像

duo guang pu yao gan
多光谱遥感 ［0202A］
Multispectral Remote Sensing
　C 多波段遥感

duo guang pu yao gan shu ju
多光谱遥感数据 ［0203B］
Multispectral Remote Sensing Data
　S 遥感影像数据

duo guang pu yao gan wei xing
多光谱遥感卫星 ［0201C］
Multispectral Remote Sensing Satellites
　S 光学遥感卫星

duo guang pu ying xiang
多光谱影像 ［0202D］
Multispectral Image
　S 遥感影像

duo hang xian she ying
多航线摄影 ［0202C］
Multiroute Photography
　S 摄影实施方式

duo ji ju lei
多级聚类 ［0202B］
Multilevel Clustering
　S 分类系列模型

duo ji qie ge fen lei fa
多级切割分类法 ［0202B］
Multi-Level Cutting Classification
　S 监督分类

duo ji hua yao gan
多极化遥感 ［0202C］
Multipolar Remote Sensing
　S 遥感手段

duo jiao cheng xiang guang pu fu she ji
多角成像光谱辐射计 ［0201C］
Multi-Angle Imaging Spectro Radiometer
　S EOS 传感器

duo jiao du yao gan
多角度遥感 ［0202C］
Multi-Angle Remote Sensing

　S 遥感手段

duo jie chou yang
多阶抽样 ［0202B］
Multistage Sampling
　C 分阶抽样

duo jing tou zu he xing
多镜头组合型 ［0201C］
Multi-Lens Combination Type
　S 多光谱摄影机

duo lei pan bie
多类判别 ［0202B］
Multi-Class Discrimination
　S 判别分析

duo men xian jian ce fa
多门限检测法 ［0202B］
Multi-Threshold Detection Method
　S 互相关抑制技术

duo mo la ba tian xian
多模喇叭天线 ［0201B］
Multimode Horn Antenna
　S 喇叭天线种类（工作模式）

duo pin cheng xiang wei bo fu she ji
多频成像微波辐射计 ［0201C］
Multi-Frequency Imaging Microwave Radiometer
　S EOS 传感器

duo pin duan duo ji hua he cheng kong jing lei da
多频段多极化合成孔径雷达 ［0201C］
Multiple Wavelength-Multipolarization SAR
　S 合成孔径雷达

duo pu lei lei da
多普勒雷达 ［0201C］
Doppler Radar
　S 距离传感器

duo pu lei pin yi ji shu
多普勒频移技术 ［0202A］
Doppler Shift Technique
　　C 子午仪系统

duo pu lei pin yi ji shu
多普勒频移技术 ［0203D］
Doppler Shift Technique
　　C Cospas-Sarsat 救援卫星系统

duo pu lei pin yi ji shu
多普勒频移技术 ［0202A］
Doppler Shift Technique
　　C 轨道数据通信系统

duo shi xiang tu xiang fen lei
多时相图像分类 ［0202B］
Multi-Temporal Image Classification
　　S 遥感图像分类方法

duo shi xiang yao gan
多时相遥感 ［0202D］
Multi-Temporal Remote Sensing
　　S 遥感手段

duo wei fen xi
多维分析 ［0202D］
Multidimensional Analysis
　　S 数学分析

duo wei mi du fen ge
多维密度分割 ［0202C］
Multi-Density Segmentation
　　S 图像分类

duo xi tong jie shou ji
多系统接收机 ［0201B］
Muti-GNSS Receiver
　　S 终端设备

duo xiang ji zu he xing
多相机组合型 ［0201C］
Multi-Camera Combination Type

　　S 多光谱摄影机

duo xiang shi mo xing
多项式模型 ［0202B］
Polynomial Model
　　S 非参数模型

duo xiang shi mo xing
多项式模型 ［0202B］
Polynomial Model
　　F 二维多项式模型
　　　三维多项式模型

duo xiang shi ni he
多项式拟合 ［0202A］
Polynomial Fitting
　　S 客观分析法

duo xiang yuan xin xi zong he yao gan
多像元信息综合遥感 ［0202B］
Multi-Pixel Information Integrated Remote Sensing
　　S 遥感手段

duo yin zi ping jia zhi shu
多因子评价指数 ［0202B］
Multi-Factor Evaluation Index
　　S 指数评价法

duo yuan tong ji fen xi
多元统计分析 ［0202B］
Multivariate Statistical Analysis
　　S 空间统计方法

duo yuan tong ji fen xi
多元统计分析 ［0202C］
Multivariate Statistical Analysis
　　F 主成分分析
　　　层次分析
　　　系统聚类分析
　　　判别分析

duo yuan tong ji fen xi ji shu
多元统计分析技术 ［0202B］
Multivariate Statistical Analysis Technique

S 植被遥感分析方法

er ci dian zi
二次电子 ［0201B］
Secondary Electron
  F 真二次电子
    背散射电子
    弹性散射电子

er ci duo xiang shi jiu zheng
二次多项式纠正 ［0202B］
Second Order Polynomial Correction
  S 图像几何处理

er ci duo xiang shi ping jun jia quan cha zhi fa
二次多项式平均加权插值法 ［0202A］
Quadratic Polynomial Average Weighted
Interpolation Method
  D 正轴抛物线加权平均插值法

er ci ke li wu
二次颗粒物 ［0203B］
Secondary Particulate Matter
  S 总悬浮颗粒物

er jie huan lu
二阶环路 ［0202B］
Second Order Loop
  S 相位锁定环路阶数

er jin zhi kuai dui xiang xing
二进制块对象型 ［0202C］
Binary Block Objects
  S 属性数据分类 （数据类型）

er wei duo xiang shi mo xing
二维多项式模型 ［0202B］
2D Polynomial Model
  S 多项式模型

er yang hua dan
二氧化氮 ［0203A］
Nitrogen Dioxide

S 氮氧化物

er zhi sao miao yi
二值扫描仪 ［0201B］
Two-Value Scanner
  S 扫描仪 （辐射分辨率）

fa dong ji bi chong pian cha
发动机比冲偏差 ［0201A］
Engine Specific Impulse Bias
  S 推进剂预算偏差

fa she EIRP zhi
发射 EIRP 值 ［0203D］
Transmit EIRP Value
  S 测控分系统设计指标

fa she bo chang
发射波长 ［0203D］
Emission Wavelength
  C 方位分辨率

fa she fu she
发射辐射 ［0203A］
Emit Radiation
  D 热辐射

fa she guang pu fen xi fa
发射光谱分析法 ［0202A］
Emission Spectroscopic Analysis Method
  S 光学分析法

fa she guang pu fen xi fa
发射光谱分析法 ［0202B］
Emission Spectroscopic Analysis Method
  D 原子发射光谱分析法

fa she guang xue xi tong
发射光学系统 ［0201C］
Transmitting Optical System
  S 激光通信技术模块

fa she tian xian zeng yi
发射天线增益 ［0201B］
Transmitting Antenna Gain

C EIRP 指标分解

fa she zi xi tong
发射子系统 ［0201A］
Launch Subsystem
　　S 射频分系统

fan juan xing
翻卷形 ［0203A］
Roll-Shaped
　　Y 波浪形

fan ju li ju zhen
反距离矩阵 ［0202A］
Inverse Distance Matrix
　　S 空间权重矩阵

fan she
反射 ［0202B］
Reflection
　　F 镜面反射
　　　漫反射
　　　方向反射

fan she bo pu ying xiang yin su（yan shi）
反射波谱影响因素（岩石）［0203B］
Reflection Spectrum Factors（Rocks）
　　F 矿物成分
　　　矿物含量
　　　风化程度
　　　含水状况
　　　颗粒大小
　　　表面光滑程度
　　　色泽

fan she duo jing
反射多径 ［0202A］
Reflection Multipath
　　S 卫星通信系统传播问题

fan she duo jing
反射多径 ［0202A］
Reflection Multipath

C 地球表面

fan she duo jing
反射多径 ［0202A］
Reflection Multipath
　　C 表面物体

fan she fu
反射辐 ［0202C］
Reflected Radiation
　　S 电磁辐射源

fan she jing he leng jing ji shu
反射镜和棱镜技术 ［0201B］
Mirror and Prism Technology
　　C 高惯性扫描

fan she jing zu
反射镜组 ［0201C］
Reflector Group
　　C 扫描仪

fan she lü
反射率 ［0202A］
Reflectance
　　C 明度

fan she lü
反射率 ［0202A］
Reflectance
　　C 波长

fan she lü
反射率 ［0202A］
Reflectance
　　C 反射能量

fan she lü
反射率 ［0202A］
Reflectance
　　C 入射能量

fan she mian
反射面 ［0201C］
Reflecting Surface

S 前馈抛物面天线

fan she mian fu xing tian xian

反射面赋形天线 [0201C]

Reflector Shaped Antenna

S 天线

fan she mian shi duo bo shu tian xian

反射面式多波束天线 [0201C]

Reflector Type Multi-Beam Antenna

S 多波束天线

fan she mian shi duo bo shu tian xian

反射面式多波束天线 [0201C]

Reflector Type Multi-Beam Antenna

F 每束单馈源

每束多馈源

fan she mian tian xian

反射面天线 [0201B]

Reflector Antenna

F 正馈抛物面天线

偏置抛物面天线

fan she mian tian xian

反射面天线 [0201B]

Reflector Antenna

S 地球站天线

fan she neng liang

反射能量 [0202A]

Reflected Energy

S 太阳辐射能量

fan she neng liang

反射能量 [0202C]

Reflected Energy

C 反射率

fan xiang tui li

反向推理 [0202B]

Backward Chaining

S 推理机

fan zhao lü

反照率 [0202A]

Albedo

Y 地表反射率

fan hui kong zhi

返回控制 [0203C]

Return to Control

S 轨道控制

fan ke li jin

泛克里金 [0202A]

Universal Kriging

S 克里金法

fan wei fa

范围法 [0202B]

Scope Method

S 专题地图表示方法

fang wei fen bian lü

方位分辨率 [0202A]

Azimuth Resolution

S 遥感分辨率

fang wei fen bian lü

方位分辨率 [0203D]

Azimuth Resolution

C 航向分辨率

fang wei fen bian lü

方位分辨率 [0202A]

Azimuth Resolution

C 纵向分辨率

fang wei fen bian lü

方位分辨率 [0202A]

Azimuth Resolution

C 几何分辨率

fang wei fen bian lü

方位分辨率 [0202A]

Azimuth Resolution

C 发射波长

fang wei fen bian lü
方位分辨率 ［0202A］
Azimuth Resolution
C 天线孔径

fang wei fen bian lü
方位分辨率 ［0202A］
Azimuth Resolution
C 目标地物距离

fang wei jiao-fu yang jiao zuo jia
方位角–俯仰角座架 ［0201B］
Azimuth-Pitch Mount
S 天线座架形式

fang wei tou ying
方位投影 ［0202A］
Azimuthal Projection
S 地图投影（投影面）

fang wei xiang mo shi
方位向模式 ［0202B］
Along-Track Mode
D 时间模式

fang xiang-ban qiu fan she lü
方向–半球反射率 ［0203D］
Directional Hemispheric Reflectance
S 地表反射率

fang xiang-ban qiu fan she lü
方向–半球反射率 ［0202A］
Directional Hemispheric Reflectance
C 黑空反照率

fang xiang-ban qiu fan she lü
方向–半球反射率 ［0202A］
Directional Hemispheric Reflectance
D 直入扇出反照率

fang xiang fan she
方向反射 ［0202A］
Directional Reflection

S 反射

fang xiang xing
方向性 ［0202C］
Direction
S 纹理的性质

fang xiang ting
芳香烃 ［0203B］
Aromatic
S 碳氢化物

fang she bian huan
仿射变换 ［0202B］
Affine Transformation
S 几何变换

fang she bian huan jiu zheng
仿射变换纠正 ［0202B］
Affine Transformation Correction
S 图像几何处理

fang da qi
放大器 ［0201B］
Amplifiers
S 信号检测系统

fang da qi shu chu gong lü
放大器输出功率 ［0201B］
Amplifier Output Power
C EIRP 指标分解

fei can shu mo xing
非参数模型 ［0202A］
Non-Parametric Model
S 卫星图像几何纠正模型

fei can shu mo xing
非参数模型 ［0202A］
Non-Parametric Model
F 多项式模型
有理函数模型

fei cheng xiang chuan gan qi
非成像传感器［0201C］
Non-Imaging Sensor
　S 传感器

fei cheng xiang chuan gan qi
非成像传感器［0201C］
Non-Imaging Sensor
　F 可见光–近红外辐射计
　　热红外辐射计
　　微波辐射计
　　微波高度计
　　微波散射计

fei cheng xiang yao gan
非成像遥感［0202C］
Non-Imaging Remote Sensing
　S 遥感

fei chui zhi ce liang
非垂直测量［0202A］
Nonvertical Measurement
　S 野外测量

fei di xing she ying ce liang
非地形摄影测量［0202D］
Non-Topographic Photogrammetry
　S 摄影测量

fei di xing she ying ce liang
非地形摄影测量［0202D］
Non-Topographic Photogrammetry
　F 建筑摄影测量
　　生物立体量测
　　工业摄影测量

fei heng bao luo AltBOC tiao zhi
非恒包络 AltBOC 调制［0203D］
Non-Constant Envelope AltBOC Modulation
　S 交替二进制偏移载波调制

fei ji shi shu ju
非即时数据［0202C］
Non-Real-Time Data

　S 格洛纳斯航电文内容

fei jian du fen lei
非监督分类［0202B］
Unsupervised Classification
　C 聚类分析

fei jian du fen lei
非监督分类［0202B］
Unsupervised Classification
　C 点群分析

fei jian du fen lei
非监督分类［0202B］
Non-Supervisory Classification
　S 遥感图像分类方法

fei jian du fen lei
非监督分类［0202B］
Non-Supervisory Classification
　F 分级集群法
　　动态聚类法

fei jian du fen lei
非监督分类［0202B］
Non-Supervisory Classification
　C 聚类分析

fei ju jiao he cheng kong jing lei da
非聚焦合成孔径雷达［0201C］
Unfocused SAR
　S 合成孔径雷达

fei ping wen zao sheng
非平稳噪声［0202C］
Nonstationary Noise
　S 图像噪声（统计理论）

fei tuo pu cao zuo
非拓扑操作［0202C］
Non-Topological Operation
　F 要素合成
　　要素缓冲

要素联合
要素相交

fei xian xing bu chang
非线性补偿 ［0202A］
Nonlinear Compensation
　D 线性化

fei xian xing fen jie
非线性分解 ［0202B］
Nonlinear Decomposition
　S 混合像元分解

fei xiang gan chao qian jian zhi hou fu zhi fa
非相干超前减滞后幅值法 ［0202B］
Incoherent Lead Reduction Amplitude Method
　S 码环鉴别器

fei xiang gan chao qian jian zhi hou gong lü fa
非相干超前减滞后功率法 ［0202A］
Incoherent Leading Lag Reduction Power Method
　S 码环鉴别器

fei xiang gan cheng xiang lei da
非相干成像雷达 ［0201C］
Incoherent Imaging Radar
　S 雷达

fei xiang gan jie shou
非相干接收 ［0203C］
Incoherent Reception
　Y 功率探测接收

fei xiang gan kuo pin ce kong ti zhi
非相干扩频测控体制 ［0203C］
Incoherent Spread Spectrum Measurement and Control System
　S 测控系统

fei xiang guan ji fen
非相关积分 ［0202C］
Non-Correlated Integral

S 基带数字信号处理

fen bian li
分辨力 ［0202A］
Resolution
　Y 分辨率

fen bian li
分辨力 ［0202A］
Resolution
　Y 分辨率

fen bian lü
分辨率 ［0203D］
Resolution
　D 分辨力

fen bian lü
分辨率 ［0203D］
Resolution
　D 分辨力

fen bian lü
分辨率 ［0203D］
Resolution
　D 解像力

fen bu mo xing wa jue
分布模型挖掘 ［0202D］
Distribution Model Mining
　S 社会感知数据应用范式

fen ceng cai yang
分层采样 ［0202A］
Stratified Sampling
　S 采样

fen ceng bao guang fa
分层曝光法 ［0202B］
Layered Exposure Method
　S 加色法彩色合成方法

fen ceng she se fa
分层设色法 ［0202B］
Layered Color Method

S 地形制图技术

fen duan kou jing he cheng kong jing lei da

分段口径合成孔径雷达 ［0201C］

Segmented Aperture SAR

S 合成孔径雷达

fen duan san ci duo xiang shi cha zhi fa

分段三次多项式插值法 ［0202A］

Piecewise Cubic Polynomial Interpolation Method

S 插补算法

fen ge

分割 ［0202B］

Split

S 图层要素操作

fen guang guang du fa

分光光度法 ［0202B］

Spectrophotometric Method

S 光学分析法

fen guang guang du fa

分光光度法 ［0202B］

Spectrophotometric Method

D 吸收光谱法

fen ji tong ji tu fa

分级统计图法 ［0202B］

Hierarchical Statistical Graph Method

S 专题地图表示方法

fen lei jing du

分类精度 ［0202B］

Classification Accuracy

F 总体精度

生产者精度

用户精度

fen lei wu cha

分类误差 ［0202B］

Classification Error

S 遥感误差

fen lei xi lie mo xing

分类系列模型 ［0202B］

Classification Series Model

S 属性数据分析模型

fen lei xi lie mo xing

分类系列模型 ［0202B］

Classification Series Model

F 模糊聚类

多级聚类

最大似然比分类

判别分析模型

fen mi bo

分米波 ［0203C］

Decimetric Wave

S 微波

fen qu tong ji tu fa

分区统计图法 ［0202B］

Zone Statistical Map Method

S 专题地图表示方法

fen se pian

分色片 ［0202B］

Color Separation Film

S 黑白摄影胶片

fen shui ling fang fa

分水岭方法 ［0202B］

Watershed Method

S 区域方法

fen xing mo xing

分形模型 ［0202B］

Fractal Model

S 模型方法

fen zi san she

分子散射 ［0202A］

Molecular Scattering

S 散射

fen zu jiu cuo bian ma ji shu

分组纠错编码技术 ［0202C］

LDPC Coding Technology

　　S 纠错编码技术

feng su yi

风速仪 ［0201B］

Anemometer

　　S 气象仪器

feng yun er hao A xing

风云二号 A 星 ［0201D］

FY-2A

　　S 风云气象卫星

feng yun er hao A xing

风云二号 A 星 ［0201D］

FY-2A

　　C 气象卫星

feng yun er hao A xing

风云二号 A 星 ［0201D］

FY-2A

　　C 地球静止轨道

feng yun er hao A xing

风云二号 A 星 ［0201D］

FY-2A

　　C 国家卫星气象中心

feng yun er hao A xing

风云二号 A 星 ［0201D］

FY-2A

　　C 西昌卫星发射中心

feng yun er hao A xing

风云二号 A 星 ［0201D］

FY-2A

　　C 红外与可见光扫描辐射计

feng yun er hao A xing

风云二号 A 星 ［0201D］

FY-2A

　　C 长征三号甲运载火箭

feng yun er hao B xing

风云二号 B 星 ［0201D］

FY-2B

　　S 风云气象卫星

feng yun er hao B xing

风云二号 B 星 ［0201D］

FY-2B

　　C 气象卫星

feng yun er hao B xing

风云二号 B 星 ［0201D］

FY-2B

　　C 地球静止轨道

feng yun er hao B xing

风云二号 B 星 ［0201D］

FY-2B

　　C 国家卫星气象中心

feng yun er hao B xing

风云二号 B 星 ［0201D］

FY-2B

　　C 西昌卫星发射中心

feng yun er hao B xing

风云二号 B 星 ［0201D］

FY-2B

　　C 长征三号甲运载火箭

feng yun er hao C xing

风云二号 C 星 ［0201D］

FY-2C

　　S 风云气象卫星

feng yun er hao C xing

风云二号 C 星 ［0201D］

FY-2C

　　C 气象卫星

feng yun er hao C xing

风云二号 C 星 ［0201D］

FY-2C

C 地球静止轨道

feng yun er hao C xing
风云二号 C 星 [0201D]
FY-2C
 C 国家卫星气象中心

feng yun er hao C xing
风云二号 C 星 [0201D]
FY-2C
 C 西昌卫星发射中心

feng yun er hao C xing
风云二号 C 星 [0201D]
FY-2C
 C 长征三号甲运载火箭

feng yun er hao D xing
风云二号 D 星 [0201D]
FY-2D
 S 风云气象卫星

feng yun er hao D xing
风云二号 D 星 [0201D]
FY-2D
 C 气象卫星

feng yun er hao D xing
风云二号 D 星 [0201D]
FY-2D
 C 地球静止轨道

feng yun er hao D xing
风云二号 D 星 [0201D]
FY-2D
 C 国家卫星气象中心

feng yun er hao D xing
风云二号 D 星 [0201D]
FY-2D
 C 西昌卫星发射中心

feng yun er hao D xing
风云二号 D 星 [0201D]
FY-2D

C 长征三号甲运载火箭

feng yun er hao E xing
风云二号 E 星 [0201D]
FY-2E
 S 风云气象卫星

feng yun er hao E xing
风云二号 E 星 [0201D]
FY-2E
 C 气象卫星

feng yun er hao E xing
风云二号 E 星 [0201D]
FY-2E
 C 地球静止轨道

feng yun er hao E xing
风云二号 E 星 [0201D]
FY-2E
 C 国家卫星气象中心

feng yun er hao E xing
风云二号 E 星 [0201D]
FY-2E
 C 西昌卫星发射中心

feng yun er hao E xing
风云二号 E 星 [0201D]
FY-2E
 C 长征三号甲运载火箭

feng yun er hao F xing
风云二号 F 星 [0201D]
FY-2F
 S 风云气象卫星

feng yun er hao F xing
风云二号 F 星 [0201D]
FY-2F
 C 气象卫星

feng yun er hao F xing
风云二号 F 星 [0201D]
FY-2F

C 地球静止轨道

feng yun er hao F xing
风云二号 F 星 ［0201D］
FY-2F
　C 国家卫星气象中心

feng yun er hao F xing
风云二号 F 星 ［0201D］
FY-2F
　C 西昌卫星发射中心

feng yun er hao F xing
风云二号 F 星 ［0201D］
FY-2F
　C 长征三号甲运载火箭

feng yun er hao G xing
风云二号 G 星 ［0201D］
FY-2G
　S 风云气象卫星

feng yun er hao G xing
风云二号 G 星 ［0201D］
FY-2G
　C 气象卫星

feng yun er hao G xing
风云二号 G 星 ［0201D］
FY-2G
　C 地球静止轨道

feng yun er hao G xing
风云二号 G 星 ［0201D］
FY-2G
　C 国家卫星气象中心

feng yun er hao G xing
风云二号 G 星 ［0201D］
FY-2G
　C 西昌卫星发射中心

feng yun er hao G xing
风云二号 G 星 ［0201D］
FY-2G

C 长征三号甲运载火箭

feng yun er hao H xing
风云二号 H 星 ［0201D］
FY-2H
　S 风云气象卫星

feng yun er hao H xing
风云二号 H 星 ［0201D］
FY-2H
　C 气象卫星

feng yun er hao H xing
风云二号 H 星 ［0201D］
FY-2H
　C 地球静止轨道

feng yun er hao H xing
风云二号 H 星 ［0201D］
FY-2H
　C 国家卫星气象中心

feng yun er hao H xing
风云二号 H 星 ［0201D］
FY-2H
　C 西昌卫星发射中心

feng yun er hao H xing
风云二号 H 星 ［0201D］
FY-2H
　C 长征三号甲运载火箭

feng yun san hao A xing
风云三号 A 星 ［0201D］
FY-3A
　S 风云气象卫星

feng yun san hao A xing
风云三号 A 星 ［0201D］
FY-3A
　C 气象卫星

feng yun san hao A xing
风云三号 A 星 ［0201D］
FY-3A

C 太阳同步轨道

feng yun san hao A xing
风云三号 A 星 ［0201D］
FY-3A
　C 国家卫星气象中心

feng yun san hao A xing
风云三号 A 星 ［0201D］
FY-3A
　C 太原卫星发射中心

feng yun san hao A xing
风云三号 A 星 ［0201D］
FY-3A
　C 长征四号丙运载火箭

feng yun san hao B xing
风云三号 B 星 ［0201D］
FY-3B
　S 风云气象卫星

feng yun san hao B xing
风云三号 B 星 ［0201D］
FY-3B
　C 气象卫星

feng yun san hao B xing
风云三号 B 星 ［0201D］
FY-3B
　C 太阳同步轨道

feng yun san hao B xing
风云三号 B 星 ［0201D］
FY-3B
　C 国家卫星气象中心

feng yun san hao B xing
风云三号 B 星 ［0201D］
FY-3B
　C 太原卫星发射中心

feng yun san hao B xing
风云三号 B 星 ［0201D］
FY-3B

C 长征四号丙运载火箭

feng yun san hao C xing
风云三号 C 星 ［0201D］
FY-3C
　S 风云气象卫星

feng yun san hao C xing
风云三号 C 星 ［0201D］
FY-3C
　C 气象卫星

feng yun san hao C xing
风云三号 C 星 ［0201D］
FY-3C
　C 太阳同步轨道

feng yun san hao C xing
风云三号 C 星 ［0201D］
FY-3C
　C 国家卫星气象中心

feng yun san hao C xing
风云三号 C 星 ［0201D］
FY-3C
　C 太原卫星发射中心

feng yun san hao C xing
风云三号 C 星 ［0201D］
FY-3C
　C 长征四号丙运载火箭

feng yun san hao D xing
风云三号 D 星 ［0201D］
FY-3D
　S 风云气象卫星

feng yun san hao D xing
风云三号 D 星 ［0201D］
FY-3D
　C 气象卫星

feng yun san hao D xing
风云三号 D 星 ［0201D］
FY-3D

C 太阳同步轨道

feng yun san hao D xing
风云三号 D 星 [0201D]

FY-3D

 C 国家卫星气象中心

feng yun san hao D xing
风云三号 D 星 [0201D]

FY-3D

 C 太原卫星发射中心

feng yun san hao D xing
风云三号 D 星 [0201D]

FY-3D

 C 长征四号丙运载火箭

feng yun si hao A xing
风云四号 A 星 [0201D]

FY-4A

 S 风云气象卫星

feng yun si hao A xing
风云四号 A 星 [0201D]

FY-4A

 C 气象卫星

feng yun si hao A xing
风云四号 A 星 [0201D]

FY-4A

 C 地球同步轨道

feng yun si hao A xing
风云四号 A 星 [0201D]

FY-4A

 C 西昌卫星发射中心

feng yun si hao A xing
风云四号 A 星 [0201D]

FY-4A

 C 国家卫星气象中心

feng yun si hao A xing
风云四号 A 星 [0201D]

FY-4A

C 干涉式大气垂直探测仪

feng yun si hao A xing
风云四号 A 星 [0201D]

FY-4A

 C 长征三号乙运载火箭

feng yun yi hao A xing
风云一号 A 星 [0201D]

FY-1A

 S 风云气象卫星

feng yun yi hao A xing
风云一号 A 星 [0201D]

FY-1A

 C 气象卫星

feng yun yi hao A xing
风云一号 A 星 [0201D]

FY-1A

 C 太阳同步轨道

feng yun yi hao A xing
风云一号 A 星 [0201D]

FY-1A

 C 多光谱可见光红外扫描辐射仪

feng yun yi hao A xing
风云一号 A 星 [0201D]

FY-1A

 C 空间环境监测器

feng yun yi hao A xing
风云一号 A 星 [0201D]

FY-1A

 C 上海航天技术研究院

feng yun yi hao A xing
风云一号 A 星 [0201D]

FY-1A

 C 太原卫星发射中心

feng yun yi hao A xing
风云一号 A 星 [0201D]

FY-1A

C 国家卫星气象中心

feng yun yi hao A xing
风云一号 A 星 ［0201D］
FY-1A
 C 红外与可见光扫描辐射计

feng yun yi hao A xing
风云一号 A 星 ［0201D］
FY-1A
 C 长征四号甲运载火箭

feng yun yi hao B xing
风云一号 B 星 ［0201D］
FY-1B
 S 风云气象卫星

feng yun yi hao B xing
风云一号 B 星 ［0201D］
FY-1B
 C 气象卫星

feng yun yi hao B xing
风云一号 B 星 ［0201D］
FY-1B
 C 太阳同步轨道

feng yun yi hao B xing
风云一号 B 星 ［0201D］
FY-1B
 C 多光谱可见光红外扫描辐射仪

feng yun yi hao B xing
风云一号 B 星 ［0201D］
FY-1B
 C 上海航天技术研究院

feng yun yi hao B xing
风云一号 B 星 ［0201D］
FY-1B
 C 太原卫星发射中心

feng yun yi hao B xing
风云一号 B 星 ［0201D］
FY-1B

C 国家卫星气象中心

feng yun yi hao B xing
风云一号 B 星 ［0201D］
FY-1B
 C 长征四号甲运载火箭

feng yun yi hao C xing
风云一号 C 星 ［0201D］
FY-1C
 S 风云气象卫星

feng yun yi hao C xing
风云一号 C 星 ［0201D］
FY-1C
 C 气象卫星

feng yun yi hao C xing
风云一号 C 星 ［0201D］
FY-1C
 C 太阳同步轨道

feng yun yi hao C xing
风云一号 C 星 ［0201D］
FY-1C
 C 上海航天技术研究院

feng yun yi hao C xing
风云一号 C 星 ［0201D］
FY-1C
 C 太原卫星发射中心

feng yun yi hao C xing
风云一号 C 星 ［0201D］
FY-1C
 C 国家卫星气象中心

feng yun yi hao C xing
风云一号 C 星 ［0201D］
FY-1C
 C 红外与可见光扫描辐射计

feng yun yi hao C xing
风云一号 C 星 ［0201D］
FY-1C

C 长征四号丙运载火箭

feng yun yi hao D xing
风云一号 D 星 [0201D]
FY-1D
　　S 风云气象卫星

feng yun yi hao D xing
风云一号 D 星 [0201D]
FY-1D
　　C 气象卫星

feng yun yi hao D xing
风云一号 D 星 [0201D]
FY-1D
　　C 太阳同步轨道

feng yun yi hao D xing
风云一号 D 星 [0201D]
FY-1D
　　C 上海航天技术研究院

feng yun yi hao D xing
风云一号 D 星 [0201D]
FY-1D
　　C 太原卫星发射中心

feng yun yi hao D xing
风云一号 D 星 [0201D]
FY-1D
　　C 国家卫星气象中心

feng yun yi hao D xing
风云一号 D 星 [0201D]
FY-1D
　　C 长征四号丙运载火箭

feng yun yi hao D xing
风云一号 D 星 [0201D]
FY-1D
　　C 多光谱可见光红外扫描仪

feng lin
峰林 [0203A]
Karst Tower Forest

S 喀斯特地貌

feng qun A xing
蜂群 A 星 [0201D]
The Earth's Magnetic Field and Environment
Explorers-A
　　S 蜂群系列卫星

feng qun A xing
蜂群 A 星 [0201D]
The Earth's Magnetic Field and Environment
Explorers-A
　　C 地球观测卫星

feng qun A xing
蜂群 A 星 [0201D]
The Earth's Magnetic Field and Environment
Explorers-A
　　C 近极轨道

feng qun A xing
蜂群 A 星 [0201D]
The Earth's Magnetic Field and Environment
Explorers-A
　　C 矢量场磁力计

feng qun A xing
蜂群 A 星 [0201D]
The Earth's Magnetic Field and Environment
Explorers-A
　　C 绝对标量磁力计

feng qun A xing
蜂群 A 星 [0201D]
The Earth's Magnetic Field and Environment
Explorers-A
　　C 电场仪表

feng qun A xing
蜂群 A 星 [0201D]
The Earth's Magnetic Field and Environment
Explorers-A
　　C 欧洲航天局

feng qun A xing

蜂群 A 星 ［0201D］

The Earth's Magnetic Field and Environment Explorers-A

　C 普列谢茨克航天发射基地

feng qun A xing

蜂群 A 星 ［0201D］

The Earth's Magnetic Field and Environment Explorers-A

　C 罗科特-公里

feng qun B xing

蜂群 B 星 ［0201D］

The Earth's Magnetic Field and Environment Explorers-B

　S 蜂群系列卫星

feng qun B xing

蜂群 B 星 ［0201D］

The Earth's Magnetic Field and Environment Explorers-B

　C 地球观测卫星

feng qun B xing

蜂群 B 星 ［0201D］

The Earth's Magnetic Field and Environment Explorers-B

　C 近极轨道

feng qun B xing

蜂群 B 星 ［0201C］

The Earth's Magnetic Field and Environment Explorers-B

　C 矢量场磁力计

feng qun B xing

蜂群 B 星 ［0201D］

The Earth's Magnetic Field and Environment Explorers-B

　C 绝对标量磁力计

feng qun B xing

蜂群 B 星 ［0201D］

The Earth's Magnetic Field and Environment Explorers-B

　C 电场仪表

feng qun B xing

蜂群 B 星 ［0201D］

The Earth's Magnetic Field and Environment Explorers-B

　C 欧洲航天局

feng qun B xing

蜂群 B 星 ［0201D］

The Earth's Magnetic Field and Environment Explorers-B

　C 普列谢茨克航天发射基地

feng qun B xing

蜂群 B 星 ［0201D］

The Earth's Magnetic Field and Environment Explorers-B

　C 罗科特-公里

feng wo di qiu yuan cheng guan ce she qu chang yi wei xing-1

蜂窝地球远程观测社区倡议卫星-1 ［0201D］

Community Initiative for Cellular Earth Remote Observation-1

　S CICERO 系列

feng wo di qiu yuan cheng guan ce she qu chang yi wei xing-1

蜂窝地球远程观测社区倡议卫星-1 ［0201D］

Community Initiative for Cellular Earth Remote Observation-1

　C 气象卫星

feng wo di qiu yuan cheng guan ce she qu chang yi wei xing-1

蜂窝地球远程观测社区倡议卫星-1

[0201D]

Community Initiative for Cellular Earth Remote Observation-1

   C 太阳同步轨道

feng wo di qiu yuan cheng guan ce she qu chang yi wei xing-1

蜂窝地球远程观测社区倡议卫星-1

[0201D]

Community Initiative for Cellular Earth Remote Observation-1

   C 用于 GPS-RO 的 CICERO 仪器

feng wo di qiu yuan cheng guan ce she qu chang yi wei xing-1

蜂窝地球远程观测社区倡议卫星-1

[0201D]

Community Initiative for Cellular Earth Remote Observation-1

   C Geooptics

feng wo di qiu yuan cheng guan ce she qu chang yi wei xing-1

蜂窝地球远程观测社区倡议卫星-1

[0201D]

Community Initiative for Cellular Earth Remote Observation-1

   C 拜科努尔航天发射场

feng wo di qiu yuan cheng guan ce she qu chang yi wei xing-1

蜂窝地球远程观测社区倡议卫星-1

[0201D]

Community Initiative for Cellular Earth Remote Observation-1

   C 印度国防情报局

feng wo di qiu yuan cheng guan ce she qu chang yi wei xing-1

蜂窝地球远程观测社区倡议卫星-1

[0201D]

Community Initiative for Cellular Earth Remote Observation-1

   C 联盟号 2.1a

feng wo di qiu yuan cheng guan ce she qu chang yi wei xing-10

蜂窝地球远程观测社区倡议卫星-10

[0201D]

Community Initiative for Cellular Earth Remote Observation-10

   S CICERO 系列

feng wo di qiu yuan cheng guan ce she qu chang yi wei xing-10

蜂窝地球远程观测社区倡议卫星-10

[0201D]

Community Initiative for Cellular Earth Remote Observation-10

   C 气象卫星

feng wo di qiu yuan cheng guan ce she qu chang yi wei xing-10

蜂窝地球远程观测社区倡议卫星-10

[0201D]

Community Initiative for Cellular Earth Remote Observation-10

   C 极地轨道

feng wo di qiu yuan cheng guan ce she qu chang yi wei xing-10

蜂窝地球远程观测社区倡议卫星-10

[0201D]

Community Initiative for Cellular Earth Remote Observation-10

   C 用于 GPS-RO 的 CICERO 仪器

feng wo di qiu yuan cheng guan ce she qu chang yi wei xing-10
蜂窝地球远程观测社区倡议卫星-10
［0201D］
Community Initiative for Cellular Earth Remote Observation-10
C 电子运载火箭

feng wo di qiu yuan cheng guan ce she qu chang yi wei xing-10
蜂窝地球远程观测社区倡议卫星-10
［0201D］
Community Initiative for Cellular Earth Remote Observation-10
C Geooptics

feng wo di qiu yuan cheng guan ce she qu chang yi wei xing-10
蜂窝地球远程观测社区倡议卫星-10
［0201D］
Community Initiative for Cellular Earth Remote Observation-10
C 拜科努尔航天发射场

feng wo di qiu yuan cheng guan ce she qu chang yi wei xing-10
蜂窝地球远程观测社区倡议卫星-10
［0201D］
Community Initiative for Cellular Earth Remote Observation-10
C 印度国防情报局

feng wo di qiu yuan cheng guan ce she qu chang yi wei xing-2
蜂窝地球远程观测社区倡议卫星-2
［0201D］
Community Initiative for Cellular Earth Remote Observation-2
S CICERO 系列

feng wo di qiu yuan cheng guan ce she qu chang yi wei xing-2
蜂窝地球远程观测社区倡议卫星-2
［0201D］
Community Initiative for Cellular Earth Remote Observation-2
C 气象卫星

feng wo di qiu yuan cheng guan ce she qu chang yi wei xing-2
蜂窝地球远程观测社区倡议卫星-2
［0201D］
Community Initiative for Cellular Earth Remote Observation-2
C 太阳同步轨道

feng wo di qiu yuan cheng guan ce she qu chang yi wei xing-2
蜂窝地球远程观测社区倡议卫星-2
［0201D］
Community Initiative for Cellular Earth Remote Observation-2
C 用于 GPS-RO 的 CICERO 仪器

feng wo di qiu yuan cheng guan ce she qu chang yi wei xing-2
蜂窝地球远程观测社区倡议卫星-2
［0201D］
Community Initiative for Cellular Earth Remote Observation-2
C Geooptics

feng wo di qiu yuan cheng guan ce she qu chang yi wei xing-2
蜂窝地球远程观测社区倡议卫星-2
［0201D］
Community Initiative for Cellular Earth Remote Observation-2
C 拜科努尔航天发射场

feng wo di qiu yuan cheng guan ce she qu chang yi wei xing-2
蜂窝地球远程观测社区倡议卫星-2
[0201D]
Community Initiative for Cellular Earth Remote Observation-2
　C 印度国防情报局

feng wo di qiu yuan cheng guan ce she qu chang yi wei xing-2
蜂窝地球远程观测社区倡议卫星-2
[0201D]
Community Initiative for Cellular Earth Remote Observation-2
　C 联盟号 2.1a

feng wo di qiu yuan cheng guan ce she qu chang yi wei xing-3
蜂窝地球远程观测社区倡议卫星-3
[0201D]
Community Initiative for Cellular Earth Remote Observation-3
　S CICERO 系列

feng wo di qiu yuan cheng guan ce she qu chang yi wei xing-3
蜂窝地球远程观测社区倡议卫星-3
[0201D]
Community Initiative for Cellular Earth Remote Observation-3
　C 气象卫星

feng wo di qiu yuan cheng guan ce she qu chang yi wei xing-3
蜂窝地球远程观测社区倡议卫星-3
[0201D]
Community Initiative for Cellular Earth Remote Observation-3
　C 太阳同步轨道

feng wo di qiu yuan cheng guan ce she qu chang yi wei xing-3
蜂窝地球远程观测社区倡议卫星-3
[0201D]
Community Initiative for Cellular Earth Remote Observation-3
　C 用于 GPS-RO 的 CICERO 仪器

feng wo di qiu yuan cheng guan ce she qu chang yi wei xing-3
蜂窝地球远程观测社区倡议卫星-3
[0201D]
Community Initiative for Cellular Earth Remote Observation-3
　C Geooptics

feng wo di qiu yuan cheng guan ce she qu chang yi wei xing-3
蜂窝地球远程观测社区倡议卫星-3
[0201D]
Community Initiative for Cellular Earth Remote Observation-3
　C 拜科努尔航天发射场

feng wo di qiu yuan cheng guan ce she qu chang yi wei xing-3
蜂窝地球远程观测社区倡议卫星-3
[0201D]
Community Initiative for Cellular Earth Remote Observation-3
　C 印度国防情报局

feng wo di qiu yuan cheng guan ce she qu chang yi wei xing-3
蜂窝地球远程观测社区倡议卫星-3
[0201D]
Community Initiative for Cellular Earth Remote Observation-3
　C 联盟号 2.1a

feng wo di qiu yuan cheng guan ce she qu
chang yi wei xing-6
蜂窝地球远程观测社区倡议卫星-6
[0201D]
Community Initiative for Cellular Earth Remote
Observation-6
　　S CICERO 系列

feng wo di qiu yuan cheng guan ce she qu
chang yi wei xing-6
蜂窝地球远程观测社区倡议卫星-6
[0201D]
Community Initiative for Cellular Earth Remote
Observation-6
　　C 气象卫星

feng wo di qiu yuan cheng guan ce she qu
chang yi wei xing-6
蜂窝地球远程观测社区倡议卫星-6
[0201D]
Community Initiative for Cellular Earth Remote
Observation-6
　　C 太阳同步轨道

feng wo di qiu yuan cheng guan ce she qu
chang yi wei xing-6
蜂窝地球远程观测社区倡议卫星-6
[0201D]
Community Initiative for Cellular Earth Remote
Observation-6
　　C 用于 GPS-RO 的 CICERO 仪器

feng wo di qiu yuan cheng guan ce she qu
chang yi wei xing-6
蜂窝地球远程观测社区倡议卫星-6
[0201D]
Community Initiative for Cellular Earth Remote
Observation-6
　　C Geooptics

feng wo di qiu yuan cheng guan ce she qu
chang yi wei xing-6
蜂窝地球远程观测社区倡议卫星-6
[0201D]
Community Initiative for Cellular Earth Remote
Observation-6
　　C 拜科努尔航天发射场

feng wo di qiu yuan cheng guan ce she qu
chang yi wei xing-6
蜂窝地球远程观测社区倡议卫星-6
[0201D]
Community Initiative for Cellular Earth Remote
Observation-6
　　C 印度国防情报局

feng wo di qiu yuan cheng guan ce she qu
chang yi wei xing-6
蜂窝地球远程观测社区倡议卫星-6
[0201D]
Community Initiative for Cellular Earth Remote
Observation-6
　　C 极轨卫星运载火箭

feng wo di qiu yuan cheng guan ce she qu
chang yi wei xing-7
蜂窝地球远程观测社区倡议卫星-7
[0201D]
Community Initiative for Cellular Earth Remote
Observation-7
　　S CICERO 系列

feng wo di qiu yuan cheng guan ce she qu
chang yi wei xing-7
蜂窝地球远程观测社区倡议卫星-7
[0201D]
Community Initiative for Cellular Earth Remote
Observation-7
　　C 气象卫星

feng wo di qiu yuan cheng guan ce she qu chang yi wei xing-7

蜂窝地球远程观测社区倡议卫星-7

[0201D]

Community Initiative for Cellular Earth Remote Observation-7

    C 太阳同步轨道

feng wo di qiu yuan cheng guan ce she qu chang yi wei xing-7

蜂窝地球远程观测社区倡议卫星-7

[0201D]

Community Initiative for Cellular Earth Remote Observation-7

    C 用于 GPS-RO 的 CICERO 仪器

feng wo di qiu yuan cheng guan ce she qu chang yi wei xing-7

蜂窝地球远程观测社区倡议卫星-7

[0201D]

Community Initiative for Cellular Earth Remote Observation-7

    C Geooptics

feng wo di qiu yuan cheng guan ce she qu chang yi wei xing-7

蜂窝地球远程观测社区倡议卫星-7

[0201D]

Community Initiative for Cellular Earth Remote Observation-7

    C 拜科努尔航天发射场

feng wo di qiu yuan cheng guan ce she qu chang yi wei xing-7

蜂窝地球远程观测社区倡议卫星-7

[0201D]

Community Initiative for Cellular Earth Remote Observation-7

    C 印度国防情报局

feng wo di qiu yuan cheng guan ce she qu chang yi wei xing-7

蜂窝地球远程观测社区倡议卫星-7

[0201D]

Community Initiative for Cellular Earth Remote Observation-7

    C 极轨卫星运载火箭

feng wo di qiu yuan cheng guan ce she qu chang yi wei xing-8

蜂窝地球远程观测社区倡议卫星-8

[0201D]

Community Initiative for Cellular Earth Remote Observation-8

    S CICERO 系列

feng wo di qiu yuan cheng guan ce she qu chang yi wei xing-8

蜂窝地球远程观测社区倡议卫星-8

[0201D]

Community Initiative for Cellular Earth Remote Observation-8

    C 气象卫星

feng wo di qiu yuan cheng guan ce she qu chang yi wei xing-8

蜂窝地球远程观测社区倡议卫星-8

[0201D]

Community Initiative for Cellular Earth Remote Observation-8

    C 太阳同步轨道

feng wo di qiu yuan cheng guan ce she qu chang yi wei xing-8

蜂窝地球远程观测社区倡议卫星-8

[0201D]

Community Initiative for Cellular Earth Remote Observation-8

    C 用于 GPS-RO 的 CICERO 仪器

feng wo di qiu yuan cheng guan ce she qu chang yi wei xing-8

蜂窝地球远程观测社区倡议卫星-8 [0201D]

Community Initiative for Cellular Earth Remote Observation-8

　　C Geooptics

feng wo di qiu yuan cheng guan ce she qu chang yi wei xing-8

蜂窝地球远程观测社区倡议卫星-8 [0201D]

Community Initiative for Cellular Earth Remote Observation-8

　　C 拜科努尔航天发射场

feng wo di qiu yuan cheng guan ce she qu chang yi wei xing-8

蜂窝地球远程观测社区倡议卫星-8 [0201D]

Community Initiative for Cellular Earth Remote Observation-8

　　C 印度国防情报局

feng wo di qiu yuan cheng guan ce she qu chang yi wei xing-8

蜂窝地球远程观测社区倡议卫星-8 [0201D]

Community Initiative for Cellular Earth Remote Observation-8

　　C 极轨卫星运载火箭

feng xi shi she ying ji

缝隙式摄影机 [0201C]

Slot Camera

　　S 摄影成像传感器

feng xi shi she ying ji

缝隙式摄影机 [0201C]

Slot Camera

　　D 航带摄影机

feng xi tian xian

缝隙天线 [0201B]

Slot Antenna

　　S 馈源

fu wu cang bei ce kong dan yuan

服务舱北测控单元 [0203C]

Service Module North Measurement and Control Unit

　　S 数据管理分系统组成

fu wu cang nan ce kong dan yuan

服务舱南测控单元 [0203C]

Service Module South Measurement and Control Unit

　　S 数据管理分系统组成

fu hao ku fang fa

符号库方法 [0202B]

Symbol Library Method

　　Y 信息块法

fu du fei xian xing shi zhen

幅度非线性失真 [0202A]

Amplitude Nonlinear Distortion

　　S 信道非线性失真

fu du pin lü shi zhen

幅度频率失真 [0202C]

Amplitude Frequency Distortion

　　S 信道线性失真

fu liang du

辐亮度 [0203D]

Radiance

　　Y 辐射亮度

fu she

辐射 [0202C]

Radiation

　　S 空间交互形式

fu she cha e

辐射差额 [0202A]

Radiation Difference

Y 地表净辐射通量

fu she chu she du
辐射出射度 ［0203D］

Radiated Exitance

　　emittance

　　D 辐射通量密度

fu she chu she du
辐射出射度 ［0203D］

Radiant Exitance

　　S 电磁辐射度量

fu she chuan shu mo xing
辐射传输模型 ［0202A］

Radiation Transport Model

　　S 水体遥感反演方法

fu she dai feng bao tan ce qi-A
辐射带风暴探测器-A ［0201D］

Van Allen Probe A

　　S Van Allen Probes 系列

fu she dai feng bao tan ce qi-A
辐射带风暴探测器-A ［0201D］

Van Allen Probe A

　　C 成像侦察卫星

fu she dai feng bao tan ce qi-A
辐射带风暴探测器-A ［0201D］

Van Allen Probe A

　　C 椭圆轨道

fu she dai feng bao tan ce qi-A
辐射带风暴探测器-A ［0201D］

Van Allen Probe A

　　C 宇宙神V号运载火箭

fu she dai feng bao tan ce qi-A
辐射带风暴探测器-A ［0201D］

Van Allen Probe A

　　C 约翰·霍普金斯大学应用物理实验室

fu she dai feng bao tan ce qi-A
辐射带风暴探测器-A ［0201D］

Van Allen Probe A

　　C 卡纳维拉尔角空军基地41号航天发射复合体

fu she dai feng bao tan ce qi-A
辐射带风暴探测器-A ［0201D］

Van Allen Probe A

　　C 美国航空航天局

fu she dai feng bao tan ce qi-A
辐射带风暴探测器-A ［0201D］

Van Allen Probe A

　　C 高能粒子、成分和热等离子体套件

fu she dai feng bao tan ce qi-A
辐射带风暴探测器-A ［0201D］

Van Allen Probe A

　　C 电场和磁场仪器套件和综合科学

fu she dai feng bao tan ce qi-A
辐射带风暴探测器-A ［0201D］

Van Allen Probe A

　　C 电场和波套件

fu she dai feng bao tan ce qi-A
辐射带风暴探测器-A ［0201D］

Van Allen Probe A

　　C 辐射带风暴探头离子组成实验

fu she dai feng bao tan ce qi-A
辐射带风暴探测器-A ［0201D］

Van Allen Probe A

　　C 相对论质子光谱仪

fu she dai feng bao tan ce qi-B
辐射带风暴探测器-B ［0201D］

Van Allen Probe B

　　SVanAllen Probes 系列

fu she dai feng bao tan ce qi-B
辐射带风暴探测器-B ［0201D］

Van Allen Probe B

C 成像侦察卫星

fu she dai feng bao tan ce qi-B
辐射带风暴探测器-B［0201D］

Van Allen Probe B
　　C 椭圆轨道

fu she dai feng bao tan ce qi-B
辐射带风暴探测器-B［0201D］

Van Allen Probe B
　　C 宇宙神 V 号运载火箭

fu she dai feng bao tan ce qi-B
辐射带风暴探测器-B［0201D］

Van Allen Probe B
　　C 约翰·霍普金斯大学应用物理实验室

fu she dai feng bao tan ce qi-B
辐射带风暴探测器-B［0201D］

Van Allen Probe B
　　C 卡纳维拉尔角空军基地 41 号航天发射复合体

fu she dai feng bao tan ce qi-B
辐射带风暴探测器-B［0201D］

Van Allen Probe B
　　C 美国航空航天局

fu she dai feng bao tan ce qi-B
辐射带风暴探测器-B［0201D］

Van Allen Probe B
　　C 高能粒子、成分和热等离子体套件

fu she dai feng bao tan ce qi-B
辐射带风暴探测器-B［0201D］

Van Allen Probe B
　　C 电场和磁场仪器套件和综合科学

fu she dai feng bao tan ce qi-B
辐射带风暴探测器-B［0201D］

Van Allen Probe B
　　C 电场和波套件

fu she dai feng bao tan ce qi-B
辐射带风暴探测器-B［0201D］

Van Allen Probe B

C 辐射带风暴探头离子组成实验

fu she dai feng bao tan ce qi-B
辐射带风暴探测器-B［0201D］

Van Allen Probe B
　　C 相对论质子光谱仪

fu she dan yuan shu mu
辐射单元数目［0203D］

Number of Radiating Units
　　C 阵列天线特性

fu she ding biao
辐射定标［0202A］

Radiometric Calibration
　　F 光学辐射定标
　　　热红外辐射定标
　　　雷达辐射定标
　　　多光谱辐射定标
　　　高光谱辐射定标
　　　时间序列辐射定标

fu she ding biao
辐射定标［0202A］

Radiometric Calibration
　　C 大气校正

fu she ding biao
辐射定标［0202A］

Radiometric Calibration
　　C 几何校正

fu she ding biao
辐射定标［0202A］

Radiometric Calibration
　　C 传感器端的辐射校正（卫星遥感图像）

fu she fen bian lü
辐射分辨率［0203D］

Radiation Resolution
　　S 遥感分辨率

fu she fen bian lü

辐射分辨率 ［0202A］

Radiation Resolution

　　C 最大信息容量

fu she fen bian lü

辐射分辨率 ［0203D］

Radiation Resolution

　　C 辐射特征

fu she gong lü

辐射功率 ［0203D］

Radiated Power

　　Y 辐射通量

fu she guang bo chang

辐射光波长 ［0203D］

Wavelength of Radiant Light

　　C 大气散射

fu she ji bian

辐射畸变 ［0202A］

Radiation Distortion

　　D 辐射误差

fu she ji

辐射计 ［0201C］

Radiometer

　　F 辐射亮度计

　　　热辐射计

　　　多光谱辐射计

　　　高光谱辐射计

　　　偏振辐射计

　　　微波辐射计

fu she ji

辐射计 ［0201B］

Radiometer

　　S 气象仪器

fu she liang du

辐射亮度 ［0202A］

Radiance

　　D 辐亮度

fu she liang du

辐射亮度 ［0203D］

Radiant Brightness

　　S 电磁辐射度量

fu she liang du ji

辐射亮度计 ［0201B］

Radiometer

　　S 辐射计

fu she mo xing

辐射模型 ［0202A］

Radiation Model

　　S 空间交互模型

fu she neng liang

辐射能量 ［0202A］

Radiation Energy

　　S 电磁辐射度量

fu she ni wen

辐射逆温 ［0202A］

Radiation Inversion

　　S 逆温层

fu she ping heng

辐射平衡 ［0202A］

Radiation Balance

　　Y 地表净辐射通量

fu she ping heng

辐射平衡 ［0202A］

Radiation Balance

　　S 物质平衡

fu she qiang du

辐射强度 ［0203D］

Radiation Intensity

　　C 亮度值

fu she te zheng

辐射特征 ［0203A］

Radiation Signature

C 辐射分辨率

fu she tong liang
辐射通量 [0203D]
Radiant Flux
　D 辐射功率

fu she tong liang
辐射通量 [0203D]
Radiant Flux
　S 电磁辐射度量

fu she tong liang mi du
辐射通量密度 [0203D]
Radiant Flux Density
　Y 辐射出射度

fu she tong liang mi du
辐射通量密度 [0203D]
Radiant Flux Density
　S 电磁辐射度量

fu she wen du
辐射温度 [0203D]
Radiant Temperature
　C 表观温度

fu she wu cha
辐射误差 [0202A]
Radiation Error
　Y 辐射畸变

fu she wu cha
辐射误差 [0202A]
Radiation Error
　C 传感器响应特性

fu she wu cha
辐射误差 [0202A]
Radiation Error
　C 传感器外界环境

fu she jiao zheng
辐射校正 [0202A]
Radiation Correction

S 影像/图像预处理

fu she jiao zheng
辐射校正 [0202A]
Radiation Correction
　F 系统辐射校正
　　用户辐射校正

fu she zeng qiang
辐射增强 [0202C]
Radiation Enhancement
　C 对比度变换

fu she zeng qiang
辐射增强 [0202A]
Radiation Enhancement
　Y 对比度变换

fu she zhao du
辐射照度 [0203D]
Irradiance
　D 辐照度

fu zhao du
辐照度 [0203D]
Irradiance
　Y 辐射照度

fu zhao du
辐照度 [0203D]
Irradiance
　S 电磁辐射度量

fu lai si chuan bo gong shi
福莱斯传播公式 [0202C]
Friis Propagation Formula
　Y 自由空间传播公式

fu yang
俯仰 [0201C]
Tilt
　S 遥感平台的运动状态

fu yang jiao
俯仰角 ［0203D］
Pitch Angle
　S 姿态角

fu yi chang
负异常 ［0202A］
Negative Anomaly
　S 地球物理异常

fu zai
负载 ［0201C］
Load
　S 微放电检测系统

fu he er jin zhi pian yi zai bo tiao zhi
复合二进制偏移载波调制 ［0202C］
Compound Binary Offset Carrier Modulation
　S 混合二进制偏移载波

fu jie dian chang shu
复介电常数 ［0203D］
Complex Deilectric Constant
　C 影像特征

fu fan she mian
副反射面 ［0201C］
Secondary Reflector
　S 后馈抛物面天线组成

fu fan she mian
副反射面 ［0201C］
Secondary Reflector
　C 椭球面

fu li ye bian huan
傅里叶变换 ［0202B］
Fourier Transform
　S 信号分析方法

fu li ye bian huan
傅里叶变换 ［0202C］
Fourier Transform

　F 离散傅里叶变换
　　连续傅里叶变换

gai jin xing KH-11 wei xing
改进型 KH-11 卫星 ［0201D］
Improved KH-11 Satellite
　S 跟踪与数据中继卫星系统服务对象

gai jin xing lin bian da qi fen guang ji
改进型临边大气分光计 ［0201C］
Improved Airborne Atmospheric Spectrometer
　S 先进地球观测卫星传感器

gai lü kong xi lü
概率孔隙率 ［0202A］
Probabilistic Porosity
　S 孔隙率

gai lü pi pei suan fa
概率匹配算法 ［0202B］
Probabilistic Matching Algorithm
　S 地图匹配算法

gan re tong liang
感热通量 ［0202A］
Sensible Heat Flux
　Y 显热通量

gan rao
干扰 ［0202C］
Disturb
　S 影响 GPS 信号质量的因素

gan rao
干扰 ［0202C］
Disturb
　F 电磁干扰
　　人为干扰
　　射频干扰
　　压制式干扰
　　多址干扰

gan she lei da
干涉雷达 ［0201C］
Interferometric Radar
　C 双天线 SAR

gan she lei da
干涉雷达 ［0201C］
Interferometric Radar
　C 相干 SAR

gan she shi he cheng kong jing lei da
干涉式合成孔径雷达 ［0201C］
Interferometric Synthetic Aperture Radar
　S 雷达

gao cheng jing du yin zi
高程精度因子 ［0203D］
Vertical Dilution of Precision
　S 导航星座影响因子

gao cheng wu cha
高程误差 ［0202A］
Elevation Error
　S 测量误差

gao di qiu gui dao
高地球轨道 ［0201D］
High Earth Orbit
　Y 地球同步轨道

gao du
高度 ［0203D］
Height
　Y 大地高度

gao du
高度 ［0203D］
Height
　D 高程

gao du ji
高度计 ［0201C］
Altimeter

　S EOS 传感器

gao fen ba hao
高分八号 ［0201D］
Gaofen 8
　S 高分系列

gao fen ba hao
高分八号 ［0201D］
Gaofen 8
　C 环境与灾害监测卫星

gao fen ba hao
高分八号 ［0201D］
Gaofen 8
　C 太阳同步轨道

gao fen ba hao
高分八号 ［0201D］
Gaofen 8
　C 太原卫星发射中心

gao fen ba hao
高分八号 ［0201D］
Gaofen 8
　C 中国空间技术研究院

gao fen ba hao
高分八号 ［0201D］
Gaofen 8
　C 长征四号乙

gao fen bian lü dong tai fen ceng tan ce yi
高分辨率动态分层探测仪 ［0201C］
High-Resolution Dynamic Limb Sounder
　S EOS 传感器

gao fen bian lü hong wai fu she ji-1 xing
高分辨率红外辐射计-1 型 ［0201C］
High-Resolution Infrared Radiometer-1
　S 可见光–红外辐射计

gao fen bian lü hong wai fu she ji-2 xing
高分辨率红外辐射计-2 型 ［0201C］
High-Resolution Infrared Radiometer-2

S 可见光-红外辐射计

gao fen bian lü kong zhong hong wai sao miao yi

高分辨率空中红外扫描仪 [0201C]

High Resolution Airborne Infrared Scanner

S 扫描仪

gao fen er hao

高分二号 [0201D]

Gaofen 2

S 高分系列

gao fen er hao

高分二号 [0201D]

Gaofen 2

C 环境与灾害监测卫星

gao fen er hao

高分二号 [0201D]

Gaofen 2

C 太阳同步轨道

gao fen er hao

高分二号 [0201D]

Gaofen 2

C 中国航天科技集团公司

gao fen er hao

高分二号 [0201D]

Gaofen 2

C 国家气象局

gao fen er hao

高分二号 [0201D]

Gaofen 2

C 太原卫星发射中心

gao fen er hao

高分二号 [0201D]

Gaofen 2

C 长征四号丙运载火箭

gao fen jiu hao 01 xing

高分九号 01 星 [0201D]

Gaofen 9-01

S 高分系列

gao fen jiu hao 01 xing

高分九号 01 星 [0201D]

Gaofen 9-01

C 环境与灾害监测卫星

gao fen jiu hao 01 xing

高分九号 01 星 [0201D]

Gaofen 9-01

C 太阳同步轨道

gao fen jiu hao 01 xing

高分九号 01 星 [0201D]

Gaofen 9-01

C 酒泉卫星发射中心

gao fen jiu hao 01 xing

高分九号 01 星 [0201D]

Gaofen 9-01

C 中国空间技术研究院

gao fen jiu hao 01 xing

高分九号 01 星 [0201D]

Gaofen 9-01

C 长征二号丁运载火箭

gao fen jiu hao 02 xing

高分九号 02 星 [0201D]

Gaofen 9-02

S 高分系列

gao fen jiu hao 02 xing

高分九号 02 星 [0201D]

Gaofen 9-02

C 环境与灾害监测卫星

gao fen jiu hao 02 xing

高分九号 02 星 [0201D]

Gaofen 9-02

C 太阳同步轨道

gao fen jiu hao 02 xing
高分九号 02 星 ［0201D］
Gaofen 9-02
　　C 酒泉卫星发射中心

gao fen jiu hao 02 xing
高分九号 02 星 ［0201D］
Gaofen 9-02
　　C 中国空间技术研究院

gao fen jiu hao 02 xing
高分九号 02 星 ［0201D］
Gaofen 9-02
　　C 长征二号丁运载火箭

gao fen jiu hao 03 xing
高分九号 03 星 ［0201D］
Gaofen 9-03
　　S 高分系列

gao fen jiu hao 03 xing
高分九号 03 星 ［0201D］
Gaofen 9-03
　　C 环境与灾害监测卫星

gao fen jiu hao 03 xing
高分九号 03 星 ［0201D］
Gaofen 9-03
　　C 太阳同步轨道

gao fen jiu hao 03 xing
高分九号 03 星 ［0201D］
Gaofen 9-03
　　C 酒泉卫星发射中心

gao fen jiu hao 03 xing
高分九号 03 星 ［0201D］
Gaofen 9-03
　　C 中国空间技术研究院

gao fen jiu hao 03 xing
高分九号 03 星 ［0201D］
Gaofen 9-03

C 长征二号丁运载火箭

gao fen jiu hao 04 xing
高分九号 04 星 ［0201D］
Gaofen 9-04
　　S 高分系列

gao fen jiu hao 04 xing
高分九号 04 星 ［0201D］
Gaofen 9-04
　　C 环境与灾害监测卫星

gao fen jiu hao 04 xing
高分九号 04 星 ［0201D］
Gaofen 9-04
　　C 太阳同步轨道

gao fen jiu hao 04 xing
高分九号 04 星 ［0201D］
Gaofen 9-04
　　C 酒泉卫星发射中心

gao fen jiu hao 04 xing
高分九号 04 星 ［0201D］
Gaofen 9-04
　　C 中国空间技术研究院

gao fen jiu hao 04 xing
高分九号 04 星 ［0201D］
Gaofen 9-04
　　C 长征二号丁运载火箭

gao fen jiu hao 05 xing
高分九号 05 星 ［0201D］
Gaofen 9-05
　　S 高分系列

gao fen jiu hao 05 xing
高分九号 05 星 ［0201D］
Gaofen 9-05
　　C 环境与灾害监测卫星

gao fen jiu hao 05 xing
高分九号 05 星 ［0201D］
Gaofen 9-05

C 太阳同步轨道

gao fen jiu hao 05 xing
高分九号 05 星 ［0201D］
Gaofen 9-05
　　C 酒泉卫星发射中心

gao fen jiu hao 05 xing
高分九号 05 星 ［0201D］
Gaofen 9-05
　　C 中国空间技术研究院

gao fen jiu hao 05 xing
高分九号 05 星 ［0201D］
Gaofen 9-05
　　C 长征二号丁运载火箭

gao fen liu hao
高分六号 ［0201D］
Gaofen 6
　　S 高分系列

gao fen liu hao
高分六号 ［0201D］
Gaofen 6
　　C 环境与灾害监测卫星

gao fen liu hao
高分六号 ［0201D］
Gaofen 6
　　C 太阳同步轨道

gao fen liu hao
高分六号 ［0201D］
Gaofen 6
　　C 西安卫星测控中心

gao fen liu hao
高分六号 ［0201D］
Gaofen 6
　　C 中国空间技术研究院

gao fen liu hao
高分六号 ［0201D］
Gaofen 6

C 酒泉卫星发射中心

gao fen liu hao
高分六号 ［0201D］
Gaofen 6
　　C 长征二号丁运载火箭

gao fen liu hao
高分六号 ［0201D］
Gaofen 6
　　C 宽幅相机

gao fen qi hao
高分七号 ［0201D］
Gaofen 7
　　S 高分系列

gao fen qi hao
高分七号 ［0201D］
Gaofen 7
　　C 环境与灾害监测卫星

gao fen qi hao
高分七号 ［0201D］
Gaofen 7
　　C 太阳同步轨道

gao fen qi hao
高分七号 ［0201D］
Gaofen 7
　　C 太原卫星发射中心

gao fen qi hao
高分七号 ［0201D］
Gaofen 7
　　C 中国空间技术研究院

gao fen qi hao
高分七号 ［0201D］
Gaofen 7
　　C 长征四号乙

gao fen qi hao
高分七号 ［0201D］
Gaofen 7

C 两线阵立体相机

gao fen san hao
高分三号 ［0201D］
Gaofen 3
S 高分系列

gao fen san hao
高分三号 ［0201D］
Gaofen 3
C 环境与灾害监测卫星

gao fen san hao
高分三号 ［0201D］
Gaofen 3
C 太阳同步回归晨昏轨道

gao fen san hao
高分三号 ［0201D］
Gaofen 3
C 太原卫星发射中心

gao fen san hao
高分三号 ［0201D］
Gaofen 3
C 西安卫星测控中心

gao fen san hao
高分三号 ［0201D］
Gaofen 3
C 中国空间技术研究院

gao fen san hao
高分三号 ［0201D］
Gaofen 3
C 长征四号丙运载火箭

gao fen shi er hao
高分十二号 ［0201D］
Gaofen 12
S 高分系列

gao fen shi er hao
高分十二号 ［0201D］
Gaofen 12

C 环境与灾害监测卫星

gao fen shi er hao
高分十二号 ［0201D］
Gaofen 12
C 太阳同步轨道

gao fen shi er hao
高分十二号 ［0201D］
Gaofen 12
C 太原卫星发射中心

gao fen shi er hao
高分十二号 ［0201D］
Gaofen 12
C 西安卫星测控中心

gao fen shi er hao
高分十二号 ［0201D］
Gaofen 12
C 上海航天技术研究院

gao fen shi er hao
高分十二号 ［0201D］
Gaofen 12
C 长征四号丙运载火箭

gao fen shi hao
高分十号 ［0201D］
Gaofen 10
S 高分系列

gao fen shi hao
高分十号 ［0201D］
Gaofen 10
C 环境与灾害监测卫星

gao fen shi hao
高分十号 ［0201D］
Gaofen 10
C 太阳同步轨道

gao fen shi hao
高分十号 ［0201D］
Gaofen 10

C 太原卫星发射中心

gao fen shi hao
高分十号 ［0201D］
Gaofen 10
   C 上海航天技术研究院

gao fen shi hao
高分十号 ［0201D］
Gaofen 10
   C 长征四号丙运载火箭

gao fen shi hao R xing
高分十号 R 星 ［0201D］
Gaofen 10R
   S 高分系列

gao fen shi hao R xing
高分十号 R 星 ［0201D］
Gaofen 10R
   C 环境与灾害监测卫星

gao fen shi hao R xing
高分十号 R 星 ［0201D］
Gaofen 10R
   C 太阳同步轨道

gao fen shi hao R xing
高分十号 R 星 ［0201D］
Gaofen 10R
   C 太原卫星发射中心

gao fen shi hao R xing
高分十号 R 星 ［0201D］
Gaofen 10R
   C 上海航天技术研究院

gao fen shi hao R xing
高分十号 R 星 ［0201D］
Gaofen 10R
   C 长征四号丙运载火箭

gao fen shi san hao
高分十三号 ［0201D］
Gaofen 13

S 高分系列

gao fen shi san hao
高分十三号 ［0201D］
Gaofen 13
   C 环境与灾害监测卫星

gao fen shi san hao
高分十三号 ［0201D］
Gaofen 13
   C 太阳同步轨道

gao fen shi san hao
高分十三号 ［0201D］
Gaofen 13
   C 西昌卫星发射中心

gao fen shi san hao
高分十三号 ［0201D］
Gaofen 13
   C 中国空间技术研究院

gao fen shi san hao
高分十三号 ［0201D］
Gaofen 13
   C 长征三号乙运载火箭

gao fen shi si hao
高分十四号 ［0201D］
Gaofen 14
   S 高分系列

gao fen shi si hao
高分十四号 ［0201D］
Gaofen 14
   C 环境与灾害监测卫星

gao fen shi si hao
高分十四号 ［0201D］
Gaofen 14
   C 太阳同步轨道

gao fen shi si hao
高分十四号 ［0201D］
Gaofen 14

C 西昌卫星发射中心

gao fen shi si hao
高分十四号 [0201D]
Gaofen 14
　C 中国空间技术研究院

gao fen shi si hao
高分十四号 [0201D]
Gaofen 14
　C 长征三号乙运载火箭

gao fen shi yi hao
高分十一号 [0201D]
Gaofen 11
　S 高分系列

gao fen shi yi hao
高分十一号 [0201D]
Gaofen 11
　C 环境与灾害监测卫星

gao fen shi yi hao
高分十一号 [0201D]
Gaofen 11
　C 太阳同步轨道

gao fen shi yi hao
高分十一号 [0201D]
Gaofen 11
　C 太原卫星发射中心

gao fen shi yi hao
高分十一号 [0201D]
Gaofen 11
　C 中国空间技术研究院

gao fen shi yi hao
高分十一号 [0201D]
Gaofen 11
　C 长征四号乙

gao fen shi yi hao 02 xing
高分十一号 02 星 [0201D]
Gaofen 11-02

S 高分系列

gao fen shi yi hao 02 xing
高分十一号 02 星 [0201D]
Gaofen 11-02
　C 环境与灾害监测卫星

gao fen shi yi hao 02 xing
高分十一号 02 星 [0201D]
Gaofen 11-02
　C 太阳同步轨道

gao fen shi yi hao 02 xing
高分十一号 02 星 [0201D]
Gaofen 11-02
　C 太原卫星发射中心

gao fen shi yi hao 02 xing
高分十一号 02 星 [0201D]
Gaofen 11-02
　C 中国空间技术研究院

gao fen shi yi hao 02 xing
高分十一号 02 星 [0201D]
Gaofen 11-02
　C 长征四号乙

gao fen si hao
高分四号 [0201D]
Gaofen 4
　S 高分系列

gao fen si hao
高分四号 [0201D]
Gaofen 4
　C 环境与灾害监测卫星

gao fen si hao
高分四号 [0201D]
Gaofen 4
　C 地球同步轨道

gao fen si hao
高分四号 [0201D]
Gaofen 4

C 太原卫星发射中心

gao fen si hao
高分四号 [0201D]
Gaofen 4
　　C 西安卫星测控中心

gao fen si hao
高分四号 [0201D]
Gaofen 4
　　C 中国空间技术研究院

gao fen si hao
高分四号 [0201D]
Gaofen 4
　　C 长征三号乙运载火箭

gao fen wu hao
高分五号 [0201D]
Gaofen 5
　　S 高分系列

gao fen wu hao
高分五号 [0201D]
Gaofen 5
　　C 环境与灾害监测卫星

gao fen wu hao
高分五号 [0201D]
Gaofen 5
　　C 太阳同步轨道

gao fen wu hao
高分五号 [0201D]
Gaofen 5
　　C 太原卫星发射中心

gao fen wu hao
高分五号 [0201D]
Gaofen 5
　　C 中国空间技术研究院

gao fen wu hao
高分五号 [0201D]
Gaofen 5

C 自然资源部

gao fen wu hao
高分五号 [0201D]
Gaofen 5
　　C 长征四号丙运载火箭

gao fen wu hao
高分五号 [0201D]
Gaofen 5
　　C 全谱段光谱成像仪

gao fen yi hao
高分一号 [0201D]
Gaofen 1
　　S 高分系列

gao fen yi hao
高分一号 [0201D]
Gaofen 1
　　C 环境与灾害监测卫星

gao fen yi hao
高分一号 [0201D]
Gaofen 1
　　C 太阳同步轨道

gao fen yi hao
高分一号 [0201D]
Gaofen 1
　　C 酒泉卫星发射中心

gao fen yi hao
高分一号 [0201D]
Gaofen 1
　　C 航天东方红卫星有限公司

gao fen yi hao
高分一号 [0201D]
Gaofen 1
　　C 中国航天科技集团公司

gao fen yi hao
高分一号 [0201D]
Gaofen 1

C 长征二号丁运载火箭

gao fen yi hao
高分一号 [0201D]
Gaofen 1
　C 多光谱相机

gao fen yi hao
高分一号 [0201D]
Gaofen 1
　C 全色多光谱相机

gao guan xing sao miao
高惯性扫描 [0201C]
High Inertial Scanning
　S 激光扫描技术

gao guan xing sao miao
高惯性扫描 [0201C]
High Inertial Scanning
　C 旋转-机械技术

gao guan xing sao miao
高惯性扫描 [0201C]
High Inertial Scanning
　C 反射镜和棱镜技术

gao guang pu cheng xiang
高光谱成像 [0201C]
Hyperspectral Imaging
　S 遥感成像方式

gao guang pu cheng xiang guang pu sao miao
高光谱成像光谱扫描 [0201C]
Hyperspectral Imaging Spectral Scanning
　S 扫描成像传感器

gao guang pu chuan gan qi
高光谱传感器 [0201C]
Hyperspectral Sensors
　S 遥感传感器

gao guang pu fu she ding biao
高光谱辐射定标 [0202A]
Hyperspectral Radiometric Calibration
　S 辐射定标

gao guang pu fu she ji
高光谱辐射计 [0201C]
Hyperspectral Radiometer
　S 辐射计

gao guang pu tu xiang
高光谱图像 [0202B]
Hyperspectral Image
　S 不相干图像

gao guang pu yao gan shu ju
高光谱遥感数据 [0203B]
Hyperspectral Remote Sensing Data
　S 遥感影像数据

gao guang pu yao gan wei xing
高光谱遥感卫星 [0201C]
Hyperspectral Remote Sensing Satellites
　S 光学遥感卫星

gao gui wei xing
高轨卫星 [0201D]
High Orbit Satellite
　Y 地球同步卫星

gao ji chan pin zhi zuo
高级产品制作 [0202D]
Advanced Product Manufacturing
　S 遥感信息提取方法

gao ji di qiu guan ce wei xing 1 hao
高级地球观测卫星 1 号 [0201D]
Advanced Earth Observing Satellite-1
　S ADEOS

gao ji di qiu guan ce wei xing 1 hao
高级地球观测卫星 1 号 [0201D]
Advanced Earth Observing Satellite-1

C 地球资源卫星

gao ji di qiu guan ce wei xing 1 hao
高级地球观测卫星 1 号　[0201D]
Advanced Earth Observing Satellite-1
　　C 太阳同步轨道

gao ji di qiu guan ce wei xing 1 hao
高级地球观测卫星 1 号　[0201D]
Advanced Earth Observing Satellite-1
　　C 地球成像有效载荷

gao ji di qiu guan ce wei xing 1 hao
高级地球观测卫星 1 号　[0201D]
Advanced Earth Observing Satellite-1
　　C 高性能可见光近红外辐射计

gao ji di qiu guan ce wei xing 1 hao
高级地球观测卫星 1 号　[0201D]
Advanced Earth Observing Satellite-1
　　C 海色海温扫描放射计

gao ji di qiu guan ce wei xing 1 hao
高级地球观测卫星 1 号　[0201D]
Advanced Earth Observing Satellite-1
　　C 温室效应气体传感器

gao ji di qiu guan ce wei xing 1 hao
高级地球观测卫星 1 号　[0201D]
Advanced Earth Observing Satellite-1
　　C 改良型大气周缘
红外分光仪

gao ji di qiu guan ce wei xing 1 hao
高级地球观测卫星 1 号　[0201D]
Advanced Earth Observing Satellite-1
　　CNASA 散射仪

gao ji di qiu guan ce wei xing 1 hao
高级地球观测卫星 1 号　[0201D]
Advanced Earth Observing Satellite-1
　　C 臭氧全量分光仪

gao ji di qiu guan ce wei xing 1 hao
高级地球观测卫星 1 号　[0201D]
Advanced Earth Observing Satellite-1
　　C 地表反射光观测仪

gao ji di qiu guan ce wei xing 1 hao
高级地球观测卫星 1 号　[0201D]
Advanced Earth Observing Satellite-1
　　C 地面—卫星间光长光路吸收测定用重回反
射器

gao ji di qiu guan ce wei xing 1 hao
高级地球观测卫星 1 号　[0201D]
Advanced Earth Observing Satellite-1
　　C 日本宇宙航空研究开发机构

gao ji di qiu guan ce wei xing 1 hao
高级地球观测卫星 1 号　[0201D]
Advanced Earth Observing Satellite-1
　　C 种子岛宇宙中心

gao ji di qiu guan ce wei xing 1 hao
高级地球观测卫星 1 号　[0201D]
Advanced Earth Observing Satellite-1
　　C 日本国家气象局

gao ji di qiu guan ce wei xing 1 hao
高级地球观测卫星 1 号　[0201D]
Advanced Earth Observing Satellite-1
　　CH-2 运载火箭

gao ji di qiu guan ce wei xing 1 hao
高级地球观测卫星 1 号　[0201D]
Advanced Earth Observing Satellite-1
　　C 二级液体运载火箭

gao ji di qiu guan ce wei xing 1 hao
高级地球观测卫星 1 号　[0201D]
Advanced Earth Observing Satellite-1
　　D 先进地球观测卫星-1

gao ji di qiu guan ce wei xing 2 hao
高级地球观测卫星 2 号　[0201D]
Advanced Earth Observing Satellite-2

S ADEOS

gao ji di qiu guan ce wei xing 2 hao
高级地球观测卫星 2 号 ［0201D］
Advanced Earth Observing Satellite-2
　C 地球资源卫星

gao ji di qiu guan ce wei xing 2 hao
高级地球观测卫星 2 号 ［0201D］
Advanced Earth Observing Satellite-2
　C 太阳同步轨道

gao ji di qiu guan ce wei xing 2 hao
高级地球观测卫星 2 号 ［0201D］
Advanced Earth Observing Satellite-2
　C H-2A 运载火箭

gao ji di qiu guan ce wei xing 2 hao
高级地球观测卫星 2 号 ［0201D］
Advanced Earth Observing Satellite-2
　C 高性能微波扫描辐射计

gao ji di qiu guan ce wei xing 2 hao
高级地球观测卫星 2 号 ［0201D］
Advanced Earth Observing Satellite-2
　C 全球成像器

gao ji di qiu guan ce wei xing 2 hao
高级地球观测卫星 2 号 ［0201D］
Advanced Earth Observing Satellite-2
　C 改进型大气边缘红外分光计

gao ji di qiu guan ce wei xing 2 hao
高级地球观测卫星 2 号 ［0201D］
Advanced Earth Observing Satellite-2
　D 先进地球观测卫星-2

gao ji lin bian sao miao yi
高级临边扫描仪 ［0201C］
Advanced Limb Scanner
　S 扫描仪

gao ji shen gao fen bian lü fu she ji-1 xing
高级甚高分辨率辐射计-1 型 ［0201C］
Advanced Very High Resolution Radiometer-1

S 可见光–红外辐射计

gao ji shen gao fen bian lü fu she ji-2 xing
高级甚高分辨率辐射计-2 型 ［0201C］
Advanced Very High Resolution Radiometer-2
　S 可见光–红外辐射计

gao jing yi hao 01 xing
高景一号 01 星 ［0201D］
SuperView-1
　S 高景系列

gao jing yi hao 01 xing
高景一号 01 星 ［0201D］
SuperView-1
　C 商用遥感卫星

gao jing yi hao 01 xing
高景一号 01 星 ［0201D］
SuperView-1
　C 太阳同步轨道

gao jing yi hao 01 xing
高景一号 01 星 ［0201D］
SuperView-1
　C 太原卫星发射中心

gao jing yi hao 01 xing
高景一号 01 星 ［0201D］
SuperView-1
　C 北京航天世景信息技术有限公司

gao jing yi hao 01 xing
高景一号 01 星 ［0201D］
SuperView-1
　C 中国航天科技集团公司

gao jing yi hao 01 xing
高景一号 01 星 ［0201D］
SuperView-1
　C 长征二号丁运载火箭

gao jing yi hao 02 xing
高景一号 02 星 ［0201D］
SuperView-2

S 高景系列

gao jing yi hao 02 xing
高景一号 02 星 [0201D]
SuperView-2
　　C 商用遥感卫星

gao jing yi hao 02 xing
高景一号 02 星 [0201D]
SuperView-2
　　C 太阳同步轨道

gao jing yi hao 02 xing
高景一号 02 星 [0201D]
SuperView-2
　　C 太原卫星发射中心

gao jing yi hao 02 xing
高景一号 02 星 [0201D]
SuperView-2
　　C 北京航天世景信息技术有限公司

gao jing yi hao 02 xing
高景一号 02 星 [0201D]
SuperView-2
　　C 中国航天科技集团公司

gao jing yi hao 02 xing
高景一号 02 星 [0201D]
SuperView-2
　　C 长征二号丁运载火箭

gao jing yi hao 03 xing
高景一号 03 星 [0201D]
SuperView-3
　　S 高景系列

gao jing yi hao 03 xing
高景一号 03 星 [0201D]
SuperView-3
　　C 商用遥感卫星

gao jing yi hao 03 xing
高景一号 03 星 [0201D]
SuperView-3

C 太阳同步轨道

gao jing yi hao 03 xing
高景一号 03 星 [0201D]
SuperView-3
　　C 太原卫星发射中心

gao jing yi hao 03 xing
高景一号 03 星 [0201D]
SuperView-3
　　C 北京航天世景信息技术有限公司

gao jing yi hao 03 xing
高景一号 03 星 [0201D]
SuperView-3
　　C 中国航天科技集团公司

gao jing yi hao 03 xing
高景一号 03 星 [0201D]
SuperView-3
　　C 长征二号丁运载火箭

gao jing yi hao 04 xing
高景一号 04 星 [0201D]
SuperView-4
　　S 高景系列

gao jing yi hao 04 xing
高景一号 04 星 [0201D]
SuperView-4
　　C 商用遥感卫星

gao jing yi hao 04 xing
高景一号 04 星 [0201D]
SuperView-4
　　C 太阳同步轨道

gao jing yi hao 04 xing
高景一号 04 星 [0201D]
SuperView-4
　　C 太原卫星发射中心

gao jing yi hao 04 xing
高景一号 04 星 [0201D]
SuperView-4

C 北京航天世景信息技术有限公司

gao jing yi hao 04 xing
高景一号 04 星 ［0201D］
SuperView-4
　　C 中国航天科技集团公司

gao jing yi hao 04 xing
高景一号 04 星 ［0201D］
SuperView-4
　　C 长征二号丁运载火箭

gao kong jian fen bian lü tu xiang
高空间分辨率图像 ［0202B］
High Spatial Resolution Images
　　S 不相干图像

gao kong qi xiang tan ce
高空气象探测 ［0202D］
Upper-Air Meteorological Observation
　　S 气象观测

gao si-ke lü ge tou ying
高斯–克吕格投影 ［0202A］
Gauss-Krüger Projection
　　S 等角投影

gao si-ke lü ge tou ying
高斯–克吕格投影 ［0202A］
Gauss-Krüger Projection
　　Y 横轴墨卡托投影

gao si-ma er ke fu sui ji chang wen li miao shu
高斯–马尔可夫随机场纹理描述 ［0202B］
Gauss-Markov Random Field Texture Description
　　S 模型方法

gao si zao sheng
高斯噪声 ［0202A］
Gaussian Noise
　　S 噪声

gao tong lü bo
高通滤波 ［0202A］
High-Pass Filtering
　　S 频率域滤波

gao tong lü bo qi
高通滤波器 ［0202C］
High-Pass Filter
　　S 频率域滤波器

gao tuo yuan gui dao
高椭圆轨道 ［0201D］
Highly Elliptical Orbit
　　S 卫星轨道（高度）

gao ya
高压 ［0201A］
High Tension
　　C 反气旋

ge lei ma
格雷码 ［0202C］
Gray Code
　　S 分组码

ge wang shu xing fu zhi fang fa
格网属性赋值方法 ［0202B］
Grid Attribute Assignment Method
　　F 中心点法
　　　面积占优法
　　　重要性法

ge ti fu hao
个体符号 ［0203B］
Individual Symbol
　　S 地图符号

gen zong ce gui
跟踪测轨 ［0203C］
Tracking Orbit
　　S 低轨飞行器功能

gen zong fen xi tong

跟踪分系统 ［0203C］

Tracking Subsystem

　　S 深空通信系统

geng xin

更新 ［0201A］

Update

　　S 图层要素操作

gong ye she ying ce liang

工业摄影测量 ［0202D］

Industrial Photogrammetry

　　S 非地形摄影测量

gong lü ce liang xi tong

功率测量系统 ［0201B］

Power Measurement System

　　S 微波功率加载系统

gong lü pu mi du

功率谱密度 ［0203A］

Power Spectral Density

　　C 全球导航卫星系统信号调制

gong lü pu mi du

功率谱密度 ［0203A］

Power Spectral Density

　　C 信号质量

gong lü pu mi du

功率谱密度 ［0202A］

Power Spectral Density

　　C 接收机性能

gong lü tan ce jie shou

功率探测接收 ［0202A］

Power Detection and Reception

　　S 信号接收

gong lü tan ce jie shou

功率探测接收 ［0201B］

Power Detection and Reception

　　D 直接探测

gong lü tan ce jie shou

功率探测接收 ［0203C］

Power Detection and Reception

　　D 非相干接收

gong lü yue shu

功率约束 ［0202C］

Power Constraints

　　S 控制分系统技术指标

gong neng te xing

功能特性 ［0203D］

Functional Characteristic

　　S 接口规范

gong shi ce liang

共视测量 ［0202A］

Common View Measurement

　　S GPS 授时和校频方法

gong zhen ying guang ji guang lei da

共振荧光激光雷达 ［0201C］

Resonance Fluorescence Lidar

　　S 大气探测激光雷达

gu hai an jie yi

古海岸解译 ［0202B］

Interpretation of Ancient Coasts

　　S 海岸地貌解译

gu ding ji guang lei da

固定激光雷达 ［0201C］

Fixed Lidar

　　S 大气探测激光雷达（运载方式）

gu hua chu li

固化处理 ［0202D］

Curing Treatment

　　F 水泥固化法

　　　塑料固化法

　　　水玻璃固化法

沥青固化法

gu tai fang da qi
固态放大器 ［0201B］
Solid-State Amplifier
　S 高功率功放

gu tai gong lü fang da qi
固态功率放大器 ［0201B］
Solid State Power Amplifier
　S 高功率放大器

gu ti fei wu jian ce
固体废物监测 ［0202D］
Solid Waste Monitoring
　S 环境监测（对象）

gu ti ji guang qi
固体激光器 ［0201B］
Solid-State Laser
　S 激光器（工作物质）

gu ti zi sao miao cheng xiang
固体自扫描成像 ［0201C］
Solid State Self-Scanning Imaging
　S 扫描成像传感器

guan ce wu cha
观测误差 ［0202A］
Observation Error
　S GPS 系统定位误差

guan ce wu cha
观测误差 ［0202A］
Observation Error
　F 卫星信号传输路径误差
　　电离层延迟
　　对流层延迟
　　载波相位周期模糊度

guan ce zhan
观测站 ［0201A］
Observation Station

S 试验站

guan li kong zhi fen xi tong
管理控制分系统 ［0201A］
Management Control Subsystem
　S 地球站

guan li kong zhi fen xi tong
管理控制分系统 ［0202C］
Management Control Subsystem
　F 设备监控子系统
　　载波监视子系统

guan xing chuan gan ce liang wu cha
惯性传感测量误差 ［0201B］
Inertial Sensing Measurement Error
　F 偏差
　　比例因子
　　非线性
　　非对称
　　死区
　　量化

guan xing chuan gan qi
惯性传感器 ［0201B］
Inertial Sensor
　F 距离传感器
　　角度传感器

guan xing ding wei ji shu
惯性定位技术 ［0202A］
Inertial Positioning Technology
　S 定位技术

guang
光 ［0203A］
Light
　C 可见光

guang
光 ［0203A］
Light
　C 电磁波

guang ban zao sheng

光斑噪声 ［0202A］

Spot Noise

D 相干噪声

guang chou yun ji guang qi

光抽运激光器 ［0201B］

Optically Pumped Laser

S 激光器（抽运方式）

guang dian jian ce qi

光电检测器 ［0201B］

Photodetector

S 光学接收系统

guang tiao zhi qi

光调制器 ［0201B］

Light Modulator

S 激光通信技术模块

guang tiao zhi qi

光调制器 ［0201B］

Light Modulator

F 内调制器

外调制器

guang du

光度 ［0203A］

Luminosity

Y 亮度

guang fen zu guang jiao huan

光分组光交换 ［0202C］

Optical Packet Switching

S 光交换技术

guang-ji sao miao xi tong

光-机扫描系统 ［0201C］

Optical-Mechanical Scanning System

D 物面扫描系统

guang jian ce

光监测 ［0202D］

Light Monitoring

S 环境监测（对象）

guang jie tiao qi

光解调器 ［0201B］

Optical Demodulator

S 激光通信技术模块

guang lei da

光雷达 ［0201C］

Ladar

Y 激光雷达

guang ming xing 3 hao

光明星 3 号 ［0201D］

Light Star No. 3

S 光明星系列

guang ming xing 3 hao

光明星 3 号 ［0201D］

Light Star No. 3

C 地球资源卫星

guang ming xing 3 hao

光明星 3 号 ［0201D］

Light Star No. 3

C 太阳同步轨道

guang ming xing 3 hao

光明星 3 号 ［0201D］

Light Star No. 3

C 朝鲜国家宇宙开发局

guang ming xing 3 hao

光明星 3 号 ［0201D］

Light Star No. 3

C 西海卫星发射中心

guang ming xing 3 hao

光明星 3 号 ［0201D］

Light Star No. 3

C 朝鲜军事电子学院

guang ming xing 3 hao

光明星 3 号 ［0201D］

Light Star No. 3

C 银河三号运载火箭

guang ming xing 4 hao
光明星 4 号 ［0201D］
Light Star No. 4
　　S 光明星系列

guang ming xing 4 hao
光明星 4 号 ［0201D］
Light Star No. 4
　　C 地球资源卫星

guang ming xing 4 hao
光明星 4 号 ［0201D］
Light Star No. 4
　　C 太阳同步轨道

guang ming xing 4 hao
光明星 4 号 ［0201D］
Light Star No. 4
　　C 朝鲜国家宇宙开发局

guang ming xing 4 hao
光明星 4 号 ［0201D］
Light Star No. 4
　　C 西海卫星发射中心

guang ming xing 4 hao
光明星 4 号 ［0201D］
Light Star No. 4
　　C 朝鲜军事电子学院

guang ming xing 4 hao
光明星 4 号 ［0201D］
Light Star No. 4
　　C 银河三号运载火箭

guang pu bo chang wei zhi bian liang fen xi ji shu
光谱波长位置变量分析技术 ［0202A］
Spectral Wavelength Position Variable Analysis Technique
　　S 植被遥感分析方法

guang pu fan she lü
光谱反射率 ［0202B］
Spectral Reflectance
　　C 亮度值

guang pu fen bian lü
光谱分辨率 ［0202A］
Spectral Resolution
　　S 遥感分辨率

guang pu fen bian lü
光谱分辨率 ［0202A］
Spectral Resolution
　　C 带宽

guang pu fen bian lü
光谱分辨率 ［0202A］
Spectral Resolution
　　C 最大信息容量

guang pu fen bian lü
光谱分辨率 ［0202A］
Spectral Resolution
　　C 光谱特征

guang pu fen lei ji shu
光谱分类技术 ［0202B］
Spectral Classification Technology
　　S 地质矿物提取方法（高光谱遥感数据）

guang pu fen xi
光谱分析 ［0202A］
Spectroscopic Analysis
　　S 数学分析

guang pu fu she ji
光谱辐射计 ［0201B］
Spectroradiometer
　　S 地面传感器

guang pu hun he fen xi fa
光谱混合分析法 ［0202B］
Spectral Mixture Analysis

S 叶绿素浓度信息提取方法

guang pu jiao fen lei qi
光谱角分类器 [0202B]
Spectrum Angle Classifier
S 遥感图像分类器

guang pu pi pei ji shu
光谱匹配技术 [0202B]
Spectral Matching Technology
S 地质矿物提取方法（高光谱遥感数据）

guang pu te zheng
光谱特征 [0203A]
Spectral Characteristics
C 光谱分辨率

guang pu te zheng
光谱特征 [0203B]
Spectral Characteristics
S 遥感图像特征

guang pu wei fen ji shu
光谱微分技术 [0202B]
Spectral Differentiation Technique
S 地质矿物提取方法（高光谱遥感数据）

guang pu wei te zheng ti qu fang fa
光谱维特征提取方法 [0202B]
Spectral Dimension Feature Extraction Method
S 地质矿物提取方法（高光谱遥感数据）

guang pu xiang ying han shu
光谱响应函数 [0201B]
Spectral Response Function
D 传感器响应函数

guang shu fa she qi
光束发射器 [0201B]
Beam Transmitter
S 激光发射系统（大气探测）

guang shu fen li xing
光束分离型 [0201B]
Beam Separation Type

S 多光谱摄影机

guang shu zhun zhi qi
光束准直器 [0201B]
Beam Collimator
S 激光发射系统（大气探测）

guang xue / ji xie sao miao cheng xiang
光学/机械扫描成像 [0201C]
Optical/Mechanical Scanning Imaging
S 扫描成像传感器

guang xue chuan gan qi
光学传感器 [0201B]
Optical Sensors
S 遥感传感器

guang xue fen bian lü
光学分辨率 [0202A]
Optical Resolution
C 采样间隔

guang xue fen xi fa
光学分析法 [0202B]
Optical Analysis Method
S 仪器分析法

guang xue fen xi fa
光学分析法 [0202B]
Optical Analysis Method
F 分光光度法
原子吸收分光光度法
发射光谱分析法
荧光分析法

guang xue fu she ding biao
光学辐射定标 [0202A]
Optical Radiometric Calibration
S 辐射定标

guang xue jie shou xi tong
光学接收系统 [0201B]
Optical Receiving System

F 接收望远镜
　窄带滤光器
　光电检测器

guang xue lü bo
光学滤波 [0202C]
Optical Filtering
　S 滤波

guang xue mo xing fang fa
光学模型方法 [0202B]
Optical Model Method
　S 植被遥感分析方法

guang xue tian xian
光学天线 [0201B]
Optical Antenna
　S 激光通信技术模块

guang xue tian xian
光学天线 [0201B]
Optical Antenna
　F 收发公用天线
　　收发分离天线

guang xue tu xiang
光学图像 [0202A]
Optical Image
　D 模拟量

guang xue tu xiang
光学图像 [0202A]
Optical Image
　S 遥感图像

guang xue tu xiang chu li
光学图像处理 [0202B]
Optical Image Processing
　S 图像处理

guang xue wei xing-3000
光学卫星-3000 [0201D]
OPTSAT-3000

　S 光学卫星

guang xue wei xing-3000
光学卫星-3000 [0201D]
OPTSAT-3000
　C 电子侦察卫星

guang xue wei xing-3000
光学卫星-3000 [0201D]
OPTSAT-3000
　C 太阳同步轨道

guang xue wei xing-3000
光学卫星-3000 [0201D]
OPTSAT-3000
　C 以色列航空工业公司

guang xue wei xing-3000
光学卫星-3000 [0201D]
OPTSAT-3000
　C 意大利航天局

guang xue wei xing-3000
光学卫星-3000 [0201D]
OPTSAT-3000
　C 欧洲航天局

guang xue wei xing-3000
光学卫星-3000 [0201D]
OPTSAT-3000
　C 意大利国防部

guang xue wei xing-3000
光学卫星-3000 [0201D]
OPTSAT-3000
　C 圭亚那航天中心

guang xue wei xing-3000
光学卫星-3000 [0201D]
OPTSAT-3000
　C 织女星运载火箭

guang xue xi tong
光学系统 [0201B]
Optical System

Y 被动系统

guang xue xiang guan qi
光学相关器 ［0201B］
Optical Correlator
　S 相关器

guang xue yao gan wei xing
光学遥感卫星 ［0201D］
Optical Remote Sensing Satellites
　S 遥感卫星

guang xue yao gan wei xing
光学遥感卫星 ［0201D］
Optical Remote Sensing Satellites
　F 高光谱遥感卫星
　　多光谱遥感卫星
　　超光谱遥感卫星

guang yuan
光源 ［0203B］
Light Source
　S 激光通信技术模块

guang zi ji shu cai yang ping jun qi
光子计数采样平均器 ［0201B］
Photon Counting Sampling Average
　S 信号采样平均器

guang yu mo shi
广域模式 ［0202D］
Wide Area Model
　S 地理信息系统硬件配置

gui yi hua cha zhi bei zhi shu
归一化差植被指数 ［0202A］
Normalized Vegetation Index
　S 植被指数

gui ze fen bu
规则分布 ［0202A］
Regular Distribution
　D 二项式分布

gui ze ge wang hui zhi suan fa
规则格网绘制算法 ［0202A］
Regular Grid Drawing Algorithm
　S 等值线法

gui ze ge wang mo xing
规则格网模型 ［0202B］
Regular Grid Model
　S 数字高程模型

gui dian chi pian
硅电池片 ［0201B］
Silicon Cells
　S 太阳电池片类型

gui dao ban chang zhou
轨道半长轴 ［0203D］
Semi-Major Axis of Orbit
　S 轨道参数

gui dao ban chang zhou
轨道半长轴 ［0203D］
Semi-Major Axis of the Orbit
　C 卫星钟差的相对论效应矫校正量

gui dao can shu
轨道参数 ［0203D］
Orbit Parameter
　F 右旋升交点赤经
　　轨道倾角
　　近地点辐角
　　轨道偏心率
　　轨道半长轴
　　平均近点角

gui dao gao du
轨道高度 ［0201D］
Orbital Altitude
　C 重复周期

gui dao jian ge
轨道间隔 ［0201A］
Track Spacing

C 重复周期

gui dao jiao hui
轨道交会 ［0201A］
Orbital Rendezvous
S 轨道控制

gui dao kong zhi
轨道控制 ［0203C］
Orbit Control
F 变轨控制
轨道保持
返回控制
轨道交会

gui dao kong zhi jing du
轨道控制精度 ［0203C］
Orbital Control Accuracy
S 控制分系统技术指标

gui dao pian xin lü
轨道偏心率 ［0203D］
Orbital Eccentricity
S 轨道参数

gui dao qing jiao
轨道倾角 ［0203D］
Orbital Inclination
C 重复周期

gui dao qing jiao
轨道倾角 ［0203D］
Orbital Inclination
S 轨道参数

gui dao yu ce fa
轨道预测法 ［0203C］
Orbit Prediction Method
S 子帧捕获方法

gui dao yu ce fa
轨道预测法 ［0203C］
Orbit Prediction Method

C 卫星运行轨迹数据

gui dao yu ce fa
轨道预测法 ［0203C］
Orbit Prediction Method
C 本站地理位置数据

gui dao zhi biao
轨道指标 ［0203D］
Orbital Index
S 通信服务性能指标

gun tong sao miao yi
滚筒扫描仪 ［0201B］
Drum Scanner
S 扫描仪（结构）

gun zhuan jiao
滚转角 ［0202C］
Roll Angle
S 姿态角

ha bo wang yuan jing
哈勃望远镜 ［0201C］
Hubble Telescope
S 跟踪与数据中继卫星系统服务对象

ha da ma bian huan
哈达玛变换 ［0202A］
Hadamard Transformation
S 特征变换

ha sa ke si tan di qiu guan ce wei xing er hao
哈萨克斯坦地球观测卫星二号 ［0201D］
Kazakhastan Earth Observation Satellite-2
S KazEOSat 计划

ha sa ke si tan di qiu guan ce wei xing er hao
哈萨克斯坦地球观测卫星二号 ［0201D］
Kazakhastan Earth Observation Satellite-2
C 地球遥感卫星

ha sa ke si tan di qiu guan ce wei xing
er hao
哈萨克斯坦地球观测卫星二号 ［0201D］
Kazakhastan Earth Observation Satellite-2
　C 太阳同步轨道

ha sa ke si tan di qiu guan ce wei xing
er hao
哈萨克斯坦地球观测卫星二号 ［0201D］
Kazakhastan Earth Observation Satellite-2
　C 哈萨克地球成像系统

ha sa ke si tan di qiu guan ce wei xing
er hao
哈萨克斯坦地球观测卫星二号 ［0201D］
Kazakhastan Earth Observation Satellite-2
　C 圭亚那航天中心

ha sa ke si tan di qiu guan ce wei xing
er hao
哈萨克斯坦地球观测卫星二号 ［0201D］
Kazakhastan Earth Observation Satellite-2
　C 科斯特空间研究所

ha sa ke si tan di qiu guan ce wei xing
er hao
哈萨克斯坦地球观测卫星二号 ［0201D］
Kazakhastan Earth Observation Satellite-2
　C 阿斯特里姆

ha sa ke si tan di qiu guan ce wei xing
er hao
哈萨克斯坦地球观测卫星二号 ［0201D］
Kazakhastan Earth Observation Satellite-2
　C 第聂伯运载火箭

ha sa ke si tan di qiu guan ce wei xing
yi hao
哈萨克斯坦地球观测卫星一号 ［0201D］
Kazakhastan Earth Observation Satellite-1
　S KazEOSat 计划

ha sa ke si tan di qiu guan ce wei xing
yi hao
哈萨克斯坦地球观测卫星一号 ［0201D］
Kazakhastan Earth Observation Satellite-1
　C 地球遥感卫星

ha sa ke si tan di qiu guan ce wei xing
yi hao
哈萨克斯坦地球观测卫星一号 ［0201D］
Kazakhastan Earth Observation Satellite-1
　C 太阳同步轨道

ha sa ke si tan di qiu guan ce wei xing
yi hao
哈萨克斯坦地球观测卫星一号 ［0201D］
Kazakhastan Earth Observation Satellite-1
　C 新型 AstroSat 光学模块化仪器

ha sa ke si tan di qiu guan ce wei xing
yi hao
哈萨克斯坦地球观测卫星一号 ［0201D］
Kazakhastan Earth Observation Satellite-1
　C 圭亚那航天中心

ha sa ke si tan di qiu guan ce wei xing
yi hao
哈萨克斯坦地球观测卫星一号 ［0201D］
Kazakhastan Earth Observation Satellite-1
　C 科斯特空间研究所

ha sa ke si tan di qiu guan ce wei xing
yi hao
哈萨克斯坦地球观测卫星一号 ［0201D］
Kazakhastan Earth Observation Satellite-1
　C 阿斯特里姆

ha sa ke si tan di qiu guan ce wei xing
yi hao
哈萨克斯坦地球观测卫星一号 ［0201D］
Kazakhastan Earth Observation Satellite-1
　C 织女星运载火箭

huan yuan
还原 ［0202A］
Reduction
　S 生物降解

huan yuan
还原 ［0202A］
Reduction
　S 化学处理

hai an dai cai se sao miao yi
海岸带彩色扫描仪 ［0201C］
Coastal Zone Colour Scanner
　S 扫描仪

hai an dai cai se sao miao yi-2 xing
海岸带彩色扫描仪-2 型 ［0201C］
Coastal Zone Colour Scanner
　S 扫描仪

hai an dai di mao jie yi
海岸带地貌解译 ［0202B］
Coastal Landform Interpretation
　F 滨岸海底地貌解译
　　海岸地貌解译

hai an di mao jie yi
海岸地貌解译 ［0202B］
Coastal Geomorphology Interpretation
　S 海岸带地貌解译

hai an di mao jie yi
海岸地貌解译 ［0202B］
Coastal Geomorphology Interpretation
　F 海岸类型及特征解译
　　海滩及沙堤地貌解译
　　潮间平滩解译
　　古海岸解译

hai an lei xing ji te zheng jie yi
海岸类型及特征解译 ［0202B］
Interpretation of Coastal Types and Features
　S 海岸地貌解译

hai shang lei da
海上雷达 ［0201C］
Marine Radar
　S 雷达

hai tan ji sha di di mao jie yi
海滩及沙堤地貌解译 ［0202B］
Interpretation of Beaches and Sand Dune Landforms
　S 海岸地貌解译

hai yang di xing di mao ce hui wei xing
海洋地形地貌测绘卫星 ［0201D］
Marine Topography and Geomorphic Mapping Satellite
　S 跟踪与数据中继卫星系统服务对象

hai yang er hao A xing
海洋二号 A 星 ［0201D］
HY-2A
　S 海洋系列

hai yang er hao A xing
海洋二号 A 星 ［0201D］
HY-2A
　C 海洋卫星

hai yang er hao A xing
海洋二号 A 星 ［0201D］
HY-2A
　C 太阳同步回归轨道

hai yang er hao A xing
海洋二号 A 星 ［0201D］
HY-2A
　C 太原卫星发射中心

hai yang er hao A xing
海洋二号 A 星 ［0201D］
HY-2A
　C 中国空间技术研究院

hai yang er hao A xing
海洋二号 A 星 ［0201D］
HY-2A

C 中国国防部

hai yang er hao A xing

海洋二号 A 星 ［0201D］

HY-2A

    C 长征四号乙

hai yang er hao B xing

海洋二号 B 星 ［0201D］

HY-2B

    S 海洋系列

hai yang er hao B xing

海洋二号 B 星 ［0201D］

HY-2B

    C 海洋卫星

hai yang er hao B xing

海洋二号 B 星 ［0201D］

HY-2B

    C 太阳同步回归轨道

hai yang er hao B xing

海洋二号 B 星 ［0201D］

HY-2B

    C 太原卫星发射中心

hai yang er hao B xing

海洋二号 B 星 ［0201D］

HY-2B

    C 中国空间技术研究院

hai yang er hao B xing

海洋二号 B 星 ［0201D］

HY-2B

    C 中国国防部

hai yang er hao B xing

海洋二号 B 星 ［0201D］

HY-2B

    C 长征四号乙

hai yang guan ce kuan shi chang yao gan qi

海洋观测宽视场遥感器 ［0201C］

Ocean Observation Wide Field Remote Sensor

S EOS 传感器

hai yang huan jing yao gan

海洋环境遥感 ［0202D］

Marine Environment Remote Sensing

    S 水环境遥感

hai yang huan jing yao gan

海洋环境遥感 ［0202D］

Marine Environment Remote Sensing

    F 物理海洋学遥感

      生物海洋学遥感

      化学海洋学遥感

      海洋监测

hai yang jian shi wei xing

海洋监视卫星 ［0201A］

Marine Surveillance Satellites

    S 跟踪与数据中继卫星系统服务对象

hai yang shui se yu wen du sao miao yi

海洋水色与温度扫描仪 ［0201C］

Ocean Color and Temperature Scanner

    S 先进地球观测卫星传感器

hai yang wei xing

海洋卫星 ［0201D］

Oceanographic Satellites

    S 地球观测卫星

hai yang wei xing he cheng kong jing lei da

海洋卫星合成孔径雷达 ［0201C］

Seasat SAR

    S 合成孔径雷达

hai yang wei xing xi lie

海洋卫星系列 ［0201D］

Marine Satellite Series

    S 航天

hai yang yao gan chan pin zhen shi xing jian yan

海洋遥感产品真实性检验 ［0203E］

Authenticity Inspection of Marine Remote Sensing

Products
S 遥感产品真实性检验

hai yang yi hao A xing
海洋一号 A 星 [0201D]
HY-1A
  S 海洋系列

hai yang yi hao A xing
海洋一号 A 星 [0201D]
HY-1A
  C 海洋卫星

hai yang yi hao A xing
海洋一号 A 星 [0201D]
HY-1A
  C 太阳同步轨道

hai yang yi hao A xing
海洋一号 A 星 [0201D]
HY-1A
  C 太原卫星发射中心

hai yang yi hao A xing
海洋一号 A 星 [0201D]
HY-1A
  C 航天东方红卫星有限公司

hai yang yi hao A xing
海洋一号 A 星 [0201D]
HY-1A
  C 中国航天科技集团公司

hai yang yi hao A xing
海洋一号 A 星 [0201D]
HY-1A
  C 长征二号丙运载火箭

hai yang yi hao B xing
海洋一号 B 星 [0201D]
HY-1B
  S 海洋系列

hai yang yi hao B xing
海洋一号 B 星 [0201D]
HY-1B
  C 海洋卫星

hai yang yi hao B xing
海洋一号 B 星 [0201D]
HY-1B
  C 太阳同步轨道

hai yang yi hao B xing
海洋一号 B 星 [0201D]
HY-1B
  C 太原卫星发射中心

hai yang yi hao B xing
海洋一号 B 星 [0201D]
HY-1B
  C 航天东方红卫星有限公司

hai yang yi hao B xing
海洋一号 B 星 [0201D]
HY-1B
  C 中国航天科技集团公司

hai yang yi hao B xing
海洋一号 B 星 [0201D]
HY-1B
  C 长征二号丙运载火箭

hai yang yi hao C xing
海洋一号 C 星 [0201D]
HY-1C
  S 海洋系列

hai yang yi hao C xing
海洋一号 C 星 [0201D]
HY-1C
  C 海洋卫星

hai yang yi hao C xing
海洋一号 C 星 [0201D]
HY-1C

C 太阳同步轨道

hai yang yi hao C xing
海洋一号 C 星［0201D］
HY-1C
　C 太原卫星发射中心

hai yang yi hao C xing
海洋一号 C 星［0201D］
HY-1C
　C 航天东方红卫星有限公司

hai yang yi hao C xing
海洋一号 C 星［0201D］
HY-1C
　C 中国航天科技集团公司

hai yang yi hao C xing
海洋一号 C 星［0201D］
HY-1C
　C 长征二号丙运载火箭

hai yang yi hao D xing
海洋一号 D 星［0201D］
HY-1D
　S 海洋系列

hai yang yi hao D xing
海洋一号 D 星［0201D］
HY-1D
　C 海洋卫星

hai yang yi hao D xing
海洋一号 D 星［0201D］
HY-1D
　C 太阳同步轨道

hai yang yi hao D xing
海洋一号 D 星［0201D］
HY-1D
　C 太原卫星发射中心

hai yang yi hao D xing
海洋一号 D 星［0201D］
HY-1D

C 航天东方红卫星有限公司

hai yang yi hao D xing
海洋一号 D 星［0201D］
HY-1D
　C 中国航天科技集团公司

hai yang yi hao D xing
海洋一号 D 星［0201D］
HY-1D
　C 长征二号丙运载火箭

hai ying 1 hao
海鹰 1 号［0201D］
SeaHawk-1 CubeSat Ocean Color Mission
　C 海洋卫星

hai ying 1 hao
海鹰 1 号［0201D］
SeaHawk-1 CubeSat Ocean Color Mission
　C 太阳同步轨道

hai ying 1 hao
海鹰 1 号［0201D］
SeaHawk-1 CubeSat Ocean Color Mission
　C 北卡罗莱纳大学

hai ying 1 hao
海鹰 1 号［0201D］
SeaHawk-1 CubeSat Ocean Color Mission
　C 美国范登堡空军基地

hai ying 1 hao
海鹰 1 号［0201D］
SeaHawk-1 CubeSat Ocean Color Mission
　C 猎鹰 9 号

hai ying 1 hao
海鹰 1 号［0201D］
SeaHawk-1 CubeSat Ocean Color Mission
　C 鹰眼海洋颜色传感器

han shu ni he fa
函数拟合法［0202B］
Function Fitting Method

S 拉曼谱分析法

han shu yun suan
函数运算 [0202C]
Functional Operation
　S 数学复合运算

han guo di qiu jing zhi duo yong tu wei xing-2A
韩国地球静止多用途卫星-2A [0201D]
COMS-2A
　S COMS 系列

han guo di qiu jing zhi duo yong tu wei xing-2A
韩国地球静止多用途卫星-2A [0201D]
COMS-2A
　C 气象卫星

han guo di qiu jing zhi duo yong tu wei xing-2A
韩国地球静止多用途卫星-2A [0201D]
COMS-2A
　C 地球静止轨道

han guo di qiu jing zhi duo yong tu wei xing-2A
韩国地球静止多用途卫星-2A [0201D]
COMS-2A
　C 阿丽亚娜五号 ECA 型

han guo di qiu jing zhi duo yong tu wei xing-2A
韩国地球静止多用途卫星-2A [0201D]
COMS-2A
　C 韩国气象厅

han guo di qiu jing zhi duo yong tu wei xing-2A
韩国地球静止多用途卫星-2A [0201D]
COMS-2A
　C 圭亚那航天中心

han guo di qiu jing zhi duo yong tu wei xing-2A
韩国地球静止多用途卫星-2A [0201D]
COMS-2B
　S COMS 系列

han guo di qiu jing zhi duo yong tu wei xing-2A
韩国地球静止多用途卫星-2A [0201D]
COMS-2B
　C 气象卫星

han guo di qiu jing zhi duo yong tu wei xing-2A
韩国地球静止多用途卫星-2A [0201D]
COMS-2B
　C 太阳同步轨道

han guo di qiu jing zhi duo yong tu wei xing-2A
韩国地球静止多用途卫星-2A [0201D]
COMS-2B
　C 阿丽亚娜五号 ECA 型

han guo di qiu jing zhi duo yong tu wei xing-2A
韩国地球静止多用途卫星-2A [0201D]
COMS-2B
　C 韩国气象厅

han guo di qiu jing zhi duo yong tu wei xing-2A
韩国地球静止多用途卫星-2A [0201D]
COMS-2B
　C 圭亚那航天中心

han guo gong ye da xue wei xing-1
韩国工业大学卫星-1 [0201D]
KITSAT-1
　S KITSAT 系列

han guo gong ye da xue wei xing-1
韩国工业大学卫星-1 ［0201D］

KITSAT-1

    C 地球观测卫星

han guo gong ye da xue wei xing-1
韩国工业大学卫星-1 ［0201D］

KITSAT-1

    C 1300 公里圆形轨道

han guo gong ye da xue wei xing-1
韩国工业大学卫星-1 ［0201D］

KITSAT-1

    C 圭亚那航天中心

han guo gong ye da xue wei xing-1
韩国工业大学卫星-1 ［0201D］

KITSAT-1

    C 韩国工业大学

han guo gong ye da xue wei xing-1
韩国工业大学卫星-1 ［0201D］

KITSAT-1

    C 阿丽亚娜 4 型运载火箭

han guo gong ye da xue wei xing-3
韩国工业大学卫星-3 ［0201D］

KITSAT-3

    S KITSAT 系列

han guo gong ye da xue wei xing-3
韩国工业大学卫星-3 ［0201D］

KITSAT-3

    C 环境与灾害监测卫星

han guo gong ye da xue wei xing-3
韩国工业大学卫星-3 ［0201D］

KITSAT-3

    C 太阳同步圆形轨道

han guo gong ye da xue wei xing-3
韩国工业大学卫星-3 ［0201D］

KITSAT-3

    C 多光谱地球成像系统

han guo gong ye da xue wei xing-3
韩国工业大学卫星-3 ［0201D］

KITSAT-3

    C 韩国科学技术院

han guo gong ye da xue wei xing-3
韩国工业大学卫星-3 ［0201D］

KITSAT-3

    C 韩国工业大学

han guo gong ye da xue wei xing-3
韩国工业大学卫星-3 ［0201D］

KITSAT-3

    C 极地卫星运载火箭-C2

han ming ju li
汉明距离 ［0202C］

Hamming Distance

    S 距离

han ming ma
汉明码 ［0202C］

Hamming Code

    S 分组码

hang dai she ying ji
航带摄影机 ［0201C］

Airborne Camera

    Y 缝隙式摄影机

hang gao
航高 ［0203D］

Flight Height

    S 遥感平台的运动状态

hang kong ji guang sao miao yi
航空激光扫描仪 ［0201C］

Airborne Laser Scanner

    S 三维激光扫描仪

hang kong lei da
航空雷达 ［0201C］

Aviation Radar

S 雷达

hang kong ping tai
航空平台 ［0201D］
Aviation Platform
　S 遥感平台

hang kong ping tai
航空平台 ［0201D］
Aviation Platform
　D 空中平台

hang kong ping tai
航空平台 ［0201D］
Aviation Platform
　F 遥感飞机
　　遥感气球
　　遥感飞艇
　　直升机
　　无人驾驶遥控飞机

hang kong she ying ce liang
航空摄影测量 ［0202D］
Aerial Photogrammetry
　S 摄影测量

hang kong she ying ji
航空摄影机 ［0201C］
Aerial Cameras
　S 遥感传感器

hang kong xiang ji
航空相机 ［0201C］
Aerial Camera
　S 遥感相机

hang kong xiang pian pan du
航空像片判读 ［0202B］
Aerial Photo Interpretation
　S 判读

hang kong xiang pian shu zi hua
航空像片数字化 ［0202B］
Digitalization of Aerial Photos

　F 空间采样
　　属性量化

hang kong yao gan
航空遥感 ［0202D］
Aerial Remote Sensing
　S 遥感

hang kong ying xiang
航空影像 ［0202D］
Aerial Image
　S 影像数据

hang tian fei ji
航天飞机 ［0201D］
Space Shuttle
　S 太空平台

hang tian fei ji cheng xiang lei da
航天飞机成像雷达 ［0201C］
Space Shuttle Imaging Rada
　S 雷达

hang tian fei ji re hong wai duo pu duan sao miao yi
航天飞机热红外多谱段扫描仪 ［0201C］
Shuttle Thermal Infrared Multispectral Scanner
　S 扫描仪

hang tian ping tai
航天平台 ［0201D］
Space Platform
　S 遥感平台

hang tian ping tai
航天平台 ［0201D］
Space Platform
　D 太空平台

hang tian ping tai
航天平台 ［0201D］
Space Platform
　F 火箭

人造卫星
宇宙飞船
空间实验室
航天飞机

hang tian yao gan
航天遥感 [0202D]
Space Remote Sensing
S 遥感

hang tian yao gan ping tai
航天遥感平台 [0201D]
Space Remote Sensing Platform
F 气象卫星系列
陆地卫星系列
海洋卫星系列

hang xian shi xiang ji
航线式相机 [0201C]
Strip Camera
S 遥感相机

hang xiang fen bian lü
航向分辨率 [0203D]
Heading Resolution
C 方位分辨率

hang yu yao gan
航宇遥感 [0202D]
Aerospace Remote Sensing
S 遥感

hao mi bo
毫米波 [0201B]
Millimeter Wave
S 微波

he cheng gan she yi lei da
合成干涉仪雷达 [0201C]
Synthetic Interferometer Radar
S 雷达

he cheng kong jing fen bian lü
合成孔径分辨率 [0202A]
Resolution of Synthetic Aperture
S 遥感分辨率

he cheng kong jing lei da
合成孔径雷达 [0201C]
Synthetic Aperture Radar
S 雷达

he cheng kong jing lei da
合成孔径雷达 [0201C]
Synthetic Aperture Radar
F 全聚焦合成孔径雷达
聚束合成孔径雷达
非聚焦合成孔径雷达
"海洋卫星"合成孔径雷达
多频段多极化合成孔径雷达
双基地合成孔径雷达
分段口径合成孔径雷达
逆合成孔径雷达
合成孔径谐波雷达

he cheng kong jing lei da
合成孔径雷达 [0201C]
Synthetic Aperture Radar
Y 主动系统

he cheng kong jing lei da shu ju
合成孔径雷达数据 [0201C]
SAR Data
S 伽利略卫星导航电文数据

he cheng kong jing lei da yao gan wei xing
合成孔径雷达遥感卫星 [0201D]
Synthetic Aperture Radar Remote Sensing Satellite
S 遥感卫星

he cheng kong jing xie bo lei da
合成孔径谐波雷达 [0201C]
Harmonic SAR
S 合成孔径雷达

he cheng yi fa
合成仪法 ［0202C］
Synthesizer Method
　S 加色法彩色合成方法

he kou jie yi
河口解译 ［0202B］
Estuary Interpretation
　S 滨岸海底地貌解译

he mi du gu ji fa
核密度估计法 ［0202B］
Kernel Density Estimation
　S 密度分析方法

he mi du gu suan
核密度估算 ［0202B］
Kernel Density Estimation
　S 密度估算

he neng chou yun ji guang qi
核能抽运激光器 ［0201B］
Nuclear Pumped Laser
　S 激光器（抽运方式）

he shi fen lei qi
盒式分类器 ［0202B］
The Box Classifier
　Y 平行管道分类器

he shi jue ce gui ze
盒式决策规则 ［0202B］
Box Decision Rules
　Y 平行算法

he xu tu
盒须图 ［0202B］
Box and Whisker
　Y 盒状图

he zhuang tu
盒状图 ［0202B］
Boxplot

　D 盒须图

hei
黑 ［0203B］
Black
　S 灰阶

hei bai hong wai xiang pian
黑白红外像片 ［0203B］
Black and White Infrared Photo
　S 遥感摄影像片

hei bai hong wai ying xiang
黑白红外影像 ［0203B］
Black and White Infrared Image
　S 红外影像

hei bai she ying jiao pian
黑白摄影胶片 ［0201B］
Black and White Photographic Film
　S 遥感摄影胶片

hei bai she ying jiao pian
黑白摄影胶片 ［0201B］
Black and White Photographic Film
　F 色盲片
　　正色片
　　分色片
　　全色片
　　红外黑白片

hei kong fan zhao lü
黑空反照率 ［0202A］
Black-Sky Albedo
　C 方向-半球反射率

hei ti fu she ding lü
黑体辐射定律 ［0202A］
Blackbody Radiation Law
　F 斯特藩-玻尔兹曼定律
　　维恩位移定律

heng bao luo AltBOC tiao zhi

恒包络 AltBOC 调制 ［0201C］

Constant Envelope AltBOC Modulation

　　S 交替二进制偏移载波调制

heng jia shi

桁架式 ［0201D］

Truss Type

　　S 主承力结构形式

heng bo

横波 ［0203A］

Shear Wave

　　C 电磁波的振幅

heng bo

横波 ［0203A］

Shear Wave

　　C 电磁波的偏振特性

heng bo

横波 ［0203A］

Shear Wave

　　C 电磁波的相位

heng xiang fen bian lü

横向分辨率 ［0203D］

Horizontal Resolution

　　C 距离分辨率

heng xiang fen liang

横向分量 ［0203D］

Transverse Component

　　S 卫星星历位置误差分量

heng xiang shi cha

横向视差 ［0202B］

Transverse Parallax

　　C 左右视差

hong

红 ［0203B］

Red

S 三原色

hong wai cai se pian

红外彩色片 ［0203B］

Infrared Color Film

　　S 遥感摄影胶片

hong wai cai se pian

红外彩色片 ［0203B］

Infrared Color Film

　　D 假彩色片

hong wai chuan gan qi

红外传感器 ［0201B］

Infrared Sensor

　　S 遥感传感器

hong wai fu she

红外辐射 ［0203B］

Infrared Radiation

　　S 遥感辐射

hong wai fu she ji

红外辐射计 ［0201B］

Infrared Radiometer

　　S 可见光–红外辐射计

hong wai hei bai pian

红外黑白片 ［0203B］

Infrared Black and White Film

　　S 黑白摄影胶片

hong wai sao miao yi

红外扫描仪 ［0201C］

Infrared Scanner

　　S 扫描成像类型传感器

hong wai she ying

红外摄影 ［0201C］

Infrared Photography

　　S 摄影

hong wai wen du fen bu fu she ji

红外温度分布辐射计 ［0201C］

Infrared Temperature Profile Radiometer

S 可见光–红外辐射计

hong wai xian
红外线 [0202C]

Infrared

　S 电磁波谱

hong wai xian
红外线 [0203B]

Infrared

　F 近红外
　　中红外
　　远红外
　　超远红外
　　热红外

hong wai yao gan
红外遥感 [0202A]

Infrared Remote Sensing

　S 遥感

hong wai yao gan wei xing
红外遥感卫星 [0201C]

Infrared Remote Sensing Satellites

　S 遥感卫星

hong wai ying xiang
红外影像 [0202A]

Infrared Image

　S 遥感影像

hong wai ying xiang
红外影像 [0202A]

Infrared Image

　F 近红外影像
　　热红外影像
　　黑白红外影像
　　彩色红外影像

hong guan yao gan jian ce
宏观遥感监测 [0202D]

Macro Remote Sensing Monitoring

　S 洪水灾情检测

hou kui pao wu mian tian xian
后馈抛物面天线 [0201A]

Feed Back Paraboloid Antenna

　S 正馈抛物面天线

hou kui pao wu mian tian xian
后馈抛物面天线 [0201A]

Feed Back Paraboloid Antenna

　D 双反射面天线

hou kui pao wu mian tian xian zu cheng
后馈抛物面天线组成 [0201B]

Feed Back Paraboloid Antenna Constitute

　F 主反射面
　　副反射面
　　馈源

hou xiang san she jie mian
后向散射截面 [0202A]

Backscatter Cross-Section

　Y 雷达散射截面

hou xiang san she xi shu
后向散射系数 [0202A]

Backscatter Coefficient

　Y 雷达散射系数

hu chang fa
弧长法 [0202B]

Arc Length Method

　Y 角度计算法

hu luo bo su
胡萝卜素 [0203B]

Carotene

　S 色素

hu bu se li ti ying xiang di tu
互补色立体影像地图 [0202B]

Anaglyph Stereo Image Map

　S 地图

hu xiang guan ce feng zhi
互相关侧峰值 ［0202C］
Cross Correlation Peak
　S 伪码相关性能

hu xiang guan gan rao
互相关干扰 ［0202C］
Cross-Correlation Interference
　S 信号捕获

hu xiang guan gan rao yi zhi
互相关干扰抑制 ［0202D］
Cross-Correlation Interference Suppression
　S 信号捕获

hu xiang guan yi zhi ji shu
互相关抑制技术 ［0202A］
Cross-Correlation Suppression Technique
　F 多门限检测法
　　多峰检测法
　　扣除法
　　子空间投影法

hua qing su
花青素 ［0203A］
Anthocyanins
　S 色素

hua xue chou yun ji guang qi
化学抽运激光器 ［0201B］
Chemical Pumping Laser
　S 激光器（抽运方式）

hua xue chu li
化学处理 ［0202C］
Chemical Treatment
　S 固体废物处理技术

hua xue chu li
化学处理 ［0202C］
Chemical Treatment
　F 氧化
　　还原

中和
沉淀
溶出法

hua xue chu li fa
化学处理法 ［0202C］
Chemical Treatment
　S 现代污水处理技术

hua xue chu li fa
化学处理法 ［0202C］
Chemical Treatment
　F 混凝沉淀法
　　化学沉淀法
　　中和法
　　氧化还原法

hua xue fen xi fa
化学分析法 ［0202A］
Chemical Analysis Method
　S 环境监测方法

hua xue fen xi fa
化学分析法 ［0202B］
Chemical Analysis Method
　F 重量分析法
　　容量分析法

hua xue hai yang xue yao gan
化学海洋学遥感 ［0202D］
Remote Sensing in Chemical Oceanography
　S 海洋环境遥感

hua fu shi xiang ji
画幅式相机 ［0201C］
Frame Camera
　S 遥感相机

huan jing ce hui yu fen xi ji hua wei xing
环境测绘与分析计划卫星 ［0201D］
EnMAP
　C 环境与灾害监测卫星

huan jing ce hui yu fen xi ji hua wei xing

环境测绘与分析计划卫星 ［0201D］

EnMAP

　C 太阳同步轨道

huan jing ce hui yu fen xi ji hua wei xing

环境测绘与分析计划卫星 ［0201D］

EnMAP

　C 高光谱传感器

huan jing ce hui yu fen xi ji hua wei xing

环境测绘与分析计划卫星 ［0201D］

EnMAP

　C 德国航空航天中心

huan jing ce hui yu fen xi ji hua wei xing

环境测绘与分析计划卫星 ［0201D］

EnMAP

　C PSLV-CA 运载火箭

huan jing jian ce wei xing

环境监测卫星 ［0202D］

Environmental Monitoring Satellites

　S 应用卫星

huan jing kong jian shu ju cai ji fang fa

环境空间数据采集方法 ［0202D］

Environmental Spatial Data Acquisition Method

　F 地面采集方法

　　遥感采集方法

huan jing wei xing

环境卫星 ［0201A］

Environmental Satellites

　S 地球观测卫星

huan jing wei xing shu ju

环境卫星数据 ［0202D］

Environmental Satellite Data

　S 卫星数据

huan jing yao gan

环境遥感 ［0202D］

Environmental Remote Sensing

　S 遥感

huan jing yao gan

环境遥感 ［0202D］

Environmental Remote Sensing

　D 大气窗口遥感

huan jing yao gan

环境遥感 ［0202D］

Environment Remote Sensing

　F 水环境遥感

　　大气环境遥感

　　生态环境遥感

　　灾害环境遥感

huan jing yi hao A xing

环境一号 A 星 ［0201D］

Environment One A

　S 环境系列

huan jing yi hao A xing

环境一号 A 星 ［0201D］

Environment One A

　C 环境与灾害监测卫星

huan jing yi hao A xing

环境一号 A 星 ［0201D］

Environment One A

　C 太阳同步轨道

huan jing yi hao A xing

环境一号 A 星 ［0201D］

Environment One A

　C 航天东方红卫星有限公司

huan jing yi hao A xing

环境一号 A 星 ［0201D］

Environment One A

　C 太原卫星发射中心

huan jing yi hao A xing

环境一号 A 星 ［0201D］

Environment One A

C 中国国防部

huan jing yi hao A xing
环境一号 A 星 [0201D]
Environment One A
　　C 长征二号丙运载火箭

huan jing yi hao B xing
环境一号 B 星 [0201D]
Environment One B
　　S 环境系列

huan jing yi hao B xing
环境一号 B 星 [0201D]
Environment One B
　　C 环境与灾害监测卫星

huan jing yi hao B xing
环境一号 B 星 [0201D]
Environment One B
　　C 太阳同步轨道

huan jing yi hao B xing
环境一号 B 星 [0201D]
Environment One B
　　C 航天东方红卫星有限公司

huan jing yi hao B xing
环境一号 B 星 [0201D]
Environment One B
　　C 太原卫星发射中心

huan jing yi hao B xing
环境一号 B 星 [0201D]
Environment One B
　　C 中国国防部

huan jing yi hao B xing
环境一号 B 星 [0201D]
Environment One B
　　C 长征二号丙运载火箭

huan jing yi hao C xing
环境一号 C 星 [0201D]
Environment One C

S 环境系列

huan jing yi hao C xing
环境一号 C 星 [0201D]
Environment One C
　　C 环境与灾害监测卫星

huan jing yi hao C xing
环境一号 C 星 [0201D]
Environment One C
　　C 太阳同步轨道

huan jing yi hao C xing
环境一号 C 星 [0201D]
Environment One C
　　C 航天东方红卫星有限公司

huan jing yi hao C xing
环境一号 C 星 [0201D]
Environment One C
　　C 太原卫星发射中心

huan jing yi hao C xing
环境一号 C 星 [0201D]
Environment One C
　　C 中国国防部

huan jing yi hao C xing
环境一号 C 星 [0201D]
Environment One C
　　C 长征二号丙运载火箭

huan jing zhi bei zhi shu
环境植被指数 [0202A]
Environmental Vegetation Index
　　C 农业植被指数

huan chong qu fen xi mo xing
缓冲区分析模型 [0202B]
Buffer Analysis Model
　　S 矢量数据分析模型

huan chong qu fen xi mo xing
缓冲区分析模型 [0202B]
Buffer Analysis Model

D 定距离空间搜索模型

huang
黄 ［0203B］
Yellow
　S 减法三原色

huang yu 1 hao
黄玉 1 号 ［0201D］
Topaz-1
　S 黄玉系列卫星

huang yu 1 hao
黄玉 1 号 ［0201D］
Topaz-1
　C 电子侦察卫星

huang yu 1 hao
黄玉 1 号 ［0201D］
Topaz-1
　C 范登堡空军基地

huang yu 1 hao
黄玉 1 号 ［0201D］
Topaz-1
　C 波音公司

huang yu 1 hao
黄玉 1 号 ［0201D］
Topaz-1
　C 美国国家侦察局

huang yu 1 hao
黄玉 1 号 ［0201D］
Topaz-1
　C 宇宙神 V 号运载火箭

huang yu 2 hao
黄玉 2 号 ［0201D］
Topaz-2
　S 黄玉系列卫星

huang yu 2 hao
黄玉 2 号 ［0201D］
Topaz-2

C 电子侦察卫星

huang yu 2 hao
黄玉 2 号 ［0201D］
Topaz-2
　C 范登堡空军基地

huang yu 2 hao
黄玉 2 号 ［0201D］
Topaz-2
　C 波音公司

huang yu 2 hao
黄玉 2 号 ［0201D］
Topaz-2
　C 美国国家侦察局

huang yu 2 hao
黄玉 2 号 ［0201D］
Topaz-2
　C 美国轨道运载火箭德尔塔-4

huang yu 3 hao
黄玉 3 号 ［0201D］
Topaz-3
　S 黄玉系列卫星

huang yu 3 hao
黄玉 3 号 ［0201D］
Topaz-3
　C 电子侦察卫星

huang yu 3 hao
黄玉 3 号 ［0201D］
Topaz-3
　C 范登堡空军基地

huang yu 3 hao
黄玉 3 号 ［0201D］
Topaz-3
　C 波音公司

huang yu 3 hao
黄玉 3 号 ［0201D］
Topaz-3

C 美国国家侦察局

huang yu 3 hao
黄玉 3 号 ［0201D］

Topaz-3
　　C 宇宙神 V 号运载火箭

huang yu 4 hao
黄玉 4 号 ［0201D］

Topaz-4
　　S 黄玉系列卫星

huang yu 4 hao
黄玉 4 号 ［0201D］

Topaz-4
　　C 电子侦察卫星

huang yu 4 hao
黄玉 4 号 ［0201D］

Topaz-4
　　C 范登堡空军基地

huang yu 4 hao
黄玉 4 号 ［0201D］

Topaz-4
　　C 波音公司

huang yu 4 hao
黄玉 4 号 ［0201D］

Topaz-4
　　C 美国国家侦察局

huang yu 4 hao
黄玉 4 号 ［0201D］

Topaz-4
　　C 美国轨道运载火箭德尔塔-4

huang yu 5 hao
黄玉 5 号 ［0201D］

Topaz-5
　　S 黄玉系列卫星

huang yu 5 hao
黄玉 5 号 ［0201D］

Topaz-5

C 电子侦察卫星

huang yu 5 hao
黄玉 5 号 ［0201D］

Topaz-5
　　C 范登堡空军基地

huang yu 5 hao
黄玉 5 号 ［0201D］

Topaz-5
　　C 波音公司

huang yu 5 hao
黄玉 5 号 ［0201D］

Topaz-5
　　C 美国国家侦察局

huang yu 5 hao
黄玉 5 号 ［0201D］

Topaz-5
　　C 美国轨道运载火箭德尔塔-4

hui
灰 ［0203B］

Gray
　　S 灰阶

hui bai
灰白 ［0203B］

Pale
　　S 灰阶

hui chen
灰尘 ［0203B］

Dust
　　S 一次颗粒物

hui du
灰度 ［0203B］

Gray Level
　　C 色调

hui du cai yang
灰度采样 ［0202A］

Grayscale Sampling

S 采样

hui du fen bian lü
灰度分辨率 [0202A]
Grey Level Resolution
S 遥感分辨率

hui du gong sheng ju zhen
灰度共生矩阵 [0202B]
Gray Cooccurrence Matrix
S 统计方法

hui du gong sheng ju zhen
灰度共生矩阵 [0202A]
Gray Cooccurrence Matrix
D 灰度联合概率矩阵法

hui du ji
灰度级 [0202A]
Gray Level
Y 像素值

hui du ji xing cheng chang
灰度级行程长 [0202B]
Gray Level Stroke Long
S 统计方法

hui du lian he gai lü ju zhen fa
灰度联合概率矩阵法 [0202B]
Gray Scale Joint Probability Matrix Method
Y 灰度共生矩阵

hui du yu zhi fa
灰度阈值法 [0202B]
Gray Threshold Method
S 图像分割方法

hui du yu zhi fa
灰度阈值法 [0202B]
Gray Threshold Method
F 直方图方法
自适应阈值方法

hui du zhi
灰度值 [0202B]
Grayscale Value
C 亮度值

hui du zhi
灰度值 [0202B]
Gray Value
Y 像素值

hui du zhi sao miao yi
灰度值扫描仪 [0201B]
Gray Value Scanner
S 扫描仪（辐射分辨率）

hui du chong cai yang fang fa
灰度重采样方法 [0202A]
Gray Resampling Method
F 最邻近内插法
双线性内插法
三次卷积内插法

hui jie
灰阶 [0202B]
Gray Scale
F 白
灰白
浅灰
灰
深灰
浅黑
黑

hui jie
灰阶 [0202A]
Gray Scale
S 影像色调

hui se guan lian fen xi
灰色关联分析 [0202A]
Grey Relational Analysis
S 数学分析

hui gui fen xi

回归分析 ［0202A］

Regression Analysis

　S 数学分析

hui gui zhou qi

回归周期 ［0201C］

Regression Cycle

　D 重复周期

hun he er jin zhi pian yi zai bo

混合二进制偏移载波 ［0201C］

Mixed Binary Offset Carrier

　F 时分复用二进制偏移载波调制

　　复合二进制偏移载波调制

hun he er jin zhi pian yi zai bo tiao zhi

混合二进制偏移载波调制 ［0202C］

Mixed Binary Offset Carrier Modulation

　S 民用信号调制方法

hun he guang pu fen jie ji shu

混合光谱分解技术 ［0202B］

Hybrid Spectral Decomposition Technology

　S 地质矿物提取方法（高光谱遥感数据）

hun he ju li

混合距离 ［0203B］

Mixed Distance

　S 距离

hun he mo la ba tian xian

混合模喇叭天线 ［0201B］

Mixed Mode Horn Antenna

　S 喇叭天线种类（工作模式）

hun he tui jin xi tong

混合推进系统 ［0201C］

Hybrid Propulsion System

　S 推进系统

hun he xiang yuan

混合像元 ［0202B］

Hybrid Cell

　S 像元

hun he xiang yuan fen jie

混合像元分解 ［0202B］

Mixed Pixel Decomposition

　F 线性分解

　　非线性分解

　　模糊分解

hun pin qi zao sheng

混频器噪声 ［0201B］

Mixer Noise

　S 内部噪声

hun xiao ju zhen

混淆矩阵 ［0202B］

Confusion Matrix

　Y 误差矩阵

huo jian

火箭 ［0201D］

Rocket

　S 太空平台

huo te lin bian huan

霍特林变换 ［0202B］

Hotelling Transformation

　Y K-L 变换

ji zhong-ji bu zhong bian huan

击中–击不中变换 ［0202B］

Hit-to-Miss Transformation

　S 数学形态学方法

ji zai LiDAR she bei

机载 LiDAR 设备 ［0201C］

Airborne LiDAR Equipment

　F 测量系统载体

　　差分 GNSS 系统

　　惯性导航系统

　　三维激光扫描设备

　　CCD 相机成像设备

　　同步作业控制装置

计算机存储设备

ji zai ji guang lei da
机载激光雷达 ［0201C］
Airborne Lidar
　　S 大气探测激光雷达（运载方式）

ji zai ji guang lei da dian yun ce liang
机载激光雷达点云测量 ［0201C］
Airborne LiDAR Point Cloud Measurement
　　S 激光雷达点云测量

ji zai ji guang sao miao xi tong
机载激光扫描系统 ［0201C］
Airborne LiDAR System
　　S 激光雷达系统

ji zai zhan
机载站 ［0201D］
Airborne Station
　　S LEO 卫星通信移动系统组成

ji zhu zhi tu xi tong
机助制图系统 ［0202D］
Computer-Aided Mapping System
　　Y 数字制图系统

ji dai chu li bu fen
基带处理部分 ［0202C］
Baseband Processing Part
　　F 调制解调器
　　　复用器
　　　解码器

ji dai lü bo
基带滤波 ［0202C］
Baseband Filtering
　　S DVB-S2 发射机功能单元组成

ji dai shu zi xin hao chu li
基带数字信号处理 ［0202C］
Baseband Digital Signal Processing
　　S GPS 接收机功能模块

ji dai shu zi xin hao chu li
基带数字信号处理 ［0202C］
Baseband Digital Signal Processing
　　F 载波剥离
　　　伪码剥离
　　　相关积分
　　　非相关积分
　　　位同步
　　　帧同步
　　　导航电文译码
　　　测量值组装

ji dai yu kong zhi she bei
基带与控制设备 ［0201A］
Baseband and Control Equipment
　　S 通信地球站设备

ji mo la ba tian xian
基模喇叭天线 ［0201B］
Basic Mode Horn Antenna
　　S 喇叭天线种类（工作模式）

ji xian xiang liang
基线向量 ［0202A］
Baseline Vector
　　C 位移向量

ji guang fa she xi tong（da qi tan ce）
激光发射系统（大气探测）［0201A］
Laser Emission System（Atmospheric Sounding）
　　F 脉冲激光器
　　　光束准直器
　　　光束发射器

ji guang fu she yuan
激光辐射源 ［0201B］
Laser Radiation Source
　　S 人工辐射源

ji guang lei da
激光雷达 ［0201C］
Ladar
　　D 光雷达

ji guang lei da

激光雷达 ［0201C］

Laser Radar

　F 散射型激光雷达

　　吸收型激光雷达

　　激光荧光雷达

　　拉曼激光雷达

ji guang lei da dian yun ce liang

激光雷达点云测量 ［0201C］

LiDAR Point Cloud Measurement

　F 机载激光雷达点云测量

　　地面激光雷达点云测量

ji guang lei da xi tong

激光雷达系统 ［0201C］

LiDAR System

　F 机载激光扫描系统

　　地面型激光扫描系统

　　便携式激光扫描系统

ji guang qi（chou yun fang shi）

激光器（抽运方式）［0201B］

Lasers（Pumping Mode）

　F 电抽运激光器

　　光抽运激光器

　　化学抽运激光器

　　核能抽运激光器

ji guang qi（gong zuo wu zhi）

激光器（工作物质）［0201B］

Lasers（Working Substances）

　F 固体激光器

　　气体激光器

　　液体激光器

　　半导体激光器

ji guang sao miao ji shu

激光扫描技术 ［0201C］

Laser Scanning Technique

　F 高惯性扫描

　　低惯性扫描

ji guang sao miao yi

激光扫描仪 ［0201B］

Laser Scanner

　S 地面传感器

ji guang yao gan

激光遥感 ［0201A］

Laser Remote Sensing

　S 遥感

ji guang ying guang lei da

激光荧光雷达 ［0201C］

Laser Fluorescence Radar

　S 激光雷达

ji li dian liu fu du

激励电流幅度 ［0202C］

Excitation Current Amplitude

　C 阵列天线特性

ji bu si fen bu sui ji chang mo xing

吉布斯分布随机场模型 ［0202B］

Gibbs Random Field Model

　S 随机模型

ji lin yi hao gao fen 02A xing

吉林一号高分02A星 ［0201D］

Jilin No. 1 High Score 02A Star

　S 吉林一号商业卫星

ji lin yi hao gao fen 02A xing

吉林一号高分02A星 ［0201D］

Jilin No. 1 High Score 02A Star

　C 光学遥感卫星

ji lin yi hao gao fen 02A xing

吉林一号高分02A星 ［0201D］

Jilin No. 1 High Score 02A Star

　C 太阳同步回归轨道

ji lin yi hao gao fen 02A xing

吉林一号高分02A星 ［0201D］

Jilin No. 1 High Score 02A Star

C 酒泉卫星发射中心

ji lin yi hao gao fen 02A xing
吉林一号高分 02A 星 ［0201D］
Jilin No. 1 High Score 02A Star
　C 长光卫星技术股份有限公司

ji lin yi hao gao fen 02A xing
吉林一号高分 02A 星 ［0201D］
Jilin No. 1 High Score 02A Star
　C 快舟一号甲运载火箭

ji lin yi hao gao fen 02C xing
吉林一号高分 02C 星 ［0201D］
Jilin No. 1 High Score 02C Star
　S 吉林一号商业卫星

ji lin yi hao gao fen 02C xing
吉林一号高分 02C 星 ［0201D］
Jilin No. 1 High Score 02C Star
　C 地球资源卫星

ji lin yi hao gao fen 02C xing
吉林一号高分 02C 星 ［0201D］
Jilin No. 1 High Score 02C Star
　C 太阳同步回归轨道

ji lin yi hao gao fen 02C xing
吉林一号高分 02C 星 ［0201D］
Jilin No. 1 High Score 02C Star
　C 酒泉卫星发射中心

ji lin yi hao gao fen 02C xing
吉林一号高分 02C 星 ［0201D］
Jilin No. 1 High Score 02C Star
　C 长光卫星技术股份有限公司

ji lin yi hao gao fen 02C xing
吉林一号高分 02C 星 ［0201D］
Jilin No. 1 High Score 02C Star
　C 快舟一号甲运载火箭

ji lin yi hao gao fen 03A xing
吉林一号高分 03A 星 ［0201D］
Jilin No. 1 High Score 03A Star

S 吉林一号商业卫星

ji lin yi hao gao fen 03A xing
吉林一号高分 03A 星 ［0201D］
Jilin No. 1 High Score 03A Star
　C 光学遥感卫星

ji lin yi hao gao fen 03A xing
吉林一号高分 03A 星 ［0201D］
Jilin No. 1 High Score 03A Star
　C 太阳同步回归轨道

ji lin yi hao gao fen 03A xing
吉林一号高分 03A 星 ［0201D］
Jilin No. 1 High Score 03A Star
　C 长光卫星技术股份有限公司

ji lin yi hao gao fen 03A xing
吉林一号高分 03A 星 ［0201D］
Jilin No. 1 High Score 03A Star
　C 长征十一号运载火箭

ji lin yi hao guang pu 01 xing
吉林一号光谱 01 星 ［0201D］
Jilin No. 1 Spectrum 01 Star
　S 吉林一号商业卫星

ji lin yi hao guang pu 01 xing
吉林一号光谱 01 星 ［0201D］
Jilin No. 1 Spectrum 01 Star
　C 光学遥感卫星

ji lin yi hao guang pu 01 xing
吉林一号光谱 01 星 ［0201D］
Jilin No. 1 Spectrum 01 Star
　C 太阳同步轨道

ji lin yi hao guang pu 01 xing
吉林一号光谱 01 星 ［0201D］
Jilin No. 1 Spectrum 01 Star
　C 多光谱成像仪

ji lin yi hao guang pu 01 xing
吉林一号光谱 01 星 ［0201D］
Jilin No. 1 Spectrum 01 Star

C 红外相机

ji lin yi hao guang pu 01 xing
吉林一号光谱 01 星 ［0201D］
Jilin No. 1 Spectrum 01 Star
　C 水运一号

ji lin yi hao guang pu 01 xing
吉林一号光谱 01 星 ［0201D］
Jilin No. 1 Spectrum 01 Star
　C 酒泉卫星发射中心

ji lin yi hao guang pu 01 xing
吉林一号光谱 01 星 ［0201D］
Jilin No. 1 Spectrum 01 Star
　C 长光卫星技术股份有限公司

ji lin yi hao guang pu 01 xing
吉林一号光谱 01 星 ［0201D］
Jilin No. 1 Spectrum 01 Star
　C 长征十一号运载火箭

ji lin yi hao guang pu 02 xing
吉林一号光谱 02 星 ［0201D］
Jilin No. 1 Spectrum 02 Star
　S 吉林一号商业卫星

ji lin yi hao guang pu 02 xing
吉林一号光谱 02 星 ［0201D］
Jilin No. 1 Spectrum 02 Star
　C 光学遥感卫星

ji lin yi hao guang pu 02 xing
吉林一号光谱 02 星 ［0201D］
Jilin No. 1 Spectrum 02 Star
　C 太阳同步轨道

ji lin yi hao guang pu 02 xing
吉林一号光谱 02 星 ［0201D］
Jilin No. 1 Spectrum 02 Star
　C 多光谱成像仪

ji lin yi hao guang pu 02 xing
吉林一号光谱 02 星 ［0201D］
Jilin No. 1 Spectrum 02 Star

C 红外相机

ji lin yi hao guang pu 02 xing
吉林一号光谱 02 星 ［0201D］
Jilin No. 1 Spectrum 02 Star
　C 水运一号

ji lin yi hao guang pu 02 xing
吉林一号光谱 02 星 ［0201D］
Jilin No. 1 Spectrum 02 Star
　C 酒泉卫星发射中心

ji lin yi hao guang pu 02 xing
吉林一号光谱 02 星 ［0201D］
Jilin No. 1 Spectrum 02 Star
　C 长光卫星技术股份有限公司

ji lin yi hao guang pu 02 xing
吉林一号光谱 02 星 ［0201D］
Jilin No. 1 Spectrum 02 Star
　C 长征十一号运载火箭

ji lin yi hao shi pin 03 xing
吉林一号视频 03 星 ［0201D］
Jilin No. 1 Video 03 Stars
　S 吉林一号商业卫星

ji lin yi hao shi pin 03 xing
吉林一号视频 03 星 ［0201D］
Jilin No. 1 Video 03 Stars
　C 光学遥感卫星

ji lin yi hao shi pin 03 xing
吉林一号视频 03 星 ［0201D］
Jilin No. 1 Video 03 Stars
　C 太阳同步回归轨道

ji lin yi hao shi pin 03 xing
吉林一号视频 03 星 ［0201D］
Jilin No. 1 Video 03 Stars
　C 吉林一号视频 03 星载荷

ji lin yi hao shi pin 03 xing
吉林一号视频 03 星 ［0201D］
Jilin No. 1 Video 03 Stars

　　C 快舟一号甲运载火箭

ji lin yi hao shi pin 03 xing
吉林一号视频 03 星 ［0201D］
Jilin No. 1 Video 03 Stars
　　C 酒泉卫星发射中心

ji lin yi hao shi pin 03 xing
吉林一号视频 03 星 ［0201D］
Jilin No. 1 Video 03 Stars
　　C 长光卫星技术股份有限公司

ji lin yi hao shi pin 04 xing
吉林一号视频 04 星 ［0201D］
Jilin No. 1 Video 04 Stars
　　S 吉林一号商业卫星

ji lin yi hao shi pin 04 xing
吉林一号视频 04 星 ［0201D］
Jilin No. 1 Video 04 Stars
　　C 商业遥感卫星

ji lin yi hao shi pin 04 xing
吉林一号视频 04 星 ［0201D］
Jilin No. 1 Video 04 Stars
　　C 太阳同步回归轨道

ji lin yi hao shi pin 04 xing
吉林一号视频 04 星 ［0201D］
Jilin No. 1 Video 04 Stars
　　C 吉林一号视频 04 星视频载荷

ji lin yi hao shi pin 04 xing
吉林一号视频 04 星 ［0201D］
Jilin No. 1 Video 04 Stars
　　C 吉林一号视频 04 星推扫载荷

ji lin yi hao shi pin 04 xing
吉林一号视频 04 星 ［0201D］
Jilin No. 1 Video 04 Stars
　　C 太原卫星发射中心

ji lin yi hao shi pin 04 xing
吉林一号视频 04 星 ［0201D］
Jilin No. 1 Video 04 Stars

　　C 长光卫星技术股份有限公司

ji lin yi hao shi pin 04 xing
吉林一号视频 04 星 ［0201D］
Jilin No. 1 Video 04 Stars
　　C 长征六号运载火箭

ji lin yi hao shi pin 05 xing
吉林一号视频 05 星 ［0201D］
Jilin No. 1 Video 05 Stars
　　S 吉林一号商业卫星

ji lin yi hao shi pin 05 xing
吉林一号视频 05 星 ［0201D］
Jilin No. 1 Video 05 Stars
　　C 商业遥感卫星

ji lin yi hao shi pin 05 xing
吉林一号视频 05 星 ［0201D］
Jilin No. 1 Video 05 Stars
　　C 太阳同步回归轨道

ji lin yi hao shi pin 05 xing
吉林一号视频 05 星 ［0201D］
Jilin No. 1 Video 05 Stars
　　C 吉林一号视频 05 星视频载荷

ji lin yi hao shi pin 05 xing
吉林一号视频 05 星 ［0201D］
Jilin No. 1 Video 05 Stars
　　C 吉林一号视频 05 星推扫载荷

ji lin yi hao shi pin 05 xing
吉林一号视频 05 星 ［0201D］
Jilin No. 1 Video 05 Stars
　　C 太原卫星发射中心

ji lin yi hao shi pin 05 xing
吉林一号视频 05 星 ［0201D］
Jilin No. 1 Video 05 Stars
　　C 长光卫星技术股份有限公司

ji lin yi hao shi pin 05 xing
吉林一号视频 05 星 ［0201D］
Jilin No. 1 Video 05 Stars

C 长征六号运载火箭

ji lin yi hao shi pin 06 xing
吉林一号视频 06 星 ［0201D］
Jilin No. 1 Video 06 Stars
　S 吉林一号商业卫星

ji lin yi hao shi pin 06 xing
吉林一号视频 06 星 ［0201D］
Jilin No. 1 Video 06 Stars
　C 商业遥感卫星

ji lin yi hao shi pin 06 xing
吉林一号视频 06 星 ［0201D］
Jilin No. 1 Video 06 Stars
　C 太阳同步回归轨道

ji lin yi hao shi pin 06 xing
吉林一号视频 06 星 ［0201D］
Jilin No. 1 Video 06 Stars
　C 吉林一号视频 06 星视频载荷

ji lin yi hao shi pin 06 xing
吉林一号视频 06 星 ［0201D］
Jilin No. 1 Video 06 Stars
　C 吉林一号视频 06 星推扫载荷

ji lin yi hao shi pin 06 xing
吉林一号视频 06 星 ［0201D］
Jilin No. 1 Video 06 Stars
　C 太原卫星发射中心

ji lin yi hao shi pin 06 xing
吉林一号视频 06 星 ［0201D］
Jilin No. 1 Video 06 Stars
　C 长光卫星技术股份有限公司

ji lin yi hao shi pin 06 xing
吉林一号视频 06 星 ［0201D］
Jilin No. 1 Video 06 Stars
　C 长征六号运载火箭

ji lin yi hao shi pin 07 xing
吉林一号视频 07 星 ［0201D］
Jilin No. 1 Video 07 Stars
　S 吉林一号商业卫星

ji lin yi hao shi pin 07 xing
吉林一号视频 07 星 ［0201D］
Jilin No. 1 Video 07 Stars
　C 光学遥感卫星

ji lin yi hao shi pin 07 xing
吉林一号视频 07 星 ［0201D］
Jilin No. 1 Video 07 Stars
　C 太阳同步回归轨道

ji lin yi hao shi pin 07 xing
吉林一号视频 07 星 ［0201D］
Jilin No. 1 Video 07 Stars
　C 吉林一号视频 07 星视频载荷

ji lin yi hao shi pin 07 xing
吉林一号视频 07 星 ［0201D］
Jilin No. 1 Video 07 Stars
　C 吉林一号视频 07 星推扫载荷

ji lin yi hao shi pin 07 xing
吉林一号视频 07 星 ［0201D］
Jilin No. 1 Video 07 Stars
　C 酒泉卫星发射中心

ji lin yi hao shi pin 07 xing
吉林一号视频 07 星 ［0201D］
Jilin No. 1 Video 07 Stars
　C 长光卫星技术股份有限公司

ji lin yi hao shi pin 07 xing
吉林一号视频 07 星 ［0201D］
Jilin No. 1 Video 07 Stars
　C 长征十一号运载火箭

ji lin yi hao shi pin 08 xing
吉林一号视频 08 星 ［0201D］
Jilin No. 1 Video 08 Stars
　S 吉林一号商业卫星

ji lin yi hao shi pin 08 xing
吉林一号视频 08 星 ［0201D］
Jilin No. 1 Video 08 Stars

C 光学遥感卫星

ji lin yi hao shi pin 08 xing
吉林一号视频 08 星 ［0201D］
Jilin No. 1 Video 08 Stars
　C 太阳同步回归轨道

ji lin yi hao shi pin 08 xing
吉林一号视频 08 星 ［0201D］
Jilin No. 1 Video 08 Stars
　C 吉林一号视频 08 星视频载荷

ji lin yi hao shi pin 08 xing
吉林一号视频 08 星 ［0201D］
Jilin No. 1 Video 08 Stars
　C 吉林一号视频 08 星视频载荷

ji lin yi hao shi pin 08 xing
吉林一号视频 08 星 ［0201D］
Jilin No. 1 Video 08 Stars
　C 酒泉卫星发射中心

ji lin yi hao shi pin 08 xing
吉林一号视频 08 星 ［0201D］
Jilin No. 1 Video 08 Stars
　C 长光卫星技术股份有限公司

ji lin yi hao shi pin 08 xing
吉林一号视频 08 星 ［0201D］
Jilin No. 1 Video 08 Stars
　C 长征十一号运载火箭

ji di qi xiang wei xing
极地气象卫星 ［0201D］
Polar-Orbiting Meteorological Satellite
　S 气象卫星

ji di wei xing
极地卫星 ［0201D］
Polar Satellites
　S 地球观测卫星

ji di wei xing yun zai huo jian-C1
极地卫星运载火箭-C1 ［0201D］
Polar Satellite Launch Vehicle-C1

S 极轨卫星运载火箭

ji di wei xing yun zai huo jian-C15
极地卫星运载火箭-C15 ［0201D］
Polar Satellite Launch Vehicle-C15
　S 极轨卫星运载火箭

ji di wei xing yun zai huo jian-C9
极地卫星运载火箭-C9 ［0201D］
Polar Satellite Launch Vehicle-C9
　S 极轨卫星运载火箭

ji di wei xing yun zai huo jian-D1
极地卫星运载火箭-D1 ［0201D］
Polar Satellite Launch Vehicle-D1
　S 极轨卫星运载火箭

ji di wei xing yun zai huo jian-D2
极地卫星运载火箭-D2 ［0201D］
Polar Satellite Launch Vehicle-D2
　S 极轨卫星运载火箭

ji di wei xing yun zai huo jian-D3
极地卫星运载火箭-D3 ［0201D］
Polar Satellite Launch Vehicle-D3
　S 极轨卫星运载火箭

ji guang wei xing
极光卫星 ［0201D］
TabletSat-Aurora
　C 近地轨道

ji guang wei xing
极光卫星 ［0201A］
TabletSat-Aurora
　C 史普尼克

ji guang wei xing
极光卫星 ［0201D］
TabletSat-Aurora
　C 全色照相摄影机

ji gui dao
极轨道 ［0201D］
Polar Orbit

S 卫星轨道（倾角）

ji gui wei xing yun zai huo jian-C3
极轨卫星运载火箭-C3 ［0201D］
Polar Satellite Launch Vehicle-C3
　　S 极轨卫星运载火箭

ji gui wei xing yun zai huo jian-CA
极轨卫星运载火箭-CA ［0201D］
Polar Satellite Launch Vehicle-CA
　　S 极轨卫星运载火箭

ji gui wei xing yun zai huo jian-CA
极轨卫星运载火箭-CA ［0201D］
Polar Satellite Launch Vehicle-CA
　　S 极轨卫星运载火箭

ji gui wei xing yun zai huo jian-XL
极轨卫星运载火箭-XL ［0201D］
Polar Satellite Launch Vehicle-XL
　　S 极轨卫星运载火箭

ji hua
极化 ［0202A］
Polarization
　　F 垂直极化
　　　水平极化
　　　斜极化

ji hua tiao zhi
极化调制 ［0201C］
Polarization Modulation
　　S 调制方式

ji hua ge li du
极化隔离度 ［0203D］
Polarisation isolation
　　S 地球站极化隔离特性衡量指标

ji hua jian bie lü
极化鉴别率 ［0202A］
Polarisation Discrimination Ratio
　　S 地球站极化隔离特性衡量指标

ji hua zeng yi
极化增益 ［0202C］
Polarization Gain
　　S 天线增益

ji pu fen xi fa
极谱分析法 ［0202C］
Polarographic Analysis Method
　　S 电化学分析法

ji he ka er man lü bo
集合卡尔曼滤波 ［0202A］
Ensemble Kalman Filtering
　　S 数据同化法

ji he bian huan
几何变换 ［0202B］
Geometric Transformation
　　C 坐标几何学

ji he bian huan
几何变换 ［0202B］
Coordinate Transformation Methods
　　F 等积变换
　　　相似变换
　　　仿射变换
　　　投影变换
　　　拓扑变换

ji he bian xing
几何变形 ［0202A］
Geometric Distortion
　　Y 几何畸变

ji he can shu
几何参数 ［0203D］
Geometric Parameters
　　S 大气校正参数

ji he can shu
几何参数 ［0203D］
Geometric Parameters
　　F 太阳天顶角

卫星天顶角
太阳方位角
卫星方位角

ji he cu jiu zheng
几何粗纠正 [0202A]
Geometric Rough Correction
　S 几何纠正

ji he fen bian lü
几何分辨率 [0202A]
Geometric Resolution
　C 方位分辨率

ji he ji bian
几何畸变 [0202B]
Geometric Distortion
　D 几何变形

ji he jian ge
几何间隔 [0202A]
Geometric Interval
　S 数据分类方法

ji he jing du yin zi
几何精度因子 [0202A]
Geometric Dilution Precision
　S 导航星座影响因子

ji he jing jiu zheng
几何精纠正 [0202B]
Geometric Fine Correction
　S 几何纠正

ji he jing jiu zheng
几何精纠正 [0202B]
Geometric Fine Correction
　D 几何配准

ji he jing jiao zheng
几何精校正 [0202B]
Geometric Precision Correction
　S 影像/图像预处理

ji he jiu zheng
几何纠正 [0202A]
Geometric Correction
　F 几何精纠正
　　几何粗纠正

ji he pei zhun
几何配准 [0202B]
Geometric Registration
　Y 几何精纠正

ji he pi pei suan fa
几何匹配算法 [0202B]
Geometric Matching Algorithm
　S 地图匹配算法

ji he pi pei suan fa
几何匹配算法 [0202B]
Geometric Matching Algorithm
　F 点-点匹配法
　　点-线匹配法
　　线-线匹配法

ji he wu cha
几何误差 [0202B]
Geometric Error
　S 数据误差

ji he jiao zheng
几何校正 [0202B]
Geometric Correction
　C 辐射定标

ji he jiao zheng
几何校正 [0202B]
Geometric Correction
　S 影像/图像预处理

ji suan ji fen xi
计算机分析 [0202B]
Computer Analysis
　S 数学分析

ji suan ji ruan jian
计算机软件 [0202D]
Computer Software
　　S 信息系统组成

ji suan ji zhi tu
计算机制图 [0202B]
Computer Mapping
　　C 地理信息系统

ji suan ji zhi tu fu hao hui zhi fang fa
计算机制图符号绘制方法 [0202B]
Computer Cartographic Symbol Drawing Method
　　F 编程法
　　　信息块法

ji shu shi yan wei xing
技术实验卫星 [0201D]
Technical Experimental Satellite
　　C 电子侦察卫星

ji shu shi yan wei xing
技术实验卫星 [0201D]
Technical Experimental Satellite
　　C 太阳同步轨道

ji shu shi yan wei xing
技术实验卫星 [0201D]
Technical Experimental Satellite
　　C 极轨卫星运载火箭-C3

ji shu shi yan wei xing
技术实验卫星 [0201D]
Technical Experimental Satellite
　　C 印度空间研究组织

ji shu shi yan wei xing
技术实验卫星 [0201D]
Technical Experimental Satellite
　　C 萨迪什·达万航天中心

ji shu shi yan wei xing
技术试验卫星 [0201D]
Technical Test Satellites

　　S 卫星

ji shu shi yan wei xing
技术试验卫星 [0201D]
Technical Test Satellites
　　F 通信技术试验卫星
　　　推进系统试验卫星
　　　材料科学试验卫星

ji bian hua
季变化 [0202D]
Seasonal Variation
　　S 时节

ji jie bian hua gui lü
季节变化规律 [0202D]
The Law of Seasonal Changes
　　Y 季相节律

ji xiang jie lü
季相节律 [0202C]
Seasonal Rhythm
　　D 季节变化规律

jia quan rong he
加权融合 [0202A]
Weighted Fusion
　　S 图像融合

jia se fa cai se he cheng fang fa
加色法彩色合成方法 [0202B]
Additive Color Method for Color Synthesis
　　F 合成仪法
　　　分层曝光法

jia su du ji
加速度计 [0201C]
Accelerometer
　　S 导航传感器

jia su du ji
加速度计 [0201B]
Accelerometer

S 距离传感器

jia sen er hao
贾森二号 ［0201D］
Joint Altimetry Satellite Oceanography Network-2
S 贾森

jia sen er hao
贾森二号 ［0201D］
Joint Altimetry Satellite Oceanography Network-2
C 海洋卫星

jia sen er hao
贾森二号 ［0201D］
Joint Altimetry Satellite Oceanography Network-2
C 近地轨道

jia sen er hao
贾森二号 ［0201D］
Joint Altimetry Satellite Oceanography Network-2
C 波塞冬-3（Solid-State Radar Altimeter）

jia sen er hao
贾森二号 ［0201D］
Joint Altimetry Satellite Oceanography Network-2
C 高级微波辐射计

jia sen er hao
贾森二号 ［0201D］
Joint Altimetry Satellite Oceanography Network-2
C 卫星集成的多普勒轨道学和无线电定位

jia sen er hao
贾森二号 ［0201D］
Joint Altimetry Satellite Oceanography Network-2
C TRSR-2

jia sen er hao
贾森二号 ［0201D］
Joint Altimetry Satellite Oceanography Network-2
C 激光反射器阵列

jia sen er hao
贾森二号 ［0201D］
Joint Altimetry Satellite Oceanography Network-2

C 美国航空航天局

jia sen er hao
贾森二号 ［0201D］
Joint Altimetry Satellite Oceanography Network-2
C 范登堡空军基地

jia sen er hao
贾森二号 ［0201D］
Joint Altimetry Satellite Oceanography Network-2
C 美国国家海洋和大气管理局

jia sen er hao
贾森二号 ［0201D］
Joint Altimetry Satellite Oceanography Network-2
C 欧洲气象卫星应用组织

jia sen er hao
贾森二号 ［0201D］
Joint Altimetry Satellite Oceanography Network-2
C 波音德尔塔 2 型运载火箭

jia sen san hao
贾森三号 ［0201D］
Joint Altimetry Satellite Oceanography Network-3
S 贾森

jia sen san hao
贾森三号 ［0201D］
Joint Altimetry Satellite Oceanography Network-3
C 海洋卫星

jia sen san hao
贾森三号 ［0201D］
Joint Altimetry Satellite Oceanography Network-3
C 近地轨道

jia sen san hao
贾森三号 ［0201D］
Joint Altimetry Satellite Oceanography Network-3
C 波塞冬-3B 高度计

jia sen san hao
贾森三号 ［0201D］
Joint Altimetry Satellite Oceanography Network-3

C 高级微波辐射计-2

S 贾森

jia sen san hao
贾森三号 ［0201D］
Joint Altimetry Satellite Oceanography Network-3
　C 精确轨道确定系统

jia sen yi hao
贾森一号 ［0201D］
Joint Altimetry Satellite Oceanography Network-1
　C 海洋卫星

jia sen san hao
贾森三号 ［0201D］
Joint Altimetry Satellite Oceanography Network-3
　C 激光反射器阵列

jia sen yi hao
贾森一号 ［0201D］
Joint Altimetry Satellite Oceanography Network-1
　C 近地轨道

jia sen san hao
贾森三号 ［0201D］
Joint Altimetry Satellite Oceanography Network-3
　C 美国航空航天局

jia sen yi hao
贾森一号 ［0201D］
Joint Altimetry Satellite Oceanography Network-1
　C 美国范登堡空军基地

jia sen san hao
贾森三号 ［0201D］
Joint Altimetry Satellite Oceanography Network-3
　C 美国国家海洋和大气管理局

jia sen yi hao
贾森一号 ［0201D］
Joint Altimetry Satellite Oceanography Network-1
　C 美国航空航天局

jia sen san hao
贾森三号 ［0201D］
Joint Altimetry Satellite Oceanography Network-3
　C 欧洲气象卫星应用组织

jia sen yi hao
贾森一号 ［0201D］
Joint Altimetry Satellite Oceanography Network-1
　C 以色列 IMAGESATINTERNATIONAL 公司

jia sen san hao
贾森三号 ［0201D］
Joint Altimetry Satellite Oceanography Network-3
　C 欧洲航天局

jia sen yi hao
贾森一号 ［0201D］
Joint Altimetry Satellite Oceanography Network-1
　C 波音德尔塔 2 型运载火箭

jia sen san hao
贾森三号 ［0201D］
Joint Altimetry Satellite Oceanography Network-3
　C 范登堡空军基地

jia cai se he cheng ying xiang
假彩色合成影像 ［0202B］
False Color Composite Image
　S 遥感影像

jia sen san hao
贾森三号 ［0201D］
Joint Altimetry Satellite Oceanography Network-3
　C 猎鹰 9 号

jia cai se pian
假彩色片 ［0202B］
False Color Film
　Y 红外彩色片

jia sen yi hao
贾森一号 ［0201D］
Joint Altimetry Satellite Oceanography Network-1

jia fu zai
假负载 ［0201C］
False Load

S 微波功率加载系统

jia gou shi ke zhan kai tian xian
架构式可展开天线 [0201A]

Tetrahedral Truss Reflector Antenna

S 大型可展开天线

jia gou shi ke zhan kai tian xian
架构式可展开天线 [0201A]

Tetrahedral Truss Reflector Antenna

D 架构式天线

jian jie jie yi biao zhi
间接解译标志 [0202B]

Indirect Interpretation Sign

S 遥感图像解译标志

jian ce lei da
监测雷达 [0201A]

Surveillance Radar

S 雷达

jian du fen lei
监督分类 [0202B]

Supervise Classification

D 训练分类法

jian du fen lei
监督分类 [0202B]

Supervisory Classification

S 遥感图像分类方法

jian du fen lei
监督分类 [0202B]

Supervisory Classification

F 最小距离分类法

多级切割分类法

特征曲线窗口法

最大似然比分类法

马氏距离分类法

平行六面体分类法

K 最近邻分类算法

jian shi xing jian ce
监视性监测 [0202D]

Surveillance Monitoring

S 环境监测（目的）

jian shi xing jian ce
监视性监测 [0202D]

Surveillance Monitoring

D 例行监测

jian shi xing jian ce
监视性监测 [0202D]

Surveillance Monitoring

D 常规监测

jian shi xing jian ce
监视性监测 [0202D]

Surveillance Monitoring

F 污染源监督监测

环境质量监测

jian fa san yuan se
减法三原色 [0203B]

Subtract the Three Primary Colors

F 黄

品红

青色

jian se fa cai se he cheng fang fa
减色法彩色合成方法 [0202B]

Subtractive color synthesis method

F 染印法

印刷法

重氮法

jian qu
剪取 [0202B]

Clip

S 图层要素操作

jian dan ke li jin
简单克里金 [0202A]

Simple Kriging

S 克里金法

jian dan mi du gu suan
简单密度估算 [0202B]
Simple Density Estimation
　　S 密度估算

jian zhu she ying ce liang
建筑摄影测量 [0202D]
Architectural Photogrammetry
　　S 非地形摄影测量

jian bian kuan shi xian
渐变宽实线 [0203A]
Gradually Widening Solid Line
　　S 线状符号图元

jian bian kuan xu xian
渐变宽虚线 [0202C]
Gradually Widening Dashed Line
　　S 线状符号图元

jian pin qi
鉴频器 [0201B]
Frequency Discriminator
　　S 测控接收机

jian pin qi
鉴频器 [0201B]
Frequency Discriminator
　　Y 频率鉴别器

jian xiang qi
鉴相器 [0201B]
Phase Discriminator
　　Y 相位鉴别器

jiang yu zao sheng
降雨噪声 [0203D]
Rainfall Noise
　　S 地球站天线噪声

jiao cha dian pi pei
交叉点匹配 [0202B]
Intersection Matching

D 街角匹配

jiao cha ji hua gan rao
交叉极化干扰 [0202C]
Cross Polarization Interference
　　S 卫星通信噪声

jiao hu shi ye wu
交互式业务 [0202D]
Interactive Business
　　S DVB-S2 业务

jiao ti er jin zhi pian yi zai bo tiao zhi
交替二进制偏移载波调制 [0202C]
Alternating Binary Offset Carrier Modulation
　　S 民用信号调制方法

jiao pian fen bian lü
胶片分辨率 [0201B]
Film Resolution
　　C 像片分辨率

jiao ti wu zhi
胶体物质 [0203B]
Colloidal Substance
　　S 天然水成分

jiao ti wu zhi
胶体物质 [0203B]
Colloidal Substance
　　F 溶胶
　　　高分子化合物

jiao yan zao sheng
椒盐噪声 [0202B]
Peppercorn Noise
　　Y 脉冲噪声

jiao dian cao zuo
焦点操作 [0202B]
Focal Operation
　　Y 邻域运算

jiao du bian xing
角度变形 [0202B]
Angle Deformation
　S 地图投影变形

jiao du chuan gan qi
角度传感器 [0201B]
Angle Sensor
　S 惯性传感器

jiao du ji suan fa
角度计算法 [0202A]
Angle Calculation Method
　D 弧长法

jiao fen bian lü
角分辨率 [0202A]
Angle Resolution
　S 遥感分辨率

jie shou G/T zhi
接收 G/T 值 [0203D]
Receive G/T Value
　S 测控分系统设计指标

jie shou guang xue xi tong
接收光学系统 [0201C]
Receiving Optical System
　S 激光通信技术模块

jie shou ji qi jian qun bo yan shi
接收机器件群波延时 [0201B]
Receiver Device Group Delay
　S 接收机相关误差

jie shou ji xiang guan wu cha
接收机相关误差 [0203C]
Receiver Correlation Error
　S 全球导航卫星系统测量误差组成

jie shou ji xiang guan wu cha
接收机相关误差 [0203C]
Receiver Correlation Error

　F 接收机器件群波延时
　　信道间差异误差
　　接收机噪声
　　算法误差

jie shou ji xing neng
接收机性能 [0201B]
Receiver Performance
　C 功率谱密度

jie shou ji xing neng
接收机性能 [0201B]
Receiver Performance
　C 自相关函数

jie shou ji zao sheng
接收机噪声 [0203C]
Receiver Noise
　S 接收机相关误差

jie shou ji zao sheng
接收机噪声 [0201B]
Receiver Noise
　F 内部噪声
　　外部噪声

jie shou ji zhong wu cha
接收机钟误差 [0203C]
Receiver Clock Error
　S 用户接收机误差

jie shou tian xian zeng yi
接收天线增益 [0201B]
Receiving Antenna Gain
　C G/T 指标分解

jie shou wang yuan jing
接收望远镜 [0201B]
Receiving Telescope
　S 光学接收系统

jie shou wang yuan jing
接收望远镜 [0201B]
Receiving Telescope

F 牛顿反射式望远镜
　卡塞格林反射式望远镜

jie shou xi tong zao sheng
接收系统噪声 ［0202C］
Receiving System Noise
　C G/T 指标分解

jie shou xi tong zeng yi zao sheng wen du bi
接收系统增益噪声温度比 ［0201B］
Receiving System Gain-to-Noise Temperature Ratio
　S 有效载荷整体性能参数

jie shou zi xi tong
接收子系统 ［0201A］
Receiving Subsystem
　S 射频分系统

jie jiao pi pei
街角匹配 ［0202B］
Street Corner Match
　Y 交叉点匹配

jie gou mo shi shi bie
结构模式识别 ［0202B］
Structural Pattern Recognition
　D 句法模式识别

jie gou te zheng
结构特征 ［0202A］
Structural Feature
　S 遥感图像特征

jie tiao-zai tiao zhi chu li
解调–再调制处理 ［0202C］
Demodulation-Remodulation Processing
　S 信号处理可实现的转发器功能

jie juan ji fa
解卷积法 ［0202B］
Deconvolution Method
　S 拉曼谱分析法

jie ma qi
解码器 ［0201B］
Decoder
　S 基带处理部分

jie shi qi
解释器 ［0202B］
Interpreter
　S 遥感图像解译专家系统

jie xi ce tu yi
解析测图仪 ［0201B］
Analytical Plotter
　S 摄影测量仪器

jie xiang li
解像力 ［0203D］
Resolution
　Y 分辨率

jie yi zhi shi ku
解译知识库 ［0202B］
Interpret the Knowledge Base
　S 遥感图像解译专家系统

jin xing gui dao cheng xiang lei da
金星轨道成像雷达 ［0201C］
Venus Orbital Imaging Radar
　S 雷达

jin xing zu he pi pei suan fa
紧性组合匹配算法 ［0202B］
Compactness Combinatorial Matching Algorithm
　S 地图匹配算法

jin hong wai
近红外 ［0203B］
Near Infrared
　S 红外线

jin hong wai
近红外 ［0203B］
Near Infrared

C 太阳辐射

jin hong wai ying xiang
近红外影像 [0202B]
Near Infrared Image
　S 红外影像

jin jing she ying ce liang
近景摄影测量 [0202B]
Close-Range Photogrammetry
　S 摄影测量

jin zi wai she ying
近紫外摄影 [0201C]
Near-Ultraviolet Photography
　S 摄影

jing du
经度 [0203A]
Longitude
　Y 大地经度

jing wei yi ce liang
经纬仪测量 [0201A]
Theodolite Measurement
　S 传统外业数据采集

jing yan fang cheng fa
经验方程法 [0202B]
Empirical Equation Method
　S 绝对大气校正

jing yan suan fa
经验算法 [0202A]
Empirical Algorithm
　S 叶绿素浓度信息提取方法

jing yan tong ji fang fa
经验统计方法 [0202B]
Empirical Statistical Methods
　S 水体遥感反演方法

jing yan xian fa
经验线法 [0202B]
Empirical Line Method

S 大气校正算法

jing ti guan fang da qi
晶体管放大器 [0201B]
Transistor Amplifier
　S 高功率功放

jing ti guan zao sheng
晶体管噪声 [0201B]
Transistor Noise
　S 内部噪声

jing du yin zi
精度因子 [0202A]
Dilution of Precision
　S 导航星座影响因子

jing jian xing li shu can shu
精简型历书参数 [0203D]
Simplified Almanac Parameters
　S CNAV 电文历书参数

jing ma
精码 [0202C]
Precise Code
　Y P（Y）码

jing mi ding wei fu wu
精密定位服务 [0202D]
Precision Positioning Service
　S GPS 系统定位服务

jing miao jing
精瞄镜 [0201B]
Fine Scope
　S 精瞄装置

jing miao kong zhi qi
精瞄控制器 [0201B]
Precision Controller
　S 精瞄装置

jing miao tan ce qi
精瞄探测器 [0201C]
Precision Detector

S 精瞄装置

jing miao zhuang zhi
精瞄装置 ［0201B］
Precision Sighting Device
S 瞄准捕获跟踪功能装置

jing miao zhuang zhi
精瞄装置 ［0201B］
Precision Sighting Device
F 精瞄镜
精瞄控制器
精瞄探测器

jing xi nong ye
精细农业 ［0202D］
Precision Agriculture
F 因地制宜农业
处方农业

jing shen gan jue
景深感觉 ［0202C］
Depth Perception
Y 立体感觉

jing xiang le tian xian
径向肋天线 ［0201B］
Radial Rib Antenna
S 大型可展开天线

jing xiang lei tian xian
径向肋天线 ［0201B］
Radial Rib Antenna
D 伞状天线

jing tai cha fen
静态差分 ［0202A］
Static Difference
S 相对定位

jing tai wu cha
静态误差 ［0203D］
Static Error

S 遥感图像误差

jing zhi gui dao
静止轨道 ［0201D］
Geostationary Earth Orbit
S 卫星通信系统圆形轨道

jing zhi qi xiang wei xing
静止气象卫星 ［0201D］
Geostationary Meteorological Satellite
S 气象卫星

jing zhi wei xing qing jiao
静止卫星倾角 ［0203D］
Inclination of Stationary Satellite
C 太阳引力场

jing zhi wei xing qing jiao
静止卫星倾角 ［0201D］
Inclination of Stationary Satellite
C 月球引力场

jing mian fan she
镜面反射 ［0202A］
Specular Reflection
S 反射

jing tou fen bian lü
镜头分辨率 ［0201B］
Resolution of Lens
S 遥感分辨率

jing tou fen bian lü
镜头分辨率 ［0201B］
Lens Resolution
C 像片分辨率

jing tou guang xue ji bian
镜头光学畸变 ［0201B］
Lens Optical Distortion
S 内部误差

jiu chan guang yuan
纠缠光源 ［0201A］
Entangled Light Source

S 量子信源

jiu cuo bian ma ji shu
纠错编码技术 ［0202C］
Error Correcting Coding Technique
  F 里德-所罗门编码技术
    数据交织技术
    卷积编码技术
    分组纠错编码技术

ju bu cha zhi fa
局部插值法 ［0202A］
local Interpolation
  S 空间插值

ju bu kong zhi qi wei xing
局部控制器卫星 ［0201A］
Local Controller Satellite
  S 空间信息网络设计

ju bu pin dai gan rao
局部频带干扰 ［0203C］
Local Band Interference
  Y 带内干扰

ju bu tong ji te zheng bian liang
局部统计特征变量 ［0202B］
Local Statistical Characteristic Variables
  S 统计特征变量

ju di xing jian ce
局地性监测 ［0202D］
Localized Monitoring
  S 区域监测

ju xing la ba tian xian
矩形喇叭天线 ［0201B］
Rectangular Horn Antenna
  S 喇叭天线种类（截面形状）

ju fa mo shi shi bie
句法模式识别 ［0202B］
Syntactic Pattern Recognition

Y 结构模式识别

ju li ce liang lei da
距离测量雷达 ［0201C］
Range Measuring Radar
  S 雷达

ju li ce liang wu cha
距离测量误差 ［0202A］
Distance Measurement Error
  S 测量误差

ju li chuan gan qi
距离传感器 ［0201B］
Distance Sensor
  S 惯性传感器

ju li chuan gan qi
距离传感器 ［0201B］
Distance Sensor
  F 加速度计
    速度计
    里程表
    多普勒雷达
    气压计

ju li fen bian lü
距离分辨率 ［0202A］
Range Resolution
  S 遥感分辨率

ju li fen bian lü
距离分辨率 ［0202A］
Range Resolution
  C 射向分辨率

ju li fen bian lü
距离分辨率 ［0202A］
Range Resolution
  C 横向分辨率

ju li fen bian lü
距离分辨率 ［0202A］
Range Resolution

C 侧向分辨率

S 地理大数据数据模型

ju li fen bian lü
距离分辨率 ［0202A］
Range Resolution
　　C 脉冲宽度

ju li fen xi fang fa
距离分析方法 ［0202B］
Distance Analysis Method
　　S 空间点模式分析

ju li fen xi fang fa
距离分析方法 ［0202B］
Distance Analysis Method
　　F 最邻近距离法
　　　G 函数
　　　F 函数
　　　K 函数
　　　L 函数

ju li ju zhen
距离矩阵 ［0202C］
Distance Matrix
　　S 空间权重矩阵

ju li shuai jian
距离衰减 ［0202A］
Distance Decay
　　C 空间交互模式

ju li xiang mo shi
距离向模式 ［0202B］
Acorss-Track Mode
　　D 空间模式

ju he fen xi
聚合分析 ［0202B］
Polymerization Analysis
　　S 栅格数据空间分析

ju he li du shu ju mo xing
聚合粒度数据模型 ［0202C］
Aggregate Granular Data Model

ju he rong cha
聚合容差 ［0202B］
Cluster Tolerances
　　S 拓扑编辑

ju lei cai yang
聚类采样 ［0202B］
Cluster Sampling
　　S 采样

ju lei fen xi
聚类分析 ［0202B］
Cluster Analysis
　　C 非监督分类

ju lei fen xi
聚类分析 ［0202B］
Cluster Analysis
　　S 栅格数据空间分析

ju lei fen xi
聚类分析 ［0202B］
Cluster Analysis
　　F 单一层面栅格数据聚类分析
　　　多层面栅格数据聚类分析

ju lei fen xi
聚类分析 ［0202B］
Cluster Analysis
　　S 数学分析

ju shu he cheng kong jing lei da
聚束合成孔径雷达 ［0201C］
Spot Beam SAR
　　S 合成孔径雷达

juan
卷 ［0202C］
Volume
　　S 物理单位

juan ji bian ma ji shu
卷积编码技术 ［0202C］
Convolutional Coding Technology
　S 纠错编码技术

jue ce shu fen lei qi
决策树分类器 ［0202B］
Decision Tree Classifier
　S 遥感图像分类器

jue dui da qi jiao zheng
绝对大气校正 ［0202A］
Absolute Atmospheric Correction
　S 大气校正

jue dui da qi jiao zheng
绝对大气校正 ［0202A］
Absolute Atmospheric Correction
　F 经验方程法
　　暗像元法

jue dui ding wei
绝对定位 ［0202A］
Absolute Positioning
　D 单点定位

jue dui ding wei
绝对定位 ［0203C］
Absolute Positioning
　S 差分 GPS（定位结果形式）

jue dui hei ti
绝对黑体 ［0203A］
Absolute Blackbody
　C 朗伯源

jue dui ji he jiu zheng
绝对几何纠正 ［0202B］
Absolute Geometric Correction
　Y 图像纠正

jue dui shu ju liang dong tai fen pei
绝对数据量动态分配 ［0202C］
Dynamic Allocation of Absolute Data Volume

　S DVB-RCS 带宽分配方法

jue shou nong zuo wu
绝收农作物 ［0202D］
Crop Failure
　S 自然灾害损失程度指标

jun yong gao jing du xin hao
军用高精度信号 ［0202D］
Military High-Precision Signal
　S 格洛纳斯卫星信号（传统）

jun yong lei da
军用雷达 ［0201A］
Military Radar
　S 雷达

jun yun cai yang
均匀采样 ［0202A］
Uniform Sampling
　S 采样

jun yun xing
均匀性 ［0203A］
Uniformity
　S 纹理的性质

jun zhi lü bo
均值滤波 ［0202B］
Mean Filtering
　S 图像平滑滤波

ka er man lü bo fa
卡尔曼滤波法 ［0202A］
Kalman Filter
　S 数据同化法

ka er man lü bo mo xing
卡尔曼滤波模型 ［0202B］
Kalman Filter Model
　S 传统统计理论预测方法

ka pu dun α she xian guan ce qi
卡普顿 α 射线观测器 ［0201C］
Capton Alpha Observer

S 跟踪与数据中继卫星系统服务对象

ka sai ge lin fan she shi wang yuan jing
卡塞格林反射式望远镜 ［0201B］

Cassegrain Reflector Telescope
　S 接收望远镜

ka sai ge lun tian xian
卡塞格伦天线 ［0201B］

Cassegrain Antenna
　S 后馈抛物面天线

ka tuo wei xing 1 hao
卡托卫星 1 号 ［0201D］

CartoSat-1
　S 卡托

ka tuo wei xing 1 hao
卡托卫星 1 号 ［0201D］

CartoSat-1
　C 成像侦察卫星

ka tuo wei xing 1 hao
卡托卫星 1 号 ［0201D］

CartoSat-1
　C 近极地太阳同步轨道

ka tuo wei xing 1 hao
卡托卫星 1 号 ［0201D］

CartoSat-1
　C 全色相机

ka tuo wei xing 2A hao
卡托卫星 2A 号 ［0201D］

CartoSat-2A
　S 卡托

ka tuo wei xing 2A hao
卡托卫星 2A 号 ［0201D］

CartoSat-2A
　C 成像侦察卫星

ka tuo wei xing 2A hao
卡托卫星 2A 号 ［0201D］

CartoSat-2A

C 太阳同步轨道

ka tuo wei xing 2A hao
卡托卫星 2A 号 ［0201D］

CartoSat-2A
　C 全色相机

ka tuo wei xing 2A hao
卡托卫星 2A 号 ［0201D］

CartoSat-2A
　C 印度国防情报局

ka tuo wei xing 2A hao
卡托卫星 2A 号 ［0201D］

CartoSat-2A
　C 萨迪什·达万航天中心

ka tuo wei xing 2A hao
卡托卫星 2A 号 ［0201D］

CartoSat-2A
　C 印度空间研究组织

ka tuo wei xing 2A hao
卡托卫星 2A 号 ［0201D］

CartoSat-2A
　C 极地卫星运载火箭-C9

ka tuo wei xing 2B hao
卡托卫星 2B 号 ［0201D］

CartoSat-2B
　S 卡托

ka tuo wei xing 2B hao
卡托卫星 2B 号 ［0201D］

CartoSat-2B
　C 成像侦察卫星

ka tuo wei xing 2B hao
卡托卫星 2B 号 ［0201D］

CartoSat-2B
　C 太阳同步轨道

ka tuo wei xing 2B hao
卡托卫星 2B 号 ［0201D］

CartoSat-2B

C 全色相机

ka tuo wei xing 2B hao
卡托卫星 2B 号 ［0201D］
CartoSat-2B
　C 印度国防情报局

ka tuo wei xing 2B hao
卡托卫星 2B 号 ［0201D］
CartoSat-2B
　C 萨迪什·达万航天中心

ka tuo wei xing 2B hao
卡托卫星 2B 号 ［0201D］
CartoSat-2B
　C 印度空间研究组织

ka tuo wei xing 2B hao
卡托卫星 2B 号 ［0201D］
CartoSat-2B
　C 极地卫星运载火箭-C15

ka tuo wei xing 2C hao
卡托卫星 2C 号 ［0201D］
CartoSat-2C
　S 卡托

ka tuo wei xing 2C hao
卡托卫星 2C 号 ［0201D］
CartoSat-2C
　C 成像侦察卫星

ka tuo wei xing 2C hao
卡托卫星 2C 号 ［0201D］
CartoSat-2C
　C 太阳同步轨道

ka tuo wei xing 2C hao
卡托卫星 2C 号 ［0201D］
CartoSat-2C
　C 全色相机

ka tuo wei xing 2C hao
卡托卫星 2C 号 ［0201D］
CartoSat-2C

C 高分辨率多光谱仪器

ka tuo wei xing 2C hao
卡托卫星 2C 号 ［0201D］
CartoSat-2C
　C 事件监控摄像机

ka tuo wei xing 2C hao
卡托卫星 2C 号 ［0201D］
CartoSat-2C
　C 印度国防情报局

ka tuo wei xing 2C hao
卡托卫星 2C 号 ［0201D］
CartoSat-2C
　C 萨迪什·达万航天中心

ka tuo wei xing 2C hao
卡托卫星 2C 号 ［0201D］
CartoSat-2C
　C 印度空间研究组织

ka tuo wei xing 2C hao
卡托卫星 2C 号 ［0201D］
CartoSat-2C
　C 极轨卫星运载火箭-CA

ka tuo wei xing 2D hao
卡托卫星 2D 号 ［0201D］
CartoSat-2D
　S 卡托

ka tuo wei xing 2D hao
卡托卫星 2D 号 ［0201D］
CartoSat-2D
　C 成像侦察卫星

ka tuo wei xing 2D hao
卡托卫星 2D 号 ［0201D］
CartoSat-2D
　C 太阳同步轨道

ka tuo wei xing 2D hao
卡托卫星 2D 号 ［0201D］
CartoSat-2D

C 全色相机

ka tuo wei xing 2D hao
卡托卫星 2D 号 ［0201D］
CartoSat-2D
　C 高分辨率多光谱仪器

ka tuo wei xing 2D hao
卡托卫星 2D 号 ［0201D］
CartoSat-2D
　C 事件监控摄像机

ka tuo wei xing 2D hao
卡托卫星 2D 号 ［0201D］
CartoSat-2D
　C 印度国防情报局

ka tuo wei xing 2D hao
卡托卫星 2D 号 ［0201D］
CartoSat-2D
　C 萨迪什·达万航天中心

ka tuo wei xing 2D hao
卡托卫星 2D 号 ［0201D］
CartoSat-2D
　C 印度空间研究组织

ka tuo wei xing 2D hao
卡托卫星 2D 号 ［0201D］
CartoSat-2D
　C 极轨卫星运载火箭-XL

ka tuo wei xing 2E hao
卡托卫星 2E 号 ［0201D］
CartoSat-2E
　S 卡托

ka tuo wei xing 2E hao
卡托卫星 2E 号 ［0201D］
CartoSat-2E
　C 成像侦察卫星

ka tuo wei xing 2E hao
卡托卫星 2E 号 ［0201D］
CartoSat-2E

C 太阳同步轨道

ka tuo wei xing 2E hao
卡托卫星 2E 号 ［0201D］
CartoSat-2E
　C 全色相机

ka tuo wei xing 2E hao
卡托卫星 2E 号 ［0201D］
CartoSat-2E
　C 高分辨率多光谱仪器

ka tuo wei xing 2E hao
卡托卫星 2E 号 ［0201D］
CartoSat-2E
　C 事件监控摄像机

ka tuo wei xing 2E hao
卡托卫星 2E 号 ［0201D］
CartoSat-2E
　C 印度国防情报局

ka tuo wei xing 2E hao
卡托卫星 2E 号 ［0201D］
CartoSat-2E
　C 萨迪什·达万航天中心

ka tuo wei xing 2E hao
卡托卫星 2E 号 ［0201D］
CartoSat-2E
　C 印度空间研究组织

ka tuo wei xing 2E hao
卡托卫星 2E 号 ［0201D］
CartoSat-2E
　C 极轨卫星运载火箭-XL

ka tuo wei xing 2F hao
卡托卫星 2F 号 ［0201D］
CartoSat-2F
　S 卡托

ka tuo wei xing 2F hao
卡托卫星 2F 号 ［0201D］
CartoSat-2F

C 成像侦察卫星

ka tuo wei xing 2F hao
卡托卫星 2F 号 [0201D]
CartoSat-2F
   C 太阳同步轨道

ka tuo wei xing 2F hao
卡托卫星 2F 号 [0201D]
CartoSat-2F
   C 全色相机

ka tuo wei xing 2F hao
卡托卫星 2F 号 [0201D]
CartoSat-2F
   C 高分辨率多光谱仪器

ka tuo wei xing 2F hao
卡托卫星 2F 号 [0201D]
CartoSat-2F
   C 事件监控摄像机

ka tuo wei xing 2F hao
卡托卫星 2F 号 [0201D]
CartoSat-2F
   C 印度国防情报局

ka tuo wei xing 2F hao
卡托卫星 2F 号 [0201D]
CartoSat-2F
   C 萨迪什·达万航天中心

ka tuo wei xing 2F hao
卡托卫星 2F 号 [0201D]
CartoSat-2F
   C 印度空间研究组织

ka tuo wei xing 2F hao
卡托卫星 2F 号 [0201D]
CartoSat-2F
   C 极轨卫星运载火箭-XL

ka tuo wei xing 2 hao
卡托卫星 2 号 [0201D]
CartoSat-2

S 卡托

ka tuo wei xing 2 hao
卡托卫星 2 号 [0201D]
CartoSat-2
   C 成像侦察卫星

ka tuo wei xing 2 hao
卡托卫星 2 号 [0201D]
CartoSat-2
   C 印度空间研究组织

ka tuo wei xing 2 hao
卡托卫星 2 号 [0201D]
CartoSat-2
   C 萨迪什·达万航天中心

ka tuo wei xing 2 hao
卡托卫星 2 号 [0201D]
CartoSat-2
   C 欧洲航天局

ka tuo wei xing 2 hao
卡托卫星 2 号 [0201D]
CartoSat-2
   C 印度国防情报局

ka tuo wei xing 2 hao
卡托卫星 2 号 [0201D]
CartoSat-2
   C 太阳同步轨道

ka tuo wei xing 2 hao
卡托卫星 2 号 [0201D]
CartoSat-2
   C 全色相机

ka tuo wei xing 2 hao
卡托卫星 2 号 [0201D]
CartoSat-2
   C 极轨卫星运载火箭-XL

ka tuo wei xing 3 hao
卡托卫星 3 号 [0201D]
CartoSat-3

S 卡托

ka tuo wei xing 3 hao
卡托卫星 3 号 [0201D]
CartoSat-3
  C 成像侦察卫星

ka tuo wei xing 3 hao
卡托卫星 3 号 [0201D]
CartoSat-3
  C 太阳同步轨道

ka tuo wei xing 3 hao
卡托卫星 3 号 [0201D]
CartoSat-3
  C 全色相机

ka tuo wei xing 3 hao
卡托卫星 3 号 [0201D]
CartoSat-3
  C 多光谱 VNIR

ka tuo wei xing 3 hao
卡托卫星 3 号 [0201D]
CartoSat-3
  C 印度国防情报局

ka tuo wei xing 3 hao
卡托卫星 3 号 [0201D]
CartoSat-3
  C 萨迪什·达万航天中心

ka tuo wei xing 3 hao
卡托卫星 3 号 [0201D]
CartoSat-3
  C 印度空间研究组织

ka tuo wei xing 3 hao
卡托卫星 3 号 [0201D]
CartoSat-3
  C 极轨卫星运载火箭-XL

kai yuan shi er ci kai fa
开源式二次开发 [0202C]
Open Source Secondary Development

S GIS 二次开发

kai yun suan
开运算 [0202B]
Open Operation
  S 数学形态学方法

kang gan rao neng li
抗干扰能力 [0203C]
Anti-Interference Capability
  S 测控分系统设计指标

kao he yan zheng jian ce
考核验证监测 [0203E]
Assessment, Verification and Monitoring
  S 特定目的监测

ke xue wei xing
科学卫星 [0201D]
Scientific Satellites
  S 卫星

ke xue wei xing
科学卫星 [0201D]
Scientific Satellites
  F 天文学卫星
    地球观测卫星
    空间科学卫星
    生命科学卫星
    地球物理卫星

ke yan jian ce
科研监测 [0202D]
Scientific Research Monitoring
  Y 研究性监测

ke yan xing yuan shu ju
科研型元数据 [0202D]
Research Metadata
  S 元数据（内容）

ke li da xiao
颗粒大小 [0203B]
Particle Size

S 反射波谱影响因素（岩石）

ke jian guang
可见光 [0203B]
Visible Light
　C 光

ke jian guang
可见光 [0203B]
Visible
　S 电磁波谱

ke jian guang fu she
可见光辐射 [0203B]
Visible Radiation
　S 遥感辐射

ke jian guang hei bai quan se xiang pian
可见光黑白全色像片 [0203B]
Visible Black and White Panchromatic Photo
　S 遥感摄影像片

ke jian guang-hong wai fu she ji
可见光–红外辐射计 [0201C]
Visible/Infrared Radiometer
　F 红外辐射计
　　热容量成像辐射计
　　地表组成成像辐射计
　　大气探测红外光谱辐射计- I 型
　　红外温度分布辐射计
　　可见光–红外自旋扫描辐射计
　　可见光–热红外辐射计
　　低分辨率全向辐射计
　　低分辨率非扫描辐射计
　　低分辨率非扫描辐射计
　　低温临边扫描干涉辐射计
　　中等分辨率红外辐射计
　　高分辨率红外辐射计-1 型
　　高分辨率红外辐射计-2 型
　　甚高分辨率辐射计
　　高级甚高分辨率辐射-1 型
　　高级甚高分辨率辐射计-2 型
　　有源空腔辐射计

　　平流层临边红外监测辐射计
　　四通道红外辐射计
　　垂直温度分布辐射计

ke jian guang-hong wai zi xuan sao miao fu she ji
可见光–红外自旋扫描辐射计 [0201C]
VISSR
　S 可见光–红外辐射计

ke jian guang-jin hong wai fu she ji
可见光–近红外辐射计 [0201C]
Visible-Near-Infrared Radiometer
　S 非成像传感器

ke jian guang- re hong wai fu she ji
可见光–热红外辐射计 [0201C]
Visible/Thermal Infrared Radiometer
　S 可见光–红外辐射计

ke jian guang she ying
可见光摄影 [0201C]
Visible Light Photography
　S 摄影

ke shi xing fen xi
可视性分析 [0202D]
Visibility Analysis
　S 三维数据空间分析

ke shi xing fen xi
可视性分析 [0202B]
Visibility Analysis
　D 通视分析

ke shi xing fen xi
可视性分析 [0202B]
Visibility Analysis
　C 可视查询

ke shi xing fen xi
可视性分析 [0202B]
Visibility Analysis

C 地形可视结构计算

ke shi xing fen xi
可视性分析 ［0202D］
Visibility Analysis
　C 水平可视计算

ke chong gou bo shu tian xian
可重构波束天线 ［0201B］
Reconfigurable Beam Antenna
　S 通信卫星天线

ke li jin fa
克里金法 ［0202A］
Kriging
　F 普通克里金
　　泛克里金
　　简单克里金
　　指示性克里金
　　离析克里金
　　块克里金

ke guan fen xi fa
客观分析法 ［0202A］
Objective Analysis
　S 数据同化法

ke guan fen xi fa
客观分析法 ［0202A］
Objective Analysis
　F 多项式拟合、逐步修订法
　　最优插值法

kong ji da qi yao gan
空基大气遥感 ［0202D］
Airborne Atmospheric Remote Sensing
　S 大气遥感

kong jian cai yang
空间采样 ［0202A］
Spatial Sampling
　S 航空像片数字化

kong jian cha zhi
空间插值 ［0202A］
Spatial Interpolation
　F 全局插值法
　　局部插值法

kong jian cha xun
空间查询 ［0202D］
Spatial Query
　F 属性特征查询
　　空间位置查询
　　空间关系查询

kong jian cha xun yu kong jian fen xi zi xi tong
空间查询与空间分析子系统 ［0202D］
Spatial Query and Spatial Analysis Subsystem
　S GIS 基础软件子系统

kong jian dai shu mo xing
空间代数模型 ［0202A］
Spatial Algebra Model
　S 拓扑关系描述模型

kong jian dian mo shi fen xi
空间点模式分析 ［0202B］
Spatial Point Model Analysis
　S 空间统计方法

kong jian dian mo shi fen xi
空间点模式分析 ［0202B］
Spatial Point Model Analysis
　F 密度分析方法
　　距离分析方法

kong jian duan
空间段 ［0201D］
Space Segment
　S 卫星通信系统

kong jian duan
空间段 ［0201D］
Space Segment

F 卫星
地面卫星控制中心
跟踪、遥测及指令站

kong jian dui bi fen xi fa
空间对比分析法 [0202B]
Spatial Contrast Analysis
S 对比分析法

kong jian fan xiang fan she yi
空间反向反射仪 [0201B]
Spaceborne Backscatter Reflectometer
S 先进地球观测卫星传感器

kong jian fen bian lü
空间分辨率 [0202A]
Spatial Resolution
S 遥感分辨率

kong jian fen bian lü
空间分辨率 [0202A]
Spatial Resolution
C 最大信息容量

kong jian fen bian lü
空间分辨率 [0202A]
Spatial Resolution
C 空间特征

kong jian fen bian lü
空间分辨率 [0202A]
Spatial Resolution
C 像片分辨率

kong jian fen bian lü
空间分辨率 [0202A]
Spatial Resolution
C 像片比例尺

kong jian fen xi
空间分析 [0202D]
Spatial Analysis
C 社会感知

kong jian fen xi
空间分析 [0202D]
Spatial Analysis
S 地理信息系统功能

kong jian fu he
空间复合 [0202A]
Spatial Compound
S 复合型污染

kong jian guan xi cha xun
空间关系查询 [0202B]
Spatial Relation Query
F 邻接关系查询
包含关系查询
穿越关系查询
落入查询
缓冲区查询

kong jian-hui du ti fen bian lü
空间–灰度体分辨率 [0202A]
Spatial-Grey-Level Resolution Volume
S 遥感分辨率

kong jian ji zhun
空间基准 [0202C]
Space Reference
S 时空基准

kong jian jiao hu mo shi
空间交互模式 [0202D]
Spatial Interaction Model
C 距离衰减

kong jian jiao hu mo shi
空间交互模式 [0202D]
Spatial Interaction Model
C 空间依赖

kong jian jiao hu mo shi
空间交互模式 [0202D]
Spatial Interaction Model
C 组团结构

kong jian jiao hu mo shi
空间交互模式 ［0202D］
Spatial Interaction Model
   C 尺度效应

kong jian jiao hu mo shi
空间交互模式 ［0202D］
Spatial Interaction Model
   C 地理空间复杂性

kong jian jiao hu mo xing
空间交互模型 ［0202D］
Spatial Interaction Model
   F 重力模型
     介入机会模型
     最大熵模型
     辐射模型

kong jian ke xue wei xing
空间科学卫星 ［0201D］
Space Science Satellites
   S 科学卫星

kong jian lin jie xing fang fa
空间邻接性方法 ［0202B］
Spatial Adjacency Method
   F 边界邻接法
     重心距离法

kong jian lü bo
空间滤波 ［0202B］
Spatial Filtering
   S 数字图像处理方法

kong jian lü bo
空间滤波 ［0202B］
Spatial Filtering
   Y 空间域滤波

kong jian mo shi
空间模式 ［0202A］
Spatial Mode
   Y 距离向模式

kong jian shi yan shi
空间实验室 ［0201D］
Space Laboratory
   S 太空平台

kong jian shu ju
空间数据 ［0203B］
Spatial Data
   S 土壤地理调查数据库

kong jian shu ju cun chu yu guan li zi
xi tong
空间数据存储与管理子系统 ［0202A］
Spatial Data Storage and Management Subsystem
   S GIS 基础软件子系统

kong jian shu ju cun chu yu guan li zi
xi tong
空间数据存储与管理子系统 ［0202D］
Spatial Data Storage and Management Subsystem
   D 空间数据库管理系统

kong jian shu ju de bian ji xiu gai
空间数据的编辑修改 ［0202B］
Edit and Modify Spatial Data
   S 地理空间数据管理

kong jian shu ju de jian suo cha xun
空间数据的检索查询 ［0202D］
Spatial Data Retrieval Query
   S 地理空间数据管理

kong jian shu ju fen xi
空间数据分析 ［0202D］
Spatial Data Analysis
   F 矢量数据空间分析
     栅格数据空间分析
     三维数据空间分析
     空间数据统计分析

kong jian shu ju fen xi mo xing
空间数据分析模型 ［0202B］
Spatial Data Analysis Model

S 地理信息模型（作用对象）

kong jian shu ju fen xi mo xing
空间数据分析模型 ［0202D］
Spatial Data Analysis Model
F 矢量数据分析模型
栅格数据分析模型

kong jian shu ju hu cao zuo fang shi
空间数据互操作方式 ［0202D］
Spatial Data Interoperation Mode
S 空间数据转换方式

**kong jian shu ju jiao huan biao zhun
fang shi**
空间数据交换标准方式 ［0202C］
Spatial Data Exchange Standard Mode
S 空间数据转换方式

**kong jian shu ju shu ru yu zhuan huan zi
xi tong**
空间数据输入与转换子系统 ［0202B］
Spatial Data Input and Conversion Subsystem
S GIS 基础软件子系统

kong jian shu ju tong ji fen xi
空间数据统计分析 ［0202B］
Statistical Analysis of Spatial Data
S 空间数据分析

kong jian shu ju tong ji fen xi
空间数据统计分析 ［0202D］
Statistical Analysis of Spatial Data
C 空间数据分类

kong jian shu ju tong ji fen xi
空间数据统计分析 ［0202B］
Statistical Analysis of Spatial Data
C 空间数据综合评价

kong jian shu ju zhuan huan fang shi
空间数据转换方式 ［0202B］
Spatial Data Conversion Mode

F 外部交换文件方式
空间数据交换标准方式
空间数据互操作方式
Web 服务方式

kong jian shu ju zong he ping jia
空间数据综合评价 ［0202D］
Comprehensive Evaluation of Spatial Data
C 空间数据统计分析

kong jian tian qi wei xing
空间天气卫星 ［0201A］
Space Weather Satellites
S 地球观测卫星

kong jian tong ji fang fa
空间统计方法 ［0202B］
Spatial Statistical Method
F 多元统计分析
空间点模式分析
空间自相关分析
地学统计分析

kong jian wei zhi cha xun
空间位置查询 ［0202D］
Spatial Location Query
S 空间查询

kong jian wu cha
空间误差 ［0202C］
Spatial Error
S 遥感误差

kong jian xiang gan jie shou
空间相干接收 ［0202A］
Spatially Coherent Reception
Y 外差接收

kong jian xiang guan xing
空间相关性 ［0202B］
Spatial Correlation
C 交通流预测

kong jian xing zuo bu fen
空间星座部分 ［0201D］
Space Constellation Part
　S 全球导航卫星系统构成

kong jian yu lü bo
空间域滤波 ［0202B］
Spatial Domain Filtering
　S 图像增强

kong jian yu lü bo
空间域滤波 ［0202B］
Spatial Domain Filtering
　D 空间滤波

kong jian yu lü bo
空间域滤波 ［0202B］
Spatial Domain Filtering
　F 图像平滑滤波
　　图像锐化滤波

kong jian zi xiang guan fen xi
空间自相关分析 ［0202A］
Spatial Autocorrelation Analysis
　S 空间统计方法

kong zhong duo pu duan sao miao yi
空中多谱段扫描仪 ［0201C］
Airborne Multispectral Scanner
　S 扫描仪

kong zhong he cheng kong jing ce shi lei da
空中合成孔径侧视雷达 ［0201C］
Synthetic Aperture Airborne Sidelooking Radar
　S 雷达

kong zhong hong wai xi fen duo pu duan sao miao yi
空中红外细分多谱段扫描仪 ［0201C］
Airborne Multichannal Narrow-Band IR Scanner
　S 扫描仪

kong zhong lei da
空中雷达 ［0201C］
Airborne Radar
　S 雷达

kong zhong ping tai
空中平台 ［0201D］
Aerial Platforms
　Y 航空平台

kong zhong re hong wai duo pu duan sao miao yi
空中热红外多谱段扫描仪 ［0201C］
Airborne Thermal Infrared Multispectral Scanner
　S 扫描仪

kong zhong shuang tong dao hong wai sao miao yi
空中双通道红外扫描仪 ［0201C］
Airborne Dual Channel Infrared Scanner
　S 扫描仪

kong zhong zhen shi kong jing ce shi lei da
空中真实孔径侧视雷达 ［0201C］
Real-Aperture Airborne Sidelooking Radar
　S 雷达

kong zhong zhuan ti cheng xiang sao miao yi
空中专题成像扫描仪 ［0201C］
Airborne Thematic Mapper Scanner
　S 扫描仪

kong zhong zi wai/hong wai sao miao yi
空中紫外/红外扫描仪 ［0201C］
Airborne Ultraviolet-Infrared Scanner
　S 扫描仪

kong zhi bi te
控制比特 ［0203C］
Control Bit
　S 报头

kong zhi dian

控制点 ［0202B］

Control Point

   S 地图要素

kong zhi dian

控制点 ［0202B］

Control Point

   F 平面控制点

     高程控制点

kong zhi fen xi tong

控制分系统 ［0201A］

Control Subsystem

   S 卫星平台分系统

kong zhi fen xi tong ji shu zhi biao

控制分系统技术指标 ［0202C］

Control Subsystem Technical Indicator

   S 控制分系统

kong zhi fen xi tong ji shu zhi biao

控制分系统技术指标 ［0202C］

Control Subsystem Technical Indicator

   F 姿态控制精度

     轨道控制精度

     长期姿态偏置能力

     短期姿态偏置能力

     功率约束

     重量约束

kou chu fa

扣除法 ［0202B］

Deduction Method

   S 互相关抑制技术

kuai

块 ［0203B］

Block

   S 物理单位

kuai ke li jin

块克里金 ［0202A］

Block Kriging

   S 克里金法

kuai zhuang yun suan

块状运算 ［0202A］

Block Operation

   S 邻域运算

kuai niao 2 hao

快鸟 2 号 ［0201D］

Quickbird-2

   C 环境与灾害监测卫星

kuai niao 2 hao

快鸟 2 号 ［0201D］

Quickbird-2

   C 太阳同步轨道

kuai niao 2 hao

快鸟 2 号 ［0201D］

Quickbird-2

   C 全球成像系统 2000

kuai niao 2 hao

快鸟 2 号 ［0201D］

Quickbird-2

   C 美国数字地球公司

kuai niao 2 hao

快鸟 2 号 ［0201D］

Quickbird-2

   C 波音公司

kuai niao 2 hao

快鸟 2 号 ［0201D］

Quickbird-2

   C 范登堡空军基地

kuai niao 2 hao

快鸟 2 号 ［0201D］

Quickbird-2

   C 德尔塔-7320-10C 运载火箭

kuai su chuang xin you xiao zai he yan shi wei xing-1

快速创新有效载荷演示卫星-1 ［0201D］

Rapid Innovative Payload Demonstration Satellite 1

    C 环境与灾害监测卫星

kuai su chuang xin you xiao zai he yan shi wei xing-1

快速创新有效载荷演示卫星-1 ［0201D］

Rapid Innovative Payload Demonstration Satellite 1

    C 太阳同步轨道

kuai su chuang xin you xiao zai he yan shi wei xing-1

快速创新有效载荷演示卫星-1 ［0201D］

Rapid Innovative Payload Demonstration Satellite 1

    C 日本宇宙航空研究开发机构

kuai su chuang xin you xiao zai he yan shi wei xing-1

快速创新有效载荷演示卫星-1 ［0201D］

Rapid Innovative Payload Demonstration Satellite 1

    C Axelspace

kuai su chuang xin you xiao zai he yan shi wei xing-1

快速创新有效载荷演示卫星-1 ［0201D］

Rapid Innovative Payload Demonstration Satellite 1

    C 艾普斯龙运载火箭 （2）

kuang wu cheng fen

矿物成分 ［0202A］

Mineral Composition

    S 反射波谱影响因素 （岩石）

kuang wu han liang

矿物含量 ［0202A］

Mineral Content

    S 反射波谱影响因素 （岩石）

kuang zhi jiao ti

矿质胶体 ［0203A］

Mineral Colloid

    Y 无机胶体

kui yuan

馈源 ［0201B］

Feed Source

    F 喇叭天线

      螺旋天线

      缝隙天线

      微带天线

kui yuan

馈源 ［0201B］

Feed Source

    S 后馈抛物面天线组成

kui yuan

馈源 ［0201B］

Feed

    D 天线馈源

kuo chong shi bing xing xiang guan fa

扩充式并行相关法 ［0202B］

Extended Parallel Correlation Method

    S 信号搜索捕获算法

kuo tiao pin jie he ce kong ti zhi

扩跳频结合测控体制 ［0203C］

FHS Combined Measurement and Control System

    S 测控系统

la man ji guang lei da

拉曼激光雷达 ［0201C］

Raman Laser Radar

    S 激光雷达

la man pu fen xi fa

拉曼谱分析法 ［0202B］

Raman Spectroscopy

    F 双色比法

      解卷积法

      函数拟合法

la man san she ji guang lei da
拉曼散射激光雷达 ［0201C］
Raman Scattering Lidar
　　S 大气探测激光雷达

la pu la si suan fa
拉普拉斯算法 ［0202A］
Laplacian Algorithm
　　S 锐化

la pu la si suan zi
拉普拉斯算子 ［0202B］
Laplacian Operator
　　D 拉普拉斯梯度

la pu la si ti du
拉普拉斯梯度 ［0202B］
Laplacian Gradient
　　Y 拉普拉斯算子

la ba tian xian
喇叭天线 ［0201B］
Horn Antenna
　　S 馈源

la ba tian xian zhong lei （jie mian xing zhuang）
喇叭天线种类 （截面形状） ［0201B］
Horn Antenna Type （Cross-Sectional Shape）
　　F 矩形喇叭天线
　　　圆形喇叭天线
　　　椭圆喇叭天线
　　　同轴形喇叭天线

lan bo te tou ying
兰伯特投影 ［0202A］
Lambert Projection
　　S 正形投影

lan bo te tou ying
兰伯特投影 ［0202A］
Lambert Projection
　　S 圆锥投影

lan
蓝 ［0203B］
Blue
　　S 三原色

lang bo yuan
朗伯源 ［0203B］
Lambertian Source
　　C 绝对黑体

lao ren xing-V 1
老人星-V 1 ［0201D］
Kanopus-V 1
　　S 老人星

lao ren xing-V 1
老人星-V 1 ［0201D］
Kanopus-V 1
　　C 地球遥感卫星

lao ren xing-V 1
老人星-V 1 ［0201D］
Kanopus-V 1
　　C 太阳同步轨道

lao ren xing-V 1
老人星-V 1 ［0201D］
Kanopus-V 1
　　C 全色成像系统

lao ren xing-V 1
老人星-V 1 ［0201D］
Kanopus-V 1
　　C 多光谱成像系统

lao ren xing-V 1
老人星-V 1 ［0201D］
Kanopus-V 1
　　C 多光谱扫描仪单元

lao ren xing-V 1
老人星-V 1 ［0201D］
Kanopus-V 1

C 拜科努尔航天发射场

lao ren xing-V 1

老人星-V 1 ［0201D］

Kanopus-V 1

    C 俄罗斯联邦航天局

lao ren xing-V 1

老人星-V 1 ［0201D］

Kanopus-V 1

    C 联盟-FG 弗雷盖特

lao ren xing-V 3

老人星-V 3 ［0201D］

Kanopus-V 3

    S 老人星

lao ren xing-V 3

老人星-V 3 ［0201D］

Kanopus-V 3

    C 地球遥感卫星

lao ren xing-V 3

老人星-V 3 ［0201D］

Kanopus-V 3

    C 太阳同步轨道

lao ren xing-V 3

老人星-V 3 ［0201D］

Kanopus-V 3

    C 全色成像系统

lao ren xing-V 3

老人星-V 3 ［0201D］

Kanopus-V 3

    C 多光谱成像系统

lao ren xing-V 3

老人星-V 3 ［0201D］

Kanopus-V 3

    C 欧洲航天局

lao ren xing-V 3

老人星-V 3 ［0201D］

Kanopus-V 3

C NPO Elektromekhaniki

lao ren xing-V 3

老人星-V 3 ［0201D］

Kanopus-V 3

    C 东方航天发射场

lao ren xing-V 3

老人星-V 3 ［0201D］

Kanopus-V 3

    C 联盟号 2.1a

lao ren xing-V 4

老人星-V 4 ［0201D］

Kanopus-V 4

    S 老人星

lao ren xing-V 4

老人星-V 4 ［0201D］

Kanopus-V 4

    C 地球遥感卫星

lao ren xing-V 4

老人星-V 4 ［0201D］

Kanopus-V 4

    C 太阳同步轨道

lao ren xing-V 4

老人星-V 4 ［0201D］

Kanopus-V 4

    C 全色成像系统

lao ren xing-V 4

老人星-V 4 ［0201D］

Kanopus-V 4

    C 多光谱成像系统

lao ren xing-V 4

老人星-V 4 ［0201D］

Kanopus-V 4

    C NPO elektromekhaniki

lao ren xing-V 4

老人星-V 4 ［0201D］

Kanopus-V 4

C 东方航天发射场

C 机械制造科研生产联合体

lao ren xing-V 4

老人星-V 4 [0201D]

Kanopus-V 4

 C NASA、工业界、大学联合研发

lao ren xing-V 5

老人星-V 5 [0201D]

Kanopus-V 5

 C NPO elektromekhaniki

lao ren xing-V 4

老人星-V 4 [0201D]

Kanopus-V 4

 C 联盟号 2.1a

lao ren xing-V 5

老人星-V 5 [0201D]

Kanopus-V 5

 C 东方航天发射场

lao ren xing-V 5

老人星-V 5 [0201D]

Kanopus-V 5

 S 老人星

lao ren xing-V 5

老人星-V 5 [0201D]

Kanopus-V 5

 C 联盟号 2.1a

lao ren xing-V 5

老人星-V 5 [0201D]

Kanopus-V 5

 C 地球遥感卫星

lao ren xing-V-IK 1

老人星-V-IK 1 [0201D]

Kanopus-V-IK 1

 S 老人星

lao ren xing-V 5

老人星-V 5 [0201D]

Kanopus-V 5

 C 太阳同步轨道

lao ren xing-V-IK 1

老人星-V-IK 1 [0201D]

Kanopus-V-IK 1

 C 地球遥感卫星

lao ren xing-V 5

老人星-V 5 [0201D]

Kanopus-V 5

 C 全色成像系统

lao ren xing-V-IK 1

老人星-V-IK 1 [0201D]

Kanopus-V-IK 1

 C 太阳同步轨道

lao ren xing-V 5

老人星-V 5 [0201D]

Kanopus-V 5

 C 多光谱成像系统

lao ren xing-V-IK 1

老人星-V-IK 1 [0201D]

Kanopus-V-IK 1

 C 拜科努尔航天发射场

lao ren xing-V 5

老人星-V 5 [0201D]

Kanopus-V 5

 C 多光谱扫描仪单元

lao ren xing-V-IK 1

老人星-V-IK 1 [0201D]

Kanopus-V-IK 1

 C NPO elektromekhaniki

lao ren xing-V 5

老人星-V 5 [0201D]

Kanopus-V 5

lao ren xing-V-IK 1

老人星-V-IK 1 [0201D]

Kanopus-V-IK 1

C 俄罗斯联邦航天局

lao ren xing-V-IK 6
老人星-V-IK 6 ［0201D］

Kanopus-V-IK 6

　S 老人星

lao ren xing-V-IK 6
老人星-V-IK 6 ［0201D］

Kanopus-V-IK 6

　C 地球遥感卫星

lao ren xing-V-IK 6
老人星-V-IK 6 ［0201D］

Kanopus-V-IK 6

　C 太阳同步轨道

lao ren xing-V-IK 6
老人星-V-IK 6 ［0201D］

Kanopus-V-IK 6

　C NPO elektromekhaniki

lao ren xing-V-IK 6
老人星-V-IK 6 ［0201D］

Kanopus-V-IK 6

　C 东方航天发射场

lao ren xing-V-IK 6
老人星-V-IK 6 ［0201D］

Kanopus-V-IK 6

　C 联盟号 2.1a

lei da
雷达 ［0201C］

Radar

　F 气象雷达

　　导航雷达

　　距离测量雷达

　　监测雷达

　　合成孔径雷达

　　军用雷达

　　航空雷达

　　陆基雷达

海上雷达

潜艇雷达

陆地搜索雷达

频谱雷达

全景雷达

空中雷达

太空雷达

侧视雷达

成像雷达

空中真实孔径侧视雷达

空中合成孔径侧视雷达

微波全息雷达

合成干涉仪雷达

相干雷达

相干成像雷达

非相干成像雷达

金星轨道成像雷达

航天飞机成像雷达

干涉式合成孔径雷达

lei da
雷达 ［0201C］

Radar

　C 天线

lei da cheng xiang wei xing-1
雷达成像卫星-1 ［0201D］

Radar Imaging Satellite-1

　S 雷达成像卫星

lei da cheng xiang wei xing-1
雷达成像卫星-1 ［0201D］

Radar Imaging Satellite-1

　C 环境与灾害监测卫星

lei da cheng xiang wei xing-1
雷达成像卫星-1 ［0201D］

Radar Imaging Satellite-1

　C 太阳同步轨道

lei da cheng xiang wei xing-1
雷达成像卫星-1 ［0201D］

Radar Imaging Satellite-1

C 合成孔径雷达（C 波段）

C 印度空间研究组织

lei da cheng xiang wei xing-1
雷达成像卫星-1 ［0201D］
Radar Imaging Satellite-1
　C 萨迪什·达万航天中心

lei da cheng xiang wei xing-2
雷达成像卫星-2 ［0201D］
Radar Imaging Satellite-2
　C 合成孔径雷达（X 波段）

lei da cheng xiang wei xing-1
雷达成像卫星-1 ［0201D］
Radar Imaging Satellite-1
　C 印度空间研究组织

lei da cheng xiang wei xing-2
雷达成像卫星-2 ［0201D］
Radar Imaging Satellite-2
　C 极轨卫星运载火箭-CA

lei da cheng xiang wei xing-1
雷达成像卫星-1 ［0201D］
Radar Imaging Satellite-1
　C 极轨卫星运载火箭-XL

lei da cheng xiang wei xing-2B
雷达成像卫星-2B ［0201D］
Radar Imaging Satellite-2B
　S 雷达成像卫星

lei da cheng xiang wei xing-2
雷达成像卫星-2 ［0201D］
Radar Imaging Satellite-2
　S 雷达成像卫星

lei da cheng xiang wei xing-2B
雷达成像卫星-2B ［0201D］
Radar Imaging Satellite-2B
　C 环境与灾害监测卫星

lei da cheng xiang wei xing-2
雷达成像卫星-2 ［0201D］
Radar Imaging Satellite-2
　C 环境与灾害监测卫星

lei da cheng xiang wei xing-2B
雷达成像卫星-2B ［0201D］
Radar Imaging Satellite-2B
　C 漂移轨道

lei da cheng xiang wei xing-2
雷达成像卫星-2 ［0201D］
Radar Imaging Satellite-2
　C 太阳同步轨道

lei da cheng xiang wei xing-2B
雷达成像卫星-2B ［0201D］
Radar Imaging Satellite-2B
　C 合成孔径雷达（X 波段）

lei da cheng xiang wei xing-2
雷达成像卫星-2 ［0201D］
Radar Imaging Satellite-2
　C 以色列航空工业公司

lei da cheng xiang wei xing-2B
雷达成像卫星-2B ［0201D］
Radar Imaging Satellite-2B
　C 以色列航空工业公司

lei da cheng xiang wei xing-2
雷达成像卫星-2 ［0201D］
Radar Imaging Satellite-2
　C 萨迪什·达万航天中心

lei da cheng xiang wei xing-2B
雷达成像卫星-2B ［0201D］
Radar Imaging Satellite-2B
　C 萨迪什·达万航天中心

lei da cheng xiang wei xing-2
雷达成像卫星-2 ［0201D］
Radar Imaging Satellite-2

lei da cheng xiang wei xing-2B
雷达成像卫星-2B ［0201D］
Radar Imaging Satellite-2B

C 印度空间研究组织

lei da cheng xiang wei xing-2B

雷达成像卫星-2B ［0201D］

Radar Imaging Satellite-2B

    C 极轨卫星运载火箭-CA

lei da cheng xiang wei xing-2BR1

雷达成像卫星-2BR1 ［0201D］

Radar Imaging Satellite-2BR1

    S 雷达成像卫星

lei da cheng xiang wei xing-2BR1

雷达成像卫星-2BR1 ［0201D］

Radar Imaging Satellite-2BR1

    C 环境与灾害监测卫星

lei da cheng xiang wei xing-2BR1

雷达成像卫星-2BR1 ［0201D］

Radar Imaging Satellite-2BR1

    C 漂移轨道

lei da cheng xiang wei xing-2BR1

雷达成像卫星-2BR1 ［0201D］

Radar Imaging Satellite-2BR1

    C 合成孔径雷达（X 波段）

lei da cheng xiang wei xing-2BR1

雷达成像卫星-2BR1 ［0201D］

Radar Imaging Satellite-2BR1

    C 以色列航空工业公司

lei da cheng xiang wei xing-2BR1

雷达成像卫星-2BR1 ［0201D］

Radar Imaging Satellite-2BR1

    C 萨迪什·达万航天中心

lei da cheng xiang wei xing-2BR1

雷达成像卫星-2BR1 ［0201D］

Radar Imaging Satellite-2BR1

    C 印度空间研究组织

lei da cheng xiang wei xing-2BR1

雷达成像卫星-2BR1 ［0201D］

Radar Imaging Satellite-2BR1

C 极轨卫星运载火箭-QL

lei da chuan gan qi

雷达传感器 ［0201B］

Radar Sensor

    S 遥感传感器

lei da chuan gan qi

雷达传感器 ［0201B］

Radar Sensor

    S 地面传感器

lei da fu she ding biao

雷达辐射定标 ［0202A］

Radar radiometric calibration

    S 辐射定标

lei da hui bo

雷达回波 ［0202A］

Radar Echo

    C 地物表面粗糙度

lei da san she ji

雷达散射计 ［0201C］

Radar Scatterometer

    D 微波散射计

lei da san she jie mian

雷达散射截面 ［0202A］

Radar Cross Section

    D 后向散射截面

lei da san she xi shu

雷达散射系数 ［0203D］

Radar Scattering Coefficient

    D 后向散射系数

lei da she ying ce liang

雷达摄影测量 ［0202A］

Radar Photogrammetry

    S 摄影测量

lei da wei xing-1

雷达卫星-1 ［0201D］

Radarsat-1

lei da wei xing-1

雷达卫星-1 ［0201D］

Radarsat-1

  C 环境与灾害监测卫星

lei da wei xing-1

雷达卫星-1 ［0201D］

Radarsat-1

  C 近极地太阳同步轨道

lei da wei xing-1

雷达卫星-1 ［0201D］

Radarsat-1

  C 麦克唐纳·德特维勒航空航天公司

lei da wei xing-1

雷达卫星-1 ［0201D］

Radarsat-1

  C 加拿大国家航天局

lei da wei xing-1

雷达卫星-1 ［0201D］

Radarsat-1

  C 鲍尔航空航天与技术公司

lei da wei xing-1

雷达卫星-1 ［0201D］

Radarsat-1

  C 范登堡空军基地

lei da wei xing-1

雷达卫星-1 ［0201D］

Radarsat-1

  C 德尔塔 Ⅱ 7920-10

lei da wei xing-1

雷达卫星-1 ［0201D］

Radarsat-1

  C 合成孔径雷达

lei da wei xing-2

雷达卫星-2 ［0201D］

Radarsat-2

lei da wei xing-2

雷达卫星-2 ［0201D］

Radarsat-2

  C 环境与灾害监测卫星

lei da wei xing-2

雷达卫星-2 ［0201D］

Radarsat-2

  C 近极地太阳同步轨道

lei da wei xing-2

雷达卫星-2 ［0201D］

Radarsat-2

  C 麦克唐纳·德特维勒航空航天公司

lei da wei xing-2

雷达卫星-2 ［0201D］

Radarsat-2

  C 加拿大国家航天局

lei da wei xing-2

雷达卫星-2 ［0201D］

Radarsat-2

  C 鲍尔航空航天与技术公司

lei da wei xing-2

雷达卫星-2 ［0201D］

Radarsat-2

  C 拜科努尔航天发射场

lei da wei xing-2

雷达卫星-2 ［0201D］

Radarsat-2

  C 合成孔径雷达

lei da wei xing-2

雷达卫星-2 ［0201D］

Radarsat-2

  C 德尔塔 Ⅱ 7920-10

lei da wei xing xing zuo ren wu-1

雷达卫星星座任务-1 ［0201D］

Radarsat Constellation Mission-1

S 雷达卫星星座任务

C 猎鹰9号

lei da wei xing xing zuo ren wu-1
雷达卫星星座任务-1［0201D］
Radarsat Constellation Mission-1
　　C 地球资源卫星

lei da wei xing xing zuo ren wu-2
雷达卫星星座任务-2［0201D］
Radarsat Constellation Mission-2
　　S 雷达卫星星座任务

lei da wei xing xing zuo ren wu-1
雷达卫星星座任务-1［0201D］
Radarsat Constellation Mission-1
　　C 太阳同步轨道

lei da wei xing xing zuo ren wu-2
雷达卫星星座任务-2［0201D］
Radarsat Constellation Mission-2
　　C 地球资源卫星

lei da wei xing xing zuo ren wu-1
雷达卫星星座任务-1［0201D］
Radarsat Constellation Mission-1
　　C 合成孔径雷达

lei da wei xing xing zuo ren wu-2
雷达卫星星座任务-2［0201D］
Radarsat Constellation Mission-2
　　C 太阳同步轨道

lei da wei xing xing zuo ren wu-1
雷达卫星星座任务-1［0201D］
Radarsat Constellation Mission-1
　　C 自动识别系统

lei da wei xing xing zuo ren wu-2
雷达卫星星座任务-2［0201D］
Radarsat Constellation Mission-2
　　C 合成孔径雷达

lei da wei xing xing zuo ren wu-1
雷达卫星星座任务-1［0201D］
Radarsat Constellation Mission-1
　　C 麦克唐纳·德特维勒航空航天公司

lei da wei xing xing zuo ren wu-2
雷达卫星星座任务-2［0201D］
Radarsat Constellation Mission-2
　　C 自动识别系统

lei da wei xing xing zuo ren wu-1
雷达卫星星座任务-1［0201D］
Radarsat Constellation Mission-1
　　C 布里斯托尔航空航天公司

lei da wei xing xing zuo ren wu-2
雷达卫星星座任务-2［0201D］
Radarsat Constellation Mission-2
　　C 麦克唐纳·德特维勒航空航天公司

lei da wei xing xing zuo ren wu-1
雷达卫星星座任务-1［0201D］
Radarsat Constellation Mission-1
　　C 加拿大国家航天局

lei da wei xing xing zuo ren wu-2
雷达卫星星座任务-2［0201D］
Radarsat Constellation Mission-2
　　C 布里斯托尔航空航天公司

lei da wei xing xing zuo ren wu-1
雷达卫星星座任务-1［0201D］
Radarsat Constellation Mission-1
　　C 范登堡空军基地

lei da wei xing xing zuo ren wu-2
雷达卫星星座任务-2［0201D］
Radarsat Constellation Mission-2
　　C 加拿大国家航天局

lei da wei xing xing zuo ren wu-1
雷达卫星星座任务-1［0201D］
Radarsat Constellation Mission-1

lei da wei xing xing zuo ren wu-2
雷达卫星星座任务-2［0201D］
Radarsat Constellation Mission-2

C 范登堡空军基地

lei da wei xing xing zuo ren wu-2
雷达卫星星座任务-2 [0201D]

Radarsat Constellation Mission-2
  C 猎鹰 9 号

lei da wei xing xing zuo ren wu-3
雷达卫星星座任务-3 [0201D]

Radarsat Constellation Mission-3
  S 雷达卫星星座任务

lei da wei xing xing zuo ren wu-3
雷达卫星星座任务-3 [0201D]

Radarsat Constellation Mission-3
  C 地球资源卫星

lei da wei xing xing zuo ren wu-3
雷达卫星星座任务-3 [0201D]

Radarsat Constellation Mission-3
  C 太阳同步轨道

lei da wei xing xing zuo ren wu-3
雷达卫星星座任务-3 [0201D]

Radarsat Constellation Mission-3
  C 合成孔径雷达

lei da wei xing xing zuo ren wu-3
雷达卫星星座任务-3 [0201D]

Radarsat Constellation Mission-3
  C 自动识别系统

lei da wei xing xing zuo ren wu-3
雷达卫星星座任务-3 [0201D]

Radarsat Constellation Mission-3
  C 麦克唐纳·德特维勒航空航天公司

lei da wei xing xing zuo ren wu-3
雷达卫星星座任务-3 [0201D]

Radarsat Constellation Mission-3
  C 布里斯托尔航空航天公司

lei da wei xing xing zuo ren wu-3
雷达卫星星座任务-3 [0201D]

Radarsat Constellation Mission-3

C 加拿大国家航天局

lei da wei xing xing zuo ren wu-3
雷达卫星星座任务-3 [0201D]

Radarsat Constellation Mission-3
  C 范登堡空军基地

lei da wei xing xing zuo ren wu-3
雷达卫星星座任务-3 [0201D]

Radarsat Constellation Mission-3
  C 猎鹰 9 号

lei da ying xiang
雷达影像 [0201C]

Radar Imagery
  C 微波遥感影像

lei da ying xiang
雷达影像 [0201C]

Radar Image
  S 遥感影像

lei bie xin xi ti qu
类别信息提取 [0202B]

Category Information Extraction
  S 遥感信息提取

lei fang she bian huan jiu zheng
类仿射变换纠正 [0202B]

Similarity Transformation Correction
  S 图像几何处理

leng ning fa
冷凝法 [0202C]

Condensation Method
  S 气态污染控制方法

leng wei xing-2
冷卫星-2 [0201D]

CryoSat-2
  C 地球资源卫星

leng wei xing-2
冷卫星-2 [0201D]

CryoSat-2

C 近地轨道

leng yin ying
冷阴影 ［0202B］
Cold Shadow
　S 阴影（热红外影像）

li mi bo
厘米波 ［0203C］
Centimetre Wave
　S 微波

li san bian huan （K-L bian huan）
离散变换 （K-L 变换）［0202B］
Discrete Transformation
　S 特征变换

li san bian huan （K-L bian huan）
离散变换 （K-L 变换）［0202A］
Discrete Transformation
　D 主成分变换

li san dui xiang
离散对象 ［0202B］
Discrete Object
　S 地理对象

li san fu li ye bian huan
离散傅里叶变换 ［0202C］
Discrete Fourier Transform
　S 傅里叶变换

li xi ke li jin
离析克里金 ［0202B］
Disjunctive Kriging
　S 克里金法

li zi se pu fen xi fa
离子色谱分析法 ［0202C］
Ion Chromatographic Analysis Method
　S 液相色谱分析法

li de-suo luo men bian ma ji shu
里德–所罗门编码技术 ［0203C］
Reed-Solomon Coding Technology

S 纠错编码技术

li de-suo luo men ma
里德–所罗门码 ［0202C］
Reed-Solomon Codes
　S 分组码

li ti gan jue
立体感觉 ［0202B］
Stereoscopic Perception
　D 景深感觉

li ti she ying ce liang
立体摄影测量 ［0202A］
Stereophotogrammetry
　S 摄影测量

li ti ying xiang di tu
立体影像地图 ［0202B］
Stereo Image Map
　S 地图

li xing jian ce
例行监测 ［0202D］
Routine Monitoring
　Y 监视性监测

lian xu dian fu hao
连续点符号 ［0202B］
Continuous Point Symbol
　S 线状符号图元

lian xu fu li ye bian huan
连续傅里叶变换 ［0202C］
Continuous Fourier Transform
　S 傅里叶变换

lian he-2. 1v hao
联合-2.1v 号 ［0201D］
Union-2. 1v
　S 联合系列运载火箭

lian meng-2. 1b hao yun zai huo jian
联盟-2.1b 号运载火箭 ［0201D］
Soyuz-2-1b

S 联盟号 | Y 像素值

lian meng-FG yun zai huo jian
联盟-FG 运载火箭 [0201D]
Souyuz-FG
　S 联盟号

lian meng hao　2.1a
联盟号 2.1a [0201D]
Soyuz-2-1a
　S 联盟号

liang du
亮度 [0202B]
Brightness
　S 色彩三要素

liang du
亮度 [0202B]
Brightness
　D 明度

liang du
亮度 [0202B]
Brightness
　D 光度

liang du zhi
亮度值 [0202B]
Brightness Value
　C 灰度值

liang du zhi
亮度值 [0202B]
Luminance Value
　C 辐射强度

liang du zhi
亮度值 [0202B]
Luminance Value
　C 光谱反射率

liang du zhi
亮度值 [0202B]
Luminance Value

liang du zhi
亮度值 [0202B]
Luminance Value
　C 电磁波辐射强度

liang hua
量化 [0202A]
Quantification
　S 惯性传感测量误差

liang zi ce liang
量子测量 [0202C]
Quantum Measurement
　S 空间量子通信技术

liang zi jing
量子阱 [0201B]
Quantum Well
　S 介观系统

lie ying 1
猎鹰 1 [0201D]
Little Eagle 1
　Y 伊格尔特-I

lie ying jiu hao
猎鹰九号 [0201D]
Falcon 9
　S 猎鹰系列

lin jie ju zhen
邻接矩阵 [0202B]
Adjacency Matrix
　S 空间权重矩阵

lin yu yun suan
邻域运算 [0202B]
Neighborhood Operation
　D 焦点操作

lin ye she ying ce liang
林业摄影测量 [0202D]
Forestry Photogrammetry

S 摄影测量

lin ye yao gan
林业遥感 ［0202D］
Forestry Remote Sensing
S 遥感

ling zi xiang guan pang ban xing
零自相关旁瓣性 ［0202A］
Zero Autocorrelation Sidelobe
S 伪码相关性能

liu de kong jian fen bu mo shi
流的空间分布模式 ［0202B］
Spatial Distribution Pattern of Flow
F 随机
丛集
聚散
社区
并行
等长

liu dong zhu she fen xi fa
流动注射分析法 ［0202C］
Flow Injection Analysis Method
S 仪器分析法

liu xing-M N-1
流星-M N-1 ［0201D］
Meteor-M N-1
S 流星系列

liu xing-M N-1
流星-M N-1 ［0201D］
Meteor-M N-1
C 气象卫星

liu xing-M N-1
流星-M N-1 ［0201D］
Meteor-M N-1
C 太阳同步轨道

liu xing-M N-1
流星-M N-1 ［0201D］
Meteor-M N-1
C 低分辨率多光谱扫描仪

liu xing-M N-1
流星-M N-1 ［0201D］
Meteor-M N-1
C 机载雷达综合体

liu xing-M N-1
流星-M N-1 ［0201D］
Meteor-M N-1
C 多光谱扫描成像系统

liu xing-M N-1
流星-M N-1 ［0201D］
Meteor-M N-1
C 微波成像/探测微波辐射计

liu xing-M N-1
流星-M N-1 ［0201D］
Meteor-M N-1
C 拜科努尔航天发射场

liu xing-M N-1
流星-M N-1 ［0201D］
Meteor-M N-1
C 俄罗斯空间水文气象科学研究中心

liu xing-M N-1
流星-M N-1 ［0201D］
Meteor-M N-1
C 联盟-2.1b 号运载火箭

liu xing-M N-2
流星-M N-2 ［0201D］
Meteor-M N-2
S 流星系列

liu xing-M N-2
流星-M N-2 ［0201D］
Meteor-M N-2

C 气象卫星

liu xing- M N-2

流星-M N-2 ［0201D］

Meteor-M N-2

 C 太阳同步圆形轨道

liu xing- M N-2

流星-M N-2 ［0201D］

Meteor-M N-2

 C 低分辨率多光谱扫描仪

liu xing- M N-2

流星-M N-2 ［0201D］

Meteor-M N-2

 C 多光谱扫描成像系统

liu xing- M N-2

流星-M N-2 ［0201D］

Meteor-M N-2

 C 微波成像/探测微波辐射计

liu xing- M N-2

流星-M N-2 ［0201D］

Meteor-M N-2

 C 红外傅里叶光谱仪-2

liu xing- M N-2

流星-M N-2 ［0201D］

Meteor-M N-2

 C 拜科努尔航天发射场

liu xing- M N-2

流星-M N-2 ［0201D］

Meteor-M N-2

 C 俄罗斯空间水文气象科学研究中心

liu xing- M N-2

流星-M N-2 ［0201D］

Meteor-M N-2

 C 联盟-2.1b 号运载火箭

liu xing-M2-2

流星-M2-2 ［0201D］

Meteor-M 2.2

S 流星系列

liu xing-M2-2

流星-M2-2 ［0201D］

Meteor-M 2.2

 C 气象卫星

liu xing-M2-2

流星-M2-2 ［0201D］

Meteor-M 2.2

 C 太阳同步轨道

liu xing-M2-2

流星-M2-2 ［0201D］

Meteor-M 2.2

 C 低分辨率多光谱扫描仪

liu xing-M2-2

流星-M2-2 ［0201D］

Meteor-M 2.2

 C 多光谱扫描成像系统

liu xing-M2-2

流星-M2-2 ［0201D］

Meteor-M 2.2

 C 微波成像/探测微波辐射计

liu xing-M2-2

流星-M2-2 ［0201D］

Meteor-M 2.2

 C 红外傅里叶光谱仪-2

liu xing-M2-2

流星-M2-2 ［0201D］

Meteor-M 2.2

 C 东方航天发射场

liu xing-M2-2

流星-M2-2 ［0201D］

Meteor-M 2.2

 C 联盟-2.1b 号运载火箭

liu xing-pu li luo da

流星–普里罗达 ［0201D］

Meteor-Priroda-1

S 流星系列

liu xing-pu li luo da
流星-普里罗达 ［0201D］
Meteor-Priroda-1
　　C 气象卫星

liu xing-pu li luo da
流星-普里罗达 ［0201D］
Meteor-Priroda-1
　　C 太阳同步极地轨道

liu xing-pu li luo da
流星-普里罗达 ［0201D］
Meteor-Priroda-1
　　C 俄罗斯空间水文气象科学研究中心

liu xing-pu li luo da
流星-普里罗达 ［0201D］
Meteor-Priroda-1
　　C 普列谢茨克航天发射基地

liu xing-pu li luo da
流星-普里罗达 ［0201D］
Meteor-Priroda-1
　　C 俄罗斯机电科学研究所

liu xing-pu li luo da
流星-普里罗达 ［0201D］
Meteor-Priroda-1
　　C 前苏联东方-2M 运载火箭

liu xing pu li luo da　2-1
流星普里罗达 2-1 ［0201D］
Meteor-Priroda 2-1
　　S 流星系列

liu xing pu li luo da　2-1
流星普里罗达 2-1 ［0201D］
Meteor-Priroda 2-1
　　C 气象卫星

liu xing pu li luo da　2-1
流星普里罗达 2-1 ［0201D］
Meteor-Priroda 2-1

C 太阳同步极地轨道

liu xing pu li luo da　2-1
流星普里罗达 2-1 ［0201D］
Meteor-Priroda 2-1
　　C 俄罗斯空间水文气象科学研究中心

liu xing pu li luo da　2-1
流星普里罗达 2-1 ［0201D］
Meteor-Priroda 2-1
　　C 普列谢茨克航天发射基地

liu xing pu li luo da　2-1
流星普里罗达 2-1 ［0201D］
Meteor-Priroda 2-1
　　C 俄罗斯机电科学研究所

liu xing pu li luo da　2-1
流星普里罗达 2-1 ［0201D］
Meteor-Priroda 2-1
　　C 前苏联东方-2M 运载火箭

liu xing pu li luo da　2-2
流星普里罗达 2-2 ［0201D］
Meteor-Priroda 2-2
　　S 流星系列

liu xing pu li luo da　2-2
流星普里罗达 2-2 ［0201D］
Meteor-Priroda 2-2
　　C 气象卫星

liu xing pu li luo da　2-2
流星普里罗达 2-2 ［0201D］
Meteor-Priroda 2-2
　　C 太阳同步极地轨道

liu xing pu li luo da　2-2
流星普里罗达 2-2 ［0201D］
Meteor-Priroda 2-2
　　C 俄罗斯空间水文气象科学研究中心

liu xing pu li luo da　2-2
流星普里罗达 2-2 ［0201D］
Meteor-Priroda 2-2

C 普列谢茨克航天发射基地

liu xing pu li luo da 2-2
流星普里罗达 2-2 [0201D]
Meteor-Priroda 2-2
　　C 俄罗斯机电科学研究所

liu xing pu li luo da 2-2
流星普里罗达 2-2 [0201D]
Meteor-Priroda 2-2
　　C 前苏联东方-2M 运载火箭

liu xing pu li luo da 2-3
流星普里罗达 2-3 [0201D]
Meteor-Priroda 2-3
　　S 流星系列

liu xing pu li luo da 2-3
流星普里罗达 2-3 [0201D]
Meteor-Priroda 2-3
　　C 气象卫星

liu xing pu li luo da 2-3
流星普里罗达 2-3 [0201D]
Meteor-Priroda 2-3
　　C 太阳同步极地轨道

liu xing pu li luo da 2-3
流星普里罗达 2-3 [0201D]
Meteor-Priroda 2-3
　　C 俄罗斯空间水文气象科学研究中心

liu xing pu li luo da 2-3
流星普里罗达 2-3 [0201D]
Meteor-Priroda 2-3
　　C 普列谢茨克航天发射基地

liu xing pu li luo da 2-3
流星普里罗达 2-3 [0201D]
Meteor-Priroda 2-3
　　C 俄罗斯机电科学研究所

liu xing pu li luo da 2-3
流星普里罗达 2-3 [0201D]
Meteor-Priroda 2-3

C 前苏联东方-2M 运载火箭

liu xing pu li luo da 2-4
流星普里罗达 2-4 [0201D]
Meteor-Priroda 2-4
　　S 流星系列

liu xing pu li luo da 2-4
流星普里罗达 2-4 [0201D]
Meteor-Priroda 2-4
　　C 气象卫星

liu xing pu li luo da 2-4
流星普里罗达 2-4 [0201D]
Meteor-Priroda 2-4
　　C 太阳同步极地轨道

liu xing pu li luo da 2-4
流星普里罗达 2-4 [0201D]
Meteor-Priroda 2-4
　　C 俄罗斯空间水文气象科学研究中心

liu xing pu li luo da 2-4
流星普里罗达 2-4 [0201D]
Meteor-Priroda 2-4
　　C 普列谢茨克航天发射基地

liu xing pu li luo da 2-4
流星普里罗达 2-4 [0201D]
Meteor-Priroda 2-4
　　C 俄罗斯机电科学研究所

liu xing pu li luo da 2-4
流星普里罗达 2-4 [0201D]
Meteor-Priroda 2-4
　　C 前苏联东方-2M 运载火箭

liu xing pu li luo da 3
流星普里罗达 3 [0201D]
Meteor-Priroda 3
　　S 流星系列

liu xing pu li luo da 3
流星普里罗达 3 [0201D]
Meteor-Priroda 3

C 气象卫星

liu xing pu li luo da 3
流星普里罗达 3［0201D］

Meteor-Priroda 3

C 太阳同步极地轨道

liu xing pu li luo da 3
流星普里罗达 3［0201D］

Meteor-Priroda 3

C 俄罗斯机电科学研究所

liu yu xing jian ce
流域性监测［0202D］

Watershed Monitoring

S 区域监测

liu suan gen li zi
硫酸根离子［0203B］

Sulfate Ion

S 水离子

liu tie kuang
硫铁矿［0203B］

Sulphide Iron Ore

S 非金属

lu di hui zhi zhexi lie
陆地绘制者系列［0201D］

Landmapper

F 陆地绘制者-BC3

陆地绘制者-BC5

陆地绘制者-HD1

陆地绘制者-HD10

陆地绘制者-HD11

陆地绘制者-HD12

陆地绘制者-HD13

陆地绘制者-HD14

陆地绘制者-HD15

陆地绘制者-HD16

陆地绘制者-HD17

陆地绘制者-HD18

陆地绘制者-HD19

陆地绘制者-HD2

陆地绘制者-HD20

陆地绘制者-HD3

陆地绘制者-HD4

陆地绘制者-HD5

陆地绘制者-HD6

陆地绘制者-HD7

陆地绘制者-HD8

陆地绘制者-HD9

lu di hui zhi zhe-BC3
陆地绘制者-BC3［0201D］

Landmapper-BC3

S 陆地绘制者系列

lu di hui zhi zhe-BC3
陆地绘制者-BC3［0201D］

Landmapper-BC3

C 地球资源卫星

lu di hui zhi zhe-BC3
陆地绘制者-BC3［0201D］

Landmapper-BC3

C 太阳同步轨道

lu di hui zhi zhe-BC3
陆地绘制者-BC3［0201D］

Landmapper-BC3

C 高分辨率成像仪

lu di hui zhi zhe-BC3
陆地绘制者-BC3［0201D］

Landmapper-BC3

C 天文数码

lu di hui zhi zhe-BC3
陆地绘制者-BC3［0201D］

Landmapper-BC3

C 萨迪什·达万航天中心

lu di hui zhi zhe-BC3
陆地绘制者-BC3［0201D］

Landmapper-BC3

C 极轨卫星运载火箭-XL

lu di hui zhi zhe-BC5

陆地绘制者-BC5 [0201D]

Landmapper-BC5

S 陆地绘制者系列

lu di hui zhi zhe-BC5

陆地绘制者-BC5 [0201D]

Landmapper-BC5

C 地球资源卫星

lu di hui zhi zhe-BC5

陆地绘制者-BC5 [0201D]

Landmapper-BC5

C 太阳同步轨道

lu di hui zhi zhe-BC5

陆地绘制者-BC5 [0201D]

Landmapper-BC5

C 高分辨率成像仪

lu di hui zhi zhe-BC5

陆地绘制者-BC5 [0201D]

Landmapper-BC5

C 美国范登堡空军基地

lu di hui zhi zhe-BC5

陆地绘制者-BC5 [0201D]

Landmapper-BC5

C 天文数码

lu di hui zhi zhe-BC5

陆地绘制者-BC5 [0201D]

Landmapper-BC5

C 猎鹰 9 号

lu di hui zhi zhe-HD1

陆地绘制者-HD1 [0201D]

Landmapper-HD1

S 陆地绘制者系列

lu di hui zhi zhe-HD1

陆地绘制者-HD1 [0201D]

Landmapper-HD1

C 地球资源卫星

lu di hui zhi zhe-HD1

陆地绘制者-HD1 [0201D]

Landmapper-HD1

C 太阳同步轨道

lu di hui zhi zhe-HD1

陆地绘制者-HD1 [0201D]

Landmapper-HD1

C 高清晰度摄像机

lu di hui zhi zhe-HD1

陆地绘制者-HD1 [0201D]

Landmapper-HD1

C 天文数码

lu di hui zhi zhe-HD1

陆地绘制者-HD1 [0201D]

Landmapper-HD1

C 萨迪什·达万航天中心

lu di hui zhi zhe-HD1

陆地绘制者-HD1 [0201D]

Landmapper-HD1

C 极轨卫星运载火箭-XL

lu di hui zhi zhe-HD10

陆地绘制者-HD10 [0201D]

Landmapper-HD10

S 陆地绘制者系列

lu di hui zhi zhe-HD10

陆地绘制者-HD10 [0201D]

Landmapper-HD10

C 地球资源卫星

lu di hui zhi zhe-HD10

陆地绘制者-HD10 [0201D]

Landmapper-HD10

C 太阳同步轨道

lu di hui zhi zhe-HD10

陆地绘制者-HD10 [0201D]

Landmapper-HD10

C 高清晰度摄像机

lu di hui zhi zhe-HD10
陆地绘制者-HD10［0201D］
Landmapper-HD10
　C 天文数码

lu di hui zhi zhe-HD10
陆地绘制者-HD10［0201D］
Landmapper-HD10
　C 萨迪什·达万航天中心

lu di hui zhi zhe-HD10
陆地绘制者-HD10［0201D］
Landmapper-HD10
　C 极轨卫星运载火箭-XL

lu di hui zhi zhe-HD11
陆地绘制者-HD11［0201D］
Landmapper-HD11
　S 陆地绘制者系列

lu di hui zhi zhe-HD11
陆地绘制者-HD11［0201D］
Landmapper-HD11
　C 地球资源卫星

lu di hui zhi zhe-HD11
陆地绘制者-HD11［0201D］
Landmapper-HD11
　C 太阳同步轨道

lu di hui zhi zhe-HD11
陆地绘制者-HD11［0201D］
Landmapper-HD11
　C 高清晰度摄像机

lu di hui zhi zhe-HD11
陆地绘制者-HD11［0201D］
Landmapper-HD11
　C 天文数码

lu di hui zhi zhe-HD11
陆地绘制者-HD11［0201D］
Landmapper-HD11

C 萨迪什·达万航天中心

lu di hui zhi zhe-HD11
陆地绘制者-HD11［0201D］
Landmapper-HD11
　C 极轨卫星运载火箭-XL

lu di hui zhi zhe-HD12
陆地绘制者-HD12［0201D］
Landmapper-HD12
　S 陆地绘制者系列

lu di hui zhi zhe-HD12
陆地绘制者-HD12［0201D］
Landmapper-HD12
　C 地球资源卫星

lu di hui zhi zhe-HD12
陆地绘制者-HD12［0201D］
Landmapper-HD12
　C 太阳同步轨道

lu di hui zhi zhe-HD12
陆地绘制者-HD12［0201D］
Landmapper-HD12
　C 高清晰度摄像机

lu di hui zhi zhe-HD12
陆地绘制者-HD12［0201D］
Landmapper-HD12
　C 天文数码

lu di hui zhi zhe-HD12
陆地绘制者-HD12［0201D］
Landmapper-HD12
　C 萨迪什·达万航天中心

lu di hui zhi zhe-HD12
陆地绘制者-HD12［0201D］
Landmapper-HD12
　C 极轨卫星运载火箭-XL

lu di hui zhi zhe-HD13
陆地绘制者-HD13［0201D］
Landmapper-HD13

S 陆地绘制者系列

lu di hui zhi zhe-HD13

陆地绘制者-HD13 ［0201D］

Landmapper-HD13

　　C 地球资源卫星

lu di hui zhi zhe-HD13

陆地绘制者-HD13 ［0201D］

Landmapper-HD13

　　C 太阳同步轨道

lu di hui zhi zhe-HD13

陆地绘制者-HD13 ［0201D］

Landmapper-HD13

　　C 高清晰度摄像机

lu di hui zhi zhe-HD13

陆地绘制者-HD13 ［0201D］

Landmapper-HD13

　　C 天文数码

lu di hui zhi zhe-HD13

陆地绘制者-HD13 ［0201D］

Landmapper-HD13

　　C 萨迪什·达万航天中心

lu di hui zhi zhe-HD13

陆地绘制者-HD13 ［0201D］

Landmapper-HD13

　　C 极轨卫星运载火箭-XL

lu di hui zhi zhe-HD14

陆地绘制者-HD14 ［0201D］

Landmapper-HD14

　　S 陆地绘制者系列

lu di hui zhi zhe-HD14

陆地绘制者-HD14 ［0201D］

Landmapper-HD14

　　C 地球资源卫星

lu di hui zhi zhe-HD14

陆地绘制者-HD14 ［0201D］

Landmapper-HD14

C 太阳同步轨道

lu di hui zhi zhe-HD14

陆地绘制者-HD14 ［0201D］

Landmapper-HD14

　　C 高清晰度摄像机

lu di hui zhi zhe-HD14

陆地绘制者-HD14 ［0201D］

Landmapper-HD14

　　C 天文数码

lu di hui zhi zhe-HD14

陆地绘制者-HD14 ［0201D］

Landmapper-HD14

　　C 萨迪什·达万航天中心

lu di hui zhi zhe-HD14

陆地绘制者-HD14 ［0201D］

Landmapper-HD14

　　C 极轨卫星运载火箭-XL

lu di hui zhi zhe-HD15

陆地绘制者-HD15 ［0201D］

Landmapper-HD15

　　S 陆地绘制者系列

lu di hui zhi zhe-HD15

陆地绘制者-HD15 ［0201D］

Landmapper-HD15

　　C 地球资源卫星

lu di hui zhi zhe-HD15

陆地绘制者-HD15 ［0201D］

Landmapper-HD15

　　C 太阳同步轨道

lu di hui zhi zhe-HD15

陆地绘制者-HD15 ［0201D］

Landmapper-HD15

　　C 高清晰度摄像机

lu di hui zhi zhe-HD15

陆地绘制者-HD15 ［0201D］

Landmapper-HD15

C 天文数码

lu di hui zhi zhe-HD15

陆地绘制者-HD15〔0201D〕

Landmapper-HD15

C 萨迪什·达万航天中心

lu di hui zhi zhe-HD15

陆地绘制者-HD15〔0201D〕

Landmapper-HD15

C 极轨卫星运载火箭-XL

lu di hui zhi zhe-HD16

陆地绘制者-HD16〔0201D〕

Landmapper-HD16

S 陆地绘制者系列

lu di hui zhi zhe-HD16

陆地绘制者-HD16〔0201D〕

Landmapper-HD16

C 地球资源卫星

lu di hui zhi zhe-HD16

陆地绘制者-HD16〔0201D〕

Landmapper-HD16

C 太阳同步轨道

lu di hui zhi zhe-HD16

陆地绘制者-HD16〔0201D〕

Landmapper-HD16

C 高清晰度摄像机

lu di hui zhi zhe-HD16

陆地绘制者-HD16〔0201D〕

Landmapper-HD16

C 天文数码

lu di hui zhi zhe-HD16

陆地绘制者-HD16〔0201D〕

Landmapper-HD16

C 萨迪什·达万航天中心

lu di hui zhi zhe-HD16

陆地绘制者-HD16〔0201D〕

Landmapper-HD16

C 极轨卫星运载火箭-XL

lu di hui zhi zhe-HD17

陆地绘制者-HD17〔0201D〕

Landmapper-HD17

S 陆地绘制者系列

lu di hui zhi zhe-HD17

陆地绘制者-HD17〔0201D〕

Landmapper-HD17

C 地球资源卫星

lu di hui zhi zhe-HD17

陆地绘制者-HD17〔0201D〕

Landmapper-HD17

C 太阳同步轨道

lu di hui zhi zhe-HD17

陆地绘制者-HD17〔0201D〕

Landmapper-HD17

C 高清晰度摄像机

lu di hui zhi zhe-HD17

陆地绘制者-HD17〔0201D〕

Landmapper-HD17

C 天文数码

lu di hui zhi zhe-HD17

陆地绘制者-HD17〔0201D〕

Landmapper-HD17

C 萨迪什·达万航天中心

lu di hui zhi zhe-HD17

陆地绘制者-HD17〔0201D〕

Landmapper-HD17

C 极轨卫星运载火箭-XL

lu di hui zhi zhe-HD18

陆地绘制者-HD18〔0201D〕

Landmapper-HD18

S 陆地绘制者系列

lu di hui zhi zhe-HD18

陆地绘制者-HD18〔0201D〕

Landmapper-HD18

C 地球资源卫星

lu di hui zhi zhe-HD18

陆地绘制者-HD18 ［0201D］

Landmapper-HD18

　C 太阳同步轨道

lu di hui zhi zhe-HD18

陆地绘制者-HD18 ［0201D］

Landmapper-HD18

　C 高清晰度摄像机

lu di hui zhi zhe-HD18

陆地绘制者-HD18 ［0201D］

Landmapper-HD18

　C 天文数码

lu di hui zhi zhe-HD18

陆地绘制者-HD18 ［0201D］

Landmapper-HD18

　C 萨迪什·达万航天中心

lu di hui zhi zhe-HD18

陆地绘制者-HD18 ［0201D］

Landmapper-HD18

　C 极轨卫星运载火箭-XL

lu di hui zhi zhe-HD19

陆地绘制者-HD19 ［0201D］

Landmapper-HD19

　S 陆地绘制者系列

lu di hui zhi zhe-HD19

陆地绘制者-HD19 ［0201D］

Landmapper-HD19

　C 地球资源卫星

lu di hui zhi zhe-HD19

陆地绘制者-HD19 ［0201D］

Landmapper-HD19

　C 太阳同步轨道

lu di hui zhi zhe-HD19

陆地绘制者-HD19 ［0201D］

Landmapper-HD19

C 高清晰度摄像机

lu di hui zhi zhe-HD19

陆地绘制者-HD19 ［0201D］

Landmapper-HD19

　C 天文数码

lu di hui zhi zhe-HD19

陆地绘制者-HD19 ［0201D］

Landmapper-HD19

　C 萨迪什·达万航天中心

lu di hui zhi zhe-HD19

陆地绘制者-HD19 ［0201D］

Landmapper-HD19

　C 极轨卫星运载火箭-XL

lu di hui zhi zhe-HD2

陆地绘制者-HD2 ［0201D］

Landmapper-HD2

　S 陆地绘制者系列

lu di hui zhi zhe-HD2

陆地绘制者-HD2 ［0201D］

Landmapper-HD2

　C 地球资源卫星

lu di hui zhi zhe-HD2

陆地绘制者-HD2 ［0201D］

Landmapper-HD2

　C 太阳同步轨道

lu di hui zhi zhe-HD2

陆地绘制者-HD2 ［0201D］

Landmapper-HD2

　C 高清晰度摄像机

lu di hui zhi zhe-HD2

陆地绘制者-HD2 ［0201D］

Landmapper-HD2

　C 天文数码

lu di hui zhi zhe-HD2

陆地绘制者-HD2 ［0201D］

Landmapper-HD2

C 萨迪什·达万航天中心

lu di hui zhi zhe-HD2
陆地绘制者-HD2［0201D］

Landmapper-HD2
　C 极轨卫星运载火箭-XL

lu di hui zhi zhe-HD20
陆地绘制者-HD20［0201D］

Landmapper-HD20
　S 陆地绘制者系列

lu di hui zhi zhe-HD20
陆地绘制者-HD20［0201D］

Landmapper-HD20
　C 地球资源卫星

lu di hui zhi zhe-HD20
陆地绘制者-HD20［0201D］

Landmapper-HD20
　C 太阳同步轨道

lu di hui zhi zhe-HD20
陆地绘制者-HD20［0201D］

Landmapper-HD20
　C 高清晰度摄像机

lu di hui zhi zhe-HD20
陆地绘制者-HD20［0201D］

Landmapper-HD20
　C 天文数码

lu di hui zhi zhe-HD20
陆地绘制者-HD20［0201D］

Landmapper-HD20
　C 萨迪什·达万航天中心

lu di hui zhi zhe-HD20
陆地绘制者-HD20［0201D］

Landmapper-HD20
　C 极轨卫星运载火箭-XL

lu di hui zhi zhe-HD3
陆地绘制者-HD3［0201D］

Landmapper-HD3

S 陆地绘制者系列

lu di hui zhi zhe-HD3
陆地绘制者-HD3［0201D］

Landmapper-HD3
　C 地球资源卫星

lu di hui zhi zhe-HD3
陆地绘制者-HD3［0201D］

Landmapper-HD3
　C 太阳同步轨道

lu di hui zhi zhe-HD3
陆地绘制者-HD3［0201D］

Landmapper-HD3
　C 高清晰度摄像机

lu di hui zhi zhe-HD3
陆地绘制者-HD3［0201D］

Landmapper-HD3
　C 天文数码

lu di hui zhi zhe-HD3
陆地绘制者-HD3［0201D］

Landmapper-HD3
　C 萨迪什·达万航天中心

lu di hui zhi zhe-HD3
陆地绘制者-HD3［0201D］

Landmapper-HD3
　C 极轨卫星运载火箭-XL

lu di hui zhi zhe-HD4
陆地绘制者-HD4［0201D］

Landmapper-HD4
　S 陆地绘制者系列

lu di hui zhi zhe-HD4
陆地绘制者-HD4［0201D］

Landmapper-HD4
　C 地球资源卫星

lu di hui zhi zhe-HD4
陆地绘制者-HD4［0201D］

Landmapper-HD4

C 太阳同步轨道

lu di hui zhi zhe- HD4
陆地绘制者- HD4 ［0201D］
Landmapper- HD4
　C 高清晰度摄像机

lu di hui zhi zhe- HD4
陆地绘制者- HD4 ［0201D］
Landmapper- HD4
　C 天文数码

lu di hui zhi zhe- HD4
陆地绘制者- HD4 ［0201D］
Landmapper- HD4
　C 萨迪什·达万航天中心

lu di hui zhi zhe- HD4
陆地绘制者- HD4 ［0201D］
Landmapper- HD4
　C 极轨卫星运载火箭-XL

lu di hui zhi zhe- HD5
陆地绘制者- HD5 ［0201D］
Landmapper- HD5
　S 陆地绘制者系列

lu di hui zhi zhe- HD5
陆地绘制者- HD5 ［0201D］
Landmapper- HD5
　C 地球资源卫星

lu di hui zhi zhe- HD5
陆地绘制者- HD5 ［0201D］
Landmapper- HD5
　C 太阳同步轨道

lu di hui zhi zhe- HD5
陆地绘制者- HD5 ［0201D］
Landmapper- HD5
　C 高清晰度摄像机

lu di hui zhi zhe- HD5
陆地绘制者- HD5 ［0201D］
Landmapper- HD5

C 天文数码

lu di hui zhi zhe- HD5
陆地绘制者- HD5 ［0201D］
Landmapper- HD5
　C 萨迪什·达万航天中心

lu di hui zhi zhe- HD5
陆地绘制者- HD5 ［0201D］
Landmapper- HD5
　C 极轨卫星运载火箭-XL

lu di hui zhi zhe- HD6
陆地绘制者- HD6 ［0201D］
Landmapper- HD6
　S 陆地绘制者系列

lu di hui zhi zhe- HD6
陆地绘制者- HD6 ［0201D］
Landmapper- HD6
　C 地球资源卫星

lu di hui zhi zhe- HD6
陆地绘制者- HD6 ［0201D］
Landmapper- HD6
　C 太阳同步轨道

lu di hui zhi zhe- HD6
陆地绘制者- HD6 ［0201D］
Landmapper- HD6
　C 高清晰度摄像机

lu di hui zhi zhe- HD6
陆地绘制者- HD6 ［0201D］
Landmapper- HD6
　C 天文数码

lu di hui zhi zhe- HD6
陆地绘制者- HD6 ［0201D］
Landmapper- HD6
　C 萨迪什·达万航天中心

lu di hui zhi zhe- HD6
陆地绘制者- HD6 ［0201D］
Landmapper- HD6

C 极轨卫星运载火箭-XL

lu di hui zhi zhe-HD7

陆地绘制者-HD7 ［0201D］

Landmapper-HD7

  S 陆地绘制者系列

lu di hui zhi zhe-HD7

陆地绘制者-HD7 ［0201D］

Landmapper-HD7

  C 地球资源卫星

lu di hui zhi zhe-HD7

陆地绘制者-HD7 ［0201D］

Landmapper-HD7

  C 太阳同步轨道

lu di hui zhi zhe-HD7

陆地绘制者-HD7 ［0201D］

Landmapper-HD7

  C 高清晰度摄像机

lu di hui zhi zhe-HD7

陆地绘制者-HD7 ［0201D］

Landmapper-HD7

  C 天文数码

lu di hui zhi zhe-HD7

陆地绘制者-HD7 ［0201D］

Landmapper-HD7

  C 萨迪什·达万航天中心

lu di hui zhi zhe-HD7

陆地绘制者-HD7 ［0201D］

Landmapper-HD7

  C 极轨卫星运载火箭-XL

lu di hui zhi zhe-HD8

陆地绘制者-HD8 ［0201D］

Landmapper-HD8

  S 陆地绘制者系列

lu di hui zhi zhe-HD8

陆地绘制者-HD8 ［0201D］

Landmapper-HD8

C 地球资源卫星

lu di hui zhi zhe-HD8

陆地绘制者-HD8 ［0201D］

Landmapper-HD8

  C 太阳同步轨道

lu di hui zhi zhe-HD8

陆地绘制者-HD8 ［0201D］

Landmapper-HD8

  C 高清晰度摄像机

lu di hui zhi zhe-HD8

陆地绘制者-HD8 ［0201D］

Landmapper-HD8

  C 天文数码

lu di hui zhi zhe-HD8

陆地绘制者-HD8 ［0201D］

Landmapper-HD8

  C 萨迪什·达万航天中心

lu di hui zhi zhe-HD8

陆地绘制者-HD8 ［0201D］

Landmapper-HD8

  C 极轨卫星运载火箭-XL

lu di hui zhi zhe-HD9

陆地绘制者-HD9 ［0201D］

Landmapper-HD9

  S 陆地绘制者系列

lu di hui zhi zhe-HD9

陆地绘制者-HD9 ［0201D］

Landmapper-HD9

  C 地球资源卫星

lu di hui zhi zhe-HD9

陆地绘制者-HD9 ［0201D］

Landmapper-HD9

  C 太阳同步轨道

lu di hui zhi zhe-HD9

陆地绘制者-HD9 ［0201D］

Landmapper-HD9

C 高清晰度摄像机

lu di hui zhi zhe-HD9
陆地绘制者-HD9 ［0201D］
Landmapper-HD9
　C 天文数码

lu di hui zhi zhe-HD9
陆地绘制者-HD9 ［0201D］
Landmapper-HD9
　C 萨迪什·达万航天中心

lu di hui zhi zhe-HD9
陆地绘制者-HD9 ［0201D］
Landmapper-HD9
　C 极轨卫星运载火箭-XL

lu di sou suo lei da
陆地搜索雷达 ［0201C］
Land Search Radar
　S 雷达

lu di wei xing
陆地卫星 ［0201D］
Landsat
　S 跟踪与数据中继卫星系统服务对象

lu di wei xing 1 hao
陆地卫星 1 号 ［0201D］
Landsat1
　S 陆地卫星系列

lu di wei xing 1 hao
陆地卫星 1 号 ［0201D］
Landsat1
　C 地球资源卫星

lu di wei xing 1 hao
陆地卫星 1 号 ［0201D］
Landsat1
　C 太阳同步轨道

lu di wei xing 1 hao
陆地卫星 1 号 ［0201D］
Landsat1

C 多光谱扫描仪

lu di wei xing 1 hao
陆地卫星 1 号 ［0201D］
Landsat1
　C 返束光导摄像管摄像机

lu di wei xing 1 hao
陆地卫星 1 号 ［0201D］
Landsat1
　C 数据收集系统

lu di wei xing 1 hao
陆地卫星 1 号 ［0201D］
Landsat1
　C 美国航空航天局

lu di wei xing 1 hao
陆地卫星 1 号 ［0201D］
Landsat1
　C 美国无线电公司

lu di wei xing 1 hao
陆地卫星 1 号 ［0201D］
Landsat1
　C 德尔塔 904 型运载火箭

lu di wei xing 2 hao
陆地卫星 2 号 ［0201D］
Landsat2
　S 陆地卫星系列

lu di wei xing 2 hao
陆地卫星 2 号 ［0201D］
Landsat2
　C 地球资源卫星

lu di wei xing 2 hao
陆地卫星 2 号 ［0201D］
Landsat2
　C 太阳同步轨道

lu di wei xing 2 hao
陆地卫星 2 号 ［0201D］
Landsat2

C 多光谱扫描仪

lu di wei xing 2 hao
陆地卫星 2 号 ［0201D］
Landsat2
　　C 返束光导摄像管摄像机

lu di wei xing 2 hao
陆地卫星 2 号 ［0201D］
Landsat2
　　C 数据收集系统

lu di wei xing 2 hao
陆地卫星 2 号 ［0201D］
Landsat2
　　C 美国范登堡空军基地

lu di wei xing 2 hao
陆地卫星 2 号 ［0201D］
Landsat2
　　C 美国航空航天局

lu di wei xing 2 hao
陆地卫星 2 号 ［0201D］
Landsat2
　　C 美国无线电公司

lu di wei xing 2 hao
陆地卫星 2 号 ［0201D］
Landsat2
　　C 德尔塔 2910 型运载火箭

lu di wei xing 3 hao
陆地卫星 3 号 ［0201D］
Landsat3
　　S 陆地卫星系列

lu di wei xing 3 hao
陆地卫星 3 号 ［0201D］
Landsat3
　　C 地球资源卫星

lu di wei xing 3 hao
陆地卫星 3 号 ［0201D］
Landsat3

C 太阳同步轨道

lu di wei xing 3 hao
陆地卫星 3 号 ［0201D］
Landsat3
　　C 多光谱扫描仪

lu di wei xing 3 hao
陆地卫星 3 号 ［0201D］
Landsat3
　　C 返束光导摄像管摄像机

lu di wei xing 3 hao
陆地卫星 3 号 ［0201D］
Landsat3
　　C 数据收集系统

lu di wei xing 3 hao
陆地卫星 3 号 ［0201D］
Landsat3
　　C 美国范登堡空军基地

lu di wei xing 3 hao
陆地卫星 3 号 ［0201D］
Landsat3
　　C 美国航空航天局

lu di wei xing 3 hao
陆地卫星 3 号 ［0201D］
Landsat3
　　C 美国无线电公司

lu di wei xing 3 hao
陆地卫星 3 号 ［0201D］
Landsat3
　　C 德尔塔 2910 型运载火箭

lu di wei xing 4 hao
陆地卫星 4 号 ［0201D］
Landsat4
　　S 陆地卫星系列

lu di wei xing 4 hao
陆地卫星 4 号 ［0201D］
Landsat4

C 地球资源卫星

S 陆地卫星系列

lu di wei xing 4 hao
陆地卫星 4 号 ［0201D］
Landsat4
  C 太阳同步轨道

lu di wei xing 5 hao
陆地卫星 5 号 ［0201D］
Landsat5
  C 地球资源卫星

lu di wei xing 4 hao
陆地卫星 4 号 ［0201D］
Landsat4
  C 专题测绘仪

lu di wei xing 5 hao
陆地卫星 5 号 ［0201D］
Landsat5
  C 太阳同步轨道

lu di wei xing 4 hao
陆地卫星 4 号 ［0201D］
Landsat4
  C 多光谱扫描仪

lu di wei xing 5 hao
陆地卫星 5 号 ［0201D］
Landsat5
  C 专题测绘仪

lu di wei xing 4 hao
陆地卫星 4 号 ［0201D］
Landsat4
  C GPS 接收器和处理器包

lu di wei xing 5 hao
陆地卫星 5 号 ［0201D］
Landsat5
  C 多光谱扫描仪

lu di wei xing 4 hao
陆地卫星 4 号 ［0201D］
Landsat4
  C 美国范登堡空军基地

lu di wei xing 5 hao
陆地卫星 5 号 ［0201D］
Landsat5
  C GPS 接收器和处理器包

lu di wei xing 4 hao
陆地卫星 4 号 ［0201D］
Landsat4
  C 美国航空航天局

lu di wei xing 5 hao
陆地卫星 5 号 ［0201D］
Landsat5
  C 美国范登堡空军基地

lu di wei xing 4 hao
陆地卫星 4 号 ［0201D］
Landsat4
  C 美国无线电公司

lu di wei xing 5 hao
陆地卫星 5 号 ［0201D］
Landsat5
  C 美国航空航天局

lu di wei xing 4 hao
陆地卫星 4 号 ［0201D］
Landsat4
  C 德尔塔 3920 型运载火箭

lu di wei xing 5 hao
陆地卫星 5 号 ［0201D］
Landsat5
  C 美国无线电公司

lu di wei xing 5 hao
陆地卫星 5 号 ［0201D］
Landsat5

lu di wei xing 5 hao
陆地卫星 5 号 ［0201D］
Landsat5

C 德尔塔 3920 型运载火箭

lu di wei xing 6 hao
陆地卫星 6 号 ［0201D］

Landsat6

    S 陆地卫星系列

lu di wei xing 6 hao
陆地卫星 6 号 ［0201D］

Landsat6

    C 地球资源卫星

lu di wei xing 6 hao
陆地卫星 6 号 ［0201D］

Landsat6

    C 太阳同步轨道

lu di wei xing 6 hao
陆地卫星 6 号 ［0201D］

Landsat6

    C 增强型专题制图仪

lu di wei xing 6 hao
陆地卫星 6 号 ［0201D］

Landsat6

    C 洛克希德·马丁公司

lu di wei xing 6 hao
陆地卫星 6 号 ［0201D］

Landsat6

    C 美国范登堡空军基地

lu di wei xing 6 hao
陆地卫星 6 号 ［0201D］

Landsat6

    C 美国航空航天局

lu di wei xing 6 hao
陆地卫星 6 号 ［0201D］

Landsat6

    C 泰坦二号运载火箭

lu di wei xing 7 hao
陆地卫星 7 号 ［0201D］

Landsat7

S 陆地卫星系列

lu di wei xing 7 hao
陆地卫星 7 号 ［0201D］

Landsat7

    C 地球资源卫星

lu di wei xing 7 hao
陆地卫星 7 号 ［0201D］

Landsat7

    C 太阳同步轨道

lu di wei xing 7 hao
陆地卫星 7 号 ［0201D］

Landsat7

    C 增强型专题测绘仪增强版

lu di wei xing 7 hao
陆地卫星 7 号 ［0201D］

Landsat7

    C 洛克希德·马丁公司

lu di wei xing 7 hao
陆地卫星 7 号 ［0201D］

Landsat7

    C 美国范登堡空军基地

lu di wei xing 7 hao
陆地卫星 7 号 ［0201D］

Landsat7

    C 美国航空航天局

lu di wei xing 7 hao
陆地卫星 7 号 ［0201D］

Landsat7

    C 波音德尔塔 2 型运载火箭

lu di wei xing 8 hao
陆地卫星 8 号 ［0201D］

Landsat8

    S 陆地卫星系列

lu di wei xing 7 hao
陆地卫星 7 号 ［0201D］

Landsat7

lu di wei xing 8 hao
陆地卫星 8 号 ［0201D］

Landsat8

C 地球资源卫星

lu di wei xing 8 hao
陆地卫星 8 号 ［0201D］
Landsat8
C 太阳同步轨道

lu di wei xing 8 hao
陆地卫星 8 号 ［0201D］
Landsat8
C 可操作陆地成像仪

lu di wei xing 8 hao
陆地卫星 8 号 ［0201D］
Landsat8
C 热红外传感器

lu di wei xing 8 hao
陆地卫星 8 号 ［0201D］
Landsat8
C 洛克希德·马丁公司

lu di wei xing 8 hao
陆地卫星 8 号 ［0201D］
Landsat8
C 美国范登堡空军基地

lu di wei xing 8 hao
陆地卫星 8 号 ［0201D］
Landsat8
C 美国航空航天局

lu di wei xing 8 hao
陆地卫星 8 号 ［0201D］
Landsat8
C 宇宙神-5 运载火箭

lu di wei xing xi lie
陆地卫星系列 ［0201D］
Landsat Series
S 航天

lu di yao gan chan pin zhen shi xing jian yan
陆地遥感产品真实性检验 ［0203E］
Land Remote Sensing Product Authenticity Inspection
S 遥感产品真实性检验

lu di zi yuan wei xing L5 de shu ju ge shi
陆地资源卫星 L5 的数据格式 ［0203B］
Data Format of Landsat L5
S 遥感图像专用数据格式

lu ji lei da
陆基雷达 ［0201A］
Land-Based Radar
S 雷达

lu ji zeng qiang xi tong
陆基增强系统 ［0201A］
Ground-Based Augmentation Systems
S 全球导航卫星系统增强型系统

lu mian shu ju tong hua xi tong
陆面数据同化系统 ［0202D］
Land Data Assimilation System
F 北美（全球）陆面数据同化系统
中国西部陆面数据同化系统
中尺度陆–气耦合卫星数据同化系统

lu jing fu she
路径辐射 ［0202A］
Path Radiation
Y 程辐射

lu jing gui hua suan fa
路径规划算法 ［0202D］
Path Planning Algorithm
S 导航算法

luo bo te ti du
罗伯特梯度 ［0202B］
Roberts Gradient
S 锐化

luo xuan tian xian

螺旋天线 [0201B]

Spiral Antenna

S 馈源

luo ying

落影 [0202B]

Falling Shadows

S 阴影（航空像片）

lü

绿 [0203A]

Green

S 三原色

lü du

绿度 [0203B]

Greenness

C 比值植被指数

lü se zhi shu

绿色指数 [0202A]

Green Index

C 农业植被指数

lü li zi

氯离子 [0203B]

Chloride Ion

S 水离子

lü bo

滤波 [0202A]

Filtering

F 光学滤波

电子滤波

数字滤波

lü bo mu ban

滤波模板 [0202C]

Filter Template

S 统计方法

ma er ke fu sui ji chang mo xing

马尔科夫随机场模型 [0202B]

Markowv Random Field Model

S 随机模型

ma er ke fu lian

马尔可夫链 [0202B]

Markov Chain

S 数据同化法

ma er ke fu sui ji chang

马尔可夫随机场 [0202B]

Markov Random Field

S 模型方法

ma shi ju li

马氏距离 [0202B]

Mahalanobis Distance

S 距离

ma shi ju li fen lei fa

马氏距离分类法 [0202B]

Mahalanobis Distance Classifier

S 监督分类

ma gen zong huan gen zong wu cha

码跟踪环跟踪误差 [0202C]

Code Tracking Ring Tracking Error

S 用户接收机误差

ma gen zong huan lu

码跟踪环路 [0202C]

Code Tracking Loop

D 码环

ma huan jian bie qi

码环鉴别器 [0201B]

Code Ring Discriminator

F 非相干超前减滞后幅值法

非相干超前减滞后功率法

似相干点积功率法

相干点积功率发法

ma xiang wei gen zong jing du

码相位跟踪精度 [0203D]

Code Phase Tracking Accuracy

　　C 伪码码率

mai chong ji guang qi

脉冲激光器 [0201B]

Pulsed Laser

　　S 激光发射系统（大气探测）

mai chong kuan du

脉冲宽度 [0203D]

Pulse Width

　　D 脉冲长度

mai chong kuan du

脉冲宽度 [0203D]

Pulse Width

　　C 距离分辨率

mai chong zao sheng

脉冲噪声 [0202C]

Pulse Noise

　　S 噪声

mai chong zao sheng

脉冲噪声 [0202C]

Pulse Noise

　　D 椒盐噪声

mai chong chang du

脉冲长度 [0203D]

Pulse Length

　　Y 脉冲宽度

man fan she

漫反射 [0203A]

Diffuse Reflection

　　S 反射

man yan xing

漫烟形 [0202B]

Stratified-Shaped

　　S 烟形

man yan xing

漫烟形 [0203A]

Stratified-Shaped

　　D 熏蒸形

mei gui xing zuo

玫瑰星座 [0201D]

Rosette Constellation

　　S 倾斜圆轨道星座

mei yu feng yun xi

梅雨锋云系 [0203B]

Meiyu Front Cloud System

　　S 中尺度天气系统

mei shu dan kui yuan

每束单馈源 [0201B]

Single Feed Per Beam

　　S 反射面式多波束天线

mei shu duo kui yuan

每束多馈源 [0201B]

Multiple Feeds Per Beam

　　S 反射面式多波束天线

mei guo san she ji

美国散射计 [0201C]

US Scatterometer

　　S 先进地球观测卫星传感器

meng te ka luo

蒙特卡罗 [0202A]

Monte Carlo

　　S 数据同化法

mi nuo tao yun zai huo jian

米诺陶运载火箭 [0201D]

Minotaur

　　D 人牛怪运载火箭

mi shi san she

米氏散射 [0202A]

Michael's Scattering

S 有选择性散射

bi lu wei xing-1
秘鲁卫星-1［0201D］
PerúSat-1
　　C 电子侦察卫星

bi lu wei xing-1
秘鲁卫星-1［0201D］
PerúSat-1
　　C 太阳同步轨道

bi lu wei xing-1
秘鲁卫星-1［0201D］
PerúSat-1
　　C 新型 AstroSat 光学模块化仪器

bi lu wei xing-1
秘鲁卫星-1［0201D］
PerúSat-1
　　C 空中客车防务和航天公司

bi lu wei xing-1
秘鲁卫星-1［0201D］
PerúSat-1
　　C 秘鲁国防部

bi lu wei xing-1
秘鲁卫星-1［0201D］
PerúSat-1
　　C 圭亚那航天中心

bi lu wei xing-1
秘鲁卫星-1［0201D］
PerúSat-1
　　C 织女星运载火箭

mi du fen ge
密度分割［0202B］
Density Segmentation
　　Y 单波段彩色变换

mi du fen xi fang fa
密度分析方法［0202B］
Density Analysis Method

mi du fen xi fang fa
密度分析方法［0202B］
Density Analysis Method
　　F 样方分析法
　　　核密度估计法

mi du gu suan
密度估算［0202A］
Density Estimation
　　F 简单密度估算
　　　核密度估算

mi du tan ce
密度探测［0202A］
Density Detection
　　S 大气探测

mian shi ding wei suan fa
免时定位算法［0202B］
Time-Free Positioning Algorithm
　　S 全球导航卫星系统伪距测量算法

mian ji bian xing
面积变形［0202A］
Area Deformation
　　S 地图投影变形

mian ji jia quan ping jun fen bian lü
面积加权平均分辨率［0202A］
Area Weighted Average Resolution
　　S 遥感分辨率

mian ji zhan you fa
面积占优法［0202B］
Area Dominance Method
　　S 格网属性赋值方法

mian xiang dui xiang mo xing
面向对象模型［0202B］
Object Oriented Model
　　S 数据模型

mian xiang dui xiang mo xing
面向对象模型 ［0202B］
Object Oriented Model
　D 面向目标模型

mian xiang mu biao mo xing
面向目标模型 ［0202B］
Goal-Oriented Model
　Y 面向对象模型

mian zhuang di wu
面状地物 ［0203A］
Planar Features
　S 地表物体形式

mian zhuang fu hao
面状符号 ［0202B］
Area Symbol
　S 地图符号

mian zhuang fu hao hui zhi
面状符号绘制 ［0202B］
Face Symbol Drawing
　S 矢量符号绘制方法

miao zhun bu huo gen zong gong neng zhuang zhi
瞄准捕获跟踪功能装置 ［0202C］
Target Capture Tracking Function Device
　F 粗瞄装置
　　精瞄装置
　　提前瞄准装置

miao zhun bu huo gen zong ji shu
瞄准捕获跟踪技术 ［0203C］
Target Acquisition Tracking Technology
　S 激光通信技术

miao zhun bu huo gen zong kong zhi xi tong
瞄准捕获跟踪控制系统 ［0203C］
Target Acquisition Tracking Control System
　S 激光通信技术模块

min ke fu si ji ju li
闵可夫斯基距离 ［0202C］
Minkowski Distance
　S 距离

min gan qi
敏感器 ［0201C］
Sensor
　S 控制分系统组成

min gan qi
敏感器 ［0201C］
Sensor
　F 星敏感器
　　太阳敏感器
　　地球敏感器

ming du
明度 ［0203B］
Lightness
　S 颜色属性

ming du
明度 ［0203A］
Lightness
　C 反射率

ming du
明度 ［0203A］
Lightness
　Y 亮度

mo hu fen jie
模糊分解 ［0202B］
Fuzzy Decomposition
　S 混合像元分解

mo hu ju lei
模糊聚类 ［0202B］
Fuzzy Clustering
　S 分类系列模型

mo hu pi pei shu xing cha xun
模糊匹配属性查询 ［0202D］
Fuzzy Matching Attribute Query
　S 属性特征查询

mo hu shu xue fen lei qi
模糊数学分类器 ［0202B］
Fuzzy Mathematical Classifier
　S 遥感图像分类器

mo hu zong he ping pan fa
模糊综合评判法 ［0202B］
Fuzzy Comprehensive Evaluation Method
　S 环境评价方法

mo ni cai yang ping jun qi
模拟采样平均器 ［0202C］
Analog Sample Averaging Device
　S 信号采样平均器

mo ni ce tu yi
模拟测图仪 ［0201B］
Analog Plotter
　S 卫星通信系统信号类型

mo ni tiao zhi
模拟调制 ［0202C］
Analog Modulation
　S 调制方式

mo shi shi pei
模式适配 ［0202C］
Mode Adaptation
　S DVB-S2 发射机功能单元组成

mo shu bian huan
模数变换 ［0202C］
Analog to Digital
　C 数模变换

mo shu zhuan huan qi
模数转换器 ［0201B］
Analog-To-Digital Converter

　S 系统级芯片

mo xing da qi jiao zheng
模型大气校正 ［0202A］
Model Atmospheric Correction
　S 大气校正

mo xing fang fa
模型方法 ［0202B］
Model Method
　S 地质矿物提取方法（高光谱遥感数据）

mo xing yu ce fa
模型预测法 ［0202D］
Model Prediction Method
　S 环境评价方法

mo xing yuan shu ju
模型元数据 ［0202C］
Model Metadata
　S 元数据（内容）

mo mian tian xian
膜面天线 ［0201A］
Membrane Antenna
　D 充气天线

mo mian tian xian
膜面天线 ［0201A］
Membrane Antenna
　S 天线

mo luo ge tu bu sa te
摩洛哥图布萨特 ［0201D］
Maroc-Tubsat
　C 地球资源卫星

mo luo ge tu bu sa te
摩洛哥图布萨特 ［0201D］
Maroc-Tubsat
　C 太阳同步轨道

mo luo ge tu bu sa te
摩洛哥图布萨特 ［0201D］
Maroc-Tubsat

C 地球成像相机

mo luo ge tu bu sa te
摩洛哥图布萨特 [0201D]
Maroc-Tubsat
　C 星形传感器

mo luo ge tu bu sa te
摩洛哥图布萨特 [0201D]
Maroc-Tubsat
　C 格林工业大学

mo luo ge tu bu sa te
摩洛哥图布萨特 [0201D]
Maroc-Tubsat
　C 拜科努尔航天发射场

mo luo ge tu bu sa te
摩洛哥图布萨特 [0201D]
Maroc-Tubsat
　C 泽尼特-2

mo ka tuo tou ying
墨卡托投影 [0202C]
Mercator Projection
　S 正形投影

mu biao di wu ju li
目标地物距离 [0202A]
Target Feature Distance
　C 方位分辨率

mu biao di wu te zheng
目标地物特征 [0203B]
Target Features
　F 色
　　形
　　位

mu biao jian ce he fen ge
目标检测和分割 [0202B]
Object Detection and Segmentation
　S 遥感图像分类方法

mu shi jie yi
目视解译 [0202B]
Visual Interpretation
　S 遥感图像解译

mu shi jie yi
目视解译 [0202B]
Visual Interpretation
　D 目视判读

mu shi jie yi fang fa
目视解译方法 [0202B]
Visual Interpretation Method
　F 直接判读法
　　对比分析法
　　信息复合法
　　综合推理法
　　地理相关分析法

mu shi pan du
目视判读 [0202B]
Visual Interpretation
　S 判读

mu shi pan du
目视判读 [0202B]
Visual Interpretation
　Y 目视解译

nei bu dian kuo san suan fa
内部点扩散算法 [0202B]
Internal Point Diffusion Algorithm
　S 多边形栅格化方法

nei bu jun zhi xiang dui fan she lü fa
内部均值相对反射率法 [0202B]
Internal Average Relative Reflectance
　S 大气校正算法

nei bu ping jun fa
内部平均法 [0202A]
Internal Average Method
　S 相对大气校正

nei bu wu cha
内部误差 [0202A]
Internal Error

    S 遥感图像误差

nei bu wu cha
内部误差 [0202A]
Internal Error

    F 透镜焦距变动

       像主点偏移

       镜头光学畸变

nei bu zao sheng
内部噪声 [0202C]
Internal Noise

    S 接收机噪声

nei tiao zhi qi
内调制器 [0201B]
Internal Modulator

    S 光调制器

ni ri li ya wei xing-1 hao
尼日利亚卫星-1 号 [0201D]
NigeriaSat-1

    S 尼日利亚卫星系列

ni ri li ya wei xing-1 hao
尼日利亚卫星-1 号 [0201D]
NigeriaSat-1

    C 环境与灾害监测卫星

ni ri li ya wei xing-1 hao
尼日利亚卫星-1 号 [0201D]
NigeriaSat-1

    C 太阳同步近圆形轨道

ni ri li ya wei xing-1 hao
尼日利亚卫星-1 号 [0201D]
NigeriaSat-1

    C 萨里线性成像仪

ni ri li ya wei xing-1 hao
尼日利亚卫星-1 号 [0201D]
NigeriaSat-1

    C 中国空间技术研究院

ni ri li ya wei xing-1 hao
尼日利亚卫星-1 号 [0201D]
NigeriaSat-1

    C 萨里卫星技术有限公司

ni ri li ya wei xing-1 hao
尼日利亚卫星-1 号 [0201D]
NigeriaSat-1

    C 普列谢茨克航天发射基地

ni ri li ya wei xing-1 hao
尼日利亚卫星-1 号 [0201D]
NigeriaSat-1

    C 宇宙 3 号 M 型运载火箭

ni ri li ya wei xing-2 hao
尼日利亚卫星-2 号 [0201D]
NigeriaSat-2

    S 尼日利亚卫星系列

ni ri li ya wei xing-2 hao
尼日利亚卫星-2 号 [0201D]
NigeriaSat-2

    C 环境与灾害监测卫星

ni ri li ya wei xing-2 hao
尼日利亚卫星-2 号 [0201D]
NigeriaSat-2

    C 太阳同步圆形轨道

ni ri li ya wei xing-2 hao
尼日利亚卫星-2 号 [0201D]
NigeriaSat-2

    C 超高分辨率成像仪

ni ri li ya wei xing-2 hao
尼日利亚卫星-2 号 [0201D]
NigeriaSat-2

C 中分辨率成像仪

ni ri li ya wei xing-2 hao
尼日利亚卫星-2 号 ［0201D］
NigeriaSat-2
　　C 亚斯尼航天发射场

ni ri li ya wei xing-2 hao
尼日利亚卫星-2 号 ［0201D］
NigeriaSat-2
　　C 萨里卫星技术有限公司

ni ri li ya wei xing-2 hao
尼日利亚卫星-2 号 ［0201D］
NigeriaSat-2
　　C 第聂伯号运载火箭

ni ri li ya wei xing-X hao
尼日利亚卫星-X 号 ［0201D］
NigeriaSat-X
　　S 尼日利亚卫星系列

ni ri li ya wei xing-X hao
尼日利亚卫星-X 号 ［0201D］
NigeriaSat-X
　　C 环境与灾害监测卫星

ni ri li ya wei xing-X hao
尼日利亚卫星-X 号 ［0201D］
NigeriaSat-X
　　C 太阳同步近圆形轨道

ni ri li ya wei xing-X hao
尼日利亚卫星-X 号 ［0201D］
NigeriaSat-X
　　C 萨里线性成像仪

ni ri li ya wei xing-X hao
尼日利亚卫星-X 号 ［0201D］
NigeriaSat-X
　　C 亚斯尼航天发射场

ni ri li ya wei xing-X hao
尼日利亚卫星-X 号 ［0201D］
NigeriaSat-X

C 萨里卫星技术有限公司

ni ri li ya wei xing-X hao
尼日利亚卫星-X 号 ［0201D］
NigeriaSat-X
　　C 第聂伯号运载火箭

ni he cheng kong jing lei da
逆合成孔径雷达 ［0201C］
Inverse SAR
　　S 合成孔径雷达

niu dun fan she shi wang yuan jing
牛顿反射式望远镜 ［0201B］
Newton Reflecting Telescope
　　S 接收望远镜

nong tian zheng fa
农田蒸发 ［0202D］
Agricultural Field Evaporation
　　S 蒸发

nong ye wei xing
农业卫星 ［0201D］
Agricultural Satellites
　　S 应用卫星

nong ye yao gan
农业遥感 ［0202D］
Agricultural Remote Sensing
　　S 遥感

nong ye zhi bei zhi shu
农业植被指数 ［0202A］
Agricultural Vegetation Index
　　C 作物植被指数

nong ye zhi bei zhi shu
农业植被指数 ［0202A］
Agricultural Vegetation Index
　　C 环境植被指数

nong ye zhi bei zhi shu
农业植被指数 ［0202A］
Agricultural Vegetation Index

C 绿色指数

nong ye zhi bei zhi shu
农业植被指数［0202A］
Agricultural Vegetation Index
C 差异植被指数

nu wei xing 10 hao
努卫星 10 号［0201D］
NuSAT-10
S NuSAT 系列

nu wei xing 10 hao
努卫星 10 号［0201D］
NuSAT-10
C 商用遥感卫星

nu wei xing 10 hao
努卫星 10 号［0201D］
NuSAT-10
C 太阳同步轨道

nu wei xing 10 hao
努卫星 10 号［0201D］
NuSAT-10
C 成像仪

nu wei xing 10 hao
努卫星 10 号［0201D］
NuSAT-10
C Satellogic

nu wei xing 10 hao
努卫星 10 号［0201D］
NuSAT-10
C 酒泉卫星发射中心

nu wei xing 10 hao
努卫星 10 号［0201D］
NuSAT-10
C 长征六号运载火箭

nu wei xing 11 hao
努卫星 11 号［0201D］
NuSAT-11

S NuSAT 系列

nu wei xing 11 hao
努卫星 11 号［0201D］
NuSAT-11
C 商用遥感卫星

nu wei xing 11 hao
努卫星 11 号［0201D］
NuSAT-11
C 太阳同步轨道

nu wei xing 11 hao
努卫星 11 号［0201D］
NuSAT-11
C 成像仪

nu wei xing 11 hao
努卫星 11 号［0201D］
NuSAT-11
C Satellogic

nu wei xing 11 hao
努卫星 11 号［0201D］
NuSAT-11
C 酒泉卫星发射中心

nu wei xing 11 hao
努卫星 11 号［0201D］
NuSAT-11
C 长征六号运载火箭

nu wei xing 12 hao
努卫星 12 号［0201D］
NuSAT-12
S NuSAT 系列

nu wei xing 12 hao
努卫星 12 号［0201D］
NuSAT-12
C 商用遥感卫星

nu wei xing 12 hao
努卫星 12 号［0201D］
NuSAT-12

C 太阳同步轨道

nu wei xing 12 hao
努卫星 12 号 ［0201D］
NuSAT-12
　C 成像仪

nu wei xing 12 hao
努卫星 12 号 ［0201D］
NuSAT-12
　C Satellogic

nu wei xing 12 hao
努卫星 12 号 ［0201D］
NuSAT-12
　C 酒泉卫星发射中心

nu wei xing 12 hao
努卫星 12 号 ［0201D］
NuSAT-12
　C 长征六号运载火箭

nu wei xing 13 hao
努卫星 13 号 ［0201D］
NuSAT-13
　S NuSAT 系列

nu wei xing 13 hao
努卫星 13 号 ［0201D］
NuSAT-13
　C 商用遥感卫星

nu wei xing 13 hao
努卫星 13 号 ［0201D］
NuSAT-13
　C 太阳同步轨道

nu wei xing 13 hao
努卫星 13 号 ［0201D］
NuSAT-13
　C 成像仪

nu wei xing 13 hao
努卫星 13 号 ［0201D］
NuSAT-13

C Satellogic

nu wei xing 13 hao
努卫星 13 号 ［0201D］
NuSAT-13
　C 酒泉卫星发射中心

nu wei xing 13 hao
努卫星 13 号 ［0201D］
NuSAT-13
　C 长征六号运载火箭

nu wei xing 14 hao
努卫星 14 号 ［0201D］
NuSAT-14
　S NuSAT 系列

nu wei xing 14 hao
努卫星 14 号 ［0201D］
NuSAT-14
　C 商用遥感卫星

nu wei xing 14 hao
努卫星 14 号 ［0201D］
NuSAT-14
　C 太阳同步轨道

nu wei xing 14 hao
努卫星 14 号 ［0201D］
NuSAT-14
　C 成像仪

nu wei xing 14 hao
努卫星 14 号 ［0201D］
NuSAT-14
　C Satellogic

nu wei xing 14 hao
努卫星 14 号 ［0201D］
NuSAT-14
　C 酒泉卫星发射中心

nu wei xing 14 hao
努卫星 14 号 ［0201D］
NuSAT-14

C 长征六号运载火箭

nu wei xing 15 hao
努卫星 15 号［0201D］
NuSAT-15
  S NuSAT 系列

nu wei xing 15 hao
努卫星 15 号［0201D］
NuSAT-15
  C 商用遥感卫星

nu wei xing 15 hao
努卫星 15 号［0201D］
NuSAT-15
  C 太阳同步轨道

nu wei xing 15 hao
努卫星 15 号［0201D］
NuSAT-15
  C 成像仪

nu wei xing 15 hao
努卫星 15 号［0201D］
NuSAT-15
  C Satellogic

nu wei xing 15 hao
努卫星 15 号［0201D］
NuSAT-15
  C 酒泉卫星发射中心

nu wei xing 15 hao
努卫星 15 号［0201D］
NuSAT-15
  C 长征六号运载火箭

nu wei xing 16 hao
努卫星 16 号［0201D］
NuSAT-16
  S NuSAT 系列

nu wei xing 16 hao
努卫星 16 号［0201D］
NuSAT-16

C 商用遥感卫星

nu wei xing 16 hao
努卫星 16 号［0201D］
NuSAT-16
  C 太阳同步轨道

nu wei xing 16 hao
努卫星 16 号［0201D］
NuSAT-16
  C 成像仪

nu wei xing 16 hao
努卫星 16 号［0201D］
NuSAT-16
  C Satellogic

nu wei xing 16 hao
努卫星 16 号［0201D］
NuSAT-16
  C 酒泉卫星发射中心

nu wei xing 16 hao
努卫星 16 号［0201D］
NuSAT-16
  C 长征六号运载火箭

nu wei xing 17 hao
努卫星 17 号［0201D］
NuSAT-17
  S NuSAT 系列

nu wei xing 17 hao
努卫星 17 号［0201D］
NuSAT-17
  C 商用遥感卫星

nu wei xing 17 hao
努卫星 17 号［0201D］
NuSAT-17
  C 太阳同步轨道

nu wei xing 17 hao
努卫星 17 号［0201D］
NuSAT-17

C 成像仪

nu wei xing 17 hao
努卫星 17 号 ［0201D］
NuSAT-17
  C Satellogic

nu wei xing 17 hao
努卫星 17 号 ［0201D］
NuSAT-17
  C 酒泉卫星发射中心

nu wei xing 17 hao
努卫星 17 号 ［0201D］
NuSAT-17
  C 长征六号运载火箭

nu wei xing 18 hao
努卫星 18 号 ［0201D］
NuSAT-18
  S NuSAT 系列

nu wei xing 18 hao
努卫星 18 号 ［0201D］
NuSAT-18
  C 商用遥感卫星

nu wei xing 18 hao
努卫星 18 号 ［0201D］
NuSAT-18
  C 太阳同步轨道

nu wei xing 18 hao
努卫星 18 号 ［0201D］
NuSAT-18
  C 成像仪

nu wei xing 18 hao
努卫星 18 号 ［0201D］
NuSAT-18
  C Satellogic

nu wei xing 18 hao
努卫星 18 号 ［0201D］
NuSAT-18

C 酒泉卫星发射中心

nu wei xing 18 hao
努卫星 18 号 ［0201D］
NuSAT-18
  C 长征六号运载火箭

nu wei xing 1 hao
努卫星 1 号 ［0201D］
NuSAT-1
  S NuSAT 系列

nu wei xing 1 hao
努卫星 1 号 ［0201D］
NuSAT-1
  C 商用遥感卫星

nu wei xing 1 hao
努卫星 1 号 ［0201D］
NuSAT-1
  C 太阳同步轨道

nu wei xing 1 hao
努卫星 1 号 ［0201D］
NuSAT-1
  C 成像仪

nu wei xing 1 hao
努卫星 1 号 ［0201D］
NuSAT-1
  C 太原卫星发射中心

nu wei xing 1 hao
努卫星 1 号 ［0201D］
NuSAT-1
  C Satellogic

nu wei xing 1 hao
努卫星 1 号 ［0201D］
NuSAT-1
  C 长征四号乙

nu wei xing 2 hao
努卫星 2 号 ［0201D］
NuSAT-2

S NuSAT 系列

nu wei xing 2 hao
努卫星 2 号 ［0201D］
NuSAT-2
  C 商用遥感卫星

nu wei xing 2 hao
努卫星 2 号 ［0201D］
NuSAT-2
  C 太阳同步轨道

nu wei xing 2 hao
努卫星 2 号 ［0201D］
NuSAT-2
  C 成像仪

nu wei xing 2 hao
努卫星 2 号 ［0201D］
NuSAT-2
  C 太原卫星发射中心

nu wei xing 2 hao
努卫星 2 号 ［0201D］
NuSAT-2
  C Satellogic

nu wei xing 2 hao
努卫星 2 号 ［0201D］
NuSAT-2
  C 长征四号乙

nu wei xing 3 hao
努卫星 3 号 ［0201D］
NuSAT-3
  S NuSAT 系列

nu wei xing 3 hao
努卫星 3 号 ［0201D］
NuSAT-3
  C 商用遥感卫星

nu wei xing 3 hao
努卫星 3 号 ［0201D］
NuSAT-3

C 太阳同步轨道

nu wei xing 3 hao
努卫星 3 号 ［0201D］
NuSAT-3
  C 成像仪

nu wei xing 3 hao
努卫星 3 号 ［0201D］
NuSAT-3
  C 太原卫星发射中心

nu wei xing 3 hao
努卫星 3 号 ［0201D］
NuSAT-3
  C Satellogic

nu wei xing 3 hao
努卫星 3 号 ［0201D］
NuSAT-3
  C 长征四号乙

nu wei xing 4 hao
努卫星 4 号 ［0201D］
NuSAT-4
  S NuSAT 系列

nu wei xing 4 hao
努卫星 4 号 ［0201D］
NuSAT-4
  C 商用遥感卫星

nu wei xing 4 hao
努卫星 4 号 ［0201D］
NuSAT-4
  C 太阳同步轨道

nu wei xing 4 hao
努卫星 4 号 ［0201D］
NuSAT-4
  C 成像仪

nu wei xing 4 hao
努卫星 4 号 ［0201D］
NuSAT-4

C Satellogic

nu wei xing 4 hao
努卫星 4 号 ［0201D］
NuSAT-4
   C 酒泉卫星发射中心

nu wei xing 4 hao
努卫星 4 号 ［0201D］
NuSAT-4
   C 长征二号丁运载火箭

nu wei xing 5 hao
努卫星 5 号 ［0201D］
NuSAT-5
   S NuSAT 系列

nu wei xing 5 hao
努卫星 5 号 ［0201D］
NuSAT-5
   C 商用遥感卫星

nu wei xing 5 hao
努卫星 5 号 ［0201D］
NuSAT-5
   C 太阳同步轨道

nu wei xing 5 hao
努卫星 5 号 ［0201D］
NuSAT-5
   C 成像仪

nu wei xing 5 hao
努卫星 5 号 ［0201D］
NuSAT-5
   C Satellogic

nu wei xing 5 hao
努卫星 5 号 ［0201D］
NuSAT-5
   C 酒泉卫星发射中心

nu wei xing 5 hao
努卫星 5 号 ［0201D］
NuSAT-5

C 长征二号丁运载火箭

nu wei xing 6 hao
努卫星 6 号 ［0201D］
NuSAT-6
   S NuSAT 系列

nu wei xing 6 hao
努卫星 6 号 ［0201D］
NuSAT-6
   C 商用遥感卫星

nu wei xing 6 hao
努卫星 6 号 ［0201D］
NuSAT-6
   C 太阳同步轨道

nu wei xing 6 hao
努卫星 6 号 ［0201D］
NuSAT-6
   C 成像仪

nu wei xing 6 hao
努卫星 6 号 ［0201D］
NuSAT-6
   C Satellogic

nu wei xing 6 hao
努卫星 6 号 ［0201D］
NuSAT-6
   C 酒泉卫星发射中心

nu wei xing 6 hao
努卫星 6 号 ［0201D］
NuSAT-6
   C 织女星运载火箭

nu wei xing 7 hao
努卫星 7 号 ［0201D］
NuSAT-7
   S NuSAT 系列

nu wei xing 7 hao
努卫星 7 号 ［0201D］
NuSAT-7

C 商用遥感卫星

nu wei xing 7 hao
努卫星 7 号 [0201D]
NuSAT-7
  C 太阳同步轨道

nu wei xing 7 hao
努卫星 7 号 [0201D]
NuSAT-7
  C 成像仪

nu wei xing 7 hao
努卫星 7 号 [0201D]
NuSAT-7
  C Satellogic

nu wei xing 7 hao
努卫星 7 号 [0201D]
NuSAT-7
  C 酒泉卫星发射中心

nu wei xing 7 hao
努卫星 7 号 [0201D]
NuSAT-7
  C 长征二号丁运载火箭

nu wei xing 8 hao
努卫星 8 号 [0201D]
NuSAT-8
  S NuSAT 系列

nu wei xing 8 hao
努卫星 8 号 [0201D]
NuSAT-8
  C 商用遥感卫星

nu wei xing 8 hao
努卫星 8 号 [0201D]
NuSAT-8
  C 太阳同步轨道

nu wei xing 8 hao
努卫星 8 号 [0201D]
NuSAT-8

C 成像仪

nu wei xing 8 hao
努卫星 8 号 [0201D]
NuSAT-8
  C Satellogic

nu wei xing 8 hao
努卫星 8 号 [0201D]
NuSAT-8
  C 酒泉卫星发射中心

nu wei xing 8 hao
努卫星 8 号 [0201D]
NuSAT-8
  C 长征二号丁运载火箭

nu wei xing 9 hao
努卫星 9 号 [0201D]
NuSAT-9
  S NuSAT 系列

nu wei xing 9 hao
努卫星 9 号 [0201D]
NuSAT-9
  C 商用遥感卫星

nu wei xing 9 hao
努卫星 9 号 [0201D]
NuSAT-9
  C 太阳同步轨道

nu wei xing 9 hao
努卫星 9 号 [0201D]
NuSAT-9
  C 成像仪

nu wei xing 9 hao
努卫星 9 号 [0201D]
NuSAT-9
  C Satellogic

nu wei xing 9 hao
努卫星 9 号 [0201D]
NuSAT-9

C 酒泉卫星发射中心

C 美国范登堡空军基地

nu wei xing 9 hao

努卫星 9 号 ［0201D］

NuSAT-9

C 长征六号运载火箭

nuan yin ying

暖阴影 ［0202B］

Warm Shadow

S 阴影（热红外影像）

nuo a wei xing 11

诺阿卫星 11 ［0201D］

NOAA-11

S 诺阿卫星

nuo a wei xing 11

诺阿卫星 11 ［0201D］

NOAA-11

C 气象卫星

nuo a wei xing 11

诺阿卫星 11 ［0201D］

NOAA-11

C 太阳同步极轨

nuo a wei xing 11

诺阿卫星 11 ［0201D］

NOAA-11

C 鲍尔航空航天与技术公司

nuo a wei xing 11

诺阿卫星 11 ［0201D］

NOAA-11

C 美国航空航天局

nuo a wei xing 11

诺阿卫星 11 ［0201D］

NOAA-11

C 波音德尔塔 2 型运载火箭

nuo a wei xing 11

诺阿卫星 11 ［0201D］

NOAA-11

nuo a wei xing 11

诺阿卫星 11 ［0201D］

NOAA-11

C 美国国家海洋和大气管理局

nuo a wei xing 12

诺阿卫星 12 ［0201D］

NOAA-12

S 诺阿卫星

nuo a wei xing 12

诺阿卫星 12 ［0201D］

NOAA-12

C 气象卫星

nuo a wei xing 12

诺阿卫星 12 ［0201D］

NOAA-12

C 太阳同步极轨

nuo a wei xing 12

诺阿卫星 12 ［0201D］

NOAA-12

C 鲍尔航空航天与技术公司

nuo a wei xing 12

诺阿卫星 12 ［0201D］

NOAA-12

C 美国航空航天局

nuo a wei xing 12

诺阿卫星 12 ［0201D］

NOAA-12

C 波音德尔塔 2 型运载火箭

nuo a wei xing 12

诺阿卫星 12 ［0201D］

NOAA-12

C 美国范登堡空军基地

nuo a wei xing 12

诺阿卫星 12 ［0201D］

NOAA-12

C 美国国家海洋和大气管理局

nuo a wei xing 14
诺阿卫星 14［0201D］
NOAA-14
　　S 诺阿卫星

nuo a wei xing 14
诺阿卫星 14［0201D］
NOAA-14
　　C 气象卫星

nuo a wei xing 14
诺阿卫星 14［0201D］
NOAA-14
　　C 太阳同步极轨

nuo a wei xing 14
诺阿卫星 14［0201D］
NOAA-14
　　C 鲍尔航空航天与技术公司

nuo a wei xing 14
诺阿卫星 14［0201D］
NOAA-14
　　C 美国航空航天局

nuo a wei xing 14
诺阿卫星 14［0201D］
NOAA-14
　　C 波音德尔塔 2 型运载火箭

nuo a wei xing 14
诺阿卫星 14［0201D］
NOAA-14
　　C 美国范登堡空军基地

nuo a wei xing 14
诺阿卫星 14［0201D］
NOAA-14
　　C 美国国家海洋和大气管理局

nuo a wei xing 15
诺阿卫星 15［0201D］
NOAA-15

S 诺阿卫星

nuo a wei xing 15
诺阿卫星 15［0201D］
NOAA-15
　　C 气象卫星

nuo a wei xing 15
诺阿卫星 15［0201D］
NOAA-15
　　C 太阳同步极轨

nuo a wei xing 15
诺阿卫星 15［0201D］
NOAA-15
　　C 鲍尔航空航天与技术公司

nuo a wei xing 15
诺阿卫星 15［0201D］
NOAA-15
　　C 美国航空航天局

nuo a wei xing 15
诺阿卫星 15［0201D］
NOAA-15
　　C 波音德尔塔 2 型运载火箭

nuo a wei xing 15
诺阿卫星 15［0201D］
NOAA-15
　　C 美国范登堡空军基地

nuo a wei xing 15
诺阿卫星 15［0201D］
NOAA-15
　　C 美国国家海洋和大气管理局

nuo a wei xing 16
诺阿卫星 16［0201D］
NOAA-16
　　S 诺阿卫星

nuo a wei xing 16
诺阿卫星 16［0201D］
NOAA-16

C 气象卫星

nuo a wei xing 16
诺阿卫星 16 ［0201D］
NOAA-16
　　C 太阳同步极轨

nuo a wei xing 16
诺阿卫星 16 ［0201D］
NOAA-16
　　C 鲍尔航空航天与技术公司

nuo a wei xing 16
诺阿卫星 16 ［0201D］
NOAA-16
　　C 美国航空航天局

nuo a wei xing 16
诺阿卫星 16 ［0201D］
NOAA-16
　　C 波音德尔塔 2 型运载火箭

nuo a wei xing 16
诺阿卫星 16 ［0201D］
NOAA-16
　　C 美国范登堡空军基地

nuo a wei xing 16
诺阿卫星 16 ［0201D］
NOAA-16
　　C 美国国家海洋和大气管理局

nuo a wei xing 17
诺阿卫星 17 ［0201D］
NOAA-17
　　S 诺阿卫星

nuo a wei xing 17
诺阿卫星 17 ［0201D］
NOAA-17
　　C 气象卫星

nuo a wei xing 17
诺阿卫星 17 ［0201D］
NOAA-17

C 太阳同步极轨

nuo a wei xing 17
诺阿卫星 17 ［0201D］
NOAA-17
　　C 鲍尔航空航天与技术公司

nuo a wei xing 17
诺阿卫星 17 ［0201D］
NOAA-17
　　C 美国航空航天局

nuo a wei xing 17
诺阿卫星 17 ［0201D］
NOAA-17
　　C 波音德尔塔 2 型运载火箭

nuo a wei xing 17
诺阿卫星 17 ［0201D］
NOAA-17
　　C 美国范登堡空军基地

nuo a wei xing 17
诺阿卫星 17 ［0201D］
NOAA-17
　　C 美国国家海洋和大气管理局

nuo a wei xing 18
诺阿卫星 18 ［0201D］
NOAA-18
　　S 诺阿卫星

nuo a wei xing 18
诺阿卫星 18 ［0201D］
NOAA-18
　　C 气象卫星

nuo a wei xing 18
诺阿卫星 18 ［0201D］
NOAA-18
　　C 太阳同步极轨

nuo a wei xing 18
诺阿卫星 18 ［0201D］
NOAA-18

C 鲍尔航空航天与技术公司

nuo a wei xing 18
诺阿卫星 18 ［**0201D**］
NOAA-18
　　C 美国航空航天局

nuo a wei xing 18
诺阿卫星 18 ［**0201D**］
NOAA-18
　　C 波音德尔塔 2 型运载火箭

nuo a wei xing 18
诺阿卫星 18 ［**0201D**］
NOAA-18
　　C 美国范登堡空军基地

nuo a wei xing 18
诺阿卫星 18 ［**0201D**］
NOAA-18
　　C 美国国家海洋和大气管理局

nuo a wei xing 19
诺阿卫星 19 ［**0201D**］
NOAA-19
　　S 诺阿卫星

nuo a wei xing 19
诺阿卫星 19 ［**0201D**］
NOAA-19
　　C 气象卫星

nuo a wei xing 19
诺阿卫星 19 ［**0201D**］
NOAA-19
　　C 太阳同步极轨

nuo a wei xing 19
诺阿卫星 19 ［**0201D**］
NOAA-19
　　C 鲍尔航空航天与技术公司

nuo a wei xing 19
诺阿卫星 19 ［**0201D**］
NOAA-19

C 美国航空航天局

nuo a wei xing 19
诺阿卫星 19 ［**0201D**］
NOAA-19
　　C 波音德尔塔 2 型运载火箭

nuo a wei xing 19
诺阿卫星 19 ［**0201D**］
NOAA-19
　　C 美国范登堡空军基地

nuo a wei xing 19
诺阿卫星 19 ［**0201D**］
NOAA-19
　　C 美国国家海洋和大气管理局

nuo a wei xing 20
诺阿卫星 20 ［**0201D**］
NOAA-20
　　S 诺阿卫星

nuo a wei xing 20
诺阿卫星 20 ［**0201D**］
NOAA-20
　　C 气象卫星

nuo a wei xing 20
诺阿卫星 20 ［**0201D**］
NOAA-20
　　C 太阳同步极轨

nuo a wei xing 20
诺阿卫星 20 ［**0201D**］
NOAA-20
　　C 先进技术微波测深仪

nuo a wei xing 20
诺阿卫星 20 ［**0201D**］
NOAA-20
　　C 交叉轨道红外测深仪

nuo a wei xing 20
诺阿卫星 20 ［**0201D**］
NOAA-20

C 云和地球辐射能系统

nuo a wei xing 20
诺阿卫星 20［0201D］
NOAA-20
    C 臭氧测绘和分析器套件

nuo a wei xing 20
诺阿卫星 20［0201D］
NOAA-20
    C 可见光/红外成像仪辐射计套件

nuo a wei xing 20
诺阿卫星 20［0201D］
NOAA-20
    C 鲍尔航空航天与技术公司

nuo a wei xing 20
诺阿卫星 20［0201D］
NOAA-20
    C 美国航空航天局

nuo a wei xing 20
诺阿卫星 20［0201D］
NOAA-20
    C 波音德尔塔 2 型运载火箭

nuo a wei xing 20
诺阿卫星 20［0201D］
NOAA-20
    C 美国范登堡空军基地

nuo a wei xing 20
诺阿卫星 20［0201D］
NOAA-20
    C 美国国家海洋和大气管理局

ou zhou huan jing wei xing
欧洲环境卫星［0201D］
Envisat
    C 环境与灾害监测卫星

ou zhou huan jing wei xing
欧洲环境卫星［0201D］
Envisat

C 太阳同步极轨

ou zhou huan jing wei xing
欧洲环境卫星［0201D］
Envisat
    C 合成孔径雷达

ou zhou huan jing wei xing
欧洲环境卫星［0201D］
Envisat
    C 中等分辨率成像频谱仪

ou zhou huan jing wei xing
欧洲环境卫星［0201D］
Envisat
    C 微波辐射计

ou zhou huan jing wei xing
欧洲环境卫星［0201D］
Envisat
    C 欧洲航天局

ou zhou huan jing wei xing
欧洲环境卫星［0201D］
Envisat
    C 罗科特-公里

pan bie fen xi
判别分析［0202B］
Discriminant Analysis
    S 多元统计分析

pan bie fen xi
判别分析［0202B］
Discriminant Analysis
    F 多类判别
      逐步判别

pan bie fen xi
判别分析［0202B］
Discriminant Analysis
    S 数学分析

pan bie fen xi mo xing
判别分析模型 ［0202B］
Discriminant Analysis Model
　S 分类系列模型

pan du
判读 ［0202B］
Interpretation
　F 航空像片判读
　　定性判读
　　定量判读
　　专题判读
　　目视判读

pan du biao zhi
判读标志 ［0202B］
Interpretation Key
　D 图像判读要素

pan du biao zhi
判读标志 ［0202B］
Interpretation Key
　C 地物识别特征

pao wu mian fan she tian xian
抛物面反射天线 ［0201B］
Parabolic Reflector Antenna
　F 中心馈源的抛物面天线
　　偏置馈源的抛物面天线

pei zhong kuai
配重块 ［0201B］
Counterweight Blocks
　S 总装直属件

pi fu wen du
皮肤温度 ［0203B］
Skin Temperature
　Y 表皮温度

pian xin lü
偏心率 ［0203D］
Eccentricity

　S 卫星轨道参量

pian yi xi shu
偏移系数 ［0202A］
Migration Coefficient
　C 重复周期

pian zhen fu she ji
偏振辐射计 ［0201C］
Polarized Radiometer
　S 辐射计

pian zhi kui yuan de pao wu mian tian xian
偏置馈源的抛物面天线 ［0201A］
Parabolic Antenna with Offset Feed
　S 抛物面反射天线

pian zhi pao wu mian tian xian
偏置抛物面天线 ［0201D］
Offset Parabolic Antenna
　S 反射面天线

pian zhuan jiao
偏转角 ［0202B］
Deflection Angle
　S 姿态角

pin jie
拼接 ［0202B］
Append
　S 图层要素操作

pin duan ji dai kuan can shu
频段及带宽参数 ［0203D］
Frequency Band and Bandwidth Parameters
　S 有效载荷整体性能参数

pin duan ji dai kuan can shu
频段及带宽参数 ［0203D］
Frequency Band and Bandwidth Parameters
　F 通信频段
　　带宽
　　频率再用特性

pin lü
频率 [0203D]
Frequency
S 纹理的性质

pin lü jian bie qi
频率鉴别器 [0201B]
Frequency Discriminator
D 鉴频器

pin lü suo ding huan lu
频率锁定环路 [0202C]
Frequency Locking Loop
S 载波跟踪环路

pin lü suo ding huan lu
频率锁定环路 [0201B]
Frequency Locked Loop
D 锁频环

pin lü suo ding huan lu
频率锁定环路 [0201B]
Frequency Locked Loop
D 自动频率控制

pin lü xiang ying te xing zhi biao fen jie
频率相应特性指标分解 [0202C]
Frequency Corresponding Characteristic Index
Decomposition
S 通信载荷系统指标分解

pin lü xie sheng ji li
频率斜升激励 [0201C]
Frequency Ramp Up Excitation
S 相位激励信号

pin lü yu lü bo
频率域滤波 [0202B]
Frequency Domain Filtering
S 图像增强

pin lü yu lü bo
频率域滤波 [0202A]
Frequency Domain Filtering
F 高通滤波
低通滤波
带通滤波

pin lü yu lü bo qi
频率域滤波器 [0202A]
Frequency Domain Filter
F 低通滤波器
高通滤波器
带通滤波器
带阻滤波器
自定义滤波器

pin pu fen xi
频谱分析 [0202A]
Spectral Analysis
S 信号分析方法

pin pu lei da
频谱雷达 [0201C]
Spectral Radar
S 雷达

pin yi jian kong
频移键控 [0203C]
Frequency Shift Keying
S 数字调制

pin yu lü bo
频域滤波 [0202B]
Frequency Domain Filtering
S 信号分析方法

ping chang yu fa
平场域法 [0202B]
Flat Field Method
S 相对大气校正

ping di jiao zheng fa
平地校正法 [0202A]
Flat-Field Correction Method

S 大气校正算法

ping hua hou de wei ju cha fen
平滑后的伪距差分 ［0202B］
Pseudo-Distance Difference After Smoothing
　S 差分 GPS（目标参量）

ping liu ceng lin bian hong wai jian ce fu she ji
平流层临边红外监测辐射计 ［0201C］
Limb Infrared Monitor for Stratosphere
　S 可见光–红外辐射计

ping liu ceng qi rong jiao qi ti shi yan-Ⅲ
平流层气溶胶气体实验-Ⅲ ［0201C］
Stratospheric Aerosol and Gas Experiment-Ⅲ
　S EOS 传感器

ping liu ceng tan ce Mie san she ji guang lei da
平流层探测 Mie 散射激光雷达 ［0201C］
Mie Scattering Lidar for Stratospheric Exploration
　S Mie 散射激光雷达

ping mian tian xian
平面天线 ［0201B］
Planar Antenna
　Y 平板天线

ping mian wei zhi jing du yin zi
平面位置精度因子 ［0203D］
Horizontal Dilution of Precision
　S 导航星座影响因子

ping shi shu zi hua
平视数字化 ［0202C］
Parallax Digitisation
　Y 屏幕数字化

ping tai fen xi tong
平台分系统 ［0201D］
Platform Subsystem
　S 卫星重量预算

ping tai fen xi tong
平台分系统 ［0201D］
Platform Subsystem
　F 高低频电缆
　　总线电缆

ping tai sao miao yi
平台扫描仪 ［0201D］
Platform Scanner
　S 扫描仪（结构）

ping tai yao gan te xing yu yao qiu
平台遥感特性与要求 ［0201D］
Characteristics and Requirements of Platform Remote Sensing
　S 遥感数据获取

ping wen zao sheng
平稳噪声 ［0202C］
Stationary Noise
　S 图像噪声（统计理论）

ping xing liu mian ti fen lei fa
平行六面体分类法 ［0202B］
Parallelepiped Classification
　S 监督分类

ping xing liu mian ti fen lei qi
平行六面体分类器 ［0202B］
Parallelepiped Classifier
　Y 等级分割分类器

ping xing suan fa
平行算法 ［0202C］
Parallel Algorithm
　D 盒式决策规则

ping xing xian fa
平行线法 ［0202B］
Parallel Line Method
　Y 射线法

ping zhan xing
平展形 ［0203A］
Spread-Shaped
　　Y 扇形

ping gu xing yuan shu ju
评估型元数据 ［0202D］
Evaluation Metadata
　　S 元数据（内容）

ping jia xi lie mo xing
评价系列模型 ［0202D］
Evaluation Series Model
　　F 要素选择模型
　　　因子权重分配模型
　　　评价模型
　　　分等定级模型

ping mu shu zi hua
屏幕数字化 ［0202B］
Screen Digitisation
　　D 平视数字化

po xiang ji suan
坡向计算 ［0202B］
Slope Direction Calculation
　　S 三维数据空间分析

pou mian ji suan
剖面计算 ［0202B］
Profile Calculation
　　S 三维数据空间分析

pu shi gui lü fa xian
普适规律发现 ［0202B］
Universal Law Discovery
　　S 社会感知数据应用范式

pu tong ke li jin
普通克里金 ［0202A］
Ordinary Kriging
　　S 克里金法

pu tong xing li shu can shu
普通型历书参数 ［0203D］
Ordinary Type Almanac Parameters
　　S CNAV 电文历书参数

pu fen bian lü
谱分辨率 ［0202A］
Spectral Resolution
　　C 波长范围

pu fen bian lü
谱分辨率 ［0203D］
Spectral Resolution
　　C 波段数

qi ke long-3
齐克隆-3 ［0201D］
TSIKLON-3
　　S 齐克隆系列

qi fa shi sou suo
启发式搜索 ［0202B］
Heuristic Search
　　S 边缘连接

qi hou tu
气候图 ［0202D］
Climate Map
　　S 地图

qi qiu yao gan
气球遥感 ［0201D］
Balloon Remote Sensing
　　S 遥感

qi rong jiao li zi zhe she zhi shu
气溶胶粒子折射指数 ［0203B］
Aerosol Particle Refractive Index
　　S 大气气溶胶光学参数

qi rong jiao san she
气溶胶散射 ［0202A］
Aerosol Scattering

S 散射

qi rong jiao zu fen can shu
气溶胶组分参数 ［0203D］
Aerosol Component Parameters
　S 大气校正参数

qi ti ji guang qi
气体激光器 ［0201B］
Gas Laser
　S 激光器（工作物质）

qi xiang lei da
气象雷达 ［0201A］
Weather Radar
　S 雷达

qi xiang wei xing
气象卫星 ［0201D］
Meteorological Satellite
　F 静止气象卫星
　　极地气象卫星
　　环境气象卫星
　　水文气象卫星
　　太阳天文卫星

qi xiang wei xing tan ce
气象卫星探测 ［0202D］
Meteorological Satellite Detection
　S 气象观测

qi xiang wei xing xi lie
气象卫星系列 ［0201D］
Meteorological Satellite Series
　S 航天

qi xiang yao gan wei xing
气象遥感卫星 ［0201D］
Meteorological Remote Sensing Satellites
　S 遥感卫星

qi xiang yao gan wei xing
气象遥感卫星 ［0201A］
Meteorological Remote Sensing Satellite

　F 太阳同步轨道气象卫星
　　地球静止轨道气象卫星

qi ya tan ce
气压探测 ［0201C］
Air Pressure Detection
　S 大气探测

qian li yan 2A
千里眼 2A ［0201D］
ERS-1
　S 地球观测卫星系列

qian li yan 2A
千里眼 2A ［0201D］
ERS-1
　S 气象卫星

qian li yan 2A
千里眼 2A ［0201D］
ERS-1
　C 太阳同步极地轨道

qian li yan 2A
千里眼 2A ［0201D］
ERS-1
　C 合成孔径雷达

qian li yan 2A
千里眼 2A ［0201D］
ERS-1
　C 斜视观测的主动式微波探测装置

qian li yan 2A
千里眼 2A ［0201D］
ERS-1
　C 欧洲航天局

qian li yan 2A
千里眼 2A ［0201D］
ERS-1
　C 阿丽亚娜 4 型运载火箭

qian li yan 2B
千里眼 2B［0201D］
ERS-2
　S 地球观测卫星系列

qian li yan 2B
千里眼 2B［0201D］
ERS-2
　S 地球资源卫星

qian li yan 2B
千里眼 2B［0201D］
ERS-2
　C 太阳同步轨道

qian li yan 2B
千里眼 2B［0201D］
ERS-2
　C 合成孔径雷达

qian li yan 2B
千里眼 2B［0201D］
ERS-2
　C 斜视观测的主动式微波探测装置

qian li yan 2B
千里眼 2B［0201D］
ERS-2
　C 欧洲航天局

qian li yan 2B
千里眼 2B［0201D］
ERS-2
　C 阿丽亚娜 4 型运载火箭

qian li yan yi hao
千里眼一号［0201D］
COMS-1
　S COMS 系列

qian li yan yi hao
千里眼一号［0201D］
COMS-1

　C 气象卫星

qian li yan yi hao
千里眼一号［0201D］
COMS-1
　C 地球静止轨道

qian li yan yi hao
千里眼一号［0201D］
COMS-1
　C 阿丽亚娜五号 ECA 型

qian li yan yi hao
千里眼一号［0201D］
COMS-1
　C 地球静止海洋彩色成像仪

qian li yan yi hao
千里眼一号［0201D］
COMS-1
　C 气象成像仪

qian li yan yi hao
千里眼一号［0201D］
COMS-1
　C 韩国气象厅

qian li yan yi hao
千里眼一号［0201D］
COMS-1
　C 圭亚那航天中心

qian chui xian fa
铅垂线法［0202C］
Plumb-Line Method
　Y 射线法

qian kui pao wu mian tian xian
前馈抛物面天线［0201A］
Feedforward Paraboloid Antenna
　F 馈源
　　反射面

qian su lian dong fang-2M yun zai huo jian

前（原）苏联东方-2M 运载火箭 [0201D]

The Former Soviet Vostok-2M Carrier Rocket

　S "东方号" 系列运载火箭

qian su lian dong fang-2M yun zai huo jian

前（原）苏联东方-2M 运载火箭 [0201D]

The former Soviet Vostok-2M Carrier Rocket

　S "东方号" 系列运载火箭

qian re tong liang

潜热通量 [0202A]

Latent Heat Flux

　C 蒸散

qian ting lei da

潜艇雷达 [0201C]

Submarine Radar

　S 雷达

qian hai hai di di xing jie yi

浅海海底地形解译 [0202B]

Shallow Sea Seabed Topography Interpretation

　S 滨岸海底地貌解译

qiang du tiao zhi

强度调制 [0202C]

Intensity Modulation

　S 调制方式

qiang ji hua

羟基化 [0202A]

Hydroxylation

　S 氧化

qie bi xue fu ju li

切比雪夫距离 [0202C]

Chebyshev Distance

　S 距离

qie xiang fen liang

切向分量 [0202C]

Tangential Component

　S 卫星星历位置误差分量

qing se

青色 [0203A]

Cyan

　S 减法三原色

qing nie xu dian chi zu

氢镍蓄电池组 [0201B]

Hydrogen-Nickel Battery Packs

　S 供配电分系统组成

qing jiao gui dao

倾角轨道 [0201D]

Inclination Orbit

　S 卫星轨道（倾角）

qing xie di qiu tong bu gui dao wei xing

倾斜地球同步轨道卫星 [0201D]

Inclined GeoSynchronous Orbit Satellite

　S 全球导航卫星系统卫星类型

qing xie she ying

倾斜摄影 [0202A]

Oblique Photography

　S 摄影

qing xie she ying qing jiao

倾斜摄影倾角 [0201C]

Oblique Photographic Angle

　S 摄影倾角

qing xie yuan gui dao xing zuo

倾斜圆轨道星座 [0201D]

Tilted Circular Constellations

　F Star 卫星网络

　　Delta 卫星网络

　　玫瑰星座

qing bao cai ji wei xing-01

情报采集卫星-01 [0201D]

IGS-01

　S 情报采集卫星

qing bao cai ji wei xing-01
情报采集卫星-01 ［0201D］
IGS-01
　　C 电子侦察卫星

qing bao cai ji wei xing-01
情报采集卫星-01 ［0201D］
IGS-01
　　C 太阳同步轨道

qing bao cai ji wei xing-01
情报采集卫星-01 ［0201D］
IGS-01
　　C 全色旁体测绘遥感相机

qing bao cai ji wei xing-01
情报采集卫星-01 ［0201D］
IGS-01
　　C 日本宇宙航空研究开发机构

qing bao cai ji wei xing-01
情报采集卫星-01 ［0201D］
IGS-01
　　C 日本种子岛宇宙中心

qing bao cai ji wei xing-01
情报采集卫星-01 ［0201D］
IGS-01
　　C 欧洲空间运行中心

qing bao cai ji wei xing-01
情报采集卫星-01 ［0201D］
IGS-01
　　CH-2A 运载火箭

qing bao cai ji wei xing-02
情报采集卫星-02 ［0201D］
IGS-02
　　S 情报采集卫星

qing bao cai ji wei xing-02
情报采集卫星-02 ［0201D］
IGS-02

qing bao cai ji wei xing-02
　　C 电子侦察卫星

qing bao cai ji wei xing-02
情报采集卫星-02 ［0201D］
IGS-02
　　C 太阳同步轨道

qing bao cai ji wei xing-02
情报采集卫星-02 ［0201D］
IGS-02
　　C 日本宇宙航空研究开发机构

qing bao cai ji wei xing-02
情报采集卫星-02 ［0201D］
IGS-02
　　C 日本种子岛宇宙中心

qing bao cai ji wei xing-02
情报采集卫星-02 ［0201D］
IGS-02
　　C 意大利航天局

qing bao cai ji wei xing-02
情报采集卫星-02 ［0201D］
IGS-02
　　CH-2A 运载火箭

qing bao cai ji wei xing-03
情报采集卫星-03 ［0201D］
IGS-03
　　S 情报采集卫星

qing bao cai ji wei xing-03
情报采集卫星-03 ［0201D］
IGS-03
　　C 电子侦察卫星

qing bao cai ji wei xing-03
情报采集卫星-03 ［0201D］
IGS-03
　　C 太阳同步轨道

qing bao cai ji wei xing-03
情报采集卫星-03 ［0201D］
IGS-03

C 日本宇宙航空研究开发机构

qing bao cai ji wei xing-03
情报采集卫星-03 [0201D]
IGS-03
　　C 日本种子岛宇宙中心

qing bao cai ji wei xing-03
情报采集卫星-03 [0201D]
IGS-03
　　CH-2A 运载火箭

qing bao cai ji wei xing-04
情报采集卫星-04 [0201D]
IGS-04
　　S 情报采集卫星

qing bao cai ji wei xing-04
情报采集卫星-04 [0201D]
IGS-04
　　C 电子侦察卫星

qing bao cai ji wei xing-04
情报采集卫星-04 [0201D]
IGS-04
　　C 太阳同步轨道

qing bao cai ji wei xing-04
情报采集卫星-04 [0201D]
IGS-04
　　C 日本宇宙航空研究开发机构

qing bao cai ji wei xing-04
情报采集卫星-04 [0201D]
IGS-04
　　C 日本种子岛宇宙中心

qing bao cai ji wei xing-04
情报采集卫星-04 [0201D]
IGS-04
　　C 伍尔特卡斯特公司

qing bao cai ji wei xing-04
情报采集卫星-04 [0201D]
IGS-04

C H-2A 运载火箭

qing bao cai ji wei xing-06
情报采集卫星-06 [0201D]
IGS-06
　　S 情报采集卫星

qing bao cai ji wei xing-06
情报采集卫星-06 [0201D]
IGS-06
　　C 电子侦察卫星

qing bao cai ji wei xing-06
情报采集卫星-06 [0201D]
IGS-06
　　C 太阳同步轨道

qing bao cai ji wei xing-06
情报采集卫星-06 [0201D]
IGS-06
　　C 日本宇宙航空研究开发机构

qing bao cai ji wei xing-06
情报采集卫星-06 [0201D]
IGS-06
　　C 日本种子岛宇宙中心

qing bao cai ji wei xing-06
情报采集卫星-06 [0201D]
IGS-06
　　C 日本防卫省

qing bao cai ji wei xing-06
情报采集卫星-06 [0201D]
IGS-06
　　C H-2A 运载火箭

qing bao cai ji wei xing-07
情报采集卫星-07 [0201D]
IGS-07
　　S 情报采集卫星

qing bao cai ji wei xing-07
情报采集卫星-07 [0201D]
IGS-07

C 电子侦察卫星

qing bao cai ji wei xing-07
情报采集卫星-07 ［0201D］
IGS-07
　C 太阳同步轨道

qing bao cai ji wei xing-07
情报采集卫星-07 ［0201D］
IGS-07
　C 日本宇宙航空研究开发机构

qing bao cai ji wei xing-07
情报采集卫星-07 ［0201D］
IGS-07
　C 日本种子岛宇宙中心

qing bao cai ji wei xing-07
情报采集卫星-07 ［0201D］
IGS-07
　C 意大利航天局

qing bao cai ji wei xing-07
情报采集卫星-07 ［0201D］
IGS-07
　C H-2A 运载火箭

qing bao cai ji wei xing-R1
情报采集卫星-R1 ［0201D］
IGS-R1
　S 情报采集卫星

qing bao cai ji wei xing-R1
情报采集卫星-R1 ［0201D］
IGS-R1
　C 电子侦察卫星

qing bao cai ji wei xing-R1
情报采集卫星-R1 ［0201D］
IGS-R1
　C 太阳同步轨道

qing bao cai ji wei xing-R1
情报采集卫星-R1 ［0201D］
IGS-R1

C 日本宇宙航空研究开发机构

qing bao cai ji wei xing-R1
情报采集卫星-R1 ［0201D］
IGS-R1
　C 日本种子岛宇宙中心

qing bao cai ji wei xing-R1
情报采集卫星-R1 ［0201D］
IGS-R1
　C 伍尔特卡斯特公司

qing bao cai ji wei xing-R1
情报采集卫星-R1 ［0201D］
IGS-R1
　C H-2A 运载火箭

qing bao cai ji wei xing-R2
情报采集卫星-R2 ［0201D］
IGS-R2
　S 情报采集卫星

qing bao cai ji wei xing-R2
情报采集卫星-R2 ［0201D］
IGS-R2
　C 电子侦察卫星

qing bao cai ji wei xing-R2
情报采集卫星-R2 ［0201D］
IGS-R2
　C 太阳同步轨道

qing bao cai ji wei xing-R2
情报采集卫星-R2 ［0201D］
IGS-R2
　C 日本宇宙航空研究开发机构

qing bao cai ji wei xing-R2
情报采集卫星-R2 ［0201D］
IGS-R2
　C 日本种子岛宇宙中心

qing bao cai ji wei xing-R2
情报采集卫星-R2 ［0201D］
IGS-R2

C 美国卡纳维拉尔角空军基地

qing bao cai ji wei xing-R2
情报采集卫星-R2 ［0201D］
IGS-R2
 C H-2A 运载火箭

qing bao cai ji wei xing-R3
情报采集卫星-R3 ［0201D］
IGS-R3
 S 情报采集卫星

qing bao cai ji wei xing-R3
情报采集卫星-R3 ［0201D］
IGS-R3
 C 电子侦察卫星

qing bao cai ji wei xing-R3
情报采集卫星-R3 ［0201D］
IGS-R3
 C 太阳同步轨道

qing bao cai ji wei xing-R3
情报采集卫星-R3 ［0201D］
IGS-R3
 C 日本宇宙航空研究开发机构

qing bao cai ji wei xing-R3
情报采集卫星-R3 ［0201D］
IGS-R3
 C 日本种子岛宇宙中心

qing bao cai ji wei xing-R3
情报采集卫星-R3 ［0201D］
IGS-R3
 C 意大利欧博公司

qing bao cai ji wei xing-R3
情报采集卫星-R3 ［0201D］
IGS-R3
 C H-2A 运载火箭

qing bao cai ji wei xing-R6
情报采集卫星-R6 ［0201D］
IGS-R6
 S 情报采集卫星

qing bao cai ji wei xing-R6
情报采集卫星-R6 ［0201D］
IGS-R6
 C 电子侦察卫星

qing bao cai ji wei xing-R6
情报采集卫星-R6 ［0201D］
IGS-R6
 C 太阳同步轨道

qing bao cai ji wei xing-R6
情报采集卫星-R6 ［0201D］
IGS-R6
 C 意大利航天局

qing bao cai ji wei xing-R6
情报采集卫星-R6 ［0201D］
IGS-R6
 C 日本宇宙航空研究开发机构

qing bao cai ji wei xing-R6
情报采集卫星-R6 ［0201D］
IGS-R6
 C 日本种子岛宇宙中心

qing bao cai ji wei xing-R6
情报采集卫星-R6 ［0201D］
IGS-R6
 C H-2A 运载火箭

qu yu bo shu tian xian
区域波束天线 ［0201D］
Area Beam Antenna
 S 通信卫星天线

qu yu fang fa
区域方法 ［0202B］
Regional Approach
 S 图像分割方法

qu yu fang fa
区域方法 ［0202B］
Regional Method

F 区域生长方法
    区域分裂-合并方法
    分水岭方法

qu yu fen lie- he bing fang fa
区域分裂–合并方法 ［0202B］
Regional Split-Merge Method
  S 区域方法

qu yu jian ce
区域监测 ［0202D］
Regional Monitoring
  S 环境监测（区域）

qu yu jian ce
区域监测 ［0202D］
Regional Monitoring
  F 局地性监测
    流域性监测
    大洲性监测
    全球性监测

qu yu sheng zhang fang fa
区域生长方法 ［0202B］
Regional Growth Method
  S 区域方法

qu yu tian chong
区域填充 ［0202A］
Zone Filling
  F 递归种子填充算法
    扫描线种子填充算法

qu yu yao gan
区域遥感 ［0202D］
Regional Remote Sensing
  S 遥感

qu xian ni he
曲线拟合 ［0202A］
Curve Fitting
  S 边缘连接

qu fu shen du
趋肤深度 ［0203D］
Skin Depth
  D 穿透深度

qu shi mian fen xi
趋势面分析 ［0202B］
Trend Surface Analysis
  S 三维数据空间分析

qu shi mian fen xi
趋势面分析 ［0202A］
Trend Surface Analysis
  S 数学分析

qu xiang guan la shen fang fa
去相关拉伸方法 ［0202B］
De- Correlated Stretching Methods
  C K-L 变换

quan guang pu fang an
全光谱方案 ［0201C］
Full Spectrum Scheme
  S 通用色彩方案

quan jing lei da
全景雷达 ［0201C］
Panoramic Radar
  S 雷达

quan jing she ying ji
全景摄影机 ［0201C］
Panoramic Camera
  C 扫描摄影机

quan jing she ying ji
全景摄影机 ［0201C］
Panoramic Camera
  S 摄影成像传感器

quan jing shi xiang ji
全景式相机 ［0201C］
Panoramic Camera

S 遥感相机

quan ju cha zhi fa
全局插值法 ［0202A］
Global Interpolation
　　S 空间插值

quan ju tong ji te zheng bian liang
全局统计特征变量 ［0202B］
Global Statistical Characteristic Variables
　　S 统计特征变量

quan ju jiao he cheng kong jing lei da
全聚焦合成孔径雷达 ［0201C］
Fully Focused SAR
　　S 合成孔径雷达

quan qiu er yang hua tan jian ce ke xue shi
yan wei xing
全球二氧化碳监测科学实验卫星 ［0201C］
Global Carbon Dioxide Monitoring Science Experiment
Satellite
　　C 环境与灾害监测卫星

quan qiu er yang hua tan jian ce ke xue shi
yan wei xing
全球二氧化碳监测科学实验卫星 ［0201C］
Global Carbon Dioxide Monitoring Science Experiment
Satellite
　　C 太阳同步轨道

quan qiu er yang hua tan jian ce ke xue shi
yan wei xing
全球二氧化碳监测科学实验卫星 ［0201C］
Global Carbon Dioxide Monitoring Science Experiment
Satellite
　　C 高光谱温室气体探测仪

quan qiu er yang hua tan jian ce ke xue shi
yan wei xing
全球二氧化碳监测科学实验卫星 ［0201A］
Global Carbon Dioxide Monitoring Science Experiment
Satellite

C 云与气溶胶偏振成像仪

quan qiu er yang hua tan jian ce ke xue shi
yan wei xing
全球二氧化碳监测科学实验卫星 ［0201C］
Global Carbon Dioxide Monitoring Science Experiment
Satellite
　　C 酒泉卫星发射中心

quan qiu er yang hua tan jian ce ke xue shi
yan wei xing
全球二氧化碳监测科学实验卫星 ［0202D］
Global Carbon Dioxide Monitoring Science Experiment
Satellite
　　C 上海航天技术研究院

quan qiu er yang hua tan jian ce ke xue shi
yan wei xing
全球二氧化碳监测科学实验卫星 ［0201C］
Global Carbon Dioxide Monitoring Science Experiment
Satellite
　　C 长征二号丁运载火箭

quan qiu xing jian ce
全球性监测 ［0202D］
Global Monitoring
　　S 区域监测

quan qiu yao gan
全球遥感 ［0202D］
Global Remote Sensing
　　S 遥感

quan se duan yao gan shu ju
全色段遥感数据 ［0203B］
Panchromatic Remote Sensing Data
　　S 遥感影像数据

quan se pian
全色片 ［0203B］
Panchromatic Film
　　S 黑白摄影胶片

quan shu zi she ying ce liang gong zuo zhan

全数字摄影测量工作站 ［0202C］

Full Digital Photogrammetric Workstation

    S 摄影测量仪器

quan shu zi she ying ce liang gong zuo zhan

全数字摄影测量工作站 ［0201A］

Full Digital Photogrammetric Workstation

    D 软拷贝摄影测量系统

quan zhan xing su ce yi

全站型速测仪 ［0201B］

Total Station Type Tachymeter

    S 输入设备

quan zhan yi

全站仪 ［0201B］

Total Station

    S 地面传感器

quan zhan yi shu ju cai ji

全站仪数据采集 ［0201B］

Total Station Data Acquisition

    S 野外数据采集

quan zhan yi shu ju cai ji

全站仪数据采集 ［0201B］

Total Station Data Acquisition

    F 测记法模式

      电子平板方式

qun bo yan shi jiao zheng zhi

群波延时校正值 ［0203D］

Group Wave Delay Correction

    S 第一数据块

ran shao fa

燃烧法 ［0202A］

Incineration Method

    S 气态污染控制方法

ran yin fa

染印法 ［0203B］

Dyeing Process

    S 减色法彩色合成方法

re dai jiang yu ce liang ren wu wei xing

热带降雨测量任务卫星 ［0201D］

TRMM

    C 地球资源卫星

re dai jiang yu ce liang ren wu wei xing

热带降雨测量任务卫星 ［0201D］

TRMM

    C 非太阳同步近圆轨道

re dai jiang yu ce liang ren wu wei xing

热带降雨测量任务卫星 ［0201D］

TRMM

    C H-2 运载火箭

re dai jiang yu ce liang ren wu wei xing

热带降雨测量任务卫星 ［0201D］

TRMM

    C 美国航空航天局

re dai jiang yu ce liang ren wu wei xing

热带降雨测量任务卫星 ［0201D］

TRMM

    C 日本宇宙航空研究开发机构

re dai jiang yu ce liang ren wu wei xing

热带降雨测量任务卫星 ［0201D］

TRMM

    C 日本种子岛宇宙中心

re dai jiang yu ce liang ren wu wei xing

热带降雨测量任务卫星 ［0201D］

TRMM

    C 闪电成像雷达传感器

re dai jiang yu ce liang ren wu wei xing

热带降雨测量任务卫星 ［0201D］

TRMM

    C 可见红外线扫描仪

re dai jiang yu ce liang ren wu wei xing

热带降雨测量任务卫星 ［0201D］

TRMM

C TRMM 微波成像仪

re dai jiang yu ce liang ren wu wei xing
热带降雨测量任务卫星 ［0201D］
TRMM
C 降水雷达

re dai jiang yu ce liang ren wu wei xing
热带降雨测量任务卫星 ［0201A］
TRMM
C 云和地球辐射能量系统

re fu she
热辐射 ［0202A］
Thermal Radiation
Y 发射辐射

re fu she ji
热辐射计 ［0201C］
Thermal Radiometer
S 辐射计

re guan liang
热惯量 ［0202A］
Thermal Inertia
S 热学性质

re hong wai
热红外 ［0203B］
Thermal Infrared
S 红外线

re hong wai zhuan gan qi
热红外传感器 ［0201B］
Thermal Infrared Sensor
S 地面传感器

re hong wai fu she
热红外辐射 ［0201C］
Thermal Infrared Radiation
S 遥感辐射

re hong wai fu she ding biao
热红外辐射定标 ［0202A］
Thermal Infrared Radiometric Calibration

S 辐射定标

re hong wai fu she ji
热红外辐射计 ［0201B］
Thermal Infrared Radiometer
S 非成像传感器

re hong wai she ying xiang pian
热红外摄影像片 ［0202C］
Thermal Infrared Photographic Photo
S 遥感摄影像片

re hong wai yao gan
热红外遥感 ［0202A］
Thermal Infrared Remote Sensing
S 光学遥感

re hong wai ying xiang
热红外影像 ［0203B］
Thermal Infrared Image
S 红外影像

re jian ce
热监测 ［0202D］
Thermal Monitoring
S 环境监测（对象）

re kong fen xi tong
热控分系统 ［0201A］
Thermal Control Subsystem
S 卫星平台分系统

re kong fen xi tong she ji
热控分系统设计 ［0201A］
Thermal Control Subsystem Design
S 热控分系统

re kong fen xi tong she ji
热控分系统设计 ［0201A］
Thermal Control Subsystem Design
F 卫星外热流环境分析
星上设备热控需求分析
散热区域设计

热管网络设计
加热器配置设计
特殊部件热控设计
卫星热设计仿真分析
卫星热试验方案设计

re kong tu ceng
热控涂层 [0201B]
Thermal Control Coating
S 被动热控产品

re kong ying jian
热控硬件 [0201A]
Thermal Control Hardware
S 热控分系统组成

re kong ying jian
热控硬件 [0201A]
Thermal Control Hardware
F 被动热控产品
主动热控产品

re li xue wen du
热力学温度 [0203A]
Thermo-Dynamic Temperature
C 动力学温度

re rong liang
热容量 [0202C]
Thermal Capacity
S 热学性质

re rong liang cheng xiang fu she ji
热容量成像辐射计 [0201C]
Heat Capacity Mapping Radiometer
S 可见光-红外辐射计

re xue xing zhi
热学性质 [0203A]
Thermal Properties
F 热传导率
热容量
热惯量

re zao sheng
热噪声 [0202C]
Thermal Noise
S 外部噪声

ren gong fu she yuan
人工辐射源 [0202D]
Artificial Radiation Sources
S 电磁辐射源

ren gong shen jing wang luo fen lei qi
人工神经网络分类器 [0202B]
Artificial Neural Network Classifier
S 遥感图像分类器

ren gong zhi neng he zhuan jia xi tong
人工智能和专家系统 [0202B]
Artificial Intelligence and Expert System
S 信息系统类型（智能化程度）

ren ji jiao hu yu zhi pan shi
人机交互阈值判识 [0202B]
Human-Machine Interaction Threshold Detection
S 冰雪检测方法

ren niu guai yun zai huo jian
人牛怪运载火箭 [0201D]
Minotaur
Y 米诺陶运载火箭

ren zao wei xing
人造卫星 [0201D]
Sputnik
S 太空平台

rong jie wu zhi
溶解物质 [0202A]
Dissolved Substance
S 天然水成分

rou xing tian xian
柔性天线 [0201B]
Flexible Antenna

S 天线

ru zhong
铷钟 ［0201C］
Rubidium Clock
　　S 全球导航卫星系统原子钟

ru she fu she
入射辐射 ［0202C］
Incident Radiation
　　F 太阳直接辐射
　　　大气散射辐射

ru she neng liang
入射能量 ［0203D］
Incident Energy
　　C 反射率

ruan jian ce ping
软件测评 ［0202C］
Software Evaluation
　　S 遥感数据管理与服务

ruan kao bei she ying ce liang xi tong
软拷贝摄影测量系统 ［0202B］
Soft Copy Photogrammetric System
　　Y 全数字摄影测量工作站

ruan ying jian pei zhi she ji
软硬件配置设计 ［0202C］
Hardware and Software Configuration Design
　　S GIS 应用系统总体设计

rui hua
锐化 ［0202B］
Sharpening
　　F 罗伯特梯度
　　　Prewitt 算子
　　　索伯算子
　　　拉普拉斯算法
　　　边缘检测算子
　　　定向检测

rui li san she
瑞利散射 ［0202A］
Rayleigh Scattering
　　S 有选择性散射

rui li san she ji guang lei da
瑞利散射激光雷达 ［0201C］
Rayleigh Scattering Lidar
　　S 大气探测激光雷达

ruo xiang gan guang yuan
弱相干光源 ［0201B］
Weak Coherent Light Source
　　S 量子信源

sa la er
萨拉尔 ［0201D］
SARAL
　　C 地球资源卫星

sa la er
萨拉尔 ［0201D］
SARAL
　　C 太阳同步轨道

sa la er
萨拉尔 ［0201D］
SARAL
　　C Ka 波段高度计

sa la er
萨拉尔 ［0201D］
SARAL
　　C 多普勒轨道测量和无线电定位卫星集成

sa la er
萨拉尔 ［0201D］
SARAL
　　C 激光反射器阵列

sa la er
萨拉尔 ［0201D］
SARAL

C 高级数据收集系统

sa la er
萨拉尔 [0201D]
SARAL
　　C 萨迪什·达万航天中心

sa la er
萨拉尔 [0201D]
SARAL
　　C 印度空间研究组织

sa la er
萨拉尔 [0201D]
SARAL
　　C 法国国家空间研究中心

sa la er
萨拉尔 [0201D]
SARAL
　　C 极轨卫星运载火箭-CA

sa wa na
萨瓦纳 [0201D]
Savanna
　　Y 热带稀树干草原

san cha
三差 [0202B]
Triple Difference
　　S 差分 GPS（差分操作的级数）

san ci duo xiang shi jiu zheng
三次多项式纠正 [0202B]
Third Order Polynomial Correction
　　S 图像几何处理

san ci juan ji fa
三次卷积法 [0202B]
Cubic Convolution
　　Y 三次卷积内插法

san ci juan ji nei cha fa
三次卷积内插法 [0202A]
Cubic Convolution Interpolation

S 灰度重采样方法

san ci juan ji nei cha fa
三次卷积内插法 [0202C]
Cubic Convolution Interpolation
　　D 三次卷积法

san jie shen hua jia dian chi pian
三结砷化镓电池片 [0201B]
Triple Junction GaAs Cells
　　S 太阳电池片类型

san wei duo xiang shi mo xing
三维多项式模型 [0202B]
3D Polynomial Model
　　S 多项式模型

san wei ji guang sao miao she bei
三维激光扫描设备 [0201B]
3D Laser Scanning Equipment
　　S 机载 LiDAR 设备

san wei ji guang sao miao yi
三维激光扫描仪 [0201B]
Three-Dimensional Laser Scanner
　　F 短距离激光扫描仪
　　　中距离激光扫描仪
　　　长距离激光扫描仪
　　　航空激光扫描仪

san wei shi tu
三维视图 [0202B]
3D View
　　Y 透视图

san wei shu ju kong jian fen xi
三维数据空间分析 [0202D]
Three-Dimensional Data Spatial Analysis
　　S 空间数据分析

san wei shu ju kong jian fen xi
三维数据空间分析 [0202B]
Three-Dimensional Data Spatial Analysis

F 趋势面分析
表面积计算
体积计算
坡向计算
剖面计算
可视性分析

san xiang gen zong
三向跟踪 ［0203C］
Three-Way Tracking
S 深空通信跟踪

san yuan se
三原色 ［0203A］
Three Primary Colours
F 红
绿
蓝

san zhou wen ding
三轴稳定 ［0201D］
Triaxial Stability
S 卫星姿态稳定

san lie xian duan ju he fa
散列线段聚合法 ［0202B］
Hashed Line Segment Clustering Method
S 矢量数据栅格化

san she
散射 ［0202A］
Scatter
F 分子散射
气溶胶散射

san she ji guang lei da
散射激光雷达 ［0201C］
Scattering Lidar
Y Mie 散射激光雷达

san she ji shu
散射技术 ［0202A］
Scattering Technique

S 大气环境遥感技术

san she xiang guan han shu
散射相关函数 ［0202A］
Scattering Phase Function
S 大气气溶胶光学参数

san she xing ji guang lei da
散射型激光雷达 ［0201C］
Scattering Lidar
S 激光雷达

sao miao cheng xiang
扫描成像 ［0202A］
Scanning Imaging
S 遥感成像方式

sao miao cheng xiang chuan gan qi
扫描成像传感器 ［0201C］
Scanning Imaging Sensor
S 成像传感器

sao miao cheng xiang chuan gan qi
扫描成像传感器 ［0201C］
Scanning Imaging Sensor
F 光学/机械扫描成像
固体自扫描成像
高光谱成像光谱扫描

sao miao cheng xiang lei xing chuan gan qi
扫描成像类型传感器 ［0201C］
Scanning Imaging Type Sensor
F 红外扫描仪
多光谱扫描仪
专题制图仪
ETM+增强型专题制图仪
HRV 线阵列推扫式扫描仪
成像光谱仪

sao miao di tu
扫描地图 ［0202A］
Scanned Maps
S 栅格编码数据

sao miao dian bo shu tian xian

扫描点波束天线 ［0201B］

Scanning Spot Beam Antenna

　　S 通信卫星天线

sao miao fen bian lü

扫描分辨率 ［0202A］

Scan Resolution

　　S 遥感分辨率

sao miao she ying ji

扫描摄影机 ［0201C］

Scanning Camera

　　C 全景摄影机

sao miao suan fa

扫描算法 ［0202A］

Scanning Algorithm

　　S 多边形栅格化方法

sao miao xian zhong zi tian chong suan fa

扫描线种子填充算法 ［0202C］

Scanning Line Seed Filling Algorithm

　　S 区域填充

sao miao yi

扫描仪 ［0201B］

Scanner

　　F 航天飞机热红外多谱段扫描仪

　　　云顶扫描仪

　　　高级临边扫描仪

　　　海岸带彩色扫描仪

　　　海岸带彩色扫描仪-2 型

　　　空中紫外/红外扫描仪

　　　高分辨率空中红外扫描仪

　　　DGS-1 型空中多谱段扫描仪

　　　空中红外细分多谱段扫描仪

　　　空中双通道红外扫描仪

　　　空中多谱段扫描仪

　　　空中热红外多谱段扫描仪

　　　空中专题成像扫描仪

sao miao yi

扫描仪 ［0201C］

Scanner

　　C 反射镜组

sao miao yi

扫描仪 ［0201B］

Scanner

　　S 输入设备

sao miao yi（fu she fen bian lü）

扫描仪（辐射分辨率）［0201B］

Scanner（Radiation Resolution）

　　F 二值扫描仪

　　　灰度值扫描仪

　　　彩色扫描仪

sao miao yi（jie gou）

扫描仪（结构）［0201C］

Scanner（Structure）

　　F 滚筒扫描仪

　　　平台扫描仪

　　　CCD 摄像扫描仪

sao miao yi（sao miao fang shi）

扫描仪（扫描方式）［0201C］

Scanner（Scanning Mode）

　　F 栅格扫描仪

　　　矢量扫描仪

sao miao ying xiang

扫描影像 ［0202B］

Scanned Image

　　S 遥感影像

se bie

色别 ［0203A］

Color Code

　　Y 色相

se cai ji liang fa

色彩计量法 ［0202B］

Color Metrology

F 颜色立方体表示法
颜色色谱表示法

se cai san yao su
色彩三要素 ［0203B］
Three Elements of Color
F 色相
亮度
纯度

se diao
色调 ［0202B］
Tone
S 颜色属性

se diao
色调 ［0202B］
Tone
C 灰度

se diao
色调 ［0202B］
Hue
Y 色相

se diao yu liang du fang an
色调与亮度方案 ［0202B］
Hue and Lightness Scheme
S 通用色彩方案

se mang pian
色盲片 ［0203B］
Color Blind Film
S 黑白摄影胶片

se pu fa
色谱法 ［0203B］
Chromatography
Y 色谱分析法

se pu fen xi fa
色谱分析法 ［0202B］
Chromatographic Analysis Method

S 仪器分析法

se pu fen xi fa
色谱分析法 ［0202B］
Chromatographic Analysis Method
D 色谱法

se pu fen xi fa
色谱分析法 ［0202B］
Chromatographic Analysis Method
D 层析法

se pu fen xi fa
色谱分析法 ［0202B］
Chromatographic Analysis Method
F 气相色谱分析法
液相色谱分析法

se su
色素 ［0203A］
Pigment
F 叶绿素
叶黄素
胡萝卜素
花青素
白色素

se xiang
色相 ［0203A］
Hue
S 色彩三要素

se xiang
色相 ［0203B］
Hue
D 色调

se xiang
色相 ［0203B］
Hue
D 色别

se ze

色泽 ［0203B］

Colour and Lustre

S 反射波谱影响因素（岩石）

sen lin lei xing tu

森林类型图 ［0202D］

Forest Type Map

S 地图

sha te a la bo wei xing-2

沙特阿拉伯卫星-2 ［0201D］

SaudiSat-2

S 沙特阿拉伯卫星

sha te a la bo wei xing-2

沙特阿拉伯卫星-2 ［0201D］

SaudiSat-2

C 环境与灾害监测卫星

sha te a la bo wei xing-2

沙特阿拉伯卫星-2 ［0201D］

SaudiSat-2

C 太阳同步轨道

sha te a la bo wei xing-2

沙特阿拉伯卫星-2 ［0201D］

SaudiSat-2

C 拜科努尔航天发射场

sha te a la bo wei xing-2

沙特阿拉伯卫星-2 ［0201D］

SaudiSat-2

C 南方设计局

sha te a la bo wei xing-2

沙特阿拉伯卫星-2 ［0201D］

SaudiSat-2

C 阿卜杜勒阿齐兹国王科技城

sha te a la bo wei xing-2

沙特阿拉伯卫星-2 ［0201D］

SaudiSat-2

C 第聂伯运载火箭

sha te a la bo wei xing-3

沙特阿拉伯卫星-3 ［0201D］

SaudiSat-3

S 沙特阿拉伯卫星

sha te a la bo wei xing-3

沙特阿拉伯卫星-3 ［0201D］

SaudiSat-3

C 环境与灾害监测卫星

sha te a la bo wei xing-3

沙特阿拉伯卫星-3 ［0201D］

SaudiSat-3

C 太阳同步轨道

sha te a la bo wei xing-3

沙特阿拉伯卫星-3 ［0201D］

SaudiSat-3

C 拜科努尔航天发射场

sha te a la bo wei xing-3

沙特阿拉伯卫星-3 ［0201D］

SaudiSat-3

C 阿卜杜勒阿齐兹国王科技城

sha te a la bo wei xing-3

沙特阿拉伯卫星-3 ［0201D］

SaudiSat-3

C 第聂伯运载火箭

sha te a la bo wei xing-4

沙特阿拉伯卫星-4 ［0201D］

SaudiSat-4

S 沙特阿拉伯卫星

sha te a la bo wei xing-4

沙特阿拉伯卫星-4 ［0201D］

SaudiSat-4

C 环境与灾害监测卫星

sha te a la bo wei xing-4

沙特阿拉伯卫星-4 ［0201D］

SaudiSat-4

C 太阳同步轨道

sha te a la bo wei xing-4
沙特阿拉伯卫星-4 ［0201D］
SaudiSat-4
    C 阿卜杜勒阿齐兹国王科技城

sha te a la bo wei xing-4
沙特阿拉伯卫星-4 ［0201D］
SaudiSat-4
    C 亚斯尼航天发射场

sha te a la bo wei xing-4
沙特阿拉伯卫星-4 ［0201D］
SaudiSat-4
    C 第聂伯运载火箭

sha te a la bo wei xing-5A
沙特阿拉伯卫星-5A ［0201D］
SaudiSat-5A
    S 沙特阿拉伯卫星

sha te a la bo wei xing-5A
沙特阿拉伯卫星-5A ［0201D］
SaudiSat-5A
    C 环境与灾害监测卫星

sha te a la bo wei xing-5A
沙特阿拉伯卫星-5A ［0201D］
SaudiSat-5A
    C 太阳同步轨道

sha te a la bo wei xing-5A
沙特阿拉伯卫星-5A ［0201D］
SaudiSat-5A
    C 阿卜杜勒阿齐兹国王科技城

sha te a la bo wei xing-5A
沙特阿拉伯卫星-5A ［0201D］
SaudiSat-5A
    C 亚斯尼航天发射场

sha te a la bo wei xing-5A
沙特阿拉伯卫星-5A ［0201D］
SaudiSat-5A

C 第聂伯运载火箭

sha te a la bo wei xing-5B
沙特阿拉伯卫星-5B ［0201D］
SaudiSat-5B
    S 沙特阿拉伯卫星

sha te a la bo wei xing-5B
沙特阿拉伯卫星-5B ［0201D］
SaudiSat-5B
    C 环境与灾害监测卫星

sha te a la bo wei xing-5B
沙特阿拉伯卫星-5B ［0201D］
SaudiSat-5B
    C 太阳同步轨道

sha te a la bo wei xing-5B
沙特阿拉伯卫星-5B ［0201D］
SaudiSat-5B
    C 酒泉卫星发射中心

sha te a la bo wei xing-5B
沙特阿拉伯卫星-5B ［0201D］
SaudiSat-5B
    C 上海航天技术研究院

sha te a la bo wei xing-5B
沙特阿拉伯卫星-5B ［0201D］
SaudiSat-5B
    C 阿卜杜勒阿齐兹国王科技城

sha te a la bo wei xing-5B
沙特阿拉伯卫星-5B ［0201D］
SaudiSat-5B
    C 长征二号丁运载火箭

shan ru shan chu fan zhao lü
扇入扇出反照率 ［0203D］
Fan-in-Fan-out Albedo
    Y 双半球反射率

shang bian pin qi
上变频器 ［0201B］
Upconverter

S RF 终端

shang ceng da qi yan jiu wei xing
上层大气研究卫星 ［0201D］
Upper Atmosphere Research Satellite
　S 跟踪与数据中继卫星系统服务对象

shang xia shi cha
上下视差 ［0202B］
Vertical Parallax
　C 纵向视差

shao bing er hao A xing
哨兵二号 A 星 ［0201D］
Sentinel II A Star
　S 哨兵系列

shao bing er hao A xing
哨兵二号 A 星 ［0201D］
Sentinel II A Star
　C 光学成像卫星

shao bing er hao A xing
哨兵二号 A 星 ［0201D］
Sentinel II A Star
　C 太阳同步轨道

shao bing er hao A xing
哨兵二号 A 星 ［0201D］
Sentinel II A Star
　C 欧洲航天局

shao bing er hao A xing
哨兵二号 A 星 ［0201D］
Sentinel II A Star
　C 织女星运载火箭

shao bing er hao A xing
哨兵二号 A 星 ［0201D］
Sentinel II A Star
　C 多光谱成像仪

shao bing er hao B xing
哨兵二号 B 星 ［0201D］
Sentinel II B Star

S 哨兵系列

shao bing er hao B xing
哨兵二号 B 星 ［0201D］
Sentinel II B Star
　C 光学成像卫星

shao bing er hao B xing
哨兵二号 B 星 ［0201D］
Sentinel II B Star
　C 太阳同步轨道

shao bing er hao B xing
哨兵二号 B 星 ［0201D］
Sentinel II B Star
　C 欧洲航天局

shao bing er hao B xing
哨兵二号 B 星 ［0201D］
Sentinel II B Star
　C 织女星运载火箭

shao bing er hao B xing
哨兵二号 B 星 ［0201D］
Sentinel II B Star
　C 多光谱成像仪

shao bing san hao
哨兵三号 ［0201D］
Sentinel III Star
　S 哨兵系列

shao bing san hao
哨兵三号 ［0201D］
Sentinel III Star
　C 地球资源卫星

shao bing san hao
哨兵三号 ［0201D］
Sentinel III Star
　C 太阳同步轨道

shao bing san hao
哨兵三号 ［0201D］
Sentinel III Star

C 海陆色度计

C 欧洲气象卫星应用组织

shao bing san hao
哨兵三号［0201D］
Sentinel III Star
　C 海陆表面温度辐射计

shao bing wu hao P xing
哨兵五号 P 星［0201D］
Sentinel V P Star
　C 欧洲航天局

shao bing san hao
哨兵三号［0201D］
Sentinel III Star
　C 欧洲气象卫星应用组织

shao bing wu hao P xing
哨兵五号 P 星［0201D］
Sentinel V P Star
　C 呼啸 KM 型运载火箭

shao bing san hao
哨兵三号［0201D］
Sentinel III Star
　C 欧洲航天局

shao bing yi hao
哨兵一号［0201D］
Sentinel One
　S 哨兵系列

shao bing san hao
哨兵三号［0201D］
Sentinel III Star
　C 罗科特-公里

shao bing yi hao
哨兵一号［0201D］
Sentinel One
　C 雷达卫星

shao bing wu hao P xing
哨兵五号 P 星［0201D］
Sentinel V P Star
　S 哨兵系列

shao bing yi hao
哨兵一号［0201D］
Sentinel One
　C 太阳同步轨道

shao bing wu hao P xing
哨兵五号 P 星［0201D］
Sentinel V P Star
　C 气象卫星

shao bing yi hao
哨兵一号［0201D］
Sentinel One
　C 欧洲航天局

shao bing wu hao P xing
哨兵五号 P 星［0201D］
Sentinel V P Star
　C 太阳同步轨道

shao bing yi hao
哨兵一号［0201D］
Sentinel One
　C 联盟-FG 运载火箭

shao bing wu hao P xing
哨兵五号 P 星［0201D］
Sentinel V P Star
　C 对流层监测仪器

shao bing yi hao
哨兵一号［0201D］
Sentinel One
　CSAR 仪器（C 波段）

shao bing wu hao P xing
哨兵五号 P 星［0201D］
Sentinel V P Star

she bei an zhuang zhi jia
设备安装支架［0201A］
Equipment Mounting Brackets

S 总装直属件

she pin bo shu jiao huan
射频波束交换 [0203C]
RF Beam Switching
　　S 信号处理可实现的转发器功能

she pin fen xi tong
射频分系统 [0201C]
Radio Frequency Subsystem
　　S 地球站

she pin gan rao
射频干扰 [0202C]
Radio Frequency Interference
　　S 干扰

she pin qian duan chu li
射频前端处理 [0202C]
Rf Front-end Processing
　　S GPS 接收机功能模块

she pin zi xi tong
射频子系统 [0201C]
Radio Frequency Subsystem
　　S 信关站

she xian fa
射线法 [0202B]
Ray Method
　　D 铅垂线法

she xian fa
射线法 [0202A]
Ray Method
　　D 平行线法

she xian suan fa
射线算法 [0202B]
Ray Algorithm
　　S 多边形栅格化方法

she xiang fen bian lü
射向分辨率 [0203D]
Firing Resolution

C 距离分辨率

she ying
摄影 [0202C]
Photography
　　F 近紫外摄影
　　　可见光摄影
　　　红外摄影
　　　多光谱摄影
　　　垂直摄影
　　　倾斜摄影

she ying ce liang
摄影测量 [0202B]
Photogrammetry
　　F 太空摄影测量
　　　航空摄影测量
　　　地面摄影测量
　　　非地形摄影测量
　　　近景摄影测量
　　　立体摄影测量
　　　双介质摄影测量
　　　动态摄影测量
　　　数字摄影测量
　　　城市摄影测量
　　　地籍摄影测量
　　　林业摄影测量
　　　冰川摄影测量
　　　雷达摄影测量

she ying ce liang yi qi
摄影测量仪器 [0201B]
Photogrammetric Instrument
　　S 输入设备

she ying ce liang yi qi
摄影测量仪器 [0201B]
Photogrammetric Instrument
　　F 模拟测图仪
　　　解析测图仪
　　　全数字摄影测量工作站

she ying cheng xiang
摄影成像 [0201B]
Photographic Imaging
S 遥感成像方式

she ying cheng xiang chuan gan qi
摄影成像传感器 [0201C]
Photographic Imaging Sensor
S 成像传感器

she ying cheng xiang chuan gan qi
摄影成像传感器 [0201C]
Photographic Imaging Sensor
F 单镜头画幅式摄影机
缝隙式摄影机
全景摄影机
多光谱摄影机

she ying qing jiao
摄影倾角 [0203D]
Photographic Inclination
F 垂直摄影倾角
倾斜摄影倾角

she ying ying xiang
摄影影像 [0203B]
Photographic Image
S 遥感影像

shen du xue xi fen lei
深度学习分类 [0202B]
Deep Learning Classification
S 遥感图像分类方法

shen du you xian sou suo
深度优先搜索 [0202B]
Depth-First Search
S 图像处理算法

shen hai hai di shen du jie yi
深海海底深度解译 [0202B]
Deep Sea Seabed Depth Interpretation
S 滨岸海底地貌解译

shen jing wang luo mo xing fa
神经网络模型法 [0202B]
Neural Network Model Method
S 叶绿素浓度信息提取方法

shen gao fen bian lü fu she ji
甚高分辨率辐射计 [0201C]
Very High Resolution Radiometer
S 可见光-红外辐射计

sheng chan zhe jing du
生产者精度 [0202B]
Producer's Accuracy
S 分类精度

sheng jing bian huan jian ce
生境变换检测 [0202D]
Habitat Change Detection
S 生境评价

sheng ming ke xue wei xing
生命科学卫星 [0201C]
Life Science Satellites
S 科学卫星

sheng wu jian ce fang fa
生物监测方法 [0202D]
Biological Monitoring Method
S 环境监测方法

sheng wu jian ce fang fa
生物监测方法 [0202D]
Biological Monitoring Method
D 生态监测

sheng wu jian ce fang fa
生物监测方法 [0202D]
Biological Monitoring Method
F 指示生物法
现场盆栽定点监测法
群落和生态系统监测法
毒性与毒理试验
生物标志物检测法

环境流行病学调查法

sheng wu li ti liang ce
生物立体量测 [0202B]
Biological Stereometry
　　S 非地形摄影测量

sheng wu liang zhi biao bian huan
生物量指标变换 [0202B]
Biomass Index Transformation
　　S 特征变换

sheng wu zhi shu fa
生物指数法 [0202B]
Biological Index Method
　　S 群落和生态系统监测法

shi suo zhong bu
失锁重捕 [0203C]
Osing Lock and Reacqusition
　　S 信号捕获

shi zhen
失真 [0202A]
Distortion
　　C 模拟信号

shi zhen
失真 [0202B]
Distortion
　　S 影响 GPS 信号质量的因素

shi du biao
湿度表 [0201B]
Hygrometer
　　S 气象仪器

shi mo
石墨 [0203B]
Graphite
　　S 非金属

shi fen fu yong er jin zhi pian yi zai bo tiao zhi
时分复用二进制偏移载波调制 [0202C]
TDM Binary Offset Carrier Modulation
　　S 混合二进制偏移载波

shi jian jing du yin zi
时间精度因子 [0203D]
Time Dilution of Precision
　　S 导航星座影响因子

shi jian wu cha
时间误差 [0203D]
Temporal Error
　　S 遥感误差

shi jian wu cha
时间误差 [0202C]
Temporal Error
　　S 数据误差

shi jian xiang guan xing
时间相关性 [0202A]
Time Dependence
　　C 交通流预测

shi jian xu lie fu she ding biao
时间序列辐射定标 [0202A]
Time Series Radiometric Calibration
　　S 辐射定标

shi jian xu lie mo xing
时间序列模型 [0202A]
Time Series Model
　　S 传统统计理论预测方法

shi jian xu lie tong ji fen xi mo xing
时间序列统计分析模型 [0202B]
Statistical Analysis Model of Time Series
　　S 统计系列模型

shi kong jing du
时空精度 [0203D]
Spatiotemporal Accuracy

S 地理大数据特征

shi kong li du
时空粒度 [0202C]
Spatiotemporal Granularity
　S 地理大数据特征

shi kong mi du
时空密度 [0202A]
Space-Time Density
　S 地理大数据特征

shi kong pian du
时空偏度 [0202B]
Spacetime Skewness
　S 地理大数据特征

shi xiang dong tai dui bi fa
时相动态对比法 [0202B]
Temporal Dynamic Comparisons
　S 对比分析法

shi xiang fen xi
时相分析 [0202A]
Temporal Analysis
　S 数学分析

shi zhong cha fen jiao zheng can shu
时钟差分校正参数 [0203D]
Clock Differential Correction Parameters
　S 差分校正参数

shi zhong jiao zheng can shu
时钟校正参数 [0203D]
Clock Correction Parameters
　S 第一数据块

shi bie
识别 [0202B]
Identity
　S 地图叠置方法

shi ce di li shu ju shu ru
实测地理数据输入 [0202B]
Input of Measured Geographic Data

S 地理数据采集

shi jian jiu hao A xing
实践九号 A 星 [0201D]
Practice Nine A star
　C 地球资源卫星

shi jian jiu hao A xing
实践九号 A 星 [0201D]
Practice Nine A star
　C 太阳同步轨道

shi jian jiu hao A xing
实践九号 A 星 [0201D]
Practice Nine A star
　C 太原卫星发射中心

shi jian jiu hao A xing
实践九号 A 星 [0201D]
Practice Nine A star
　C 中国资源卫星应用中心

shi jian jiu hao A xing
实践九号 A 星 [0201D]
Practice Nine A star
　C 长征二号丙运载火箭

shi jian jiu hao B xing
实践九号 B 星 [0201D]
Practice Nine B Star
　C 地球资源卫星

shi jian jiu hao B xing
实践九号 B 星 [0201D]
Practice Nine B Star
　C 太阳同步轨道

shi jian jiu hao B xing
实践九号 B 星 [0201D]
Practice Nine B Star
　C 太原卫星发射中心

shi jian jiu hao B xing
实践九号 B 星 [0201D]
Practice Nine B Star

C 中国资源卫星应用中心

shi jian jiu hao B xing
实践九号 B 星 ［0201D］
Practice Nine B Star
　　C 长征二号丙运载火箭

shi shi fang an shuo ming
实施方案说明 ［0202C］
Description of Implementation Plan
　　S 管理方式设计

shi shi chu li
实时处理 ［0202C］
Real-Time Processing
　　S 差分 GPS（实时性定位）

shi ti yuan shu ju
实体元数据 ［0202C］
Entity Metadata
　　S 元数据（描述对象）

shi wu mo xing
实物模型 ［0202C］
Physical Model
　　S 地理信息模型（表现形式）

shi yan shi ding biao
实验室定标 ［0202C］
Laboratory Calibration
　　S 遥感器定标

shi liang fu hao hui zhi fang fa
矢量符号绘制方法 ［0202B］
Vector Symbol Drawing Method
　　F 点状符号绘制
　　　线状符号绘制
　　　面状符号绘制

shi liang hua ji ben yao su
矢量化基本要素 ［0202B］
Vectorisation Basics
　　F 线的细化

线的提取
拓扑关系的重建

shi liang hui tu ji
矢量绘图机 ［0201B］
Vector Plotter
　　S 输出设备

shi liang sao miao yi
矢量扫描仪 ［0201C］
Vector Scanner
　　S 扫描仪（扫描方式）

shi liang shu ju
矢量数据 ［0202A］
Vector Data
　　Y 数字线化数据

shi liang shu ju fen xi mo xing
矢量数据分析模型 ［0202B］
Vector Data Analysis Model
　　S 空间数据分析模型

shi liang shu ju fen xi mo xing
矢量数据分析模型 ［0202B］
Vector Data Analysis Model
　　F 拓扑叠加模型
　　　缓冲区分析模型
　　　网络模型

shi liang shu ju kong jian fen xi
矢量数据空间分析 ［0202B］
Vector Data Spatial Analysis
　　S 空间数据分析

shi liang shu ju kong jian fen xi
矢量数据空间分析 ［0202B］
Vector Data Spatial Analysis Method
　　F 叠置分析
　　　缓冲区分析
　　　网络分析

shi liang shu ju zha ge hua

矢量数据栅格化 ［0202A］

Vector Data Rasterization

    F 边界法

        散列线段聚合法

        无边界游程编码直接转换法

        拓扑关系原理转换法

        栅格数据矢量化技术

shi guang wei xing you xiao zai he

世广卫星有效载荷 ［0201C］

World Space Satellite Payload

    F 处理转发系统

        透明转发系统

shi jie guan-1

世界观-1 ［0201D］

Worldview-1

    S 世界观系列卫星

shi jie guan-1

世界观-1 ［0201D］

Worldview-1

    C 商用遥感卫星

shi jie guan-1

世界观-1 ［0201D］

Worldview-1

    C 太阳同步轨道

shi jie guan-1

世界观-1 ［0201D］

Worldview-1

    C 美国范登堡空军基地

shi jie guan-1

世界观-1 ［0201D］

Worldview-1

    C 美国数字地球公司

shi jie guan-1

世界观-1 ［0201D］

Worldview-1

    C 德尔塔 2 型运载火箭

shi jie guan-1

世界观-1 ［0201D］

Worldview-1

    C 世界观-60 相机

shi jie guan-2

世界观-2 ［0201D］

Worldview-2

    S 世界观系列卫星

shi jie guan-2

世界观-2 ［0201D］

Worldview-2

    C 商用遥感卫星

shi jie guan-2

世界观-2 ［0201D］

Worldview-2

    C 太阳同步轨道

shi jie guan-2

世界观-2 ［0201D］

Worldview-2

    C 美国范登堡空军基地

shi jie guan-2

世界观-2 ［0201D］

Worldview-2

    C 美国数字地球公司

shi jie guan-2

世界观-2 ［0201D］

Worldview-2

    C 德尔塔 2 型运载火箭

shi jie guan-2

世界观-2 ［0201D］

Worldview-2

    C 世界观-110 相机

shi jie guan-3

世界观-3 ［0201D］

Worldview-3

S 世界观系列卫星

shi jie guan-3
世界观-3 ［0201D］
Worldview-3
　　C 商用遥感卫星

shi jie guan-3
世界观-3 ［0201D］
Worldview-3
　　C 太阳同步轨道

shi jie guan-3
世界观-3 ［0201D］
Worldview-3
　　C 美国范登堡空军基地

shi jie guan-3
世界观-3 ［0201D］
Worldview-3
　　C 美国数字地球公司

shi jie guan-3
世界观-3 ［0201D］
Worldview-3
　　C 德尔塔 2 型运载火箭

shi jie guan-3
世界观-3 ［0201D］
Worldview-3
　　CWV-3 成像仪

shi jie guan-4
世界观-4 ［0201D］
Worldview-4
　　S 世界观系列卫星

shi jie guan-4
世界观-4 ［0201D］
Worldview-4
　　C 商用遥感卫星

shi jie guan-4
世界观-4 ［0201D］
Worldview-4

C 太阳同步轨道

shi jie guan-4
世界观-4 ［0201D］
Worldview-4
　　C 美国范登堡空军基地

shi jie guan-4
世界观-4 ［0201D］
Worldview-4
　　C 美国数字地球公司

shi jie guan-4
世界观-4 ［0201D］
Worldview-4
　　C 德尔塔 2 型运载火箭

si xiang gan dian ji gong lü fa
似相干点积功率法 ［0202B］
Coherent Point-Product Power Method
　　S 码环鉴别器

shi chang jiao
视场角 ［0201C］
Field of View
　　D 立体角

shi jue ding wei ji shu
视觉定位技术 ［0202A］
Visual Positioning Technology
　　S 定位技术

shou fa fen li tian xian
收发分离天线 ［0201A］
Transceiver Split Antenna
　　S 光学天线

shou dong gen zong
手动跟踪 ［0202B］
Manual Tracking
　　S 天线跟踪

shou fu gen zong shu zi hua fang fa
手扶跟踪数字化方法 ［0202B］
Manual Tracking Digital Method

S 地理数据采集

shou ti ping tai
手提平台 ［0201D］
Handheld Platform
S 地面平台

shu chu bo xing
输出波形 ［0202A］
Output Waveform
S 电气特性

shu chu bu chang
输出补偿 ［0202A］
Output Compensation
D 输出功率回退

shu chu gong lü
输出功率 ［0201B］
Output Power
C 系统增益

shu chu gong lü hui tui
输出功率回退 ［0202C］
Output Power Regression
Y 输出补偿

shu chu xin zao bi
输出信噪比 ［0203D］
Output Signal to Noise Ratio
C 噪声系数

shu ru bo xing
输入波形 ［0203B］
Input Waveform
S 电气特性

shu ru gong lü hui tui
输入功率回退 ［0201B］
Input Power Setback
Y 输入补偿

shu ru xin zao bi
输入信噪比 ［0203D］
Enter Signal to Noise Ratio

C 噪声系数

shu xing fen xi
属性分析 ［0202B］
Attribute Analysis
S 地理信息系统功能

shu xing liang hua
属性量化 ［0202A］
Attribute Quantization
S 航空像片数字化

shu xing shu ju fen xi mo xing
属性数据分析模型 ［0202B］
Attribute Data Analysis Model
S 地理信息模型（作用对象）

shu xing shu ju fen xi mo xing
属性数据分析模型 ［0202B］
Attribute Data Analysis Model
F 统计系列模型
相关分析系列模型
分类系列模型
评价系列模型
预测系列与动态模拟模型
规划系列模型

shu xing te zheng cha xun
属性特征查询 ［0202B］
Attribute Feature Query
S 空间查询

shu xing te zheng cha xun
属性特征查询 ［0202B］
Attribute Feature Query
F 单属性查询
多属性查询
模糊匹配属性查询

shu xing wen jian
属性文件 ［0203B］
Properties File
S 地理属性数据管理

shu xing wu cha

属性误差 ［0202B］

Attribute Error

　　S 数据误差

shu xing yuan shu ju

属性元数据 ［0202B］

Attribute Metadata

　　S 元数据（描述对象）

shu guan fen xi tong

数管分系统 ［0201A］

Data Management Subsystem

　　Y 数据管理分系统

shu guan fen xi tong ying jian she bei

数管分系统硬件设备 ［0201A］

Digital Tube Subsystem Hardware Equipment

　　S 数据管理分系统组成

shu ju cai ji zi xi tong

数据采集子系统 ［0201C］

Data Acquisition Subsystem

　　S 地理信息系统组成

shu ju cao zuo

数据操作 ［0202B］

Data Manipulation

　　S SQL 查询语言的功能

shu ju ceng yuan shu ju

数据层元数据 ［0202C］

Data Layer Metadata

　　S 元数据（描述对象）

shu ju chan pin shu chu zi xi tong

数据产品输出子系统 ［0202D］

Data Product Output Subsystem

　　S 地理信息系统组成

shu ju chu li ji cun chu zhi biao

数据处理及存储指标 ［0202C］

Data Processing and Storage Indicators

　　S 卫星平台能力指标

shu ju chu li ji shu

数据处理技术 ［0202C］

Data Processing Techniques

　　S 环境监测技术

shu ju chu li zi xi tong

数据处理子系统 ［0202D］

Data Processing Subsystem

　　S 地理信息系统组成

shu ju cun chu neng li

数据存储能力 ［0202C］

Data Storage Capability

　　S 数据管理分系统技术指标

shu ju cun dang

数据存档 ［0202C］

Data Archiving

　　S 遥感数据管理与服务

shu ju fen xi

数据分析 ［0202C］

Data Analysis

　　S 地理信息系统要素

shu ju fen xi

数据分析 ［0202C］

Data Analysis

　　S 数学分析

shu ju fen xi zi xi tong

数据分析子系统 ［0202D］

Data Analysis Subsystem

　　S 地理信息系统组成

shu ju guan dao

数据管道 ［0202C］

Data Pipeline

　　S 数据广播应用类型

shu ju guan li ceng

数据管理层 ［0202D］

Data Management Layer

S 社会感知方法体系

面向对象模型

shu ju guan li fen xi tong
数据管理分系统 ［0202D］
Data Management Subsystem
　S 卫星平台分系统

shu ju guan li fen xi tong
数据管理分系统 ［0202D］
Data Management Subsystem
　D 数管分系统

shu ju guan li she ji
数据管理设计 ［0202D］
Data Management Design
　S GIS 应用系统详细设计

shu ju huo qu xi tong yun xing guan li
数据获取系统运行管理 ［0202D］
Data Acquisition System Operation Management
　S 遥感数据获取

shu ju jiao zhi ji shu
数据交织技术 ［0202C］
Data Interweaving Technology
　S 纠错编码技术

shu ju jie shou
数据接收 ［0202C］
Data Reception
　S 遥感数据获取

shu ju ke shi hua ji shu
数据可视化技术 ［0202D］
Data Visualization Technology
　S 数据科学技术

shu ju mo xing
数据模型 ［0202C］
Data Model
　F 层次模型
　　网络模型
　　关系模型

shu ju tan cha
数据探查 ［0202C］
Data Exploration
　S 地理信息系统要素

shu ju tong hua
数据同化 ［0202A］
Data Assimilation
　C 序贯同化

shu ju tong hua
数据同化 ［0202A］
Data Assimilation
　C 变分同化

shu ju tong hua fa
数据同化法 ［0202A］
Data Assimilation
　F 直接代替法
　　客观分析法
　　松弛逼近法
　　变分同化法
　　卡尔曼滤波法
　　集合卡尔曼滤波法
　　启发式优化算法
　　贝叶斯估计法
　　马尔可夫链
　　蒙特卡罗

shu ju tong hua xi tong
数据同化系统 ［0202A］
Data Assimilation System
　S 中尺度陆–气耦合卫星数据同化系统

shu ju wa jue ji shu
数据挖掘技术 ［0202C］
Data Mining Technology
　S 数据科学技术

shu ju wu cha
数据误差 ［0203D］
Data Error

F 几何误差
　属性误差
　时间误差
　逻辑误差

shu ju zhi liang ping jia
数据质量评价 ［0202D］
Data Quality Evaluation
　S 遥感数据预处理

shu ju zhong ji wei xing xi tong
数据中继卫星系统 ［0201A］
Data Relay Satellite System
　S 对地静止轨道卫星通信系统

shu mo bian huan
数模变换 ［0202C］
Digital to Analog
　C 模数变换

shu xue fu he yun suan
数学复合运算 ［0202B］
Mathematical Compound Operation
　S 叠置分析

shu xue fu he yun suan
数学复合运算 ［0202B］
Mathematical Compound Operation
　F 算术运算
　　函数运算

shu xue xing tai xue fang fa
数学形态学方法 ［0202B］
Mathematical Morphology Method
　S 图像分割方法

shu xue xing tai xue fang fa
数学形态学方法 ［0202B］
Mathematical Morphology Method
　F 腐蚀
　　膨胀
　　开运算
　　闭运算

收缩
击中–击不中变换
区域凸包
细化
粗化
剪枝

shu zhi fen xi
数值分析 ［0202C］
Numerical Analysis
　S 数学分析

shu zi di mian mo xing
数字地面模型 ［0202A］
Digital Terrain Model
　S 栅格数据分析模型

shu zi gao cheng mo xing
数字高程模型 ［0202A］
Digital Elevation Model
　C 数字正射影像

shu zi gao cheng mo xing
数字高程模型 ［0202A］
Digital Elevation Model
　F 规则格网模型
　　等高线模型
　　不规则三角网模型

shu zi gao cheng mo xing
数字高程模型 ［0202A］
Digital Elevation Model
　S 栅格编码数据

shu zi hua yi
数字化仪 ［0201B］
Digitizer
　S 输入设备

shu zi hua zhi tu
数字化制图 ［0202D］
Digital Mapping
　S 地图编制

shu zi lü bo
数字滤波 ［0202A］
Digital Filtering
S 滤波

shu zi mo xing
数字模型 ［0202A］
Digital Model
S 地理信息模型（表现形式）

shu zi she ying ce liang
数字摄影测量 ［0202B］
Digital Photogrammetry
S 摄影测量

shu zi tu xiang
数字图像 ［0202A］
Digital Image
D 数字量

shu zi tu xiang
数字图像 ［0202B］
Digital Images
S 遥感图像

shu zi tu xiang
数字图像 ［0202C］
Digital Images
C 像素

shu zi tu xiang chu li
数字图像处理 ［0202B］
Digital Image Processing
S 图像处理

shu zi tu xiang chu li fang fa
数字图像处理方法 ［0202B］
Digital Image Processing Methods
F 对比度变换
空间滤波
图像运算
多光谱变换

shu zi wei fen jiu zheng
数字微分纠正 ［0202B］
Digital Differentiation Correction
S 图像几何处理

shu zi xian hua shu ju
数字线化数据 ［0202B］
Digital Linear Data
D 矢量数据

shu zi xiang guan qi
数字相关器 ［0202C］
Digital Correlator
S 相关器

shu zi xin wen cai ji
数字新闻采集 ［0202D］
Digital News Gathering
S 卫星宽带通信业务

shu zi xin hao chu li ji shu xin pian
数字信号处理技术芯片 ［0201B］
DSP Chip
S 系统级芯片

shu zi zheng she ying xiang
数字正射影像 ［0202D］
Digital Orthophoto Map
S 栅格编码数据

shu zi zheng she ying xiang
数字正射影像 ［0202D］
Digital Orthophoto Map
C 数字高程模型

shu zi zhi tu xi tong
数字制图系统 ［0202D］
Digital Mapping System
D 机助制图系统

shuang ban qiu fan she lü
双半球反射率 ［0202A］
Bihemisphere Reflectivity

S 地表反射率

shuang ban qiu fan she lü
双半球反射率 ［0203B］
Bihemisphere Reflectivity
　C 白空反照率

shuang ban qiu fan she lü
双半球反射率 ［0202B］
Bihemisphere Reflectivity
　D 扇入扇出反照率

shuang cha
双差 ［0202B］
Double Difference
　S 差分 GPS（差分操作的级数）

shuang duan se fang an
双端色方案 ［0202B］
Double-Ended Colour Scheme
　S 通用色彩方案

shuang fan she mian tian xian
双反射面天线 ［0201A］
Double Reflector Antenna
　Y 后馈抛物面天线

shuang ji di he cheng kong jing lei da
双基地合成孔径雷达 ［0201C］
Bistatic SAR
　S 合成孔径雷达

shuang jie zhi she ying ce liang
双介质摄影测量 ［0202A］
Dual-Medium Photogrammetry
　S 摄影测量

shuang mo la ba tian xian
双模喇叭天线 ［0201B］
Dual-Mode Horn Antenna
　S 喇叭天线种类（工作模式）

shuang se bi fa
双色比法 ［0202B］
Two Color Ratio Method

S 拉曼谱分析法

shuang se bi fa
双色比法 ［0202B］
Two Color Ratio Method
　C 多波段法

shuang tian xian SAR
双天线 SAR ［0201C］
Dual Antenna SAR
　C 干涉雷达

shuang xian xing nei cha fa
双线性内插法 ［0202B］
Bilinear Interpolation
　S 灰度重采样方法

shuang xiang fan she bi yin zi
双向反射比因子 ［0203B］
Bidirectional Reflectance Factor
　S 地物反射波谱测量理论

shuang xiang fan she fen bu han shu
双向反射分布函数 ［0202A］
Bidirectional Reflection Distribution
　S 地物反射波谱测量理论

shuang xiang fan she lü fen bu han shu
双向反射率分布函数 ［0202A］
Bidirectional Reflectance Distribution Function
　S 地物反射特征描述方法

shuang xiang fan she lü yin zi
双向反射率因子 ［0202C］
Bidirectional Reflectance Factor
　S 地物反射特征描述方法

shuang xiang fei xiang gan gen zong
双向非相干跟踪 ［0203C］
Bidirectional Incoherent Tracking
　S 深空通信跟踪

shuang xiang gen zong
双向跟踪 ［0203C］
Two-Way Tracking

S 深空通信跟踪

shuang zu yuan tui jin xi tong
双组元推进系统 [0201C]
Two-Component Propulsion System
S 推进系统

shui huan jing yao gan
水环境遥感 [0202D]
Water Environment Remote Sensing
S 环境遥感

shui huan jing yao gan
水环境遥感 [0202D]
Water Environment Remote Sensing
F 水资源遥感
水质遥感
海洋环境遥感

shui li yao gan
水利遥感 [0202D]
Hydrographic Remote Sensing
S 遥感

shui ping ji hua
水平极化 [0202C]
Horizontal Polarization
S 极化

shui ping jun yun zhi bei
水平均匀植被 [0203B]
Horizontal Uniform Vegetation
S 植被结构

shui ping jun yun zhi bei
水平均匀植被 [0203B]
Horizontal Uniform Vegetation
D 连续植被

shui ping ke shi ji suan
水平可视计算 [0202B]
Horizontal Visual Computing
C 可视性分析

shui ping zuo
水瓶座 [0201D]
Aquarius
C 环境与灾害监测卫星

shui ping zuo
水瓶座 [0201D]
Aquarius
C 太阳同步轨道

shui ping zuo
水瓶座 [0201D]
Aquarius
C 国家太空活动委员会

shui ping zuo
水瓶座 [0201D]
Aquarius
C 美国范登堡空军基地

shui ping zuo
水瓶座 [0201D]
Aquarius
C L 波段集成推扫式极化微波辐射计

shui ping zuo
水瓶座 [0201D]
Aquarius
C S 波段散射计

shui ping zuo
水瓶座 [0201D]
Aquarius
C 波音德尔塔 2 型运载火箭

shui qi
水汽 [0202A]
Water Vapour
S 地球大气

shui ti fang fa
水体方法 [0202A]
Remote Sensing Inversion Method for Water

F 经验统计方法
　半经验分析方法
　辐射传输模型

shui wen qi xiang wei xing
水文气象卫星　[0201D]
Hydrometeorological Satellite
　S 气象卫星

shui xia chao liu san jiao zhou jie yi
水下潮流三角洲解译　[0202B]
Underwater Tidal Current Delta Interpretation
　S 滨岸海底地貌解译

shui xia ni gu yu shui xia he cao jie yi
水下溺谷与水下河槽解译　[0202B]
Submarine Canyon and Submarine River Channel
Interpretation
　S 滨岸海底地貌解译

shui xia sha ba yu sha zhou jie yi
水下沙坝与沙洲解译　[0202B]
Submarine Sand Bars and Shoals Interpretation
　S 滨岸海底地貌解译

shui zhi chuan gan qi
水质传感器　[0201B]
Water Quality Sensor
　S 地面传感器

shui zhi yao gan
水质遥感　[0202D]
Water Quality Remote Sensing
　S 水环境遥感

shui zi yuan yao gan
水资源遥感　[0202D]
Water Resources Remote Sensing
　S 水环境遥感

shui zi yuan yao gan wei xing
水资源遥感卫星　[0202D]
Water Remote Sensing Satellites

　S 遥感卫星

si pu te ni ke 3 hao
斯普特尼克 3 号　[0201D]
Sputnik 3
　C 地球资源卫星

si pu te ni ke 3 hao
斯普特尼克 3 号　[0201D]
Sputnik 3
　C 近地球轨道

si pu te ni ke 3 hao
斯普特尼克 3 号　[0201D]
Sputnik 3
　C 苏联科学院

si pu te ni ke 3 hao
斯普特尼克 3 号　[0201D]
Sputnik 3
　C 俄罗斯国防部

si pu te ni ke 3 hao
斯普特尼克 3 号　[0201D]
Sputnik 3
　C 拜科努尔航天发射场

si pu te ni ke 3 hao
斯普特尼克 3 号　[0201D]
Sputnik 3
　CModified SS-6

si te fan-bo er zi man ding lü
斯特藩-玻尔兹曼定律　[0203D]
Stefan-Boltzmann Law
　S 黑体辐射定律

si cha shu
四叉树　[0202C]
Quadtree
　S 栅格数据结构

si cha shu
四叉树　[0202B]
Quadtree

F 线性四叉树
层次四叉树

si tong dao hong wai fu she ji
四通道红外辐射计 ［0201C］

Four-Channel Infrared Radiometer
S 可见光-红外辐射计

song chi bi jin fa
松弛逼近法 ［0202A］

Relaxation Approximation Method
S 数据同化法

sou suo fan wei gu suan
搜索范围估算 ［0202A］

Search Range Estimation
S 信号捕获

su mu ban di la wei xing
苏姆班迪拉卫星 ［0201A］

SumbandilaSat
C 地球观测卫星

su mu ban di la wei xing
苏姆班迪拉卫星 ［0201D］

SumbandilaSat
C 太阳同步近圆形轨道

su mu ban di la wei xing
苏姆班迪拉卫星 ［0201D］

SumbandilaSat
C 多光谱成像仪

su mu ban di la wei xing
苏姆班迪拉卫星 ［0201D］

SumbandilaSat
C 斯泰伦博斯大学

su mu ban di la wei xing
苏姆班迪拉卫星 ［0201D］

SumbandilaSat
C 拜科努尔航天发射场

su mu ban di la wei xing
苏姆班迪拉卫星 ［0201A］

SumbandilaSat
C 联盟号 2.1a

su tiao guan fang da qi
速调管放大器 ［0201B］

klystron power amplifier
S 高功率放大器

su zhu shi er ci kai fa
宿主式二次开发 ［0202C］

Host type secondary development
S GIS 二次开发

suan yan yuan su
酸盐元素 ［0203B］

Acid Salt
S 无机污染物

suan fa wu cha
算法误差 ［0202B］

Algorithm Error
S 接收机相关误差

suan shu yun suan
算术运算 ［0202C］

Arithmetic Operation
S 数学复合运算

sui ji cai yang
随机采样 ［0202C］

Random Sampling
S 采样

sui ji wu cha
随机误差 ［0202C］

Random Error
S 遥感误差

sui mao bian huan
穗帽变换 ［0202A］

Spike Cap Transformation

D K-T 变换

suo bo suan zi
索伯算子 ［0202B］
Sobel Operator
　　S 锐化

suo yin wen jian
索引文件 ［0202C］
Index File
　　S 文件

suo pin huan
锁频环 ［0201B］
Frequency Locking Ring
　　Y 频率锁定环路

suo xiang huan
锁相环 ［0201B］
Phase-Locked Loop
　　Y 相位锁定环路

ta tai yao gan
塔台遥感 ［0202D］
Tower Remote Sensing
　　S 遥感

tuo pu bian huan
拓扑变换 ［0202B］
Topological Transformation
　　S 几何变换

tuo pu die jia mo xing
拓扑叠加模型 ［0202B］
Topological Superposition Model
　　S 矢量数据分析模型

tuo pu guan xi
拓扑关系 ［0202A］
Topological Relation
　　F 重合关系
　　　包含关系
　　　位于内部关系

相交关系
相离关系
重叠关系
邻接关系

tuo pu guan xi de chong jian
拓扑关系的重建 ［0202B］
Reconstruction of Topological Relations
　　S 矢量化基本要素

tuo pu guan xi yuan li zhuan huan fa
拓扑关系原理转换法 ［0202B］
Topological Relation Principle Conversion Method
　　S 矢量数据栅格化

tai kong lei da
太空雷达 ［0201C］
Spaceborne Radar
　　S 雷达

tai kong ping tai
太空平台 ［0201D］
Space Platform
　　Y 航天平台

tai kong she ying ce liang
太空摄影测量 ［0202A］
Space Photogrammetry
　　S 摄影测量

tai kong xiang ji
太空相机 ［0201C］
Space Camera
　　S 遥感相机

tai yang dian chi pian lei xing
太阳电池片类型 ［0201B］
Solar Cell Type
　　F 硅电池片
　　　单结砷化镓电池片
　　　三结砷化镓电池片

tai yang dian chi zhen

太阳电池阵 ［0201C］

Solar Array

　S 供配电分系统组成

tai yang fang wei jiao

太阳方位角 ［0203A］

Solar Azimuth

　S 几何参数

tai yang fang wei jiao

太阳方位角 ［0203A］

Solar Azimuth

　S 太阳位置

tai yang feng nian tan ce wei xing

太阳峰年探测卫星 ［0201D］

Solar Peak Detection Satellite

　S 跟踪与数据中继卫星系统服务对象

tai yang fu she

太阳辐射 ［0203A］

Solar Radiation

　D 太阳光

tai yang fu she

太阳辐射 ［0203A］

Solar Radiation

　C 近红外

tai yang fu she

太阳辐射 ［0203A］

Solar Radiation

　C 中红外

tai yang fu she

太阳辐射 ［0203A］

Solar Radiation

　C 太阳位置

tai yang fu she

太阳辐射 ［0203A］

Solar Radiation

　C 地形起伏

tai yang fu she

太阳辐射 ［0203A］

Solar Radiation

　S 自然辐射源

tai yang fu she guan ce

太阳辐射观测 ［0202D］

Solar Radiation Observation

　S 气象观测

tai yang fu she neng liang

太阳辐射能量 ［0203B］

Solar Radiant Energy

　F 反射能量

　　吸收能量

　　透射能量

tai yang gao du jiao

太阳高度角 ［0203A］

Solar Altitude Angle

　S 太阳位置

tai yang guang

太阳光 ［0203A］

Sunlight

　Y 太阳辐射

tai yang min gan qi

太阳敏感器 ［0201B］

Sun Sensor

　S 敏感器

tai yang tian ding jiao

太阳天顶角 ［0203D］

Sun Zenith Angle

　S 几何参数

tai yang tong bu gui dao qi xiang wei xing

太阳同步轨道气象卫星 ［0201D］

Solar Synchronous Orbit Meteorological Satellite

　S 气象遥感卫星

tai yang tong bu wei xing
太阳同步卫星 ［0201D］
Sun-Synchronous Satellites
    D 低轨卫星

tai yang yi san ceng tan ce wei xing
太阳逸散层探测卫星 ［0201D］
Solar Exosphere Exploration Satellite
    S 跟踪与数据中继卫星系统服务对象

tai yang zhi jie fu she
太阳直接辐射 ［0203D］
Sunlight
    S 入射辐射

tai guo di qiu guan ce wei xing
泰国地球观测卫星 ［0201D］
Thailand Earth Observation Satellite
    C 地球资源卫星

tai guo di qiu guan ce wei xing
泰国地球观测卫星 ［0201D］
Thailand Earth Observation Satellite
    C 太阳同步轨道

tai guo di qiu guan ce wei xing
泰国地球观测卫星 ［0201D］
Thailand Earth Observation Satellite
    C 泰国地理信息与空间技术发展局

tai guo di qiu guan ce wei xing
泰国地球观测卫星 ［0201D］
Thailand Earth Observation Satellite
    C 俄罗斯奥伦堡州发射基地

tai guo di qiu guan ce wei xing
泰国地球观测卫星 ［0201D］
Thailand Earth Observation Satellite
    C 科斯莫特拉斯国际航天公司

tai guo di qiu guan ce wei xing
泰国地球观测卫星 ［0201D］
Thailand Earth Observation Satellite

    C 阿斯特里姆

tai guo di qiu guan ce wei xing
泰国地球观测卫星 ［0201D］
Thailand Earth Observation Satellite
    C 德尔塔运载火箭

tai guo di qiu guan ce wei xing
泰国地球观测卫星 ［0201D］
Thailand Earth Observation Satellite
    C 全色相机

tai guo di qiu guan ce wei xing
泰国地球观测卫星 ［0201D］
Thailand Earth Observation Satellite
    C 多光谱相机

tai la di qiu tan ce wei xing
泰拉地球探测卫星 ［0201D］
Terra Earth Explorer
    C 地球资源卫星

tai la di qiu tan ce wei xing
泰拉地球探测卫星 ［0201D］
Terra Earth Explorer
    C 近极地太阳同步轨道

tai la di qiu tan ce wei xing
泰拉地球探测卫星 ［0201D］
Terra Earth Explorer
    C 洛克希德·马丁公司

tai la di qiu tan ce wei xing
泰拉地球探测卫星 ［0201D］
Terra Earth Explorer
    C 先进的星载热发射和反射辐射计

tai la di qiu tan ce wei xing
泰拉地球探测卫星 ［0201D］
Terra Earth Explorer
    C 云和地球的辐射能系统

tai la di qiu tan ce wei xing
泰拉地球探测卫星 ［0201D］
Terra Earth Explorer

C 多角度成像光谱仪

S 泰坦系列

tai la di qiu tan ce wei xing
泰拉地球探测卫星 ［0201D］
Terra Earth Explorer
 C 对流层污染测量仪

tai la di qiu tan ce wei xing
泰拉地球探测卫星 ［0201D］
Terra Earth Explorer
 C 中分辨率成像光谱仪

tai la sa er-X lei da wei xing
泰拉萨尔-X 雷达卫星 ［0201D］
Terlasar-X Radar Satellite
 C 地球资源卫星

tai la sa er-X lei da wei xing
泰拉萨尔-X 雷达卫星 ［0201D］
Terlasar-X Radar Satellite
 C 太阳同步轨道

tai la sa er-X lei da wei xing
泰拉萨尔-X 雷达卫星 ［0201D］
Terlasar-X Radar Satellite
 C 阿斯特里姆

tai la sa er-X lei da wei xing
泰拉萨尔-X 雷达卫星 ［0201D］
Terlasar-X Radar Satellite
 C 德国航空航天中心

tai la sa er-X lei da wei xing
泰拉萨尔-X 雷达卫星 ［0201D］
Terlasar-X Radar Satellite
 C 第聂伯 RS-20B 运载火箭

tai la sa er-X lei da wei xing
泰拉萨尔-X 雷达卫星 ［0201D］
Terlasar-X Radar Satellite
 C 合成孔径雷达

tai tan er hao yun zai huo jian
泰坦二号运载火箭 ［0201D］
Titan Ⅱ Launch Vehicle

tan ce qi PP
探测器 PP ［0201D］
Zond-PP
 C 地球资源卫星

tan ce qi PP
探测器 PP ［0201D］
Zond-PP
 C 太阳同步轨道

tan ce qi PP
探测器 PP ［0201D］
Zond-PP
 C L 波段 UHF 全景辐射计

tan ce qi PP
探测器 PP ［0201D］
Zond-PP
 C 拜科努尔航天发射场

tan ce qi PP
探测器 PP ［0201D］
Zond-PP
 C 拉沃契金科研生产联合体

tan ce qi PP
探测器 PP ［0201D］
Zond-PP
 C 俄罗斯联邦航天局

tan ce qi PP
探测器 PP ［0201D］
Zond-PP
 C 联盟-FG 弗雷盖特

tan tong wei su
碳同位素 ［0203B］
Carbon Isotope
 S 同位素

te ding di wu ji zhuang tai ti qu
特定地物及状态提取 ［0202B］
Extraction of Specific Objects and States

S 专题特征提取

te ding mu di jian ce
特定目的监测 ［0202D］
Purpose-Specific Monitoring
　S 环境监测（目的）

te ding mu di jian ce
特定目的监测 ［0202D］
Purpose-Specific Monitoring
　D 特例监测

te ding mu di jian ce
特定目的监测 ［0202D］
Purpose-Specific Monitoring
　D 应急监测

te ding mu di jian ce
特定目的监测 ［0202D］
Purpose-Specific Monitoring
　F 污染事故监测
　　纠纷仲裁监测
　　考核验证监测
　　咨询服务监测
　　研究性监测

te ding zhi biao ti qu
特定指标提取 ［0202B］
Extraction of Specific Indicators
　S 专题特征提取

te li jian ce
特例监测 ［0202D］
Special Case Monitoring
　Y 特定目的监测

te shu bu jian re kong she ji
特殊部件热控设计 ［0201B］
Special Component Thermal Control Design
　S 热控分系统设计

te zheng bian huan
特征变换 ［0202A］
Feature Transformation

F 离散变换
　缨帽变换
　哈达玛变换
　比值变换
　生物量指标变换

te zheng qu xian chuang kou fa
特征曲线窗口法 ［0202B］
Characteristic Curve Window Method
　S 监督分类

te zheng xiang guan jie shi
特征相关揭示 ［0202B］
Feature Correlation Disclosure
　S 社会感知数据应用范式

ti du fang fa
梯度方法 ［0202B］
Gradient Method
　S 图像分割方法

ti du fang fa
梯度方法 ［0202B］
Gradient Method
　F 边缘检测
　　边缘连接

ti qian miao zhun jing
提前瞄准镜 ［0201C］
Advance Sight
　S 提前瞄准装置

ti qian miao zhun kong zhi qi
提前瞄准控制器 ［0201C］
Advance Aiming Controller
　S 提前瞄准装置

ti qian miao zhun tan ce qi
提前瞄准探测器 ［0201C］
Advance Sight Detector
　S 提前瞄准装置

ti qian miao zhun zhuang zhi
提前瞄准装置 ［0201B］
Advance Sight Device
S 瞄准捕获跟踪功能装置

ti qian miao zhun zhuang zhi
提前瞄准装置 ［0201B］
Advance Sight Device
F 提前瞄准镜
提前瞄准控制器
提前瞄准探测器

ti ji ji suan
体积计算 ［0202B］
Volume Calculation
S 三维数据空间分析

tian ding-2SB yun zai huo jian
天顶-2SB 运载火箭 ［0201D］
ZENIT-2SB
S 天顶火箭家族

tian ding-3F yun zai huo jian
天顶-3F 运载火箭 ［0201D］
ZENIT-3F
S 天顶火箭家族

tian ding hao 2M
天顶号 2M ［0201D］
Zenit-2M
S 天顶系列运载火箭

tian hui er hao 01A xing
天绘二号 01A 星 ［0201D］
Mapping Satellite-2-A
S 天绘系列

tian hui er hao 01A xing
天绘二号 01A 星 ［0201D］
Mapping Satellite-2-A
C 地球资源卫星

tian hui er hao 01B xing
天绘二号 01B 星 ［0201D］
Mapping Satellite-2-B
S 天绘系列

tian hui er hao 01B xing
天绘二号 01B 星 ［0201D］
Mapping Satellite-2-B
C 太阳同步轨道

tian hui er hao 01B xing
天绘二号 01B 星 ［0201D］
Mapping Satellite-2-B
C 东方红卫星公司

tian hui er hao 01B xing
天绘二号 01B 星 ［0201D］
Mapping Satellite-2-B
C 中国空间技术研究院

tian hui er hao 01B xing
天绘二号 01B 星 ［0201D］
Mapping Satellite-2-B
C 中国航天科技集团公司

tian hui er hao 01B xing
天绘二号 01B 星 ［0201D］
Mapping Satellite-2-B
C 中国人民解放军

tian hui er hao 01B xing
天绘二号 01B 星 ［0201D］
Mapping Satellite-2-B
C 酒泉卫星发射中心

tian hui er hao 01B xing
天绘二号 01B 星 ［0201D］
Mapping Satellite-2-B
C 长征二号丁运载火箭

tian hui er hao 01B xing
天绘二号 01B 星 ［0201D］
Mapping Satellite-2-B

tian hui er hao 01B xing
天绘二号 01B 星 ［0201D］
Mapping Satellite-2-B
　C 地球资源卫星

tian hui er hao 01B xing
天绘二号 01B 星 ［0201D］
Mapping Satellite-2-B
　C 太阳同步轨道

tian hui er hao 01B xing
天绘二号 01B 星 ［0201D］
Mapping Satellite-2-B
　C 东方红卫星公司

tian hui er hao 01B xing
天绘二号 01B 星 ［0201D］
Mapping Satellite-2-B
　C 中国空间技术研究院

tian hui er hao 01B xing
天绘二号 01B 星 ［0201D］
Mapping Satellite-2-B
　C 中国航天科技集团公司

tian hui er hao 01B xing
天绘二号 01B 星 ［0201D］
Mapping Satellite-2-B
　C 中国人民解放军

tian hui er hao 01B xing
天绘二号 01B 星 ［0201D］
Mapping Satellite-2-B
　C 酒泉卫星发射中心

tian hui er hao 01B xing
天绘二号 01B 星 ［0201D］
Mapping Satellite-2-B
　C 长征二号丁运载火箭

tian hui er hao 01B xing
天绘二号 01B 星 ［0201D］
Mapping Satellite-2-B

tian hui yi hao A xing
天绘一号 A 星 ［0201D］
Mapping Satellite-1-A
　S 天绘系列

tian hui yi hao A xing
天绘一号 A 星 ［0201D］
Mapping Satellite-1-A
　C 地球资源卫星

tian hui yi hao A xing
天绘一号 A 星 ［0201D］
Mapping Satellite-1-A
　C 太阳同步轨道

tian hui yi hao A xing
天绘一号 A 星 ［0201D］
Mapping Satellite-1-A
　C 东方红卫星公司

tian hui yi hao A xing
天绘一号 A 星 ［0201D］
Mapping Satellite-1-A
　C 中国空间技术研究院

tian hui yi hao A xing
天绘一号 A 星 ［0201D］
Mapping Satellite-1-A
　C 中国航天科技集团公司

tian hui yi hao A xing
天绘一号 A 星 ［0201D］
Mapping Satellite-1-A
　C 中国人民解放军

tian hui yi hao A xing
天绘一号 A 星 ［0201D］
Mapping Satellite-1-A
　C 酒泉卫星发射中心

tian hui yi hao A xing
天绘一号 A 星 ［0201D］
Mapping Satellite-1-A

C 长征二号丁运载火箭

tian hui yi hao A xing
天绘一号 A 星 ［0201D］
Mapping Satellite-1-A
　C 2m 三线阵测绘相机

tian hui yi hao A xing
天绘一号 A 星 ［0201D］
Mapping Satellite-1-A
　C 5m 三线阵 CCD 测绘相机

tian hui yi hao A xing
天绘一号 A 星 ［0201D］
Mapping Satellite-1-A
　C 10m 多光谱摄像机

tian hui yi hao B xing
天绘一号 B 星 ［0201D］
Mapping Satellite-1-B
　S 天绘系列

tian hui yi hao B xing
天绘一号 B 星 ［0201D］
Mapping Satellite-1-B
　C 地球资源卫星

tian hui yi hao B xing
天绘一号 B 星 ［0201D］
Mapping Satellite-1-B
　C 太阳同步轨道

tian hui yi hao B xing
天绘一号 B 星 ［0201D］
Mapping Satellite-1-B
　C 东方红卫星公司

tian hui yi hao B xing
天绘一号 B 星 ［0201D］
Mapping Satellite-1-B
　C 中国空间技术研究院

tian hui yi hao B xing
天绘一号 B 星 ［0201D］
Mapping Satellite-1-B

C 中国航天科技集团公司

tian hui yi hao B xing
天绘一号 B 星 ［0201D］
Mapping Satellite-1-B
　C 中国人民解放军

tian hui yi hao B xing
天绘一号 B 星 ［0201D］
Mapping Satellite-1-B
　C 酒泉卫星发射中心

tian hui yi hao B xing
天绘一号 B 星 ［0201D］
Mapping Satellite-1-B
　C 长征二号丁运载火箭

tian hui yi hao B xing
天绘一号 B 星 ［0201D］
Mapping Satellite-1-B
　C 2m 三线阵测绘相机

tian hui yi hao B xing
天绘一号 B 星 ［0201D］
Mapping Satellite-1-B
　C 5m 三线阵 CCD 测绘相机

tian hui yi hao B xing
天绘一号 B 星 ［0201D］
Mapping Satellite-1-B
　C 10m 多光谱摄像机

tian hui yi hao C xing
天绘一号 C 星 ［0201D］
Mapping Satellite-1-C
　S 天绘系列

tian hui yi hao C xing
天绘一号 C 星 ［0201D］
Mapping Satellite-1-C
　C 地球资源卫星

tian hui yi hao C xing
天绘一号 C 星 ［0201D］
Mapping Satellite-1-C

C 太阳同步轨道

tian hui yi hao C xing
天绘一号 C 星 ［0201D］
Mapping Satellite-1-C
　　C 东方红卫星公司

tian hui yi hao C xing
天绘一号 C 星 ［0201D］
Mapping Satellite-1-C
　　C 中国空间技术研究院

tian hui yi hao C xing
天绘一号 C 星 ［0201D］
Mapping Satellite-1-C
　　C 中国航天科技集团公司

tian hui yi hao C xing
天绘一号 C 星 ［0201D］
Mapping Satellite-1-C
　　C 中国人民解放军

tian hui yi hao C xing
天绘一号 C 星 ［0201D］
Mapping Satellite-1-C
　　C 酒泉卫星发射中心

tian hui yi hao C xing
天绘一号 C 星 ［0201D］
Mapping Satellite-1-C
　　C 长征二号丁运载火箭

tian hui yi hao C xing
天绘一号 C 星 ［0201D］
Mapping Satellite-1-C
　　C 2m 三线阵测绘相机

tian hui yi hao C xing
天绘一号 C 星 ［0201D］
Mapping Satellite-1-C
　　C 5m 三线阵 CCD 测绘相机

tian hui yi hao C xing
天绘一号 C 星 ［0201D］
Mapping Satellite-1-C

C 10m 多光谱摄像机

tian ji hong wai xi tong-di qiu tong bu gui dao 2
天基红外系统–地球同步轨道 2 ［0201D］
SBIRS-GEO 2
　　S 天基红外系统

tian ji hong wai xi tong-di qiu tong bu gui dao 2
天基红外系统–地球同步轨道 2 ［0201D］
SBIRS-GEO 2
　　C 电子侦察卫星

tian ji hong wai xi tong-di qiu tong bu gui dao 2
天基红外系统–地球同步轨道 2 ［0201D］
SBIRS-GEO 2
　　C 地球同步转移轨道

tian ji hong wai xi tong-di qiu tong bu gui dao 2
天基红外系统–地球同步轨道 2 ［0201D］
SBIRS-GEO 2
　　C 高空持久性红外（OPIR）扫描传感器

tian ji hong wai xi tong-di qiu tong bu gui dao 2
天基红外系统–地球同步轨道 2 ［0201D］
SBIRS-GEO 2
　　C 凝视传感器

tian ji hong wai xi tong-di qiu tong bu gui dao 2
天基红外系统–地球同步轨道 2 ［0201D］
SBIRS-GEO 2
　　C 美国空军

tian ji hong wai xi tong-di qiu tong bu gui dao 2
天基红外系统–地球同步轨道 2 ［0201D］
SBIRS-GEO 2

C 洛克希德·马丁公司

tian ji hong wai xi tong-di qiu tong bu gui dao 2

天基红外系统–地球同步轨道 2［0201D］

SBIRS-GEO 2

    C 卡纳维拉尔角空军基地

tian ji hong wai xi tong-di qiu tong bu gui dao 2

天基红外系统–地球同步轨道 2［0201D］

SBIRS-GEO 2

    C 宇宙神-5 运载火箭

tian ji hong wai xi tong-di qiu tong bu gui dao 3

天基红外系统–地球同步轨道 3［0201D］

SBIRS-GEO 3

    S 天基红外系统

tian ji hong wai xi tong-di qiu tong bu gui dao 3

天基红外系统–地球同步轨道 3［0201D］

SBIRS-GEO 3

    C 电子侦察卫星

tian ji hong wai xi tong-di qiu tong bu gui dao 3

天基红外系统–地球同步轨道 3［0201D］

SBIRS-GEO 3

    C 地球同步转移轨道

tian ji hong wai xi tong-di qiu tong bu gui dao 3

天基红外系统–地球同步轨道 3［0201D］

SBIRS-GEO 3

    C 高空持久性红外（OPIR）扫描传感器

tian ji hong wai xi tong-di qiu tong bu gui dao 3

天基红外系统–地球同步轨道 3［0201D］

SBIRS-GEO 3

C 凝视传感器

tian ji hong wai xi tong-di qiu tong bu gui dao 3

天基红外系统–地球同步轨道 3［0201D］

SBIRS-GEO 3

    C 美国空军

tian ji hong wai xi tong-di qiu tong bu gui dao 3

天基红外系统–地球同步轨道 3［0201D］

SBIRS-GEO 3

    C 洛克希德·马丁公司

tian ji hong wai xi tong-di qiu tong bu gui dao 3

天基红外系统–地球同步轨道 3［0201D］

SBIRS-GEO 3

    C 卡纳维拉尔角空军基地

tian ji hong wai xi tong-di qiu tong bu gui dao 3

天基红外系统–地球同步轨道 3［0201D］

SBIRS-GEO 3

    C 宇宙神-5 运载火箭

tian ji hong wai xi tong-di qiu tong bu gui dao 4

天基红外系统–地球同步轨道 4［0201D］

SBIRS-GEO 4

    S 天基红外系统

tian ji hong wai xi tong-di qiu tong bu gui dao 4

天基红外系统–地球同步轨道 4［0201D］

SBIRS-GEO 4

    C 电子侦察卫星

tian ji hong wai xi tong-di qiu tong bu gui dao 4

天基红外系统–地球同步轨道 4［0201D］

SBIRS-GEO 4

C 地球同步转移轨道

tian ji hong wai xi tong-di qiu tong bu gui dao 4
天基红外系统–地球同步轨道 4 ［0201D］
SBIRS-GEO 4
C 高空持久性红外（OPIR）扫描传感器

tian ji hong wai xi tong-di qiu tong bu gui dao 4
天基红外系统–地球同步轨道 4 ［0201D］
SBIRS-GEO 4
C 凝视传感器

tian ji hong wai xi tong-di qiu tong bu gui dao 4
天基红外系统–地球同步轨道 4 ［0201D］
SBIRS-GEO 4
C 美国空军

tian ji hong wai xi tong-di qiu tong bu gui dao 4
天基红外系统–地球同步轨道 4 ［0201D］
SBIRS-GEO 4
C 洛克希德·马丁公司

tian ji hong wai xi tong-di qiu tong bu gui dao 4
天基红外系统–地球同步轨道 4 ［0201D］
SBIRS-GEO 4
C 卡纳维拉尔角空军基地

tian ji hong wai xi tong-di qiu tong bu gui dao 4
天基红外系统–地球同步轨道 4 ［0201D］
SBIRS-GEO 4
C 宇宙神-5 运载火箭

tian kong fu she
天空辐射 ［0203B］
Sky Radiation
Y 天空散射光

tian kong guang
天空光 ［0203B］
SkyLight
Y 天空散射光

tian kong san she guang
天空散射光 ［0203A］
Sky Scattered Light
D 天空光

tian kong san she guang
天空散射光 ［0202A］
Sky Scattered Light
D 天空辐射

tian kong wei xing 1
天空卫星 1 ［0201D］
Skysat-1
S 天空卫星

tian kong wei xing 1
天空卫星 1 ［0201D］
Skysat-1
C 商用遥感卫星

tian kong wei xing 1
天空卫星 1 ［0201D］
Skysat-1
C 太阳同步轨道

tian kong wei xing 1
天空卫星 1 ［0201D］
Skysat-1
C planet 公司

tian kong wei xing 1
天空卫星 1 ［0201D］
Skysat-1
C 拜科努尔航天发射场

tian kong wei xing 1
天空卫星 1 ［0201D］
Skysat-1

C 联盟-U 运载火箭

tian kong wei xing 10
天空卫星 10［0201D］
Skysat-10
　S 天空卫星

tian kong wei xing 10
天空卫星 10［0201D］
Skysat-10
　C 商用遥感卫星

tian kong wei xing 10
天空卫星 10［0201D］
Skysat-10
　C 太阳同步轨道

tian kong wei xing 10
天空卫星 10［0201D］
Skysat-10
　Cplanet 公司

tian kong wei xing 10
天空卫星 10［0201D］
Skysat-10
　C 美国范登堡空军基地

tian kong wei xing 10
天空卫星 10［0201D］
Skysat-10
　C 牛头怪-c 运载火箭

tian kong wei xing 11
天空卫星 11［0201D］
Skysat-11
　S 天空卫星

tian kong wei xing 11
天空卫星 11［0201D］
Skysat-11
　C 商用遥感卫星

tian kong wei xing 11
天空卫星 11［0201D］
Skysat-11

C 太阳同步轨道

tian kong wei xing 11
天空卫星 11［0201D］
Skysat-11
　Cplanet 公司

tian kong wei xing 11
天空卫星 11［0201D］
Skysat-11
　C 美国范登堡空军基地

tian kong wei xing 11
天空卫星 11［0201D］
Skysat-11
　C 牛头怪-c 运载火箭

tian kong wei xing 12
天空卫星 12［0201D］
Skysat-12
　S 天空卫星

tian kong wei xing 12
天空卫星 12［0201D］
Skysat-12
　C 商用遥感卫星

tian kong wei xing 12
天空卫星 12［0201D］
Skysat-12
　C 太阳同步轨道

tian kong wei xing 12
天空卫星 12［0201D］
Skysat-12
　Cplanet 公司

tian kong wei xing 12
天空卫星 12［0201D］
Skysat-12
　C 美国范登堡空军基地

tian kong wei xing 12
天空卫星 12［0201D］
Skysat-12

C 牛头怪-c 运载火箭

tian kong wei xing 13
天空卫星 13 ［0201D］
Skysat-13
　S 天空卫星

tian kong wei xing 13
天空卫星 13 ［0201D］
Skysat-13
　C 商用遥感卫星

tian kong wei xing 13
天空卫星 13 ［0201D］
Skysat-13
　C 太阳同步轨道

tian kong wei xing 13
天空卫星 13 ［0201D］
Skysat-13
　Cplanet 公司

tian kong wei xing 13
天空卫星 13 ［0201D］
Skysat-13
　C 美国范登堡空军基地

tian kong wei xing 13
天空卫星 13 ［0201D］
Skysat-13
　C 牛头怪-c 运载火箭

tian kong wei xing 14
天空卫星 14 ［0201D］
Skysat-14
　S 天空卫星

tian kong wei xing 14
天空卫星 14 ［0201D］
Skysat-14
　C 商用遥感卫星

tian kong wei xing 14
天空卫星 14 ［0201D］
Skysat-14

C 太阳同步轨道

tian kong wei xing 14
天空卫星 14 ［0201D］
Skysat-14
　C Planet 公司

tian kong wei xing 14
天空卫星 14 ［0201D］
Skysat-14
　C 美国范登堡空军基地

tian kong wei xing 14
天空卫星 14 ［0201D］
Skysat-14
　C 猎鹰九号

tian kong wei xing 15
天空卫星 15 ［0201D］
Skysat-15
　S 天空卫星

tian kong wei xing 15
天空卫星 15 ［0201D］
Skysat-15
　C 商用遥感卫星

tian kong wei xing 15
天空卫星 15 ［0201D］
Skysat-15
　C 太阳同步轨道

tian kong wei xing 15
天空卫星 15 ［0201D］
Skysat-15
　C Planet 公司

tian kong wei xing 15
天空卫星 15 ［0201D］
Skysat-15
　C 美国范登堡空军基地

tian kong wei xing 15
天空卫星 15 ［0201D］
Skysat-15

C 猎鹰九号

tian kong wei xing 16
天空卫星 16［0201D］
Skysat-16
　S 天空卫星

tian kong wei xing 16
天空卫星 16［0201D］
Skysat-16
　C 商用遥感卫星

tian kong wei xing 16
天空卫星 16［0201D］
Skysat-16
　C 太阳同步轨道

tian kong wei xing 16
天空卫星 16［0201D］
Skysat-16
　C Planet 公司

tian kong wei xing 16
天空卫星 16［0201D］
Skysat-16
　C 美国卡纳维拉尔角空军基地

tian kong wei xing 16
天空卫星 16［0201D］
Skysat-16
　C 猎鹰九号

tian kong wei xing 17
天空卫星 17［0201D］
Skysat-17
　S 天空卫星

tian kong wei xing 17
天空卫星 17［0201D］
Skysat-17
　C 商用遥感卫星

tian kong wei xing 17
天空卫星 17［0201D］
Skysat-17

C 太阳同步轨道

tian kong wei xing 17
天空卫星 17［0201D］
Skysat-17
　C Planet 公司

tian kong wei xing 17
天空卫星 17［0201D］
Skysat-17
　C 美国卡纳维拉尔角空军基地

tian kong wei xing 17
天空卫星 17［0201D］
Skysat-17
　C 猎鹰十号

tian kong wei xing 18
天空卫星 18［0201D］
Skysat-18
　S 天空卫星

tian kong wei xing 18
天空卫星 18［0201D］
Skysat-18
　C 商用遥感卫星

tian kong wei xing 18
天空卫星 18［0201D］
Skysat-18
　C 太阳同步轨道

tian kong wei xing 18
天空卫星 18［0201D］
Skysat-18
　C Planet 公司

tian kong wei xing 18
天空卫星 18［0201D］
Skysat-18
　C 美国卡纳维拉尔角空军基地

tian kong wei xing 18
天空卫星 18［0201D］
Skysat-18

C 猎鹰十号

C 太阳同步轨道

tian kong wei xing 2
天空卫星 2［0201D］
Skysat-2
　　S 天空卫星

tian kong wei xing 3
天空卫星 3［0201D］
Skysat-3
　　C Planet 公司

tian kong wei xing 2
天空卫星 2［0201D］
Skysat-2
　　C 商用遥感卫星

tian kong wei xing 3
天空卫星 3［0201D］
Skysat-3
　　C 拜科努尔航天发射场

tian kong wei xing 2
天空卫星 2［0201D］
Skysat-2
　　C 太阳同步轨道

tian kong wei xing 3
天空卫星 3［0201D］
Skysat-3
　　C 联盟-U 运载火箭

tian kong wei xing 2
天空卫星 2［0201D］
Skysat-2
　　C Planet 公司

tian kong wei xing 4
天空卫星 4［0201D］
Skysat-4
　　S 天空卫星

tian kong wei xing 2
天空卫星 2［0201D］
Skysat-2
　　C 拜科努尔航天发射场

tian kong wei xing 4
天空卫星 4［0201D］
Skysat-4
　　C 商用遥感卫星

tian kong wei xing 2
天空卫星 2［0201D］
Skysat-2
　　C 联盟-U 运载火箭

tian kong wei xing 4
天空卫星 4［0201D］
Skysat-4
　　C 太阳同步轨道

tian kong wei xing 3
天空卫星 3［0201D］
Skysat-3
　　S 天空卫星

tian kong wei xing 4
天空卫星 4［0201D］
Skysat-4
　　C Planet 公司

tian kong wei xing 3
天空卫星 3［0201D］
Skysat-3
　　C 商用遥感卫星

tian kong wei xing 4
天空卫星 4［0201D］
Skysat-4
　　C 拜科努尔航天发射场

tian kong wei xing 3
天空卫星 3［0201D］
Skysat-3

tian kong wei xing 4
天空卫星 4［0201D］
Skysat-4

C 联盟-U 运载火箭

tian kong wei xing 5
天空卫星 5［0201D］
Skysat-5
　S 天空卫星

tian kong wei xing 5
天空卫星 5［0201D］
Skysat-5
　C 商用遥感卫星

tian kong wei xing 5
天空卫星 5［0201D］
Skysat-5
　C 太阳同步轨道

tian kong wei xing 5
天空卫星 5［0201D］
Skysat-5
　C Planet 公司

tian kong wei xing 5
天空卫星 5［0201D］
Skysat-5
　C 织女星运载火箭

tian kong wei xing 6
天空卫星 6［0201D］
Skysat-6
　S 天空卫星

tian kong wei xing 6
天空卫星 6［0201D］
Skysat-6
　C 商用遥感卫星

tian kong wei xing 6
天空卫星 6［0201D］
Skysat-6
　C 太阳同步轨道

tian kong wei xing 6
天空卫星 6［0201D］
Skysat-6

C Planet 公司

tian kong wei xing 6
天空卫星 6［0201D］
Skysat-6
　C 织女星运载火箭

tian kong wei xing 7
天空卫星 7［0201D］
Skysat-7
　S 天空卫星

tian kong wei xing 7
天空卫星 7［0201D］
Skysat-7
　C 商用遥感卫星

tian kong wei xing 7
天空卫星 7［0201D］
Skysat-7
　C 太阳同步轨道

tian kong wei xing 7
天空卫星 7［0201D］
Skysat-7
　C Planet 公司

tian kong wei xing 7
天空卫星 7［0201D］
Skysat-7
　C 织女星运载火箭

tian kong wei xing 8
天空卫星 8［0201D］
Skysat-8
　S 天空卫星

tian kong wei xing 8
天空卫星 8［0201D］
Skysat-8
　C 商用遥感卫星

tian kong wei xing 8
天空卫星 8［0201D］
Skysat-8

C 太阳同步轨道

tian kong wei xing 8
天空卫星 8 [0201D]

Skysat-8
  C Planet 公司

tian kong wei xing 8
天空卫星 8 [0201D]

Skysat-8
  C 美国范登堡空军基地

tian kong wei xing 8
天空卫星 8 [0201D]

Skysat-8
  C 牛头怪-c 运载火箭

tian kong wei xing 9
天空卫星 9 [0201D]

Skysat-9
  S 天空卫星

tian kong wei xing 9
天空卫星 9 [0201D]

Skysat-9
  C 商用遥感卫星

tian kong wei xing 9
天空卫星 9 [0201D]

Skysat-9
  C 太阳同步轨道

tian kong wei xing 9
天空卫星 9 [0201D]

Skysat-9
  C Planet 公司

tian kong wei xing 9
天空卫星 9 [0201D]

Skysat-9
  C 美国范登堡空军基地

tian kong wei xing 9
天空卫星 9 [0201D]

Skysat-9

C 牛头怪-c 运载火箭

tian qi lei da tan ce
天气雷达探测 [0202D]

Weather Radar Detection
  S 气象观测

tian ran cai se pian
天然彩色片 [0203B]

Natural Color Film
  S 遥感摄影胶片

tian ran cai se pian
天然彩色片 [0203B]

Natural Color Film
  D 真彩色片

tian xian
天线 [0201B]

Antenna
  C 雷达

tian xian
天线 [0201B]

Antennas
  SRF 终端

tian xian
天线 [0201B]

Antennas
  S 地球站

tian xian
天线 [0201B]

Antenna Technology
  F 有源相控阵天线
    反射面赋形天线
    多频共用天线
    平板抛物面天线
    固体面天线
    柔性天线
    重启天线
    透镜天线

金属网面天线
膜面天线

tian xian gen zong
天线跟踪 ［0203C］

Antenna Tracking
　F 手动跟踪
　　程序跟踪
　　自动跟踪

tian xian kong jing
天线孔径 ［0201B］

Antenna Aperture
　C 方位分辨率

tian xian kui yuan
天线馈源 ［0201B］

Antenna Feed
　Y 馈源

tian xian zao sheng
天线噪声 ［0203C］

Antenna Noise
　S 外部噪声

tian xian zuo jia xing shi
天线座架形式 ［0201C］

Antenna Mount Form
　F 方位角-俯仰角座架
　　X-Y 轴座架

tie li zi
铁离子 ［0203B］

Iron Ion
　S 水离子

tong dao fei xian xing te xing she ji
通道非线性特性设计 ［0202A］

Channel Nonlinear Characteristic Design
　S 通信转发器设计

tong dao pin lü te xing she ji
通道频率特性设计 ［0201B］

Channel Frequency Characteristic Design

S 通信转发器设计

tong shi fen xi
通视分析 ［0202D］

Visibility Analysis
　Y 可视性分析

tong xin cang bei ce kong dan yuan
通信舱北测控单元 ［0201C］

Communications Module North Measurement and Control Unit
　S 数据管理分系统组成

tong xin cang nan ce kong dan yuan
通信舱南测控单元 ［0203C］

Communications Module South Measurement and Control Unit
　S 数据管理分系统组成

tong xin wei xing ping tai she ji
通信卫星平台设计 ［0201D］

Communication Satellite Platform Design
　S 通信卫星总体设计

tong xin wei xing ping tai she ji
通信卫星平台设计 ［0201D］

Communication Satellite Platform Design
　C 卫星平台分系统

tong xin wei xing tian xian
通信卫星天线 ［0201D］

Communication Satellite Antenna
　C 通信天线设计

tong xin wei xing tian xian
通信卫星天线 ［0201A］

Communication Satellite Antenna
　F 全向天线
　　全球波束天线
　　半球波束天线
　　区域波束天线
　　点波束天线
　　多波束天线

可重构波束天线
成形波束天线
扫描点波束天线

tong xin wei xing zai he xi tong she ji
通信卫星载荷系统设计 [0201C]
Communication Satellite Payload System Design
　S 通信卫星总体设计

tong xin wei xing zai he xi tong she ji
通信卫星载荷系统设计 [0201C]
Communication Satellite Payload System Design
　F 通信载荷系统指标分解
　　通信天线设计
　　通信转发器设计

tong xin zai he xi tong zhi biao fen jie
通信载荷系统指标分解 [0201C]
Communication Load System Index Decomposition
　S 通信卫星载荷系统设计

tong xin zai he xi tong zhi biao fen jie
通信载荷系统指标分解 [0201C]
Communication Load System Index Decomposition
　F EIRP 指标分解
　　G/T 指标分解
　　转发器分系统增益指标确定
　　频率相应特性指标分解

tong xin zhuan fa qi she ji
通信转发器设计 [0201C]
Communication Transponder Design
　S 通信卫星载荷系统设计

tong xin zhuan fa qi she ji
通信转发器设计 [0201C]
Communication Transponder Design
　F 转发器配置设计
　　增益设计
　　通道频率特性设计
　　通道非线性特性设计

tong yong shu ju ge shi
通用数据格式 [0202C]
Common Data Format
　S 遥感技术通用基础

tong bu zuo ye kong zhi zhuang zhi
同步作业控制装置 [0202C]
Synchronous Operation Control Unit
　S 机载 LiDAR 设备

tong lei di wu dui bi fen xi fa
同类地物对比分析法 [0202B]
Comparative Analysis of Similar Features
　S 对比分析法

tong zhou xing la ba tian xian
同轴形喇叭天线 [0201B]
Coaxial Horn Antenna
　S 喇叭天线种类（截面形状）

tong ji fang fa
统计方法 [0202B]
Statistical Methods
　S 纹理特征描述方法

tong ji fang fa
统计方法 [0202B]
Statistical Methods
　F 自相关函数
　　灰度共生矩阵
　　灰度级行程长
　　滤波模板
　　随机模型

tong ji nei cha
统计内插 [0202A]
Statistical Interpolation
　Y 最优插值法

tong ji te zheng bian liang
统计特征变量 [0202B]
Statistical Characteristic Variable
　F 全局统计特征变量

局部统计特征变量

tong ji xi lie mo xing
统计系列模型 ［0202A］
Statistical Series Model
　S 属性数据分析模型

tong ji xi lie mo xing
统计系列模型 ［0202B］
Statistical Series Model
　F 地物分布统计分析模型
　　时间序列统计分析模型

tou ying bian huan
投影变换 ［0202B］
Projective Transformation
　S 几何变换

tou ying bian huan
投影变换 ［0202A］
Projective Transformation
　S 图像处理

tou ying lei xing
投影类型 ［0202C］
Projection Type
　F 正射投影
　　中心投影

tou ying wu cha
投影误差 ［0202B］
Projection Error
　S 误差

tou jing jiao ju bian dong
透镜焦距变动 ［0201B］
Lens Focal Length Change
　S 内部误差

tou jing shi duo bo shu tian xian
透镜式多波束天线 ［0201C］
Lenticular Multi-Beam Antenna
　S 多波束天线

tou jing tian xian
透镜天线 ［0201B］
Lens Antenna
　S 天线

tou ming zhuan fa qi
透明转发器 ［0201A］
Transparent Repeater
　Y 弯管式转发器

tou she neng liang
透射能量 ［0202C］
Transmitted Energy
　S 太阳辐射能量

tou shi tou ying
透视投影 ［0202A］
Perspective Projection
　Y 中心投影

tou shi tu fa
透视图法 ［0202B］
Perspective View Method
　S 地形制图技术

tu an
图案 ［0203B］
Pattern
　D 图形结构

tu biao tong ji tu fa
图表统计图法 ［0202B］
Chart and Statistical Graph Method
　S 专题地图表示方法

tu ceng yao su cao zuo
图层要素操作 ［0202B］
Layer Element Manipulation
　F 消除边界
　　剪取
　　拼接
　　选择
　　排除

更新
擦除
分割

tu li
图例 ［0202B］
Legend
　　S 地图要素

tu xiang
图像 ［0202B］
Image
　　S 数据表现形式

tu xiang chu li
图像处理 ［0202A］
Image Processing
　　F 光学图像处理
　　数字图像处理
　　投影变换
　　图像分析
　　图像密度分割
　　图像投影变换
　　图像增强
　　图形显示
　　图形转换
　　影像分割
　　图像校正

tu xiang chu li suan fa
图像处理算法 ［0202B］
Image Processing Algorithm
　　F 深度优先搜索
　　广度优先搜索
　　迪杰斯特拉算法
　　贝尔曼-福特算法
　　弗洛伊德算法
　　普里姆算法
　　克鲁斯卡尔算法
　　匈牙利算法
　　最大流量算法

tu xiang fen ge fang fa
图像分割方法 ［0202B］
Image Segmentation Method
　　F 灰度阈值法
　　梯度方法
　　区域方法
　　数学形态学方法

tu xiang fen lei
图像分类 ［0202B］
Image Classification
　　F 最大似然法
　　最小距离法
　　等混合距离法
　　多为密度分割

tu xiang fen lei yu jie yi
图像分类与解译 ［0202B］
Image Classification and Interpretation
　　S 遥感信息提取方法

tu xiang fen xi
图像分析 ［0202B］
Image Analysis
　　S 图像处理

tu xiang fu yuan
图像复原 ［0202B］
Image Restoration
　　Y 图像校正

tu xiang hui fu
图像恢复 ［0202C］
Image Restoration
　　Y 图像校正

tu xiang ji he chu li
图像几何处理 ［0202B］
Image Geometry Processing
　　F 图像旋转
　　镜像
　　参数法纠正
　　仿射变换纠正

类仿射变换纠正
二次多项式纠正
三次多项式纠正
数字微分纠正
图像镶嵌
图像配准

tu xiang jie yi yao su
图像解译要素 ［0202B］
Image Interpretation Element
 Y 遥感图像解译标志

tu xiang jing jiao zheng yu zeng qiang
图像精校正与增强 ［0202B］
Image Precision Correction and Enhancement
 S 遥感信息提取方法

tu xiang jiu zheng
图像纠正 ［0202B］
Image Correction
 C 图像预处理

tu xiang jiu zheng
图像纠正 ［0202A］
Image Correction
 C 地理参照

tu xiang jiu zheng
图像纠正 ［0202B］
Image Rectification
 D 绝对几何纠正

tu xiang mi du fen ge
图像密度分割 ［0202B］
Image Density Segmentation
 S 图像处理

tu xiang pan du yao su
图像判读要素 ［0202B］
Image Interpretation Elements
 Y 判读标志

tu xiang pei zhun
图像配准 ［0202B］
Image Registration
 D 相对几何纠正

tu xiang pei zhun
图像配准 ［0202B］
Image Registration
 D 图像匹配

tu xiang pei zhun
图像配准 ［0202B］
Image Registration
 S 图像几何处理

tu xiang pi pei
图像匹配 ［0202B］
Image Matching
 Y 图像配准

tu xiang ping hua
图像平滑 ［0202B］
Image Smoothing
 S 图像增强方法

tu xiang ping hua lü bo
图像平滑滤波 ［0202B］
Image Smoothing and Filtering
 S 空间域滤波

tu xiang ping hua lü bo
图像平滑滤波 ［0202B］
Image Smoothing and Filtering
 F 均值滤波
  中值滤波
  高斯滤波

tu xiang rong he
图像融合 ［0202A］
Image Fusion
 S 图像增强方法

tu xiang rong he

图像融合 [0202A]

Image Fusion

    F 加权融合

      彩色变换融合

      主分量变换融合

tu xiang rui hua

图像锐化 [0202B]

Image Sharpening

    S 图像增强方法

tu xiang rui hua

图像锐化 [0202B]

Image Sharpening

    D 边缘增强

tu xiang rui hua lü bo

图像锐化滤波 [0202B]

Sharpen

    S 空间域滤波

tu xiang shu xing wen jian

图像属性文件 [0202C]

Image Properties File

    S 波段顺序格式文件

tu xiang shu ju ku

图像数据库 [0202D]

Image Database

    S 数据库

tu xiang shu ju wen jian

图像数据文件 [0203B]

Image Data File

    S 波段顺序格式文件

tu xiang tou ying bian huan

图像投影变换 [0202B]

Image Projection Transformation

    S 图像处理

tu xiang xian shi la shen

图像显示拉伸 [0202B]

Image Shows Stretch

    S 图像增强方法

tu xiang xiang qian

图像镶嵌 [0202A]

Image Mosaicking

    S 图像几何处理

tu xiang jiao zheng

图像校正 [0202B]

Image Correction

    S 图像处理

tu xiang jiao zheng

图像校正 [0202B]

Image Correction

    D 图像恢复

tu xiang jiao zheng

图像校正 [0202B]

Image Correction

    D 图像复原

tu xiang jiao zheng

图像校正 [0202B]

Image Correction

    F 像素位置校正

      像素值校正

tu xiang xuan zhuan

图像旋转 [0202B]

Image Rotation

    S 图像几何处理

tu xiang ya suo

图像压缩 [0202B]

Image Compression Technique

    F 无损压缩

      有损压缩

tu xiang yu chu li

图像预处理 ［0202B］

Image Preprocessing

　C 图像纠正

tu xiang yu chu li

图像预处理 ［0202B］

Image Preprocessing

　C 图像重建

tu xiang yun suan

图像运算 ［0202B］

Image Operation

　S 数字图像处理方法

tu xiang yun suan

图像运算 ［0202B］

Image Operation

　F 逻辑运算

　　比较运算

　　代数运算

tu xiang zao sheng（chan sheng yuan yin）

图像噪声（产生原因） ［0202B］

Image Noise（cause）

　F 外部噪声

　　内部噪声

tu xiang zao sheng（tong ji li lun）

图像噪声（统计理论） ［0202B］

Image Noise（statistical theory）

　F 平稳噪声

　　非平稳噪声

tu xiang zeng qiang

图像增强 ［0202B］

Image Filtering

　F 空间域滤波

　　频率域滤波

　　彩色增强

tu xiang zeng qiang

图像增强 ［0202B］

Image Enhancement

　S 图像处理

tu xiang zeng qiang fang fa

图像增强方法 ［0202B］

Image Enhancement Method

　F 彩色合成

　　图像显示拉伸

　　波段运算

　　图像平滑

　　图像锐化

　　图像融合

tu xiang chong jian

图像重建 ［0202B］

Image Reconstruction

　C 图像预处理

tu xing xian shi

图形显示 ［0202C］

Graphic Display

　S 图像处理

tu xing zhuan huan

图形转换 ［0202A］

Graphic Conversion

　S 图像处理

tu di chu li ji shu

土地处理技术 ［0202D］

Land Treatment Technology

　S 水体生态修复技术

tu rang can shu

土壤参数 ［0203D］

Soil Parameters

　S 地表热状况

tu rang can shu

土壤参数 ［0203D］

Soil Parameters

　F 土壤水分

　　土壤组成

　　土壤结构

tu rang tiao zheng zhi bei zhi shu

土壤调整植被指数 ［0202B］

Soil Adjusted Vegetation Index

　　S 植被指数

tu rang fan she lü

土壤反射率 ［0203B］

Soil Reflectivity

　　C 土壤组成

tu rang fan she lü

土壤反射率 ［0203A］

Soil Reflectivity

　　C 土壤颜色

tu rang fan she lü

土壤反射率 ［0203A］

Soil Reflectivity

　　C 土壤结构

tu rang fan she lü

土壤反射率 ［0203A］

Soil Reflectivity

　　C 表面粗糙度

tu rang shi du chuan gan qi

土壤湿度传感器 ［0201B］

Soil Moisture Sensor

　　S 地面传感器

tu rang shui fen

土壤水分 ［0202A］

Soil Moisture

　　C 土壤湿度

tu rang yan se

土壤颜色 ［0203B］

Soil Color

　　C 土壤反射率

tui jin fen xi tong

推进分系统 ［0201C］

Propulsion Subsystem

　　S 卫星平台分系统

tui jin fen xi tong ji shu zhi biao

推进分系统技术指标 ［0201C］

Propulsion Subsystem Technical Indicator

　　S 推进分系统

tui jin fen xi tong ji shu zhi biao

推进分系统技术指标 ［0201C］

Propulsion Subsystem Technical Indicator

　　F 总冲

　　　推力

　　　比冲

　　　最小冲量

　　　推进剂装填量

tui jin xi tong shi yan wei xing

推进系统试验卫星 ［0201D］

Propulsion System Test Satellite

　　S 技术试验卫星

tui li ji

推理机 ［0202B］

Reasoning Machine

　　S 遥感图像解译专家系统

tui li ji

推理机 ［0202B］

Reasoning Machine

　　F 正向推理

　　　反向推理

tui li qi

推理器 ［0202B］

Inference Engine

　　S 专家系统结构

tui sao shi sao miao xi tong

推扫式扫描系统 ［0201C］

Push-Broom Scanning System

　　D 像面扫描系统

tui shui qu xian

退水曲线 [0202A]

Regression Curve

　　S 水文曲线

tuo yuan gui dao

椭圆轨道 [0201A]

Elliptical Orbit

　　S 卫星轨道（形状）

tuo yuan ji hua

椭圆极化 [0202A]

Elliptic Polarization

　　S 电磁波极化

tuo yuan la ba tian xian

椭圆喇叭天线 [0201B]

Elliptical Horn Antenna

　　S 喇叭天线种类（截面形状）

wai cha jie shou

外差接收 [0203C]

Heterodyne Reception

　　S 信号接收

wai tiao zhi qi

外调制器 [0201B]

External Modulator

　　S 光调制器

wai fang wei yuan su

外方位元素 [0202A]

Exterior Orientation Element

　　F 空间坐标

　　　姿态角

wan guan shi zhuan fa qi

弯管式转发器 [0201A]

Bent Tube Repeater

　　S 星载转发器

wan xiang zhuan tai

万向转台 [0201C]

Universal Turntable

　　S 粗瞄装置

wei bo

微波 [0201C]

Microwave

　　S 电磁波谱

wei bo

微波 [0201C]

Microwave

　　F 毫米波

　　　厘米波

　　　分米波

wei bo fan she

微波反射 [0202A]

Microwave Reflection

　　C 地物形状

wei bo fan she

微波反射 [0202A]

Microwave Reflection

　　C 地物大小

wei bo fu she

微波辐射 [0203B]

Microwave Radiation

　　S 遥感辐射

wei bo fu she ji

微波辐射计 [0201C]

Microwave Radiometer

　　S 非成像传感器

wei bo fu she ji

微波辐射计 [0201C]

Microwave Radiomete

　　S 辐射计

wei bo fu she yuan

微波辐射源 [0201B]

Microwave Radiation Source

　　S 人工辐射源

wei bo gao du ji
微波高度计 ［0201C］
Microwave Altimeter
　S 非成像传感器

wei bo gong lü jia zai xi tong
微波功率加载系统 ［0201C］
Microwave Power Loading System
　S 微放电检测系统

wei bo gong lü jia zai xi tong
微波功率加载系统 ［0201C］
Microwave Power Loading System
　F 信号源
　　功率放大器
　　功率测量系统
　　假负载
　　微波器件

wei bo qi jian
微波器件 ［0201B］
Microwave Device
　S 微波功率加载系统

wei bo quan xi lei da
微波全息雷达 ［0201C］
Microwave Holographic Radar
　S 雷达

wei bo san she ji
微波散射计 ［0201C］
Microwave Scatterometer
　S 非成像传感器

wei bo san she ji
微波散射计 ［0201C］
Microwave Scatterometer
　Y 雷达散射计

wei bo shi du tan ce qi
微波湿度探测器 ［0201C］
Microwave Humidity Sounder
　S EOS 传感器

wei bo yao gan cheng xiang
微波遥感成像 ［0202A］
Microwave Remote Sensing Imaging
　S 遥感成像方式

wei bo yao gan wei xing
微波遥感卫星 ［0201D］
Microwave Remote Sensing Satellites
　S 遥感卫星

wei bo yao gan ying xiang
微波遥感影像 ［0202D］
Microwave Remote Sensing Imagery
　C 雷达影像

wei bo yao gan ying xiang
微波遥感影像 ［0202D］
Microwave Remote Sensing Imagery
　C 微波影像

wei bo ying xiang
微波影像 ［0202D］
Microwave Imagery
　C 微波遥感影像

wei bo ying xiang
微波影像 ［0202D］
Microwave Image
　S 遥感影像

wei dai tian xian
微带天线 ［0201B］
Microstrip Antenna
　S 馈源

wei ji dian xi tong
微机电系统 ［0201B］
Micro-Electro-Mechanical System
　S 系统级芯片

wei en wei yi ding lü
维恩位移定律 ［0203A］
Wien Displacement Law

S 黑体辐射定律

wei ju cha fen
伪距差分 [0202D]
Pseudo-Distance Difference
　　S 差分 GPS（目标参量）

wei sui ji ma fa sheng qi
伪随机码发生器 [0201B]
Pseudo-Random Code Generator
　　S GPS 导航载荷

wei bu wen jian
尾部文件 [0202C]
Tail File
　　S 波段顺序格式文件

wei xing
卫星 [0201D]
Satellite
　　F 科学卫星
　　　技术试验卫星
　　　应用卫星

wei xing
卫星 [0201D]
Satellite
　　S 空间段

wei xing ce liang wu cha
卫星测量误差 [0203D]
Satellite Measurement Error
　　S GPS 系统定位误差

wei xing ce liang wu cha
卫星测量误差 [0202A]
Satellite Measurement Error
　　F GPS 卫星轨道参数偏差
　　　卫星钟模型偏差

wei xing chuan gan qi
卫星传感器 [0201C]
Satellite Sensors

S 遥感传感器

wei xing dui di guan ce
卫星对地观测 [0202D]
Satellite Earth Observation
　　S 对地观测

wei xing fang wei jiao
卫星方位角 [0203D]
Satellite Azimuth
　　S 几何参数

wei xing fu gai qu yu
卫星覆盖区域 [0202D]
Satellite Coverage Area
　　F 近地服务区域
　　　空间服务区域
　　　重点服务区域

wei xing gong yong ping tai she ji
卫星公用平台设计 [0201D]
Satellite Common Platform Design
　　S 通信卫星任务分析设计

wei xing gong lü yu suan
卫星功率预算 [0201A]
Satellite Power Budget
　　S 总体参数预算

wei xing gou xing ju bu she ji
卫星构型局部设计 [0201D]
Satellite Configuration Local Design
　　S 通信卫星系统设计

wei xing gou xing ju bu she ji
卫星构型局部设计 [0201D]
Satellite Configuration Local Design
　　F 卫星入轨方式
　　　卫星运行轨道
　　　卫星在轨姿态
　　　卫星规模
　　　承载能力

wei xing gui mo
卫星规模 ［0201A］
Satellite Size
S 卫星构型局部设计

wei xing gui dao（gao du）
卫星轨道（高度）［0203D］
Satellite Orbit（Height）
F 低地球轨道
中地球轨道
地球同步轨道
地球静止轨道
地球同步转移轨道
太阳同步轨道

wei xing gui dao（qing jiao）
卫星轨道（倾角）［0203D］
Satellite Orbit（Dip Angle）
F 赤道轨道
极轨道
倾角轨道

wei xing gui dao（xing zhuang）
卫星轨道（形状）［0203D］
Satellite Orbit（Shape）
F 椭圆轨道
圆轨道

wei xing gui dao can liang
卫星轨道参量 ［0203D］
Satellite Orbit Parameter
F 偏心率
半焦距
远地点
近地点

wei xing gui dao de yun xing wei zhi
卫星轨道的运行位置 ［0202A］
The Location of the Satellite's Orbit
C 卫星钟差的相对论效应矫校正量

wei xing jian kang zhuang kuang
卫星健康状况 ［0203C］
Satellite Health Status

S 第一数据块

wei xing jian kang zhuang kuang
卫星健康状况 ［0203C］
Satellite Health Status
S 基本导航信息

wei xing kuo zhan biao zhun
卫星扩展标准 ［0202C］
Satellite Extension Standard
S 无线接口标准

wei xing kuo zhan biao zhun
卫星扩展标准 ［0202C］
Satellite Extension Standard
D S-UMTS

wei xing ping tai fen xi tong
卫星平台分系统 ［0201D］
Satellite Platform Subsystem
C 通信卫星平台设计

wei xing ping tai fen xi tong
卫星平台分系统 ［0201D］
Satellite Platform Subsystem
F 结构分系统
热控分系统
控制分系统
推进分系统
供配电分系统
测控分系统
数据管理分系统

wei xing ping tai neng li zhi biao
卫星平台能力指标 ［0201D］
Satellite Platform Capability Indicator
S 通信卫星总体性能指标

wei xing ping tai neng li zhi biao
卫星平台能力指标 ［0201D］
Satellite Platform Capability Indicator
F 姿态轨道控制指标
测控指标

供电指标
数据处理及存储指标

wei xing re shi yan fang an she ji
卫星热试验方案设计 ［0201A］
Satellite Thermal Test Programme Design
　S 热控分系统设计

wei xing ru gui fang shi
卫星入轨方式 ［0201A］
Satellite Entry Mode
　S 卫星构型局部设计

wei xing ru gui fang shi
卫星入轨方式 ［0201D］
Satellite Entry Mode
　F 直接入轨
　　自身入轨

wei xing shi zhong cha fen jiao zheng can shu
卫星时钟差分校正参数 ［0203D］
Satellite Clock Differential Correction Parameter
　S 现代导航电文数据内容

wei xing shi zhong wu cha
卫星时钟误差 ［0203D］
Satellite Clock Error
　S 卫星相关误差

wei xing shi zhong jiao zheng can shu
卫星时钟校正参数 ［0203D］
Satellite Clock Correction Parameter
　S 基本导航信息

wei xing tian ding jiao
卫星天顶角 ［0203D］
Satellite Zenith Angle
　S 几何参数

wei xing tu xiang
卫星图像 ［0202D］
Satellite Images

S 栅格编码数据

wei xing tu xiang ji he jiu zheng mo xing
卫星图像几何纠正模型 ［0202B］
Geometric Correction Model of Satellite Image
　F 非参数模型
　　参数模型

wei xing xi tong
卫星系统 ［0201D］
Satellite System
　F 被动系统
　　主动系统

wei xing xiang guan wu cha
卫星相关误差 ［0203D］
Satellite Correlation Error
　S 全球导航卫星系统测量误差组成

wei xing xiang guan wu cha
卫星相关误差 ［0202C］
Satellite Correlation Error
　F 卫星时钟误差
　　卫星星历误差

wei xing xiang pian bian tu
卫星像片编图 ［0202D］
Satellite Imagery Mapping
　S 地图编制

wei xing xin wen cai ji
卫星新闻采集 ［0202D］
Satellite News Gathering
　S DVB-S2 业务

wei xing xing li can shu
卫星星历参数 ［0203D］
Satellite Ephemeris Parameter
　S 基本导航信息

wei xing xing li wei zhi wu cha fen liang
卫星星历位置误差分量 ［0203D］
Satellite Ephemeris Position Error Component

F 径向分量
　切向分量
　横向分量

wei xing xing li wu cha
卫星星历误差 ［0203D］
Satellite Ephemeris Error
　S 卫星相关误差

wei xing xing zuo tuo pu jie gou
卫星星座拓扑结构 ［0201D］
Satellite Constellation Topology
　F 星形拓扑结构
　　环形拓扑结构
　　网状拓扑结构

wei xing xing zuo zu wang fang shi
卫星星座组网方式 ［0201A］
Satellite Constellation Networking Mode
　F 地面组网方式
　　空间组网方式

wei xing yao gan
卫星遥感 ［0202D］
Satellite Remote Sensing
　S 遥感

wei xing yao gan shu ju
卫星遥感数据 ［0202D］
Satellite Remote Sensing Data
　F 高分辨率卫星数据
　　中分辨率卫星数据
　　低分辨率卫星数据

wei xing yao gan ying xiang
卫星遥感影像 ［0202D］
Satellite Remote Sensing Image
　S 影像数据

wei xing yun xing gui dao
卫星运行轨道 ［0201D］
Satellite Orbit
　S 卫星构型局部设计

wei xing yun xing gui ji shu ju
卫星运行轨迹数据 ［0202D］
Satellite Trajectory Data
　C 轨道预测法

wei xing zai gui zi tai
卫星在轨姿态 ［0203C］
Satellite Attitude in Orbit
　S 卫星构型局部设计

wei xing zhong cha
卫星钟差 ［0203D］
Satellite Clock Error
　C 全球导航卫星系统伪距观测方程式

wei xing zhong cha
卫星钟差 ［0203D］
Satellite Clock Error
　C 载波相位观测方程式

wei xing zhong cha de xiang dui lun xiao ying jiao jiao zheng liang
卫星钟差的相对论效应矫校正量 ［0203D］
Relativistic Effect Correction of Satellite Clock
Difference
　C 卫星轨道的运行位置

wei xing zhong cha de xiang dui lun xiao ying jiao jiao zheng liang
卫星钟差的相对论效应矫校正量 ［0203D］
Relativistic Effect Correction of Satellite Clock
Difference
　C 卫星轨道偏心率

wei xing zhong cha de xiang dui lun xiao ying jiao jiao zheng liang
卫星钟差的相对论效应矫校正量 ［0203D］
Relativistic Effect Correction of Satellite Clock
Difference
　C 轨道半长轴

wei xing zhong liang yu suan
卫星重量预算 ［0201C］
Satellite Weight Budget

S 总体参数预算

wei xing zhong liang yu suan
卫星重量预算 ［0201C］
Satellite Weight Budget
　F 有效载荷
　　平台分系统
　　总装直属件
　　卫星推进剂

wei xing zi tai wen ding
卫星姿态稳定 ［0203C］
Satellite Attitude Stabilization
　F 自旋稳定
　　三轴稳定

wei bao zhi xiang wu cha
位保指向误差 ［0203C］
Bit-Protection Pointing Error
　S 推进剂预算偏差

wei yi xiang liang
位移向量 ［0202A］
Displacement Vector
　C 基线向量

wei zhi cha fen
位置差分 ［0202A］
Positional Difference
　S 差分 GPS（目标参量）

wei zhi jing du yin zi
位置精度因子 ［0202A］
Position Dilution of Precision
　S 导航星座影响因子

wei zhi wu cha
位置误差 ［0203D］
Position Error
　S 遥感误差

wen du fen bian lü
温度分辨率 ［0203D］
Temperature Resolution

S 遥感分辨率

wen du tan ce
温度探测 ［0202A］
Temperature Detection
　S 大气探测

wen shi xiao ying qi ti gan she jian ce yi
温室效应气体干涉检测仪 ［0201C］
Greenhouse Gas Interferometer Detector
　S 先进地球观测卫星传感器

wen zi mu xing
文字模型 ［0202B］
Text Model
　S 地理信息模型（表现形式）

wen li
纹理 ［0202B］
Texture
　F 细微纹理
　　中等纹理
　　大纹理

wen li
纹理 ［0202B］
Texture
　C 影像结构

wen li
纹理 ［0202B］
Texture
　S 形

wen li
纹理 ［0202B］
Texture
　D 影像结构

wen li de xing zhi
纹理的性质 ［0202B］
Texture Property
　F 均匀性

对比度
密度
粗细度
粗糙度
规律性
线性度
定向性
方向性
频率
相位

wen li fang xiang
纹理方向 [0202B]
Texture Direction
　S 纹理研究

wen li kuan du
纹理宽度 [0202A]
Texture Width
　S 纹理研究

wen li mi du
纹理密度 [0202B]
Texture Density
　S 纹理研究

wen li qiang du
纹理强度 [0202B]
Texture Strength
　S 纹理研究

wen li te zheng miao shu fang fa
纹理特征描述方法 [0202B]
Texture Feature Description Method
　F 统计方法
　　结构方法
　　基于模型方法
　　信号处理方法

wen li yan jiu
纹理研究 [0202B]
Texture Study
　F 纹理强度

纹理密度
纹理长度
纹理宽度
纹理方向

wen li chang du
纹理长度 [0202B]
Texture Length
　S 纹理研究

wen ding xing yuan ze
稳定性原则 [0201A]
Stability Principle
　S GIS 系统设计原则

wu ge tu sa wei xing
乌格图萨卫星 [0201D]
UGATUSAT
　C 地球资源卫星

wu ge tu sa wei xing
乌格图萨卫星 [0201D]
UGATUSAT
　C 近地轨道

wu ge tu sa wei xing
乌格图萨卫星 [0201D]
UGATUSAT
　C 拜科努尔航天发射场

wu ge tu sa wei xing
乌格图萨卫星 [0201D]
UGATUSAT
　C 乌法国立航空技术大学

wu ge tu sa wei xing
乌格图萨卫星 [0201D]
UGATUSAT
　C 联盟号 2.1b/弗雷加特

wu bian jie you cheng bian ma zhi jie zhuan huan fa
无边界游程编码直接转换法 [0202C]
Unbounded Run-Coded Direct Conversion Method

S 矢量数据栅格化

wu ren ji

无人机 ［0201D］

Drone

　C 无人驾驶遥控飞机

wu sun ya suo

无损压缩 ［0202C］

Lossless Compression

　S 图像压缩

wu xuan ze xing san she

无选择性散射 ［0202A］

No Selective Scattering

　S 大气散射

wu li can shu

物理参数 ［0203D］

Physical Parameter

　C 对流层闪烁强度

wu li chu li fa

物理处理法 ［0202C］

Physical Treatment Method

　S 现代污水处理技术

wu li chu li fa

物理处理法 ［0202C］

Physical Treatment Method

　F 重力分离法

　　截流法

　　离心分离法

wu li dan wei

物理单位 ［0202C］

Physical Data Unit

　S 数据组织层次

wu li dan wei

物理单位 ［0202C］

Physical Data Unit

　F 比特

字节

字

块

桶

卷

wu li hai yang xue yao gan

物理海洋学遥感 ［0202D］

Physical Oceanography Remote Sensing

　S 海洋环境遥感

wu li hua xue chu li fa

物理化学处理法 ［0202C］

Physico-Chemical Treatment

　S 现代污水处理技术

wu li hua xue chu li fa

物理化学处理法 ［0202C］

Physico-Chemical Treatment

　F 吸附法

　　膜分离法

　　离子交换法

　　汽提法

　　萃取法

wu li ji

物理级 ［0202C］

Physical Level

　S 数据库基本结构

wu li ji lu

物理记录 ［0202C］

Physical Record

　S 记录

wu li liang ti qu

物理量提取 ［0202B］

Extraction of Physical Quantities

　S 专题特征提取

wu li mo xing

物理模型 ［0202A］

Physical Models

S 定量遥感模型

wu mian sao miao xi tong

物面扫描系统 ［0201C］

Across-Track

　Y 光-机扫描系统

wu cha fen xi

误差分析 ［0202A］

Error Analysis

　S 数学分析

wu cha ju zhen

误差矩阵 ［0202B］

Error Matrix

　D 混淆矩阵

wu mai jiao zheng

雾霾校正 ［0202B］

Haze Correction

　Y 程辐射度

xi ban ya SAR guan ce wei xing

西班牙 SAR 观测卫星 ［0201D］

Spanish SAR Observation Satellite

　C 地球资源卫星

xi ban ya SAR guan ce wei xing

西班牙 SAR 观测卫星 ［0201D］

Spanish SAR Observation Satellite

　C 太阳同步轨道

xi ban ya SAR guan ce wei xing

西班牙 SAR 观测卫星 ［0201D］

Spanish SAR Observation Satellite

　C 欧洲宇航防务集团-CASA

xi ban ya SAR guan ce wei xing

西班牙 SAR 观测卫星 ［0201D］

Spanish SAR Observation Satellite

　C 范登堡空军基地

xi ban ya SAR guan ce wei xing

西班牙 SAR 观测卫星 ［0201D］

Spanish SAR Observation Satellite

　C 国家航空航天技术研究所

xi ban ya SAR guan ce wei xing

西班牙 SAR 观测卫星 ［0201D］

Spanish SAR Observation Satellite

　C 猎鹰 9 号

xi ban ya SAR guan ce wei xing

西班牙 SAR 观测卫星 ［0201D］

Spanish SAR Observation Satellite

　CPAZ-SAR（X 波段 SAR）仪器

xi ban ya SAR guan ce wei xing

西班牙 SAR 观测卫星 ［0201D］

Spanish SAR Observation Satellite

　C 无线电掩星和 PAZ 强降水

xi tai ping yang ji guang gen zong wang luo wei xing

西太平洋激光跟踪网络卫星 ［0201D］

WESTPAC-1

　C 地球资源卫星

xi tai ping yang ji guang gen zong wang luo wei xing

西太平洋激光跟踪网络卫星 ［0201D］

WESTPAC-1

　C 太阳同步圆轨道

xi tai ping yang ji guang gen zong wang luo wei xing

西太平洋激光跟踪网络卫星 ［0201D］

WESTPAC-1

　C 拜科努尔航天发射场

xi tai ping yang ji guang gen zong wang luo wei xing

西太平洋激光跟踪网络卫星 ［0201D］

WESTPAC-1

　C 俄罗斯航天设备工程研究所

xi tai ping yang ji guang gen zong wang luo wei xing
西太平洋激光跟踪网络卫星［0201D］
WESTPAC-1
　C 光电系统有限公司

xi tai ping yang ji guang gen zong wang luo wei xing
西太平洋激光跟踪网络卫星［0201D］
WESTPAC-1
　C 反光器阵列

xi tai ping yang ji guang gen zong wang luo wei xing
西太平洋激光跟踪网络卫星［0201D］
WESTPAC-1
　C 泽尼特-2

xi shou fa
吸收法［0202A］
Adsorption Method
　S 气态污染控制方法

xi shou guang pu fa
吸收光谱法［0202B］
Absorption Spectrometry
　Y 分光光度法

xi shou neng liang
吸收能量［0202A］
Absorb Energy
　S 太阳辐射能量

xi shou xing ji guang lei da
吸收型激光雷达［0201C］
Absorption Lidar
　S 激光雷达

xi er bo te bian huan
希尔伯特变换［0202C］
Hilbert Transform
　S 信号分析方法

xi tong cai yang
系统采样［0202C］
Systematic Sampling
　S 采样

xi tong can liu wu cha
系统残留误差［0202C］
System Residual Error
　S 推进剂预算偏差

xi tong ce shi
系统测试［0202C］
System Testing
　S 地理信息工程设计开发

xi tong fu she jiao zheng
系统辐射校正［0202A］
System Radiation Correction
　S 辐射校正

xi tong ji yuan shu ju
系统级元数据［0202C］
System-Level Metadata
　S 元数据（作用）

xi tong ju lei fen xi
系统聚类分析［0202B］
Systematic Cluster Analysis
　S 多元统计分析

xi tong mo kuai jie gou she ji
系统模块结构设计［0202C］
System Module Structure Design
　S GIS 应用系统详细设计

xi tong mo kuai jie gou she ji
系统模块结构设计［0202C］
System Module Structure Design
　F 逻辑划分法
　　时间划分法
　　过程划分法
　　通信划分法
　　职能划分法

xi tong re zao sheng

系统热噪声 ［0202C］

System Thermal Noise

S 卫星通信噪声

xi tong wu cha

系统误差 ［0202C］

Systematic Error

S 遥感误差

xi tong yun xing

系统运行 ［0202D］

System Operation

S 地理信息工程设计开发

xi tong zeng yi

系统增益 ［0202C］

System Gain

S 转发器性能指标

xi tong zeng yi

系统增益 ［0203D］

System Gain

C 输出功率

xi tong zong ti kuang jia she ji

系统总体框架设计 ［0202C］

System Overall Framework Design

S GIS 应用系统总体设计

xi wei wen li

细微纹理 ［0202B］

Fine Texture

S 纹理

xi xiao ke li

细小颗粒 ［0203A］

Fine Particle

Y 细颗粒物

xia bian pin qi

下变频器 ［0201B］

Down Converter

S RF 终端

xian jin X she xian tian wen wu li she shi

先进 X 射线天文物理设施 ［0201A］

Advanced X-ray Astrophysical Facilities

S 跟踪与数据中继卫星系统服务对象

xian jin di qiu guan ce wei xing-1

先进地球观测卫星-1 ［0201D］

ADEOS-1

Y 高级地球观测卫星 1 号

xian jin di qiu guan ce wei xing-2

先进地球观测卫星-2 ［0201D］

ADEOS-2

Y 高级地球观测卫星 2 号

xian jin di qiu guan ce wei xing chuan gan qi

先进地球观测卫星传感器 ［0201C］

ADEOS Sensor

F 海洋水色与温度扫描仪

先进的红外辐射仪

美国散射计

总臭氧测绘光谱仪

地球反射的极化和方向性探测仪

温室效应气体干涉检测仪

改进型临边大气分光计

空间反向反射仪

xian jin de hong wai fu she yi

先进的红外辐射仪 ［0201C］

Advanced Infrared Radiometer

S 先进地球观测卫星传感器

xian jin de wei bo tan ce zhuang zhi

先进的微波探测装置 ［0201C］

Advanced Very High-Resolution Radiometer

S EOS 传感器

xian jin de xing zai re fa she ji fan she fu she ji

先进的星载热发射及反射辐射计 ［0201C］

Advanced Spaceborne Thermal Emission and

Reflection Radiometer

　S EOS 传感器

xian jin wei xing yu xin xi tong jia gou guan ce 1 hao

先进卫星与新系统架构观测 1 号 ［0201D］

Advanced Satellite with New System Architecture for Observation-1

　S ASNARO 系列

xian jin wei xing yu xin xi tong jia gou guan ce 1 hao

先进卫星与新系统架构观测 1 号 ［0201D］

Advanced Satellite with New System Architecture for Observation-1

　C 地球物理卫星

xian jin wei xing yu xin xi tong jia gou guan ce 1 hao

先进卫星与新系统架构观测 1 号 ［0201D］

Advanced Satellite with New System ARchitecture for Observation-1

　C 太阳同步轨道

xian jin wei xing yu xin xi tong jia gou guan ce 1 hao

先进卫星与新系统架构观测 1 号 ［0201D］

Advanced Satellite with New System Architecture for Observation-1

　C 日本新能源产业技术综合开发机构

xian jin wei xing yu xin xi tong jia gou guan ce 1 hao

先进卫星与新系统架构观测 1 号 ［0201D］

Advanced Satellite with New System Architecture for Observation-1

　C 多姆巴罗夫斯基空军基地

xian jin wei xing yu xin xi tong jia gou guan ce 1 hao

先进卫星与新系统架构观测 1 号 ［0201D］

Advanced Satellite with New System Architecture for

Observation-1

　C 日本电气股份有限公司

xian jin wei xing yu xin xi tong jia gou guan ce 1 hao

先进卫星与新系统架构观测 1 号 ［0201D］

Advanced Satellite with New System Architecture for Observation-1

　C 光学传感器

xian jin wei xing yu xin xi tong jia gou guan ce 1 hao

先进卫星与新系统架构观测 1 号 ［0201D］

Advanced Satellite with New System Architecture for Observation-1

　C 第聂伯运载火箭

xian jin wei xing yu xin xi tong jia gou guan ce 2 hao

先进卫星与新系统架构观测 2 号 ［0201D］

Advanced Satellite with New System Architecture for Observation-2

　S ASNARO 系列

xian jin wei xing yu xin xi tong jia gou guan ce 2 hao

先进卫星与新系统架构观测 2 号 ［0201D］

Advanced Satellite with New System Architecture for Observation-2

　C 地球物理卫星

xian jin wei xing yu xin xi tong jia gou guan ce 2 hao

先进卫星与新系统架构观测 2 号 ［0201D］

Advanced Satellite with New System Architecture for Observation-2

　C 太阳同步轨道

xian jin wei xing yu xin xi tong jia gou guan ce 2 hao

先进卫星与新系统架构观测 2 号 ［0201D］

Advanced Satellite with New System Architecture for

Observation-2

C 多姆巴罗夫斯基空军基地

xian jin wei xing yu xin xi tong jia gou guan ce 2 hao

先进卫星与新系统架构观测 2 号 ［0201D］

Advanced Satellite with New System Architecture for Observation-2

C 日本种子岛宇宙中心

xian jin wei xing yu xin xi tong jia gou guan ce 2 hao

先进卫星与新系统架构观测 2 号 ［0201D］

Advanced Satellite with New System Architecture for Observation-2

C 日本电气股份有限公司

xian jin wei xing yu xin xi tong jia gou guan ce 2 hao

先进卫星与新系统架构观测 2 号 ［0201D］

Advanced Satellite with New System Architecture for Observation-2

C 艾普斯龙运载火箭

xian re tong liang

显热通量 ［0202A］

Sensible Heat Flux

D 感热通量

xian de ti qu

线的提取 ［0202B］

Line Extraction

S 矢量化基本要素

xian de xi hua

线的细化 ［0202B］

Line Refinement

S 矢量化基本要素

xian ji hua

线极化 ［0202A］

Linear Polarization

S 电磁波极化

xian-xian pi pei fa

线-线匹配法 ［0202B］

Line-to-Line Matching Method

S 几何匹配算法

xian xing tiao pin mai chong

线性调频脉冲 ［0203D］

Linear Frequency Modulation Pulse

D 啁啾

xian xing die dai fa

线性迭代法 ［0202A］

Linear Iteration Method

S 插补算法

xian xing du

线性度 ［0202C］

Linearity

S 纹理的性质

xian xing fen jie

线性分解 ［0202B］

Linear Decomposition

S 混合像元分解

xian xing hua

线性化 ［0202B］

Linearization

Y 非线性补偿

xian xing si cha shu

线性四叉树 ［0202B］

Linear Quadtree

S 四叉树

xian xing sou suo

线性搜索 ［0202B］

Linear Search

S 信号搜索捕获算法

xian xing sou suo

线性搜索 ［0202B］

Linear Search

D 线性搜索捕获法

xian xing sou suo bu huo fa
线性搜索捕获法 [0202B]
Linear Search Capture Method
　Y 线性搜索

xian zhuang di wu
线状地物 [0202B]
Linear Features
　S 地表物体形式

xian zhuang fu hao
线状符号 [0202B]
Line Symbol
　S 地图符号

xian zhuang fu hao fa
线状符号法 [0202B]
Line Symbol Method
　S 专题地图表示方法

xian zhuang fu hao hui zhi
线状符号绘制 [0202B]
Line Symbol Drawing
　S 矢量符号绘制方法

xian zhuang fu hao tu yuan
线状符号图元 [0202B]
Line Symbol Element
　F 实线
　　虚线
　　点虚线
　　双虚线
　　双实线
　　连续点符号
　　定位点符号
　　导线连线
　　导线点符号
　　齿线符号
　　渐变宽实线
　　渐变宽虚线
　　带状晕线

xiang dui ce ju fa
相对测距法 [0202A]
Relative Distance Measurement
　S 子帧捕获方法

xiang dui ce ju fa
相对测距法 [0202C]
Relative Distance Measurement
　C 测距信号

xiang dui da qi jiao zheng
相对大气校正 [0202A]
Relative Atmospheric Correction
　S 大气校正

xiang dui da qi jiao zheng
相对大气校正 [0202A]
Relative Atmospheric Correction
　F 内部平均法
　　平场域法

xiang dui ji he jiu zheng
相对几何纠正 [0202A]
Relative Geometric Correction
　Y 图像配准

xiang dui zeng yi
相对增益 [0202B]
Relative Gain
　S 天线增益

xiang gan SAR
相干 SAR [0201C]
Coherent SAR
　C 干涉雷达

xiang gan cheng xiang lei da
相干成像雷达 [0201C]
Coherent Imaging Radar
　S 雷达

xiang gan dian ji gong lü fa
相干点积功率法 [0202A]
Coherent Dot Product Power Generation Method

S 码环鉴别器

xiang gan ji fen
相干积分［0202C］
Coherent Integral
S 载波跟踪环路

xiang gan ji fen shi jian
相干积分时间［0202A］
Coherent Integration Time
D 预检相干积分时间

xiang gan ji fen shi jian
相干积分时间［0202C］
Coherent Integration Time
D 预检积分时间

xiang gan kuo pin ce kong ti zhi
相干扩频测控体制［0203C］
Coherent Spread Spectrum Measurement and
Control System
S 测控系统

xiang gan lei da
相干雷达［0201C］
Coherent Radar
S 雷达

xiang gan tu xiang
相干图像［0202B］
Coherent Image
S 遥感图像（传感器电磁波谱范围）

xiang gan zao sheng
相干噪声［0202A］
Coherent Noise
Y 光斑噪声

xiang gan zi shi ying fu zai bo tiao zhi
相干自适应副载波调制［0202C］
Coherent Adaptive Subcarrier Modulation
S 多信号同频调制方法

xiang guan fen xi
相关分析［0202A］
Correlation Analysis
S 数学分析

xiang guan fen xi xi lie mo xing
相关分析系列模型［0202D］
Correlation Analysis Series Model
S 属性数据分析模型

xiang kong zhen tian xian
相控阵天线［0201B］
Phased Array Antenna
F 阵列辐射单元
移相器
波束形成网络

xiang kong zhen tian xian
相控阵天线［0201B］
Phased Array Antenna
S 地球站天线

xiang si bian huan
相似变换［0202B］
Similar Transformation
S 几何变换

xiang wei
相位［0202A］
Phase
S 纹理的性质

xiang wei
相位［0202A］
Phase
C 阵列天线特性

xiang wei cha yao gan
相位差遥感［0202A］
Phase Difference Remote Sensing
S 遥感手段

xiang wei fei xian xing shi zhen
相位非线性失真 ［0202A］
Phase Nonlinear Distortion
　　S 信道非线性失真

xiang wei ji li xin hao
相位激励信号 ［0203C］
Phase Excitation Signal
　　S 环路稳态相应

xiang wei ji li xin hao
相位激励信号 ［0203C］
Phase Excitation Signal
　　F 相位阶跃激励
　　　频率阶跃激励
　　　频率斜升激励

xiang wei jian bie qi
相位鉴别器 ［0201B］
Phase Discriminator
　　D 鉴相器

xiang wei jie yue ji li
相位阶跃激励 ［0202C］
Phase Step Excitation
　　S 相位激励信号

xiang wei pin lü shi zhen
相位频率失真 ［0202A］
Phase-Frequency Distortion
　　S 信道线性失真

xiang wei suo ding huan lu
相位锁定环路 ［0201B］
Phase-Locked Loop
　　S 载波跟踪环路

xiang wei suo ding huan lu
相位锁定环路 ［0201B］
Phase-Locked Loop
　　D 锁相环

xiang wei suo ding huan lu jie shu
相位锁定环路阶数 ［0202C］
Phase Locked Loop Order
　　F 一阶环路
　　　二阶环路
　　　三阶环路

xiang qian
镶嵌 ［0202C］
Embed
　　S 影像/图像预处理

xiang liang fang shi
向量方式 ［0202C］
Vector Mode
　　S 顺序文件形式

xiang ri kui-1
向日葵-1 ［0201D］
Himawari-1
　　S 向日葵系列

xiang ri kui-1
向日葵-1 ［0201D］
Himawari-1
　　C 气象卫星

xiang ri kui-1
向日葵-1 ［0201D］
Himawari-1
　　C 地球同步转移轨道

xiang ri kui-1
向日葵-1 ［0201D］
Himawari-1
　　C 日本种子岛宇宙中心

xiang ri kui-1
向日葵-1 ［0201D］
Himawari-1
　　C 日本民航局

xiang ri kui-1

向日葵-1 ［0201D］

Himawari-1

　C GeoOptics

xiang ri kui-1

向日葵-1 ［0201D］

Himawari-1

　C 德尔塔 2914 运载火箭

xiang ri kui-2

向日葵-2 ［0201D］

Himawari-2

　S 向日葵系列

xiang ri kui-2

向日葵-2 ［0201D］

Himawari-2

　C 气象卫星

xiang ri kui-2

向日葵-2 ［0201D］

Himawari-2

　C 地球同步轨道

xiang ri kui-2

向日葵-2 ［0201D］

Himawari-2

　C 日本种子岛宇宙中心

xiang ri kui-2

向日葵-2 ［0201D］

Himawari-2

　C 日本民航局

xiang ri kui-2

向日葵-2 ［0201D］

Himawari-2

　C GeoOptics

xiang ri kui-2

向日葵-2 ［0201D］

Himawari-2

　C N-Ⅱ运载火箭

xiang ri kui-3

向日葵-3 ［0201D］

Himawari-3

　S 向日葵系列

xiang ri kui-3

向日葵-3 ［0201D］

Himawari-3

　C 气象卫星

xiang ri kui-3

向日葵-3 ［0201D］

Himawari-3

　C 地球同步轨道

xiang ri kui-3

向日葵-3 ［0201D］

Himawari-3

　C 日本种子岛宇宙中心

xiang ri kui-3

向日葵-3 ［0201D］

Himawari-3

　C 日本民航局

xiang ri kui-3

向日葵-3 ［0201D］

Himawari-3

　C GeoOptics

xiang ri kui-3

向日葵-3 ［0201D］

Himawari-3

　C N-Ⅱ运载火箭

xiang ri kui-4

向日葵-4 ［0201D］

Himawari-4

　S 向日葵系列

xiang ri kui-4

向日葵-4 ［0201D］

Himawari-4

C 气象卫星

xiang ri kui-4
向日葵-4 ［0201D］
Himawari-4
    C 地球同步轨道

xiang ri kui-4
向日葵-4 ［0201D］
Himawari-4
    C 日本种子岛宇宙中心

xiang ri kui-4
向日葵-4 ［0201D］
Himawari-4
    C 日本民航局

xiang ri kui-4
向日葵-4 ［0201D］
Himawari-4
    C N-II 运载火箭

xiang ri kui-5
向日葵-5 ［0201D］
Himawari-5
    S 向日葵系列

xiang ri kui-5
向日葵-5 ［0201D］
Himawari-5
    C 气象卫星

xiang ri kui-5
向日葵-5 ［0201D］
Himawari-5
    C 地球同步轨道

xiang ri kui-5
向日葵-5 ［0201D］
Himawari-5
    C 日本种子岛宇宙中心

xiang ri kui-5
向日葵-5 ［0201D］
Himawari-5

C N-II 运载火箭

xiang ri kui-6
向日葵-6 ［0201D］
Himawari-6
    S 向日葵系列

xiang ri kui-6
向日葵-6 ［0201D］
Himawari-6
    C N-II 运载火箭

xiang ri kui-6
向日葵-6 ［0201D］
Himawari-6
    C 气象卫星

xiang ri kui-6
向日葵-6 ［0201D］
Himawari-6
    C 地球同步轨道

xiang ri kui-6
向日葵-6 ［0201D］
Himawari-6
    C 日本种子岛宇宙中心

xiang ri kui-6
向日葵-6 ［0201D］
Himawari-6
    C N-II 运载火箭

xiang ri kui-7
向日葵-7 ［0201D］
Himawari-7
    S 向日葵系列

xiang ri kui-7
向日葵-7 ［0201D］
Himawari-7
    C 气象卫星

xiang ri kui-7
向日葵-7 ［0201D］
Himawari-7

C 地球同步轨道

C 三菱电机

xiang ri kui-7
向日葵-7 ［0201D］
Himawari-7
  C 日本种子岛宇宙中心

xiang ri kui-8
向日葵-8 ［0201D］
Himawari-8
  C N-Ⅱ 运载火箭

xiang ri kui-7
向日葵-7 ［0201D］
Himawari-7
  C 三菱电机

xiang ri kui-9
向日葵-9 ［0201D］
Himawari-9
  S 向日葵系列

xiang ri kui-7
向日葵-7 ［0201D］
Himawari-7
  CN-Ⅱ 运载火箭

xiang ri kui-9
向日葵-9 ［0201D］
Himawari-9
  C 气象卫星

xiang ri kui-8
向日葵-8 ［0201D］
Himawari-8
  S 向日葵系列

xiang ri kui-9
向日葵-9 ［0201D］
Himawari-9
  C 地球同步轨道

xiang ri kui-8
向日葵-8 ［0201D］
Himawari-8
  C 气象卫星

xiang ri kui-9
向日葵-9 ［0201D］
Himawari-9
  C 日本种子岛宇宙中心

xiang ri kui-8
向日葵-8 ［0201D］
Himawari-8
  C 地球同步轨道

xiang ri kui-9
向日葵-9 ［0201D］
Himawari-9
  C 日本民航局

xiang ri kui-8
向日葵-8 ［0201D］
Himawari-8
  C 日本种子岛宇宙中心

xiang ri kui-9
向日葵-9 ［0201D］
Himawari-9
  C 三菱电机

xiang ri kui-8
向日葵-8 ［0201D］
Himawari-8
  C 日本民航局

xiang ri kui-9
向日葵-9 ［0201D］
Himawari-9
  C N-Ⅱ 运载火箭

xiang ri kui-8
向日葵-8 ［0201D］
Himawari-8

xiang mian sao miao xi tong
像面扫描系统 ［0201C］
Along-Track Scanning System

Y 推扫式扫描系统

D 灰度值

xiang pian bi li chi

像片比例尺 [0202A]

Photoscale Bar

C 空间分辨率

xiang su zhi

像素值 [0202B]

Pixel Value

D 灰度级

xiang pian fen bian lü

像片分辨率 [0202A]

Photograph Resolution

C 空间分辨率

xiang su zhi jiao zheng

像素值校正 [0202B]

Pixel Value Correction

S 图像校正

xiang pian fen bian lü

像片分辨率 [0203D]

Photograph Resolution

C 镜头分辨率

xiang yuan

像元 [0202C]

Cell

F 正像元

混合像元

次像元

xiang pian fen bian lü

像片分辨率 [0203D]

Photograph Resolution

C 胶片分辨率

xiang zhu dian pian yi

像主点偏移 [0202B]

Image Main Point Shift

S 内部误差

xiang su

像素 [0202A]

Pixel

C 数字图像

xiao bo bian huan

小波变换 [0202C]

Wavelet Transform

S 信号分析方法

xiang su fen bian lü

像素分辨率 [0202A]

Pixel Resolution

S 遥感分辨率

xiao xing chao guang pu cheng xiang wei xing

小型超光谱成像卫星 [0201D]

Precursore Iperspettrale della Missione Applicativa

C 环境与灾害监测卫星

xiang su wei zhi jiao zheng

像素位置校正 [0202B]

Pixel Position Correction

S 图像校正

xiao xing chao guang pu cheng xiang wei xing

小型超光谱成像卫星 [0201D]

Precursore Iperspettrale della Missione Applicativa

C 太阳同步轨道

xiang su zhi

像素值 [0202B]

Pixel Value

D 亮度值

xiao xing chao guang pu cheng xiang wei xing

小型超光谱成像卫星 [0201D]

Precursore Iperspettrale della Missione Applicativa

xiang su zhi

像素值 [0202B]

Pixel Value

C 圭亚那航天中心

xiao xing chao guang pu cheng xiang wei xing
小型超光谱成像卫星 ［0201D］
Precursore Iperspettrale della Missione Applicativa
　　C 意大利航天局

xiao xing chao guang pu cheng xiang wei xing
小型超光谱成像卫星 ［0201D］
Precursore Iperspettrale della Missione Applicativa
　　C 织女星运载火箭

xie ji hua
斜极化 ［0202C］
Slant Polarization
　　S 极化

xie ju fen bian lü
斜距分辨率 ［0203D］
Slant-Range Resolution
　　S 遥感分辨率

xie zhou pao wu xian ping jun jia quan fa
斜轴抛物线平均加权法 ［0202B］
Skew Axis Parabola Average Weighting Method
　　S 插补算法

xie bo fen xi
谐波分析 ［0202A］
Harmonic Analysis
　　S 数学分析

xin dao jian cha yi wu cha
信道间差异误差 ［0202C］
Inter-Channel Variance Error
　　S 接收机相关误差

xin hao bian ma yu jie ma ji shu
信号编码与解码技术 ［0203C］
Signal Coding and Decoding Technology
　　S 卫星通信信号处理技术

xin hao bian huan
信号变换 ［0202C］
Signal Conversion
　　Y 调制

xin hao bu huo
信号捕获 ［0203C］
Signal Acquisition
　　F 引导捕获
　　　直接捕获
　　　失锁重捕

xin hao cai yang ping jun qi
信号采样平均器 ［0201B］
Signal Sampling Average
　　S 信号检测系统

xin hao cai yang ping jun qi
信号采样平均器 ［0201B］
Signal Sampling Average
　　F 模拟采样平均器
　　　光子计数采样平均器

xin hao chu li
信号处理 ［0202C］
Signal Processing
　　C 信号分析

xin hao chu li fang fa
信号处理方法 ［0202C］
Signal Processing Method
　　S 纹理特征描述方法

xin hao chuan bo xiang guan wu cha
信号传播相关误差 ［0202C］
Signal Propagation Correlation Error
　　S 全球导航卫星系统测量误差组成

xin hao chuan bo xiang guan wu cha
信号传播相关误差 ［0203C］
Signal Propagation Correlation Error
　　F 电离层延时误差
　　　对流层延时误差

xin hao fen xi
信号分析 [0202C]
Signal Processing
　C 信号处理

xin hao fen xi fang fa
信号分析方法 [0202A]
Signal Processing Method
　F 傅里叶变换
　　小波变换
　　频谱分析
　　频域滤波
　　希尔伯特变换
　　拉普拉斯变换
　　余弦变换
　　Z 变换

xin hao gan rao（gan rao xin hao dai kuan de da xiao）
信号干扰（干扰信号带宽的大小）
[0202C]
Signal Interference（The Bandwidth of the Interference Signal）
　F 连续波干扰
　　窄带干扰
　　宽带干扰

xin hao jian ce
信号检测 [0202A]
Signal Detection
　S 信号捕获

xin hao jie shou ji shu
信号接收技术 [0202C]
Signal Receiving Technology
　S 激光通信技术

xin hao qu ji hua
信号去极化 [0202C]
Signal Depolarization
　S 卫星通信系统传播问题

xin hao qu ji hua
信号去极化 [0202C]
Signal Depolarization
　C 雨

xin hao qu ji hua
信号去极化 [0202C]
Signal Depolarization
　C 冰结晶体

xin hao shan shuo
信号闪烁 [0202C]
Signal Flicker
　S 卫星通信系统传播问题

xin hao shan shuo
信号闪烁 [0202C]
Signal Flicker
　C 电离层折射扰动

xin hao shan shuo
信号闪烁 [0202C]
Signal Flicker
　C 对流层折射扰动

xin hao shuai jian
信号衰减 [0202C]
Signal Attenuation
　S 卫星通信系统传播问题

xin hao shuai jian
信号衰减 [0202C]
Signal Attenuation
　C 大气气体

xin hao shuai jian
信号衰减 [0202C]
Signal Attenuation
　C 云

xin hao shuai jian
信号衰减 [0202C]
Signal Attenuation

C 雨

xin hao sou suo bu huo suan fa
信号搜索捕获算法 [0202D]

Signal Search and Capture Algorithm

F 线性搜索

并行搜索

并行码相位搜索

差分式相关法

扩充式并行相关法

组合码相关法

xin hao sou suo bu huo suan fa
信号搜索捕获算法 [0202B]

Signal Search and Capture Algorithm

S 信号捕获

xin hao ya suo yu jie ya ji shu
信号压缩与解压技术 [0202C]

Signal Compression and Decompression Technology

S 卫星通信信号处理技术

xin hao zhi liang
信号质量 [0203C]

Signal Quality

C 功率谱密度

xin hao zhi liang
信号质量 [0203C]

Signal Quality

C 自相关函数

xin xi fu he fa
信息复合法 [0202B]

Information Compounding

S 目视解译方法

xin xi huo qu
信息获取 [0202D]

Information Acquisition

S 遥感系统

xin xi kuai fa
信息块法 [0202B]

Block Method

S 计算机制图符号绘制方法

xing li cha fen jiao zheng can shu
星历差分校正参数 [0203D]

Ephemeris Differential Correction Parameter

S 现代导航电文数据内容

xing li cha fen jiao zheng can shu
星历差分校正参数 [0203D]

Ephemeris Differential Correction Parameter

S 差分校正参数

xing min gan qi
星敏感器 [0201B]

Star Sensor

S 敏感器

xing shang ding biao
星上定标 [0202A]

On-Board Calibration

S 遥感器定标

xing shang she bei re kong xu qiu fen xi
星上设备热控需求分析 [0201B]

On-Board Equipment Thermal Control Requirements
Analysis

S 热控分系统设计

xing shang yong dian fu zai
星上用电负载 [0201C]

Epistatic Load

S 卫星功率预算

xing shang yong dian fu zai
星上用电负载 [0201C]

Epistatic Load

F 长期工作负载

短期工作负载

脉冲工作负载

xing shang zi zhu xiang mu wei xing-1
星上自主项目卫星-1 [0201D]

Project for On-Board Autonomy-1
S 星上自主项目卫星

xing shang zi zhu xiang mu wei xing-1
星上自主项目卫星-1 [0201D]

Project for On-Board Autonomy-1
C 环境与灾害监测卫星

xing shang zi zhu xiang mu wei xing-1
星上自主项目卫星-1 [0201D]

Project for On-Board Autonomy-1
C 太阳同步轨道

xing shang zi zhu xiang mu wei xing-1
星上自主项目卫星-1 [0201D]

Project for On-Board Autonomy-1
C 欧洲航天局

xing shang zi zhu xiang mu wei xing-1
星上自主项目卫星-1 [0201D]

Project for On-Board Autonomy-1
C 比利时维赫特公司

xing shang zi zhu xiang mu wei xing-1
星上自主项目卫星-1 [0201D]

Project for On-Board Autonomy-1
C 斯里哈里科塔发射场

xing shang zi zhu xiang mu wei xing-1
星上自主项目卫星-1 [0201D]

Project for On-Board Autonomy-1
C 极轨卫星运载火箭-C3

xing shang zi zhu xiang mu wei xing-1
星上自主项目卫星-1 [0201D]

Project for On-Board Autonomy-1
C 紧凑型高分辨率成像光谱仪

xing shang zi zhu xiang mu wei xing-1
星上自主项目卫星-1 [0201D]

Project for On-Board Autonomy-1

C 标准辐射环境监测仪

xing shang zi zhu xiang mu wei xing-1
星上自主项目卫星-1 [0201D]

Project for On-Board Autonomy-1
C 视觉监控摄像机

xing shang zi zhu xiang mu wei xing-1
星上自主项目卫星-1 [0201D]

Project for On-Board Autonomy-1
C 高分辨率相机

xing shang zi zhu xiang mu wei xing-1
星上自主项目卫星-1 [0201D]

Project for On-Board Autonomy-1
C 有效载荷自主星形传感器

xing shang zi zhu xiang mu wei
xing-zhi bei
星上自主项目卫星–植被 [0201D]

Project for On-Board Autonomy-Vegetation
S 星上自主项目卫星

xing shang zi zhu xiang mu wei
xing-zhi bei
星上自主项目卫星–植被 [0201D]

Project for On-Board Autonomy-Vegetation
C 环境与灾害监测卫星

xing shang zi zhu xiang mu wei
xing-zhi bei
星上自主项目卫星–植被 [0201D]

Project for On-Board Autonomy-Vegetation
C 太阳同步轨道

xing shang zi zhu xiang mu wei
xing-zhi bei
星上自主项目卫星–植被 [0201D]

Project for On-Board Autonomy-Vegetation
C 圭亚那航天中心

xing shang zi zhu xiang mu wei xing-zhi bei

星上自主项目卫星–植被 ［0201D］

Project for On-Board Autonomy-Vegetation

 C 欧洲航天局

xing shang zi zhu xiang mu wei xing-zhi bei

星上自主项目卫星–植被 ［0201D］

Project for On-Board Autonomy-Vegetation

 C 织女星运载火箭

xing zai ji guang lei da

星载激光雷达 ［0201C］

Spaceborne Lidar

 S 大气探测激光雷达（运载方式）

xing zai zhuan fa qi

星载转发器 ［0201C］

Spaceborne Transponder

 S 转发器

xing zai zhuan fa qi

星载转发器 ［0201C］

Spaceborne Transponder

 C 微波中继站

xing zai zhuan fa qi

星载转发器 ［0201C］

Spaceborne Transponder

 F 弯管式转发器
  处理转发器

xing bo guan fang da qi

行波管放大器 ［0201B］

Travelling Wave Tube Amplifier

 S 高功率放大器

xing xiang fu hao

形象符号 ［0202B］

Pictorial Symbol

 S 地图符号

xing zhuang

形状 ［0202B］

Shape

 S 形

xing zhuang te zheng miao shu yu ti qu

形状特征描述与提取 ［0202B］

Shape Feature Description and Extraction

 S 遥感图像特征抽取方法

xu guan tong dao jie shou ji

序贯通道接收机 ［0201B］

Sequential Through Channel Receiver

 S GPS 接收机

xu guan tong hua

序贯同化 ［0202A］

Sequential Assimilation

 C 数据同化

xuan fu wu zhi

悬浮物质 ［0202A］

Suspended Substance

 S 天然水成分

xuan fu wu zhi

悬浮物质 ［0202A］

Suspended Substance

 F 细菌
  藻类
  原生生物
  泥沙
  黏土
  其他不溶解物质

xuan zhuan-ji xie ji shu

旋转-机械技术 ［0202C］

Rotation-Mechanical Technology

 C 高惯性扫描

xuan zhuan pao wu mian

旋转抛物面 ［0201B］

Rotate the Parabola

C 主反射面

xun lian fen lei fa
训练分类法 ［0202B］
Training Taxonomy
  Y 监督分类

yan an ni sha liu jie yi
沿岸泥沙流解译 ［0202B］
Coastal Sediment Transport Interpretation
  S 滨岸海底地貌解译

ya suo tai guang chang
压缩态光场 ［0202C］
Compressed State Light Field
  S 介观系统

yan jiu xing jian ce
研究性监测 ［0202D］
Research Monitoring
  S 环境监测（目的）

ya zhi shi gan
压制式干 ［0202C］
Suppression Interference
  S 干扰

yan jiu xing jian ce
研究性监测 ［0202D］
Research Monitoring
  S 特定目的监测

yan chen
烟尘 ［0202A］
Smoke
  S 一次颗粒物

yan jiu xing jian ce
研究性监测 ［0202D］
Research Monitoring
  D 科研监测

yan li
烟粒 ［0203B］
Smoke Particles
  S 固体杂质

yan li
盐粒 ［0203A］
Salt Particles
  S 固体杂质

yan xing
烟形 ［0202B］
Smoke Shape
  F 波浪形
    锥形
    扇形
    爬升形
    漫烟形

yan se li fang ti
颜色立方体 ［0203A］
Color Cube
  C 颜色三维空间

yan se li fang ti biao shi fa
颜色立方体表示法 ［0202B］
Color Cube Representation
  S 色彩计量法

yan shi xiang cheng fa
延时相乘法 ［0202A］
Delayed Phase Multiplication
  Y 差分式相关法

yan se se pu biao shi fa
颜色色谱表示法 ［0203B］
Color Chromatographic Representation
  S 色彩计量法

yan ge wu li mo xing
严格物理模型 ［0202A］
Strict Physical Model

yan se shu xing
颜色属性 ［0203B］
Color Attribute

F 明度
色调
饱和度

yan se tian chong fa
颜色填充法 ［0202B］
Color Filling Method
S 多边形栅格化方法

yan mo fa
掩模法 ［0202B］
Mask Method
S 多边形栅格化方法

yan xing ji shu
掩星技术 ［0201C］
Occultation Technology
S 大气环境遥感技术

yang ji rong chu fu an fa
阳极溶出伏安法 ［0202C］
Anodic Stripping Voltammetry
S 电化学分析法

yang po
阳坡 ［0203A］
South-Facing Slope
S 坡

yang tong wei su
氧同位素 ［0203B］
Oxygen Isotope
S 同位素

yang fang fen xi fa
样方分析法 ［0202B］
Quadrat Analysis
S 密度分析方法

yang pin yu chu li ji shu
样品预处理技术 ［0202C］
Sample Pretreatment Techniques
S 环境监测技术

yang tiao han shu cha zhi fa
样条函数插值法 ［0202B］
Spline Function Interpolation Method
S 插补算法

yao ce can shu rong liang
遥测参数容量 ［0203D］
Telemetry Parameter Capacity
S 测控分系统设计指标

yao ce fen xi tong
遥测分系统 ［0201A］
Telemetry Subsystem
S 深空通信系统

yao ce lian lu
遥测链路 ［0202C］
Telemetry Link
Y 下行链路

yao gan bian hua jian ce fang fa
遥感变化检测方法 ［0202A］
Remote Sensing Change Detection Method
F 差值法
比值法
变化向量法
分类比较法

yao gan cai ji fang fa
遥感采集方法 ［0202C］
Remote Sensing Methods
S 环境空间数据采集方法

yao gan chan pin zhen shi xing jian yan
遥感产品真实性检验 ［0203E］
Remote Sensing Product Authenticity Inspection
S 遥感技术标准体系

yao gan chan pin zhen shi xing jian yan
遥感产品真实性检验 ［0203E］
Remote Sensing Product Authenticity Inspection
F 陆地遥感产品真实性检验
海洋遥感产品真实性检验

大气遥感产品真实性检验

yao gan che
遥感车 ［0201D］
Remote Sensing Vehicle
S 地面平台

yao gan cheng xiang fang shi
遥感成像方式 ［0202A］
Remote Sensing Imaging Mode
F 摄影成像
扫描成像
高光谱成像
微波遥感成像

yao gan chuan gan qi
遥感传感器 ［0201B］
Remote Sensing Sensor
S 传感器

yao gan chuan gan qi
遥感传感器 ［0201B］
Remote Sensing Sensor
F 光学传感器
红外传感器
雷达传感器
多光谱传感器
高光谱传感器
航空摄影机
卫星传感器
超光谱传感器

yao gan fei ji
遥感飞机 ［0201D］
Remote Sensing Aircraft
S 航空平台

yao gan fei ting
遥感飞艇 ［0201D］
Remote Sensing Airship
S 航空平台

yao gan fen bian lü
遥感分辨率 ［0202A］
Remote Sensing Resolution
S 分辨率

yao gan fen bian lü
遥感分辨率 ［0203D］
Remote Sensing Resolution
F 空间分辨率
光谱分辨率
时间分辨率
辐射分辨率
像素分辨率
地面分辨率
温度分辨率
角分辨率
方位分辨率
距离分辨率
地距分辨率
斜距分辨率
镜头分辨率
面积加权平均分辨率
扫描分辨率
真实孔径分辨率
合成孔径分辨率
灰度分辨率
空间-灰度体分辨率
综合分辨率

yao gan fu she
遥感辐射 ［0202A］
Remote Radiation
F 可见光辐射
红外辐射
热红外辐射
微波辐射
紫外辐射
X 射线和 γ 射线辐射

yao gan ji shu biao zhun ti xi
遥感技术标准体系 ［0202C］
Remote Sensing Technology Standard System

F 遥感技术通用基础
 遥感数据获取
 遥感器定标
 遥感数据预处理
 遥感信息提取
 遥感产品真实性检验
 遥感数据管理与服务
 遥感应用

yao gan ji shu tong yong ji chu
遥感技术通用基础 ［0202C］
General Basis of Remote Sensing Technology
 S 遥感技术标准体系

yao gan ping tai
遥感平台 ［0201D］
Remote Sensing Platform
 F 地面平台
 航空平台
 航天平台

yao gan ping tai yun dong zhuang tai
遥感平台运动状态 ［0201D］
Motion State of Remote Sensing Platform
 F 航高
 航速
 俯仰
 翻滚
 偏航

yao gan qi qiu
遥感气球 ［0201D］
Remote Sensing Balloon
 S 航空平台

yao gan qi
遥感器 ［0201B］
Remote Sensor
 Y 传感器

yao gan qi ding biao
遥感器定标 ［0202C］
Remote Sensor Calibration

S 遥感技术标准体系

yao gan qi ding biao
遥感器定标 ［0201B］
Remote Sensor Calibration
 F 实验室定标
 星上定标
 场地定标

yao gan qi yan zhi yu ce shi
遥感器研制与测试 ［0201B］
Development and Testing of Remote Sensor
 S 遥感数据获取

yao gan she ying jiao pian
遥感摄影胶片 ［0201B］
Remote Sensing Photographic Film
 F 黑白摄影胶片
 天然彩色片
 红外彩色片

yao gan she ying xiang pian
遥感摄影像片 ［0202D］
Remote Sensing Photography
 F 可见光黑白全色像片
 黑白红外像片
 彩色像片
 彩红外像片
 多波段摄影像片
 热红外摄影像片

yao gan shi yan chang
遥感试验场 ［0201A］
Remote Sensing Test Site
 S 试验站

yao gan shou duan
遥感手段 ［0201A］
Remote Sensing Means
 F 多波段遥感
 多极化遥感
 相位差遥感
 多角度遥感

多时相遥感
多像元信息综合遥感

yao gan shu ju guan li yu fu wu
遥感数据管理与服务［0202D］
Remote Sensing Data Management and Service
　　S 遥感技术标准体系

yao gan shu ju guan li yu fu wu
遥感数据管理与服务［0202D］
Remote Sensing Data Management and Service
　　F 数据存档
　　　数据安全
　　　数据发布与共享
　　　本底库与专家库
　　　软件测评

yao gan shu ju huo qu
遥感数据获取［0201A］
Remote Sensing Data Acquisition
　　S 遥感技术标准体系

yao gan shu ju huo qu
遥感数据获取［0202A］
Remote Sensing Data Acquisition
　　F 平台遥感特性与要求
　　　遥感器研制与测试
　　　在轨数据记录与传输
　　　数据接收
　　　数据获取系统运行管理

yao gan shu ju yu chu li
遥感数据预处理［0202B］
Remote Sensing Data Preprocessing
　　S 遥感技术标准体系

yao gan shu ju yu chu li
遥感数据预处理［0202A］
Remote Sensing Data Preprocessing
　　F 预处理技术
　　　初级数据产品
　　　预处理系统管理
　　　数据质量评价

yao gan shu zi tu xiang chu li xi tong
（ruan jian）
遥感数字图像处理系统（软件）［0202D］
Remote Sensing Digital Image Processing System
（Software）
　　F ERDAS IMAGINE 遥感图像处理系统
　　　ENVI 遥感图像处理系统
　　　PCI Geomatica 遥感图像处理系统
　　　ER Mapper 遥感图像处理系统

yao gan shu zi tu xiang chu li xi tong
（ying jian）
遥感数字图像处理系统（硬件）［0201B］
Remote Sensing Digital Image Processing System
（Hardware）
　　F 计算机
　　　数字化设备
　　　存储设备
　　　显示和输出设备
　　　操作台

yao gan ta
遥感塔［0201A］
Remote Sensing Tower
　　S 地面平台

yao gan tu xiang
遥感图像［0202D］
Remote Sensing Imagery
　　F 光学图像
　　　数字图像

yao gan tu xiang（chuan gan qi dian ci bo
pu fan wei）
遥感图像（传感器电磁波谱范围）
［0203D］
Remote Sensing Images（Sensor Electromagnetic
Spectrum Range）
　　F 不相干图像
　　　相干图像

yao gan tu xiang chu li ji shu

遥感图像处理技术 ［0202B］

Remote Sensing Image Processing Technology

　C 地理信息系统

yao gan tu xiang fen lei fang fa

遥感图像分类方法 ［0202B］

Remote Sensing Image Classification Methods

　F 监督分类

　　非监督分类

　　半监督分类

　　目标检测和分割

　　深度学习分类

　　多时相图像分类

　　多尺度分类

yao gan tu xiang fen lei fang fa

遥感图像分类方法 ［0202B］

Remote Sensing Image Classification Methods

　C 地物光谱特征

yao gan tu xiang fen lei jing du

遥感图像分类精度 ［0202B］

Classification Accuracy of Remote Sensing Images

　C 大气状况

yao gan tu xiang fen lei jing du

遥感图像分类精度 ［0202B］

Classification Accuracy of Remote Sensing Images

　C 下垫面

yao gan tu xiang fen lei qi

遥感图像分类器 ［0202B］

Remote Sensing Image Classifier

　F 平行管道分类器

　　最小距离分类器

　　最大似然分类器

　　光谱角分类器

　　模糊数学分类器

　　人工神经网络分类器

　　决策树分类器

yao gan tu xiang ji suan ji jie yi

遥感图像计算机解译 ［0202B］

Computer Interpretation of Remote Sensing Images

　S 遥感图像解译

yao gan tu xiang ji suan ji jie yi

遥感图像计算机解译 ［0202B］

Computer Interpretation of Remote Sensing Images

　D 遥感图像理解

yao gan tu xiang jie yi

遥感图像解译 ［0202B］

Remote Sensing Imagery Interpretation

　F 目视解译

　　遥感图像计算机解译

yao gan tu xiang jie yi biao zhi

遥感图像解译标志 ［0202B］

Remote Sensing Image Interpretation Sign

　D 图像解译要素

yao gan tu xiang jie yi biao zhi

遥感图像解译标志 ［0202B］

Remote Sensing Image Interpretation Marker

　F 直接解译标志

　　间接解译标志

yao gan tu xiang jie yi zhuan jia xi tong

遥感图像解译专家系统 ［0202B］

Expert System for Remote Sensing Image Interpretation

　F 遥感图像数据库

　　解译知识库

　　推理机

　　解释器

yao gan tu xiang li jie

遥感图像理解 ［0202B］

Remote Sensing Imagery Understanding

　Y 遥感图像计算机解译

yao gan tu xiang shu ju

遥感图像数据 ［0202D］

Remote Sensing Image Data

S GIS 数据来源

yao gan tu xiang shu ju ku
遥感图像数据库 ［0202D］
Remote Sensing Image Database
　　S 遥感图像解译专家系统

yao gan tu xiang te zheng
遥感图像特征 ［0202B］
Remote Sensing Image Feature
　　F 光谱特征
　　　几何特征
　　　结构特征

yao gan tu xiang te zheng chou qu fang fa
遥感图像特征抽取方法 ［0202B］
Feature Extraction Method of Remote Sensing Image
　　F 地物边界跟踪法
　　　形状特征描述与提取
　　　地物空间关系特征描述与提取

yao gan tu xiang tong yong shu ju ge shi
遥感图像通用数据格式 ［0202C］
Data Format for Multiband Digital Images
　　F 波段顺序格式
　　　波段按像元交叉格式
　　　波段按行交叉格式

yao gan tu xiang wu cha
遥感图像误差 ［0202B］
Error
　　F 静态误差
　　　动态误差
　　　内部误差
　　　外部误差
　　　投影误差

yao gan tu xiang xiang si du
遥感图像相似度 ［0202B］
Remote Sensing Image Similarity
　　C 距离

yao gan tu xiang xiang si du
遥感图像相似度 ［0202B］
Remote Sensing Image Similarity
　　C 相关关系

yao gan tu xiang zhuan yong shu ju ge shi
遥感图像专用数据格式 ［0202C］
Special Data Format for Remote Sensing Images
　　F 陆地资源卫星 L5 的数据格式
　　　层次数据格式
　　　GeoTIFF 图像格式

yao gan wei xing
遥感卫星 ［0201D］
Remote Sensing Satellite
　　F 光学遥感卫星
　　　微波遥感卫星
　　　红外遥感卫星
　　　合成孔径雷达卫星
　　　气象遥感卫星
　　　水资源遥感卫星

yao gan wu cha
遥感误差 ［0202C］
Remote Sensing Error
　　F 系统误差
　　　随机误差
　　　位置误差
　　　时间误差
　　　空间误差
　　　分类误差
　　　测量误差

yao gan xi tong
遥感系统 ［0201A］
Remote Sensing Systems
　　F 信息源
　　　信息获取
　　　信息记录和传输
　　　信息处理
　　　信息应用

yao gan xiang ji

遥感相机 [0201C]

Remote Sensing Camera

  F 画幅式相机

    全景式相机

    航线式相机

    航空相机

    太空相机

    地球地形相机

    大幅面相机

    月球测图相机

yao gan xin xi ti qu

遥感信息提取 [0202B]

Remote Sensing Information Extraction

  S 遥感技术标准体系

yao gan xin xi ti qu

遥感信息提取 [0202B]

Remote Sensing Information Extraction

  F 类别信息提取

    变化信息提取

    成分信息提取

    地物目标提取

yao gan xin xi ti qu fang fa

遥感信息提取方法 [0202B]

Remote Sensing Information Extraction Method

  F 图像精校正与增强

    图像分类与解译

    定量信息提取

    高级产品制作

yao gan ying yong

遥感应用 [0202D]

Remote Sensing Application

  S 遥感技术标准体系

yao gan ying yong

遥感应用 [0202D]

Remote Sensing Application

  F 国土

    农业

    林业

    海洋

    水利

    气象

    生态环境

    地质矿产

    灾害

    城市

    测绘

yao gan ying xiang

遥感影像 [0202A]

Remote Sensing Image

  F 摄影影像

    扫描影像

    紫外影像

    红外影像

    微波影像

    雷达影像

    多光谱影像

    真彩色影像

    假彩色合成影像

yao gan ying xiang shu ju

遥感影像数据 [0202D]

Remote Sensing Image Data

  F 全色段遥感数据

    多光谱遥感数据

    高光谱遥感数据

yao kong

遥控 [0202C]

Remote Conltrol

  C 遥感

yao kong fei xing qi

遥控飞行器 [0201D]

Remotely Piloted Aerial Vehicles

  C 无人驾驶遥控飞机

yao kong zhi ling rong liang

遥控指令容量 [0203C]

Remote Control Command Capacity

S 测控分系统设计指标

yao su he cheng
要素合成 ［0202B］
Merge Features
　S 非拓扑操作

yao su xiang jiao
要素相交 ［0202B］
Instersect Features
　S 非拓扑操作

yao su xuan ze mo xing
要素选择模型 ［0202B］
Factor Selection Model
　S 评价系列模型

ye wai ce liang
野外测量 ［0202C］
Field Survey
　F 垂直测量
　　非垂直测量

ye wai shu ju
野外数据 ［0203B］
Field Data
　F 测量数据
　　全球定位数据

ye wai shu ju cai ji
野外数据采集 ［0201A］
Field Data Acquisition
　F 传统外业数据采集
　　全站仪数据采集
　　全球导航卫星系统数据采集

ye huang su
叶黄素 ［0203B］
Lutein
　S 色素

ye lü su
叶绿素 ［0203B］
Chlorophyll

S 色素

ye lü su nong du xin xi ti qu fang fa
叶绿素浓度信息提取方法 ［0202B］
Method for Extracting Chlorophyll Concentration
Information
　F 经验算法
　　神经网络模型法
　　光谱混合分析法

ye ti ji guang qi
液体激光器 ［0201B］
Liquid Laser
　S 激光器（工作物质）

ye xiang se pu fen xi fa
液相色谱分析法 ［0202C］
Liquid Chromatographic Analysis Method
　F 高效液相色谱分析法
　　离子色谱分析法
　　纸层析法
　　薄层层析法

yi yang hua dan
一氧化氮 ［0203A］
Nitric Oxide
　S 氮氧化物

yi yang hua tan
一氧化碳 ［0203D］
Carbon Monoxide
　S 碳氧化物

yi ge er te-I
伊格尔特-I ［0201D］
Eaglet-1
　C 伊格尔特

yi ge er te-I
伊格尔特-I ［0201D］
Eaglet-1
　C 地球资源卫星

yi ge er te-I
伊格尔特-I [0201D]
Eaglet-1
　D 猎鹰1

yi ge er te-I
伊格尔特-I [0201D]
Eaglet-1
　C 太阳同步轨道

yi ge er te-I
伊格尔特-I [0201D]
Eaglet-1
　C 精确姿态控制系统

yi ge er te-I
伊格尔特-I [0201D]
Eaglet-1
　C AIS 接收器

yi ge er te-I
伊格尔特-I [0201D]
Eaglet-1
　C 意大利欧博公司

yi ge er te-I
伊格尔特-I [0201D]
Eaglet-1
　C 猎鹰九号

yi qi fen xi fa
仪器分析法 [0202A]
Instrumental Analysis Method
　S 环境监测方法

yi qi fen xi fa
仪器分析法 [0202C]
Instrumental Analysis Method
　F 光学分析法
　　电化学分析法
　　色谱分析法
　　中子活化分析法
　　流动注射分析法

yi qi she bei gong zuo mo shi
仪器设备工作模式 [0202C]
Instrument and Equipment Operating Mode
　S 热控分系统设计指标

yi qi she bei gong zuo wen du fan wei
仪器设备工作温度范围 [0201B]
Instrument and Equipment Operating Temperature Rang
　S 热控分系统设计指标

yi qi she bei re hao
仪器设备热耗 [0201B]
Instrument and Equipment Heat Consumption
　S 热控分系统设计指标

yi qi she bei re rong liang
仪器设备热容量 [0201B]
Instrument and Equipment Heat Capacity
　S 热控分系统设计指标

yi qi she bei wai xing chi cun
仪器设备外形尺寸 [0201B]
Instrument and Equipment External Dimensions
　S 热控分系统设计指标

yi qi she bei zhong liang
仪器设备重量 [0201C]
Instrument and Equipment Weight
　S 热控分系统设计指标

yi qi zhong zi huo hua fen xi fa
仪器中子活化分析法 [0202C]
Instrumental Neutron Activation Analysis
　Y 中子活化分析法

yi dong yong hu mu biao xi tong wei xing
di mian duan
移动用户目标系统卫星地面段 [0201A]
MUOS Satellite Ground Segment
　F 卫星控制站
　　无线接入站
　　交换站
　　网络管理站

yi xiang qi
移相器 [0201B]
Phase Shifter
　S 相控阵天线

yi chang ge li tan ce
异常个例探测 [0202D]
Abnormal Case Detection
　S 社会感知数据应用范式

yin zi quan zhong fen pei mo xing
因子权重分配模型 [0202B]
Factor Weight Distribution Model
　S 评价系列模型

yin ying（hang kong xiang pian）
阴影（航空像片）[0202B]
Shade（Aerial Photo）
　F 本影
　　落影

yin ying（re hong wai ying xiang）
阴影（热红外影像）[0202B]
Shadow（Thermal Infrared Image）
　F 冷阴影
　　暖阴影

yin ying di xing tu
阴影地形图 [0202B]
Shadow Topographic Map
　Y 地貌晕渲图

yin dao bu huo
引导捕获 [0203C]
Pilot Acquisiton
　S 信号捕获

yin du dao hang xing zuo
印度导航星座 [0201D]
Indian Navigation Constellations
　S 全球导航卫星系统

yin du yao gan wei xing-1A
印度遥感卫星-1A [0201D]
Indian Remote Sensing Satellite-1A
　S 印度遥感卫星

yin du yao gan wei xing-1A
印度遥感卫星-1A [0201D]
Indian Remote Sensing Satellite-1A
　C 地球资源卫星

yin du yao gan wei xing-1A
印度遥感卫星-1A [0201D]
Indian Remote Sensing Satellite-1A
　C 太阳同步轨道

yin du yao gan wei xing-1A
印度遥感卫星-1A [0201D]
Indian Remote Sensing Satellite-1A
　C 全色相机

yin du yao gan wei xing-1A
印度遥感卫星-1A [0201D]
Indian Remote Sensing Satellite-1A
　C 线性成像自扫描仪

yin du yao gan wei xing-1A
印度遥感卫星-1A [0201D]
Indian Remote Sensing Satellite-1A
　C 广域传感器

yin du yao gan wei xing-1A
印度遥感卫星-1A [0201D]
Indian Remote Sensing Satellite-1A
　C 印度空间研究组织

yin du yao gan wei xing-1A
印度遥感卫星-1A [0201D]
Indian Remote Sensing Satellite-1A
　C 俄罗斯航空航天防御部队

yin du yao gan wei xing-1A
印度遥感卫星-1A [0201D]
Indian Remote Sensing Satellite-1A

C 拜科努尔航天发射场

C 线性成像自扫描仪

yin du yao gan wei xing-1A
印度遥感卫星-1A ［0201D］
Indian Remote Sensing Satellite-1A
　C 前苏联东方-2M 运载火箭

yin du yao gan wei xing-1C
印度遥感卫星-1C ［0201D］
Indian Remote Sensing Satellite-1C
　S 印度遥感卫星

yin du yao gan wei xing-1B
印度遥感卫星-1B ［0201D］
Indian Remote Sensing Satellite-1B
　S 印度遥感卫星

yin du yao gan wei xing-1C
印度遥感卫星-1C ［0201D］
Indian Remote Sensing Satellite-1C
　C 地球资源卫星

yin du yao gan wei xing-1B
印度遥感卫星-1B ［0201D］
Indian Remote Sensing Satellite-1B
　C 地球资源卫星

yin du yao gan wei xing-1C
印度遥感卫星-1C ［0201D］
Indian Remote Sensing Satellite-1C
　C 太阳同步轨道

yin du yao gan wei xing-1B
印度遥感卫星-1B ［0201D］
Indian Remote Sensing Satellite-1B
　C 太阳同步轨道

yin du yao gan wei xing-1C
印度遥感卫星-1C ［0201D］
Indian Remote Sensing Satellite-1C
　C 线性成像自扫描仪-III

yin du yao gan wei xing-1B
印度遥感卫星-1B ［0201D］
Indian Remote Sensing Satellite-1B
　C 俄罗斯空间水文气象科学研究中心

yin du yao gan wei xing-1C
印度遥感卫星-1C ［0201D］
Indian Remote Sensing Satellite-1C
　C 全色相机

yin du yao gan wei xing-1B
印度遥感卫星-1B ［0201D］
Indian Remote Sensing Satellite-1B
　C 印度空间研究组织

yin du yao gan wei xing-1C
印度遥感卫星-1C ［0201D］
Indian Remote Sensing Satellite-1C
　C 宽场传感器

yin du yao gan wei xing-1B
印度遥感卫星-1B ［0201D］
Indian Remote Sensing Satellite-1B
　C 拜科努尔航天发射场

yin du yao gan wei xing-1C
印度遥感卫星-1C ［0201D］
Indian Remote Sensing Satellite-1C
　C 印度空间研究组织

yin du yao gan wei xing-1B
印度遥感卫星-1B ［0201D］
Indian Remote Sensing Satellite-1B
　C 前苏联东方-2M 运载火箭

yin du yao gan wei xing-1C
印度遥感卫星-1C ［0201D］
Indian Remote Sensing Satellite-1C
　C 拜科努尔航天发射场

yin du yao gan wei xing-1B
印度遥感卫星-1B ［0201D］
Indian Remote Sensing Satellite-1B

yin du yao gan wei xing-1C
印度遥感卫星-1C ［0201D］
Indian Remote Sensing Satellite-1C

C 俄罗斯联邦航天局

yin du yao gan wei xing-1C
印度遥感卫星-1C ［0201D］
Indian Remote Sensing Satellite-1C
C MOLNIYA-M

yin du yao gan wei xing-1D
印度遥感卫星-1D ［0201D］
Indian Remote Sensing Satellite-1D
S 印度遥感卫星

yin du yao gan wei xing-1D
印度遥感卫星-1D ［0201D］
Indian Remote Sensing Satellite-1D
C 地球资源卫星

yin du yao gan wei xing-1D
印度遥感卫星-1D ［0201D］
Indian Remote Sensing Satellite-1D
C 太阳同步轨道

yin du yao gan wei xing-1D
印度遥感卫星-1D ［0201D］
Indian Remote Sensing Satellite-1D
C 线性成像自扫描仪-III

yin du yao gan wei xing-1D
印度遥感卫星-1D ［0201D］
Indian Remote Sensing Satellite-1D
C 全色相机

yin du yao gan wei xing-1D
印度遥感卫星-1D ［0201D］
Indian Remote Sensing Satellite-1D
C 宽场传感器

yin du yao gan wei xing-1D
印度遥感卫星-1D ［0201D］
Indian Remote Sensing Satellite-1D
C 俄罗斯空间水文气象科学研究中心

yin du yao gan wei xing-1D
印度遥感卫星-1D ［0201D］
Indian Remote Sensing Satellite-1D

C 印度空间研究组织

yin du yao gan wei xing-1D
印度遥感卫星-1D ［0201D］
Indian Remote Sensing Satellite-1D
C 萨迪什·达万航天中心

yin du yao gan wei xing-1D
印度遥感卫星-1D ［0201D］
Indian Remote Sensing Satellite-1D
C 极地卫星运载火箭-C1

yin du yao gan wei xing-P1
印度遥感卫星-P1 ［0201D］
Indian Remote Sensing Satellite-P1
S 印度遥感卫星

yin du yao gan wei xing-P1
印度遥感卫星-P1 ［0201D］
Indian Remote Sensing Satellite-P1
C 地球资源卫星

yin du yao gan wei xing-P1
印度遥感卫星-P1 ［0201D］
Indian Remote Sensing Satellite-P1
C 太阳同步轨道

yin du yao gan wei xing-P1
印度遥感卫星-P1 ［0201D］
Indian Remote Sensing Satellite-P1
C 印度空间研究组织

yin du yao gan wei xing-P1
印度遥感卫星-P1 ［0201D］
Indian Remote Sensing Satellite-P1
C 萨迪什·达万航天中心

yin du yao gan wei xing-P1
印度遥感卫星-P1 ［0201D］
Indian Remote Sensing Satellite-P1
C 德国航空航天中心

yin du yao gan wei xing-P1
印度遥感卫星-P1 ［0201D］
Indian Remote Sensing Satellite-P1

C 极地卫星运载火箭-D1

yin du yao gan wei xing-P2
印度遥感卫星-P2［0201D］
Indian Remote Sensing Satellite-P2
S 印度遥感卫星

yin du yao gan wei xing-P2
印度遥感卫星-P2［0201D］
Indian Remote Sensing Satellite-P2
C 地球资源卫星

yin du yao gan wei xing-P2
印度遥感卫星-P2［0201D］
Indian Remote Sensing Satellite-P2
C 太阳同步轨道

yin du yao gan wei xing-P2
印度遥感卫星-P2［0201D］
Indian Remote Sensing Satellite-P2
C 线性成像自扫描系统-II 改性

yin du yao gan wei xing-P2
印度遥感卫星-P2［0201D］
Indian Remote Sensing Satellite-P2
C 印度空间研究组织

yin du yao gan wei xing-P2
印度遥感卫星-P2［0201D］
Indian Remote Sensing Satellite-P2
C 萨迪什·达万航天中心

yin du yao gan wei xing-P2
印度遥感卫星-P2［0201D］
Indian Remote Sensing Satellite-P2
C 欧洲航天局

yin du yao gan wei xing-P2
印度遥感卫星-P2［0201D］
Indian Remote Sensing Satellite-P2
C 极地卫星运载火箭-D2

yin du yao gan wei xing-P3
印度遥感卫星-P3［0201D］
Indian Remote Sensing Satellite-P3

S 印度遥感卫星

yin du yao gan wei xing-P3
印度遥感卫星-P3［0201D］
Indian Remote Sensing Satellite-P3
C 地球资源卫星

yin du yao gan wei xing-P3
印度遥感卫星-P3［0201D］
Indian Remote Sensing Satellite-P3
C 太阳同步轨道

yin du yao gan wei xing-P3
印度遥感卫星-P3［0201D］
Indian Remote Sensing Satellite-P3
C 宽场传感器

yin du yao gan wei xing-P3
印度遥感卫星-P3［0201D］
Indian Remote Sensing Satellite-P3
C 多光谱光电扫描仪

yin du yao gan wei xing-P3
印度遥感卫星-P3［0201D］
Indian Remote Sensing Satellite-P3
C 印度空间研究组织

yin du yao gan wei xing-P3
印度遥感卫星-P3［0201D］
Indian Remote Sensing Satellite-P3
C 萨迪什·达万航天中心

yin du yao gan wei xing-P3
印度遥感卫星-P3［0201D］
Indian Remote Sensing Satellite-P3
C 极地卫星运载火箭-D3

yin du yao gan wei xing-P4
印度遥感卫星-P4［0201D］
Indian Remote Sensing Satellite-P4
S 印度遥感卫星

yin du yao gan wei xing-P4
印度遥感卫星-P4［0201D］
Indian Remote Sensing Satellite-P4

C 地球资源卫星

yin du yao gan wei xing-P4
印度遥感卫星-P4 [0201D]
Indian Remote Sensing Satellite-P4
　C 太阳同步轨道

yin du yao gan wei xing-P4
印度遥感卫星-P4 [0201D]
Indian Remote Sensing Satellite-P4
　C 海洋色彩监视器

yin du yao gan wei xing-P4
印度遥感卫星-P4 [0201D]
Indian Remote Sensing Satellite-P4
　C 多频扫描微波辐射计

yin du yao gan wei xing-P4
印度遥感卫星-P4 [0201D]
Indian Remote Sensing Satellite-P4
　C 印度空间研究组织

yin du yao gan wei xing-P4
印度遥感卫星-P4 [0201D]
Indian Remote Sensing Satellite-P4
　C 萨迪什·达万航天中心

yin du yao gan wei xing-P4
印度遥感卫星-P4 [0201D]
Indian Remote Sensing Satellite-P4
　C 以色列 Image SatInternational 公司

yin du yao gan wei xing-P4
印度遥感卫星-P4 [0201D]
Indian Remote Sensing Satellite-P4
　C 极地卫星运载火箭-C2

ying yong ceng
应用层 [0202D]
Application Layer
　S 空间通信协议体系结构

ying yong ji yuan shu ju
应用级元数据 [0202D]
Application-Level Metadata

S 元数据（作用）

ying yong wei xing
应用卫星 [0201D]
Application Satellites
　S 卫星

ying yong wei xing
应用卫星 [0201D]
Application Satellites
　F 通信卫星
　　导航卫星
　　气象卫星
　　农业卫星
　　环境监测卫星
　　地质勘探卫星

ying mao bian huan
缨帽变换 [0202B]
Kauth-Thomas Transformation
　S 特征变换

ying guang fen xi fa
荧光分析法 [0202B]
Fluorescence Analysis Method
　S 光学分析法

ying xiang／tu xiang yu chu li
影像／图像预处理 [0202B]
Image Preprocessing
　F 几何校正
　　几何精校正
　　辐射校正
　　影像融合
　　镶嵌
　　裁剪

ying xiang di tu
影像地图 [0202D]
Image Map
　S 地图

ying xiang fen ge
影像分割 ［0202B］
Image Segmentation
　　S 图像处理

ying xiang jie gou
影像结构 ［0202B］
Image Structure
　　C 纹理

ying xiang jie gou
影像结构 ［0202B］
Image Structure
　　Y 纹理

ying xiang rong he
影像融合 ［0202A］
Image Fusion
　　S 影像/图像预处理

ying xiang shu ju
影像数据 ［0202A］
Imagery Data
　　S 空间数据内容

ying xiang shu ju
影像数据 ［0202A］
Image Data
　　F 卫星遥感影像
　　　航空影像

ying xiang te zheng
影像特征 ［0202B］
Image Feature
　　C 几何特性

ying xiang te zheng
影像特征 ［0202B］
Image Feature
　　C 复介电常数

yong hu ce jia su du wu cha
用户测加速度误差 ［0202C］
User Range Acceleration Error

　　S 导航误差

yong hu ce ju jing du
用户测距精度 ［0203D］
User Ranging Accuracy
　　S 第一数据块

yong hu ce su wu cha
用户测速误差 ［0202C］
User Range Rate Error
　　S 导航误差

yong hu cha fen ju li wu cha
用户差分距离误差 ［0202A］
User Differential Range Error
　　S 导航误差

yong hu deng xiao ce ju wu cha
用户等效测距误差 ［0203D］
User Equivalent Range Error
　　S 导航误差

yong hu deng xiao ce su wu cha
用户等效测速误差 ［0203D］
User Equivalent Range Rate Error
　　S 导航误差

yong hu dian li ceng chui zhi wu cha
用户电离层垂直误差 ［0202A］
Grid Ionosphere Vertical Error
　　S 导航误差

yong hu fu she jiao zheng
用户辐射校正 ［0202A］
User Radiation Correction
　　S 辐射校正

yong hu fu she jiao zheng
用户辐射校正 ［0202A］
User Radiation Correction
　　F 传感器端的辐射校正
　　　大气校正
　　　地表辐射校正

yong hu hang tian qi
用户航天器 [0201D]
User Spacecraft
　　Y 低轨飞行器

yong hu jie shou ji wu cha
用户接收机误差 [0203C]
Subscriber Receiver Error
　　S GPS 系统定位误差

yong hu jie shou ji wu cha
用户接收机误差 [0203D]
Subscriber Receiver Error
　　F 接收机钟误差
　　　码跟踪环跟踪误差

yong hu jing du
用户精度 [0202B]
User Precision
　　S 分类精度

yong hu ju li wu cha
用户距离误差 [0202A]
User Range Error
　　S 导航误差

yong hu she bei wu cha
用户设备误差 [0202C]
User Equipment Error
　　S 导航误差

yong hu xing
用户星 [0201D]
Subscriber Star
　　S 美国 TDRSS 系统组成

you cheng bian ma
游程编码 [0202C]
Run-Length Encoding
　　S 栅格数据结构

you cheng chang du
游程长度 [0202C]
Run Length

　　S 伪码相关性能

you ji nong yao
有机农药 [0202D]
Organic Pesticides
　　S 有机有毒物质

you li han shu mo xing
有理函数模型 [0202B]
Rational Function Model
　　S 非参数模型

you sun ya suo
有损压缩 [0202C]
Lossy Compression
　　S 图像压缩

you xiao ge xiang fu she gong lü
有效各向辐射功率 [0203D]
Effective Isotropic Radiated Power
　　S 有效载荷整体性能参数

you xiao ge xiang fu she gong lü zhi biao fen jie
有效各向辐射功率指标分解 [0203D]
EIRP Index Decomposition
　　S 通信载荷系统指标分解

you xiao ge xiang fu she gong lü zhi biao fen jie
有效各向辐射功率指标分解 [0203D]
EIRP Index Decomposition
　　C 发射天线增益

you xiao ge xiang fu she gong lü zhi biao fen jie
有效各向辐射功率指标分解 [0203D]
EIRP Index Decomposition
　　C 转发器功率

you xiao ge xiang fu she gong lü zhi biao fen jie
有效各向辐射功率指标分解 [0203D]
EIRP Index Decomposition

C 放大器输出功率

you xiao ge xiang fu she gong lü zhi biao fen jie
有效各向辐射功率指标分解 [0203D]
EIRP Index Decomposition
C 转发器输出端损耗

you xiao zai he
有效载荷 [0201C]
Payload
S 卫星重量预算

you xiao zai he zheng ti xing neng can shu
有效载荷整体性能参数 [0203D]
Overall Payload Performance Parameters
F 接收系统增益噪声温度比
EIRP
饱和功率通量密度
频段及带宽参数

you xiao zai he zhi biao
有效载荷指标 [0201C]
Payload Index
S 通信服务性能指标

you xiao zheng fa
有效蒸发 [0202D]
Effective Evaporation
S 蒸发

you xuan ze xing san she
有选择性散射 [0202A]
Selective Scattering
S 大气散射

you xuan ze xing san she
有选择性散射 [0202B]
Selective Scattering
F 瑞利散射
米氏散射

you yuan kong qiang fu she ji
有源空腔辐射计 [0201C]
Active Cavity Radiometer
S 可见光-红外辐射计

you yuan xiang kong zhen tian xian
有源相控阵天线 [0201B]
Active Phased Array Antenna
S 天线

you xuan yuan ji hua
右旋圆极化 [0203D]
Right-Handed Circular Polarization
S 圆极化

yu xian bian huan
余弦变换 [0202C]
Cosine Transform
S 信号分析方法

yu zhou 1
宇宙 1 [0201D]
Cosmos-1
S Cosmos 系列

yu zhou 1
宇宙 1 [0201D]
Cosmos-1
C 地球物理卫星

yu zhou 1
宇宙 1 [0201D]
Cosmos-1
C 近地轨道

yu zhou 1
宇宙 1 [0201D]
Cosmos-1
C 宇宙-21 运载火箭

yu zhou 1
宇宙 1 [0201D]
Cosmos-1

C 尤日诺耶设计事务所

C "金刚石" 中央设计局

C 普列谢茨克航天发射基地

yu zhou　1076
宇宙 1076［0201D］
Cosmos-1076
　C 洛克希德·马丁空间系统公司

yu zhou　1151
宇宙 1151［0201D］
Cosmos-1151
　S Cosmos 系列

yu zhou　1151
宇宙 1151［0201D］
Cosmos-1151
　C 海洋卫星

yu zhou　1151
宇宙 1151［0201D］
Cosmos-1151
　C 近地轨道

yu zhou　1151
宇宙 1151［0201D］
Cosmos-1151
　C 齐克隆-3

yu zhou　1151
宇宙 1151［0201D］
Cosmos-1151
　C 尤日诺耶设计事务所

yu zhou　1151
宇宙 1151［0201D］
Cosmos-1151
　C 普列谢茨克航天发射基地

yu zhou　1151
宇宙 1151［0201D］
Cosmos-1151
　C 洛克希德·马丁空间系统公司

yu zhou　12
宇宙 12［0201D］
Cosmos-12

S Cosmos 系列

yu zhou　12
宇宙 12［0201D］
Cosmos-12
　C 成像侦察卫星

yu zhou　12
宇宙 12［0201D］
Cosmos-12
　C 近地轨道

yu zhou　12
宇宙 12［0201D］
Cosmos-12
　C 东方-2

yu zhou　12
宇宙 12［0201D］
Cosmos-12
　C 尤日诺耶设计事务所

yu zhou　12
宇宙 12［0201D］
Cosmos-12
　C "金刚石"中央设计局

yu zhou　12
宇宙 12［0201D］
Cosmos-12
　C 卡普斯京亚尔靶场

yu zhou　12
宇宙 12［0201D］
Cosmos-12
　C 拜科努尔航天发射场

yu zhou　12
宇宙 12［0201D］
Cosmos-12
　C 俄罗斯国防部

yu zhou　13
宇宙 13［0201D］
Cosmos-13

S Cosmos 系列

yu zhou　13
宇宙 13 ［0201D］
Cosmos-13
　　C 成像侦察卫星

yu zhou　13
宇宙 13 ［0201D］
Cosmos-13
　　C 近地轨道

yu zhou　13
宇宙 13 ［0201D］
Cosmos-13
　　C 东方-2

yu zhou　13
宇宙 13 ［0201D］
Cosmos-13
　　C 尤日诺耶设计事务所

yu zhou　13
宇宙 13 ［0201D］
Cosmos-13
　　C "金刚石" 中央设计局

yu zhou　13
宇宙 13 ［0201D］
Cosmos-13
　　C 卡普斯京亚尔靶场

yu zhou　13
宇宙 13 ［0201D］
Cosmos-13
　　C 拜科努尔航天发射场

yu zhou　13
宇宙 13 ［0201D］
Cosmos-13
　　C 俄罗斯国防部

yu zhou　14
宇宙 14 ［0201D］
Cosmos-14

S Cosmos 系列

yu zhou　14
宇宙 14 ［0201D］
Cosmos-14
　　C 气象卫星

yu zhou　14
宇宙 14 ［0201D］
Cosmos-14
　　C 近地轨道

yu zhou　14
宇宙 14 ［0201D］
Cosmos-14
　　C 宇宙-21 运载火箭

yu zhou　14
宇宙 14 ［0201D］
Cosmos-14
　　C 尤日诺耶设计事务所

yu zhou　14
宇宙 14 ［0201D］
Cosmos-14
　　C 苏联科学院

yu zhou　14
宇宙 14 ［0201D］
Cosmos-14
　　C 卡普斯京亚尔靶场

yu zhou　14
宇宙 14 ［0201D］
Cosmos-14
　　C 拜科努尔航天发射场

yu zhou　14
宇宙 14 ［0201D］
Cosmos-14
　　C 俄罗斯国防部

yu zhou　15
宇宙 15 ［0201D］
Cosmos-15

S Cosmos 系列

yu zhou　15
宇宙 15 ［0201D］
Cosmos-15
　　C 成像侦察卫星

yu zhou　15
宇宙 15 ［0201D］
Cosmos-15
　　C 近地轨道

yu zhou　15
宇宙 15 ［0201D］
Cosmos-15
　　C 东方-2

yu zhou　15
宇宙 15 ［0201D］
Cosmos-15
　　C 尤日诺耶设计事务所

yu zhou　15
宇宙 15 ［0201D］
Cosmos-15
　　C "金刚石"中央设计局

yu zhou　15
宇宙 15 ［0201D］
Cosmos-15
　　C 以 A. G. Iosifian 命名的 "空间监控系统、信息与控制和机电综合体"

yu zhou　15
宇宙 15 ［0201D］
Cosmos-15
　　C 拜科努尔航天发射场

yu zhou　15
宇宙 15 ［0201D］
Cosmos-15
　　C 普列谢茨克航天发射基地

yu zhou　15
宇宙 15 ［0201D］
Cosmos-15
　　C 俄罗斯国防部

yu zhou　1500
宇宙 1500 ［0201D］
Cosmos-1500
　　S Cosmos 系列

yu zhou　1500
宇宙 1500 ［0201D］
Cosmos-1500
　　C 海洋卫星

yu zhou　1500
宇宙 1500 ［0201D］
Cosmos-1500
　　C 近地轨道

yu zhou　1500
宇宙 1500 ［0201D］
Cosmos-1500
　　C 齐克隆-3

yu zhou　1500
宇宙 1500 ［0201D］
Cosmos-1500
　　C 尤日诺耶设计事务所

yu zhou　1500
宇宙 1500 ［0201D］
Cosmos-1500
　　C 普列谢茨克航天发射基地

yu zhou　1500
宇宙 1500 ［0201D］
Cosmos-1500
　　C 洛克希德·马丁空间系统公司

yu zhou　16
宇宙 16 ［0201D］
Cosmos-16

SCosmos 系列

yu zhou　16
宇宙 16　〔0201D〕
Cosmos-16
　　C 成像侦察卫星

yu zhou　16
宇宙 16　〔0201D〕
Cosmos-16
　　C 近地轨道

yu zhou　16
宇宙 16　〔0201D〕
Cosmos-16
　　C 东方-2

yu zhou　16
宇宙 16　〔0201D〕
Cosmos-16
　　C 尤日诺耶设计事务所

yu zhou　16
宇宙 16　〔0201D〕
Cosmos-16
　　C "金刚石"中央设计局

yu zhou　16
宇宙 16　〔0201D〕
Cosmos-16
　　C 以 A. G. Iosifian 命名的"空间监控系统、信息与控制和机电综合体"

yu zhou　16
宇宙 16　〔0201D〕
Cosmos-16
　　C 拜科努尔航天发射场

yu zhou　16
宇宙 16　〔0201D〕
Cosmos-16
　　C 普列谢茨克航天发射基地

yu zhou　16
宇宙 16　〔0201D〕
Cosmos-16
　　C 俄罗斯国防部

yu zhou　1602
宇宙 1602　〔0201D〕
Cosmos-1602
　　SCosmos 系列

yu zhou　1602
宇宙 1602　〔0201D〕
Cosmos-1602
　　S 海洋卫星

yu zhou　1602
宇宙 1602　〔0201D〕
Cosmos-1602
　　C 近地轨道

yu zhou　1602
宇宙 1602　〔0201D〕
Cosmos-1602
　　C 质子-K

yu zhou　1602
宇宙 1602　〔0201D〕
Cosmos-1602
　　C 尤日诺耶设计事务所

yu zhou　1602
宇宙 1602　〔0201D〕
Cosmos-1602
　　C 普列谢茨克航天发射基地

yu zhou　1602
宇宙 1602　〔0201D〕
Cosmos-1602
　　C 洛克希德·马丁空间系统公司

yu zhou　18
宇宙 18　〔0201D〕
Cosmos-18

S Cosmos 系列

yu zhou　18
宇宙 18〔0201D〕
Cosmos-18
　C 成像侦察卫星

yu zhou　18
宇宙 18〔0201D〕
Cosmos-18
　C 近地轨道

yu zhou　18
宇宙 18〔0201D〕
Cosmos-18
　C 东方-2

yu zhou　18
宇宙 18〔0201D〕
Cosmos-18
　C 尤日诺耶设计事务所

yu zhou　18
宇宙 18〔0201D〕
Cosmos-18
　C "金刚石"中央设计局

yu zhou　18
宇宙 18〔0201D〕
Cosmos-18
　C 以 A. G. Iosifian 命名的"空间监控系统、信息与控制和机电综合体"

yu zhou　18
宇宙 18〔0201D〕
Cosmos-18
　C 拜科努尔航天发射场

yu zhou　18
宇宙 18〔0201D〕
Cosmos-18
　C 普列谢茨克航天发射基地

yu zhou　18
宇宙 18〔0201D〕
Cosmos-18
　C 俄罗斯国防部

yu zhou　19
宇宙 19〔0201D〕
Cosmos-19
　S Cosmos 系列

yu zhou　19
宇宙 19〔0201D〕
Cosmos-19
　C 地球物理卫星

yu zhou　19
宇宙 19〔0201D〕
Cosmos-19
　C 近地轨道

yu zhou　19
宇宙 19〔0201D〕
Cosmos-19
　C 宇宙-21 运载火箭

yu zhou　19
宇宙 19〔0201D〕
Cosmos-19
　C 尤日诺耶设计事务所

yu zhou　19
宇宙 19〔0201D〕
Cosmos-19
　C 卡普斯京亚尔靶场

yu zhou　19
宇宙 19〔0201D〕
Cosmos-19
　C 俄罗斯国防部

yu zhou　2
宇宙 2〔0201D〕
Cosmos-2

S Cosmos 系列

yu zhou 2
宇宙 2 ［0201D］
Cosmos-2
C 地球物理卫星

yu zhou 2
宇宙 2 ［0201D］
Cosmos-2
C 近地轨道

yu zhou 2
宇宙 2 ［0201D］
Cosmos-2
C 宇宙-21 运载火箭

yu zhou 2
宇宙 2 ［0201D］
Cosmos-2
C 尤日诺耶设计事务所

yu zhou 2
宇宙 2 ［0201D］
Cosmos-2
C 卡普斯京亚尔靶场

yu zhou 2
宇宙 2 ［0201D］
Cosmos-2
C 拜科努尔航天发射场

yu zhou 2
宇宙 2 ［0201D］
Cosmos-2
C 俄罗斯国防部

yu zhou 20
宇宙 20 ［0201D］
Cosmos-20
S Cosmos 系列

yu zhou 20
宇宙 20 ［0201D］
Cosmos-20

C 成像侦察卫星

yu zhou 20
宇宙 20 ［0201D］
Cosmos-20
C 近地轨道

yu zhou 20
宇宙 20 ［0201D］
Cosmos-20
C 东方-2

yu zhou 20
宇宙 20 ［0201D］
Cosmos-20
C 尤日诺耶设计事务所

yu zhou 20
宇宙 20 ［0201D］
Cosmos-20
C "金刚石"中央设计局

yu zhou 20
宇宙 20 ［0201D］
Cosmos-20
C 以 A. G. Iosifian 命名的"空间监控系统、信息与控制和机电综合体"

yu zhou 20
宇宙 20 ［0201D］
Cosmos-20
C 拜科努尔航天发射场

yu zhou 20
宇宙 20 ［0201D］
Cosmos-20
C 普列谢茨克航天发射基地

yu zhou 20
宇宙 20 ［0201D］
Cosmos-20
C 俄罗斯国防部

yu zhou 23
宇宙 23 ［0201D］
Cosmos-23
   S Cosmos 系列

yu zhou 23
宇宙 23 ［0201D］
Cosmos-23
   C 气象卫星

yu zhou 23
宇宙 23 ［0201D］
Cosmos-23
   C 近地轨道

yu zhou 23
宇宙 23 ［0201D］
Cosmos-23
   C 宇宙-21 运载火箭

yu zhou 23
宇宙 23 ［0201D］
Cosmos-23
   C 尤日诺耶设计事务所

yu zhou 23
宇宙 23 ［0201D］
Cosmos-23
   C 苏联科学院

yu zhou 23
宇宙 23 ［0201D］
Cosmos-23
   C 卡普斯京亚尔靶场

yu zhou 23
宇宙 23 ［0201D］
Cosmos-23
   C 拜科努尔航天发射场

yu zhou 23
宇宙 23 ［0201D］
Cosmos-23

   C 俄罗斯国防部

yu zhou 24
宇宙 24 ［0201D］
Cosmos-24
   S Cosmos 系列

yu zhou 24
宇宙 24 ［0201D］
Cosmos-24
   C 成像侦察卫星

yu zhou 24
宇宙 24 ［0201D］
Cosmos-24
   C 近地轨道

yu zhou 24
宇宙 24 ［0201D］
Cosmos-24
   C 东方-2

yu zhou 24
宇宙 24 ［0201D］
Cosmos-24
   C 尤日诺耶设计事务所

yu zhou 24
宇宙 24 ［0201D］
Cosmos-24
   C "金刚石" 中央设计局

yu zhou 24
宇宙 24 ［0201D］
Cosmos-24
   C 以 A. G. Iosifian 命名的 "空间监控系统、信息与控制和机电综合体"

yu zhou 24
宇宙 24 ［0201D］
Cosmos-24
   C 拜科努尔航天发射场

yu zhou 24

宇宙 24［0201D］

Cosmos-24

    C 普列谢茨克航天发射基地

yu zhou 24

宇宙 24［0201D］

Cosmos-24

    C 俄罗斯国防部

yu zhou 2428

宇宙 2428［0201D］

Cosmos-2428

    S Cosmos 系列

yu zhou 2428

宇宙 2428［0201D］

Cosmos-2428

    C 电子侦察卫星

yu zhou 2428

宇宙 2428［0201D］

Cosmos-2428

    C 极地轨道

yu zhou 2428

宇宙 2428［0201D］

Cosmos-2428

    C 天顶号 2M

yu zhou 2428

宇宙 2428［0201D］

Cosmos-2428

    C 尤日诺耶设计事务所

yu zhou 2428

宇宙 2428［0201D］

Cosmos-2428

    C "金刚石"中央设计局

yu zhou 2428

宇宙 2428［0201D］

Cosmos-2428

    C 以 A. G. Iosifian 命名的"空间监控系统、信息与控制和机电综合体"

yu zhou 2428

宇宙 2428［0201D］

Cosmos-2428

    C 拜科努尔航天发射场

yu zhou 2428

宇宙 2428［0201D］

Cosmos-2428

    C 普列谢茨克航天发射基地

yu zhou 2428

宇宙 2428［0201D］

Cosmos-2428

    C 俄罗斯国防部

yu zhou 2441

宇宙 2441［0201D］

Cosmos-2441

    S Cosmos 系列

yu zhou 2441

宇宙 2441［0201D］

Cosmos-2441

    C 电子侦察卫星

yu zhou 2441

宇宙 2441［0201D］

Cosmos-2441

    C 太阳同步轨道

yu zhou 2441

宇宙 2441［0201D］

Cosmos-2441

    C 联合-2.1B 号

yu zhou 2441

宇宙 2441［0201D］

Cosmos-2441

    C 俄罗斯航空航天防御部队

yu zhou   2441
宇宙 2441 ［0201D］
Cosmos-2441
 C 伏努科沃安德烈·图波列夫国际机场

yu zhou   2441
宇宙 2441 ［0201D］
Cosmos-2441
 C 普列谢茨克航天发射基地

yu zhou   2441
宇宙 2441 ［0201D］
Cosmos-2441
 C 俄罗斯国防部

yu zhou   2486
宇宙 2486 ［0201D］
Cosmos-2486
 S Cosmos 系列

yu zhou   2486
宇宙 2486 ［0201D］
Cosmos-2486
 C 电子侦察卫星

yu zhou   2486
宇宙 2486 ［0201D］
Cosmos-2486
 C 太阳同步轨道

yu zhou   2486
宇宙 2486 ［0201D］
Cosmos-2486
 C 联合-2.1B 号

yu zhou   2486
宇宙 2486 ［0201D］
Cosmos-2486
 C 俄罗斯航空航天防御部队

yu zhou   2486
宇宙 2486 ［0201D］
Cosmos-2486

 C 伏努科沃安德烈·图波列夫国际机场

yu zhou   2486
宇宙 2486 ［0201D］
Cosmos-2486
 C 普列谢茨克航天发射基地

yu zhou   2486
宇宙 2486 ［0201D］
Cosmos-2486
 C 俄罗斯国防部

yu zhou   2506
宇宙 2506 ［0201D］
Cosmos-2506
 SCosmos 系列

yu zhou   2506
宇宙 2506 ［0201D］
Cosmos-2506
 C 电子侦察卫星

yu zhou   2506
宇宙 2506 ［0201D］
Cosmos-2506
 C 太阳同步轨道

yu zhou   2506
宇宙 2506 ［0201D］
Cosmos-2506
 C 联合-2.1B 号

yu zhou   2506
宇宙 2506 ［0201D］
Cosmos-2506
 C 俄罗斯航空航天防御部队

yu zhou   2506
宇宙 2506 ［0201D］
Cosmos-2506
 C 伏努科沃安德烈·图波列夫国际机场

yu zhou   2506
宇宙 2506 ［0201D］
Cosmos-2506

C 普列谢茨克航天发射基地

yu zhou 2506
宇宙 2506 ［0201D］
Cosmos-2506
　　C 俄罗斯国防部

yu zhou 2510
宇宙 2510 ［0201D］
Cosmos-2510
　　S Cosmos 系列

yu zhou 2510
宇宙 2510 ［0201D］
Cosmos-2510
　　C 导弹预警卫星

yu zhou 2510
宇宙 2510 ［0201D］
Cosmos-2510
　　C "闪电"（Molniya）型轨道

yu zhou 2510
宇宙 2510 ［0201D］
Cosmos-2510
　　C 联合-2.1B 号

yu zhou 2510
宇宙 2510 ［0201D］
Cosmos-2510
　　C 能源公司

yu zhou 2510
宇宙 2510 ［0201D］
Cosmos-2510
　　C 普列谢茨克航天发射基地

yu zhou 2510
宇宙 2510 ［0201D］
Cosmos-2510
　　C 俄罗斯国防部

yu zhou 2510
宇宙 2510 ［0201D］
Cosmos-2510

C 俄罗斯航空航天防御部队

yu zhou 2518
宇宙 2518 ［0201D］
Cosmos-2518
　　S Cosmos 系列

yu zhou 2518
宇宙 2518 ［0201D］
Cosmos-2518
　　C 导弹预警卫星

yu zhou 2518
宇宙 2518 ［0201D］
Cosmos-2518
　　C "闪电"（Molniya）型轨道

yu zhou 2518
宇宙 2518 ［0201D］
Cosmos-2518
　　C 联合-2.1B 号

yu zhou 2518
宇宙 2518 ［0201D］
Cosmos-2518
　　C 能源公司

yu zhou 2518
宇宙 2518 ［0201D］
Cosmos-2518
　　C 普列谢茨克航天发射基地

yu zhou 2518
宇宙 2518 ［0201D］
Cosmos-2518
　　C 俄罗斯国防部

yu zhou 2518
宇宙 2518 ［0201D］
Cosmos-2518
　　C 俄罗斯航空航天防御部队

yu zhou 2525
宇宙 2525 ［0201D］
Cosmos-2525

S Cosmos 系列

yu zhou 2525
宇宙 2525［**0201D**］
Cosmos-2525
　C 电子侦察卫星

yu zhou 2525
宇宙 2525［**0201D**］
Cosmos-2525
　C 太阳同步轨道

yu zhou 2525
宇宙 2525［**0201D**］
Cosmos-2525
　C 联合-2.1v 号

yu zhou 2525
宇宙 2525［**0201D**］
Cosmos-2525
　C 尤日诺耶设计事务所

yu zhou 2525
宇宙 2525［**0201D**］
Cosmos-2525
　C "金刚石" 中央设计局

yu zhou 2525
宇宙 2525［**0201D**］
Cosmos-2525
　C 以 A. G. Iosifian 命名的 "空间监控系统、信息与控制和机电综合体"

yu zhou 2525
宇宙 2525［**0201D**］
Cosmos-2525
　C 拜科努尔航天发射场

yu zhou 2525
宇宙 2525［**0201D**］
Cosmos-2525
　C 普列谢茨克航天发射基地

yu zhou 2525
宇宙 2525［**0201D**］
Cosmos-2525
　C 俄罗斯国防部

yu zhou 2541
宇宙 2541［**0201D**］
Cosmos-2541
　S Cosmos 系列

yu zhou 2541
宇宙 2541［**0201D**］
Cosmos-2541
　C 导弹预警卫星

yu zhou 2541
宇宙 2541［**0201D**］
Cosmos-2541
　C "闪电"（Molniya）型轨道

yu zhou 2541
宇宙 2541［**0201D**］
Cosmos-2541
　C 联合-2.1B 号

yu zhou 2541
宇宙 2541［**0201D**］
Cosmos-2541
　C 能源公司

yu zhou 2541
宇宙 2541［**0201D**］
Cosmos-2541
　C 普列谢茨克航天发射基地

yu zhou 2541
宇宙 2541［**0201D**］
Cosmos-2541
　C 俄罗斯国防部

yu zhou 2541
宇宙 2541［**0201D**］
Cosmos-2541

C 俄罗斯航空航天防御部队

yu zhou　2546
宇宙 2546 ［0201D］
Cosmos-2546
　S Cosmos 系列

yu zhou　2546
宇宙 2546 ［0201D］
Cosmos-2546
　C 导弹预警卫星

yu zhou　2546
宇宙 2546 ［0201D］
Cosmos-2546
　C "闪电"（Molniya）型轨道

yu zhou　2546
宇宙 2546 ［0201D］
Cosmos-2546
　C 联合-2.1B 号

yu zhou　2546
宇宙 2546 ［0201D］
Cosmos-2546
　C 能源公司

yu zhou　2546
宇宙 2546 ［0201D］
Cosmos-2546
　C 普列谢茨克航天发射基地

yu zhou　2546
宇宙 2546 ［0201D］
Cosmos-2546
　C 俄罗斯国防部

yu zhou　2546
宇宙 2546 ［0201D］
Cosmos-2546
　C 俄罗斯航空航天防御部队

yu zhou　3
宇宙 3 ［0201D］
Cosmos-3

SCosmos 系列

yu zhou　3
宇宙 3 ［0201D］
Cosmos-3
　C 地球物理卫星

yu zhou　3
宇宙 3 ［0201D］
Cosmos-3
　C 近地轨道

yu zhou　3
宇宙 3 ［0201D］
Cosmos-3
　C 宇宙-21 运载火箭

yu zhou　3
宇宙 3 ［0201D］
Cosmos-3
　C 尤日诺耶设计事务所

yu zhou　3
宇宙 3 ［0201D］
Cosmos-3
　C 卡普斯京亚尔靶场

yu zhou　3
宇宙 3 ［0201D］
Cosmos-3
　C 拜科努尔航天发射场

yu zhou　3
宇宙 3 ［0201D］
Cosmos-3
　C 俄罗斯国防部

yu zhou　4
宇宙 4 ［0201D］
Cosmos-4
　S Cosmos 系列

yu zhou　4
宇宙 4 ［0201D］
Cosmos-4

C 成像侦察卫星

yu zhou　4
宇宙 4 [0201D]
Cosmos-4
　C 近地轨道

yu zhou　4
宇宙 4 [0201D]
Cosmos-4
　C 东方-K

yu zhou　4
宇宙 4 [0201D]
Cosmos-4
　C 尤日诺耶设计事务所

yu zhou　4
宇宙 4 [0201D]
Cosmos-4
　C "金刚石"中央设计局

yu zhou　4
宇宙 4 [0201D]
Cosmos-4
　C 卡普斯京亚尔靶场

yu zhou　4
宇宙 4 [0201D]
Cosmos-4
　C 拜科努尔航天发射场

yu zhou　4
宇宙 4 [0201D]
Cosmos-4
　C 俄罗斯国防部

yu zhou　44
宇宙 44 [0201D]
Cosmos-44
　S Cosmos 系列

yu zhou　44
宇宙 44 [0201D]
Cosmos-44

C 气象卫星

yu zhou　44
宇宙 44 [0201D]
Cosmos-44
　C 近地轨道

yu zhou　44
宇宙 44 [0201D]
Cosmos-44
　C 前苏联东方-2M 运载火箭

yu zhou　44
宇宙 44 [0201D]
Cosmos-44
　C 尤日诺耶设计事务所

yu zhou　44
宇宙 44 [0201D]
Cosmos-44
　C 苏联科学院

yu zhou　44
宇宙 44 [0201D]
Cosmos-44
　C 卡普斯京亚尔靶场

yu zhou　44
宇宙 44 [0201D]
Cosmos-44
　C 拜科努尔航天发射场

yu zhou　44
宇宙 44 [0201D]
Cosmos-44
　C 俄罗斯国防部

yu zhou　5
宇宙 5 [0201D]
Cosmos-5
　S Cosmos 系列

yu zhou　5
宇宙 5 [0201D]
Cosmos-5

C 地球物理卫星

yu zhou 5
宇宙 5 ［0201D］
Cosmos-5
　C 近地轨道

yu zhou 5
宇宙 5 ［0201D］
Cosmos-5
　C 宇宙-21 运载火箭

yu zhou 5
宇宙 5 ［0201D］
Cosmos-5
　C 尤日诺耶设计事务所

yu zhou 5
宇宙 5 ［0201D］
Cosmos-5
　C 卡普斯京亚尔靶场

yu zhou 5
宇宙 5 ［0201D］
Cosmos-5
　C 拜科努尔航天发射场

yu zhou 5
宇宙 5 ［0201D］
Cosmos-5
　C 俄罗斯国防部

yu zhou 6
宇宙 6 ［0201D］
Cosmos-6
　S Cosmos 系列

yu zhou 6
宇宙 6 ［0201D］
Cosmos-6
　C 地球物理卫星

yu zhou 6
宇宙 6 ［0201D］
Cosmos-6

C 近地轨道

yu zhou 6
宇宙 6 ［0201D］
Cosmos-6
　C 宇宙-21 运载火箭

yu zhou 6
宇宙 6 ［0201D］
Cosmos-6
　C 尤日诺耶设计事务所

yu zhou 6
宇宙 6 ［0201D］
Cosmos-6
　C 卡普斯京亚尔靶场

yu zhou 6
宇宙 6 ［0201D］
Cosmos-6
　C 俄罗斯国防部

yu zhou 7
宇宙 7 ［0201D］
Cosmos-7
　S Cosmos 系列

yu zhou 7
宇宙 7 ［0201D］
Cosmos-7
　C 成像侦察卫星

yu zhou 7
宇宙 7 ［0201D］
Cosmos-7
　C 近地轨道

yu zhou 7
宇宙 7 ［0201D］
Cosmos-7
　C 东方-2

yu zhou 7
宇宙 7 ［0201D］
Cosmos-7

C 尤日诺耶设计事务所

yu zhou　7
宇宙 7 ［0201D］
Cosmos-7
　　C "金刚石" 中央设计局

yu zhou　7
宇宙 7 ［0201D］
Cosmos-7
　　C 卡普斯京亚尔靶场

yu zhou　7
宇宙 7 ［0201D］
Cosmos-7
　　C 拜科努尔航天发射场

yu zhou　7
宇宙 7 ［0201D］
Cosmos-7
　　C 俄罗斯国防部

yu zhou　8
宇宙 8 ［0201D］
Cosmos-8
　　S Cosmos 系列

yu zhou　8
宇宙 8 ［0201D］
Cosmos-8
　　C 成像侦察卫星

yu zhou　8
宇宙 8 ［0201D］
Cosmos-8
　　C 近地轨道

yu zhou　8
宇宙 8 ［0201D］
Cosmos-8
　　C 宇宙-21 运载火箭

yu zhou　8
宇宙 8 ［0201D］
Cosmos-8

C 尤日诺耶设计事务所

yu zhou　8
宇宙 8 ［0201D］
Cosmos-8
　　C "金刚石" 中央设计局

yu zhou　8
宇宙 8 ［0201D］
Cosmos-8
　　C 卡普斯京亚尔靶场

yu zhou　8
宇宙 8 ［0201D］
Cosmos-8
　　C 拜科努尔航天发射场

yu zhou　8
宇宙 8 ［0201D］
Cosmos-8
　　C 俄罗斯国防部

yu zhou　9
宇宙 9 ［0201D］
Cosmos-9
　　S Cosmos 系列

yu zhou　9
宇宙 9 ［0201D］
Cosmos-9
　　C 成像侦察卫星

yu zhou　9
宇宙 9 ［0201D］
Cosmos-9
　　C 近地轨道

yu zhou　9
宇宙 9 ［0201D］
Cosmos-9
　　C 东方-2

yu zhou　9
宇宙 9 ［0201D］
Cosmos-9

C 尤日诺耶设计事务所

yu zhou 9
宇宙 9 [0201D]

Cosmos-9

    C "金刚石" 中央设计局

yu zhou 9
宇宙 9 [0201D]

Cosmos-9

    C 卡普斯京亚尔靶场

yu zhou 9
宇宙 9 [0201D]

Cosmos-9

    C 拜科努尔航天发射场

yu zhou 9
宇宙 9 [0201D]

Cosmos-9

    C 俄罗斯国防部

yu zhou-2l yun zai huo jian
宇宙-2l 运载火箭 [0201D]

KOSMOS-2I

    S 宇宙系列

yu zhou 3 hao M xing yun zai huo jian
宇宙 3 号 M 型运载火箭 [0201D]

KOSMOS-3M Launch Vehicle

    S 宇宙神系列运载火

yu zhou bei jing tan ce qi
宇宙背景探测器 [0201C]

Cosmic Background Detector

    S 跟踪与数据中继卫星系统服务对象

yu zhou fei chuan
宇宙飞船 [0201D]

Spacecraft

    S 太空平台

yu zhou shen-5 yun zai huo jian
宇宙神-5 运载火箭 [0201D]

Atlas-V Rocket

S 宇宙神系列运载火箭

yu zhou tian kong yi xue 1 hao
宇宙天空医学 1 号 [0201D]

COSMO-SkyMed-1

    S Cosmos 系列

yu zhou tian kong yi xue 1 hao
宇宙天空医学 1 号 [0201D]

COSMO-SkyMed-1

    C 地球资源卫星

yu zhou tian kong yi xue 1 hao
宇宙天空医学 1 号 [0201D]

COSMO-SkyMed-1

    C 太阳同步轨道

yu zhou tian kong yi xue 1 hao
宇宙天空医学 1 号 [0201D]

COSMO-SkyMed-1

    C 合成孔径雷达-2000

yu zhou tian kong yi xue 1 hao
宇宙天空医学 1 号 [0201D]

COSMO-SkyMed-1

    C 意大利国防部

yu zhou tian kong yi xue 1 hao
宇宙天空医学 1 号 [0201D]

COSMO-SkyMed-1

    C 美国范登堡空军基地

yu zhou tian kong yi xue 1 hao
宇宙天空医学 1 号 [0201D]

COSMO-SkyMed-1

    C 波音德尔塔 2 型运载火箭

yu zhou tian kong yi xue 1 hao
宇宙天空医学 1 号 [0201D]

COSMO-SkyMed-1

    C 意大利航天局

yu zhou tian kong yi xue 2 hao
宇宙天空医学 2 号 [0201D]

COSMO-SkyMed-2

S Cosmos 系列

C 地球资源卫星

yu zhou tian kong yi xue 2 hao

宇宙天空医学 2 号 ［0201D］

COSMO-SkyMed-2
   C 地球资源卫星

yu zhou tian kong yi xue 3 hao

宇宙天空医学 3 号 ［0201D］

COSMO-SkyMed-3
   C 太阳同步轨道

yu zhou tian kong yi xue 2 hao

宇宙天空医学 2 号 ［0201D］

COSMO-SkyMed-2
   C 太阳同步轨道

yu zhou tian kong yi xue 3 hao

宇宙天空医学 3 号 ［0201D］

COSMO-SkyMed-3
   C 合成孔径雷达-2000

yu zhou tian kong yi xue 2 hao

宇宙天空医学 2 号 ［0201D］

COSMO-SkyMed-2
   C 合成孔径雷达-2000

yu zhou tian kong yi xue 3 hao

宇宙天空医学 3 号 ［0201D］

COSMO-SkyMed-3
   C 意大利国防部

yu zhou tian kong yi xue 2 hao

宇宙天空医学 2 号 ［0201D］

COSMO-SkyMed-2
   C 意大利国防部

yu zhou tian kong yi xue 3 hao

宇宙天空医学 3 号 ［0201D］

COSMO-SkyMed-3
   C 美国范登堡空军基地

yu zhou tian kong yi xue 2 hao

宇宙天空医学 2 号 ［0201D］

COSMO-SkyMed-2
   C 美国范登堡空军基地

yu zhou tian kong yi xue 3 hao

宇宙天空医学 3 号 ［0201D］

COSMO-SkyMed-3
   C 波音德尔塔 2 型运载火箭

yu zhou tian kong yi xue 2 hao

宇宙天空医学 2 号 ［0201D］

COSMO-SkyMed-2
   C 波音德尔塔 2 型运载火箭

yu zhou tian kong yi xue 3 hao

宇宙天空医学 3 号 ［0201D］

COSMO-SkyMed-3
   C 意大利航天局

yu zhou tian kong yi xue 2 hao

宇宙天空医学 2 号 ［0201D］

COSMO-SkyMed-2
   C 意大利航天局

yu zhou tian kong yi xue 4 hao

宇宙天空医学 4 号 ［0201D］

COSMO-SkyMed-4
   S Cosmos 系列

yu zhou tian kong yi xue 3 hao

宇宙天空医学 3 号 ［0201D］

COSMO-SkyMed-3
   S Cosmos 系列

yu zhou tian kong yi xue 4 hao

宇宙天空医学 4 号 ［0201D］

COSMO-SkyMed-4
   C 地球资源卫星

yu zhou tian kong yi xue 3 hao

宇宙天空医学 3 号 ［0201D］

COSMO-SkyMed-3

yu zhou tian kong yi xue 4 hao

宇宙天空医学 4 号 ［0201D］

COSMO-SkyMed-4

C 太阳同步轨道

yu zhou tian kong yi xue 4 hao
宇宙天空医学 **4** 号 ［0201D］
COSMO-SkyMed-4
 C 合成孔径雷达-2000

yu zhou tian kong yi xue 4 hao
宇宙天空医学 **4** 号 ［0201D］
COSMO-SkyMed-4
 C 意大利国防部

yu zhou tian kong yi xue 4 hao
宇宙天空医学 **4** 号 ［0201D］
COSMO-SkyMed-4
 C 美国范登堡空军基地

yu zhou tian kong yi xue 4 hao
宇宙天空医学 **4** 号 ［0201D］
COSMO-SkyMed-4
 C 波音德尔塔 2 型运载火箭

yu zhou tian kong yi xue 4 hao
宇宙天空医学 **4** 号 ［0201D］
COSMO-SkyMed-4
 C 意大利航天局

yu zhou zao sheng
宇宙噪声 ［0202C］
Cosmic Noise
 S 卫星通信噪声

yu zhou zao sheng
宇宙噪声 ［0202C］
Cosmic Noise
 S 地球站天线噪声

yu liang qi
雨量器 ［0201B］
Rain Gauge
 S 气象仪器

yu shuai he yun wu
雨衰和云雾 ［0202A］
Rain and Mist

S 星-地链路附加损耗

yu ce xi lie yu dong tai mo ni mo xing
预测系列与动态模拟模型 ［0202D］
Prediction Series and Dynamic Simulation Model
 S 属性数据分析模型

yu ce xi lie yu dong tai mo ni mo xing
预测系列与动态模拟模型 ［0202D］
Prediction Series and Dynamic Simulation Model
 F 回归预测模型
  趋势分析模型
  系统动力学模拟模型

yu chu li ji shu
预处理技术 ［0202A］
Pretreatment Technology
 S 遥感数据预处理

yu chu li xi tong guan li
预处理系统管理 ［0202C］
Pretreatment System Management
 S 遥感数据预处理

yu jian ji fen shi jian
预检积分时间 ［0202A］
Pre-Check the Point Time
 Y 相干积分时间

yu jian xiang gan ji fen shi jian
预检相干积分时间 ［0202C］
Pre-Check Coherence Integration Time
 Y 相干积分时间

yuan shu ju
元数据 ［0202C］
Metadata
 S 空间数据内容

yuan shu ju
元数据 ［0202C］
Metadata
 D 头文件

yuan shu ju（miao shu dui xiang）
元数据（描述对象）[0202A]
Metadata（Describing Object）
　F 数据层元数据
　　属性元数据
　　实体元数据

yuan shu ju（nei rong）
元数据（内容）[0202A]
Metadata（Content）
　F 科研型元数据
　　评估型元数据
　　模型元数据

yuan shu ju（zuo yong）
元数据（作用）[0203D]
Metadata（Action）
　F 系统级元数据
　　应用级元数据

yuan zi fa she guang pu fen xi fa
原子发射光谱分析法 [0202C]
Atomic Emission Spectrometry
　Y 发射光谱分析法

yuan zi xi shou fen guang guang du fa
原子吸收分光光度法 [0202C]
Atomic Absorption Spectrophotometry
　S 光学分析法

yuan zi xi shou fen guang guang du fa
原子吸收分光光度法 [0202C]
Atomic Absorption Spectrophotometry
　D 原子吸收光谱分析法

yuan zi xi shou guang pu fen xi fa
原子吸收光谱分析法 [0202C]
Atomic Absorption Spectrometry
　Y 原子吸收分光光度法

yuan zi zhong
原子钟 [0201C]
Atomic Clock

　S GPS 导航载荷

yuan gui dao
圆轨道 [0201D]
Circular Orbit
　S 卫星轨道（形状）

yuan ji hua
圆极化 [0203D]
Circular Polarization
　S 电磁波极化

yuan ji hua
圆极化 [0202C]
Circular Polarization
　F 右旋圆极化
　　左旋圆极化

yuan xing la ba tian xian
圆形喇叭天线 [0201B]
Circular Horn Antenna
　S 喇叭天线种类（截面形状）

yuan zhui sao miao gen zong
圆锥扫描跟踪 [0202A]
Cone Scan Tracking
　S 自动跟踪

yuan zhui tou ying
圆锥投影 [0202C]
Conic Projection
　S 地图投影（投影面）

yuan hong wai
远红外 [0203A]
Far Infrared
　S 红外线

yuan hong wai
远红外 [0203A]
Far Infrared
　C 地物热辐射

yuan zi wai tan ce qi X she xian guan ce tai

远紫外探测器 X 射线观测台 [0201C]

Far-Ultraviolet Detector X-Ray Observatory

  S 跟踪与数据中继卫星系统服务对象

yue qiu ce tu xiang ji

月球测图相机 [0201C]

Lunar Mapping Camera

  S 遥感相机

yun

云 [0203B]

Cloud

  C 噪声增加

yun ding sao miao yi

云顶扫描仪 [0201C]

Cloud Top Scanner

  S 扫描仪

yun wei xing

云卫星 [0201D]

Cloudsat

  S 云系列

yun wei xing

云卫星 [0201D]

Cloudsat

  C 成像侦察卫星

yun wei xing

云卫星 [0201D]

Cloudsat

  C 太阳同步轨道

yun wei xing

云卫星 [0201D]

Cloudsat

  C 云卫星云剖面雷达

yun wei xing

云卫星 [0201D]

Cloudsat

  C 美国国防部

yun wei xing

云卫星 [0201D]

Cloudsat

  C 美国范登堡空军基地

yun wei xing

云卫星 [0201D]

Cloudsat

  C 美国航空航天局

yun wei xing

云卫星 [0201D]

Cloudsat

  C 加拿大国家航天局

yun wei xing

云卫星 [0201D]

Cloudsat

  C 波音德尔塔 2 型运载火箭

yun dong xian fa

运动线法 [0202B]

Motion Line Method

  S 专题地图表示方法

yun dong xian fa

运动线法 [0202B]

Motion Line Method

  D 动线法

yun xing kong zhi xi tong

运行控制系统 [0203C]

Operation Control System

  S 全球定位系统

yun zai huo jian jie kou

运载火箭接口 [0201A]

Launch Vehicle Interface

  S 结构分系统组成

zai gui ce shi zhan

在轨测试站 [0201A]

In-Orbit Test Station

S 卫星测控管理地球站

zai gui shu ju ji lu yu chuan shu
在轨数据记录与传输 ［0202D］
On-Orbit Data Recording and Transmission
　　S 遥感数据获取

zai gui wei zhi bao chi she ji
在轨位置保持设计 ［0201D］
In-Orbit Position Maintenance Design
　　S 通信卫星任务分析设计

zai xian shu ju chu li yu jiao yi chu li ye wu
在线数据处理与交易处理业务 ［0202D］
Online Data Processing and Transaction Processing
Service
　　S 卫星移动通信系统增值服务

zai bo bo li
载波剥离 ［0202C］
Carrier Stripping
　　S 基带数字信号处理

zai bo chu li zhuan fa qi
载波处理转发器 ［0201C］
Carrier Processing Transponder
　　S 处理转发器

zai bo tiao zhi
载波调制 ［0202C］
Carrier Modulation
　　S 数字通信系统调制

zai bo gen zong huan lu
载波跟踪环路 ［0202C］
Carrier Tracking Loop
　　D 载波环

zai bo gen zong huan lu
载波跟踪环路 ［0203C］
Carrier Tracking Loop
　　F 频率锁定环路
　　　相位锁定环路

zai bo huan
载波环 ［0203C］
Carrier Loop
　　Y 载波跟踪环路

zai bo jian shi zi xi tong
载波监视子系统 ［0203C］
Carrier Monitoring Subsystem
　　S 管理控制分系统

zai bo xiang wei cha fen
载波相位差分 ［0202B］
Carrier Phase Difference
　　S 差分 GPS （目标参量）

zai bo xiang wei guan ce fang cheng shi
载波相位观测方程式 ［0202A］
Carrier Phase Observation Equation
　　C 卫星钟差

zai bo xiang wei guan ce liang ding wei
载波相位观测量定位 ［0202D］
Carrier Phase Measurement Positioning
　　S GPS 基本定位方法

zai bo xiang wei ji shu
载波相位技术 ［0202A］
Carrier Phase Technique
　　S GPS 授时和校频方法

zai bo xiang wei zhou qi mo hu du
载波相位周期模糊度 ［0202B］
Carrier Phase Period Ambiguity
　　S 观测误差

zai bo yu bi te ding shi hui fu xu lie
载波与比特定时恢复序列 ［0202C］
Carrier and Bit Timing Recovery Sequence
　　S 报头

zao niao-I
早鸟-I ［0201D］
EarlyBird 1

S 早鸟

zao niao-I
早鸟-I ［0201D］
EarlyBird 1
C 商用遥感卫星

zao niao-I
早鸟-I ［0201D］
EarlyBird 1
C 太阳同步轨道

zao niao-I
早鸟-I ［0201D］
EarlyBird 1
C 3 米全色相机

zao niao-I
早鸟-I ［0201D］
EarlyBird 1
C 15 米多光谱相机

zao niao-I
早鸟-I ［0201D］
EarlyBird 1
C CTA 空间系统公司

zao niao-I
早鸟-I ［0201D］
EarlyBird 1
C 斯沃博德尼 Start-1 运载火箭

zao sheng
噪声 ［0202C］
Noise
F 高斯噪声
脉冲噪声
周期噪声

zao sheng
噪声 ［0202C］
Noise
S 影响 GPS 信号质量的因素

zao sheng dai kuan
噪声带宽 ［0203D］
Noise Bandwidth
D 环路带宽

zao sheng gong lü
噪声功率 ［0203D］
Noise Power
F 信道高斯噪声
多址干扰功率

zao sheng ji di gu suan
噪声基地估算 ［0202A］
Noise Base Estimation
S 信号捕获

zao sheng xi shu
噪声系数 ［0203D］
Noise Coefficient
S 转发器性能指标

zao sheng xi shu
噪声系数 ［0201B］
Noise Coefficient
C 输入信噪比

zao sheng xi shu
噪声系数 ［0203D］
Noise Coefficient
C 输出信噪比

zao sheng zeng jia
噪声增加 ［0202C］
Increased Noise
S 卫星通信系统传播问题

zao sheng zeng jia
噪声增加 ［0202C］
Increased Noise
C 大气气体

zao sheng zeng jia
噪声增加 ［0202A］
Increased Noise

C 云

zao sheng zeng jia

噪声增加 ［0202A］

Increased Noise

　C 雨

zeng qiang zhi bei zhi shu

增强植被指数 ［0202B］

Enhanced Vegetation Index

　S 植被指数

zeng yi ping tan du

增益平坦度 ［0202C］

Gain Flatness

　S 转发器性能指标

zeng yi she ji

增益设计 ［0201B］

Gain Design

　S 通信转发器设计

shan ge bian ma shu ju

栅格编码数据 ［0202C］

Raster Format Encoding Data

　F 数字高程模型

　　卫星图像

　　数字正射影像

　　扫描地图

　　图形文件

shan ge sao miao yi

栅格扫描仪 ［0201C］

Raster Scanner

　S 扫描仪（扫描方式）

shan ge shi hui tu she bei

栅格式绘图设备 ［0202C］

Raster Drawing Equipment

　S 输出设备

shan ge shu ju

栅格数据 ［0202A］

Raster Data

　S 地理空间数据

shan ge shu ju fen xi mo xing

栅格数据分析模型 ［0202B］

Raster Data Analysis Model

　S 空间数据分析模型

shan ge shu ju jie gou

栅格数据结构 ［0202A］

Raster Data Structure

　F 逐个像元编码

　　游程编码

　　四叉树

shan ge shu ju kong jian fen xi

栅格数据空间分析 ［0202A］

Raster Data Spatial Analysis

　S 空间数据分析

shan ge shu ju kong jian fen xi

栅格数据空间分析 ［0202B］

Raster Data Spatial Analysis

　F 聚类分析

　　聚合分析

　　叠置分析

　　追踪分析

shan ge shu ju shi liang hua ji shu

栅格数据矢量化技术 ［0202B］

Raster Data Vectorization Technology

　S 矢量数据栅格化

shan ge tu xiang shu ju

栅格图像数据 ［0202B］

Raster Image

　S HDF 数据类型

zhai bo shu

窄波束 ［0201C］

Narrow Beam

　D 点波束

zhai dai lü guang qi

窄带滤光器 [0201B]

Narrow-Band Filter

    S 光学接收系统

zhang heng yi hao

张衡一号 [0201D]

China Seismo-Electromagnetic Satellite-1

    S 张衡卫星系列

zhang heng yi hao

张衡一号 [0201D]

China Seismo-Electromagnetic Satellite-1

    C 地球物理卫星

zhang heng yi hao

张衡一号 [0201D]

China Seismo-Electromagnetic Satellite-1

    C 太阳同步轨道

zhang heng yi hao

张衡一号 [0201D]

China Seismo-Electromagnetic Satellite-1

    C 中国地震局

zhang heng yi hao

张衡一号 [0201D]

China Seismo-Electromagnetic Satellite-1

    C 酒泉卫星发射中心

zhang heng yi hao

张衡一号 [0201D]

China Seismo-Electromagnetic Satellite-1

    C 中国空间技术研究院

zhang heng yi hao

张衡一号 [0201D]

China Seismo-Electromagnetic Satellite-1

    C 长征二号丁运载火箭

zhang heng yi hao

张衡一号 [0201D]

China Seismo-Electromagnetic Satellite-1

    C 感应式磁力仪

zhang heng yi hao

张衡一号 [0201D]

China Seismo-Electromagnetic Satellite-1

    C 高精度磁强计

zhang heng yi hao

张衡一号 [0201D]

China Seismo-Electromagnetic Satellite-1

    C 电场探测仪

zhang heng yi hao

张衡一号 [0201D]

China Seismo-Electromagnetic Satellite-1

    C GNSS 掩星接收机

zhang heng yi hao

张衡一号 [0201D]

China Seismo-Electromagnetic Satellite-1

    C 等离子体分析仪

zhang heng yi hao

张衡一号 [0201D]

China Seismo-Electromagnetic Satellite-1

    C 高能粒子探测器

zhang heng yi hao

张衡一号 [0201D]

China Seismo-Electromagnetic Satellite-1

    C 朗缪尔探针

zhang heng yi hao

张衡一号 [0201D]

China Seismo-Electromagnetic Satellite-1

    C 三频信标发射机

chang bo

长波 [0203A]

Long Waves

    S 波

chang bo fu she

长波辐射 [0203A]

Long-Wave Radiation

S 地球辐射

chang du bian xing
长度变形 ［0202A］
Length Deformation
S 地图投影变形

chang ju li ji guang sao miao yi
长距离激光扫描仪 ［0201B］
Long-Range Laser Scanner
S 三维激光扫描仪

chang qi zi tai pian zhi neng li
长期姿态偏置能力 ［0202A］
Long-Term Attitude Bias Capability
S 控制分系统技术指标

chang qu gun qiu wei xing
长曲棍球卫星 ［0201D］
Lacrosse Satellite
S 跟踪与数据中继卫星系统服务对象

chang shou ming gao ke kao xing she ji
长寿命高可靠性设计 ［0201A］
Long-Life and High Reliability Design
S 通信卫星任务分析设计

chang zheng er hao bing yun zai huo jian
长征二号丙运载火箭 ［0201D］
Long March 2C
S 长征系列运载火箭

chang zheng er hao ding yun zai huo jian
长征二号丁运载火箭 ［0201D］
Long March 2D
S 长征系列运载火箭

chang zheng liu hao yun zai huo jian
长征六号运载火箭 ［0201D］
Long March 6
S 长征系列运载火箭

chang zheng san hao jia yun zai huo jian
长征三号甲运载火箭 ［0201D］
Long March Ⅲ A

S 长征系列运载火箭

chang zheng san hao yi yun zai huo jian
长征三号乙运载火箭 ［0201D］
Long March Ⅲ B
S 长征系列运载火箭

chang zheng shi yi hao yun zai huo jian
长征十一号运载火箭 ［0201D］
Long March 11
S 长征系列运载火箭

chang zheng si hao bing yun zai huo jian
长征四号丙运载火箭 ［0201D］
Long March Ⅳ C
S 长征系列运载火箭

chang zheng si hao jia yun zai huo jian
长征四号甲运载火箭 ［0201D］
Long March No. 4 A
S 长征系列运载火箭

zhe ban cha zhao
折半查找 ［0202C］
Split Search
S 顺序文件查找

zhe she
折射 ［0202A］
Refraction
S 卫星通信系统传播问题

zhe she
折射 ［0202A］
Refraction
C 大气气体

zhen
帧 ［0202B］
Frames
S 导航电文编排格式

zhen cai se pian
真彩色片 ［0202B］
True Color Film

Y 天然彩色片

C 相位

zhen cai se ying xiang
真彩色影像 ［0202B］
True Color Image
　S 遥感影像

zhen er ci dian zi
真二次电子 ［0203B］
True Secondary Electron
　S 二次电子

zhen shi kong jing fen bian lü
真实孔径分辨率 ［0202A］
Resolution of Real Aperture
　S 遥感分辨率

zhen lie fu she dan yuan
阵列辐射单元 ［0201B］
Array Radiation Unit
　S 相控阵天线

zhen lie shi duo bo shu tian xian
阵列式多波束天线 ［0201B］
Array Multi-Beam Antenna
　S 多波束天线

zhen lie tian xian te xing
阵列天线特性 ［0201B］
Array Antenna Characteristic
　C 辐射单元数目

zhen lie tian xian te xing
阵列天线特性 ［0201B］
Array Antenna Characteristic
　C 相对位置

zhen lie tian xian te xing
阵列天线特性 ［0201A］
Array Antenna Characteristic
　C 激励电流幅度

zhen lie tian xian te xing
阵列天线特性 ［0201B］
Array Antenna Characteristic

zheng san
蒸散 ［0202A］
Evapotranspiration
　C 潜热通量

zheng san
蒸散 ［0202A］
Evapotranspiration
　F 蒸腾
　　蒸发

zheng teng
蒸腾 ［0202A］
Transpiration
　S 蒸散

zheng zhou mo hu du
整周模糊度 ［0202B］
Full-Circle Ambiguity
　D 整周未知数

zheng zhou wei zhi shu
整周未知数 ［0202A］
Cycle Unknown
　Y 整周模糊度

zheng jiao zhi bei zhi shu
正交植被指数 ［0202A］
Perpendicular Vegetation Index
　S 植被指数

zheng kui pao wu mian tian xian
正馈抛物面天线 ［0201A］
Positive Feed Paraboloid Antenna
　F 前馈抛物面天线
　　后馈抛物面天线

zheng se pian
正色片 ［0203B］
Orthochromatic Film
　S 黑白摄影胶片

zheng she tou ying
正射投影 ［0202B］
Orthographic Projection
　S 投影类型

zheng xiang tui li
正向推理 ［0202B］
Forward Chaining
　S 推理机

zheng xiang yuan
正像元 ［0202B］
Positive Pixel
　S 像元

zheng xing tou ying
正形投影 ［0202B］
Orthographic Projection
　S 地图投影（保留性质）

zheng xing tou ying
正形投影 ［0202A］
Orthographic Projection
　D 等角投影

zheng yi chang
正异常 ［0202A］
Positive Anomaly
　S 地球物理异常

zheng zhou pao wu xian jia quan ping jun cha zhi fa
正轴抛物线加权平均插值法 ［0202B］
Positive Axis Parabola Weighted Average
Interpolation Method
　Y 二次多项式平均加权插值法

zheng zhou pao wu xian ping jun jia quan fa
正轴抛物线平均加权法 ［0202B］
Normal Axis Parabola Average Weighting Method
　S 插补算法

zhi fang tu
直方图 ［0202B］
Bar Chart
　Y 柱状图

zhi fang tu fang fa
直方图方法 ［0202B］
Histogram Method
　S 灰度阈值法

zhi jie bu huo
直接捕获 ［0202B］
Direct Acquisiton
　S 信号捕获

zhi jie cha zhi fa
直接插值法 ［0202B］
Direct Interpolation
　Y 直接代替法

zhi jie dai ti fa
直接代替法 ［0202B］
Direct Substitution Method
　S 数据同化法

zhi jie dai ti fa
直接代替法 ［0202B］
Direct Substitution Method
　D 直接插值法

zhi jie dian wei fa
直接电位法 ［0202C］
Direct Potentiometric Method
　S 电位分析法

zhi jie jie yi biao zhi
直接解译标志 ［0202B］
Direct Interpretation Sign
　S 遥感图像解译标志

zhi jie pan du fa
直接判读法 ［0202B］
Direct Interpretation Method

S 目视解译方法

zhi jie ru gui
直接入轨 [0201D]
Direct Orbit
S 卫星入轨方式

zhi jie tan ce
直接探测 [0202C]
Direct Detection
Y 功率探测接收

zhi ru shan chu fan zhao lü
直入扇出反照率 [0203D]
Direct-in-Fan-out Albedo
Y 方向-半球反射率

zhi sheng ji
直升机 [0201D]
Helicopter
S 航空平台

zhi bei bian qian
植被变迁 [0202D]
Vegetation Change
S 环境变迁

zhi bei fu gai du tu
植被覆盖度图 [0202A]
Vegetation Cover Map
S 地图

zhi bei guang pu can shu
植被光谱参数 [0203D]
Vegetation Spectral Parameters
Y 植被指数

zhi bei jing chu ji sheng chan li
植被净初级生产力 [0202D]
Net Primary Production
D 第一性生产力

zhi bei yao gan fen xi fang fa
植被遥感分析方法 [0202B]
Vegetation Remote Sensing Analysis Method

F 多元统计分析技术
　光谱波长位置变量分析技术
　光学模型方法
　参数成图技术

zhi bei zhi shu
植被指数 [0202A]
Vegetation Index
D 植被光谱参数

zhi bei zhi shu
植被指数 [0202B]
Vegetation Index
F 比值植被指数
　归一化差植被指数
　差值植被指数
　正交植被指数
　土壤调整植被指数
　增强植被指数

zhi du cun chu qi
只读存储器 [0201B]
Read-only Memory
S 存储器件

zhi ceng xi fa
纸层析法 [0202B]
Paper Chromatography
S 液相色谱分析法

zhi ling fen xi tong
指令分系统 [0201C]
Instruction Subsystem
S 深空通信系统

zhi ling zi xi tong
指令子系统 [0201A]
Instruction Subsystem
S 航天测控技术地球站

zhi shi xing ke li jin
指示性克里金 [0202A]
Indicator Kriging

S 克里金法

zhi shu ping jia fa
指数评价法 ［0202B］
Index Evaluation Method
　S 环境评价方法

zhi shu ping jia fa
指数评价法 ［0202A］
Index Evaluation Method
　F 单因子评价指数
　　多因子评价指数
　　环境质量综合指数
　　环境质量分级

zhi bei lei xing tu
制备类型图 ［0202D］
Zoning Map
　S 地图

zhi leng qi
制冷器 ［0201B］
Refrigeration Unit
　S 主动热控产品

zhi tu wei xing shu ju
制图卫星数据 ［0202D］
Cartographic Satellite Data
　S 卫星数据

zhi tu yu shu chu zi xi tong
制图与输出子系统 ［0202D］
Mapping and Output Subsystem
　S GIS 基础软件子系统

zhi di fa
质底法 ［0202B］
Mass Base Method
　S 专题地图表示方法

zhi zi-K
质子-K 运载火箭 ［0201D］
Proton-K

S 质子系列

zhi zi-M yun zai huo jian
质子-M 运载火箭 ［0201D］
Proton-M
　S 质子系列

zhi leng shen hua jia chang xiao ying fang da qi
致冷砷化镓场效应放大器 ［0201B］
Cooled GaAs FEAs
　S 低噪声放大器

zhi neng mo xing
智能模型 ［0202B］
Intelligent model
　S GIS 工程开发模型

zhi xin qu jian
置信区间 ［0203D］
Confidence Interval
　C 置信度

zhong ba di qiu zi yuan wei xing 04A xing
中巴地球资源卫星04A 星 ［0201D］
China Brazil Earth Resources Satellite 04A
　S 资源系列卫星

zhong ba di qiu zi yuan wei xing 04A xing
中巴地球资源卫星04A 星 ［0201D］
China Brazil Earth Resources Satellite 04A
　C 地球资源卫星

zhong ba di qiu zi yuan wei xing 04A xing
中巴地球资源卫星04A 星 ［0201D］
China Brazil Earth Resources Satellite 04A
　C 太阳同步轨道

zhong ba di qiu zi yuan wei xing 04A xing
中巴地球资源卫星04A 星 ［0201D］
China Brazil Earth Resources Satellite 04A
　C 全色多光谱相机

zhong ba di qiu zi yuan wei xing 04A xing
中巴地球资源卫星04A 星 ［0201D］
China Brazil Earth Resources Satellite 04A
　　C 多光谱相机

zhong ba di qiu zi yuan wei xing 04A xing
中巴地球资源卫星04A 星 ［0201D］
China Brazil Earth Resources Satellite 04A
　　C 红外多光谱相机

zhong ba di qiu zi yuan wei xing 04A xing
中巴地球资源卫星04A 星 ［0201D］
China Brazil Earth Resources Satellite 04A
　　C 宽视场成像仪

zhong ba di qiu zi yuan wei xing 04A xing
中巴地球资源卫星04A 星 ［0201D］
China Brazil Earth Resources Satellite 04A
　　C 太原卫星发射中心

zhong ba di qiu zi yuan wei xing 04A xing
中巴地球资源卫星04A 星 ［0201D］
China Brazil Earth Resources Satellite 04A
　　C 西安卫星测控中心

zhong ba di qiu zi yuan wei xing 04A xing
中巴地球资源卫星04A 星 ［0201D］
China Brazil Earth Resources Satellite 04A
　　C 巴西国家空间研究所

zhong ba di qiu zi yuan wei xing 04A xing
中巴地球资源卫星04A 星 ［0201D］
China Brazil Earth Resources Satellite 04A
　　C 中国资源卫星应用中心

zhong ba di qiu zi yuan wei xing 04A xing
中巴地球资源卫星04A 星 ［0201D］
China Brazil Earth Resources Satellite 04A
　　C 长征四号丙运载火箭

zhong ba di qiu zi yuan wei xing 04 xing
中巴地球资源卫星04 星 ［0201D］
China Brazil Earth Resources Satellite 04

　　S 资源系列卫星

zhong ba di qiu zi yuan wei xing 04 xing
中巴地球资源卫星04 星 ［0201D］
China Brazil Earth Resources Satellite 04
　　C 地球资源卫星

zhong ba di qiu zi yuan wei xing 04 xing
中巴地球资源卫星04 星 ［0201D］
China Brazil Earth Resources Satellite 04
　　C 太阳同步轨道

zhong ba di qiu zi yuan wei xing 04 xing
中巴地球资源卫星04 星 ［0201D］
China Brazil Earth Resources Satellite 04
　　C 全色多光谱相机

zhong ba di qiu zi yuan wei xing 04 xing
中巴地球资源卫星04 星 ［0201D］
China Brazil Earth Resources Satellite 04
　　C 多光谱相机

zhong ba di qiu zi yuan wei xing 04 xing
中巴地球资源卫星04 星 ［0201D］
China Brazil Earth Resources Satellite 04
　　C 红外多光谱相机

zhong ba di qiu zi yuan wei xing 04 xing
中巴地球资源卫星04 星 ［0201D］
China Brazil Earth Resources Satellite 04
　　C 宽视场成像仪

zhong ba di qiu zi yuan wei xing 04 xing
中巴地球资源卫星04 星 ［0201D］
China Brazil Earth Resources Satellite 04
　　C 太原卫星发射中心

zhong ba di qiu zi yuan wei xing 04 xing
中巴地球资源卫星04 星 ［0201D］
China Brazil Earth Resources Satellite 04
　　C 西安卫星测控中心

zhong ba di qiu zi yuan wei xing 04 xing
中巴地球资源卫星04 星 ［0201D］
China Brazil Earth Resources Satellite 04

C 巴西国家空间研究所

zhong ba di qiu zi yuan wei xing 04 xing
中巴地球资源卫星 04 星 ［0201D］
China Brazil Earth Resources Satellite 04
　C 中国资源卫星应用中心

zhong ba di qiu zi yuan wei xing 04 xing
中巴地球资源卫星 04 星 ［0201D］
China Brazil Earth Resources Satellite 04
　C 长征四号乙

zhong chi du dui liu fu he ti
中尺度对流复合体 ［0202B］
Mesoscale Convective System
　S 中尺度天气系统

zhong chi du lu-qi ou he wei xing shu ju tong hua xi tong
中尺度陆－气耦合卫星数据同化系统
［0202D］
Mesoscale Land-Air Coupled Satellite Data
Assimilation System
　S 陆面数据同化系统

zhong chi du lu-qi ou he wei xing shu ju tong hua xi tong
中尺度陆－气耦合卫星数据同化系统
［0202D］
Mesoscale Land-Air Coupled Satellite Data
Assimilation System
　F 中尺度大气模型
　　数据同化系统

zhong di qiu gui dao
中地球轨道 ［0201D］
Medium-Earth Orbit
　S 卫星轨道（高度）

zhong di qiu gui dao wei xing
中地球轨道卫星 ［0201D］
Medium Earth Orbit Satellite
　S 空间段通信卫星

zhong deng fen bian lü hong wai fu she ji
中等分辨率红外辐射计 ［0201C］
Medium Resolution Infrared Radiometer
　S 可见光－红外辐射计

zhong deng wen li
中等纹理 ［0203B］
Medium Texture
　S 纹理

zhong fa hai yang wei xing
中法海洋卫星 ［0201D］
Chinese-French Oceanography Satellite
　S 海洋卫星

zhong fa hai yang wei xing
中法海洋卫星 ［0201D］
Chinese-French Oceanography Satellite
　C 太阳同步轨道

zhong fa hai yang wei xing
中法海洋卫星 ［0201A］
Chinese-French Oceanography Satellite
　C 微波散射计

zhong fa hai yang wei xing
中法海洋卫星 ［0201D］
Chinese-French Oceanography Satellite
　C 海洋波谱仪

zhong fa hai yang wei xing
中法海洋卫星 ［0201A］
Chinese-French Oceanography Satellite
　C 酒泉卫星发射中心

zhong fa hai yang wei xing
中法海洋卫星 ［0201A］
Chinese-French Oceanography Satellite
　C 中国国家航天局

zhong fa hai yang wei xing
中法海洋卫星 ［0201D］
Chinese-French Oceanography Satellite

C 长征二号丙运载火箭

zhong fen bian lü cheng xiang guang pu yi
中分辨率成像光谱仪 ［0201C］
Moderate Resolution Imaging Spectroradiometer
　　S EOS 传感器

zhong gui gui dao
中轨轨道 ［0201D］
Medium Earth Orbit
　　S 卫星通信系统圆形轨道

zhong guo xi bu lu mian shu ju tong hua xi tong
中国西部陆面数据同化系统 ［0202D］
West China Land Data Assimilation System
　　S 陆面数据同化系统

zhong hong wai
中红外 ［0203A］
Mid-Infrared
　　S 红外线

zhong hong wai
中红外 ［0203A］
Mid-Infrared
　　C 太阳辐射

zhong hong wai
中红外 ［0203A］
Mid-Infrared
　　C 地物热辐射

zhong hong wai fu she
中红外辐射 ［0203A］
Mid-Infrared Radiation
　　S 地球辐射

zhong ji wei xing
中继卫星 ［0201D］
Relay Satellite
　　Y 跟踪与数据中继卫星

zhong ji xing
中继星 ［0201A］
Relay Star
　　S 美国 TDRSS 系统组成

zhong ju li ji guang sao miao yi
中距离激光扫描仪 ［0201C］
Medium-Range Laser Scanner
　　S 三维激光扫描仪

zhong pin fang da qi
中频放大器 ［0201B］
Intermediate Frequency Amplifier
　　S 测控接收机

zhong xin dian fa
中心点法 ［0202B］
Central Point Method
　　S 格网属性赋值方法

zhong xin ji suan ji ying yong ruan jian
中心计算机应用软件 ［0202C］
Central Computer Application Software
　　S 数管分系统软件

zhong xin ji suan ji zai gui wei hu ruan jian
中心计算机在轨维护软件 ［0202C］
Central Computer In-Orbit Maintenance Software
　　S 数管分系统软件

zhong xin kui yuan de pao wu mian tian xian
中心馈源的抛物面天线 ［0201A］
Center-Fed Parabolic Antenna
　　S 抛物面反射天线

zhong xin tou ying
中心投影 ［0202A］
Center Projection
　　D 透视投影

zhong xin tou ying
中心投影 ［0202A］
Central Projection

S 投影类型

zhong zhi lü bo
中值滤波 ［0202C］
Median Filtering
　　S 图像平滑滤波

zhong zhou qi shi jian fen bian lü
中周期时间分辨率 ［0203D］
Medium Cycle Temporal Resolution
　　S 时间分辨率

zhong zi huo hua fen xi fa
中子活化分析法 ［0202C］
Neutron Activation Analysis Method
　　S 仪器分析法

zhong zi huo hua fen xi fa
中子活化分析法 ［0202A］
Neutron Activation Analysis Method
　　D 仪器中子活化分析法

zhong wu cha
钟误差 ［0203D］
Clock Error
　　S 测量误差

zhong dan fa
重氮法 ［0202B］
Diazo Process
　　S 减色法彩色合成方法

chang zheng xi lie yun zai huo jian
长征系列运载火箭 ［0201D］
Long March Launch Vehicle
　　F 长征二号丙运载火箭
　　　长征二号丁运载火箭
　　　长征六号运载火箭
　　　长征三号甲运载火箭
　　　长征三号乙运载火箭
　　　长征十一号运载火箭
　　　长征四号丙运载火箭
　　　长征四号甲运载火箭

zhong li mo xing
重力模型 ［0202D］
Gravity Model
　　S 空间交互模型

zhong li yi chang
重力异常 ［0202A］
Gravity Anomaly
　　S 地球物理异常

zhong xin ju li fa
重心距离法 ［0202B］
Barycentric Distance Method
　　S 空间邻接性方法

zhou qi zao sheng
周期噪声 ［0202A］
Periodic Noise
　　S 噪声

zhu hai yi hao 02 zu A xing
珠海一号 02 组 A 星 ［0201D］
Zhuhai-1 OVS 2A
　　S 珠海一号

zhu hai yi hao 02 zu A xing
珠海一号 02 组 A 星 ［0201D］
Zhuhai-1 OVS 2A
　　C 商用遥感卫星

zhu hai yi hao 02 zu A xing
珠海一号 02 组 A 星 ［0201D］
Zhuhai-1 OVS 2A
　　C 太阳同步轨道

zhu hai yi hao 02 zu A xing
珠海一号 02 组 A 星 ［0201D］
Zhuhai-1 OVS 2A
　　C 光学相机

zhu hai yi hao 02 zu A xing
珠海一号 02 组 A 星 ［0201D］
Zhuhai-1 OVS 2A

C 欧比特控制工程股份有限公司

zhu hai yi hao 02 zu A xing

珠海一号 02 组 A 星 ［0201D］

Zhuhai-1 OVS 2A

   C 酒泉卫星发射中心

zhu hai yi hao 02 zu A xing

珠海一号 02 组 A 星 ［0201D］

Zhuhai-1 OVS 2A

   C 长征十一号运载火箭

zhu hai yi hao ou bi te san hao A xing

珠海一号欧比特三号 A 星 ［0201D］

Zhuhai-1 Orbit-3A

   S 珠海一号

zhu hai yi hao ou bi te san hao A xing

珠海一号欧比特三号 A 星 ［0201D］

Zhuhai-1 Orbit-3A

   C 商用遥感卫星

zhu hai yi hao ou bi te san hao A xing

珠海一号欧比特三号 A 星 ［0201D］

Zhuhai-1 Orbit-3A

   C 太阳同步轨道

zhu hai yi hao ou bi te san hao A xing

珠海一号欧比特三号 A 星 ［0201D］

Zhuhai-1 Orbit-3A

   C OHS 互补金属氧化物半导体传感器

zhu hai yi hao ou bi te san hao A xing

珠海一号欧比特三号 A 星 ［0201D］

Zhuhai-1 Orbit-3A

   C 欧比特控制工程股份有限公司

zhu hai yi hao ou bi te san hao A xing

珠海一号欧比特三号 A 星 ［0201D］

Zhuhai-1 Orbit-3A

   C 酒泉卫星发射中心

zhu hai yi hao ou bi te san hao A xing

珠海一号欧比特三号 A 星 ［0201D］

Zhuhai-1 Orbit-3A

C 中国运载火箭技术研究院

zhu hai yi hao ou bi te san hao A xing

珠海一号欧比特三号 A 星 ［0201D］

Zhuhai-1 Orbit-3A

   C 哈尔滨工业大学

zhu hai yi hao ou bi te san hao A xing

珠海一号欧比特三号 A 星 ［0201D］

Zhuhai-1 Orbit-3A

   C 长征十一号运载火箭

zhu hai yi hao ou bi te yi hao

珠海一号欧比特一号 ［0201D］

Zhuhai-1 OVS-1A/B

   S 珠海一号

zhu hai yi hao ou bi te yi hao

珠海一号欧比特一号 ［0201D］

Zhuhai-1 OVS-1A/B

   C 商用遥感卫星

zhu hai yi hao ou bi te yi hao

珠海一号欧比特一号 ［0201D］

Zhuhai-1 OVS-1A/B

   C 太阳同步轨道

zhu hai yi hao ou bi te yi hao

珠海一号欧比特一号 ［0201D］

Zhuhai-1 OVS-1A/B

   C 传感器视频相机

zhu hai yi hao ou bi te yi hao

珠海一号欧比特一号 ［0201D］

Zhuhai-1 OVS-1A/B

   C 欧比特控制工程股份有限公司

zhu hai yi hao ou bi te yi hao

珠海一号欧比特一号 ［0201D］

Zhuhai-1 OVS-1A/B

   C 酒泉卫星发射中心

zhu hai yi hao ou bi te yi hao

珠海一号欧比特一号 ［0201D］

Zhuhai-1 OVS-1A/B

C 上海航天技术研究院

zhu hai yi hao ou bi te yi hao
珠海一号欧比特一号 [0201D]
Zhuhai-1 OVS-1A/B
  C 长征四号乙

zhu bu pan bie
逐步判别 [0202B]
Stepwise Discrimination
  S 判别分析

zhu ge xiang yuan bian ma
逐个像元编码 [0202B]
Cell-by-cell Encoding
  S 栅格数据结构

zhu cheng fen bian huan
主成分变换 [0202B]
Principal Component Transformation
  Y 离散变换

zhu cheng fen fen xi
主成分分析 [0202B]
Principal Component Analysis
  CK-L 变换

zhu cheng fen fen xi
主成分分析 [0202B]
Principal Component Analysis
  S 多元统计分析

zhu cheng fen fen xi
主成分分析 [0202B]
Principal Component Analysis
  C 数理统计分析

zhu cheng li jie gou
主承力结构 [0201C]
Main Bearing Structure
  S 结构分系统组成

zhu cheng li jie gou xing shi
主承力结构形式 [0201C]
Main Bearing Structure Form

F 承力筒式
  板架式
  桁架式
  混合式

zhu dong re kong chan pin
主动热控产品 [0201C]
Active Thermal Control Products
  S 热控硬件

zhu dong re kong chan pin
主动热控产品 [0201B]
Active Thermal Control Products
  F 电加热器
    百叶窗
    制冷器
    单相流体回路
    两相流体回路

zhu dong xi tong
主动系统 [0201C]
Active System
  S 卫星系统

zhu dong xi tong
主动系统 [0201C]
Active System
  D 合成孔径雷达

zhu dong yao gan qi
主动遥感器 [0201B]
Active Remote Sensor
  F 微波散射计
    微波高度计
    成像雷达

zhu fan she mian
主反射面 [0201C]
Main Reflector
  S 后馈抛物面天线组成

zhu fan she mian
主反射面 [0201C]
Main Reflector

C 旋转抛物面

zhu fen liang bian huan rong he
主分量变换融合 [0202B]
Principal Component Transformation Fusion
S 图像融合

zhu suo yin
主索引 [0202D]
Primary Index
C 索引文件

zhu zuo biao fen xi
主坐标分析 [0202B]
Principal Coordinate Analysis
S 数学分析

zhu ji fu hao
注记符号 [0203A]
Annotative Symbol
S 地图符号

zhu zhuang
柱状 [0202B]
Columnar
S 土壤结构形态

zhu zhuang tu
柱状图 [0202B]
Histogram
D 直方图

zhuan jia cai yang
专家采样 [0203B]
Expert Sampling
S 采样

zhuan jia ping jia fa
专家评价法 [0202C]
Expert Evaluation Method
S 环境评价方法

zhuan jia xi tong jie gou
专家系统结构 [0202C]
Expert System Architecture

F 用户界面
推理器
特定领域知识库

zhuan ti cheng xiang yi
专题成像仪 [0201C]
Thematic Mapper
D 专题制图仪

zhuan ti pan du
专题判读 [0202B]
Thematic Interpretation
S 判读

zhuan ti te zheng
专题特征 [0202B]
Thematic Characteristic
Y 属性特征

zhuan ti te zheng ti qu
专题特征提取 [0202B]
Special Feature Extraction
F 特定地物及状态提取
物理量提取
特定指标提取
变换检测

zhuan ti zhi tu yi
专题制图仪 [0201C]
Thematic Mapper
S 扫描成像类型传感器

zhuan ti zhi tu yi
专题制图仪 [0201C]
Thematic Mapper
Y 专题成像仪

zhuan fa qi pei zhi she ji
转发器配置设计 [0201A]
Repeater Configuration Design
S 通信转发器设计

zhuan yi gui dao ru gui wu cha

转移轨道入轨误差 ［0203D］

Transfer Orbit Entry Error

  S 推进剂预算偏差

zhui zong fen xi

追踪分析 ［0202B］

Trace Analysis

  S 栅格数据空间分析

zhun heng bao luo tiao zhi

准恒包络调制 ［0202C］

Quasi-Constant Envelope Modulation

  S 深空通信调制技术

zi tai gui dao kong zhi zhi biao

姿态轨道控制指标 ［0203C］

Attitude Orbit Control Index

  S 卫星平台能力指标

zi tai jiao

姿态角 ［0203D］

Attitude Angle

  S 外方位元素

zi tai jiao

姿态角 ［0202A］

Attitude Angle

  F 俯仰角

    偏转角

    滚转角

zi yuan-DK1

资源-DK1 ［0201D］

Resurs-DK1

  S 俄罗斯资源卫星

zi yuan-DK1

资源-DK1 ［0201D］

Resurs-DK1

  C 地球资源卫星

zi yuan-DK1

资源-DK1 ［0201D］

Resurs-DK1

  C 椭圆轨道

zi yuan-DK1

资源-DK1 ［0201D］

Resurs-DK1

  C 反物质探索和光核天体物理学的有效载荷

zi yuan-DK1

资源-DK1 ［0201D］

Resurs-DK1

  C Geoton-L1 成像仪

zi yuan-DK1

资源-DK1 ［0201D］

Resurs-DK1

  C 拜科努尔航天发射场

zi yuan-DK1

资源-DK1 ［0201D］

Resurs-DK1

  C 进步火箭航天中心

zi yuan-DK1

资源-DK1 ［0201D］

Resurs-DK1

  C 俄罗斯联邦航天局

zi yuan-DK1

资源-DK1 ［0201D］

Resurs-DK1

  C 联盟-U 运载火箭

zi yuan-P1

资源-P1 ［0201D］

Resurs-Prospective No 1

  S 俄罗斯资源卫星

zi yuan-P1

资源-P1 ［0201D］

Resurs-Prospective No 1

C 地球资源卫星

zi yuan-P1
资源-P1 ［0201D］
Resurs-Prospective No 1
　C 太阳同步轨道

zi yuan-P1
资源-P1 ［0201D］
Resurs-Prospective No 1
　C Geoton-L1 成像仪

zi yuan-P1
资源-P1 ［0201D］
Resurs-Prospective No 1
　C GSA 高光谱成像仪

zi yuan-P1
资源-P1 ［0201D］
Resurs-Prospective No 1
　C ShMSA 高光谱仪

zi yuan-P1
资源-P1 ［0201D］
Resurs-Prospective No 1
　C ShMSA 中光谱仪

zi yuan-P1
资源-P1 ［0201D］
Resurs-Prospective No 1
　C 拜科努尔航天发射场

zi yuan-P1
资源-P1 ［0201D］
Resurs-Prospective No 1
　C 进步火箭航天中心

zi yuan-P1
资源-P1 ［0201D］
Resurs-Prospective No 1
　C 俄罗斯联邦航天局

zi yuan-P1
资源-P1 ［0201D］
Resurs-Prospective No 1

C 联盟-2.1b 号运载火箭

zi yuan-P2
资源-P2 ［0201D］
Resurs-Prospective No 2
　S 俄罗斯资源卫星

zi yuan-P2
资源-P2 ［0201D］
Resurs-Prospective No 2
　C 地球资源卫星

zi yuan-P2
资源-P2 ［0201D］
Resurs-Prospective No 2
　C 太阳同步轨道

zi yuan-P2
资源-P2 ［0201D］
Resurs-Prospective No 2
　C Geoton-L1 成像仪

zi yuan-P2
资源-P2 ［0201D］
Resurs-Prospective No 2
　C GSA 高光谱成像仪

zi yuan-P2
资源-P2 ［0201D］
Resurs-Prospective No 2
　C ShMSA 高光谱仪

zi yuan-P2
资源-P2 ［0201D］
Resurs-Prospective No 2
　C ShMSA 中光谱仪

zi yuan-P2
资源-P2 ［0201D］
Resurs-Prospective No 2
　C 日冕-核子

zi yuan-P2
资源-P2 ［0201D］
Resurs-Prospective No 2

C 拜科努尔航天发射场

zi yuan-P2
资源-P2 ［0201D］
Resurs-Prospective No 2
  C 进步火箭航天中心

zi yuan-P2
资源-P2 ［0201D］
Resurs-Prospective No 2
  C 俄罗斯联邦航天局

zi yuan-P2
资源-P2 ［0201D］
Resurs-Prospective No 2
  C 联盟-2.1b 号运载火箭

zi yuan-P3
资源-P3 ［0201D］
Resurs-Prospective No 3
  S 俄罗斯资源卫星

zi yuan-P3
资源-P3 ［0201D］
Resurs-Prospective No 3
  C 地球资源卫星

zi yuan-P3
资源-P3 ［0201D］
Resurs-Prospective No 3
  C 太阳同步轨道

zi yuan-P3
资源-P3 ［0201D］
Resurs-Prospective No 3
  C Geoton-L1 成像仪

zi yuan-P3
资源-P3 ［0201D］
Resurs-Prospective No 3
  C GSA 高光谱成像仪

zi yuan-P3
资源-P3 ［0201D］
Resurs-Prospective No 3

C ShMSA 高光谱仪

zi yuan-P3
资源-P3 ［0201D］
Resurs-Prospective No 3
  C ShMSA 中光谱仪

zi yuan-P3
资源-P3 ［0201D］
Resurs-Prospective No 3
  C 拜科努尔航天发射场

zi yuan-P3
资源-P3 ［0201D］
Resurs-Prospective No 3
  C 进步火箭航天中心

zi yuan-P3
资源-P3 ［0201D］
Resurs-Prospective No 3
  C 俄罗斯联邦航天局

zi yuan-P3
资源-P3 ［0201D］
Resurs-Prospective No 3
  C 联盟-2.1b 号运载火箭

zi yuan er hao 01 xing
资源二号 01 星 ［0201D］
ZY-2 01
  S 资源系列卫星

zi yuan er hao 01 xing
资源二号 01 星 ［0201D］
ZY-2 01
  C 地球资源卫星

zi yuan er hao 01 xing
资源二号 01 星 ［0201D］
ZY-2 01
  C 太阳同步轨道

zi yuan er hao 01 xing
资源二号 01 星 ［0201D］
ZY-2 01

C 中国航天科技集团公司

zi yuan er hao 01 xing
资源二号 01 星 ［0201D］

ZY-2 01

　　C 太原卫星发射中心

zi yuan er hao 01 xing
资源二号 01 星 ［0201D］

ZY-2 01

　　C 西安卫星测控中心

zi yuan er hao 01 xing
资源二号 01 星 ［0201D］

ZY-2 01

　　C 长征四号乙

zi yuan jian ce
资源检测 ［0202D］

Resource Detection

　　S 环境监测（专业部门）

zi yuan san hao 01 xing
资源三号 01 星 ［0201D］

ZY-3 01

　　S 资源系列卫星

zi yuan san hao 01 xing
资源三号 01 星 ［0201D］

ZY-3 01

　　C 地球资源卫星

zi yuan san hao 01 xing
资源三号 01 星 ［0201D］

ZY-3 01

　　C 太阳同步轨道

zi yuan san hao 01 xing
资源三号 01 星 ［0201D］

ZY-3 01

　　C 多光谱相机

zi yuan san hao 01 xing
资源三号 01 星 ［0201D］

ZY-3 01

　　C 太原卫星发射中心

zi yuan san hao 01 xing
资源三号 01 星 ［0201D］

ZY-3 01

　　C 西安卫星测控中心

zi yuan san hao 01 xing
资源三号 01 星 ［0201D］

ZY-3 01

　　C 中国航天科技集团公司

zi yuan san hao 01 xing
资源三号 01 星 ［0201D］

ZY-3 01

　　C 中华人民共和国国家测绘地理信息局

zi yuan san hao 01 xing
资源三号 01 星 ［0201D］

ZY-3 01

　　C 长征四号乙

zi yuan san hao 02 xing
资源三号 02 星 ［0201D］

ZY-3 02

　　S 资源系列卫星

zi yuan san hao 02 xing
资源三号 02 星 ［0201D］

ZY-3 02

　　C 地球资源卫星

zi yuan san hao 02 xing
资源三号 02 星 ［0201D］

ZY-3 02

　　C 太阳同步轨道

zi yuan san hao 02 xing
资源三号 02 星 ［0201D］

ZY-3 02

C 多光谱相机

zi yuan san hao 02 xing
资源三号 02 星 ［0201D］
ZY-3 02
    C 太原卫星发射中心

zi yuan san hao 02 xing
资源三号 02 星 ［0201D］
ZY-3 02
    C 西安卫星测控中心

zi yuan san hao 02 xing
资源三号 02 星 ［0201D］
ZY-3 02
    C 中国航天科技集团公司

zi yuan san hao 02 xing
资源三号 02 星 ［0201D］
ZY-3 02
    C 中华人民共和国国家测绘地理信息局

zi yuan san hao 02 xing
资源三号 02 星 ［0201D］
ZY-3 02
    C 长征四号乙

zi yuan wei xing-1
资源卫星-1 ［0201D］
ResourceSat-1
    S 印度资源卫星

zi yuan wei xing-1
资源卫星-1 ［0201D］
ResourceSat-1
    C 环境与灾害监测卫星

zi yuan wei xing-1
资源卫星-1 ［0201D］
ResourceSat-1
    C 太阳同步轨道

zi yuan wei xing-1
资源卫星-1 ［0201D］
ResourceSat-1
    C 高分辨率线性成像自扫描仪

zi yuan wei xing-1
资源卫星-1 ［0201D］
ResourceSat-1
    C 中分辨率线性成像自扫描仪

zi yuan wei xing-1
资源卫星-1 ［0201D］
ResourceSat-1
    C 高级宽场传感器

zi yuan wei xing-1
资源卫星-1 ［0201D］
ResourceSat-1
    C 萨迪什·达万航天中心

zi yuan wei xing-1
资源卫星-1 ［0201D］
ResourceSat-1
    C 印度空间研究组织

zi yuan wei xing-1
资源卫星-1 ［0201D］
ResourceSat-1
    C 极轨卫星运载火箭-G

zi yuan wei xing-2
资源卫星-2 ［0201D］
ResourceSat-2
    S 印度资源卫星

zi yuan wei xing-2
资源卫星-2 ［0201D］
ResourceSat-2
    C 环境与灾害监测卫星

zi yuan wei xing-2
资源卫星-2 ［0201D］
ResourceSat-2

C 太阳同步轨道

zi yuan wei xing-2

资源卫星-2 ［0201D］

ResourceSat-2

  C 高分辨率线性成像自扫描仪

zi yuan wei xing-2

资源卫星-2 ［0201D］

ResourceSat-2

  C 中分辨率线性成像自扫描仪

zi yuan wei xing-2

资源卫星-2 ［0201D］

ResourceSat-2

  C 高级宽场传感器

zi yuan wei xing-2

资源卫星-2 ［0201D］

ResourceSat-2

  C 萨迪什·达万航天中心

zi yuan wei xing-2

资源卫星-2 ［0201D］

ResourceSat-2

  C 印度空间研究组织

zi yuan wei xing-2

资源卫星-2 ［0201D］

ResourceSat-2

  C 极轨卫星运载火箭-G

zi yuan wei xing-2A

资源卫星-2A ［0201D］

ResourceSat-2A

  S 印度资源卫星

zi yuan wei xing-2A

资源卫星-2A ［0201D］

ResourceSat-2A

  C 环境与灾害监测卫星

zi yuan wei xing-2A

资源卫星-2A ［0201D］

ResourceSat-2A

C 太阳同步轨道

zi yuan wei xing-2A

资源卫星-2A ［0201D］

ResourceSat-2A

  C 高分辨率线性成像自扫描仪

zi yuan wei xing-2A

资源卫星-2A ［0201D］

ResourceSat-2A

  C 中分辨率线性成像自扫描仪

zi yuan wei xing-2A

资源卫星-2A ［0201D］

ResourceSat-2A

  C 高级宽场传感器

zi yuan wei xing-2A

资源卫星-2A ［0201D］

ResourceSat-2A

  C 萨迪什·达万航天中心

zi yuan wei xing-2A

资源卫星-2A ［0201D］

ResourceSat-2A

  C 印度空间研究组织

zi yuan wei xing-2A

资源卫星-2A ［0201D］

ResourceSat-2A

  C 极轨卫星运载火箭-XL

zi yuan wei xing shu ju

资源卫星数据 ［0202D］

Resource Satellite Data

  S 卫星数据

zi yuan yao gan

资源遥感 ［0202D］

Resources Remote Sensing

  S 遥感

zi yuan yi hao 01 xing

资源一号 01 星 ［0201D］

ZY-1 01

S 资源系列卫星

zi yuan yi hao 01 xing

资源一号 01 星 ［0201D］

ZY-1 01

  C 地球资源卫星

zi yuan yi hao 01 xing

资源一号 01 星 ［0201D］

ZY-1 01

  C 太阳同步轨道

zi yuan yi hao 01 xing

资源一号 01 星 ［0201D］

ZY-1 01

  C CCD 相机

zi yuan yi hao 01 xing

资源一号 01 星 ［0201D］

ZY-1 01

  C 宽视场成像仪

zi yuan yi hao 01 xing

资源一号 01 星 ［0201D］

ZY-1 01

  C 红外多光谱扫描仪

zi yuan yi hao 01 xing

资源一号 01 星 ［0201D］

ZY-1 01

  C 太原卫星发射中心

zi yuan yi hao 01 xing

资源一号 01 星 ［0201D］

ZY-1 01

  C 西安卫星测控中心

zi yuan yi hao 01 xing

资源一号 01 星 ［0201D］

ZY-1 01

  C 巴西国家空间研究所

zi yuan yi hao 01 xing

资源一号 01 星 ［0201D］

ZY-1 01

  C 中国资源卫星应用中心

zi yuan yi hao 01 xing

资源一号 01 星 ［0201D］

ZY-1 01

  C 长征四号丙运载火箭

zi yuan yi hao 02B xing

资源一号 02B 星 ［0201D］

ZY-1 02B

  S 资源系列卫星

zi yuan yi hao 02B xing

资源一号 02B 星 ［0201D］

ZY-1 02B

  C 地球资源卫星

zi yuan yi hao 02B xing

资源一号 02B 星 ［0201D］

ZY-1 02B

  C 太阳同步回归轨道

zi yuan yi hao 02B xing

资源一号 02B 星 ［0201D］

ZY-1 02B

  C 全色多光谱相机

zi yuan yi hao 02B xing

资源一号 02B 星 ［0201D］

ZY-1 02B

  C 高分辨率相机

zi yuan yi hao 02B xing

资源一号 02B 星 ［0201D］

ZY-1 02B

  C 宽视场成像仪

zi yuan yi hao 02B xing

资源一号 02B 星 ［0201D］

ZY-1 02B

  C 中国资源卫星应用中心

zi yuan yi hao 02B xing

资源一号 02B 星 ［0201D］

ZY-1 02B

C 太原卫星发射中心

zi yuan yi hao 02B xing
资源一号 02B 星 ［0201D］
ZY-1 02B
　C 西安卫星测控中心

zi yuan yi hao 02B xing
资源一号 02B 星 ［0201D］
ZY-1 02B
　C 长征四号乙

zi yuan yi hao 02C xing
资源一号 02C 星 ［0201D］
ZY-1 02C
　S 资源系列卫星

zi yuan yi hao 02C xing
资源一号 02C 星 ［0201D］
ZY-1 02C
　C 地球资源卫星

zi yuan yi hao 02C xing
资源一号 02C 星 ［0201D］
ZY-1 02C
　C 太阳同步回归轨道

zi yuan yi hao 02C xing
资源一号 02C 星 ［0201D］
ZY-1 02C
　C 中国资源卫星应用中心

zi yuan yi hao 02C xing
资源一号 02C 星 ［0201D］
ZY-1 02C
　C 太原卫星发射中心

zi yuan yi hao 02C xing
资源一号 02C 星 ［0201D］
ZY-1 02C
　C 西安卫星测控中心

zi yuan yi hao 02C xing
资源一号 02C 星 ［0201D］
ZY-1 02C

C 长征四号乙

zi yuan yi hao 02C xing
资源一号 02C 星 ［0201D］
ZY-1 02C
　C P/MS 相机

zi yuan yi hao 02C xing
资源一号 02C 星 ［0201D］
ZY-1 02C
　C 高分辨率相机

zi yuan yi hao 02D xing
资源一号 02D 星 ［0201D］
ZY-1 02D
　S 资源系列卫星

zi yuan yi hao 02D xing
资源一号 02D 星 ［0201D］
ZY-1 02D
　C 地球资源卫星

zi yuan yi hao 02D xing
资源一号 02D 星 ［0201D］
ZY-1 02D
　C 太阳同步回归轨道

zi yuan yi hao 02D xing
资源一号 02D 星 ［0201D］
ZY-1 02D
　C 中国资源卫星应用中心

zi yuan yi hao 02D xing
资源一号 02D 星 ［0201D］
ZY-1 02D
　C 太原卫星发射中心

zi yuan yi hao 02D xing
资源一号 02D 星 ［0201D］
ZY-1 02D
　C 西安卫星测控中心

zi yuan yi hao 02D xing
资源一号 02D 星 ［0201D］
ZY-1 02D

C 长征四号乙

zi yuan yi hao 02 xing
资源一号 02 星 [0201D]
ZY-1 02
　S 资源系列卫星

zi yuan yi hao 02 xing
资源一号 02 星 [0201D]
ZY-1 02
　C 地球资源卫星

zi yuan yi hao 02 xing
资源一号 02 星 [0201D]
ZY-1 02
　C 太阳同步轨道

zi yuan yi hao 02 xing
资源一号 02 星 [0201D]
ZY-1 02
　C CCD 相机

zi yuan yi hao 02 xing
资源一号 02 星 [0201D]
ZY-1 02
　C 宽视场成像仪

zi yuan yi hao 02 xing
资源一号 02 星 [0201D]
ZY-1 02
　C 红外多光谱扫描仪

zi yuan yi hao 02 xing
资源一号 02 星 [0201D]
ZY-1 02
　C 太原卫星发射中心

zi yuan yi hao 02 xing
资源一号 02 星 [0201D]
ZY-1 02
　C 西安卫星测控中心

zi yuan yi hao 02 xing
资源一号 02 星 [0201D]
ZY-1 02

C 巴西国家空间研究所

zi yuan yi hao 02 xing
资源一号 02 星 [0201D]
ZY-1 02
　C 中国资源卫星应用中心

zi yuan yi hao 02 xing
资源一号 02 星 [0201D]
ZY-1 02
　C 长征四号丙运载火箭

zi yuan yi hao 03 xing
资源一号 03 星 [0201D]
ZY-1 03
　S 资源系列卫星

zi yuan yi hao 03 xing
资源一号 03 星 [0201D]
ZY-1 03
　C 地球资源卫星

zi yuan yi hao 03 xing
资源一号 03 星 [0201D]
ZY-1 03
　C 太阳同步回归轨道

zi yuan yi hao 03 xing
资源一号 03 星 [0201D]
ZY-1 03
　C 中国资源卫星应用中心

zi yuan yi hao 03 xing
资源一号 03 星 [0201D]
ZY-1 03
　C 太原卫星发射中心

zi yuan yi hao 03 xing
资源一号 03 星 [0201D]
ZY-1 03
　C 西安卫星测控中心

zi yuan yi hao 03 xing
资源一号 03 星 [0201D]
ZY-1 03

C 长征四号乙

zi yuan yi hao 03 xing
资源一号 03 星 ［0201D］
ZY-1 03
　　C 红外多光谱扫描仪

zi kong jian tou ying fa
子空间投影法 ［0202B］
Subspace Projection Method
　　S 互相关抑制技术

zi zhen bu huo fang fa
子帧捕获方法 ［0202C］
Subframe Capture Method
　　F 轨道预测法
　　　相对测距法
　　　被动同步法

zi wai fu she
紫外辐射 ［0203A］
UV Radiation
　　S 遥感辐射

zi wai xian
紫外线 ［0203A］
Ultraviolet
　　S 电磁波谱

zi wai yao gan
紫外遥感 ［0202A］
Ultraviolet Remote Sensing
　　S 遥感

zi wai ying xiang
紫外影像 ［0202A］
Ultraviolet Image
　　S 遥感影像

zi ding yi lü bo qi
自定义滤波器 ［0202C］
Custom Filter
　　S 频率域滤波器

zi ran duan dian
自然断点 ［0202B］
Natural Breakpoint
　　S 数据分类方法

zi shen bian gui she ji
自身变轨设计 ［0201C］
Self-Orbiting Design
　　S 通信卫星任务分析设计

zi shen ru gui
自身入轨 ［0201D］
Self-Orbit
　　S 卫星入轨方式

zi shi ying bian ma tiao zhi
自适应编码调制 ［0202C］
Adaptive Coding and Modulation
　　S DVB-S2 运行模式

zi shi ying yu zhi fang fa
自适应阈值方法 ［0202B］
Adaptive Threshold Method
　　S 灰度阈值法

zi xiang guan han shu
自相关函数 ［0202C］
Autocorrelation Function
　　S 统计方法

zi xiang guan han shu
自相关函数 ［0202C］
Autocorrelation Function
　　C 全球导航卫星系统信号调制

zi xiang guan han shu
自相关函数 ［0202C］
Autocorrelation Function
　　C 信号质量

zi xiang guan han shu
自相关函数 ［0202C］
Autocorrelation Function

C 接收机性能

zi xuan wen ding
自旋稳定 ［0201C］
Spin Stability
　S 卫星姿态稳定

zong he fen bian lü
综合分辨率 ［0203D］
Synthetic Resolution
　S 遥感分辨率

zong he pi pei suan fa
综合匹配算法 ［0202B］
Synthetic Matching Algorithm
　S 地图匹配算法

zong he tui li fa
综合推理法 ［0202B］
Synthetic Reasoning Method
　S 目视解译方法

zong he zhi tu
综合制图 ［0202D］
Integrated Mapping
　S 地图编制

zong chou yang ce hui guang pu yi
总臭氧测绘光谱仪 ［0201C］
Total Ozone Mapping Spectrometer
　S 先进地球观测卫星传感器

zong ti jing du
总体精度 ［0203E］
Overall Accuracy
　S 分类精度

zong xuan fu ke li wu
总悬浮颗粒物 ［0202A］
Total Suspended Particulate Matter
　F 一次颗粒物
　　二次颗粒物
　　可吸入颗粒物

zong heng hun he bo
纵横混合波 ［0203A］
Longitudinal and Transverse Mixed Waves
　S 波

zong xiang fen bian lü
纵向分辨率 ［0202A］
Portrait Resolution
　C 方位分辨率

zong xiang shi cha
纵向视差 ［0202B］
Longitudinal Parallax
　C 上下视差

zu he ma xiang guan fa
组合码相关法 ［0202B］
Composite Code Correlation Method
　S 信号搜索捕获算法

zu jian shi er ci kai fa
组件式二次开发 ［0202C］
Component Secondary Development
　S GIS 二次开发

zuan shi wei xing
钻石卫星 ［0201D］
Almaz-T
　C 太阳同步轨道

zuan shi wei xing
钻石卫星 ［0201D］
Almaz-T
　C 合成孔径雷达

zuan shi wei xing
钻石卫星 ［0201D］
Almaz-T
　C 辐射扫描系统

zuan shi wei xing
钻石卫星 ［0201D］
Almaz-T

C 机械制造科研生产联合体

zuan shi wei xing

钻石卫星 ［0201D］

Almaz-T

　　C TYURATAM 导弹和太空复合体

zuan shi wei xing

钻石卫星 ［0201D］

Almaz-T

　　C 机械制造科研生产联合体

zuan shi wei xing

钻石卫星 ［0201D］

Almaz-T

　　C 电子侦察卫星

zui da liu liang suan fa

最大流量算法 ［0202B］

Ford-Fulkerson Algorithm

　　S 图像处理算法

zui da shang mo xing

最大熵模型 ［0202B］

Maximum Entropy Model

　　S 空间交互模型

zui da shi ran bi fen lei

最大似然比分类 ［0202B］

Maximum Likelihood Ratio Classification

　　S 分类系列模型

zui da shi ran bi fen lei fa

最大似然比分类法 ［0202B］

Maximum Likelihood Ratio Classification

　　S 监督分类

zui da shi ran fa

最大似然法 ［0202B］

Maximum Likelihood Method

　　S 图像分类

zui da shi ran fen lei qi

最大似然分类器 ［0202B］

Maximum Likelihood Classifier

S 遥感图像分类器

zui da xin xi rong liang

最大信息容量 ［0202C］

Maximum Information Capacity

　　C 空间分辨率

zui da xin xi rong liang

最大信息容量 ［0202C］

Maximum Information Capacity

　　C 光谱分辨率

zui da xin xi rong liang

最大信息容量 ［0202C］

Maximum Information Capacity

　　C 辐射分辨率

zui da zi ran pan jue

最大自然判决 ［0202B］

Most Natural Decision

　　D 贝叶斯准则

zui da zi xiang guan ce feng zhi

最大自相关侧峰值 ［0202B］

Maximum Autocorrelation Peak

　　S 伪码相关性能

zui lin jin fa

最邻近法 ［0202B］

Nearest Neighbor

　　Y 最邻近内插法

zui lin jin ju li fa

最邻近距离法 ［0202B］

Nearest Neighbor Distance Method

　　S 距离分析方法

zui lin jin ju li fa

最邻近距离法 ［0202B］

Nearest Neighbor Distance Method

　　D 最邻近指数法

zui lin jin nei cha fa

最邻近内插法 ［0202B］

Nearest Neighbor Interpolation

S 灰度重采样方法

zui lin jin nei cha fa
最邻近内插法 ［0202B］
Nearest Neighbor Interpolation
　D 最邻近法

zui lin jin zhi shu fa
最邻近指数法 ［0202B］
Nearest Neighbor Index Method
　Y 最邻近距离法

zui xiao ju li fa
最小距离法 ［0202B］
Minimum Distance Method
　S 图像分类

zui xiao ju li fen lei fa
最小距离分类法 ［0202B］
Minimum Distance Classification
　S 监督分类

zui xiao ju li fen lei fa
最小距离分类法 ［0202B］
Minimum Distance Classification
　F 最小距离判别法
　　最近邻域分类法

zui xiao ju li fen lei qi
最小距离分类器 ［0202B］
Minimum Distance Classifier
　S 遥感图像分类器

zui xiao ju li pan bie fa
最小距离判别法 ［0202B］
Minimum Distance Discrimination

S 最小距离分类法

zui xiao pin yi jian kong
最小频移键控 ［0203C］
Minimum Frequency Shift Keying
　S 数字调制

zui xiao zao sheng fen li fang fa
最小噪声分离方法 ［0202B］
Minimum Noise Fraction Rotation Method
　CK-L 变换

zui you cha zhi fa
最优插值法 ［0202A］
Optimal Interpolation
　S 客观分析法

zui you cha zhi fa
最优插值法 ［0202A］
Optimal Interpolation
　D 统计内插

zuo xuan yuan ji hua
左旋圆极化 ［0203D］
Left-Handed Circular Polarization
　S 圆极化

zuo you shi cha
左右视差 ［0202A］
Horizontal Parallax
　C 横向视差

zuo wu zhi bei zhi shu
作物植被指数 ［0202A］
Crop Vegetation Index
　C 农业植被指数

地理信息科学叙词表

1954 bei jing zuo biao xi
1954 北京坐标系 ［0101A］
1954 Beijing Coordinate System
 S 坐标系统

1980 xi an da di zuo biao xi
1980 西安大地坐标系 ［0101A］
1980 Xi'an Geodetic Coordinate System
 S 坐标系统

2000 guo jia da di zuo biao xi
2000 国家大地坐标系 ［0101A］
2000 National Geodetic Coordinate System
 S 坐标系统

GIS er ci kai fa
GIS 二次开发 ［0101H］
GIS Secondary Development
 F 宿主式二次开发
 组件式二次开发
 开源式二次开发

GIS gong cheng kai fa mo xing
GIS 工程开发模型 ［0101H］
GIS Engineering Development Model
 F 瀑布模型
 演化模型
 螺旋模型
 敏捷开发模型
 智能模型

GIS ji chu ruan jian zi xi tong
GIS 基础软件子系统 ［0101H］
GIS Basic Software Subsystem
 F 空间数据输入与转换子系统

图形及属性编辑子系统
空间数据存储与管理子系统
空间查询与空间分析子系统
制图与输出子系统

GIS shu ju lai yuan
GIS 数据来源 ［0101H］
GIS Data Sources
 F 基础制图数据
 遥感图像数据
 数字高程数据
 自然资源数据
 调查统计数据
 多媒体数据
 法律文档数据
 已有系统数据

GIS xi tong she ji yuan ze
GIS 系统设计原则 ［0101H］
GIS System Design Principles
 F 实用性原则
 界面友好性原则
 标准化原则
 稳定性原则
 先进性原则

GIS ying yong xi tong xiang xi she ji
GIS 应用系统详细设计 ［0101H］
Detailed Design of GIS Application System
 F 系统模块结构设计
 功能详细设计
 数据管理设计
 输入输出设计
 界面设计

GIS ying yong xi tong zong ti she ji
GIS 应用系统总体设计 [0102F]
Overall Design of GIS Application System
　F 系统目标设计
　　系统总体框架设计
　　数据库设计
　　系统功能设计
　　软硬件配置设计
　　管理方式设计
　　成本收益分析
　　总体实施计划

ISO 14651 biao zhun
ISO 14651 标准 [0101H]
ISO 14651
　S 导航标准

ISO 15638 biao zhun
ISO 15638 标准 [0101H]
ISO 15638
　S 导航标准

ISO 26262 biao zhun
ISO 26262 标准 [0101H]
ISO 26262
　S 导航标准

PM$_{10}$
PM$_{10}$ [0102B]
PM$_{10}$
　S 可吸入颗粒物

PM$_{2.5}$
PM$_{2.5}$ [0102B]
PM$_{2.5}$
　Y 细颗粒物

WGS-84 di xin di gu zuo biao xi
WGS-84 地心地固坐标系 [0101A]
WGS-84 Geostationary Coordinate System
　Y WGS-84 世界大地坐标系（WGS84）

WGS-84 shi jie da di zuo biao xi
（WGS84）
WGS-84 世界大地坐标系（WGS84）
[0101A]
WGS-84 World Geodetic Coordinate System
　S 地心坐标系

WGS-84 shi jie da di zuo biao xi
（WGS84）
WGS-84 世界大地坐标系（WGS84）
[0101A]
WGS-84 World Geodetic Coordinate System
　D WGS-84 地心地固坐标系

WGS-84 shi jie da di zuo biao xi
（WGS84）
WGS-84 世界大地坐标系（WGS84）
[0101A]
WGS-84 World Geodetic Coordinate System
　D WGS-84 直角坐标系

WGS-84 zhi jiao zuo biao xi
WGS-84 直角坐标系 [0101A]
WGS-84 Rectangular Coordinate System
　Y WGS-84 世界大地坐标系（WGS84）

WGS-84 zuo biao xi
WGS-84 坐标系 [0101A]
WGS-84 Coordinate System
　S 坐标系

a er bei si-xi ma la ya huo shan dai
阿尔卑斯–喜马拉雅火山带 [0101C]
Alpine-Himalayan Volcanic Belt
　S 全球火山带

an bian hua po
岸边滑坡 [0102B]
Bank Slope Failure
　S 滑坡

ao xian

拗陷 ［0101C］

Depression

　S 地质构造

ba

坝 ［0102E］

Dam

　F 冰坝

　　滑坡坝

　　拦沙坝

　　沙堤

　　土坝

　　淤地坝

bai liang wu ran

白亮污染 ［0102B］

White Pollution

　S 光污染

bai se su

白色素 ［0101A］

Leucin

　S 色素

bai ye chuang

百叶窗 ［0101D］

Shutters

　S 主动热控产品

ban jia shi

板架式 ［0101D］

Plate Frame Type

　S 主承力结构形式

ban zhuang

板状 ［0101D］

Plate

　S 土壤结构形态

ban zhuang

板状 ［0101D］

Plate

　D 片状

ban gong yong pin

办公用品 ［0102F］

Office Supplies

　S 挥发性有机物（性质）

ban gu ding sha qiu

半固定沙丘 ［0101E］

Semi-Fixed Dune

　S 沙丘

ban ya re dai huang mo

半亚热带荒漠 ［0101E］

Semi-Subtropical Desert

　Y 暖温带荒漠

bao zai

雹灾 ［0102C］

Hail Disaster

　S 气象灾害

bao shi

宝石 ［0102F］

Gemstones

　S 非金属

bao xian mi du

保险密度 ［0102F］

Insurance Density

　S 承灾区社会经济指标

bao xian shen du

保险深度 ［0102D］

Insurance Depth

　S 承灾区社会经济指标

bao yu

暴雨 ［0102B］

Rainstorm

　S 气象灾害

bao yu hua po

暴雨滑坡 ［0102C］

Rainstorm-Induced Landslide

S 滑坡

bao yu ni shi liu
暴雨泥石流 ［0102C］
Rainstorm Debris Flow
　S 泥石流

bei jing 54 zuo biao xi
北京 54 坐标系 ［0101A］
Beijing 54 Coordinate System
　S 参心坐标系

bei ya re dai luo ye kuo ye lin-chang lü hun jiao lin jing guan
北亚热带落叶阔叶林–常绿混交林景观
［0101E］
Subtropical Deciduous-Coniferous Mixed Forest Land-scape
　S 中国地理景观类型

bei er man-fu te suan fa
贝尔曼-福特算法 ［0101H］
Bellman-Ford Algorithm
　S 图像处理算法

bei he wa di
背河洼地 ［0101A］
Backwater Depression
　S 洼地

bei dong yao gan
被动遥感 ［0101G］
Passive Remote Sensing
　S 微波遥感

ben di qiao
本地桥 ［0102E］
Local Bridge
　S 网桥

ben di ku yu zhuan jia ku
本底库与专家库 ［0102F］
Background Database and Expert Database

S 遥感数据管理与服务

ben ti kuang jia zuo biao xi
本体框架坐标系 ［0101A］
Ontology Frame Coordinate System
　S 导航坐标系

ben ying
本影 ［0101H］
Umbra
　S 阴影（航空像片）

ben zhan di li wei zhi shu ju
本站地理位置数据 ［0101A］
Location Data of This Site
　C 轨道预测法

beng luo
崩落 ［0102C］
Crumble
　Y 崩塌

beng ta
崩塌 ［0102C］
Crumble
　D 崩落

beng ta
崩塌 ［0102C］
Crumble
　D 垮塌

beng ta
崩塌 ［0102C］
Crumble
　D 塌方

beng ta
崩塌 ［0102C］
Collapse
　S 地质灾害

beng ta
崩塌 ［0102C］
Collapse

S 块体运动

beng ta ni shi liu
崩塌泥石流 ［0102C］
Collapse Debris Flow
S 泥石流

bi jiao shui wen xue
比较水文学 ［0102F］
Comparative Hydrology
S 水文学

bi li chi
比例尺 ［0101H］
Scale
S 地图要素

bi zhang lu jing gui hua
避障路径规划 ［0102F］
Obstacle Avoidance Path Planning
S 路径规划

bian po
边坡 ［0101H］
Side Slope
S 坡

bian tu chu ban dan wei
编图出版单位 ［0102F］
Graphic Publishing Unit
S 地图元数据

bian xing tu
变性土 ［0101A］
Vertisol
S 土壤

bian zhi yan
变质岩 ［0101C］
Metamorphic Rock
S 岩石

biao zhun jing xian
标准经线 ［0101H］
Standard Warp Line

S 地图投影参数

biao ceng chen ji wu
表层沉积物 ［0101C］
Surface Sediment
S 沉积物

biao ceng hua po
表层滑坡 ［0102C］
Shallow Landslide
S 滑坡

biao mian bo
表面波 ［0101C］
Surface Waves
S 波

biao mian huo xing ji
表面活性剂 ［0102B］
Surfactants
S 有机有毒物质

biao mian ji ji suan
表面积计算 ［0101A］
Surface Area Calculation
S 三维数据空间分析

bing bao
冰雹 ［0102C］
Hail
S 极端天气

bing chuan
冰川 ［0101A］
Glacier
F 冰盖
冰帽
大陆型冰川
第四纪冰川
古冰川
海洋型冰川
山岳冰川
石冰川

现代冰川

跃动冰川

bing chuan chen ji wu

冰川沉积物 ［0101A］

Glacial Sediment

   S 沉积物

bing chuan chen ji xiang

冰川沉积相 ［0101C］

Glacial Sedimentary Facies

   S 陆相

bing chuan di mao

冰川地貌 ［0101A］

Glacier Landform

   S 地貌

bing chuan di mao xue

冰川地貌学 ［0101A］

Glacial Geomorphology

   S 地貌学

bing chuan di mao xue

冰川地貌学 ［0101A］

Glacial Geomorphology

   S 冰川学

bing chuan di zhi xue

冰川地质学 ［0101C］

Glacial Geology

   S 冰川学

bing chuan gu

冰川谷 ［0101A］

Glacial Valley

   S 谷

bing chuan hu

冰川湖 ［0101A］

Glacial Lake

   S 湖泊

bing chuan ni shi liu

冰川泥石流 ［0102C］

Glacier Debris Flow

   S 泥石流

bing chuan qi xiang xue

冰川气象学 ［0102B］

Glacial Meteorology

   S 冰川学

bing chuan rong shui

冰川融水 ［0101A］

Glacial Meltwater

   S 水

bing chuan shui wen xue

冰川水文学 ［0102B］

Glacial Hydrology

   S 冰川学

bing chuan wu li xue

冰川物理学 ［0102B］

Glacial Physics

   S 冰川学

bing chuan wu zhi ping heng

冰川物质平衡 ［0102B］

Glacier Mass Balance

   S 物质平衡

bing chuan xue

冰川学 ［0101A］

Glaciology

   F 冰川地貌学

     冰川地质学

     冰川气象学

     冰川水文学

     冰川物理学

     区域冰川学

     同位素冰川学

     应用冰川学

bing gai
冰盖 ［0101A］
Ice Sheet
　S 冰川

bing-hai chen ji
冰-海沉积 ［0101C］
Ice-Sea Deposit
　S 沉积

bing hai fang zhi
冰害防治 ［0102C］
Ice Hazard Prevention
　S 灾害防治

bing mao
冰帽 ［0101A］
Ice Cap
　S 冰川

bing shui chen ji
冰水沉积 ［0101C］
Ice-Water Deposit
　S 沉积

bing xue rong shui jing liu
冰雪融水径流 ［0102A］
Snow and Ice Meltwater Runoff
　S 径流

bing yuan
冰原 ［0101E］
Glacier
　S 世界陆地景观带

bing yuan di mao
冰缘地貌 ［0101A］
Periglacial Landform
　S 地貌

bing yuan di mao
冰缘地貌 ［0101A］
Periglacial Landform

　F 冻胀地形
　　寒冻剥夷地貌
　　古冰缘地貌
　　融沉地形
　　石流地形

bing du jian ce
病毒监测 ［0102C］
Virus Monitoring
　S 环境监测（对象）

bing hai
病害 ［0102F］
Disease
　S 农林牧生物灾害

bing yuan ti jian ce
病原体监测 ［0102C］
Pathogen Monitoring
　S 环境监测（对象）

bing yuan ti wu ran
病原体污染 ［0102B］
Pathogenic Pollution
　S 水体污染类型

bing yuan wei sheng wu
病原微生物 ［0101H］
Pathogenic Microorganism
　S 有机污染物

bo
波 ［0101A］
Wave
　F 机械波
　　电磁波
　　声波
　　表面波
　　纵横混合波
　　短波
　　长波

bo lang qin shi
波浪侵蚀 [0102B]
Wave Erosion
　S 水蚀

bo shi ping yuan
剥蚀平原 [0101A]
Erosion Plain
　S 平原

bu ji qu
补给区 [0102B]
Replenishment Area
　S 水文区

bu ke zai sheng zi yuan
不可再生资源 [0102A]
Non-Renewable Resources
　S 国土资源

bu lian xu zhi bei
不连续植被 [0101E]
Discontinuous Vegetation
　Y 离散植被

bu ju
布局 [0101H]
Layout
　Y 相关体

bu men huan jing guan li
部门环境管理 [0102B]
Departmental Environmental Management
　S 环境管理（范围）

bu men huan jing guan li
部门环境管理 [0102B]
Departmental Environmental Management
　D 行业环境管理

bu men huan jing xue
部门环境学 [0102B]
Sectoral Environmental Studies

　S 环境科学（刘培桐）

bu men huan jing xue
部门环境学 [0102B]
Departmental Environmental Science
　F 物理环境学
　　生物环境学
　　大气环境学
　　工程环境学
　　社会环境学

bu men wu ran zong he fang zhi gui hua
部门污染综合防治规划 [0102C]
Departmental Comprehensive Pollution Control Plan
　S 污染综合防治规划

bu men wu ran zong he fang zhi gui hua
部门污染综合防治规划 [0102B]
Departmental Comprehensive Pollution Control Plan
　F 工业系统污染防治规划
　　农业污染综合防治规划
　　商业污染防治规划
　　企业污染防治规划

cai zheng shou ru
财政收入 [0102D]
Fiscal Revenue
　S 承灾区社会经济指标

cai guang wu ran
彩光污染 [0102B]
Color Light Pollution
　S 光污染

can xin zuo biao xi
参心坐标系 [0101A]
Reference Coordinate System
　S 地理坐标系

can xin zuo biao xi
参心坐标系 [0101A]
Reference Coordinate System
　F 北京 54 坐标系

西安 80 坐标系
新北京 54 坐标系

can liu chen ji
残留沉积 ［0101C］
Residual Deposit
S 沉积

can liu di mao
残留地貌 ［0101A］
Residual Landform
S 地貌

can liu duo nian dong tu
残留多年冻土 ［0101C］
Relict Permafrost
S 多年冻土

cao chang gai liang
草场改良 ［0102D］
Pasture Improvement
S 土地改良

cao chang wu ran
草场污染 ［0102B］
Grassland Pollution
S 环境污染

cao chang zhi bei
草场植被 ［0101E］
Grassland Vegetation
S 植被

cao di li yong
草地利用 ［0101E］
Grassland Utilization
S 土地利用

cao di sheng tai xue
草地生态学 ［0102B］
Grassland Ecology
S 生态学

cao dian tu
草甸土 ［0101E］
Meadow Soil
S 土壤

cao hai
草害 ［0102B］
Weed Infestation
S 农林牧生物灾害

cao yuan
草原 ［0101E］
Grassland
S 世界陆地景观带

cao yuan
草原 ［0101E］
Grassland
F 温带草原
暖温带草原
亚热带草原
热带草原

cao yuan gai liang
草原改良 ［0102B］
Grassland Improvement
S 土地改良

cao yuan li yong
草原利用 ［0102D］
Grassland Utilization
S 土地利用

cao yuan sheng tai xue
草原生态学 ［0102B］
Rangeland Ecology
S 生态学

cao yuan tu rang
草原土壤 ［0101A］
Prairie Soil
S 土壤

cao yuan zhi bei
草原植被 ［0101E］
Steppe Vegetation
　　S 植被

ce feng
测风 ［0102F］
Anemometry
　　S 大气探测

ce hui
测绘 ［0101A］
Surveying and Mapping
　　S 遥感应用

ceng ci fen xi
层次分析 ［0101H］
Hierarchical Analysis
　　S 多元统计分析

ceng ci mo xing
层次模型 ［0101H］
Hierarchical Model
　　S 数据模型

ceng ci shu ju ge shi
层次数据格式 ［0102F］
Hierarchical Data Format（HDF）
　　S 遥感图像专用数据格式

ceng ci xing shu ju ku
层次型数据库 ［0101H］
Hierarchical Databases
　　S 数据库类型

cha yi feng hua
差异风化 ［0101C］
Differential Weathering
　　S 风化

chan zhi gou cheng
产值构成 ［0102D］
Composition of Output Value

S 承灾区社会经济指标

chan zhi mi du
产值密度 ［0102D］
Output Value Density
　　S 承灾区社会经济指标

chao jian dai
潮间带 ［0101F］
Intertidal Zone
　　Y 潮汐带

chao liu
潮流 ［0101F］
Tidal Current
　　S 海流

chao tan chen ji wu
潮滩沉积物 ［0101E］
Tidal Flat Sediment
　　S 沉积物

chao wei
潮位 ［0101F］
Tide Level
　　S 水位

chao xi
潮汐 ［0101F］
Tides
　　D 天文潮

chao xi dai
潮汐带 ［0101F］
Tidal Zone
　　D 潮间带

che liang lu jing wen ti
车辆路径问题 ［0102F］
Vehicle Routing Problem
　　S 网络分析

chen ji
沉积 ［0101C］
Sedimentation

F 冰水沉积
　冰-海沉积
　残留沉积
　第四纪沉积
　风成沉积
　海洋沉积
　河流沉积
　湖泊沉积
　黄土沉积
　泥沙沉积
　盐类沉积

chen ji gou zao
沉积构造 ［0101C］
Sedimentary Structure
　S 地质构造

chen ji pen di
沉积盆地 ［0101C］
Sedimentary Basin
　S 盆地

chen ji wu
沉积物 ［0101C］
Sediment
F 表层沉积物
　冰川沉积物
　潮滩沉积物
　第四纪沉积物
　洞穴沉积物
　海洋沉积物
　河流沉积物
　湖泊沉积物
　化学沉积物

chen ji yan
沉积岩 ［0101C］
Sedimentary Rock
　S 岩石

cheng ben shou yi fen xi
成本收益分析 ［0102D］
Cost-Benefit Analysis

S GIS 应用系统总体设计

cheng yin fu he
成因复合 ［0101H］
Causal Compound
　S 复合型污染

cheng zai nong zuo wu
成灾农作物 ［0102C］
Damaged Crops
　S 自然灾害损失程度指标

cheng ya shui
承压水 ［0101C］
Confined Water
　S 地下水

cheng zai qu she hui jing ji zhi biao
承灾区社会经济指标 ［0102C］
Social and Economic Indicators of Disaster Areas
F 人口数量
　人口密度
　产值密度
　产值构成
　财政收入
　城市居民个人收入
　保险密度
　保险深度
　经济增长率

cheng shi
城市 ［0101B］
City
　S 遥感应用

cheng shi di li xue
城市地理学 ［0101B］
Urban Geography
　S 人文地理学

cheng shi di li xue
城市地理学 ［0101B］
Urban Geography

C 社会感知

cheng shi di mao xue
城市地貌学 ［0101A］
Urban Geomorphology
S 地貌学

cheng shi di tu
城市地图 ［0101D］
Urban Map
S 地图

cheng shi gu ti fei wu
城市固体废物 ［0102B］
Municipal Solid Waste
S 固体废物

cheng shi gui hua xin xi xi tong
城市规划信息系统 ［0101H］
Urban Planning Information System
S 地理信息系统

cheng shi jing ji sheng tai zi xi tong
城市经济生态子系统 ［0102D］
Urban Economic Ecological Subsystem
S 城市生态系统

cheng shi ju min ge ren shou ru
城市居民个人收入 ［0102D］
Urban Residents' Personal Income
S 承灾区社会经济指标

cheng shi qi hou xue
城市气候学 ［0102B］
Urban Climatology
S 气候学

cheng shi quan
城市圈 ［0102D］
Urban Sphere
S 地理圈

cheng shi she hui sheng tai zi xi tong
城市社会生态子系统 ［0102B］
Urban Social Ecological Subsystem

S 城市生态系统

cheng shi sheng tai huan jing
城市生态环境 ［0102B］
Urban Ecological Environment
S 生态环境

cheng shi sheng tai xi tong
城市生态系统 ［0102B］
Urban Ecosystem
F 城市自然生态子系统
城市经济生态子系统
城市社会生态子系统

cheng shi sheng tai xue
城市生态学 ［0102B］
Urban Ecology
S 生态学

cheng shi tu di li yong
城市土地利用 ［0101D］
Urban Land Use
S 土地利用

cheng shi wu ran
城市污染 ［0102B］
Urban Pollution
S 环境污染

cheng shi xiao qi hou
城市小气候 ［0102B］
Urban Microclimate
S 小气候

cheng shi xin xi xi tong
城市信息系统 ［0101H］
Urban Information System
S 地理信息系统

cheng shi yong di
城市用地 ［0101D］
Urban Land
S 已利用土地

cheng shi yong shui

城市用水 ［0102D］

Urban Water Use

　S 水

cheng shi zi ran sheng tai zi xi tong

城市自然生态子系统 ［0102B］

Urban Natural Ecological Subsystem

　S 城市生态系统

chi jiu xing you ji wu ran wu

持久性有机污染物 ［0102B］

Persistent Organic Pollutants

　F 烃类污染物

　　金属有机物

　　含氧有机污染物

　　磷的有机污染物

　　含氧、硫有机污染物

　　含卤素有机污染物

chi xian fu hao

齿线符号 ［0101H］

Tooth Line Symbol

　S 线状符号图元

chi chao

赤潮 ［0102B］

Red Tide

　D 有害海洋藻类水华

chi chao

赤潮 ［0102B］

Red Tide

　S 海洋灾害

chi chao

赤潮 ［0102B］

Red Tide

　D 红潮

chi dao yu lin

赤道雨林 ［0101E］

Equatorial Rainforest

　S 森林

chi dao yu lin jing guan

赤道雨林景观 ［0101E］

Equatorial Rainforest Landscape

　S 中国地理景观类型

chong ji ping yuan

冲积平原 ［0101A］

Alluvial Plain

　S 平原

chong hai

虫害 ［0102C］

Pest Infestation

　S 农林牧生物灾害

chou yang ceng po huai

臭氧层破坏 ［0102B］

Ozone Depletion

　S 生态环境问题

chu ji jiang jie

初级降解 ［0102B］

Primary Degradation

　S 农业降解阶段

chu chen qi（chu chen ji li）

除尘器（除尘机理）［0102F］

Dust Collector（Dust Removal Mechanism）

　F 机械除尘器

　　过滤式除尘器

　　湿式除尘器

　　静电除尘器

chu chen qi（li zi fen li yuan li）

除尘器（粒子分离原理）［0102F］

Dust Collector（Particle Separation Principle）

　F 重力除尘装置

　　惯性力除尘装置

　　离心力除尘装置

　　洗涤式除尘装置

　　过滤式除尘装置

电除尘装置 经纬仪测量

chu cun guo cheng wu ran
储存过程污染 [0102B]
Storage Process Contamination
　　S 食品污染途径

chu fang nong ye
处方农业 [0102D]
Prescription Farming
　　S 精细农业

chuan yue guan xi cha xun
穿越关系查询 [0101H]
Cross Relation Query
　　S 空间关系查询

chuan dao
传导 [0101A]
Conduction
　　S 空间交互形式

chuan fen bo zhong
传粉播种 [0102F]
Pollinating and Sowing
　　S 生态价值

chuan tong tong ji li lun yu ce fang fa
传统统计理论预测方法 [0101H]
Traditional Statistical Theory Prediction Method
　　F 历史平均模型
　　　时间序列模型
　　　卡尔曼滤波模型

chuan tong wai ye shu ju cai ji
传统外业数据采集 [0101H]
Traditional Field Data Acquisition
　　S 野外数据采集

chuan tong wai ye shu ju cai ji
传统外业数据采集 [0101H]
Traditional Field Data Acquisition
　　F 平板仪测量

chui zhi dai
垂直带 [0101H]
Vertical Zone
　　S 自然地带

chui zhi dai fen yi
垂直带分异 [0102B]
Vertical Zone Differentiation
　　S 自然地理环境分异

chun ji zhong zhi di
春季种植地 [0101E]
Spring Planting Area
　　S 农作地

ci ji jie gou
次级结构 [0101H]
Secondary Structure
　　S 结构分系统组成

ci sheng huan jing wen ti
次生环境问题 [0102B]
Secondary Environmental Issue
　　S 环境问题

ci sheng huan jing wen ti
次生环境问题 [0102B]
Secondary Environmental Issue
　　F 环境污染
　　　资源短缺
　　　生态破坏

cong ji
丛集 [0101H]
Gather Together
　　S 流的空间分布模式

cui hua fa
催化法 [0102B]
Catalytic Method
　　S 气态污染控制方法

cui qu fa
萃取法 [0102B]
Extraction Method
　S 物理化学处理法

cun zai jia zhi
存在价值 [0102D]
Existence Value
　S 间接价值

da di gao du
大地高度 [0101A]
Earth Height
　S 大地坐标系分量

da di gao du
大地高度 [0101A]
Earth Height
　D 高度

da di gou zao
大地构造 [0101C]
Tectonics
　S 地质构造

da di jing du
大地经度 [0101H]
Earth Longitude
　S 大地坐标系分量

da di jing du
大地经度 [0101H]
Earth Longitude
　D 经度

da di wei du
大地纬度 [0101H]
Earth Latitude
　S 大地坐标系分量

da di zuo biao xi
大地坐标系 [0101A]
Geodetic Coordinate System

　Y 地心大地坐标系

da di zuo biao xi
大地坐标系 [0101A]
Geodetic Coordinate System
　D 经纬高坐标系

da di zuo biao xi fen liang
大地坐标系分量 [0101A]
Earth Coordinate Component
　F 大地纬度
　大地经度
　大地高度

da gui mo ji cheng hua she ji
大规模集成化设计 [0102F]
large-Scale Integration Design
　S 通信卫星任务分析设计

da gui mo zong he hua she ji
大规模综合化设计 [0102F]
large-Scale Synthesis Design
　S 通信卫星任务分析设计

da li yan
大理岩 [0101C]
Marble
　S 非金属

da liang yuan su shui rong xing fei liao
大量元素水溶性肥料 [0102F]
Water-Soluble Fertilizer with a Large Number of Elements
　S 肥料

da lu piao yi
大陆漂移 [0101C]
Continental Drift
　S 地壳运动

da lu xing bing chuan
大陆型冰川 [0101A]
Continental Glacier

S 冰川

da qi duo jing
大气多径 [0102B]
Atmospheric Multipath
　　S 卫星通信系统传播问题

da qi duo jing
大气多径 [0102B]
Atmospheric Multipath
　　C 大气气体

da qi huan jing jian ce
大气环境监测 [0102B]
Atmospheric Environment Monitoring
　　F 大气气溶胶监测
　　　有害气体监测

da qi huan jing wu ran fang zhi gui hua
大气环境污染防治规划 [0102B]
Air Pollution Prevention and Control Planning
　　S 污染防治规划

da qi ji suan yu wu ran
大气及酸雨污染 [0102B]
Atmospheric and Acid Rain Pollution
　　S 生态环境问题

da qi jiang shui
大气降水 [0102B]
Atmospheric Precipitation
　　S 天然水

da qi qi ti
大气气体 [0102B]
Atmospheric Gas
　　C 信号衰减

da qi qi ti
大气气体 [0102B]
Atmospheric Gas
　　C 噪声增加

da qi qi ti
大气气体 [0102B]
Atmospheric Gas
　　C 折射

da qi qi ti
大气气体 [0102B]
Atmospheric Gas
　　C 大气多径

da qi sheng wu wu ran
大气生物污染 [0102B]
Atmospheric Biological Pollution
　　S 生物污染

da qi wu ran
大气污染 [0102B]
Air Pollution
　　S 环境污染

da shu ju guan li ping tai he kuang jia ji shu
大数据管理平台和框架技术 [0101H]
Big Data Management Platform and Framework Technology
　　S 数据科学技术

da xiao
大小 [0102F]
Size
　　S 形

da xing gou zao pen di lei xing
大型构造盆地类型 [0101C]
Types of Large Tectonic Basins
　　F 扩张型盆地
　　　压缩型盆地
　　　扭动型盆地

da yang lie gu huo shan dai
大洋裂谷火山带 [0101F]
Great East Atlantic Rift Volcanic Belt
　　Y 大洋中脊火山带

da yang zhong ji huo shan dai
大洋中脊火山带 [0101F]
Mid-Ocean Ridge Volcanic Belt
　S 全球火山带

da yang zhong ji huo shan dai
大洋中脊火山带 [0101F]
Mid-Ocean Ridge Volcanic Belt
　D 大洋裂谷火山带

da zhou xing jian ce
大洲性监测 [0102B]
Continental Monitoring
　S 区域监测

dai ma bian huan gui ze
代码变换规则 [0102F]
Code Transformation Rule
　S 电气特性

dan xia di mao
丹霞地貌 [0101E]
Danxia Landform
　S 地貌

dan biao cha xun
单表查询 [0102F]
Single Table Query
　S 数据查询

dan ji mo shi
单机模式 [0102F]
Single-Machine Mode
　S 地理信息系统硬件配置

dan ji cheng
单继承 [0101H]
Single Inheritance
　S 继承

dan xiang liu ti hui lu
单相流体回路 [0101H]
Single-Phase Fluid Circuit

　S 主动热控产品

dan yi zuo wu zhi
单一作物制 [0102F]
Monoculture
　S 耕作制度

dan yin zi ping jia zhi shu
单因子评价指数 [0101H]
Single Factor Evaluation Index
　S 指数评价法

dan shui yang zhi
淡水养殖 [0102B]
Freshwater Aquaculture
　S 水产养殖

dan shui zi yuan wei ji
淡水资源危机 [0102B]
Freshwater Resource Crisis
　S 生态环境问题

dan ceng
氮层 [0101A]
Nitrogen Layer
　S 外大气层

dan yang hua wu
氮氧化物 [0102B]
Nitrogen Oxide
　S 气态污染物

dan yang hua wu
氮氧化物 [0102B]
Nitrogen Oxide
　F 一氧化氮
　　二氧化氮

dang di di ping zuo biao xi
当地地平坐标系 [0101A]
Local Horizon Coordinate System
　S 导航坐标系

dang di di ping zuo biao xi
当地地平坐标系 ［0101A］
Local Horizon Coordinate System
　　Y 当地切平面坐标系

dang di qie ping mian zuo biao xi
当地切平面坐标系 ［0101A］
Local Tangent Plane Coordinate System
　　D 当地地平坐标系

dang ba gong cheng
挡坝工程 ［0102E］
Dam Retaining Works
　　S 水利工程

dao hang zuo biao xi
导航坐标系 ［0101A］
Navigation Coordinate System
　　F 地心惯性坐标系
　　　地心地固坐标系
　　　当地水平坐标系
　　　东北天坐标系
　　　地平坐标系
　　　载体/机体坐标系
　　　本体框架坐标系

dao re tian liao
导热填料 ［0101H］
Thermal Conductivity Filler
　　S 被动热控产品

dao re xi shu
导热系数 ［0101A］
Thermal Conductivity
　　Y 热传导率

dao xian dian fu hao
导线点符号 ［0101H］
Conductor Point Symbol
　　S 线状符号图元

dao zhi di mao
倒置地貌 ［0101A］
Inverted Landform
　　S 地貌

dao lu
道路 ［0102E］
Roads
　　S 城市地物

di biao cu cao du
地表粗糙度 ［0101A］
Surface Roughness
　　S 地表热状况

di biao jing liu
地表径流 ［0101A］
Surface Runoff
　　S 径流

di biao shui
地表水 ［0101A］
Surface Water
　　S 水

di biao wu ti xing shi
地表物体形式 ［0101E］
Surface Object Form
　　F 点状地物
　　　线状地物
　　　面状地物

di cao
地槽 ［0101C］
Geosyncline
　　S 地质构造

di dai xing tu rang
地带性土壤 ［0101A］
Zonal Soil
　　S 土壤

di dai xing zhi bei
地带性植被 ［0101E］
Zonal Vegetation
　　S 植被

di gu zuo biao xi
地固坐标系 ［0101A］
Earth-Solid Coordinate System
  Y 地球坐标系

di hua
地滑 ［0102C］
Landslide
  Y 滑坡

di jia bing huan jing lei xing
地甲病环境类型 ［0102B］
Environmental Types of Toxoplasmosis
  F 山地、丘陵碘淋溶型
    泥炭沼泽碘被固定型
    沙土漏碘贫碘型
    石灰岩地区碘低效型
    碘过剩型

di qiao gou zao yun dong
地壳构造运动 ［0101C］
Crustal Tectonic Movement
  S 地壳运动

di qiao sheng jiang yun dong
地壳升降运动 ［0101C］
Crustal Uplift and Subsidence Movement
  S 地壳运动

di qiao yun dong
地壳运动 ［0101C］
Crustal Movement
  F 大陆漂移
    地壳构造运动
    地壳升降运动
    断块活动
    喜马拉雅运动
    新构造运动
    造山运动

di lei jie xian
地类界线 ［0101D］
Land Type Boundary
  S 境界线

di li da shu ju
地理大数据 ［0101H］
Geographic Big Data
  F 移动手机数据
    社交媒体数据
    出租车轨迹数据
    公共交通刷卡数据
    商业数据
    室内定位数据
    大众传媒数据

di li da shu ju shu ju mo xing
地理大数据数据模型 ［0101H］
Geographic Big Data Data Model
  F 个体粒度数据模型
    聚合粒度数据模型
    非空间语义数据模型

di li da shu ju te zheng
地理大数据特征 ［0101H］
Geographical Big Data Characteristics
  F 时空粒度
    时空广度
    时空密度
    时空偏度
    时空精度

di li di tu
地理底图 ［0101A］
Geographical Base Map
  S 底图

di li dui xiang
地理对象 ［0101A］
Geographic Object
  F 离散对象
    连续对象

di li huan jing
地理环境 ［0101A］
Geographical Environment

S 地球环境（专门性）

di li huan jing
地理环境 ［0101A］
Geographical Environment
 F 自然地理环境
  人文地理环境

di li jie xian
地理界限 ［0101A］
Geographic Boundary
 F 分水线
  华莱士线
  林线
  农牧界线
  气候分界
  行政界线
  雪线
  自然界线

di li kong jian fu za xing
地理空间复杂性 ［0101H］
Geospatial Complexity
 C 空间交互模式

di li kong jian shu ju
地理空间数据 ［0101A］
Geospatial Data
 S 地理信息系统要素

di li kong jian shu ju
地理空间数据 ［0101A］
Geospatial Data
 F 矢量数据
  栅格数据

di li kong jian shu ju guan li
地理空间数据管理 ［0101H］
Geospatial Data Management
 S 地理数据管理

di li kong jian shu ju guan li
地理空间数据管理 ［0101H］
Geospatial Data Management

 F 空间数据的编辑修改
  空间数据的检索查询

di li kong jian te zheng ceng
地理空间特征层 ［0101H］
Geographical Spatial Feature Layer
 S 社会感知方法体系

di li liu xing bing xue
地理流行病学 ［0102F］
Geographical Epidemiology
 S 医学地理

di li qi hou xue
地理气候学 ［0102B］
Geographical Climatology
 S 气候学

di li qu hua jie xian
地理区划界线 ［0101A］
Boundary of Geographical Division
 S 地域界线

di li shu xing shu ju guan li
地理属性数据管理 ［0101H］
Geographic Attribute Data Management
 S 地理数据管理

di li shu xing shu ju guan li
地理属性数据管理 ［0101H］
Geographic Attribute Data Management
 F 属性数据项
  属性数据记录
  属性文件

di li shu ju cai ji
地理数据采集 ［0101G］
Geographic Data Acquisition
 S 地理信息系统功能

di li shu ju cai ji
地理数据采集 ［0101G］
Geographic Data Acquisition

F 计算机键盘数据采集
　手扶跟踪数字化方法
　地图扫描数字化
　实测地理数据输入
　GPS 数据采集

di li shu ju guan li
地理数据管理 ［0101H］
Geographic Data Management
　S 地理信息系统功能

di li shu ju guan li
地理数据管理 ［0101H］
Geographic Data Management
　F 地理属性数据管理
　　地理空间数据管理

di li shu ju ku
地理数据库 ［0101H］
Geographic Database
　S 数据库

di li shu ju te zheng
地理数据特征 ［0101H］
Geographic Data Feature
　F 空间特征
　　属性特征
　　时间特征

di li shui wen xue
地理水文学 ［0102B］
Geohydrology
　S 水文学

di li wang xian fen xi mo xing
地理网线分析模型 ［0101H］
Geographic Network Cable Analysis Model
　Y 网络模型

di li xi tong
地理系统 ［0101H］
Bedding System
　F 自然环境系统

社会经济环境系统

di li xin xi gong cheng she ji kai fa
地理信息工程设计开发 ［0101H］
Geographic Information Engineering Design and
Development
　F 系统分析
　　系统设计
　　系统实施
　　系统测试
　　系统运行
　　系统维护与评价

di li xin xi ke xue
地理信息科学 ［0101A］
Geographic Information Science
　S 理科

di li xin xi ke shi hua
地理信息可视化 ［0101A］
Geographic Information Visualization
　S 地理信息系统功能

di li xin xi mo xing（biao xian xing shi）
地理信息模型（表现形式） ［0101A］
Geographic Information Modeling（Presentation）
　F 实物模型
　　文字模型
　　图标模型
　　数字模型

di li xin xi mo xing（zuo yong dui xiang）
地理信息模型（作用对象） ［0101A］
Geographic Information Modeling（Action Object）
　F 空间数据分析模型
　　属性数据分析模型

di li xin xi xi tong
地理信息系统 ［0101A］
Geographic Information System
　S 地图学与地理信息系统

di li xin xi xi tong

地理信息系统 ［0101A］

Geographic Information System

　　F 区域信息系统
　　　资源信息系统
　　　环境信息系统
　　　环境评价信息系统
　　　生态信息系统
　　　经济信息系统
　　　人口信息系统
　　　城市信息系统
　　　土地信息系统
　　　交通网络信息系统
　　　城市规划信息系统
　　　洪水灾情预报系统
　　　旅游资源信息系统
　　　水土保持信息系统

di li xin xi xi tong

地理信息系统 ［0101A］

Geographic Information System
　　C 计算机制图

di li xin xi xi tong

地理信息系统 ［0101A］

Geographic Information System
　　C 计算机辅助设计

di li xin xi xi tong

地理信息系统 ［0101A］

Geographic Information System
　　C 数据库管理系统

di li xin xi xi tong

地理信息系统 ［0101A］

Geographic Information System
　　C 遥感图像处理技术

di li xin xi xi tong

地理信息系统 ［0101A］

Geographic Information System
　　S 工程技术学科

di li xin xi xi tong gong neng

地理信息系统功能 ［0101A］

Geographic Information System Functions
　　F 地理数据采集
　　　地理数据管理
　　　空间分析
　　　属性分析
　　　地理信息可视化

di li xin xi xi tong yao su

地理信息系统要素 ［0101A］

Geographic Information System Elements
　　F 地理空间数据
　　　数据获取
　　　数据管理
　　　数据显示
　　　数据探查
　　　数据分析

di li xue

地理学 ［0101A］

geography
　　F 自然地理学
　　　人文地理学
　　　地图学雨地理信息系统
　　　区域地理学

di li yao su

地理要素 ［0101A］

Geographical Element
　　S 地图要素

di li yao su

地理要素 ［0101A］

Geographical Element
　　Y 专题内容

di li zuo biao xi

地理坐标系 ［0101A］

Geographical Coordinate System
　　S 坐标系

di li zuo biao xi

地理坐标系 ［0101A］

Geographical Coordinate System

    F 地心坐标系

      参心坐标系

di lie feng

地裂缝 ［0102C］

Ground Fissure

    F 构造地裂缝

      非构造地裂缝

di lie feng

地裂缝 ［0102B］

Ground Fissure

    S 地质灾害

di mao

地貌 ［0101A］

Landform

    F 冰川地貌

      冰缘地貌

      残留地貌

      丹霞地貌

      倒置地貌

      低地

      低山

      负地貌

      干燥地貌

      高地

      高山

      构造地貌

      古地貌

      海岸地貌

      海底地貌

      湖泊地貌

      黄土地貌

      喀斯特地貌

      刻蚀地貌

      流水地貌

      埋藏地貌

      农业地貌

      侵蚀地貌

      区域地貌

      人工地貌

      山地地貌

      水下地貌

      微地貌

      现代地貌

      灾害地貌

      重力地貌

di mao lei xing tu

地貌类型图 ［0101A］

Geomorphological Type Map

    S 地图

di mao qu hua

地貌区划 ［0101A］

Geomorphological Region- Alization

    F 滑坡区划

      泥石流区划

      农业地貌区划

      侵蚀分区

di mao tu

地貌图 ［0101A］

Geomorphological Map

    S 地图

di mao xue

地貌学 ［0101A］

Geomorphology

    S 自然地理学

di mao xue

地貌学 ［0101A］

Geomorphology

    F 冰川地貌学

      城市地貌学

      动力地貌学

      构造地貌学

      古地貌学

      海岸地貌学

      海洋地貌学

环境地貌学

荒漠地貌学

喀斯特地貌学

理论地貌学

流水地貌学

气候地貌学

山理学

实验地貌学

数理地貌学

应用地貌学

di mao yun xuan tu

地貌晕渲图 ［0101A］

Shaded Relief Map

　D 阴影地形图

di mian chen jiang

地面沉降 ［0102C］

Land Subsidence

　S 地质灾害

di mian ta xian

地面塌陷 ［0102C］

Ground Subsidence

　F 自然塌陷

　　人为塌陷

di mian ta xian

地面塌陷 ［0102C］

Ground Subsidence

　S 地质灾害

di ping zuo biao xi

地平坐标系 ［0101A］

Horizon Coordinate System

　S 导航坐标系

di qiu biao mian

地球表面 ［0101A］

Earth Surface

　C 反射多径

di qiu can kao kuang jia jian she

地球参考框架建设 ［0101A］

Construction of the Earth Reference Frame

　S 地球坐标系建设

di qiu hua xue

地球化学 ［0101H］

Geochemistry

　S 地质学

di qiu pian zhuan li

地球偏转力 ［0101A］

Earth Deflection Force

　Y 科里奥利力

di qiu qu lü

地球曲率 ［0101H］

Curvature of the Earth

　S 外部误差

di qiu wu li xue

地球物理学 ［0101H］

Geophysics

　S 地质学

di qiu wu li yi chang

地球物理异常 ［0101H］

Geophysical Anomaly

　F 磁异常

　　重力异常

　　正异常

　　负异常

di qiu xi tong ke xue

地球系统科学 ［0101H］

Earth System Science

　C 气象学

di qiu xi tong ke xue

地球系统科学 ［0101H］

Earth System Science

　C 海洋科学

di qiu xi tong ke xue

地球系统科学 [0101H]

Earth System Science

  C 生物学

di qiu xi tong ke xue

地球系统科学 [0101H]

Earth System Science

  C 大气科学

di qiu zuo biao xi

地球坐标系 [0101A]

Earth Coordinate System

  D 地固坐标系

di qiu zuo biao xi

地球坐标系 [0101A]

Earth Coordinate System

  S 大地坐标系

di qiu zuo biao xi jian she

地球坐标系建设 [0101A]

Construction of Earth Coordinate System

  F 坐标系定义

    地球参考框架建设

di qu huan jing guan li

地区环境管理 [0102B]

Regional Environmental Management

  S 区域环境管理

di re

地热 [0102A]

Geothermal

  Y 地热资源

di re shui

地热水 [0102A]

Geothermal Water

  S 地下水

di re zi yuan

地热资源 [0102A]

Geothermal Resources

  D 地热

di re zi yuan

地热资源 [0102A]

Geothermal Resources

  F 蒸汽地热资源

    液态水地热资源

    地压型地热资源

    干热岩体型地热资源

    岩浆型地热资源

di sheng tai xue

地生态学 [0102B]

Geoecology

  S 生态学

di shi xue

地史学 [0101C]

Geohistory

  S 地质学

di tai

地台 [0101C]

Platform

  S 地质构造

di tu

地图 [0101H]

Map

  F 地形图

    地质图

    地震图

    地貌图

    地貌类型图

    天气图

    气候图

    水文图

    陆地水文图

    流域图

    海图

    渔区图

    土壤类型图

    土壤侵蚀图

生态地图

制备类型图

植被覆盖度图

森林类型图

土地类型图

土地利用图

土地资源图

自然灾害地图

农业地图

环境保护地图

水污染地图

交通图

城市地图

旅游资源图

旅游地图

影像地图

立体影像地图

互补色立体影像地图

di tu bian zhi

地图编制 [0101H]

Cartography

　F 地图编绘

　地图设计

　地图制印

　数字化制图

　卫星像片编图

　综合制图

di tu can kao zi liao

地图参考资料 [0101H]

Map Reference

　S 地图要素

di tu fu hao

地图符号 [0101H]

Map Symbol

　F 点状符号

　线状符号

　面状符号

　透视符号

　形象符号

抽象符号

定位符号

说明符号

注记符号

个体符号

集合符号

依比例尺符号

不依比例尺符号

半依比例尺符号

di tu fu hao tu yuan

地图符号图元 [0101H]

Map Symbol Element

　F 点状符号图元

　线状符号图元

　面状符号图元

di tu ji

地图集 [0101H]

Atlas

　F 普通地图集

　专题地图集

　综合地图集

di tu rong liang

地图容量 [0101H]

Map Capacity

　D 地图载负量

di tu she ji

地图设计 [0101H]

Map Design

　S 地图编制

di tu shu ju

地图数据 [0101A]

Map Data

　S 空间数据内容

di tu shu ju ku

地图数据库 [0101A]

Map Database

　S 数据库

di tu tou ying
地图投影 [0101H]
Map Projection
  S 地图元数据

di tu tou ying（bao liu xing zhi）
地图投影（保留性质） [0101H]
Map Projection（Reserved Nature）
  F 正形投影
   等积投影
   等距投影
   等方位投影

di tu tou ying（tou ying mian）
地图投影（投影面） [0101A]
Map Projection（Projection Plane）
  F 圆柱投影
   圆锥投影
   方位投影

di tu tou ying bian xing
地图投影变形 [0101H]
Map Projection Distortion
  F 长度变形
   面积变形
   角度变形

di tu xue
地图学 [0101A]
Cartography
  S 地图学与地理信息系统

di tu xue yu di li xin xi xi tong
地图学与地理信息系统 [0101A]
Cartography and Geographic Information System
  S 地理学

di tu xue yu di li xin xi xi tong
地图学与地理信息系统 [0101H]
Cartography and Geographic Information System
  F 地图学
   地理信息系统

di tu yan se
地图颜色 [0101H]
Map Color
  S 地图要素

di tu yao su
地图要素 [0101A]
Map Element
  F 标题
   专题内容
   符号
   地图注记
   坐标网
   控制点
   比例尺
   定向
   地图颜色
   图例
   地图参考资料

di tu yuan shu ju
地图元数据 [0101H]
Map Metadata
  F 编图出版单位
   成图时间
   地图投影
   坐标系
   高程系
   编图资料

di tu zhi yin
地图制印 [0101H]
Map Reproduction
  F 地图复照
   制版
   印刷

di tu zhu ji
地图注记 [0101H]
Map Notes
  S 地图要素

di tu zhu ji

地图注记 [0101A]

Map Note

  F 名称注记

    说明注记

    数字注记

    图外整饰注记

di xia guan gai

地下灌溉 [0102E]

Subsurface Irrigation

  S 灌溉

di xia shui wei

地下水位 [0101C]

Water Table

  S 水位

di xin da di zuo biao xi

地心大地坐标系 [0101A]

Geocentric Geodetic Coordinate System

  S 地心地固坐标系

di xin da di zuo biao xi

地心大地坐标系 [0101A]

Geocentric Geodetic Coordinate System

  D 大地坐标系

di xin di gu zhi jiao zuo biao xi

地心地固直角坐标系 [0101A]

Earth-Centered Rectangular Coordinate System

  Y 地心直角坐标系

di xin di gu zhi jiao zuo biao xi

地心地固直角坐标系 [0101A]

Earth-Centered Rectangular Coordinate System

  D 宇宙直角坐标系

di xin di gu zuo biao xi

地心地固坐标系 [0101A]

Earth Centered Earth Fixed (ECEF) System

  S 地固坐标系

di xin di gu zuo biao xi

地心地固坐标系 [0101A]

Earth Centered Earth Fixed (ECEF) System

  F 地心直角坐标系

    地心大地坐标系

di xin di gu zuo biao xi

地心地固坐标系 [0101A]

Earth-Centered Fixed Coordinate System (ECEF)

  S 导航坐标系

di xin guan xing zuo biao xi

地心惯性坐标系 [0101A]

Geocentric Inertial Coordinate System (ECI)

  S 导航坐标系

di xin zhi jiao zuo biao xi

地心直角坐标系 [0101A]

Geocentric Rectangular Coordinate System

  S 地心地固坐标系

di xin zhi jiao zuo biao xi

地心直角坐标系 [0101A]

Geocentric Rectangular Coordinate System

  D 地心地固直角坐标系

di xin zuo biao xi

地心坐标系 [0101A]

Geocentric Coordinate System

  S 地理坐标系

di xin zuo biao xi

地心坐标系 [0101A]

Geocentric Coordinate System

  F WGS-84 世界大地坐标系

    国际地球参考系

    国家大地坐标系

di xing di mao

地形地貌 [0101A]

Topography and Landforms

  S 地表热状况

di xing qi hou xue

地形气候学 ［0102B］

Orographic Climatology

 S 气候学

di xing shu ju

地形数据 ［0101A］

Terrain Data

 S 空间数据内容

di xing tu

地形图 ［0101A］

Topographic Map

 S 地图

di xing xiao qi hou

地形小气候 ［0102B］

Topographic Microclimate

 S 小气候

di ya xing di re zi yuan

地压型地热资源 ［0102A］

Geopressure Geothermal Resources

 S 地热资源

di yu jie xian

地域界线 ［0101B］

Territorial Boundary

 S 境界线

di yu jie xian

地域界线 ［0101H］

Territorial Boundary

 F 国界

  行政区界

  地理区划界线

di zhen hua po

地震滑坡 ［0102C］

Earthquake-Induced Landslide

 S 滑坡

di zhen ni shi liu

地震泥石流 ［0102C］

Earthquake-Triggered Debris Flow

 S 泥石流

di zhen tu

地震图 ［0102C］

Seismic Map

 S 地图

di zhen zai hai

地震灾害 ［0102C］

Earthquake Disasters

 S 自然灾害

di zhi di li bian ma

地址地理编码 ［0101H］

Address Geocoding

 D 地址匹配

di zhi pi pei

地址匹配 ［0101H］

Address Matching

 Y 地址地理编码

di zhi gou zao

地质构造 ［0101C］

Geologic Structure

 F 拗陷

  沉积构造

  大地构造

  地槽

  地台

  断层

  古构造

  海槽

  弧形构造

  裂谷

  新构造

  小型构造

  褶皱

di zhi gou zao-di mao fen yi
地质构造–地貌分异 [0101C]
Geological Tectonic-Geomorphological Differentiation
S 自然地理环境分异

di zhi kuang chan
地质矿产 [0101C]
Geology and Mineral Resources
S 遥感应用

di zhi nian dai xue
地质年代学 [0101C]
Geochronology
S 地质学

di zhi tong ji xue
地质统计学 [0101C]
Geostatistics
Y 地统计学

di zhi tu
地质图 [0101C]
Geological Map
S 地图

di zhi tu
地质图 [0101C]
Geological Map
F 区域地质图
详细地质图
专门性地质图

di zhi xue
地质学 [0101C]
Geology
F 矿物学
岩石学
地球化学
地球物理学
地史学
矿床学
石油地质学
煤地质学

工程地质学
水文地质学
地质年代学
海洋地质学

di zhi zai hai
地质灾害 [0102C]
Geological Disasters
S 自然灾害

di zhi zai hai
地质灾害 [0102C]
Geological Disasters
F 崩塌
滑坡
泥石流
地面塌陷
地面沉降
地裂缝
水土流失
土地沙漠化
土地盐渍化
海水入侵

di zhong hai-xi ma la ya di zhen dai
地中海–喜马拉雅地震带 [0102C]
Mediterranean-Himalayan Seismic Zone
Y 欧亚地震带

deng bian ya xian
等变压线 [0101A]
Piezometric Contour Line
S 等值线

deng ci pian jiao xian
等磁偏角线 [0101C]
Isoclinic Line
S 等值线

deng gao xian
等高线 [0101A]
Contour Line

S 等值线

deng ji tou ying
等积投影 [0101H]
Isoprojective Projection
　　S 地图投影（保留性质）

deng jiao tou ying
等角投影 [0101G]
Isogonal Projection
　　Y 正形投影

deng pin lü
等频率 [0101A]
Equal Frequencie
　　S 数据分类方法

deng ri zhao xian
等日照线 [0101H]
Isohel
　　S 等值线

deng shen xian
等深线 [0101A]
Depth Contour
　　S 等值线

deng yu liang xian
等雨量线 [0101H]
Isohyet
　　S 等值线

deng chang
等长 [0101A]
Equal Length
　　S 流的空间分布模式

deng zhen xian
等震线 [0101A]
Isoseismal Line
　　S 等值线

deng zhi xian di tu
等值线地图 [0101A]
Contour Map

S 定量地图类型

di kong feng qie bian
低空风切变 [0102F]
Low-Level Wind Shear
　　S 气象灾害

di shan
低山 [0101A]
Low Mountain
　　S 地貌

di wen leng hai
低温冷害 [0102C]
Cryogenic and Freezing Disasters
　　S 极端天气

di xi dai
低硒带 [0102F]
Low Selenium Zone
　　S 自然地带

di ding fen xi fa
滴定分析法 [0102B]
Titration Analysis
　　Y 容量分析法

di guan
滴灌 [0102F]
Drip Irrigation
　　S 灌溉

di jie si te la suan fa
迪杰斯特拉算法 [0101H]
Dijkstra
　　S 图像处理算法

di ka er zuo biao xi
笛卡儿坐标系 [0101A]
Cartesian Coordinate System
　　S 坐标系

di ka er zuo biao xi
笛卡儿坐标系 [0101A]
Cartesian Coordinate System

D 空间直角坐标系

S 限期治理类型

di qi sheng wu
底栖生物 ［0102B］
Benthos
　　S 水生生物

di si ji bing chuan
第四纪冰川 ［0101C］
Quaternary Glacier
　　S 冰川

di si ji chen ji
第四纪沉积 ［0101C］
Quaternary Deposit
　　S 沉积

di si ji chen ji wu
第四纪沉积物 ［0101C］
Quaternary Sediment
　　S 沉积物

dian
点 ［0101A］
Dot
　　S 点状符号图元

dian cha xun
点查询 ［0102F］
Point Query
　　S 空间位置查询

dian huan chong qu
点缓冲区 ［0101H］
Point Buffer
　　S 缓冲区

dian yuan wu ran
点源污染 ［0102B］
Point Source Pollution
　　S 环境污染

dian yuan xian qi zhi li
点源限期治理 ［0102B］
Point Source Management Within a Specified Period

dian zhuang fu hao tu yuan
点状符号图元 ［0101A］
Dot Symbol Element
　　F 点
　　　线段
　　　折线
　　　样条曲线
　　　圆弧
　　　圆
　　　三角形
　　　矩形
　　　多边形
　　　子图
　　　位图

dian
碘 ［0102B］
Iodine
　　S 非金属

dian guo sheng xing
碘过剩型 ［0102B］
Iodine Excess Type
　　S 地甲病环境类型

dian chu chen zhuang zhi
电除尘装置 ［0102B］
Electrostatic Dust Collector
　　S 除尘器（粒子分离原理）

dian dao fen xi fa
电导分析法 ［0102B］
Conductometric Analysis Method
　　S 电化学分析法

dian dong li xue xiu fu
电动力学修复 ［0102C］
Electrodynamic Repair
　　S 物理化学修复技术

dian hua xue fen xi fa
电化学分析法 [0101H]
Electrochemical Analysis Method
　S 仪器分析法

dian hua xue fen xi fa
电化学分析法 [0102B]
Electrochemical Analysis Method
　F 电位分析法
　　电导分析法
　　库仑分析法
　　阳极溶出伏安法
　　极谱分析法

dian jia re qi
电加热器 [0102F]
Electric Heater
　S 主动热控产品

dian wei di ding fa
电位滴定法 [0101H]
Potentiometric Titration Method
　S 电位分析法

diao cha tong ji shu ju
调查统计数据 [0102F]
Survey Statistical Data
　S GIS 数据来源

tiao jie qi hou
调节气候 [0102B]
Regulate the Climate
　S 生态价值

ding wei dian fu hao
定位点符号 [0101H]
Positioning Point Symbol
　S 线状符号图元

dong bei tian zuo biao xi
东北天坐标系 [0101A]
Northeast Celestial Coordinate System
　D 站心坐标系

dong bei tian zuo biao xi
东北天坐标系 [0101A]
Northeast Celestial Coordinate System
　S 导航坐标系

dong fei lie gu huo shan dai
东非裂谷火山带 [0101A]
East African Rift Valley Volcanic Belt
　S 全球火山带

dong ji zhong zhi di
冬季种植地 [0101E]
Winter Planting Area
　S 农作地

dong li di mao xue
动力地貌学 [0101A]
Dynamic Geomorphology
　S 地貌学

dong li ping heng
动力平衡 [0101A]
Dynamic Balance
　S 物质平衡

dong li qi hou xue
动力气候学 [0101H]
Dynamic Climatology
　S 气候学

dong tai gui hua mo xing
动态规划模型 [0102F]
Dynamic Programming Model
　S 规划系列模型

dong tai ping heng
动态平衡 [0102B]
Dynamic Equilibrium
　S 物质平衡

dong wu
动物 [0101H]
Animals

S 生物环境

dong wu sheng tai xue
动物生态学 [0102B]
Animal Ecology
S 生态学

dong wu xiu fu ji shu
动物修复技术 [0102B]
Animal Restoration Technology
S 生物修复技术

dong hai
冻害 [0102C]
Freezing Damage
S 气象灾害

dong hai fang zhi
冻害防治 [0102C]
Frost Injury Prevention
S 灾害防治

dong rong hua po
冻融滑坡 [0102C]
Freeze-Thaw Landslide
S 滑坡

dong tu wu li xue
冻土物理学 [0101A]
Frozen Soil Physics
S 冻土学

dong tu xue
冻土学 [0102B]
Cryopedology
F 冻土物理学
工程冻土学
历史冻土学
普通冻土学
区域冻土学

dong yu
冻雨 [0102B]
Freezing Rain

S 气象灾害

dong zhang di xing
冻胀地形 [0101A]
Frost Heave Terrain
S 冰缘地貌

dong xue chen ji wu
洞穴沉积物 [0101C]
Cave Sediment
S 沉积物

dong xue dui ji
洞穴堆积 [0101A]
Cave Deposits
S 堆积

dou po
陡坡 [0101A]
Steep Slope
S 坡

du xing yu du li shi yan
毒性与毒理试验 [0102B]
Toxicity and Toxicology Testing
S 生物监测方法

du li zuo biao xi
独立坐标系 [0101A]
Independent Coordinate System
S 坐标系统

duan qi gong zuo fu zai
短期工作负载 [0102F]
Short-Term Workload
S 星上用电负载

duan ceng
断层 [0101C]
Fault
S 地质构造

duan kuai huo dong
断块活动 [0101C]
Fault Block Activity

S 地壳运动

dui ji
堆积 ［0101A］
Deposits
  F 洞穴堆积
    滑坡堆积
    黄土堆积
    泥石流堆积
    山麓堆积

dui ji ping yuan
堆积平原 ［0101A］
Accumulation Plain
  S 平原

dui di guan ce
对地观测 ［0101A］
Earth Observation
  C 地球观测

dui di guan ce
对地观测 ［0101A］
Earth Observation
  F 卫星对地观测
    遥感

dui liu ceng jiang yu
对流层降雨 ［0102B］
Tropospheric Rainfall
  C 电波传播

dui xiang lun bo
对象轮播 ［0102F］
Object Wheel Casting
  S 数据广播应用类型

dui xiang lun bo
对象轮播 ［0102F］
Object Wheel Casting
  F 流对象
    文件对象
    目录对象

对象和服务网关对象

duo bian xing
多边形 ［0101A］
Polygon
  S 点状符号图元

duo bian xing lin jie cha xun
多边形邻接查询 ［0101H］
Polygon Adjacency Query
  S 邻接关系查询

duo biao lian jie cha xun
多表链接查询 ［0102F］
Multi-Table Link Query
  S 数据查询

duo dui duo guan xi
多对多关系 ［0101H］
Many-to-Many Relationships
  S 关系数据库关系类型

duo dui yi guan xi
多对一关系 ［0101H］
Many-to-One Relationships
  S 关系数据库关系类型

duo feng xiang sha qiu
多风向沙丘 ［0101A］
Windward Dune
  S 沙丘

duo huan fang ting lei
多环芳烃类 ［0102B］
Polycyclic Aromatic Hydrocarbons
  S 有机有毒物质

duo ji cheng
多继承 ［0101H］
Multiple Inheritance
  S 继承

duo mu biao lu jing gui hua
多目标路径规划 ［0102F］
Multi-Objective Path Planning

S 路径规划

S GIS 数据来源

duo nian dong tu

多年冻土 [0101C]

Permafrost

　F 残留多年冻土

　高山多年冻土

　高纬度多年冻土

　高原多年冻土

　共生多年冻土

　广布多年冻土

　后生多年冻土

　连续多年冻土

　衔接多年冻土

duo nian dong tu qu di xia shui

多年冻土区地下水 [0101C]

Permafrost Groundwater

　S 地下水

duo zhong jing ying

多种经营 [0102F]

Diversified Farming

　S 耕作制度

er ci wu ran

二次污染 [0102B]

Secondary Pollution

　S 环境污染

er xiang shi fen bu

二项式分布 [0101H]

Binomial Distribution

　Y 规则分布

er yang hua liu

二氧化硫 [0102B]

Sulphur Dioxide

　S 硫氧化物

fa lü wen dang shu ju

法律文档数据 [0102F]

Legal Document Data

fan gun

翻滚 [0101A]

Rolling

　S 遥感平台的运动状态

fang cha fen xi

方差分析 [0101H]

Analysis of Variance

　S 数学分析

fang li wang

方里网 [0101A]

Square Lining Net

　S 坐标网

fang wei guan xi

方位关系 [0101H]

Azimuth

　S 地物空间关系（二维）

fang huan kai lie

芳环开列 [0102B]

Aryl Ring Opening

　S 氧化

fang ting lei

芳烃类 [0102B]

Aromatic Hydrocarbons

　S 挥发性有机物（化学结构）

fang bao

防雹 [0102C]

Hail Prevention

　S 灾害防治

fang hong

防洪 [0102C]

Flood Control

　S 灾害防治

fang hu lin

防护林 [0102B]

Protective Forest

S 林地

fang hu xi tong
防护系统 [0102F]
Protection System
　S 对地静止轨道卫星通信系统

fang she xing gu ti fei wu
放射性固体废物 [0102B]
Radioactive Solid Waste
　S 固体废物

fang she xing jian ce
放射性监测 [0102B]
Radioactivity Monitoring
　S 环境监测（对象）

fang she xing wu ran
放射性污染 [0102B]
Radioactive Pollution
　S 水体污染类型

fang she xing wu ran lai yuan
放射性污染来源 [0102B]
Radioactive Contamination Source
　F 原子能工业废料排放
　　核武器试验沉降物
　　医疗放射性
　　科研放射性

fang she xing wu ran wu
放射性污染物 [0102B]
Radioactive Contaminant
　S 土壤污染物

fang she xing yuan su
放射性元素 [0102B]
Radioactive Element
　S 无机污染物

fei xing cheng xu she ji
飞行程序设计 [0102F]
Flight Programming

S 通信卫星总体设计

fei bao he tu
非饱和土 [0101C]
Unsaturated Soil
　S 土壤

fei di dai xing tu rang
非地带性土壤 [0101A]
Non-Zonal Soil
　S 土壤

fei dian yuan wu ran
非点源污染 [0102B]
Non-Point Source Pollution
　S 环境污染

fei dui chen
非对称 [0101A]
Asymmetric
　S 惯性传感测量误差

fei gou zao di lie feng
非构造地裂缝 [0102C]
Non-Tectonic Cracks
　S 地裂缝

fei jin shu
非金属 [0102F]
Non-Metals
　S 矿产资源

fei jin shu
非金属 [0101H]
Non-Metals
　F 金刚石
　　石墨
　　自然硫
　　硫铁矿
　　大理岩
　　花岗岩
　　盐矿
　　钾盐

镁盐

宝石

碘

砷

硼矿

磷矿

fei kong jian shu ju biao
非空间数据表 ［0101H］
Non-Spatial Data Table
　　S 属性数据表（矢量数据）

fei kong jian te zheng
非空间特征 ［0101A］
Non-Spatial Features
　　Y 属性特征

fei kong jian yu yi shu ju mo xing
非空间语义数据模型 ［0101H］
Non-Spatial Semantic Data Model
　　S 地理大数据数据模型

fei nong ye yong di
非农业用地 ［0101D］
Non-Agricultural Land
　　S 土地利用

fei sheng wu jiang jie
非生物降解 ［0102B］
Non-Biodegradable
　　S 农药的降解

fei sheng wu jiang jie
非生物降解 ［0102B］
Non-Biodegradable
　　F 化学降解
　　　光化学降解

fei xian xing
非线性 ［0101A］
Nonlinearity
　　S 惯性传感测量误差

fei xian xing gui hua mo xing
非线性规划模型 ［0101A］
Nonlinear Programming Model
　　S 规划系列模型

fei liao
肥料 ［0102B］
Fertilizer
　　F 磷酸铵类肥料
　　　大量元素水溶性肥料
　　　中量元素肥料
　　　生物肥料
　　　有机肥料

fei shui
废水 ［0102B］
Wastewater
　　S 水

fei wu
废物 ［0102B］
Waste
　　Y 固体废物

fen cha xing he dao
分汊型河道 ［0101A］
Branching River
　　S 河道

fen deng ding ji mo xing
分等定级模型 ［0102F］
Grading Model
　　S 评价系列模型

fen ji fu hao di tu
分级符号地图 ［0101H］
Graduated Symbol Map
　　S 定量地图类型

fen ji ji qun fa
分级集群法 ［0101H］
Hierarchical Cluster Method
　　S 非监督分类

fen jie chou yang
分阶抽样 ［0101H］
Multistage Sampling
C 多阶抽样

fen lei bi jiao fa
分类比较法 ［0101H］
Classification and Comparison Method
S 遥感变化检测方法

fen lei yu bian ma
分类与编码 ［0101H］
Classification and Coding
S 遥感技术通用基础

fen shui xian
分水线 ［0101A］
Watershed
S 地理界限

fen zhi dian
分支点 ［0101H］
Branching Points
D 节点

fen lei
酚类 ［0102B］
Phenol
S 有机污染物

fen lei hua he wu
酚类化合物 ［0102B］
Phenolic Compounds
S 有机有毒物质

fen feng
焚风 ［0102B］
Foehn Wind
D 钦诺可风

fen shao
焚烧 ［0102B］
Incineration

S 热处理

feng bao chao
风暴潮 ［0102B］
Storm Surge
S 海洋灾害

feng cheng chen ji
风成沉积 ［0101A］
Aeolian Deposit
S 沉积

feng cheng di mao
风成地貌 ［0101A］
Eolian Landform
S 干燥地貌

feng cheng sha qiu
风成沙丘 ［0101A］
Aeolian Dune
S 沙丘

feng hai
风害 ［0102C］
Wind Damage
S 气象灾害

feng hua
风化 ［0102F］
Weathering
F 差异风化
化学风化
生物风化
土壤风化
物理风化
岩石风化

feng hua cheng du
风化程度 ［0101C］
Degree of Weathering
S 反射波谱影响因素（岩石）

feng ji di mao

风积地貌 ［0101A］

Aeolian Deposit Landform

　S 干燥地貌

feng ji tu

风积土 ［0101E］

Aeolian Soil

　S 土壤

feng sha hua tu di

风沙化土地 ［0101E］

Windblown Sandy Land

　S 沙地

feng sha qu sheng tai jian she he guan li

风沙区生态建设和管理 ［0102B］

Ecological Construction and Management in

Sandstorm Area

　S 区域环境管理

feng sha tu

风沙土 ［0101A］

Sandy Soil

　S 土壤

feng shi di mao

风蚀地貌 ［0101A］

Wind Erosion Landform

　S 干燥地貌

feng shi wa di

风蚀洼地 ［0101A］

Wind Erosion Depression

　S 洼地

feng cong

峰丛 ［0101A］

Peak Cluster

　S 喀斯特地貌

feng wo zhuang sha qiu

蜂窝状沙丘 ［0101E］

Beehive Dune

　S 沙丘

fu luo yi de suan fa

弗洛伊德算法 ［0101A］

Floyd-Warshall

　S 图像处理算法

fu you sheng wu

浮游生物 ［0101E］

Plankton

　S 水生生物

fu shi

腐蚀 ［0102B］

Corrosion

　S 数学形态学方法

fu di mao

负地貌 ［0101A］

Negative Relief

　S 地貌

fu er xiang shi fen bu

负二项式分布 ［0101H］

Negative Binomial Distribution

　Y 丛生分布

fu jia shu ju

附加数据 ［0101H］

Additional Data

　S 伽利略卫星导航电文数据

fu he xing sha qiu

复合型沙丘 ［0101E］

Complex Dune

　S 沙丘

fu he xing wu ran

复合型污染 ［0102B］

Combined Pollution

　F 来源复合

　　空间复合

　　成因复合

过程复合
气象复合

fu shu ji fen suan fa
复数积分算法 [0102F]
Complex Integration Algorithm
　S 多边形栅格化方法

fu ying yang hu
富营养湖 [0102B]
Eutrophic Lake
　S 湖泊

fu sha di
覆沙地 [0101E]
Sand-Covered Land
　S 沙地

gai li zi
钙离子 [0102B]
Calcium Ion
　S 水离子

gai mei
钙镁 [0101H]
Calcium and Magnesium
　S 盐类

gai nian ji
概念级 [0101A]
Conceptual Level
　S 数据库基本结构

gan guan xing wu ran
感官性污染 [0102B]
Sensory Pollution
　S 水体污染类型

gan re jiao huan
感热交换 [0102B]
Sensory Heat Exchange
　Y 显热交换

gan han
干旱 [0102B]
Droughts
　S 极端天气

gan han
干旱 [0102B]
Drought Damage
　S 气象灾害

gan han shan qu
干旱山区 [0102B]
Arid Mountainous Area
　S 山区

gan han zhi biao
干旱指标 [0102B]
Drought Index
　F 降水量
　　降水相对变率
　　土壤水分
　　降水蒸发比
　　土壤水分收支差额

gan he hu
干涸湖 [0101A]
Dry Lake
　S 湖泊

gan re feng
干热风 [0102C]
Dry Hot Air
　S 气象灾害

gan re yan ti xing di re zi yuan
干热岩体型地热资源 [0102A]
Dry Hot Rock Body Geothermal Resources
　S 地热资源

gan zao di mao
干燥地貌 [0101A]
Arid Landform
　S 地貌

gan zao di mao

干燥地貌 ［0101A］

Arid Landform

  F 风成地貌

    风积地貌

    风沙地貌

    风蚀地貌

    荒漠地貌

    沙漠地貌

gang di si shan xing

冈底斯山型 ［0101A］

Gangdisê Type

  S 高原疫源地

gao cheng

高程 ［0101A］

Elevation

  Y 高度

gao cheng kong zhi dian

高程控制点 ［0101A］

Elevation Control Point

  S 控制点

gao cheng xi

高程系 ［0101A］

Elevation System

  S 地图元数据

gao di

高地 ［0101A］

Highland

  S 地貌

gao fen bian lü wei xing shu ju

高分辨率卫星数据 ［0101G］

High Resolution Satellite Data

  S 卫星遥感数据

gao fen zi hua he wu

高分子化合物 ［0102B］

High Molecular Compound

  S 胶体物质

gao fu cha shui

高氟茶水 ［0102B］

High-Fluoride Tea Water

  S 中国氟中毒病区生态环境类型

gao fu wen quan xing

高氟温泉型 ［0101A］

High-Fluoride Spring Type

  S 中国氟中毒病区生态环境类型

gao fu yan kuang xing

高氟岩矿型 ［0101C］

High-Fluoride Rock Mine Type

  S 中国氟中毒病区生态环境类型

gao peng lu shui

高硼卤水 ［0102A］

High Boron Brine

  S 水

gao shan duo nian dong tu

高山多年冻土 ［0101C］

Alpine Permafrost

  S 多年冻土

gao shan fei shui zhong

高山肺水肿 ［0102B］

Mountain Pulmonary Oedema

  S 急性高山病

gao shan hu

高山湖 ［0101A］

Alpine Lake

  S 湖泊

gao shan nao shui zhong

高山脑水肿 ［0102B］

Mountain Cerebral Oedema

  S 急性高山病

gao shan zhi bei

高山植被 ［0101E］

Alpine Vegetation

S 植被

gao wei du duo nian dong tu
高纬度多年冻土 [0101C]
High-Latitude Permafrost
　　S 多年冻土

gao wen
高温 [0102B]
High Temperatures
　　S 极端天气

gao wen
高温 [0102B]
Heat Damage
　　S 气象灾害

gao xiao ye xiang se pu fen xi fa
高效液相色谱分析法 [0102F]
High Performance Liquid Chromatographic
Analysis Method
　　S 液相色谱分析法

gao yuan duo nian dong tu
高原多年冻土 [0101C]
Plateau Permafrost
　　S 多年冻土

gao yuan yi yuan di
高原疫源地 [0102B]
Plateau Epidemics
　　F 祁连山型
　　　青藏高原型
　　　冈底斯山型
　　　昆仑型

ge ti li du shu ju mo xing
个体粒度数据模型 [0101H]
Individual Granularity Data Model
　　S 地理大数据数据模型

geng di
耕地 [0101A]
Farmland

S 已利用土地

geng di（di xing tiao jian）
耕地（地形条件） [0101A]
Farmland（Topographical Condition）
　　F 平地
　　　梯地
　　　坡地

geng di（shui li tiao jian）
耕地（水利条件） [0101A]
Farmland（Hydrological Condition）
　　F 水田
　　　水浇地
　　　旱地

geng di li yong
耕地利用 [0101A]
Cultivated Land Utilization
　　S 土地利用

geng zuo tu rang
耕作土壤 [0101E]
Cultivated Soil
　　S 土壤

geng zuo zhi du
耕作制度 [0102D]
Farming System
　　F 单一作物制
　　　多种经营
　　　两熟制
　　　轮作制度
　　　套作
　　　游耕

gong cheng di zhi xue
工程地质学 [0101C]
Engineering Geology
　　S 地质学

gong cheng dong tu xue
工程冻土学 [0101H]
Engineering Geocryology

S 冻土学

S 伽利略系统服务

gong cheng huan jing xue
工程环境学 [0102B]
Engineering Environmental Studies
　S 部门环境学

gong gong guan zhi shu ju
公共管制数据 [0102F]
Public Control Data
　S 伽利略卫星导航电文数据

gong kuang yong di
工矿用地 [0101D]
Industrial and Mining Land
　S 已利用土地

gong neng xiang xi she ji
功能详细设计 [0102F]
Functional Detailed Design
　S GIS 应用系统详细设计

gong ye gu ti fei wu
工业固体废物 [0102B]
Industrial Solid Waste
　S 固体废物

gong dian zhi biao
供电指标 [0102E]
Power Supply Index
　S 卫星平台能力指标

gong ye sheng chan zao sheng
工业生产噪声 [0102F]
Industrial Production Noise
　S 噪声来源

gong
汞 [0102B]
Mercury
　D 水银

gong ye wu ran
工业污染 [0102B]
Industrial Pollution
　S 环境污染

gong sheng duo nian dong tu
共生多年冻土 [0101C]
Symbiotic Permafrost
　S 多年冻土

gong ye xi tong wu ran fang zhi gui hua
工业系统污染防治规划 [0102D]
Industrial System Pollution Control Planning
　S 部门污染综合防治规划

gong sheng xing ni shi liu
共生性泥石流 [0102C]
Symbiotic Debris Flow
　S 泥石流

gong ye yong di
工业用地 [0101D]
Industrial Land
　S 土地利用

gou gu
沟谷 [0101A]
Ravine
　S 谷

gong ye yong shui
工业用水 [0102D]
Industrial Water
　S 水

gou gu ni shi liu
沟谷泥石流 [0102C]
Valley Debris Flow
　S 泥石流

gong gong guan zhi fu wu
公共管制服务 [0102D]
Public Regulatory Service

gou gu qin shi
沟谷侵蚀 [0101A]
Gully Erosion

S 土壤侵蚀

gou guan
沟灌 [0101B]
Furrow Irrigation
S 灌溉

gou jian wan shan fa lü ti xi
构建完善法律体系 [0102F]
Build and Improve the Legal System
S 生物多样性保护

gou zao di lie feng
构造地裂缝 [0101C]
Tectonic Cracks
S 地裂缝

gou zao di mao
构造地貌 [0101C]
Structural Landform
S 地貌

gou zao di mao xue
构造地貌学 [0101C]
Tectonic Geomorphology
S 地貌学

gou zao hu
构造湖 [0101E]
Tectonic Lake
S 湖泊

gou zao jie di
构造阶地 [0101C]
Tectonic Terrace
S 阶地

gou zao pen di
构造盆地 [0101C]
Tectonic Basin
S 盆地

gu bing chuan
古冰川 [0101A]
Ancient Glacier

S 冰川

gu bing yuan di mao
古冰缘地貌 [0101A]
Ancient Periglacial Landform
S 冰缘地貌

gu di mao
古地貌 [0101A]
Ancient Landform
S 地貌

gu di mao xue
古地貌学 [0101A]
Paleogeomorphology
S 地貌学

gu gou zao
古构造 [0101C]
Paleostructure
S 地质构造

gu he dao
古河道 [0101A]
Ancient River Course
S 河道

gu hu zhao
古湖沼 [0101A]
Paleolake
S 湖泊

gu hua po
古滑坡 [0101H]
Ancient Landslide
S 滑坡

gu ni shi liu
古泥石流 [0102C]
Paleo-Debris Flow
S 泥石流

gu qi hou xue
古气候学 [0102F]
Paleoclimatology

S 气候学

gu sheng wu xue
古生物学 [0101H]
Paleontology
  S 地质学

gu shui wen xue
古水文学 [0102F]
Paleohydrology
  S 水文学

gu tu rang
古土壤 [0101C]
Paleosol
  S 土壤

gu zhi bei
古植被 [0101E]
Ancient Vegetation
  S 植被

gu
谷 [0101A]
Valley
  F 冰川谷
    沟谷
    河谷
    山谷

gu ding sha di
固定沙地 [0101E]
Fixed Sandy Land
  S 沙地

gu ding sha qiu
固定沙丘 [0101E]
Fixed Dune
  S 沙丘

gu hua / wen ding hua
固化/稳定化 [0102F]
Solidification/Stabilization

S 物理化学修复技术

gu hua chu li
固化处理 [0102B]
Curing Treatment
  S 固体废物处理技术

gu sha
固沙 [0102B]
Sand Stabilization
  F 化学固沙
    机械固沙
    植物固沙

gu sha zao lin
固沙造林 [0102B]
Sand-Fixing Afforestation
  S 植树造林

gu ti fei wu
固体废物 [0102B]
Solid Waste
  D 废物

gu ti fei wu
固体废物 [0102F]
Solid Waste
  F 矿业固体废物
    工业固体废物
    城市固体废物
    农业固体废物
    放射性固体废物
    医疗固体废物

gu ti fei wu chu li ji shu
固体废物处理技术 [0102F]
Solid Waste Treatment Technology
  F 热处理
    生物处理
    化学处理
    固化处理

gu ti fei wu chu zhi fang fa
固体废物处置方法 ［0102F］
Solid Waste Disposal Methods
　F 海洋处置
　　陆地处置

gu ti fei wu wu ran fang zhi gui hua
固体废物污染防治规划 ［0102B］
Solid Waste Pollution Control Planning
　S 污染防治规划

gu ti jing liu
固体径流 ［0102F］
Solid Runoff
　S 径流

gu ti za zhi
固体杂质 ［0102B］
Solid Impurities
　S 地球大气

gu ti za zhi
固体杂质 ［0102B］
Solid Impurities
　F 盐粒
　　烟粒
　　尘埃

guan li fang shi she ji
管理方式设计 ［0102F］
Management Mode Design
　S GIS 应用系统总体设计

guan li fang shi she ji
管理方式设计 ［0101H］
Management Mode Design
　F 经费管理
　　保证实施条件
　　运行管理
　　计划实施
　　实施方案说明
　　组织协调

guan li xin xi xi tong
管理信息系统 ［0102F］
Management Information System
　S 信息系统类型（智能化程度）

guan xing li chu chen zhuang zhi
惯性力除尘装置 ［0102F］
Inertia Force Dust Collector
　S 除尘器（粒子分离原理）

guan gai
灌溉 ［0102D］
Irrigate
　F 滴灌
　　地下灌溉
　　沟灌
　　井灌
　　喷灌
　　畦灌
　　污水灌溉
　　咸水灌溉
　　自流灌溉

guan gai shui guan li
灌溉水管理 ［0102A］
Irrigation Water Management
　S 水管理

guan gai xi tong
灌溉系统 ［0102E］
Irrigation System
　S 水文系统

guang he zuo yong gu ding tai yang neng
光合作用固定太阳能 ［0102B］
Photosynthesis Fixes Solar Energy
　S 生态价值

guang hua xue jiang jie
光化学降解 ［0102B］
Photochemical Degradation
　S 非生物降解

guang wu ran

光污染 ［0102F］

Light Pollution

  F 白亮污染

    人工白昼污染

    彩光污染

guang xue yao gan

光学遥感 ［0101G］

Optical Remote Sensing

  F 可见光-反射红外遥感

    热红外遥感

guang bu duo nian dong tu

广布多年冻土 ［0101C］

Extensive Permafrost

  S 多年冻土

guang du you xian sou suo

广度优先搜索 ［0101A］

Breadth-First-Search

  S 图像处理算法

gui cheng te xing

规程特性 ［0102F］

Procedure Characteristic

  S 接口规范

gui hua xi lie mo xing

规划系列模型 ［0101H］

Planning Series Model

  S 属性数据分析模型

gui hua xi lie mo xing

规划系列模型 ［0101H］

Planning Series Model

  F 线性规划模型

    非线性规划模型

    动态规划模型

    投入-产出模型

gui lü xing

规律性 ［0101A］

Regularity

  S 纹理的性质

gui ze fen bu

规则分布 ［0101H］

Regular Distribution

  S 空间散布方式

guo ji di qiu can kao xi

国际地球参考系 ［0101H］

International Terrestrial Reference System

  S 地心坐标系

guo ji xie yi yuan dian

国际协议原点 ［0101H］

International Agreements Origin

  C 协议地球坐标系

guo jia da di zuo biao xi

国家大地坐标系 ［0101A］

China Geodetic Coordinate System 2000

  S 地心坐标系

guo jie

国界 ［0101A］

National Boundary

  S 地域界线

guo tu

国土 ［0101D］

Territory

  S 遥感应用

guo tu zi yuan

国土资源 ［0102A］

Land and Resource

  F 自然资源

    经济资源

    人力资源

    不可再生资源

    环境资源

    农业资源

    潜在资源

    热带资源

水热资源
再生资源

guo cheng fu he
过程复合 ［0102F］
Process Compound
　S 复合型污染

guo cheng hua fen fa
过程划分法 ［0102F］
Process Partition Method
　S 系统模块结构设计

guo lü shi chu chen qi
过滤式除尘器 ［0102B］
Filtration Dust Collector
　S 除尘器（除尘机理）

guo lü shi chu chen zhuang zhi
过滤式除尘装置 ［0102B］
Filtration Dust Collector
　S 除尘器（粒子分离原理）

guo shen
过伸 ［0102E］
Overshoot
　S 线要素拓扑错误

guo shen
过伸 ［0102E］
Overshoot
　C 悬挂节点

hai an di mao
海岸地貌 ［0101A］
Coastal Landform
　S 地貌

hai an di mao xue
海岸地貌学 ［0101A］
Coastal Geomorphology
　S 地貌学

hai an jie di
海岸阶地 ［0101F］
Coastal Terrace
　S 阶地

hai an ping yuan
海岸平原 ［0101F］
Coastal Plain
　S 平原

hai an sha qiu
海岸沙丘 ［0101E］
Coastal Dune
　S 沙丘

hai bin sha di
海滨沙地 ［0101E］
Coastal Sandy Land
　S 沙地

hai bing
海冰 ［0101E］
Sea Ice
　S 海洋灾害

hai cao
海槽 ［0101F］
Oceanic Basin
　S 地质构造

hai di di mao
海底地貌 ［0101F］
Seabed Landform
　S 地貌

hai di ping yuan
海底平原 ［0101F］
Abyssal Plain
　S 平原

hai di sui dao
海底隧道 ［0102F］
Undersea Tunnel

S 隧道

hai lang
海浪 ［0101F］
Sea Waves
　　S 海洋灾害

hai ling di zhen dai
海岭地震带 ［0102C］
Ridge Seismic Zone
　　S 全球地震活动带

hai liu
海流 ［0101F］
Ocean Current
　　F 潮流
　　　寒流
　　　黑潮
　　　季风海流
　　　暖流
　　　上升流

hai lu bian qian
海陆变迁 ［0102B］
Marine-Land Transformation
　　S 环境变迁

hai lu jian xun huan
海陆间循环 ［0102B］
Ocean-Land Circulation
　　Y 大循环

hai mian wen du
海面温度 ［0101E］
Sea Surface Temperature
　　S 水温

hai shang fen shao
海上焚烧 ［0102B］
Incineration at Sea
　　S 海洋处置

hai shi tai di
海蚀台地 ［0101A］
Marine Mesa
　　S 台地

hai shui ru qin
海水入侵 ［0102B］
Sea Water Intrusion
　　S 地质灾害

hai shui wen du
海水温度 ［0101F］
Sea Water Temperature
　　S 水温

hai shui yang zhi
海水养殖 ［0101F］
Mariculture
　　S 水产养殖

hai tan yan
海滩岩 ［0101A］
Beach Rock
　　S 岩石

hai tu
海图 ［0101F］
Nautical Chart
　　S 地图

hai xiao
海啸 ［0102C］
Tsunami
　　S 海洋灾害

hai yang
海洋 ［0101F］
Ocean
　　S 遥感应用

hai yang chen ji
海洋沉积 ［0101F］
Marine Deposit

S 沉积

hai yang chen ji wu
海洋沉积物 ［0101E］
Marine Sediment
　S 沉积物

hai yang chu zhi
海洋处置 ［0101F］
Marine Disposal
　S 固体废物处置方法

hai yang chu zhi
海洋处置 ［0101F］
Marine Disposal
　F 深海投弃
　　海上焚烧

hai yang di mao xue
海洋地貌学 ［0101F］
Marine Geomorphology
　S 地貌学

hai yang di zhi xue
海洋地质学 ［0101C］
Marine Geology
　S 地质学

hai yang huan jing guan li
海洋环境管理 ［0102B］
Marine Environmental Management
　S 区域环境管理

hai yang jian ce
海洋监测 ［0101F］
Marine Monitoring
　S 海洋环境遥感

hai yang ke xue
海洋科学 ［0101F］
Marine Science
　C 地球系统科学

hai yang sheng wu
海洋生物 ［0101F］
Marine Life
　S 水生生物

hai yang shui ti
海洋水体 ［0101F］
Marine Water Body
　S 水体

hai yang shui wen
海洋水文 ［0101F］
Marine Hydrology
　S 水文

hai yang wu ran
海洋污染 ［0102B］
Marine Pollution
　S 环境污染

hai yang xing bing chuan
海洋型冰川 ［0101F］
Maritime Glacier
　S 冰川

hai yang yao gan
海洋遥感 ［0101F］
Oceanographic Remote Sensing
　S 遥感

hai yang zai hai
海洋灾害 ［0102C］
Marine Disasters
　S 自然灾害

hai yang zai hai
海洋灾害 ［0102C］
Marine Disasters
　F 风暴潮
　　海啸
　　海浪
　　海冰
　　赤潮

hai yang zi yuan

海洋资源 [0102A]

Marine Resources

    S 自然资源

han lu su you ji wu ran wu

含卤素有机污染物 [0102B]

Halogenated Organic Pollutants

    S 持久性有机污染物

han shui zhuang kuang

含水状况 [0101E]

Water Condition

    S 反射波谱影响因素（岩石）

han yang、liu you ji wu ran wu

含氧、硫有机污染物 [0102B]

Xygenated, Sulphur Organic Pollutants

    S 持久性有机污染物

han yang you ji wu ran wu

含氧有机污染物 [0102F]

Oxygenated Organic Pollutants

    S 持久性有机污染物

han dong bo yi di mao

寒冻剥夷地貌 [0101A]

Periglacial Denudation Landform

    S 冰缘地貌

han wen dai wen run zhen ye lin jing guan

寒温带温润针叶林景观 [0101E]

Temperate Moist Coniferous Forest Landscape

    S 中国地理景观类型

han di

旱地 [0101E]

Dryland

    S 耕地（水利条件）

hang su

航速 [0102E]

Speed of Ship

    S 遥感平台的运动状态

hao yang dui fei fa

好氧堆肥法 [0102F]

Aerobic Composting

    Y 好氧生物处理

hao yang sheng wu chu li

好氧生物处理 [0102F]

Aerobic Biological Treatment

    S 生物处理

hao yang sheng wu chu li

好氧生物处理 [0102F]

Aerobic Biological Treatment

    D 好氧堆肥法

he chuan jing liu

河川径流 [0102B]

Streamflow

    S 径流

he gu

河谷 [0101A]

River Valley

    S 谷

he ji hu

河迹湖 [0101A]

River-Formed Lake

    S 湖泊

he kou qu

河口区 [0101F]

Estuary Area

    S 水文区

he liu chen ji

河流沉积 [0101A]

River Deposit

    S 沉积

he liu chen ji wu

河流沉积物 [0101A]

River Sediment

S 沉积物

he liu shui hua xue
河流水化学 [0102B]
River Hydrochemistry
S 水化学

he liu shui wen
河流水文 [0102B]
River Hydrology
S 水文

he liu xiang
河流相 [0101A]
Fluvial Facies
S 陆相

he liu xue
河流学 [0102B]
Riverology
S 水文学

he wu qi shi yan chen jiang wu
核武器试验沉降物 [0102C]
Fallout from Nuclear Weapons Tests
S 放射性污染来源

he tu
褐土 [0101A]
Cinnamon Soil
S 土壤

hei chao
黑潮 [0101F]
Kuroshio
S 海流

hei gai tu
黑钙土 [0101E]
Chernozem
S 土壤

hei se jin shu
黑色金属 [0102F]
Ferrous Metals

S 金属

hei tu di dai
黑土地带 [0101E]
Black Soil Zone
S 自然地带

heng xiang sha qiu
横向沙丘 [0101E]
Transverse Dune
S 沙丘

heng zhou mo ka tuo tou ying
横轴墨卡托投影 [0101H]
Transverse Mercator Projection
S 切圆柱投影

heng zhou mo ka tuo tou ying
横轴墨卡托投影 [0101A]
Transverse Mercator Projection
D 高斯-克吕格投影

hong chao
红潮 [0101F]
Red Tide
Y 赤潮

hong rang
红壤 [0101E]
Red Soil
S 土壤

hong guan xi tong
宏观系统 [0101H]
Macroscopic System
S 量子信源系统

hong lao zai hai
洪涝灾害 [0102C]
Flood Disasters
S 自然灾害

hong lao zai hai
洪涝灾害 [0102C]
Flood Disasters

F 洪水
　　涝灾

hong shui
洪水 [0102C]
Flood
　　S 洪涝灾害

hong shui guo cheng xian
洪水过程线 [0102C]
Flood Process Line
　　S 水文过程线

hong shui yu bao
洪水预报 [0102C]
Flood Forecast
　　S 水文预报

hong shui zai qing jian ce
洪水灾情检测 [0102C]
Flood Disaster Detection
　　F 地面站网观测
　　　宏观遥感监测

hong shui zai qing yu bao xi tong
洪水灾情预报系统 [0102C]
Flood Disaster Forecasting System
　　S 地理信息系统

hou sheng duo nian dong tu
后生多年冻土 [0101C]
Secondary Permafrost
　　S 多年冻土

hu xing gou zao
弧形构造 [0101C]
Arc Structure
　　S 地质构造

hu cheng jie di
湖成阶地 [0101A]
Lacustrine Terrace
　　S 阶地

hu ji tu
湖积土 [0101E]
Lacustrine Soil
　　S 土壤

hu po
湖泊 [0101A]
Lake
　　F 冰川湖
　　淡水湖
　　地下湖
　　富营养湖
　　干涸湖
　　高山湖
　　构造湖
　　古湖沼
　　河迹湖
　　滑坡湖
　　火山湖
　　季节湖
　　喀斯特湖
　　内陆湖
　　咸水湖
　　潟湖
　　堰塞湖
　　游移湖

hu po chen ji
湖泊沉积 [0101E]
Lake Deposit
　　S 沉积

hu po chen ji wu
湖泊沉积物 [0101E]
Lake Sediment
　　S 沉积物

hu po sheng wu
湖泊生物 [0101E]
Lake Organism
　　S 水生生物

hu po shui

湖泊水 ［0101E］

Lake Water

　S 天然水

hu po shui hua xue

湖泊水化学 ［0102B］

Lake Hydrochemistry

　S 水化学

hu po shui wen

湖泊水文 ［0102B］

Lake Hydrology

　S 水文

hu po yan bian

湖泊演变 ［0102B］

Lake Evolution

　S 环境变迁

hu shui huan liu

湖水环流 ［0102B］

Lake Circulation

　S 环流

hu shui wen du

湖水温度 ［0102B］

Lake Temperature

　S 水温

hu xiang

湖相 ［0101E］

Lacustrine Facies

　S 陆相

hu zhao wa di

湖沼洼地 ［0101A］

Lake and Marsh Depression

　S 洼地

hua gang yan

花岗岩 ［0101C］

Granite

　S 非金属

hua lai shi xian

华莱士线 ［0101A］

Wallace Line

　S 地理界限

hua dong

滑动 ［0102C］

Slide

　S 块体运动

hua po

滑坡 ［0102C］

Landslide

　D 走山

hua po

滑坡 ［0102C］

Landslide

　D 垮山

hua po

滑坡 ［0102C］

Landslide

　D 地滑

hua po

滑坡 ［0102C］

Landslide

　D 土溜

hua po

滑坡 ［0102C］

Landslide

　S 地质灾害

hua po

滑坡 ［0102C］

Slide

　F 岸边滑坡

　　暴雨滑坡

　　表层滑坡

地震滑坡
冻融滑坡
古滑坡
黄土滑坡
混合型滑坡
活动滑坡
挤出式滑坡
均质土滑坡
块体滑坡
陆上滑坡
牵引式滑坡
潜伏性滑坡
切向滑坡
人为滑坡
水底滑坡
顺层滑坡
旋转滑坡
岩质滑坡
自然滑坡

hua po ba
滑坡坝 [0102C]
Landslide Dam
　S 坝

hua po dai
滑坡带 [0102C]
Landslide Zone
　S 自然地带

hua po dui ji
滑坡堆积 [0102C]
Landslide Deposits
　S 堆积

hua po fang zhi
滑坡防治 [0102C]
Landslide Prevention and Control
　S 灾害防治

hua po hu
滑坡湖 [0102B]
Landslide Lake

　S 湖泊

hua po qu hua
滑坡区划 [0102C]
Landslide Hazard Zonation
　S 地貌区划

hua po tai di
滑坡台地 [0102B]
Landslide Mesa
　S 台地

hua po xing ni shi liu
滑坡型泥石流 [0102C]
Landslide-Type Debris Flow
　S 泥石流

hua po yun dong
滑坡运动 [0102C]
Landslide Movement
　S 块体运动

hua ta
滑塌 [0102C]
Slump
　S 块体运动

hua xue chen dian fa
化学沉淀法 [0102B]
Chemical Precipitation Method
　S 化学处理法

hua xue chen ji wu
化学沉积物 [0101C]
Chemical Sediment
　S 沉积物

hua xue feng hua
化学风化 [0102B]
Chemical Weathering
　S 风化

hua xue gu sha
化学固沙 [0102C]
Chemical Sand Stabilization

S 固沙

hua xue jiang jie
化学降解 [0102B]
Chemical Degradation
　　S 非生物降解

hua xue lin xi
化学淋洗 [0102B]
Chemical Leaching
　　S 物理化学修复技术

hua xue ping heng
化学平衡 [0101A]
Chemical Equilibrium
　　S 物质平衡

hua xue wu ran
化学污染 [0102B]
Chemical Pollution
　　S 环境污染

hua xue xing shui zhi zhi biao
化学性水质指标 [0102B]
Chemical Water Quality Indicators
　　S 水质指标

hua xue yan hua
化学演化 [0102B]
Chemical Evolution
　　S 生命演化历程

hua xue yang hua / huan yuan
化学氧化/还原 [0102B]
Chemical Oxidation/Reduction
　　S 物理化学修复技术

huan jing
环境 [0102B]
Environment
　　F 自然环境
　　　人工环境

huan jing bao hu di tu
环境保护地图 [0102B]
Environmental Protection Map
　　S 地图

huan jing bao hu shui
环境保护税 [0102B]
Environmental Protection Tax
　　D 生态税

huan jing bao hu shui
环境保护税 [0102B]
Environmental Protection Tax
　　D 绿色税

huan jing bian qian
环境变迁 [0102B]
Environmental Change
　　F 海陆变迁
　　　湖泊演变
　　　景观演变
　　　沙漠演变
　　　水系变迁
　　　植被变迁

huan jing cheng zai li
环境承载力 [0102B]
Environmental Bearing Capacity
　　S 资源环境承载力

huan jing cheng zai li
环境承载力 [0102B]
Environmental Bearing Capacity
　　F 水环境承载力
　　　交通环境承载力
　　　生态环境承载力
　　　旅游环境承载力

huan jing di mao xue
环境地貌学 [0102B]
Environmental Geomorphology
　　S 地貌学

huan jing di xue

环境地学 ［0102B］

Environmental Geoscience

　S 基础环境学

huan jing du li xue

环境毒理学 ［0102B］

Environmental Toxicology

　S 基础环境学

huan jing fa xue

环境法学 ［0102F］

Environmental Law

　S 社会环境学

huan jing gong cheng xue

环境工程学 ［0102F］

Environmental Engineering

　S 应用环境学

huan jing guan li（fan wei）

环境管理（范围） ［0102B］

Environmental Management（Scope）

　F 资源环境管理

　　区域环境管理

　　部门环境管理

huan jing guan li（xing zhi）

环境管理（性质） ［0102B］

Environmental Management（Nature）

　F 环境计划管理

　　环境质量管理

　　环境技术管理

huan jing guan li xue

环境管理学 ［0102B］

Environmental Management

　S 社会环境学

huan jing gui hua

环境规划 ［0102B］

Environmental Planning

　S 理论环境学

huan jing gui hua（huan jing yao su）

环境规划（环境要素） ［0102B］

Environmental Planning（Environmental Elements）

　F 污染防治规划

　　生态规划

huan jing gui hua（xing zhi）

环境规划（性质） ［0102B］

Environmental Planning（Nature）

　F 生态规划

　　污染综合防治规划

　　自然保护规划

huan jing gui hua（zhi yue guan xi）

环境规划（制约关系） ［0102B］

Environmental Planning（Constraints）

　F 经济制约型规划

　　协调发展型规划

　　环境制约型规划

huan jing gui hua ji shu

环境规划技术 ［0102B］

Environmental Planning Technique

　F 环境系统分析方法

　　环境规划决策方法

huan jing gui hua jue ce fang fa

环境规划决策方法 ［0102B］

Environmental Planning Decision Method

　S 环境规划技术

huan jing gui hua xue

环境规划学 ［0102B］

Environmental Planning

　S 应用环境学

huan jing hua xue

环境化学 ［0102B］

Environmental Chemistry

　S 基础环境学

huan jing ji hua guan li

环境计划管理 ［0102B］

Environmental Program Management

S 环境管理（性质）

huan jing ji shu guan li
环境技术管理 [0102B]
Environmental Technology Management
S 环境管理（性质）

huan jing jian ce（dui xiang）
环境监测（对象） [0102B]
Environmental Monitoring（Object）
F 水质监测
空气检测
土壤监测
固体废物监测
生物监测
噪声和振动监测
电磁辐射监测
放射性监测
热监测
光监测
病原体监测
病毒监测
寄生虫监测

huan jing jian ce（mu di）
环境监测（目的） [0102B]
Environmental Monitoring（Purpose）
F 监视性监测
特定目的监测
研究性监测

huan jing jian ce（qu yu）
环境监测（区域） [0102B]
Environmental Monitoring（Regional）
F 厂区监测
区域监测

huan jing jian ce（zhuan ye bu men）
环境监测（专业部门） [0102B]
Environmental Monitoring（Specialized Department）
F 气象监测
卫生监测
资源检测

huan jing jian ce fang fa
环境监测方法 [0102B]
Environmental Monitoring Method
F 发挥分析法
仪器分析法
生物监测方法

huan jing jian ce ji shu
环境监测技术 [0102B]
Environmental Monitoring Technology
F 采样技术
样品预处理技术
测试技术
数据处理技术

huan jing jian ce xue
环境监测学 [0102B]
Environmental Monitoring
S 应用环境学

huan jing jiao yu xue
环境教育学 [0102B]
Environmental Education
S 社会环境学

huan jing jie gou dan yuan
环境结构单元 [0102B]
Environmental Structural Unit
C 环境要素

huan jing jie gou dan yuan
环境结构单元 [0102B]
Environmental Structural Unit
C 环境系统

huan jing jing ji xue
环境经济学 [0102D]
Environmental Economics
S 社会环境学

huan jing ke xue
环境科学 [0102B]
Environmental Science

C 自然科学

huan jing ke xue
环境科学 ［0102B］
Environmental Science
　C 社会科学

huan jing ke xue
环境科学 ［0102B］
Environmental Science
　C 技术科学

huan jing ke xue
环境科学 ［0102B］
Environmental Science
　F 基础环境学
　　应用环境学
　　社会环境学

huan jing ke xue（liu pei tong）
环境科学 （刘培桐） ［0102B］
Environmental Science （Liu）
　F 理论环境学
　　综合环境学
　　部门环境学

huan jing ke xue fang fa lun
环境科学方法论 ［0102B］
Environmental Science Methodology
　S 理论环境学

huan jing liu xing bing xue diao cha fa
环境流行病学调查法 ［0102B］
Environmental Epidemiological Investigation Method
　S 生物监测方法

huan jing lun li xue
环境伦理学 ［0102F］
Environmental Ethics
　S 社会环境学

huan jing mei xue
环境美学 ［0102B］
Environmental Aesthetics

S 社会环境学

huan jing ping jia fang fa
环境评价方法 ［0102B］
Environmental Assessment Method
　F 指数评价法
　　模型预测法
　　模糊综合评判法
　　专家评价法

huan jing ping jia xin xi xi tong
环境评价信息系统 ［0102B］
Environmental Impact Assessment Information System
　S 地理信息系统

huan jing qi hou xue
环境气候学 ［0102B］
Environmental Climatology
　S 气候学

huan jing qu hua
环境区划 ［0102B］
Environmental Zoning
　S 理论环境学

huan jing rong liang
环境容量 ［0102B］
Environmental Capacity
　F 大气环境容量
　　水环境容量
　　土壤环境容量
　　人口环境容量
　　城市环境容量

huan jing rong xu jiang jie
环境容许降解 ［0102B］
Environmentally Permissible Degradation
　S 农业降解阶段

huan jing sheng tai xue
环境生态学 ［0102B］
Environmental Ecology
　S 基础环境学

huan jing sheng wu xue

环境生物学 ［0102B］

Environmental Biology

　　S 基础环境学

huan jing shu xue

环境数学 ［0102B］

Environmental Mathematics

　　S 基础环境学

huan jing shui wen xue

环境水文学 ［0102B］

Environmental Hydrology

　　S 水文学

huan jing tong wei su

环境同位素 ［0102B］

Environmental Isotope

　　S 同位素

huan jing wen ti

环境问题 ［0102B］

Environmental Issue

　　F 原生环境问题

　　　次生环境问题

huan jing wu ran

环境污染 ［0102B］

Environmental Pollution

　　S 次生环境问题

huan jing wu ran

环境污染 ［0102B］

Environmental Pollution

　　F 草场污染

　　　城市污染

　　　大气污染

　　　点源污染

　　　二次污染

　　　非点源污染

　　　工业污染

　　　海洋污染

　　　化学污染

　　　食物污染

　　　水污染

　　　土壤污染

huan jing wu li xue

环境物理学 ［0102B］

Environmental Physics

　　S 基础环境学

huan jing xi tong

环境系统 ［0102B］

Environmental System

　　C 环境结构单元

huan jing xi tong

环境系统 ［0102B］

Environmental System

　　D 环境整体

huan jing xi tong fen xi fang fa

环境系统分析方法 ［0102F］

Environmental System Analysis Method

　　S 环境规划技术

huan jing xin xi xi tong

环境信息系统 ［0101H］

Environmental Information System

　　S 地理信息系统

huan jing yao su

环境要素 ［0102B］

Environmental Element

　　D 环境基质

huan jing yao su

环境要素 ［0102B］

Environmental Element

　　F 自然环境要素

　　　社会环境要素

huan jing yao su

环境要素 ［0102B］

Environmental Element

C 环境结构单元

huan jing ying xiang ping jia
环境影响评价 [0102B]
Environmental Impact Assessment
    F 战略环境影响评价
      区域开发环境影响评价
      建设项目环境影响评价

huan jing zhe xue
环境哲学 [0102F]
Environmental Philosophy
    S 社会环境学

huan jing zheng ti
环境整体 [0102B]
Environmental Wholeness
    Y 环境系统

huan jing zhi yue xing gui hua
环境制约型规划 [0102B]
Environmental Planning
    S 环境规划（制约关系）

huan jing zhi liang fen ji
环境质量分级 [0102B]
Environmental Quality Classification
    S 指数评价法

huan jing zhi liang guan li
环境质量管理 [0102B]
Environmental Quality Management
    S 环境管理（性质）

huan jing zhi liang jian ce
环境质量监测 [0102B]
Environmental Quality Monitoring
    S 监视性监测

huan jing zhi liang ping jia
环境质量评价 [0102B]
Environmental Quality Assessment
    S 理论环境学

huan jing zhi liang ping jia
环境质量评价 [0102B]
Environmental Quality Assessment
    S 应用环境学

huan jing zhi liang zong he zhi shu
环境质量综合指数 [0102B]
Composite Environmental Quality Index
    S 指数评价法

huan jing zi yuan
环境资源 [0102B]
Environmental Resources
    S 国土资源

huan lu jie shu
环路阶数 [0102F]
Loop Order
    S 载波跟踪环路

huan lu wen tai xiang ying
环路稳态相应 [0102F]
Loop Steady State Response
    S 载波跟踪环路

huan tai ping yang di zhen dai
环太平洋地震带 [0102C]
Pacific Rim Seismic Zone
    S 全球地震活动带

huan xing tuo pu jie gou
环形拓扑结构 [0101H]
Ring Topology
    S 卫星星座拓扑结构

huan yang hua
环氧化 [0101C]
Epoxidation
    S 氧化

huan chong qu
缓冲区 [0102F]
Buffer Area

F 点缓冲区
　线缓冲区
　面缓冲区

huan chong qu cha xun
缓冲区查询 [0102F]
Buffer Query
　S 空间关系查询

huan chong qu fen xi
缓冲区分析 [0101H]
Buffer Analysis
　S 矢量数据空间分析

huang mo
荒漠 [0101E]
Desert
　S 世界陆地景观带

huang mo
荒漠 [0101E]
Desert
　F 温带荒漠
　　暖温带荒漠
　　亚热带荒漠

huang mo cao yuan
荒漠草原 [0101E]
Desert Grassland
　S 世界陆地景观带

huang mo cao yuan
荒漠草原 [0101E]
Desert Grassland
　F 温带荒漠草原
　　暖温带荒漠草原
　　亚热带荒漠草原
　　热带荒漠草原

huang mo di dai
荒漠地带 [0101A]
Desert Area
　S 自然地带

huang mo di mao
荒漠地貌 [0101A]
Desert Landform
　S 干燥地貌

huang mo di mao xue
荒漠地貌学 [0101A]
Desert Geomorphology
　S 地貌学

huang mo hua fang zhi
荒漠化防治 [0102B]
Desertification Prevention and Control
　S 灾害防治

huang mo tu rang
荒漠土壤 [0101E]
Desert Soil
　S 土壤

huang mo zhi bei
荒漠植被 [0101E]
Desert Vegetation
　S 植被

huang shan zao lin
荒山造林 [0102B]
Afforestation on Barren Mountains
　S 植树造林

huang tu
黄土 [0101A]
Loess
　S 土壤

huang tu chen ji
黄土沉积 [0101C]
Loess Deposit
　S 沉积

huang tu di mao
黄土地貌 [0101A]
Loess Landform

S 地貌

huang tu dui ji
黄土堆积 ［0101C］
Loess Deposits
　　S 堆积

huang tu hua po
黄土滑坡 ［0102C］
Loess Landslide
　　S 滑坡

huang tu qin shi
黄土侵蚀 ［0102B］
Loess Erosion
　　S 土壤侵蚀

huang zong rang
黄棕壤 ［0101E］
Yellow-Brown Soil
　　S 土壤

hui gai tu
灰钙土 ［0101E］
Gray Calcareous Soil
　　S 土壤

hui he tu
灰褐土 ［0101C］
Gray-Brown Soil
　　S 土壤

hui hua tu
灰化土 ［0101E］
Podzol
　　S 土壤

hui fa xing you ji wu （hua xue jie gou）
挥发性有机物 （化学结构）［0102B］
Volatile Organic Compounds （Chemical Structure）
　　F 烷类
　　　芳烃类
　　　烯类
　　　卤烃类
　　　酯类
　　　醛类
　　　酮类

hui fa xing you ji wu （xing zhi）
挥发性有机物 （性质）［0102B］
Volatile Organic Compounds （Nature）
　　F 有机溶液
　　　建筑材料
　　　室内装饰材料
　　　纤维材料
　　　办公用品
　　　室外工业气体

hui gui yu ce mo xing
回归预测模型 ［0102F］
Regression Prediction Model
　　S 预测系列与动态模拟模型

hui liu
汇流 ［0101A］
Confluence
　　S 径流

hui shui qu
汇水区 ［0101D］
Catchment Area
　　S 水文区

hun he jiao huan
混合交换 ［0101H］
Hybrid Switching
　　S 光路光交换

hun he shi
混合式 ［0102F］
Hybrid Type
　　S 主承力结构形式

hun he xing hua po
混合型滑坡 ［0102C］
Mixed-Type Landslide

S 滑坡

hun jiao lin
混交林 [0101E]
Mixed Forest
　S 温带森林

hun ning chen dian fa
混凝沉淀法 [0102F]
Coagulation Precipitation Method
　S 化学处理法

huo dong hua po
活动滑坡 [0102C]
Active Landslide
　S 滑坡

huo xing wu ni fa
活性污泥法 [0102B]
Activated Sludge Method
　S 生物处理法

huo cheng yan
火成岩 [0101C]
Volcanic Rock
　Y 岩浆岩

huo cheng yan
火成岩 [0101C]
Igneous Rock
　S 岩石

huo shan dai
火山带 [0101C]
Volcanic Zone
　S 自然地带

huo shan hu
火山湖 [0101C]
Volcanic Lake
　S 湖泊

huo shan ni shi liu
火山泥石流 [0102C]
Volcanic Debris Flow

S 泥石流

ji huang ren kou
饥荒人口 [0102D]
Starvation Population
　S 自然灾害损失程度指标

ji xie bo
机械波 [0101A]
Mechanical Waves
　S 波

ji xie chu chen qi
机械除尘器 [0102B]
Mechanical Dust Collector
　S 除尘器（除尘机理）

ji xie gu sha
机械固沙 [0102B]
Mechanical Sand Stabilization
　S 固沙

ji xie te xing
机械特性 [0102E]
Mechanical Characteristic
　S 接口规范

ji xie te xing
机械特性 [0102E]
Mechanical Characteristic
　F 连接器类型
　　插脚分配及安装

ji ben xiang
基本项 [0101A]
Fundamental Term
　Y 数据项

ji chu huan jing xue
基础环境学 [0102B]
Fundamental Environmental Studies
　S 环境科学

ji chu huan jing xue

基础环境学 [0102B]

Fundamental Environmental Studies

　　F 环境地学

　　　环境化学

　　　环境生态学

　　　环境数学

　　　环境物理学

　　　环境毒理学

　　　环境生物学

　　　水环境

　　　大气环境学

　　　物理环境学

　　　生物环境学

　　　土壤环境学

ji chu zhi tu shu ju

基础制图数据 [0101A]

Basic Cartographic Data

　　S GIS 数据来源

ji yan

基岩 [0101C]

Bedrock

　　S 岩石

ji yu mo xing fang fa

基于模型方法 [0101A]

Model-Based Approach

　　S 纹理特征描述方法

ji yu mo xing fang fa

基于模型方法 [0101A]

Model-Based Approach

　　F 马尔可夫随机场

　　　高斯–马尔可夫随机场纹理描述

　　　分形模型

ji duan tian qi

极端天气 [0102C]

Extreme Weather

　　F 台风

　　　干旱

低温冷害

连阴雨

雪暴

冰雹

龙卷风

雷雨大风

强雷暴

高温

ji xing gao shan bing

急性高山病 [0102B]

Acute Mountain Sickness

　　F 急性高山反应

　　　高山肺水肿

　　　高山脑水肿

ji xing gao shan fan ying

急性高山反应 [0102B]

Acute Mountain Reaction

　　S 急性高山病

ji bing di li xue

疾病地理学 [0102F]

Disease Geography

　　S 医学地理

ji he kong xi lü

几何孔隙率 [0101C]

Geometric Porosity

　　S 孔隙率

ji he te xing

几何特性 [0101A]

Geometric Property

　　C 影像特征

ji he te zheng

几何特征 [0101A]

Geometric Features

　　S 遥感图像特征

ji chu shi hua po

挤出式滑坡 [0102C]

Push-out Landslide

S 滑坡

ji hua shi shi
计划实施 [0102F]
Plan Implementation
　　S 管理方式设计

ji suan ji
计算机 [0101H]
Computer
　　S 遥感数字图像处理系统（硬件）

ji suan ji fu zhu she ji
计算机辅助设计 [0101H]
Computer Aided Design
　　C 地理信息系统

ji suan zhong xin
计算中心 [0102F]
Computing Center
　　S 地面段

ji shu ke xue
技术科学 [0101A]
Technical Science
　　C 环境科学

ji feng hai liu
季风海流 [0101F]
Monsoon Current
　　S 海流

ji jie hu
季节湖 [0101A]
Seasonal Lake
　　S 湖泊

ji cheng
继承 [0101H]
Inherit
　　F 单继承
　　　多继承

ji sheng chong jian ce
寄生虫监测 [0102B]
Parasite Monitoring
　　S 环境监测（对象）

ji sheng chong luan
寄生虫卵 [0101H]
Parasite Egg
　　S 有机污染物

jia gong sheng chan guo cheng wu ran
加工生产过程污染 [0102B]
Processing and Production Process Pollution
　　S 食品污染途径

jia re qi pei zhi she ji
加热器配置设计 [0102E]
Heater Configuration Design
　　S 热控分系统设计

jia li zi
钾离子 [0101H]
Potassium Ion
　　S 水离子

jia yan
钾盐 [0102A]
Potash
　　S 非金属

jia zhi zhi biao
价值指标 [0102D]
Value Indicators
　　S 受灾体指标

jian jie jia zhi
间接价值 [0102D]
Indirect Value
　　S 生物多样性价值

jian jie jia zhi
间接价值 [0102D]
Indirect Value

F 生态价值
选择价值
存在价值
科学价值

jian jie jing ji sun shi
间接经济损失 [0102D]
Indirect Economic Loss
S 自然灾害损失程度指标

jian huan zai hai
减缓灾害 [0102C]
Disaster Mitigation
S 生态价值

jian zhi
剪枝 [0101H]
Pruning
S 数学形态学方法

jian li ji yin ku
建立基因库 [0102A]
Establish Gene Bank
S 生物多样性保护

jian she xiang mu huan jing ying xiang ping jia
建设项目环境影响评价 [0102B]
Environmental Impact Assessment of Construction Projects
S 环境影响评价

jian she yong di li yong
建设用地利用 [0101D]
Construction Land Utilization
S 土地利用

jian zhu cai liao
建筑材料 [0101H]
Building Materials
S 挥发性有机物（性质）

jian zhu shi gong zao sheng
建筑施工噪声 [0102F]
Construction Noise
S 噪声来源

jian zhu wu
建筑物 [0101D]
Buildings
S 城市地物

jian shi
溅蚀 [0102C]
Sputtering Corrosion
S 水蚀

jian lie jie he he cheng
键裂解和合成 [0101A]
Bond Cleavage and Synthesis
S 生物降解

jian zhi mo xing
键值模型 [0102F]
Key-Value Model
S NoSQL 数据库系统

jiang shui fen qu
降水分区 [0102B]
Rainfall Zone
S 气候区划

jiang shui liang
降水量 [0102B]
Precipitation Amount
S 干旱指标

jiang shui xiang dui bian lü
降水相对变率 [0102B]
Relative Variability of Precipitation
S 干旱指标

jiang shui zheng fa bi
降水蒸发比 [0102B]
Precipitation Evaporation Ratio

S 干旱指标

jiang yu jing liu
降雨径流 [0102B]
Rainfall Runoff
   S 径流

jiao dian xian
交点线 [0101A]
Line of Nodes
   C 坐标系

jiao tong huan jing cheng zai li
交通环境承载力 [0102B]
Traffic Environmental Carrying Capacity
   S 环境承载力

jiao tong liu yu ce
交通流预测 [0102D]
Traffic Flow Forecasting
   C 空间相关性

jiao tong liu yu ce
交通流预测 [0102D]
Traffic Flow Forecasting
   C 时间相关性

jiao tong liu yu ce
交通流预测 [0102D]
Traffic Flow Forecasting
   C 语义相关性

jiao tong tu
交通图 [0101H]
Transport Map
   S 地图

jiao tong wang luo xin xi xi tong
交通网络信息系统 [0102E]
Transport Network Information System
   S 地理信息系统

jiao tong yong di
交通用地 [0101D]
Transportation Land

S 已利用土地

jiao tong yun shu xin xi xi tong
交通运输信息系统 [0102F]
Transportation Information System
   S 信息系统类型（应用领域）

jiao tong yun shu zao sheng
交通运输噪声 [0102F]
Traffic Noise
   S 噪声来源

jie di
阶地 [0101A]
Terrace
   F 构造阶地
    海岸阶地
    河流阶地
    湖成阶地
    泥流阶地
    气候阶地
    山区阶地

jie he rong cha
接合容差 [0102E]
Snapping Tolerances
   S 拓扑编辑

jie bing
结冰 [0102B]
Freeze
   S 气象灾害

jie gou fang fa
结构方法 [0102E]
Structural Method
   S 纹理特征描述方法

jie gou fen xi tong
结构分系统 [0102E]
Structure Subsystem
   S 卫星平台分系统

jie gou fen xi tong zu cheng

结构分系统组成 [0102E]

Structural Subsystem Component

  F 主承力结构

    次级结构

    结构连接件

    大部件接口

    运载火箭接口

    运输接口

    起装接口

jie gou lian jie jian

结构连接件 [0102F]

Structural Connector

  S 结构分系统组成

jie liu fa

截流法 [0102E]

Intercepting Method

  S 物理处理法

jie guan xi tong

介观系统 [0101A]

Mesoscopic System

  S 量子信源系统

jie guan xi tong

介观系统 [0101A]

Mesoscopic System

  F 压缩态光场

    量子阱

jie ru ji hui mo xing

介入机会模型 [0102F]

Intervention Opportunity Model

  S 空间交互模型

jie mian she ji

界面设计 [0102F]

Interface Design

  S GIS 应用系统详细设计

jie mian you hao xing yuan ze

界面友好性原则 [0102F]

The Principle of Interface Friendliness

  S GIS 系统设计原则

jin gang shi

金刚石 [0101H]

Diamond

  S 非金属

jin rong xin xi xi tong

金融信息系统 [0102F]

Financial Information System

  S 信息系统类型（应用领域）

jin shu

金属 [0101A]

Metals

  S 矿产资源

jin shu

金属 [0101A]

Metals

  F 黑色金属

    有色金属

jin shu you ji wu

金属有机物 [0101H]

Metal Organics

  S 持久性有机污染物

jin gu jian

紧固件 [0102E]

Fasteners

  S 总装直属件

jin ji zhuan yi ren kou

紧急转移人口 [0102D]

Emergency Evacuation Population

  S 自然灾害损失程度指标

jin xing zu he

紧性组合 [0102E]

Compact Combination

S GNSS/INS 组合

jin di fu wu qu yu
近地服务区域 ［0102F］
Terrestrial Service Volume
　S 卫星覆盖区域

jing du di dai xing
经度地带性 ［0102B］
Longitudinal Zonation
　S 水平地带性

jing du di dai xing fen yi
经度地带性分异 ［0101A］
Longitudinal Zonal Differentiation
　S 自然地理环境分异

jing fei guan li
经费管理 ［0102F］
Fund Management
　S 管理方式设计

jing ji di li xue
经济地理学 ［0102F］
Economic Geography
　S 人文地理学

jing ji lin
经济林 ［0102A］
Economic Forest
　S 林地

jing ji ping heng
经济平衡 ［0102D］
Economic Balance
　S 物质平衡

jing ji quan
经济圈 ［0102D］
Economic Sphere
　S 地理圈

jing ji xin xi xi tong
经济信息系统 ［0102D］
Economic Information System

S 地理信息系统

jing ji zeng zhang lü
经济增长率 ［0102D］
Economic Growth Rate
　S 承灾区社会经济指标

jing ji zhi yue xing gui hua
经济制约型规划 ［0102D］
Economic Restrictive Planning
　S 环境规划（制约关系）

jing ji zi yuan
经济资源 ［0102D］
Economic Resources
　S 国土资源

jing ji zi yuan
经济资源 ［0102D］
Economic Resources
　F 物质资源
　　信息资源

jing wei gao zuo biao xi
经纬高坐标系 ［0101A］
Longitude and Latitude High Coordinate System
　Y 大地坐标系

jing ying xin xi xi tong
经营信息系统 ［0102F］
Business Information System
　S 信息系统类型（应用领域）

jing guan
井灌 ［0102F］
Well Irrigation
　S 灌溉

jing guan dai
景观带 ［0101A］
Landscape Belt
　S 自然地带

jing guan quan
景观圈 [0102B]
Landscape Sphere
　S 地理圈

jing guan sheng tai xue
景观生态学 [0102B]
Landscape Ecology
　S 生态学

jing guan yan bian
景观演变 [0102B]
Landscape Evolution
　S 环境变迁

jing liu
径流 [0102B]
Runoff
　F 冰川融水径流
　　冰雪融水径流
　　地表径流
　　地下径流
　　固体径流
　　河川径流
　　汇流
　　降雨径流
　　枯季径流
　　离子径流
　　年径流
　　沼泽径流

jing xiang fen liang
径向分量 [0101A]
Radial Component
　S 卫星星历位置误差分量

jing hua huan jing
净化环境 [0102B]
Clean the Environment
　S 生态价值

jing dian chu chen qi
静电除尘器 [0102F]
Electrostatic Precipitator

　S 除尘器（除尘机理）

jing jie xian
境界线 [0101B]
Boundary Line
　F 地类界线
　　地域界线

jiu fen zhong cai jian ce
纠纷仲裁监测 [0102F]
Dispute Arbitration Monitoring
　S 特定目的监测

jiu di bao hu
就地保护 [0102B]
In Situ Protection
　S 生物多样性保护

ju shi huan jing
居室环境 [0102F]
Living Room Environment
　S 地球环境（泛指性）

ju xing
矩形 [0101A]
Rectangle
　S 点状符号图元

ju zhen cha xun
矩阵查询 [0101H]
Matrix Query
　S 空间位置查询

ju li
距离 [0101A]
Distance
　C 遥感图像相似度

ju li
距离 [0101A]
Distance
　F 绝对值距离
　　欧氏距离

马氏距离
混合距离
曼哈顿距离
切比雪夫距离
闵可夫斯基距离
汉明距离

ju luo huan jing xue
聚落环境学 ［0102B］
Settlement Environmental Studies
S 综合环境学

ju lü lian ben
聚氯联苯 ［0102F］
Polychlorinated Biphenyls
S 有机有毒物质

ju san
聚散 ［0101H］
Gather and Disperse
S 流的空间分布模式

jue ce zhi chi xi tong
决策支持系统 ［0102F］
Decision Support System
S 信息系统类型（智能化程度）

jue dui zhi ju li
绝对值距离 ［0101A］
Absolute Distance
S 距离

jun zhi tu hua po
均质土滑坡 ［0102C］
Homogeneous Soil Landslide
S 滑坡

ka si te di mao
喀斯特地貌 ［0101A］
Karst Landform
S 地貌

ka si te di mao
喀斯特地貌 ［0101C］
Karst Landform
F 峰丛
峰林
落水洞
盲谷
溶斗
溶沟
石林
石芽

ka si te di mao xue
喀斯特地貌学 ［0101C］
Karst Geomorphology
S 地貌学

ka si te di xia shui
喀斯特地下水 ［0101C］
Karst Groundwater
S 地下水

ka si te hu
喀斯特湖 ［0101A］
Karst Lake
S 湖泊

ka si te ping yuan
喀斯特平原 ［0101A］
Karst Plain
S 平原

ka si te wa di
喀斯特洼地 ［0101A］
Karst Depression
S 洼地

qia zi
卡子 ［0102E］
Clips
S 总装直属件

kai pu lei di er ding lü
开普勒第二定律 ［0101A］
Kepler's Second Law
　S 开普勒定律

kai pu lei di san ding lü
开普勒第三定律 ［0101A］
Kepler's Third Law
　S 开普勒定律

kai pu lei di yi ding lü
开普勒第一定律 ［0101A］
The elliptical Law
　S 开普勒定律

kai pu lei ding lü
开普勒定律 ［0101A］
Kepler's Law
　F 开普勒第一定律
　　开普勒第二定律
　　开普勒第三定律

kang han
抗旱 ［0102B］
Drought Resistance
　S 灾害防治

ke li ao li li
科里奥利力 ［0101A］
Coriolis Force
　D 地球偏转力

ke xue jia zhi
科学价值 ［0101H］
Scientific Value
　S 间接价值

ke xue shu ju ji
科学数据集 ［0102F］
Scientific Data Set
　S HDF 数据类型

ke yan fang she xing
科研放射性 ［0101A］
Scientific Activity
　S 放射性污染来源

ke jian guang-fan she hong wai yao gan
可见光-反射红外遥感 ［0101G］
Visible Light-Reflection Infrared Remote Sensing
　S 光学遥感

ke jian guang yao gan
可见光遥感 ［0101G］
Visible Light Remote Sensing
　S 遥感

ke li yong dan shang wei li yong tu di
可利用但尚未利用土地 ［0101D］
Land Available but not yet Utilised
　S 土地利用分类

ke xi ru ke li wu
可吸入颗粒物 ［0102B］
Airborne Particulate Matters
　Y 飘尘

ke xi ru ke li wu
可吸入颗粒物 ［0102B］
Inhalable Particulate Matter
　S 总悬浮颗粒物

ke xi ru ke li wu
可吸入颗粒物 ［0102B］
Inhalable Particulate Matter
　Fpm10
　　飘尘

ke xing xing fen xi
可行性分析 ［0102F］
Feasibility Analysis
　S 系统分析

ke lu si ka er suan fa
克鲁斯卡尔算法 ［0101H］
Kruskal

S 图像处理算法

ke shi
刻蚀 ［0101A］
Etching
　S 水蚀

ke shi di mao
刻蚀地貌 ［0101A］
Erosion Landform
　S 地貌

kong jian can zhao
空间参照 ［0101H］
Spatial Reference
　S 遥感技术通用基础

kong jian fu wu qu yu
空间服务区域 ［0102F］
Space Service Area
　S 卫星覆盖区域

kong jian guan xi
空间关系 ［0101H］
Spatial Relation
　C 拓扑关系

kong jian guan xi cha xun
空间关系查询 ［0101H］
Spatial Relation Query
　S 空间查询

kong jian quan zhong ju zhen
空间权重矩阵 ［0101H］
Spatial Weights Matrix
　F 邻接矩阵
　　距离矩阵
　　反距离矩阵

kong jian san bu fang shi
空间散布方式 ［0101A］
Spatial Distribution Mode
　F 规则分布

泊松分布
丛生分布

kong jian shu ju fen lei
空间数据分类 ［0101H］
Spatial Data Classification
　C 空间数据统计分析

kong jian shu ju ku guan li xi tong
空间数据库管理系统 ［0101H］
Spatial Database Management System
　Y 空间数据存储与管理子系统

kong jian shu ju nei rong
空间数据内容 ［0101H］
Spatial Data Content
　F 地图数据
　　影像数据
　　地形数据
　　属性数据
　　元数据

kong jian te zheng
空间特征 ［0101A］
Spatial Characteristics
　C 空间分辨率

kong jian te zheng
空间特征 ［0101A］
Spatial Characteristic
　S 地理数据特征

kong jian wei zhi cha xun
空间位置查询 ［0102F］
Spatial Location Query
　F 点查询
　　矩阵查询
　　圆查询
　　多边形查询

kong jian xin xi xi tong
空间信息系统 ［0101H］
Spatial Information System

S 信息系统类型（应用领域）

kong jian yi lai
空间依赖 ［0101H］
Spatial Dependency
　C 空间交互模式

kong jian zhi jiao zuo biao xi
空间直角坐标系 ［0101A］
Space Rectangular Coordinate System
　Y 笛卡儿坐标系

kong qi jian ce
空气检测 ［0102B］
Air Quality Testing
　S 环境监测（对象）

kong xi lü
孔隙率 ［0101C］
Porosity
　F 概率孔隙率
　　几何孔隙率
　　物理孔隙率

kong zhi fen xi tong zu cheng
控制分系统组成 ［0102E］
Control Subsystem Component
　F 敏感器
　　控制器
　　执行机构

kong zhi qi
控制器 ［0102E］
Controller
　S 控制分系统组成

ku ji jing liu
枯季径流 ［0101A］
Dry Season Runoff
　S 径流

ku shui wei
枯水位 ［0101A］
Low Water Level

S 水位

ku shui yu bao
枯水预报 ［0102C］
Low Water Forecast
　S 水文预报

ku lun fen xi fa
库仑分析法 ［0101A］
Coulometric Analysis Method
　S 电化学分析法

ku qu qi hou
库区气候 ［0102B］
Reservoir Climate
　S 小气候

kua shan
垮山 ［0102F］
Landslide
　Y 滑坡

kua ta
垮塌 ［0102C］
Crumble
　Y 崩塌

kuai ti hua po
块体滑坡 ［0102C］
Block Landslide
　S 滑坡

kuai ti yun dong
块体运动 ［0102C］
Mass Movement
　F 崩塌
　　滑动
　　滑坡运动
　　滑塌
　　块状崩落
　　泥石流运动

kuai zhuang
块状 [0101H]
Block
    S 土壤结构形态

kuai zhuang beng luo
块状崩落 [0102C]
Block Fall
    S 块体运动

kuan du
宽度 [0101A]
Width
    S 字段

kuang chan
矿产 [0102A]
Mineral
    Y 矿产资源

kuang chan zi yuan
矿产资源 [0102A]
Mineral Resources
    D 矿产

kuang chan zi yuan
矿产资源 [0102A]
Mineral Resources
    F 金属
      非金属
      能源

kuang chan zi yuan
矿产资源 [0102A]
Mineral Resources
    S 自然资源

kuang chan zi yuan cheng zai li
矿产资源承载力 [0102A]
Mineral Resources Carrying Capacity
    S 资源承载力

kuang chuang xue
矿床学 [0102A]
Mineral Deposits
    S 地质学

kuang hua shui
矿化水 [0102F]
Mineralized Water
    S 地下水

kuang quan shui
矿泉水 [0102F]
Mineral Water
    S 地下水

kuang wu xue
矿物学 [0101H]
Mineralogy
    S 地质学

kuang ye gu ti fei wu
矿业固体废物 [0102A]
Mining Solid Waste
    S 固体废物

kui jue ni shi liu
溃决泥石流 [0102C]
Dam-Break Debris Flow
    S 泥石流

kun lun xing
昆仑型 [0101A]
Kunlun Type
    S 高原疫源地

kuo re ban
扩热板 [0102E]
Diffuser Plate
    S 被动热控产品

kuo zhang xing pen di
扩张型盆地 [0101C]
Spreading Basin

S 大型构造盆地类型

kuo ye lin
阔叶林 ［0101E］
Broadleaf Forest
　S 温带森林

la pu la si bian huan
拉普拉斯变换 ［0101H］
Laplace Transform
　S 信号分析方法

lai yuan fu he
来源复合 ［0101H］
Source Compound
　S 复合型污染

lan sha ba
拦沙坝 ［0102E］
Sediment Barrier
　S 坝

lao dong nian ling ren kou yu ce
劳动年龄人口预测 ［0102D］
Working-Age Population Projection
　S 人口预测

lao ling ren kou yu ce
老龄人口预测 ［0102D］
Aging Population Forecast
　S 人口预测

lao zai
涝灾 ［0102C］
Waterlogging Disaster
　S 洪涝灾害

lei yu da feng
雷雨大风 ［0102C］
Thunderstorms
　S 极端天气

lei xing
类型 ［0101H］
Type

S 字段

leng hai
冷害 ［0102C］
Cool Damage
　S 气象灾害

leng qi dong
冷启动 ［0102E］
Cold Start
　S 启动方式

li san zhi bei
离散植被 ［0101E］
Discrete Vegetation
　S 植被结构

li san zhi bei
离散植被 ［0101E］
Discrete Vegetation
　D 不连续植被

li xin fen li fa
离心分离法 ［0102E］
Centrifugation Method
　S 物理处理法

li xin li chu chen zhuang zhi
离心力除尘装置 ［0102E］
Centrifugal Force Dust Collector
　S 除尘器（粒子分离原理）

li zi jiao huan fa
离子交换法 ［0102E］
Ion Exchange Method
　S 物理化学处理法

li zi jing liu
离子径流 ［0101A］
Ionic Runoff
　S 径流

li lun di mao xue
理论地貌学 ［0101A］
Theoretical Geomorphology

S 地貌学

li lun huan jing xue
理论环境学 ［0102B］
Theoretical Environmental Studies
  S 环境科学（刘培桐）

li lun huan jing xue
理论环境学 ［0101H］
Theoretical Environmental Science
  F 环境科学方法论
    环境质量评价
    环境规划
    环境区划

li shi dong tu xue
历史冻土学 ［0101H］
Historical Geocryology
  S 冻土学

li shi ping jun mo xing
历史平均模型 ［0102D］
Historical Average Model
  S 传统统计理论预测方法

li ti jiao
立体角 ［0101A］
Solid Angle
  Y 视场角

li qing gu hua fa
沥青固化法 ［0102E］
Bitumen Curing
  S 固化处理

li gai tu
栗钙土 ［0101E］
Chestnut Soil
  S 土壤

lian jie qi lei xing
连接器类型 ［0102E］
Connector Type

S 机械特性

lian xu dui xiang
连续对象 ［0101A］
Continuous Object
  S 地理对象

lian xu duo nian dong tu
连续多年冻土 ［0101C］
Continuous Permafrost
  S 多年冻土

lian xu su lü fen pei
连续速率分配 ［0101H］
Continuous Rate Allocation
  S DVB-RCS 带宽分配方法

lian xu xing ni shi liu
连续性泥石流 ［0102C］
Continuous Debris Flow
  S 泥石流

lian xu zhi bei
连续植被 ［0101E］
Continuous Vegetation
  Y 水平均匀植被

lian yin yu
连阴雨 ［0102B］
Continuous Rain
  S 极端天气

lian yin yu
连阴雨 ［0102B］
Continuous Rain
  S 气象灾害

lian he
联合 ［0101H］
Union
  S 地图叠置方法

lian fang shi
链方式 ［0101H］
Chain Mode

S 顺序文件形式

liang shu zhi
两熟制 ［0102F］
Double Cropping
　　S 耕作制度

liang xiang liu ti hui lu
两相流体回路 ［0102F］
Two-Phase Fluid Loop
　　S 主动热控产品

liang zi tiao kong
量子调控 ［0101H］
Quantum Regulation
　　S 空间量子通信技术

lie cu cun chu
列簇存储 ［0102F］
Wide-Colunm
　　S NoSQL 数据库系统

lie gu
裂谷 ［0101C］
Rift Valley
　　S 地质构造

lie xi shui
裂隙水 ［0101C］
Fissure Water
　　S 地下水

lin jie guan xi
邻接关系 ［0101H］
Adjacent Relationship
　　S 拓扑关系

lin jie guan xi cha xun
邻接关系查询 ［0101H］
Adjacency Query
　　S 空间关系查询

lin jie guan xi cha xun
邻接关系查询 ［0101H］
Adjacency Query

　　F 多边形邻接查询
　　　线与线邻接查询

lin di
林地 ［0101E］
Woodland
　　S 已利用土地

lin di
林地 ［0101E］
Woodland
　　F 用材林
　　　经济林
　　　防护林
　　　薪炭林

lin di li yong
林地利用 ［0102A］
Forest Land Utilization
　　S 土地利用

lin wang hua
林网化 ［0101A］
Forest Network Construction
　　S 植树造林

lin xian
林线 ［0101E］
Tree Line
　　S 地理界限

lin ye
林业 ［0102A］
Forestry
　　S 遥感应用

lin rong tu
淋溶土 ［0101E］
Leached Soil
　　S 土壤

lin de you ji wu ran wu
磷的有机污染物 ［0102B］
Phosphorus Organic Pollutants

S 持久性有机污染物

lin kuang
磷矿 [0102A]
Phosphorus Ore
　S 非金属

lin suan an lei fei liao
磷酸铵类肥料 [0101H]
Ammonium Phosphate Fertilizer
　S 肥料

liu dong sha qiu
流动沙丘 [0101E]
Barchan Dune
　S 沙丘

liu dui xiang
流对象 [0101H]
Stream Object
　S 对象轮播

liu liang di tu
流量地图 [0101H]
Flow Map
　S 定量地图类型

liu liang guo cheng xian
流量过程线 [0102F]
Flow Process Line
　S 水文过程线

liu shi pei
流适配 [0101H]
Flow Adaptation
　S DVB-S2 发射机功能单元组成

liu shui di mao
流水地貌 [0101A]
Fluvial Landform
　S 地貌

liu shui di mao xue
流水地貌学 [0101A]
Fluvial Geomorphology

S 地貌学

liu shui guo cheng
流水过程 [0102F]
Flowing Water Process
　S 水文过程

liu yu huan jing guan li
流域环境管理 [0102B]
Watershed Environmental Management
　S 区域环境管理

liu yu tu
流域图 [0101A]
Basin Map
　S 地图

liu hua qing
硫化氢 [0101A]
Hydrogen Sulfide
　S 气体

liu suan yan lei he shui
硫酸盐类河水 [0101E]
Sulphate River Water
　S 河水

liu yang hua wu
硫氧化物 [0102B]
Sulphur Oxide
　S 气态污染物

liu yang hua wu
硫氧化物 [0102B]
Sulphur Oxide
　F 二氧化硫
　　三氧化硫

long juan feng
龙卷风 [0102C]
Tornadoes
　S 极端天气

long juan feng

龙卷风 ［0102C］

Tornado

　　S 气象灾害

lu su hua he wu

卤素化合物 ［0101A］

Halogen Compound

　　S 气态污染物

lu ting lei

卤烃类 ［0101A］

Halogenated Hydrocarbons

　　S 挥发性有机物（化学结构）

lu zu yuan su

卤族元素 ［0101A］

Halogenated Element

　　S 无机污染物

lu di shui ti

陆地水体 ［0101E］

Terrestrial Water Body

　　S 水体

lu di shui wen tu

陆地水文图 ［0101A］

Land Hydrological Map

　　S 地图

lu di shui wen xue

陆地水文学 ［0102B］

Land Hydrology

　　S 水文学

lu mian zheng fa

陆面蒸发 ［0102B］

Land Surface Evaporation

　　S 蒸发

lu shang hua po

陆上滑坡 ［0102C］

Terrestrial Landslide

　　S 滑坡

lu xiang

陆相 ［0101A］

Continental Facies

　　F 冰川沉积相

　　　河流相

　　　湖相

　　　三角洲相

lu jing gui hua

路径规划 ［0102F］

Path Planning

　　F 最短路径规划

　　　时间最优路径规划

　　　避障路径规划

　　　多目标路径规划

lun zuo zhi du

轮作制度 ［0102F］

Crop Rotation System

　　S 耕作制度

luo ji dan wei

逻辑单位 ［0101H］

Logical Data Unit

　　S 数据组织层次

luo ji dan wei

逻辑单位 ［0101H］

Logical Data Unit

　　F 数据项

　　　记录

　　　文件

　　　数据库

luo ji fei

逻辑非 ［0101H］

Logical Negation

　　S 逻辑判断复合运算

luo ji hua fen fa

逻辑划分法 ［0101H］

Logical Division Method

S 系统模块结构设计

luo ji huo
逻辑或 ［0101H］
Logical or
　S 逻辑判断复合运算

luo ji ji lu
逻辑记录 ［0101H］
Logical Record
　S 记录

luo ji pan duan fu he yun suan
逻辑判断复合运算 ［0101H］
Logical Judgment Compound Operation
　S 叠置分析

luo ji pan duan fu he yun suan
逻辑判断复合运算 ［0101H］
Logical Judgment Compound Operation
　F 逻辑与
　　逻辑或
　　逻辑异或
　　逻辑非

luo ji wu cha
逻辑误差 ［0101H］
Logical Error
　S 数据误差

luo ji yi huo
逻辑异或 ［0101H］
Logical XOR
　S 逻辑判断复合运算

luo ji yu
逻辑与 ［0101H］
Logic and
　S 逻辑判断复合运算

luo ji yun suan
逻辑运算 ［0101H］
Logical Operations

S 图像运算

luo xuan mo xing
螺旋模型 ［0102E］
Spiral Model
　S GIS 工程开发模型

luo ru cha xun
落入查询 ［0101A］
Fall into Query
　S 空间关系查询

luo sha po
落沙坡 ［0101A］
Sand Dune
　S 坡

luo shui dong
落水洞 ［0101A］
Sink Hole
　S 喀斯特地貌

lü xing tui xiao yuan wen ti
旅行推销员问题 ［0101H］
Traveling Salesman Problem
　S 网络分析

lü you di tu
旅游地图 ［0101H］
Tourist Map
　S 地图

lü you huan jing
旅游环境 ［0102B］
Tourism Environment
　S 地球环境（泛指性）

lü you huan jing cheng zai li
旅游环境承载力 ［0102B］
Tourism Environmental Carrying Capacity
　S 环境承载力

lü you zi yuan
旅游资源 ［0102D］
Tourism Resources

477

S 自然资源

lü you zi yuan tu
旅游资源图 ［0101B］
Tourism Resource Map
　S 地图

lü you zi yuan xin xi xi tong
旅游资源信息系统 ［0102F］
Tourism Resource Information System
　S 地理信息系统

lü hua
绿化 ［0101E］
Greening
　S 植树造林

lü se shui
绿色税 ［0102F］
Green Tax
　Y 环境保护税

lü hua wu lei he shui
氯化物类河水 ［0101A］
Chloride River Water
　S 河水

mai chong gong zuo fu zai
脉冲工作负载 ［0102E］
Impulse Workload
　S 星上用电负载

man xing gao shan bing
慢性高山病 ［0102B］
Chronic Mountain Sickness
　F 高山虚弱
　　高山心脏病
　　高山红细胞增多症

man xing gao shan fan ying
慢性高山反应 ［0102F］
Chronic Mountain Sickness
　Y 高山虚弱

mei di zhi xue
煤地质学 ［0101C］
Coal Geology
　S 地质学

mei li zi
镁离子 ［0101A］
Magnesium Ion
　S 水离子

mei yan
镁盐 ［0101H］
Magnesium Salt
　S 非金属

mi jian kai lie
醚键开列 ［0101A］
Ether Bond Opening
　S 氧化

mi du
密度 ［0101H］
Density
　S 纹理的性质

mian huan chong qu
面缓冲区 ［0101A］
Area Buffer
　S 缓冲区

mian xiang yong hu xing
面向用户型 ［0101H］
User-Oriented
　S 卫星宽带通信（用途）

mian zhuang fu hao tu yuan
面状符号图元 ［0101H］
Surface Symbol Element
　S 地图符号图元

min jie kai fa mo xing
敏捷开发模型 ［0102E］
Agile Development Model

S GIS 工程开发模型

mo shi
模式 [0101H]
Mode
　S 数据库系统模式

mo fen li fa
膜分离法 [0101A]
Membrane Separation Method
　S 物理化学处理法

mu biao zong liang kong zhi
目标总量控制 [0102F]
Target Total Quantity Control
　S 污染物排放总量控制

mu lu dui xiang
目录对象 [0101H]
Directory Object
　S 对象轮播

mu qian ji shu nan yi li yong tu di
目前技术难以利用土地 [0101D]
Land Difficult to Utilise with Current Technology
　S 土地利用分类

mu cao di
牧草地 [0101E]
Pasture
　S 已利用土地

mu qu qi hou
牧区气候 [0102B]
Pastoral Climate
　S 小气候

na
钠 [0101A]
Sodium
　S 盐类

na li zi
钠离子 [0101A]
Sodium Ion
　S 水离子

na tu
钠土 [0101A]
Sodic Soil
　S 盐地

nan bei wei bao ou he xiao ying
南北位保耦合效应 [0101A]
North-South Bit-Protection Coupling Effect
　S 推进剂预算偏差

nan ya re dai chang lü kuo ye lin jing guan
南亚热带常绿阔叶林景观 [0101E]
Subtropical Moist Evergreen Broadleaf Forest Landscape
　S 中国地理景观类型

nei bu xun huan
内部循环 [0101A]
Internal Circulation
　Y 小循环

nei lu hu
内陆湖 [0101A]
Inland Lake
　S 湖泊

nei lu sha qiu
内陆沙丘 [0101E]
Inland Dune
　S 沙丘

nei mo shi
内模式 [0101H]
Internal Mode
　S 数据库系统模式

neng liang ping heng
能量平衡 [0102B]
Energy Balance
　S 物质平衡

neng yuan
能源 [0101A]
Energy
　S 矿产资源

neng yuan zi yuan
能源资源 [0102A]
Energy Resources
　S 自然资源

ni liu
泥流 [0102C]
Mudflow
　S 泥石流

ni liu jie di
泥流阶地 [0101C]
Mudflow Terrace
　S 阶地

ni sha
泥沙 [0101E]
Sediment
　S 悬浮物质

ni sha chen ji
泥沙沉积 [0101A]
Sediment Deposit
　S 沉积

ni shi liu
泥石流 [0102C]
Mudflow
　S 地质灾害

ni shi liu
泥石流 [0102C]
Debris Flow
　F 暴雨泥石流
　　崩塌泥石流
　　冰川泥石流
　　地震泥石流
　　共生性泥石流

　　沟谷泥石流
　　古泥石流
　　滑坡型泥石流
　　火山泥石流
　　溃决泥石流
　　连续性泥石流
　　泥流
　　黏性泥石流
　　坡面泥石流
　　人为泥石流
　　石流
　　塑性泥石流
　　稀性泥石流
　　阵性泥石流

ni shi liu di dai
泥石流地带 [0102C]
Debris Flow Zone
　S 自然地带

ni shi liu dui ji
泥石流堆积 [0102B]
Debris Flow Accumulation
　S 堆积

ni shi liu fang zhi
泥石流防治 [0102C]
Debris Flow Control
　S 灾害防治

ni shi liu qu hua
泥石流区划 [0102C]
Debris Flow Zoning
　S 地貌区划

ni shi liu tai di
泥石流台地 [0102B]
Debris Flow Mesa
　S 台地

ni shi liu yun dong
泥石流运动 [0102C]
Debris Flow Movement

S 块体运动

ni tan zhao ze dian bei gu ding xing
泥炭沼泽碘被固定型 [0101E]
Peat Bog Iodine Immobilized Type
　　S 地甲病环境类型

ni wen
逆温 [0102B]
Inversion
　　F 接地逆温
　　　上层逆温

ni wen ceng
逆温层 [0102B]
Thermal Inversion Layer
　　F 辐射逆温
　　　下沉逆温
　　　平流逆温
　　　地形逆温
　　　锋面逆温

nian jing liu
年径流 [0102F]
Annual Runoff
　　S 径流

nian zhi tu lei
黏质土类 [0101E]
Clayey Soil
　　S 土壤质地

niu dun die dai ji qi xian xing hua fang fa
牛顿迭代及其线性化方法 [0101H]
Newton Iteration and Its Linearization Method
　　S 全球导航卫星系统伪距测量算法

niu dong xing pen di
扭动型盆地 [0101C]
Twisting Basin
　　S 大型构造盆地类型

nong lin mu sheng wu zai hai
农林牧生物灾害 [0102C]
Agricultural, Forestry, and Animal Disasters
　　S 自然灾害

nong lin mu sheng wu zai hai
农林牧生物灾害 [0102C]
Agricultural, Forestry, and Animal Disasters
　　F 病害
　　　虫害
　　　鼠害
　　　草害

nong mo lei
农膜类 [0102F]
Agricultural Film
　　S 有机污染物

nong mu jie xian
农牧界线 [0101D]
Agro-Pastoral Boundary
　　S 地理界限

nong tian xiao qi hou
农田小气候 [0102B]
Agro-Microclimate
　　S 小气候

nong yao de jiang jie
农药的降解 [0102B]
Degradation of Pesticides
　　F 生物降解
　　　非生物降解

nong ye
农业 [0102D]
Agriculture
　　S 遥感应用

nong ye di mao
农业地貌 [0101A]
Agricultural Landform
　　S 地貌

nong ye di mao qu hua
农业地貌区划 ［0101A］
Agricultural Geomorphic Zonation
　S 地貌区划

nong ye di tu
农业地图 ［0101B］
Agricultural Map
　S 地图

nong ye gu ti fei wu
农业固体废物 ［0102B］
Agricultural Solid Waste
　S 固体废物

nong ye huan jing
农业环境 ［0102B］
Agricultural Environment
　S 生态环境

nong ye jiang jie jie duan
农业降解阶段 ［0102F］
Agricultural Degradation Phase
　F 初级降解
　　环境容许降解
　　最终降解

nong ye qi hou qu hua
农业气候区划 ［0102B］
Agroclimatic Zoning
　S 气候区划

nong ye qi hou xue
农业气候学 ［0102D］
Agroclimatology
　S 气候学

nong ye qi xiang guan ce
农业气象观测 ［0102F］
Agrometeorological Observation
　S 气象观测

nong ye shui wen
农业水文 ［0102D］
Agricultural Hydrology
　S 水文

nong ye tu di li yong
农业土地利用 ［0101D］
Agricultural Land Use
　S 土地利用

nong ye wu ran zong he fang zhi gui hua
农业污染综合防治规划 ［0102D］
Comprehensive Agricultural Pollution Control Plan
　S 部门污染综合防治规划

nong ye yong di
农业用地 ［0101D］
Agricultural Land
　S 土地利用

nong ye yong shui
农业用水 ［0102D］
Agricultural Water
　S 水

nong ye zi yuan
农业资源 ［0102A］
Agricultural Resources
　S 国土资源

nong zuo di
农作地 ［0101E］
Agricultural Land
　F 冬季种植地
　　秋季种植地
　　夏季种植地
　　春季种植地

nuan wen dai ban gan han gan cao yuan jing guan
暖温带半干旱干草原景观 ［0101E］
Warm Temperate Semi-Arid Grassland Landscape
　S 中国地理景观类型

nuan wen dai ban shi run luo ye kuo ye lin jing guan

暖温带半湿润落叶阔叶林景观 ［0101E］

Warm Temperate Semi-Humid Deciduous Broadleaf Forest Landscape

　S 中国地理景观类型

nuan wen dai cao yuan

暖温带草原 ［0101E］

Warm Temperate Grassland

　S 草原

nuan wen dai gan han huang mo jing guan

暖温带干旱荒漠景观 ［0101E］

Warm Temperate Arid Desert Landscape

　S 中国地理景观类型

nuan wen dai huang mo

暖温带荒漠 ［0101E］

Warm Temperate Desert

　D 半亚热带荒漠

nuan wen dai huang mo cao yuan

暖温带荒漠草原 ［0101E］

Warm Temperate Desert Grassland

　S 荒漠草原

nuan wen dai sen lin

暖温带森林 ［0101E］

Warm Temperate Forest

　S 森林

nuan wen dai sen lin cao yuan

暖温带森林草原 ［0101E］

Warm Temperate Forest Grassland

　S 森林草原

nuan wen dai shi run luo ye kuo ye lin jing guan

暖温带湿润落叶阔叶林景观 ［0101E］

Warm Temperate Moist Deciduous Broadleaf Forest Landscape

　S 中国地理景观类型

ou shi ju li

欧氏距离 ［0102F］

Euclidean Distance

　S 距离

ou ya di zhen dai

欧亚地震带 ［0102C］

Eurasian Seismic Zone

　S 全球地震活动带

ou ya di zhen dai

欧亚地震带 ［0102C］

Eurasian Seismic Zone

　D 地中海–喜马拉雅地震带

ou xiang guan

偶相关 ［0101H］

Ven Correlation

　S 伪码相关性能

pai ban

排版 ［0101H］

Typographical

　D 平面组织

pai chu

排除 ［0101H］

Eliminate

　S 图层要素操作

pai shui qu

排水区 ［0101D］

Drainage Area

　S 水文区

pao wu xian xing sha qiu

抛物线形沙丘 ［0101E］

Parabolic Dune

　S 沙丘

pen guan

喷灌 ［0102D］

Sprinkler Irrigation

S 灌溉

pen di
盆地 ［0101A］
Basin
　F 沉积盆地
　　构造盆地
　　山间盆地
　　自流水盆地

peng tiao guo cheng wu ran
烹调过程污染 ［0102B］
Cooking Pollution
　S 食品污染途径

peng kuang
硼矿 ［0102A］
Boron Ore
　S 非金属

peng zhang
膨胀 ［0101A］
Expand
　S 数学形态学方法

pian cha
偏差 ［0101H］
Deviation
　S 惯性传感测量误差

pian zhuang
片状 ［0101A］
Sheet
　Y 板状

piao chen
飘尘 ［0102B］
Airborne Particulate Matters
　D 可吸入颗粒物

piao chen
飘尘 ［0102B］
Drifting Dust

S 可吸入颗粒物

pin hong
品红 ［0101H］
Magenta
　S 减法三原色

ping ban yi ce liang
平板仪测量 ［0101H］
Flatbed Instrument Measurement
　S 传统外业数据采集

ping di
平地 ［0101A］
Flat Land
　S 耕地（地形条件）

ping heng xing
平衡性 ［0101A］
Balance
　S 伪码相关性能

ping mian kong zhi dian
平面控制点 ［0101A］
Planar Control Point
　S 控制点

ping mian tou ying zuo biao xi
平面投影坐标系 ［0101A］
Plane Projection Coordinate System
　S 坐标系

ping mian zu zhi
平面组织 ［0101H］
Plane Organisation
　Y 排版

ping xing guan dao fen lei qi
平行管道分类器 ［0101H］
Parallel Pipe Classifier
　S 遥感图像分类器

ping xing guan dao fen lei qi
平行管道分类器 ［0101H］
Parallel Pipe Classifier

D 盒式分类器

ping xing guan dao fen lei qi
平行管道分类器 [0101H]
Parallel Pipe Classifier
　D 等级分割分类器

ping yuan
平原 [0101A]
Plain
　F 剥蚀平原
　冲积平原
　堆积平原
　海岸平原
　海底平原
　喀斯特平原
　侵蚀平原
　三角洲平原
　山麓平原
　准平原

ping jia mo xing
评价模型 [0101H]
Evaluation Model
　S 评价系列模型

ping jia xi lie mo xing
评价系列模型 [0102F]
Evaluation Series Model
　S 属性数据分析模型

po di
坡地 [0101A]
Sloped Land
　S 耕地（地形条件）

po di gai liang
坡地改良 [0101D]
Slope Land Improvement
　S 土地改良

po mian ni shi liu
坡面泥石流 [0102C]
Slope Debris Flow

S 泥石流

bo song fen bu
泊松分布 [0101H]
Poisson Distribution
　S 空间散布方式

bo song fen bu
泊松分布 [0101H]
Poisson Distribution
　D 随机分布

pu li mu suan fa
普里姆算法 [0101H]
Prim
　S 图像处理算法

pu tong di tu ji
普通地图集 [0101A]
General Atlas
　S 地图集

pu tong dong tu xue
普通冻土学 [0101H]
General Geocryology
　S 冻土学

pu bu mo xing
瀑布模型 [0102E]
Waterfall Model
　S GIS 工程开发模型

qi lian shan xing
祁连山型 [0101A]
Qilian Mountain Type
　S 高原疫源地

qi ta bu rong jie wu zhi
其他不溶解物质 [0101A]
Other Insoluble Substances
　S 悬浮物质

qi xiang guan
奇相关 [0101H]
Odd Correlation

S 伪码相关性能

qi guan
畦灌 [0101E]
Border Irrigation
  S 灌溉

qi ye guan li xin xi xi
企业管理信息系 [0101H]
Enterprise Management Information System
  S 信息系统类型（应用领域）

qi ye wu ran fang zhi gui hua
企业污染防治规划 [0102C]
Enterprise Pollution Control Plan
  S 部门污染综合防治规划

qi fa shi you hua suan fa
启发式优化算法 [0102F]
Heuristic Optimization Algorithm
  S 数据同化法

qi hou
气候 [0102B]
Climate
  F 热带雨林气候
    热带草原气候
    热带沙漠气候
    热带季风气候
    亚热带季风气候
    地中海气候
    温带海洋性气候
    温带季风气候
    温带大陆性气候
    亚寒带针叶林气候
    极地气候
    高原山地气候

qi hou bian hua
气候变化 [0102B]
Climate Change
  Y 气候变迁

qi hou bian hua
气候变化 [0102B]
Climate Change
  S 生态环境问题

qi hou bian hua
气候变化 [0102B]
Climate Change
  C 全球变暖

qi hou bian qian
气候变迁 [0102B]
Climate Change
  D 气候变化

qi hou di mao xue
气候地貌学 [0101H]
Climatic Geomorphology
  S 地貌学

qi hou fen jie
气候分界 [0102B]
Climatic Boundary
  S 地理界限

qi hou qu hua
气候区划 [0102B]
Climatic Regionalization
  F 风向区划
    降水分区
    农业气候区划
    雪崩分区

qi hou xue
气候学 [0102B]
Climatology
  S 自然地理学

qi hou xue
气候学 [0102B]
Climatology
  F 城市气候学
    地理气候学

地形气候学
动力气候学
古气候学
环境气候学
农业气候学
生物气候学
天气气候学
统计气候学
小气候学
应用气候学
综合气候学

qi hou zi yuan
气候资源 [0102A]
Climatic Resources
  S 自然资源

qi tai wu ran kong zhi fang fa
气态污染控制方法 [0102B]
Gaseous Pollution Control Methods
  F 吸收法
    催化法
    燃烧法
    冷凝法

qi tai wu ran wu
气态污染物 [0102B]
Gaseous Pollutant
  F 硫氧化物
    氮氧化物
    碳氧化物
    碳氢化物
    臭氧
    卤素化合物

qi wu ran wu
气污染物 [0102B]
Atmospheric Pollutants
  S 地球大气

qi xiang se pu fen xi fa
气相色谱分析法 [0101H]
Gas Chromatographic Analysis Method

S 色谱分析法

qi xiang
气象 [0102B]
Weather
  S 遥感应用

qi xiang fu he
气象复合 [0102F]
Meteorological Compound
  S 复合型污染

qi xiang guan ce
气象观测 [0102B]
Meteorological Observation
  F 地面气象观测
    高空气象探测
    农业气象观测
    太阳辐射观测
    天气雷达探测
    气象卫星探测

qi xiang jian ce
气象监测 [0102B]
Meteorological Monitoring
  S 环境监测（专业部门）

qi xiang wei xing shu ju
气象卫星数据 [0101G]
Meteorological Satellite Data
  S 卫星数据

qi xiang xue
气象学 [0102B]
Meteorology
  C 地球系统科学

qi xiang zai hai
气象灾害 [0102C]
Meteorological Disasters
  S 自然灾害

qi xiang zai hai
气象灾害 [0102C]
Meteorological Disasters
　F 暴雨
　　雨涝
　　干旱
　　干热风
　　高温
　　热带气旋
　　冷害
　　冻害
　　冻雨
　　结冰
　　雪灾
　　雹灾
　　风害
　　龙卷风
　　雷电
　　连阴雨
　　浓雾
　　低空风切变

qi ti fa
汽提法 [0101A]
Stripping Method
　S 物理化学处理法

qian di bao hu
迁地保护 [0102D]
Ex Situ Protection
　S 生物多样性保护

qian yin shi hua po
牵引式滑坡 [0102C]
Pull-out Landslide
　S 滑坡

qian yan sha qiu
前沿沙丘 [0101E]
Frontal Dune
　S 沙丘

qian fu xing hua po
潜伏性滑坡 [0102C]
Latent Landslide
　S 滑坡

qian re jiao huan
潜热交换 [0102B]
Latent Heat Exchange
　C 显热交换

qian zai sheng jing de fen bu
潜在生境的分布 [0102B]
Distribution of Potential Habitat
　S 生境评价

qian zai zi yuan
潜在资源 [0102A]
Potential Resources
　S 国土资源

qian ceng di xia shui
浅层地下水 [0102A]
Shallow Groundwater
　S 地下水

qian ceng gao fu di xia shui xing
浅层高氟地下水型 [0102A]
Shallow High-Fluoride Groundwater Type
　S 中国氟中毒病区生态环境类型

qian hei
浅黑 [0101H]
Light Black
　S 灰阶

qian hui
浅灰 [0101H]
Light Gray
　S 灰阶

qian tao cha xun
嵌套查询 [0101H]
Nested Query

S 数据查询

qiang lei bao
强雷暴 [0102C]
Strong Thunderstorms
S 极端天气

qie xiang hua po
切向滑坡 [0102C]
Tangential Landslide
S 滑坡

qin shi di mao
侵蚀地貌 [0101C]
Eroded Landform
S 地貌

qin shi fen qu
侵蚀分区 [0101H]
Erosion Zonation
S 地貌区划

qin shi ping yuan
侵蚀平原 [0101A]
Eroded Plain
S 平原

qing zang gao yuan ban gan han cao dian cao yuan yu cao dian jing guan
青藏高原半干旱草甸草原与草甸景观 [0101E]
Semi-Arid Meadow Steppe and Meadow Landscape on the Tibetan Plateau
S 中国地理景观类型

qing zang gao yuan ban gan han sen lin yu cao dian ji cao dian cao yuan jing guan
青藏高原半干旱森林与草甸及草甸草原景观 [0101E]
Landscape of Semi-Arid Forests and Meadows and Meadows on the Tibetan Plateau
S 中国地理景观类型

qing zang gao yuan ban shi run cao dian zhen ye lin jing guan
青藏高原半湿润草甸针叶林景观 [0101E]
Coniferous Forest Landscape of Semi-Humid Meadow on the Tibetan Plateau
S 中国地理景观类型

qing zang gao yuan gan han huang mo jing guan
青藏高原干旱荒漠景观 [0101E]
Arid Desert Landscape of the Qinghai-Tibet Plateau
S 中国地理景观类型

qing zang gao yuan gao han huang mo jing guan
青藏高原高寒荒漠景观 [0101E]
Alpine Desert Landscape of the Qinghai-Tibet Plateau
S 中国地理景观类型

qiu ji zhong zhi di
秋季种植地 [0101E]
Autumn Planting Area
S 农作地

qiu jiao
求交 [0101H]
Intersect
S 地图叠置方法

qiu zhuang
球状 [0101A]
Spherical
S 土壤结构形态

qu jian shu ju
区间数据 [0102F]
Interval Data
S 属性数据分类（测量范围）

qu yu bing chuan xue
区域冰川学 [0102B]
Regional Glaciology
S 冰川学

qu yu di li xue
区域地理学 ［0101A］
Regional Geography
　S 地理学

qu yu di mao
区域地貌 ［0101A］
Regional Landform
　S 地貌

qu yu di xia shui
区域地下水 ［0102A］
Regional Groundwater
　S 地下水

qu yu di zhi tu
区域地质图 ［0101C］
Regional Geological Map
　S 地质图

qu yu dong tu xue
区域冻土学 ［0102B］
Regional Geocryology
　S 冻土学

qu yu huan jing guan li
区域环境管理 ［0102B］
Regional Environmental Management
　S 环境管理（范围）

qu yu huan jing guan li
区域环境管理 ［0102B］
Regional Environmental Management
　F 流域环境管理
　　地区环境管理
　　海洋环境管理
　　自然保护区建设和管理
　　风沙区生态建设和管理

qu yu huan jing xue
区域环境学 ［0101A］
Regional Environmental Studies
　S 综合环境学

qu yu kai fa huan jing ying xiang ping jia
区域开发环境影响评价 ［0102B］
Regional Development Environmental Impact
Assessment
　S 环境影响评价

qu yu shui wen
区域水文 ［0102B］
Regional Hydrology
　S 水文

qu yu tu bao
区域凸包 ［0101H］
Regional Convex Hull
　S 数学形态学方法

qu yu wu ran zong he fang zhi gui hua
区域污染综合防治规划 ［0102B］
Regional Integrated Pollution Control Plan
　S 污染综合防治规划

qu yu wu zhong duo yang xing
区域物种多样性 ［0102B］
Regional Species Diversity
　S 物种多样性

qu yu xin xi xi tong
区域信息系统 ［0101H］
Regional Information System
　S 地理信息系统

qu yu xing xian qi zhi li
区域性限期治理 ［0102C］
Regional Governance within a Specified Period
　S 限期治理类型

qu shi fen xi mo xing
趋势分析模型 ［0102F］
Trend Analysis Model
　S 预测系列与动态模拟模型

quan qiu bian nuan
全球变暖 ［0102B］
Global Warming

C 气候变化

quan qiu di zhen huo dong dai
全球地震活动带 ［0102C］
Global Seismicity Zones
  F 环太平洋地震带
    欧亚地震带
    海岭地震带

quan qiu huan jing xue
全球环境学 ［0102B］
Global Environmental Studies
  S 综合环境学

quan qiu qi hou（jiang shui）
全球气候（降水）［0102B］
Global Climate（Precipitation）
  F 年雨型
    夏雨型
    冬雨型
    少雨型

quan qiu qi hou（qi wen）
全球气候（气温）［0102B］
Global Climate（Temperature）
  F 热带型
    亚热带型
    温带型
    亚寒带型
    寒带型

quan lei
醛类 ［0101H］
Aldehydes
  S 挥发性有机物（化学结构）

qun luo he sheng tai xi tong jian ce fa
群落和生态系统监测法 ［0102B］
Community and Ecosystem Monitoring Method
  S 生物监测方法

qun luo he sheng tai xi tong jian ce fa
群落和生态系统监测法 ［0102B］
Community and Ecosystem Monitoring Method

  F 污水生物系统法
    微型生物群落法
    生物指数法

qun luo sheng tai xue
群落生态学 ［0102B］
Community Ecology
  S 生态学

qun luo wu zhong duo yang xing
群落物种多样性 ［0102B］
Community Species Diversity
  S 物种多样性

qun luo wu zhong duo yang xing
群落物种多样性 ［0102B］
Community Species Diversity
  D 生态多样性

rang zhi tu lei
壤质土类 ［0101E］
Loamy Soil
  S 土壤质地

re chu li
热处理 ［0101A］
Heat Treatment
  S 固体废物处理技术

re chu li
热处理 ［0101A］
Heat Treatment
  F 焚烧
    热解

re chuan dao lü
热传导率 ［0101A］
Thermal Conductivity
  S 热学性质

re chuan dao lü
热传导率 ［0101A］
Thermal Conductivity

D 导热系数

re dai cao yuan
热带草原 [0101E]
Tropical Grassland
　S 草原

re dai huang mo cao yuan
热带荒漠草原 [0101E]
Tropical Desert Grassland
　S 荒漠草原

re dai ji yu lin jing guan
热带季雨林景观 [0101E]
Tropical Seasonal Rainforest Landscape
　S 中国地理景观类型

re dai qi xuan
热带气旋 [0102C]
Tropical Cyclone
　S 气象灾害

re dai sen lin
热带森林 [0101E]
Tropical Forest
　S 森林

re dai sen lin cao yuan
热带森林草原 [0101E]
Tropical Forest Grassland
　S 森林草原

re dai xi shu gan cao yuan
热带稀树干草原 [0101E]
Tropodendropoion
　D 萨瓦纳

re dai zi yuan
热带资源 [0102A]
Tropical Resources
　S 国土资源

re guan wang luo she ji
热管网络设计 [0102E]
Heat Pipe Network Design

S 热控分系统设计

re jie
热解 [0101A]
Pyrolysis
　S 热处理

re kong fen xi tong she ji zhi biao
热控分系统设计指标 [0102E]
Thermal Control Subsystem Design Index
　S 热控分系统

re kong fen xi tong she ji zhi biao
热控分系统设计指标 [0102E]
Thermal Control Subsystem Design Index
　F 卫星外热流环境
　　仪器设备外形尺寸
　　仪器设备重量
　　仪器设备热容量
　　仪器设备热耗
　　仪器设备工作模式
　　仪器设备工作温度范围

re kong fen xi tong zu cheng
热控分系统组成 [0102E]
Thermal Control Subsystem Component
　S 热控分系统

re kong fen xi tong zu cheng
热控分系统组成 [0102E]
Thermal Control Subsystem Component
　F 热控硬件
　　热控软件

re kong ruan jian
热控软件 [0102F]
Thermal Control Software
　S 热控分系统组成

re liang shui fen ping heng
热量水分平衡 [0102B]
Heat and Water Balance
　S 物质平衡

re qi dong

热启动 [0102F]

Warm Start

　S 启动方式

re rong wa di

热融洼地 [0101A]

Thermokarst Depression

　S 洼地

re tuo fu

热脱附 [0102F]

Thermal Desorption

　S 物理化学修复技术

re wu ran

热污染 [0102B]

Thermal Pollution

　S 水体污染类型

ren gong bai zhou wu ran

人工白昼污染 [0102B]

Artificial Daylight Pollution

　S 光污染

ren gong bing sui dao

人工冰隧道 [0102F]

Artificial Ice Tunnel

　S 隧道

ren gong di mao

人工地貌 [0101A]

Artificial Landform

　S 地貌

ren gong huan jing

人工环境 [0102F]

Artificial Environment

　S 环境

ren gong shi di chu li ji shu

人工湿地处理技术 [0102B]

Artificial Wetland Treatment Technology

　S 水体生态修复技术

ren gong zeng yang ji shu

人工增氧技术 [0102F]

Artificial Oxygenation Technology

　S 水环境生态修复技术

ren gong zhi bei

人工植被 [0101E]

Artificial Vegetation

　S 植被

ren kou di li xue

人口地理学 [0101H]

Population Geography

　S 人文地理学

ren kou huan jing rong liang

人口环境容量 [0102D]

Population Environmental Capacity

　S 环境容量

ren kou mi du

人口密度 [0102D]

Population Density

　S 承灾区社会经济指标

ren kou sheng tai xue

人口生态学 [0102B]

Population Ecology

　S 生态学

ren kou shu liang

人口数量 [0102D]

Population Quantity

　S 承灾区社会经济指标

ren kou xin xi xi tong

人口信息系统 [0102D]

Population Information System

　S 地理信息系统

ren kou yu ce

人口预测 [0102D]

Population Forecast

F 总人口预测
　劳动年龄人口预测
　老龄人口预测

ren lei sheng tai xue
人类生态学 ［0102B］
Human Ecology
　S 生态学

ren li zi yuan
人力资源 ［0102D］
Human Resources
　S 国土资源

ren wei gan rao
人为干扰 ［0102B］
Human Interference
　S 干扰

ren wei hua po
人为滑坡 ［0102C］
Man-Made Landslide
　S 滑坡

ren wei ni shi liu
人为泥石流 ［0102C］
Man-Made Debris Flow
　S 泥石流

ren wei ta xian
人为塌陷 ［0102C］
Man-Made Collapse
　S 地面塌陷

ren wei tai zai hai
人为态灾害 ［0102C］
Man-Made Disasters
　S 灾害

ren wen di li huan jing
人文地理环境 ［0101B］
Human Geography
　S 地理环境

ren wen di li xue
人文地理学 ［0101B］
Human Geography
　S 地理学

ren wen di li xue
人文地理学 ［0101B］
Human Geography
　F 文化地理学
　　经济地理学
　　人口地理学
　　城市地理学

ren yu sheng wu quan
人与生物圈 ［0102B］
Human Biosphere
　S 地理圈

ri bian hua
日变化 ［0102F］
Daily Variation
　S 时节

ri qi xing
日期型 ［0101H］
Date
　S 属性数据分类（数据类型）

rong liang fen xi fa
容量分析法 ［0101H］
Volumetric Analysis Method
　S 化学分析法

rong liang fen xi fa
容量分析法 ［0101H］
Volumetric Analysis Method
　D 滴定分析法

rong liang zong liang kong zhi
容量总量控制 ［0101H］
Total Capacity Control
　S 污染物排放总量控制

rong chu fa

溶出法 [0101A]

Dissolution

  S 化学处理

rong dou

溶斗 [0101C]

Doline

  S 喀斯特地貌

rong gou

溶沟 [0101C]

Karren

  S 喀斯特地貌

rong jiao

溶胶 [0101A]

Sol

  S 胶体物质

rong jie wu zhi

溶解物质 [0101A]

Dissolved Substance

  F 盐类

    气体

    有机溶解物

    无机溶解物

rong shi

溶蚀 [0101C]

Corrosion

  S 水蚀

rong chen di xing

融沉地形 [0101C]

Thermokarst Terrain

  S 冰缘地貌

ru shen qu xian

入渗曲线 [0101A]

Infiltration Curve

  S 水文曲线

san jiao xing

三角形 [0101A]

Triangle

  S 点状符号图元

san jiao zhou ping yuan

三角洲平原 [0101A]

Delta Plain

  S 平原

san jiao zhou xiang

三角洲相 [0101E]

Deltaic Facies

  S 陆相

san jie huan lu

三阶环路 [0101H]

Third Order Loop

  S 相位锁定环路阶数

san wei sou suo

三维搜索 [0101H]

Three-Dimensional Search

  S 信号捕获

san yang hua liu

三氧化硫 [0101A]

Sulphur Trioxide

  S 硫氧化物

san re qu yu she ji

散热区域设计 [0102E]

Heat Dissipation Area Design

  S 热控分系统设计

se

色 [0101H]

Color

  S 目标地物特征

sen lin

森林 [0101E]

Forest

S 世界陆地景观带

sen lin
森林 [0101E]
Forest
F 赤道雨林
热带森林
亚热带森林
暖温带森林
温带森林

sen lin cao yuan
森林草原 [0101E]
Forest Grassland
S 世界陆地景观带

sen lin cao yuan
森林草原 [0101E]
Forest Grassland
F 温带森林草原
暖温带森林草原
亚热带森林草原
热带森林草原

sen lin he cao yuan huo zai
森林和草原火灾 [0102C]
Forest and Grassland Fires
S 自然灾害

sen lin po huai
森林破坏 [0102B]
Deforestation
S 生态环境问题

sen lin sheng tai xue
森林生态学 [0102B]
Forest Ecology
S 生态学

sen lin shui wen
森林水文 [0102B]
Forest Hydrology
S 水文

sen lin tai yuan
森林苔原 [0101E]
Forest Tundra
S 世界陆地景观带

sen lin tu rang
森林土壤 [0101A]
Forest Soil
S 土壤

sen lin zhi bei
森林植被 [0101E]
Forest Vegetation
S 植被

sha di
沙地 [0101E]
Sandy Ground
F 风沙化土地
覆沙地
固定沙地
海滨沙地
沙漠化土地
沙丘地

sha di
沙堤 [0101A]
Sandbank
S 坝

sha mo dai
沙漠带 [0101E]
Desert Belt
S 自然地带

sha mo di mao
沙漠地貌 [0101A]
Sandy Desert Landform
S 干燥地貌

sha mo hua fang zhi
沙漠化防治 [0102B]
Desertification Prevention and Control

S 灾害防治

sha mo hua tu di
沙漠化土地 [0101E]
Desertified Land
S 沙地

sha mo yan bian
沙漠演变 [0102B]
Desert Evolution
S 环境变迁

sha qiu
沙丘 [0101E]
Sand Dune
F 半固定沙丘
风成沙丘
蜂窝状沙丘
复合型沙丘
固定沙丘
海岸沙丘
横向沙丘
流动沙丘
内陆沙丘
抛物线形沙丘
前沿沙丘
线形沙丘
新月形沙丘
星式沙丘
纵向沙丘
多风向沙丘

sha qiu di
沙丘地 [0101E]
Dune Land
S 沙地

sha sheng zhi bei
沙生植被 [0101E]
Psammophilous Vegetation
S 植被

sha tu lou dian pin dian xing
沙土漏碘贫碘型 [0101E]
Sandy Loam Iodine Deficiency Type
S 地甲病环境类型

sha jiang hei tu
砂姜黑土 [0101E]
Sandy-Silt Black Soil
S 土壤

sha zhi tu lei
砂质土类 [0101E]
Sandy Soil
S 土壤质地

shan di、qiu ling dian lin rong xing
山地、丘陵碘淋溶型 [0101E]
Mountainous and Hilly Iodine Leaching Type
S 地甲病环境类型

shan di di mao
山地地貌 [0101A]
Mountainous Landform
S 地貌

shan di li yong
山地利用 [0102D]
Mountain Utilization
S 土地利用

shan di tu rang
山地土壤 [0101A]
Mountain Soil
S 土壤

shan di zhi bei
山地植被 [0101E]
Montane Vegetation
S 植被

shan jian pen di
山间盆地 [0101A]
Intermountain Basin

S 盆地

shan li xue
山理学 [0101C]
Mountain Geomorphology
S 地貌学

shan lu dui ji
山麓堆积 [0101A]
Piedmont Deposits
S 堆积

shan lu ping yuan
山麓平原 [0101A]
Piedmont Plain
S 平原

shan po
山坡 [0101A]
Hillside
S 坡

shan qian di dai
山前地带 [0101A]
Piedmont Area
S 自然地带

shan yue bing chuan
山岳冰川 [0101A]
Mountain Glacier
S 冰川

shan xing
扇形 [0101A]
Fan-Shaped
S 烟形

shan xing
扇形 [0101A]
Fan-Shaped
D 平展形

shang ye shu ju
商业数据 [0102F]
Business Data

S 地理大数据

shang ye wu ran fang zhi gui hua
商业污染防治规划 [0102D]
Commercial Pollution Prevention Planning
S 部门污染综合防治规划

shang yong fu wu
商用服务 [0102F]
Commercial Service
S 伽利略系统服务

shang ceng
上层 [0102E]
Superstratum
S 对流层

shang sheng liu
上升流 [0101F]
Upwelling
S 海流

shao yu xing
少雨型 [0102F]
Less Rainfall Type
S 全球气候（降水）

she ji shui wei
设计水位 [0102F]
Design Water Level
S 水位

she hui gan zhi
社会感知 [0101A]
Social Perception
C 行为地理学

she hui gan zhi
社会感知 [0101A]
Social Perception
C 城市地理学

she hui gan zhi
社会感知 [0101A]
Social Perception

C 空间分析

she hui gan zhi
社会感知 [0101A]
Social Perception
C 遥感

she hui gan zhi
社会感知 [0101A]
Social Perception
C 数据科学

she hui gan zhi fang fa ti xi
社会感知方法体系 [0101A]
Social Perception Method System
F 感知传输层
数据管理层
行为模式层
地理空间特征层
专题应用层

she hui gan zhi shu ju ying yong fan shi
社会感知数据应用范式 [0101A]
Social Perception Data Application Paradigm
F 分布模型挖掘
普适规律发现
特征相关揭示
异常个例探测
未来趋势预测
时空决策优化

she hui huan jing xue
社会环境学 [0101A]
Social Environmental Studies
S 部门环境学

she hui huan jing xue
社会环境学 [0101A]
Social Environmental Studies
S 环境科学

she hui huan jing xue
社会环境学 [0101A]
Social Environmental Studies

F 环境法学
环境经济学
环境管理学
环境伦理学
环境教育学
环境美学
环境哲学

she hui huan jing yao su
社会环境要素 [0101A]
Social Environment Element
S 环境要素

she hui jing ji huan jing xi tong
社会经济环境系统 [0101A]
Socio-Economic Environmental System
S 地理系统

she hui ke xue
社会科学 [0101A]
Social Science
C 环境科学

she ying shi shi fang shi
摄影实施方式 [0101H]
Photographic Embodiments
F 单片摄影
单航线摄影
多航线摄影

shen
砷 [0101A]
Arsenic
S 非金属

shen ceng di xia shui
深层地下水 [0102A]
Deep Groundwater
S 地下水

shen ceng gao fu di xia shui xing
深层高氟地下水型 [0101D]
Deep High-Fluoride Groundwater Type

S 中国氟中毒病区生态环境类型

shen hai tou qi

深海投弃 ［0101F］

Deep Sea Abandonment

    S 海洋处置

shen hui

深灰 ［0101H］

Dark Gray

    S 灰阶

shen jing guan zhu

深井灌注 ［0102B］

Deep Well Perfusion

    S 陆地处置

shen xing zu he

深性组合 ［0101A］

Deep Combination

    S GNSS/INS 组合

shen xing zu he

深性组合 ［0101A］

Deep Combination

    D 超紧组合

shen tou guo cheng

渗透过程 ［0102B］

Osmotic Process

    S 水文过程

sheng huo kun nan ren kou

生活困难人口 ［0102F］

Population Living in Difficulties

    S 自然灾害损失程度指标

sheng huo ran mei wu ran xing

生活燃煤污染型 ［0102B］

Domestic Coal Burning Pollution Type

    S 中国氟中毒病区生态环境类型

sheng jing ke de xing

生境可得性 ［0102B］

Habitat Accessibility

    S 生境评价

sheng jing kong jian ge ju

生境空间格局 ［0102B］

Habitat Spatial Pattern

    S 生境评价

sheng jing li yong

生境利用 ［0102B］

Habitat Utilization

    S 生境评价

sheng jing ping jia

生境评价 ［0102B］

Habitat Assessment

    F 生境可得性

      生境空间格局

      生境利用

      生境适宜性评估

      潜在生境的分布

      生境破碎化

      生境变换检测

sheng jing po sui hua

生境破碎化 ［0102B］

Habitat Fragmentation

    S 生境评价

sheng jing shi yi xing ping gu

生境适宜性评估 ［0102B］

Habitat Suitability Assessment

    S 生境评价

sheng ming an quan fu wu

生命安全服务 ［0102F］

Life Safety Service

    S 伽利略系统服务

sheng ming yan hua li cheng

生命演化历程 ［0101A］

Evolution of Life

    F 元素演化

      化学演化

生物演化

sheng tai di tu
生态地图 [0102B]
Ecological Map
　S 地图

sheng tai duo yang xing
生态多样性 [0102B]
Ecological Diversity
　Y 群落物种多样性

sheng tai gui hua
生态规划 [0102B]
Ecological Planning
　S 环境规划（性质）

sheng tai gui hua
生态规划 [0102B]
Ecological Planning
　S 环境规划（环境要素）

sheng tai huan jing
生态环境 [0102B]
Ecological Environment
　S 遥感应用

sheng tai huan jing
生态环境 [0102B]
Ecological Environment
　F 自然生态环境
　　农业环境
　　城市生态环境

sheng tai huan jing cheng zai li
生态环境承载力 [0102B]
Ecological Environment Carrying Capacity
　S 环境承载力

sheng tai huan jing wen ti
生态环境问题 [0102B]
Ecological Environment Problem
　F 气候变化

臭氧层破坏
森林破坏
大气及酸雨污染
淡水资源危机
土地荒漠化
有毒化学品污染
有害废物越境转移

sheng tai huan jing yao gan
生态环境遥感 [0102B]
Ecological Environment Remote Sensing
　S 环境遥感

sheng tai jia zhi
生态价值 [0102B]
Ecological Value
　S 间接价值

sheng tai jia zhi
生态价值 [0102B]
Ecological Value
　F 光合作用固定太阳能
　　调节气候
　　维持土壤功能
　　传粉播种
　　减缓灾害
　　净化环境
　　心理和精神调节

sheng tai jian ce
生态监测 [0102B]
Ecological Monitoring
　Y 生物监测方法

sheng tai ping heng
生态平衡 [0102B]
Ecological Balance
　S 物质平衡

sheng tai po huai
生态破坏 [0102B]
Ecological Destruction
　S 次生环境问题

sheng tai shui
生态税 [0102B]
Ecological Tax
Y 环境保护税

sheng tai tang chu li ji shu
生态塘处理技术 [0102B]
Ecological Pond Treatment Technology
S 水体生态修复技术

sheng tai xi tong duo yang xing
生态系统多样性 [0102B]
Ecosystem Diversity
S 生物多样性

sheng tai xin xi xi tong
生态信息系统 [0102B]
Ecological Information System
S 地理信息系统

sheng tai xue
生态学 [0102B]
Ecology
S 自然地理学

sheng tai xue
生态学 [0102B]
Ecology
F 草地生态学
草原生态学
城市生态学
地生态学
动物生态学
景观生态学
群落生态学
人口生态学
人类生态学
森林生态学
土壤生态学
植物生态学

sheng wu biao zhi wu jian ce fa
生物标志物检测法 [0102B]
Biomarker Detection Method

S 生物监测方法

sheng wu chu li
生物处理 [0102F]
Biological Treatment
S 固体废物处理技术

sheng wu chu li
生物处理 [0102F]
Biological Treatment
F 好氧生物处理
厌氧发酵处理

sheng wu chu li fa
生物处理法 [0102F]
Biological Treatment
S 现代污水处理技术

sheng wu chu li fa
生物处理法 [0102F]
Biological Treatment
F 活性污泥法
生物膜法
自然生物处理法

sheng wu duo yang xing
生物多样性 [0102B]
Biodiversity
F 遗传多样性
物种多样性
生态系统多样性

sheng wu duo yang xing bao hu
生物多样性保护 [0102B]
Biodiversity Conservation
F 就地保护
迁地保护
建立基因库
构建完善法律体系

sheng wu duo yang xing tiao kong ji shu
生物多样性调控技术 [0102B]
Biodiversity Regulation Technology

S 水环境生态修复技术

sheng wu duo yang xing jia zhi
生物多样性价值 [0102B]
Biodiversity Value
　F 直接价值
　　间接价值

sheng wu fei liao
生物肥料 [0102F]
Biofertilizer
　S 肥料

sheng wu feng hua
生物风化 [0102B]
Biological Weathering
　S 风化

sheng wu hai yang xue yao gan
生物海洋学遥感 [0101F]
Biological Oceanographic Remote Sensing
　S 海洋环境遥感

sheng wu huan jing xue
生物环境学 [0102B]
Biological Environmental Studies
　S 部门环境学

sheng wu huan jing xue
生物环境学 [0102B]
Biological Environment
　S 基础环境学

sheng wu huan jing yao su
生物环境要素 [0102B]
Biological Environmental Element
　S 自然环境要素

sheng wu jian ce
生物监测 [0102B]
Biological Monitoring
　S 环境监测（对象）

sheng wu jiang jie
生物降解 [0101A]
Biodegradable
　S 农药的降解

sheng wu jiang jie
生物降解 [0102F]
Biodegradable
　F 氧化
　　还原
　　水解
　　键裂解和合成

sheng wu mo fa
生物膜法 [0101A]
Biofilm Method
　S 生物处理法

sheng wu qi hou xue
生物气候学 [0102B]
Bioclimatology
　S 气候学

sheng wu wu ran
生物污染 [0102B]
Biological Pollution
　F 大气生物污染
　　水体生物污染
　　土壤生物污染
　　食品生物污染

sheng wu wu ran wu
生物污染物 [0102B]
Biological Pollutant
　S 土壤污染物

sheng wu xiu fu ji shu
生物修复技术 [0102B]
Bioremediation Technology
　S 土壤污染修复技术

sheng wu xiu fu ji shu
生物修复技术 [0102B]
Bioremediation Technology

F 微生物修复技术
　植物修复技术
　动物修复技术

sheng wu xue
生物学 [0101H]
Biology
　C 地球系统科学

sheng wu xue shui zhi zhi biao
生物学水质指标 [0102B]
Biological Water Quality Indicators
　S 水质指标

sheng wu yan hua
生物演化 [0102F]
Biological Evolution
　S 生命演化历程

sheng wu zi yuan
生物资源 [0102A]
Biological Resources
　S 自然资源

shi du
湿度 [0102B]
Humidity
　S 微气象参数

shi shi chu chen qi
湿式除尘器 [0102F]
Wet Dust Collector
　S 除尘器（除尘机理）

shi bing chuan
石冰川 [0101A]
Rock Glacier
　S 冰川

shi hui yan di qu dian di xiao xing
石灰岩地区碘低效型 [0101C]
Limestone Region Iodine Inefficiency Type
　S 地甲病环境类型

shi lin
石林 [0101A]
Stone Forest
　S 喀斯特地貌

shi liu
石流 [0102C]
Rockflow
　S 泥石流

shi liu di xing
石流地形 [0101A]
Rock Stream Terrain
　S 冰缘地貌

shi ya
石芽 [0101A]
Karst Pinnacle
　S 喀斯特地貌

shi you di zhi xue
石油地质学 [0101C]
Petroleum Geology
　S 地质学

shi jian fen bian lü
时间分辨率 [0101G]
Temporal Resolution
　S 遥感分辨率

shi jian fen bian lü
时间分辨率 [0101G]
Temporal Resolution
　C 回归周期

shi jian fen bian lü
时间分辨率 [0101G]
Temporal Resolution
　F 短周期时间分辨率
　中周期时间分辨率
　长周期时间分辨率

shi jian fen bian lü

时间分辨率 [0101G]

Temporal Resolution

　C 时间特征

shi jian hua fen fa

时间划分法 [0102F]

Time Division Method

　S 系统模块结构设计

shi jian ji zhun

时间基准 [0101H]

Time Datum

　S 时空基准

shi jian mo shi

时间模式 [0102F]

Time Mode

　Y 方位向模式

shi jian te zheng

时间特征 [0101H]

Temporal Characteristics

　C 时间分辨率

shi jian te zheng

时间特征 [0101H]

Time Characteristic

　S 地理数据特征

shi jian ti xi

时间体系 [0101H]

Time System

　F 世界时

　　原子时

　　协调时

　　GPS 时

shi jian zui you lu jing gui hua

时间最优路径规划 [0101A]

Time Optimal Path Planning

　S 路径规划

shi jie

时节 [0102F]

Season

　C 对流层闪烁强度

shi jie

时节 [0102F]

Season

　F 日变化

　　季变化

shi kong guang du

时空广度 [0101H]

Space-Time Breadth

　S 地理大数据特征

shi kong ji zhun

时空基准 [0101H]

Spatiotemporal Reference

　F 时间基准

　　空间基准

shi kong jue ce you hua

时空决策优化 [0102F]

Spatiotemporal Decision Optimization

　S 社会感知数据应用范式

shi zhong shu ju kuai

时钟数据块 [0101H]

Clock Data Block

　Y 第一数据块

shi zhong shu ju qi hao

时钟数据期号 [0101H]

Clock Data Period Number

　S 第一数据块

shi yan di mao xue

实验地貌学 [0101A]

Experimental Geomorphology

　S 地貌学

shi yong xing yuan ze
实用性原则 [0102F]
The Principle of Practicality
 S GIS 系统设计原则

shi pin sheng wu wu ran
食品生物污染 [0102B]
Biological Contamination of Food
 S 生物污染

shi pin wu ran tu jing
食品污染途径 [0102D]
Food Contamination Route
 F 原料污染
  运输过程污染
  加工生产过程污染
  储存过程污染
  烹调过程污染

shi wu wu ran
食物污染 [0102B]
Food Pollution
 S 环境污染

shi liang shu ju
矢量数据 [0101A]
Vector Data
 S 地理空间数据

shi yong jia zhi
使用价值 [0102D]
Use Value
 Y 直接价值

shi jie lu di jing guan dai
世界陆地景观带 [0101A]
The World's Landscape Zone
 F 荒漠
  荒漠草原
  草原
  森林草原
  森林
  森林苔原

  苔原
  冰原

shi jie qi hou ji hua
世界气候计划 [0102B]
World Climate Programme
 F 世界气候资料计划
  世界气候知识应用计划
  世界气候影响研究计划
  世界气候研究计划

shi jie qi hou yan jiu ji hua
世界气候研究计划 [0102B]
World Climate Research Program
 S 世界气候计划

shi jie qi hou ying xiang yan jiu ji hua
世界气候影响研究计划 [0102B]
World Climate Impact Research Programme
 S 世界气候计划

shi jie qi hou zhi shi ying yong ji hua
世界气候知识应用计划 [0102B]
World Climate Knowledge Application Programme
 S 世界气候计划

shi jie qi hou zi liao ji hua
世界气候资料计划 [0102B]
World Climate Information Programme
 S 世界气候计划

shi wu chu li xi tong
事务处理系统 [0102F]
Transaction Processing System
 S 信息系统类型（智能化程度）

shi yan zhan
试验站 [0102E]
Test Station
 F 定位实验站
  观测站
  气象站
  水文站

遥感试验场
研究站
蒸发实验站

shi ying xing she ji
适应性设计 ［0101A］
Adaptability Design
　S 通信卫星任务分析设计

shi nei zhuang shi cai liao
室内装饰材料 ［0102F］
Interior Decoration Materials
　S 挥发性有机物（性质）

shi wai gong ye qi ti
室外工业气体 ［0102F］
Outdoor Industrial Gases
　S 挥发性有机物（性质）

shou suo
收缩 ［0101A］
Shrink
　S 数学形态学方法

shou shang ren kou
受伤人口 ［0102F］
Injured Population
　S 自然灾害损失程度指标

shou zai nong zuo wu
受灾农作物 ［0102C］
Affected Crops
　S 自然灾害损失程度指标

shou zai ti zhi biao
受灾体指标 ［0102C］
Disaster Target
　F 数量指标
　　价值指标
　　易损性指标

shu ru bu chang
输入补偿 ［0101A］
Input Compensation

D 输入功率回退

shu ru shu chu she ji
输入输出设计 ［0102F］
Input and Output Design
　S GIS 应用系统详细设计

shu ru shu chu te xing
输入输出特性 ［0101A］
Input and Output Characteristics
　S 转发器性能指标

shu xing shu ju
属性数据 ［0101H］
Attribute Data
　S 空间数据内容

shu xing shu ju biao（shi liang shu ju）
属性数据表（矢量数据）［0101B］
Attribute Data Table (Vector Data)
　F 要素属性表
　　非空间数据表

shu xing shu ju fen lei（ce liang fan wei）
属性数据分类（测量范围）［0101B］
Attribute Data Classification (Measurement Range)
　F 标称数据
　　有序数据
　　区间数据
　　比率数据

shu xing shu ju fen lei（shu ju lei xing）
属性数据分类（数据类型）［0101B］
Attribute Data Classification (Data Type)
　F 数字型
　　文本型
　　日期型
　　二进制块对象型

shu xing shu ju ji lu
属性数据记录 ［0101H］
Attribute Data Record
　S 地理属性数据管理

shu xing shu ju xiang

属性数据项 ［0101H］

Attribute Data Item

　　S 地理属性数据管理

shu xing te zheng

属性特征 ［0101H］

Attribute Feature

　　D 非空间特征

shu xing te zheng

属性特征 ［0101H］

Attribute Characteristic

　　S 地理数据特征

shu xing te zheng

属性特征 ［0101H］

Attribute Characteristic

　　D 专题特征

shu hai

鼠害 ［0102C］

Rodent Infestation

　　S 农林牧生物灾害

shu guan fen xi tong ruan jian

数管分系统软件 ［0101H］

Digital Tube Subsystem Software

　　S 数据管理分系统组成

shu guan fen xi tong ruan jian

数管分系统软件 ［0101H］

Digital Tube Subsystem Software

　　F 中心计算机系统软件

　　　中心计算机应用软件

　　　中心计算机在轨维护软件

　　　测控单元软件

shu ju

数据 ［0101H］

Data

　　S 信息系统组成

shu ju an quan

数据安全 ［0101H］

Data Security

　　S 遥感数据管理与服务

shu ju biao xian xing shi

数据表现形式 ［0101H］

Data Representation

　　F 数字

　　　文字

　　　图形

　　　图像

　　　音频

　　　视频

shu ju ding yi

数据定义 ［0101H］

Data Definition

　　S SQL 查询语言的功能

shu ju fa bu yu gong xiang

数据发布与共享 ［0102E］

Data Publication and Sharing

　　S 遥感数据管理与服务

shu ju fen lei fang fa

数据分类方法 ［0101H］

Data Classification Methods

　　F 等间隔

　　　几何间隔

　　　等频率

　　　标准离差

　　　自然断点

　　　用户自定义

shu ju guan li

数据管理 ［0101H］

Data Management

　　S 地理信息系统要素

shu ju guan li fen xi tong ji shu zhi biao

数据管理分系统技术指标 ［0101H］

Data Management Subsystem Technical Index

F 数据计算处理能力
数据存储能力

shu ju guan li fen xi tong zu cheng
数据管理分系统组成 ［0102F］
Data Management Subsystem Components
F 数管分系统硬件设备
数管分系统软件

shu ju guan li zi xi tong
数据管理子系统 ［0102F］
Data Management Subsystem
S 地理信息系统组成

shu ju guang bo feng zhuang fang shi
数据广播封装方式 ［0102F］
Data Broadcast Encapsulation
Y 数据广播应用类型

shu ju guang bo ying yong lei xing
数据广播应用类型 ［0102F］
Data Broadcast Application Type
D 数据广播封装方式

shu ju guang bo ying yong lei xing
数据广播应用类型 ［0102F］
Data Broadcast Application Type
F 数据管道
数据流
多协议封装
数据轮播
对象轮播

shu ju huo qu
数据获取 ［0101G］
Data Acquisition
S 地理信息系统要素

shu ju ji suan chu li neng li
数据计算处理能力 ［0102E］
Data Calculation and Processing Ability
S 数据管理分系统技术指标

shu ju ke xue
数据科学 ［0101H］
Data Science
C 社会感知

shu ju ke xue ji shu
数据科学技术 ［0101H］
Data Science Technology
F 大数据管理平台和框架技术
数据可视化技术
数据挖掘技术

shu ju kong zhi
数据控制 ［0102E］
Data Control
S SQL 查询语言的功能

shu ju ku
数据库 ［0101H］
Database
F 地图数据库
地理数据库
专题数据库
综合数据库
图形数据库
图像数据库

shu ju ku
数据库 ［0101H］
Archive
S 逻辑单位

shu ju ku guan li xi tong
数据库管理系统 ［0101H］
Database Management System
C 地理信息系统

shu ju ku lei xing
数据库类型 ［0101H］
Database Type
F 平面文件
层次型数据库
网络型数据库

关系型数据库

物理数据单位

shu ju ku she ji
数据库设计 ［0101H］
Database Design
　S GIS 应用系统总体设计

shu ju ku xi tong mo shi
数据库系统模式 ［0101H］
Database System Schema
　F 内模式
　　模式
　　外模式

shu ju liang dong tai fen pei
数据量动态分配 ［0102F］
Dynamic Allocation of Data Volumes
　S DVB-RCS 带宽分配方法

shu ju lun bo
数据轮播 ［0102E］
Data Wheel Casting
　S 数据广播应用类型

shu ju xiang
数据项 ［0101H］
Data Item
　S 逻辑单位

shu ju xiang
数据项 ［0101H］
Data Item
　D 基本项

shu ju xiang
数据项 ［0101H］
Data Item
　D 字段

shu ju zu zhi ceng ci
数据组织层次 ［0101H］
Data Organization Hierarchy
　F 逻辑数据单位

shu li di mao xue
数理地貌学 ［0101H］
Mathematical Geomorphology
　S 地貌学

shu li tong ji fen xi
数理统计分析 ［0101H］
Mathematical Statistical Analysis
　C 主成分分析

shu liang zhi biao
数量指标 ［0101H］
Quantitative Indicators
　S 受灾体指标

shu xue fen xi
数学分析 ［0101H］
Mathematical Analysis
　F 波谱分析
　　多变量分析
　　多维分析
　　方差分析
　　光谱分析
　　灰色关联分析
　　回归分析
　　计算机分析
　　聚类分析
　　判别分析
　　趋势面分析
　　时相分析
　　数据分析
　　数值分析
　　统计分析
　　误差分析
　　系统分析
　　相关分析
　　谐波分析
　　因子分析
　　主座标分析

shu zi

数字 ［0101H］

Number

　S 数据表现形式

shu zi gao cheng shu ju

数字高程数据 ［0101A］

Digital Elevation Data

　S GIS 数据来源

shu zi liang

数字量 ［0101H］

Digital Quantities

　Y 数字图像

shu zi xing

数字型 ［0101H］

Numeric

　S 属性数据分类（数据类型）

shu zi xing

数字型 ［0101H］

Numeric

　F 整型数据

　　浮点型数据

shu zi zhu ji

数字注记 ［0101H］

Numerical Note

　S 地图注记

shuang shi xian

双实线 ［0101E］

Double Solid Line

　S 线状符号图元

shuang xu xian

双虚线 ［0101E］

Double Dashed Line

　S 线状符号图元

shui bo li gu hua fa

水玻璃固化法 ［0101H］

Water Glass Curing Method

　S 固化处理

shui chan yang zhi

水产养殖 ［0101E］

Aquaculture

　F 淡水养殖

　　海水养殖

shui cheng jing guan

水成景观 ［0101A］

Hydrogenous Landscape

　F 水上景观

　　水下景观

shui di hua po

水底滑坡 ［0102C］

Subaqueous Landslide

　S 滑坡

shui guan li

水管理 ［0102D］

Water Management

　F 灌溉水管理

　　水库管理

　　水质管理

　　水资源管理

shui hua xue

水化学 ［0102B］

Hydrochemistry

　F 河流水化学

　　湖泊水化学

shui hua xue

水化学 ［0102B］

Water Chemistry

　S 水文学

shui huan jing cheng zai li

水环境承载力 ［0102B］

Water Environment Carrying Capacity

　S 环境承载力

shui huan jing rong liang
水环境容量 ［0102B］
Water Environmental Capacity
　　S 环境容量

shui huan jing sheng tai xiu fu ji shu
水环境生态修复技术 ［0102B］
Water Environment Ecological Restoration Technology
　　S 水体生态修复技术

shui huan jing sheng tai xiu fu ji shu
水环境生态修复技术 ［0102B］
Water Environment Ecological Restoration Technology
　　F 人工增氧技术
　　　水生植物修复技术
　　　生物多样性调控技术

shui huan jing wu ran fang zhi gui hua
水环境污染防治规划 ［0102B］
Water Environmental Pollution Control Planning
　　S 污染防治规划

shui jiao di
水浇地 ［0101E］
Irrigated Land
　　S 耕地（水利条件）

shui jie
水解 ［0101A］
Hydrolysis
　　S 生物降解

shui ku guan li
水库管理 ［0102E］
Reservoir Management
　　S 水管理

shui ku zheng fa
水库蒸发 ［0102B］
Reservoir Evaporation
　　S 蒸发

shui li zi
水离子 ［0101A］
Water Ion
　　F 钾离子
　　　钠离子
　　　钙离子
　　　镁离子
　　　铁离子
　　　氯离子
　　　硫酸根离子
　　　碳酸氢根离子
　　　碳酸根离子

shui li gong cheng
水力工程 ［0102E］
Hydraulic Engineering
　　S 水利工程

shui li
水利 ［0102B］
Water Conservancy
　　S 遥感应用

shui li gong cheng
水利工程 ［0102E］
Water Conservancy Project
　　F 挡坝工程
　　　水力工程

shui liang bian hua
水量变化 ［0102B］
Water Quantity Change
　　S 水情变化

shui mian zheng fa
水面蒸发 ［0102B］
Water Surface Evaporation
　　S 蒸发

shui ni gu hua fa
水泥固化法 ［0101A］
Cement Curing Method
　　S 固化处理

shui ni yao xie tong chu zhi

水泥窑协同处置 ［0102B］

Cement Kiln Co-Disposal

　S 物理化学修复技术

shui ping di dai

水平地带 ［0101H］

Horizontal Zone

　S 自然地带

shui ping di dai xing

水平地带性 ［0101H］

Horizontal Zonality

　F 纬度地带性

　　经度地带性

shui qi ping heng

水汽平衡 ［0102B］

Water Vapor Balance

　Y 水汽输送

shui qi shu song

水汽输送 ［0102B］

Water Vapor Transport

　D 水汽平衡

shui qing bian hua

水情变化 ［0102B］

Water Regime Change

　F 水量变化

　　水沙变化

　　水位变化

shui re zi yuan

水热资源 ［0102A］

Water and Heat Resources

　S 国土资源

shui sha bian hua

水沙变化 ［0102B］

Water and Sediment Change

　S 水情变化

shui sheng sheng wu

水生生物 ［0101E］

Aquatic Organism

　F 底栖生物

　　浮游生物

　　海洋生物

　　湖泊生物

shui sheng zhi bei

水生植被 ［0101E］

Aquatic Vegetation

　S 植被

shui sheng zhi wu xiu fu ji shu

水生植物修复技术 ［0102B］

Aquatic Plant Remediation Technology

　S 水环境生态修复技术

shui shi

水蚀 ［0102B］

Water Erosion

　F 波浪侵蚀

　　溅蚀

　　刻蚀

　　溶蚀

　　雪蚀

shui ti

水体 ［0101E］

Water Bodies

　S 城市地物

shui ti

水体 ［0101E］

Water Body

　F 海洋水体

　　陆地水体

shui ti li yong

水体利用 ［0102B］

Water Utilization

　S 土地利用

shui ti sheng tai xiu fu ji shu

水体生态修复技术 ［0102B］

Water Ecological Restoration Technology

    F 生态塘处理技术

      人工湿地处理技术

      土地处理技术

      水环境生态修复技术

shui ti sheng wu wu ran

水体生物污染 ［0102B］

Water Biological Pollution

    S 生物污染

shui ti wu ran

水体污染 ［0102B］

Water Pollution

    S 水污染

shui ti wu ran lei xing

水体污染类型 ［0102B］

Water Pollution Type

    F 感官性污染

      需氧物质污染

      无机污染

      植物营养物质污染

      有毒化学物质污染

      病原体污染

      放射性污染

      热污染

shui ti wu ran wu

水体污染物 ［0102B］

Water Pollutant

    F 无机无毒物质

      无机有毒物质

      有机无毒物质

      有机有毒物质

shui ti wu ran wu （hua xue xing zhi）

水体污染物 （化学性质） ［0101E］

Water Pollutant （Chemical Nature）

    F 有机污染物

      无机污染物

shui ti wu ran wu （wu ran wu du xing）

水体污染物 （污染物毒性） ［0102B］

Water Pollutant （Pollutant Toxicity）

    F 有毒污染物

      无毒污染物

shui tian

水田 ［0101E］

Paddy Field

    S 耕地 （水利条件）

shui tu bao chi xin xi xi tong

水土保持信息系统 ［0102B］

Soil and Water Conservation Information System

    S 地理信息系统

shui tu liu shi

水土流失 ［0102B］

Soil Erosion

    S 地质灾害

shui tu ping heng

水土平衡 ［0102B］

Soil and Water Balance

    S 物质平衡

shui wei

水位 ［0102B］

Water Stage

    F 潮位

      地下水位

      枯水位

      设计水位

      尾水位

      汛期水位

shui wei bian hua

水位变化 ［0102B］

Water Level Change

    S 水情变化

shui wen

水文 ［0102B］

Hydrology

F 海洋水文
　河流水文
　湖泊水文
　农业水文
　区域水文
　森林水文

shui wen di zhi xue
水文地质学 [0101C]

Hydrogeology
　S 地质学

shui wen guo cheng
水文过程 [0102B]

Hydrological Process
　F 流水过程
　渗透过程

shui wen guo cheng xian
水文过程线 [0102B]

Hydrograph
　F 洪水过程线
　流量过程线

shui wen guo cheng xian
水文过程线 [0102F]

Hydrologic Process Line
　S 水文曲线

shui wen qu xian
水文曲线 [0102B]

Hydrologic Curve
　F 入渗曲线
　水文过程线
　退水曲线

shui wen tu
水文图 [0101A]

Hydrological Map
　S 地图

shui wen xi tong
水文系统 [0102B]

Hydrological System

F 地下水系统
　灌溉系统
　河流系统
　水资源系统
　线性水文系统

shui wen xue
水文学 [0102B]

Hydrology
　S 自然地理学

shui wen xue
水文学 [0102B]

Hydrology
　F 比较水文学
　参数水文学
　地理水文学
　古水文学
　河流学
　环境水文学
　陆地水文学
　水化学
　随机水文学
　统计水文学

shui wen yu bao
水文预报 [0102B]

Hydrological Forecast
　F 洪水预报
　枯水预报

shui wen zhan
水文站 [0102F]

Water Station
　S 试验站

shui wu ran
水污染 [0102B]

Water Pollution
　F 水质污染
　水体污染

shui wu ran

水污染 [0102B]

Water Pollution

　S 环境污染

shui wu ran di tu

水污染地图 [0102B]

Water Pollution Map

　S 地图

shui wu ran fei dian yuan

水污染非点源 [0102B]

Water Pollution Nonpoint Source

　D 水污染面源

shui wu ran mian yuan

水污染面源 [0102B]

Water Pollution Source

　Y 水污染非点源

shui xi bian qian

水系变迁 [0102B]

River System Transformation

　S 环境变迁

shui xun huan

水循环 [0102B]

Water Circulation

　F 大循环

　　小循环

shui yin

水银 [0101H]

Hydragenum

　Y 汞

shui yu he shi di

水域和湿地 [0101E]

Water Bodie and Wetland

　S 已利用土地

shui zhi guan li

水质管理 [0102B]

Water Quality Management

　S 水管理

shui zhi jian ce

水质监测 [0102B]

Water Quality Monitoring

　S 环境监测（对象）

shui zhi wu ran

水质污染 [0102B]

Water Pollution

　S 水污染

shui zhi zhi biao

水质指标 [0102B]

Water Quality Index

　F 物理性水质指标

　　化学性水质指标

　　生物学水质指标

shui zi yuan

水资源 [0102A]

Water Resources

　S 自然资源

shui zi yuan cheng zai li

水资源承载力 [0102A]

Water Resources Carrying Capacity

　S 资源承载力

shui zi yuan guan li

水资源管理 [0102A]

Water Resources Management

　S 水管理

shui zi yuan xi tong

水资源系统 [0102B]

Water Resources System

　S 水文系统

shun ceng hua po

顺层滑坡 [0101C]

Bedding-Parallel Landslide

　S 滑坡

shun xu cha zhao

顺序查找 ［0101H］

Sequential Search

　S 顺序文件查找

shun xu wen jian

顺序文件 ［0101H］

Sequential File

　S 文件

shun xu wen jian cha zhao

顺序文件查找 ［0101H］

Sequential File Lookup

　F 顺序查找

　　分块查找

　　折半查找

shun xu wen jian xing shi

顺序文件形式 ［0101H］

Sequential File Form

　F 向量方式

　　链方式

　　块链方式

shun zhi xing he dao

顺直型河道 ［0101A］

Straight River

　S 河道

shuo ming fu hao

说明符号 ［0101E］

Explanatory Symbol

　S 地图符号

shuo ming zhu ji

说明注记 ［0101B］

Explanatory Note

　S 地图注记

si qu

死区 ［0101A］

Dead Zone

　S 惯性传感测量误差

si wang chu qin

死亡畜禽 ［0102F］

Dead Livestock and Poultry

　S 自然灾害损失程度指标

si wang ren kou

死亡人口 ［0102D］

Death Toll

　S 自然灾害损失程度指标

song xing zu he

松性组合 ［0101A］

Loose Combination

　S GNSS/INS 组合

sou xun yu jiu yuan fu wu

搜寻与救援服务 ［0102C］

Search and Rescue Service

　S 伽利略系统服务

su liao gu hua fa

塑料固化法 ［0101A］

Plastic Curing Method

　S 固化处理

su xing ni shi liu

塑性泥石流 ［0102C］

Plastic Debris Flow

　S 泥石流

suan xing tu rang

酸性土壤 ［0101E］

Acidic Soil

　S 土壤

sui ji

随机 ［0101H］

Random

　S 流的空间分布模式

sui ji fen bu

随机分布 ［0101H］

Random Distribution

Y 泊松分布

sui ji mo xing
随机模型 ［0101H］
Stochastic Model
S 统计方法

sui ji mo xing
随机模型 ［0101H］
Stochastic Model
F 马尔科夫随机场模型
吉布斯分布随机场模型

sui ji shui wen xue
随机水文学 ［0102B］
Stochastic Hydrology
S 水文学

sui ji wen jian
随机文件 ［0101H］
Random File
Y 直接文件

sui dao
隧道 ［0102E］
Tunnel
F 海底隧道
人工冰隧道
铁路隧道

sun shang
损伤 ［0102C］
Injure
C 数字信号

suo yin wen jian
索引文件 ［0101H］
Index File
C 主索引

ta fang
塌方 ［0102C］
Collapse

Y 崩塌

tuo pu guan xi
拓扑关系 ［0101A］
Topological Relation
C 空间关系

tuo pu guan xi miao shu mo xing
拓扑关系描述模型 ［0101H］
Topological Relationship Description Model
F 4 交模型
9 交模型
RCC 模型
空间代数模型
V9I 模型

tai di
台地 ［0101A］
Mesa
F 海蚀台地
滑坡台地
泥石流台地

tai feng
台风 ［0102C］
Typhoons
S 极端天气

tai feng bao yu
台风暴雨 ［0102C］
Typhoon Rainstorm
S 中尺度天气系统

tai yuan
苔原 ［0101E］
Tundra
S 世界陆地景观带

tai yang yin li chang
太阳引力场 ［0101A］
Solar Gravitational Field
C 静止卫星倾角

tai jia lin
泰加林 ［0101E］
Taiga Forest
　S 温带森林

tan qing hua wu
碳氢化物 ［0102F］
Hydrocarbon
　S 气态污染物

tan qing hua wu
碳氢化物 ［0102B］
Hydrocarbon
　F 烷烃
　　烯烃
　　芳香烃

tan suan gen li zi
碳酸根离子 ［0101A］
Carbonate Ion
　S 水离子

tan suan qing gen li zi
碳酸氢根离子 ［0101A］
Hydrogen Carbonate Ion
　S 水离子

tan yang hua wu
碳氧化物 ［0102B］
Carbon Oxide
　S 气态污染物

tan yang hua wu
碳氧化物 ［0102B］
Carbon Oxide
　F 一氧化碳
　　二氧化碳

tao yi qu
逃逸区 ［0101A］
Escape Region
　Y 外逸层

tao zuo
套作 ［0102F］
Intercropping
　S 耕作制度

te ding ling yu zhi shi ku
特定领域知识库 ［0101H］
Domain-Specific Knowledge Base
　S 专家系统结构

te shu yong di
特殊用地 ［0101D］
Special Use Land
　S 已利用土地

ti di
梯地 ［0101A］
Terraced Land
　S 耕地（地形条件）

tian qi qi hou xue
天气气候学 ［0102B］
Synoptic Climatology
　S 气候学

tian qi tu
天气图 ［0102B］
Weather Map
　S 地图

tian ran he dao
天然河道 ［0101A］
Natural River Course
　S 河道

tian ran shui cheng fen
天然水成分 ［0101H］
Natural Water Composition
　F 悬浮物质
　　胶体物质
　　溶解物质

tie lu sui dao

铁路隧道 ［0102E］

Railway Tunnel

　　S 隧道

tie yan ji meng yan

铁盐及锰盐 ［0101A］

Iron Salts and Manganese Salt

　　S 盐类

ting lei wu ran wu

烃类污染物 ［0102B］

Hydrocarbon Pollutants

　　S 持久性有机污染物

tong liang

通量 ［0101A］

Flux

　　F 地下水通量

　　　辐射通量

　　　光子通量

　　　农田水热通量

　　　热通量

　　　水汽通量

tong yong se cai fang an

通用色彩方案 ［0101E］

Universal Colour Scheme

　　F 单色调方案

　　　色调与亮度方案

　　　双端色方案

　　　部分光谱方案

　　　全光谱方案

tong wei su

同位素 ［0101A］

Isotope

　　F 环境同位素

　　　碳同位素

　　　氧同位素

tong wei su bing chuan xue

同位素冰川学 ［0102B］

Isotope Glaciology

　　S 冰川学

tong lei

酮类 ［0101A］

Ketones

　　S 挥发性有机物（化学结构）

tong ji fen xi

统计分析 ［0101H］

Statistical Analysis

　　S 数学分析

tong ji mo xing

统计模型 ［0101H］

Statistical Models

　　S 定量遥感模型

tong ji qi hou xue

统计气候学 ［0102B］

Statistical Climatology

　　S 气候学

tong ji shui wen xue

统计水文学 ［0102F］

Statistical Hydrology

　　S 水文学

tong

桶 ［0101A］

Bucket

　　S 物理单位

tou ru-chan chu mo xing

投入–产出模型 ［0102D］

Input-Output Model

　　S 规划系列模型

tou shi fu hao

透视符号 ［0101E］

Perspective Symbol

　　S 地图符号

tou shi tu

透视图 ［0102F］

Perspective View

D 三维视图

tu biao mo xing
图标模型 ［0101E］
Icon Model
　　S 地理信息模型（表现形式）

tu mo xing
图模型 ［0101E］
Graph Model
　　S NoSQL 数据库系统

tu wai zheng shi zhu ji
图外整饰注记 ［0101E］
Exterior Decoration Note
　　S 地图注记

tu xing
图形 ［0101H］
Graphics
　　S 数据表现形式

tu xing ji shu xing bian ji zi xi tong
图形及属性编辑子系统 ［0101H］
Graphics and Attribute Editing Subsystem
　　S GIS 基础软件子系统

tu xing jie gou
图形结构 ［0101H］
Graphic Structure
　　Y 图案

tu xing shu ju ku
图形数据库 ［0101H］
Graphics Database
　　S 数据库

tu xing wen jian
图形文件 ［0102F］
Graphic Files
　　S 栅格编码数据

tu ba
土坝 ［0101D］
Earth Dam

S 坝

tu di diao cha
土地调查 ［0101D］
Land Survey
　　F 土地资源调查
　　　土地利用调查
　　　土壤调查

tu di fu bei
土地覆被 ［0101E］
Land Cover
　　C 土地利用

tu di gai liang
土地改良 ［0101D］
Land Improvement
　　F 草场改良
　　　草原改良
　　　坡地改良
　　　土壤改良

tu di geng zuo
土地耕作 ［0101D］
Land Cultivation
　　S 陆地处置

tu di huang mo hua
土地荒漠化 ［0102B］
Desertification
　　S 生态环境问题

tu di lei xing tu
土地类型图 ［0101E］
Land Type Map
　　S 地图

tu di li yong
土地利用 ［0101D］
Land Use
　　C 土地覆被

tu di li yong

土地利用 ［0101D］

Land Use

　F 草原利用

　　城市土地利用

　　非农业用地

　　工业用地

　　农业土地利用

　　农业用地

　　山地利用

　　草地利用

　　耕地利用

　　林地利用

　　水体利用

　　建设用地利用

　　未利用地利用

tu di li yong diao cha

土地利用调查 ［0101D］

Land Use Survey

　S 土地调查

tu di li yong fen lei

土地利用分类 ［0101D］

Land Use Classification

　F 已利用土地

　　可利用但尚未利用土地

　　目前技术难以利用土地

tu di li yong tu

土地利用图 ［0101D］

Land Use Map

　S 地图

tu di sha mo hua

土地沙漠化 ［0102B］

Desertification

　S 地质灾害

tu di tian mai

土地填埋 ［0101D］

Land Landfill

　S 陆地处置

tu di tui hua

土地退化 ［0102B］

Land Degradation

　C 土壤退化

tu di xin xi xi tong

土地信息系统 ［0101D］

Land Information System

　S 地理信息系统

tu di yan zi hua

土地盐渍化 ［0102B］

Soil Salinization

　S 地质灾害

tu di zi yuan

土地资源 ［0101D］

Land Resources

　S 自然资源

tu di zi yuan cheng zai li

土地资源承载力 ［0102A］

Land Resource Carrying Capacity

　S 资源承载力

tu di zi yuan diao cha

土地资源调查 ［0102A］

Land Resource Survey

　S 土地调查

tu di zi yuan tu

土地资源图 ［0101D］

Land Resource Map

　S 地图

tu liu

土溜 ［0101A］

Landslide

　Y 滑坡

tu rang

土壤 ［0101A］

Soil

F 变性土
草甸土
草原土壤
地带性土壤
非饱和土
非地带性土壤
风积土
风沙土
耕作土壤
古土壤
褐土
黑钙土
红壤
湖积土
荒漠土壤
黄土
黄棕壤
灰钙土
灰褐土
灰化土
栗钙土
淋溶土
黏土
森林土壤
砂姜黑土
山地土壤
酸性土壤
亚黏土
盐碱土
沼泽土
紫色土
棕钙土
棕壤

tu rang cheng fen
土壤成分 [0101A]

Soil Composition
　F 土壤矿物
　　土壤水分
　　土壤养分
　　土壤有机质

tu rang chi shui xing
土壤持水性 [0101A]

Soil Water Retention
　S 土壤性质

tu rang di li diao cha shu ju ku
土壤地理调查数据库 [0101A]

S SURGO Databases
　F 空间数据
　　表格数据

tu rang diao cha
土壤调查 [0101A]

Soil Survey
　S 土地调查

tu rang feng hua
土壤风化 [0101C]

Soil Weathering
　S 风化

tu rang feng shi
土壤风蚀 [0102B]

Wind Erosion of Soil
　S 土壤侵蚀

tu rang gai liang
土壤改良 [0102B]

Soil Improvement
　S 土地改良

tu rang han shui liang
土壤含水量 [0101E]

Soil Water Content
　C 土壤水分

tu rang huan jing rong liang
土壤环境容量 [0102B]

Soil Environmental Capacity
　S 环境容量

tu rang jian ce
土壤监测 [0102B]

Soil Monitoring

S 环境监测（对象）

tu rang jian du
土壤碱度　[0101A]
Soil Alkalinity
　S 土壤性质

tu rang jiao ti
土壤胶体　[0101H]
Soil Colloid
　F 有机胶体
　　无机胶体
　　有机-无机复合胶体

tu rang jie gou
土壤结构　[0101A]
Soil Structure
　C 土壤反射率

tu rang jie gou
土壤结构　[0101A]
Soil Structure
　S 土壤参数

tu rang jie gou xing tai
土壤结构形态　[0101A]
Soil Structure and Morphology
　F 球状
　　板状
　　块状
　　柱状

tu rang ke shi xing
土壤可蚀性　[0101A]
Soil Erodibility
　S 土壤性质

tu rang kuang wu
土壤矿物　[0101A]
Soil Minerals
　S 土壤成分

tu rang lei xing tu
土壤类型图　[0101A]
Soil Type Map
　S 地图

tu rang qin shi
土壤侵蚀　[0102B]
Soil Erosion
　F 沟谷侵蚀
　　黄土侵蚀
　　土壤风蚀

tu rang qin shi tu
土壤侵蚀图　[0101A]
Soil Erosion Map
　S 地图

tu rang rong zhong
土壤容重　[0101A]
Soil Bulk Density
　S 土壤性质

tu rang sha hua
土壤沙化　[0102B]
Soil Desertification
　C 土壤退化

tu rang shen tou xing
土壤渗透性　[0101C]
Soil Permeability
　S 土壤性质

tu rang sheng tai xue
土壤生态学　[0102B]
Soil Ecology
　S 生态学

tu rang sheng wu wu ran
土壤生物污染　[0102B]
Soil Biological Pollution
　S 生物污染

tu rang shi du

土壤湿度 [0101A]

Soil Moisture

  C 土壤水分

tu rang shui

土壤水 [0101A]

Soil Water

  S 地下水

tu rang shui fen

土壤水分 [0101E]

Soil Moisture

  S 土壤参数

tu rang shui fen

土壤水分 [0101E]

Soil Moisture

  C 土壤含水量

tu rang shui fen

土壤水分 [0101E]

Soil Moisture

  S 干旱指标

tu rang shui fen

土壤水分 [0101A]

Soil Moisture

  S 土壤成分

tu rang shui fen shou zhi chai e

土壤水分收支差额 [0101E]

Soil Moisture Budget Difference

  S 干旱指标

tu rang suan du

土壤酸度 [0101A]

Soil Acidity

  S 土壤性质

tu rang tui hua

土壤退化 [0102B]

Soil Degradation

  C 土地退化

tu rang tui hua

土壤退化 [0102B]

Soil Degradation

  C 土壤沙化

tu rang wu ran

土壤污染 [0102B]

Soil Pollution

  S 环境污染

tu rang wu ran wu

土壤污染物 [0102B]

Soil Contaminant

  F 有机污染物

    无机污染物

    生物污染物

    放射性污染物

tu rang wu ran xiu fu ji shu

土壤污染修复技术 [0102B]

Soil Pollution Remediation Technology

  F 物理化学修复技术

    生物修复技术

tu rang wu li xing zhi

土壤物理性质 [0101A]

Soil Physical Properties

  S 土壤性质

tu rang xi li

土壤吸力 [0101H]

Soil Suction

  S 土壤性质

tu rang xing zhi

土壤性质 [0101A]

Soil Property

  F 土壤持水性

    土壤碱度

    土壤可蚀性

    土壤容重

土壤渗透性
土壤酸度
土壤物理性质
土壤吸力
土壤盐渍度
土壤质地

tu rang yan zi du
土壤盐渍度 [0101E]
Soil Salinity
　S 土壤性质

tu rang yan zi hua fang zhi
土壤盐渍化防治 [0102B]
Soil Salinization Prevention and Control
　S 灾害防治

tu rang yang fen
土壤养分 [0101A]
Soil Nutrients
　S 土壤成分

tu rang you ji zhi
土壤有机质 [0101A]
Soil Organic Matter
　S 土壤成分

tu rang zheng fa
土壤蒸发 [0102B]
Soil Evaporation
　S 蒸发

tu rang zhi di
土壤质地 [0101A]
Soil Behaviour
　F 砂质土类
　　黏质土类
　　壤质土类

tu rang zhi di
土壤质地 [0101A]
Soil Texture
　S 土壤性质

tu rang zu cheng
土壤组成 [0101C]
Soil Composition
　C 土壤反射率

tu rang zu cheng
土壤组成 [0101C]
Soil Composition
　S 土壤参数

tui jin ji hun he bi pian cha
推进剂混合比偏差 [0101A]
Propellant Mixing Ratio Bias
　S 推进剂预算偏差

tui jin ji yu suan pian cha
推进剂预算偏差 [0101A]
Propellant Budget Deviation
　S 卫星推进剂预算

tui jin ji yu suan pian cha
推进剂预算偏差 [0101A]
Propellant Budget Deviation
　F 转移轨道入轨误差
　　推进剂混合比偏差
　　发动机比冲偏差
　　发动机变轨指向误差
　　系统残留误差
　　位保指向误差
　　南北位保耦合效应
　　姿态控制误差

tui jin ji zhuang tian liang
推进剂装填量 [0101A]
Propellant Filling Capacity
　S 推进分系统技术指标

tui li
推力 [0101A]
Thrust
　S 推进分系统技术指标

tuo suo ji
脱羧基 [0101A]
Decarboxylation
　S 氧化

tuo ting ji
脱烃基 [0101A]
Dehydrocarbylation
　S 氧化

tuo qiu mian
椭球面 [0101A]
Ellipsoid
　C 副反射面

wa di
洼地 [0101A]
Depression
　F 背河洼地
　　低洼地区
　　风蚀洼地
　　湖沼洼地
　　喀斯特洼地
　　热融洼地
　　雪蚀洼地

wai bu guan jian zi
外部关键字 [0101H]
External Keywords
　S 关键字

wai bu wu cha
外部误差 [0101H]
External Error
　S 遥感图像误差

wai bu wu cha
外部误差 [0101H]
External Error
　F 传感器外方位变化
　　传感介质不均匀
　　地球曲率
　　地形起伏

地球旋转

wai bu zao sheng
外部噪声 [0101H]
External Noise
　S 接收机噪声

wai bu zao sheng
外部噪声 [0101H]
External Noise
　F 天线噪声
　　热噪声
　　人造噪声
　　大气噪声

wai bu zao sheng
外部噪声 [0101H]
External Noise
　S 图像噪声（产生原因）

wai mo shi
外模式 [0101H]
External Mode
　S 数据库系统模式

wai xun huan
外循环 [0102B]
External Circulation
　Y 大循环

wan lei
烷类 [0101H]
Alkanes
　S 挥发性有机物（化学结构）

wan ting
烷烃 [0101H]
Alkane
　S 碳氢化物

wang luo fen xi
网络分析 [0102F]
Network Analysis

F 旅行推销员问题
　车辆路径问题
　最近设施问题
　配置和定位-配置问题

wang luo fen xi
网络分析 ［0102F］
Network Analysis
　S 矢量数据空间分析

wang luo mo xing
网络模型 ［0102F］
Network Model
　S 矢量数据分析模型

wang luo mo xing
网络模型 ［0102F］
Network Model
　D 地理网线分析模型

wang luo mo xing
网络模型 ［0101H］
Network Model
　S 数据模型

wang luo xing shu ju ku
网络型数据库 ［0102F］
Network Databases
　S 数据库类型

wei bo jian ce
微波监测 ［0101G］
Microwave Monitoring
　S 冰雪检测方法

wei bo yao gan
微波遥感 ［0101G］
Microwave Remote Sensing
　S 遥感

wei bo yao gan
微波遥感 ［0101G］
Microwave Remote Sensing

F 主动遥感
　被动遥感

wei di mao
微地貌 ［0101A］
Microtopography
　S 地貌

wei guan xi tong
微观系统 ［0101H］
Micro-System
　S 量子信源系统

wei qi xiang can shu
微气象参数 ［0102B］
Micrometeorological Parameters
　S 地表热状况

wei qi xiang can shu
微气象参数 ［0102B］
Micrometeorological Parameters
　F 风速
　风向
　空气温度
　湿度

wei sheng wu
微生物 ［0101H］
Microorganisms
　S 生物环境

wei sheng wu xiu fu ji shu
微生物修复技术 ［0102B］
Microbial Remediation Technology
　S 生物修复技术

wei xing sheng wu qun luo fa
微型生物群落法 ［0102B］
Microbial Community Analysis Method
　S 群落和生态系统监测法

wei chi tu rang gong neng
维持土壤功能 ［0102B］
Maintain Soil Function

S 生态价值

wei shui wei
尾水位 [0102B]
Tail Water Level
　S 水位

wei du di dai xing fen yi
纬度地带性分异 [0102B]
Latitudinal Zonal Differentiation
　S 自然地理环境分异

wei sheng jian ce
卫生监测 [0102B]
Health Monitoring
　S 环境监测（专业部门）

wei dong shui
未冻水 [0101E]
Unfrozen Water
　S 水

wei ji
未及 [0101H]
Undershoot
　S 线要素拓扑错误

wei ji
未及 [0101H]
Undershoot
　D 欠头

wei ji
未及 [0101H]
Undershoot
　C 悬挂节点

wei lai qu shi yu ce
未来趋势预测 [0102D]
Future Trend Prediction
　S 社会感知数据应用范式

wei li yong di li yong
未利用地利用 [0101D]
Unused Land Utilization

S 土地利用

wei
位 [0101A]
Position
　S 目标地物特征

wei
位 [0101A]
Position
　F 空间位置
　　相关布局

wei yu nei bu guan xi
位于内部关系 [0101H]
Internal Relationship
　S 拓扑关系

wen dai cao yuan
温带草原 [0101E]
Temperate Grassland
　S 草原

wen dai huang mo
温带荒漠 [0101E]
Temperate Desert
　S 荒漠

wen dai huang mo cao yuan
温带荒漠草原 [0101E]
Temperate Desert Grassland
　S 荒漠草原

wen dai sen lin
温带森林 [0101E]
Temperate Forest
　S 森林

wen dai sen lin
温带森林 [0101E]
Temperate Forest
　F 泰加林
　　混交林

阔叶林

wen dai sen lin cao yuan
温带森林草原 [0101E]
Temperate Forest Grassland
　S 森林草原

wen du dai
温度带 [0102F]
Temperature Zone
　F 热带
　　副热带
　　温带
　　寒温带
　　寒带

wen shi qi hou
温室气候 [0102B]
Greenhouse Climate
　S 小气候

wen dang mo xing
文档模型 [0102F]
Document Model
　S NoSQL 数据库系统

wen hua di li xue
文化地理学 [0101B]
Cultural Geography
　S 人文地理学

wu ran fang zhi gui hua
污染防治规划 [0102B]
Pollution Prevention and Control Planning
　S 环境规划（环境要素）

wu ran fang zhi gui hua
污染防治规划 [0102B]
Pollution Prevention and Control Planning
　F 水环境污染防治规划
　　大气环境污染防治规划
　　固体废物环境污染防治规划
　　噪声及物理污染防治规划

wu ran kong zhi gui hua
污染控制规划 [0102B]
Pollution Control Planning
　Y 污染综合防治规划

wu ran shi gu jian ce
污染事故监测 [0102C]
Pollution Accident Monitoring
　S 特定目的监测

wu ran wu pai fang zong liang kong zhi
污染物排放总量控制 [0102B]
Total Pollutant Discharge Control
　F 目标总量控制
　　容量总量控制
　　行业总量控制

wu ran yuan jian du jian ce
污染源监督监测 [0102C]
Supervision and Monitoring of Pollution Sources
　S 监视性监测

wu ran zong he fang zhi gui hua
污染综合防治规划 [0102B]
Integrated Pollution Control Plan
　S 环境规划（性质）

wu ran zong he fang zhi gui hua
污染综合防治规划 [0102C]
Integrated Pollution Control Plan
　D 污染控制规划

wu ran zong he fang zhi gui hua
污染综合防治规划 [0102B]
Integrated Pollution Control Plan
　F 区域污染综合防治规划
　　部门污染综合防治规划

wu shui guan gai
污水灌溉 [0102B]
Wastewater Irrigation
　S 灌溉

wu shui sheng wu xi tong fa

污水生物系统法 ［0102B］

Sewage Biological System Method

　S 群落和生态系统监测法

wu ji xing

屋脊形 ［0101A］

Roof-Shaped

　Y 爬升形

wu du wu ran wu

无毒污染物 ［0102B］

Nontoxic Pollutant

　S 水体污染物（污染物毒性）

wu ji jiao ti

无机胶体 ［0101H］

Inorganic Colloid

　S 土壤胶体

wu ji jiao ti

无机胶体 ［0101A］

Inorganic Colloid

　D 矿质胶体

wu ji rong jie wu

无机溶解物 ［0101H］

Inorganic Solution

　S 溶解物质

wu ji wu ran

无机污染 ［0102B］

Inorganic Pollution

　S 水体污染类型

wu ji wu ran wu

无机污染物 ［0102B］

Inorganic Pollutant

　S 土壤污染物

wu ji wu ran wu

无机污染物 ［0102B］

Inorganic Pollutant

　F 重金属

　　营养元素

　　放射性元素

　　酸盐元素

　　卤族元素

wu ji wu ran wu

无机污染物 ［0102B］

Inorganic Pollutant

　S 水体污染物（化学性质）

wu ji wu du wu zhi

无机无毒物质 ［0102F］

Inorganic Non-Toxic Substances

　S 水体污染物

wu ji you du wu zhi

无机有毒物质 ［0102B］

Inorganic Toxic Substances

　S 水体污染物

wu li feng hua

物理风化 ［0102B］

Physical Weathering

　S 风化

wu li hua xue xiu fu ji shu

物理化学修复技术 ［0102F］

Physicochemical Remediation Technology

　S 土壤污染修复技术

wu li hua xue xiu fu ji shu

物理化学修复技术 ［0102F］

Physicochemical Remediation Technology

　F 化学淋洗

　　蒸汽浸提

　　化学氧化/还原

　　固化/稳定化

　　电动力学修复

　　热脱附

　　水泥窑协同处置

wu li huan jing wu ran

物理环境污染 ［0102B］

Physical Environment Pollution

　F 噪声污染

　　电磁辐射污染

　　放射性污染

　　光污染

　　热污染

wu li huan jing xue

物理环境学 ［0102B］

Physical Environment

　S 基础环境学

wu li kong xi lü

物理孔隙率 ［0101H］

Physical Porosity

　S 孔隙率

wu li xing shui zhi zhi biao

物理性水质指标 ［0102B］

Physical Water Quality Indicators

　S 水质指标

wu zhi ping heng

物质平衡 ［0102B］

Mass Balance

　F 冰川物质平衡

　　动力平衡

　　动态平衡

　　化学平衡

　　辐射平衡

　　经济平衡

　　能量平衡

　　热量水分平衡

　　生态平衡

　　水土平衡

wu zhi zi yuan

物质资源 ［0102A］

Material Resources

　S 经济资源

wu zhong duo yang xing

物种多样性 ［0102B］

Species Diversity

　S 生物多样性

wu zhong duo yang xing

物种多样性 ［0102B］

Species Diversity

　F 区域物种多样性

　　群落物种多样性

xi an 80 zuo biao xi

西安 80 坐标系 ［0101A］

Xi'an 80 Coordinate System

　S 参心坐标系

xi fu fa

吸附法 ［0101H］

Adsorption Method

　S 物理化学处理法

xi lei

烯类 ［0101A］

Alkene

　S 挥发性有机物（化学结构）

xi ting

烯烃 ［0101A］

Olefin

　S 碳氢化物

xi xing ni shi liu

稀性泥石流 ［0102C］

Dilute Debris Flow

　S 泥石流

xi di ji

洗涤剂 ［0101H］

Detergent

　S 有机污染物

xi di shi chu chen zhuang zhi

洗涤式除尘装置 ［0102B］

Washing Dust Collector

S 除尘器（粒子分离原理）

xi ma la ya yun dong
喜马拉雅运动 ［0101C］
Himalayan Orogeny
　S 地壳运动

xi tong dong li xue mo ni mo xing
系统动力学模拟模型 ［0101H］
System Dynamics Simulation Model
　S 预测系列与动态模拟模型

xi tong fen xi
系统分析 ［0101H］
System Analysis
　S 地理信息工程设计开发

xi tong fen xi
系统分析 ［0101H］
System Analysis
　F 需求分析
　　可行性分析

xi tong fen xi
系统分析 ［0101H］
System Analysis
　S 数学分析

xi tong gong neng she ji
系统功能设计 ［0102F］
System Function Design
　S GIS 应用系统总体设计

xi tong mu biao she ji
系统目标设计 ［0101H］
System Objective Design
　S GIS 应用系统总体设计

xi tong she ji
系统设计 ［0101H］
System Design
　S 地理信息工程设计开发

xi tong shi shi
系统实施 ［0102F］
System Implementation
　S 地理信息工程设计开发

xi tong wei hu yu ping jia
系统维护与评价 ［0102F］
System Maintenance and Evaluation
　S 地理信息工程设计开发

xi hua
细化 ［0101H］
Refining
　S 数学形态学方法

xi jun
细菌 ［0102B］
Bacteria
　S 悬浮物质

xi ke li
细颗粒 ［0102B］
Fine Particle
　Y 细颗粒物

xi ke li wu
细颗粒物 ［0102B］
Fine Particulate Matter
　D 细粒

xi ke li wu
细颗粒物 ［0102B］
Fine Particulate Matter
　D 细小颗粒

xi ke li wu
细颗粒物 ［0102B］
Fine Particulate Matter
　D 细颗粒

xi ke li wu
细颗粒物 ［0102B］
Fine Particulate Matter

D pm2.5

xi li
细粒 [0102B]
Fine Grain
　Y 细颗粒物

xia ceng
下层 [0101C]
Lower
　S 对流层

xia dian mian
下垫面 [0101A]
Underlying Surface
　C 遥感图像分类精度

xia ji zhong zhi di
夏季种植地 [0101E]
Summer Planting Area
　S 农作地

xia yu xing
夏雨型 [0102B]
Summer Rainfall Type
　S 全球气候 (降水)

xian jin xing yuan ze
先进性原则 [0101H]
Principle of Advanced Nature
　S GIS 系统设计原则

xian wei cai liao
纤维材料 [0101H]
Fiber Materials
　S 挥发性有机物 (性质)

xian shui
咸水 [0101E]
Salt Water
　S 水

xian shui guan gai
咸水灌溉 [0102E]
Saline Water Irrigation

S 灌溉

xian shui hu
咸水湖 [0101E]
Saltwater Lake
　S 湖泊

xian jie duo nian dong tu
衔接多年冻土 [0101C]
Transitional Permafrost
　S 多年冻土

xian re jiao huan
显热交换 [0102B]
Sensible Heat Exchange
　D 感热交换

xian re jiao huan
显热交换 [0102B]
Sensible Heat Exchange
　C 潜热交换

xian chang pen zai ding dian jian ce fa
现场盆栽定点监测法 [0102B]
On-Site Potted Plant Fixed-Point Monitoring Method
　S 生物监测方法

xian dai bing chuan
现代冰川 [0101A]
Modern Glacier
　S 冰川

xian dai di mao
现代地貌 [0101A]
Modern Landform
　S 地貌

xian dai wu shui chu li ji shu
现代污水处理技术 [0102F]
Modern Sewage Treatment Technology
　F 物理处理法
　　化学处理法
　　生物处理法

生物化学处理法

xian qi zhi li lei xing
限期治理类型 ［0102B］
Limited Treatment Type
F 区域性限期治理
行业性限期治理
点源限期治理

xian duan
线段 ［0101A］
Line Segment
S 点状符号图元

xian huan chong qu
线缓冲区 ［0101A］
Line Buffer
S 缓冲区

xian xing sha qiu
线形沙丘 ［0101E］
Linear Dune
S 沙丘

xian xing gui hua mo xing
线性规划模型 ［0101H］
Linear Programming Model
S 规划系列模型

xian xing shui wen xi tong
线性水文系统 ［0101A］
Linear Hydrological System
S 水文系统

xian yao su tuo pu cuo wu
线要素拓扑错误 ［0101H］
Line Element Topology Error
F 未及
过伸

xian yu xian lin jie cha xun
线与线邻接查询 ［0101H］
Line to Line Adjacency Query

S 邻接关系查询

xian zhuang fu hao tu yuan
线状符号图元 ［0101H］
Line Symbol Element
S 地图符号图元

xiang dui wei zhi
相对位置 ［0101H］
Relative Position
C 阵列天线特性

xiang guan bu ju
相关布局 ［0102F］
Association
C 相关体

xiang guan bu ju
相关布局 ［0102F］
Correlation Layout
S 位

xiang guan guan xi
相关关系 ［0101H］
Correlation
C 遥感图像相似度

xiang guan ji fen
相关积分 ［0101H］
Correlation Integral
S 基带数字信号处理

xiang guan qi
相关器 ［0101H］
Correlator
F 光学相关器
电子相关器
数字相关器

xiang guan ti
相关体 ［0101H］
Association
C 相关布局

xiang guan ti
相关体 [0101H]
Association
　　D 相关位置

xiang guan ti
相关体 [0101H]
Association
　　D 布局

xiang guan wei zhi
相关位置 [0101A]
Relevant Position
　　Y 相关体

xiang guan guan xi
相贯关系 [0101A]
Coherent
　　S 地物空间关系（二维）

xiang jiao guan xi
相交关系 [0101A]
Intersection Relationship
　　S 地物空间关系（二维）

xiang jiao guan xi
相交关系 [0101A]
Intersection Relationship
　　S 拓扑关系

xiang li guan xi
相离关系 [0101A]
Disjoint Relationship
　　S 拓扑关系

xiang lin guan xi
相邻关系 [0101H]
Adjacency
　　S 地物空间关系（二维）

xiang xi di zhi tu
详细地质图 [0101C]
Detailed Geological Map

S 地质图

xiao chu bian jie
消除边界 [0101A]
Dissolve
　　S 图层要素操作

xiao qi hou xue
小气候学 [0102B]
Microclimatology
　　S 气候学

xiao shu shu ju
小数数据 [0101H]
Decimal Fraction
　　Y 浮点型数据

xiao shu wei shu
小数位数 [0101H]
Number of Decimal Places
　　S 字段

xiao xing gou zao
小型构造 [0101C]
Microstructure
　　S 地质构造

xiao xun huan
小循环 [0102B]
Little Circulation
　　S 水循环

xiao xun huan
小循环 [0102B]
Little Circulation
　　D 内部循环

xie tiao fa zhan xing gui hua
协调发展型规划 [0102D]
Coordinated Development Planning
　　S 环境规划（制约关系）

xie yi di qiu zuo biao xi
协议地球坐标系 [0101A]
Conventional Terrestrial System

C 国际协议原点

xie yi di qiu zuo biao xi
协议地球坐标系 ［0101A］
Conventional Terrestrial System
C 平赤道面

xie liu dian
泻流点 ［0101A］
Lagoon
Y 出水口

xin li he jing shen tiao jie
心理和精神调节 ［0102F］
Mental and Spiritual Conditioning
S 生态价值

xin bei jing 54 zuo biao xi
新北京 54 坐标系 ［0101A］
New Beijing 54 Coordinate System
S 参心坐标系

xin gou zao
新构造 ［0101C］
Neotectonics
S 地质构造

xin gou zao yun dong
新构造运动 ［0101C］
Neotectonics
S 地壳运动

xin yue xing sha qiu
新月形沙丘 ［0101E］
Crescent Dune
S 沙丘

xin tan lin
薪炭林 ［0101E］
Fuelwood Forest
S 林地

xin xi
信息 ［0101H］
Message

S TDMA 子帧

xin xi chu li
信息处理 ［0101H］
Information Processing
S 遥感系统

xin xi fu wu
信息服务 ［0102F］
Information Service
S 卫星移动通信系统增值服务

xin xi kuai fa
信息块法 ［0101H］
Block Method
D 符号库方法

xin xi xi tong lei xing（ying yong ling yu）
信息系统类型（应用领域）［0101H］
Type of Information System（Application Field）
F 经营信息系统
企业管理信息系统
金融信息系统
交通运输信息系统
空间信息系统

xin xi xi tong lei xing（zhi neng hua cheng du）
信息系统类型（智能化程度）［0101H］
Type of Information System（Degree of Intelligence）
F 事务处理系统
管理信息系统
决策支持系统
人工智能和专家系统

xin xi xi tong zu cheng
信息系统组成 ［0101H］
Information System Composition
F 计算机硬件
计算机软件
数据
用户

xin xi ying yong
信息应用 ［0102F］
Information Application
　S 遥感系统

xin xi yuan
信息源 ［0101H］
Information Source
　S 遥感系统

xin xi zi yuan
信息资源 ［0101H］
Information Resource
　S 经济资源

xing qi shu
星期数 ［0101H］
Weeks Number
　S 第一数据块

xing shi sha qiu
星式沙丘 ［0101E］
Star Dune
　S 沙丘

xing zhuang shi wang zhuang
星状十网状 ［0101H］
Stellate Ten Reticulate
　Y 混合网

xing wei di li xue
行为地理学 ［0101H］
Behavioral Geography
　C 社会感知

xing wei mo shi ceng
行为模式层 ［0101H］
Behavior Pattern Layer
　S 社会感知方法体系

hang ye huan jing guan li
行业环境管理 ［0102B］
Industry Environmental Management

　Y 部门环境管理

hang ye xing xian qi zhi li
行业性限期治理 ［0102C］
Industry-Specific Treatment Within a Specified Period
　S 限期治理类型

hang ye zong liang kong zhi
行业总量控制 ［0102D］
Industry Total Control
　S 污染物排放总量控制

xing zheng jie xian
行政界线 ［0101B］
Administrative Boundary
　S 地理界限

xing zheng qu jie
行政区界 ［0101B］
Administrative Boundary
　S 地域界线

xing
形 ［0101A］
Shape
　S 目标地物特征

xing
形 ［0101A］
Shape
　F 形状
　　纹理
　　大小

xiong ya li suan fa
匈牙利算法 ［0101H］
Hungarian Algorithm
　S 图像处理算法

xu ni shu ju
虚拟数据 ［0102F］
Vdata
　S HDF 数据类型

xu ni zu
虚拟组 [0101H]
Vgroup
　S HDF 数据类型

xu xian
虚线 [0101H]
Dashed Line
　S 线状符号图元

xu qiu fen xi
需求分析 [0101H]
Demand Analysis
　S 系统分析

xu yang wu zhi wu ran
需氧物质污染 [0102B]
Oxygen- Demanding Substance Pollution
　S 水体污染类型

xuan gua jie dian
悬挂节点 [0101H]
Suspension Nodes
　C 未及

xuan gua jie dian
悬挂节点 [0101H]
Suspension Nodes
　C 过伸

xuan zhuan hua po
旋转滑坡 [0102C]
Rotational Landslide
　S 滑坡

xuan ze
选择 [0101H]
Select
　S 图层要素操作

xuan ze jia zhi
选择价值 [0102F]
Choice Value

　S 间接价值

xue bao
雪暴 [0102B]
Snowstorms
　S 极端天气

xue beng fen qu
雪崩分区 [0102C]
Avalanche Zoning
　S 气候区划

xue hai
雪害 [0102C]
Snow Damage
　S 气象灾害

xue hai fang zhi
雪害防治 [0102C]
Snow Hazard Prevention
　S 灾害防治

xue mian zheng fa
雪面蒸发 [0102B]
Snow Surface Evaporation
　S 蒸发

xue shi
雪蚀 [0101A]
Nivation
　S 水蚀

xue shi wa di
雪蚀洼地 [0101A]
Snow Erosion Depression
　S 洼地

xue xian
雪线 [0101A]
Snow Line
　S 地理界限

xue zai
雪灾 [0102C]
Snow Damage

S 气象灾害

xun zheng xing
熏蒸形 ［0101H］
Fumigation-Shaped
　Y 漫烟形

xun huan die dai mo xing
循环迭代模型 ［0101H］
Cyclic Iteration Model
　Y 演化模型

xun qi shui wei
汛期水位 ［0102B］
Flood Season Water Level
　S 水位

ya suo xing pen di
压缩型盆地 ［0101C］
Compression Basin
　S 大型构造盆地类型

ya han dai zhen ye lin qi hou
亚寒带针叶林气候 ［0101E］
Subpolar Oceanic Climate
　S 气候

ya re dai cao yuan
亚热带草原 ［0101E］
Subtropical Grassland
　S 草原

ya re dai huang mo
亚热带荒漠 ［0101A］
Subtropical Desert
　S 荒漠

ya re dai huang mo cao yuan
亚热带荒漠草原 ［0101E］
Subtropical Desert Grassland
　S 荒漠草原

ya re dai sen lin
亚热带森林 ［0101E］
Subtropical Forest

S 森林

ya re dai sen lin cao yuan
亚热带森林草原 ［0101E］
Subtropical Forest Grassland
　S 森林草原

ya re dai shan qu
亚热带山区 ［0101A］
Subtropical Mountainous Area
　S 山区

ya nian tu
亚黏土 ［0101C］
Silt Loam
　S 土壤

yan jiang xing di re zi yuan
岩浆型地热资源 ［0102A］
Magmatic Geothermal Resources
　S 地热资源

yan jiang yan
岩浆岩 ［0101C］
Magmatic Rock
　D 火成岩

yan shi
岩石 ［0101C］
Rock
　F 变质岩
　　沉积岩
　　海滩岩
　　火成岩
　　基岩

yan shi feng hua
岩石风化 ［0101C］
Rock Weathering
　S 风化

yan shi quan
岩石圈 ［0101C］
The Lithosphere

S 地球系统

yan shi quan
岩石圈 ［0101C］
The Lithosphere
　S 地理圈

yan shi xue
岩石学 ［0101C］
Petrology
　S 地质学

yan xie po
岩屑坡 ［0101C］
Talus Slope
　S 坡

yan zhi hua po
岩质滑坡 ［0102C］
Rock Landslide
　S 滑坡

yan jiu zhan
研究站 ［0102F］
Research Station
　S 试验站

yan di
盐地 ［0101E］
Saline Soil
　F 盐土
　　盐碱土
　　钠土

yan jian di zao lin
盐碱地造林 ［0101E］
Afforestation on Saline-Alkali Soil
　S 植树造林

yan jian tu
盐碱土 ［0101E］
Saline Soil
　S 盐地

yan jian tu
盐碱土 ［0101E］
Saline-Alkali Soil
　S 土壤

yan kuang
盐矿 ［0102A］
Salt Ore
　S 非金属

yan lei
盐类 ［0101E］
Salts
　S 溶解物质

yan lei
盐类 ［0101A］
Salts
　F 钙镁
　　钠
　　铁盐及锰盐

yan lei chen ji
盐类沉积 ［0101C］
Salt Deposit
　S 沉积

yan tu
盐土 ［0101E］
Salt Soil
　S 盐地

yan se san wei kong jian
颜色三维空间 ［0101H］
Color Three-Dimensional Space
　C 颜色立方体

yan hua mo xing
演化模型 ［0101H］
Evolution Model
　S GIS 工程开发模型

yan hua mo xing
演化模型 ［0101H］
Evolution Model
　D 循环迭代模型

yan yang fa jiao chu li
厌氧发酵处理 ［0102B］
Anaerobic Fermentation Treatment
　S 生物处理

yan yang fa jiao chu li
厌氧发酵处理 ［0102B］
Anaerobic Fermentation Treatment
　D 沼气发酵

yan se hu
堰塞湖 ［0102B］
Barrier Lake
　S 湖泊

yang hua
氧化 ［0101H］
Oxidation
　S 生物降解

yang hua
氧化 ［0101H］
Oxidation
　F 羟基化
　　脱烃基
　　脱羧基
　　醚键开列
　　环氧化
　　芳环开列
　　杂环开列

yang hua
氧化 ［0101H］
Oxidation
　S 化学处理

yang hua huan yuan fa
氧化还原法 ［0101H］
Oxidation-Reduction Method

　S 化学处理法

yang tiao qu xian
样条曲线 ［0101H］
Spline Curve
　S 点状符号图元

yao ce
遥测 ［0101G］
Telemetry
　C 遥感

yao ce zi xi tong
遥测子系统 ［0101G］
Telemetry Subsystem
　S 航天测控技术地球站

yao ce zi
遥测字 ［0101G］
Telemetry Word
　S 导航电文

yao gan ji shu tong yong ji chu
遥感技术通用基础 ［0101H］
General Basis of Remote Sensing Technology
　F 术语
　　分类与编码
　　空间参照
　　通用数据格式
　　波谱特性

yao wu di li
药物地理 ［0101H］
Pharmacogeography
　S 医学地理

yao su huan chong
要素缓冲 ［0101A］
Buffer Features
　S 非拓扑操作

yao su lian he
要素联合 ［0101A］
Union Features

S 非拓扑操作

yao su shu xing biao
要素属性表 [0101A]
Element Attribute Table
　S 属性数据表（矢量数据）

ye tai shui di re zi yuan
液态水地热资源 [0102A]
Liquid Water Geothermal Resources
　S 地热资源

ye xiang se pu fen xi fa
液相色谱分析法 [0101H]
Liquid Chromatographic Analysis Method
　S 色谱分析法

yi ci ke li wu
一次颗粒物 [0102B]
Primary Particulate Matter
　S 总悬浮颗粒物

yi ci ke li wu
一次颗粒物 [0102B]
Primary Particulate Matter
　F 灰尘
　　烟尘

yi dui duo guan xi
一对多关系 [0101H]
One-to-Many Relationships
　S 关系数据库关系类型

yi dui yi guan xi
一对一关系 [0101H]
One-to-One Relationships
　S 关系数据库关系类型

yi jie huan lu
一阶环路 [0101H]
First Order Loop
　S 相位锁定环路阶数

yi liao fang she xing
医疗放射性 [0102F]
Medical Radioactivity
　S 放射性污染来源

yi liao gu ti fei wu
医疗固体废物 [0102F]
Medical Solid Waste
　S 固体废物

yi xue di li
医学地理 [0101H]
Medical Geography
　F 地理流行病学
　　疾病地理学
　　药物地理

yi bi li chi fu hao
依比例尺符号 [0101H]
Scaled Symbol
　S 地图符号

yi chuan duo yang xing
遗传多样性 [0101H]
Genetic Diversity
　S 生物多样性

yi li yong tu di
已利用土地 [0101D]
Utilised Land
　S 土地利用分类

yi li yong tu di
已利用土地 [0101D]
Utilised Land
　F 耕地
　　园地
　　林地
　　牧草地
　　工矿用地
　　城市用地
　　交通用地
　　特殊用地

水域和湿地

yi you xi tong shu ju
已有系统数据 ［0102F］
Existing System Data
　S GIS 数据来源

yi zhi zheng fa
抑制蒸发 ［0102B］
Inhibits Evaporation
　S 蒸发

yi sun xing zhi biao
易损性指标 ［0102C］
Vulnerability Indicator
　S 受灾体指标

yi bing ren kou
疫病人口 ［0102D］
Epidemic Population
　S 自然灾害损失程度指标

yin di zhi yi nong ye
因地制宜农业 ［0102D］
Site Specific Farming
　S 精细农业

yin zi fen xi
因子分析 ［0101H］
Factor Analysis
　S 数学分析

yin po
阴坡 ［0101A］
North-Facing Slope
　S 坡

yin yong shui
饮用水 ［0102B］
Drinking Water
　S 水

yin shua
印刷 ［0102F］
Printing

yin shua fa
印刷法 ［0102F］
Printing Method
　S 减色法彩色合成方法

ying ji jian ce
应急监测 ［0102C］
Emergency Monitoring
　Y 特定目的监测

ying yong bing chuan xue
应用冰川学 ［0102B］
Applied Glaciology
　S 冰川学

ying yong di mao xue
应用地貌学 ［0101H］
Applied Geomorphology
　S 地貌学

ying yong huan jing xue
应用环境学 ［0102B］
Applied Environmental Studies
　S 环境科学

ying yong huan jing xue
应用环境学 ［0102B］
Applied Environmental Studies
　F 环境工程学
　　环境监测学
　　环境质量评价
　　环境规划学

ying yong qi hou xue
应用气候学 ［0102B］
Applied Climatology
　S 气候学

ying feng po
迎风坡 ［0101A］
Windward Slope

S 坡

ying yang yuan su
营养元素 [0101H]
Nutrient
   S 无机污染物

yong cai lin
用材林 [0101E]
Timber Forest
   S 林地

yong hu ji
用户级 [0101H]
User Level
   S 数据库基本结构

yong hu zi ding yi
用户自定义 [0101H]
User-Defined
   S 数据分类方法

you lei
油类 [0102F]
Oil
   S 有机污染物

you dang xing he dao
游荡性河道 [0101A]
Wandering Channel
   S 河道

you geng
游耕 [0102F]
Shifting Cultivation
   S 耕作制度

you yi hu
游移湖 [0101A]
Wandering Lake
   S 湖泊

you du hua xue pin wu ran
有毒化学品污染 [0102B]
Hazardous Chemical Pollution

S 生态环境问题

you du hua xue wu zhi wu ran
有毒化学物质污染 [0102B]
Toxic Chemical Pollution
   S 水体污染类型

you du wu ran wu
有毒污染物 [0102B]
Toxic Pollutant
   S 水体污染物（污染物毒性）

you hai fei wu yue jing zhuan yi
有害废物越境转移 [0102C]
Transboundary Movement of Hazardous Wastes
   S 生态环境问题

you hai hai yang zao lei shui hua
有害海洋藻类水华 [0101F]
Harmful Marine Algae Blooms
   Y 赤潮

you hai qi ti jian ce
有害气体监测 [0102C]
Hazardous Gas Monitoring
   S 大气环境监测

you ji fei liao
有机肥料 [0102F]
Organic Fertilizer
   S 肥料

you ji jiao ti
有机胶体 [0101H]
Organic Colloid
   S 土壤胶体

you ji nong yao
有机农药 [0101H]
Organic Pesticide
   S 有机污染物

you ji rong jie wu
有机溶解物 [0101H]
Organic Solution

S 溶解物质

you ji rong ye
有机溶液 [0101H]
Organic Solvents
　S 挥发性有机物（性质）

you ji wu ran wu
有机污染物 [0102B]
Organic Pollutant
　S 土壤污染物

you ji wu ran wu
有机污染物 [0102B]
Organic Pollutant
　F 有机农药
　油类
　酚类
　农膜类
　洗涤剂
　病原微生物
　寄生虫卵

you ji wu ran wu
有机污染物 [0102B]
Organic Pollutant
　S 水体污染物（化学性质）

you ji wu du wu zhi
有机无毒物质 [0101H]
Organic Non-Toxic Substances
　S 水体污染物

you ji-wu ji fu he jiao ti
有机-无机复合胶体 [0101H]
Organic-Inorganic Composite Colloid
　S 土壤胶体

you ji you du wu zhi
有机有毒物质 [0102B]
Organic Toxic Substances
　S 水体污染物

you ji you du wu zhi
有机有毒物质 [0102B]
Organic Toxic Substances
　F 酚类化合物
　有机农药
　聚氯联苯
　多环芳烃类
　表面活性剂

you se jin shu
有色金属 [0101H]
Non-Ferrous Metals
　S 金属

yu di ba
淤地坝 [0102E]
Silt Dam
　S 坝

yu qu tu
渔区图 [0101F]
Fishing Ground Map
　S 地图

yu zhou zhi jiao zuo biao xi
宇宙直角坐标系 [0101A]
Cosmic Rectangular Coordinate System
　Y 地心地固直角坐标系

yu lao
雨涝 [0102C]
Flood
　S 气象灾害

yu yi xiang guan xing
语义相关性 [0102F]
Semantic Correlation
　C 交通流预测

yuan su yan hua
元素演化 [0101H]
Elemental Evolution
　S 生命演化历程

yuan di

园地 [0101E]

Orchard

S 已利用土地

yuan liao wu ran

原料污染 [0102B]

Raw Material Pollution

S 食品污染途径

yuan sheng huan jing wen ti

原生环境问题 [0102B]

Primary Environmental Issue

S 环境问题

yuan sheng sheng wu

原生生物 [0101H]

Protists

S 悬浮物质

yuan zi neng gong ye fei liao pai fang

原子能工业废料排放 [0102B]

Nuclear Industrial Waste Discharge

S 放射性污染来源

yuan

圆 [0101H]

Circle

S 点状符号图元

yuan cha xun

圆查询 [0101A]

Circle Query

S 空间位置查询

yuan hu

圆弧 [0101H]

Arc

S 点状符号图元

yuan zhu tou ying

圆柱投影 [0101G]

Cylindrical Projection

S 地图投影（投影面）

yuan cheng jiao yu

远程教育 [0102F]

Distance Education

S 数据轮播业务

yuan cheng jiao yu yu yi liao

远程教育与医疗 [0102F]

Distance Education and Health Care

S 卫星宽带通信业务

yuan di dian

远地点 [0102F]

Apogee

S 卫星轨道参量

yue qiu yin li chang

月球引力场 [0102B]

Lunar Gravitational Field

C 静止卫星倾角

yue dong bing chuan

跃动冰川 [0101E]

Active Glacier

S 冰川

yun

云 [0101E]

Cloud

C 信号衰减

yun fu wu

云服务 [0102F]

Cloud Service

S 卫星移动通信系统增值服务

yun yu di qiu fu she neng liang xi tong

云与地球辐射能量系统 [0101G]

Clouds and the Earth's Radiant Energy System

（CERES）

S EOS 传感器

yun shu guo cheng wu ran
运输过程污染 ［0102B］
Pollution During Transportation
　S 食品污染途径

yun xing guan li
运行管理 ［0102F］
Operation Management
　S 管理方式设计

za huan kai lie
杂环开列 ［0101H］
Heterocyclic Ring Opening
　S 氧化

zai hai
灾害 ［0102C］
Disaster
　S 遥感应用

zai hai
灾害 ［0102C］
Disasters
　F 自然态灾害
　　人为态灾害

zai hai di mao
灾害地貌 ［0102C］
Disaster Landform
　S 地貌

zai hai fang zhi
灾害防治 ［0102C］
Prevention and Control Ofnatural Calamity
　F 冰害防治
　　冻害防治
　　防雹
　　防洪
　　滑坡防治
　　荒漠化防治
　　抗旱
　　泥石流防治
　　沙漠化防治

土壤盐渍化防治
雪害防治

zai hai huan jing yao gan
灾害环境遥感 ［0102C］
Disaster Environment Remote Sensing
　S 环境遥感

zai sheng zi yuan
再生资源 ［0102A］
Renewable Resources
　S 国土资源

zai ti ／ ji ti zuo biao xi
载体／机体坐标系 ［0101A］
Carrier/Body Coordinate System
　S 导航坐标系

zao lei
藻类 ［0101E］
Algae
　S 悬浮物质

zao shan yun dong
造山运动 ［0101C］
Orogeny
　S 地壳运动

zao sheng he zhen dong jian ce
噪声和振动监测 ［0102F］
Noise and Vibration Monitoring
　S 环境监测（对象）

zao sheng ji wu li wu ran fang zhi gui hua
噪声及物理污染防治规划 ［0102B］
Noise and Physical Pollution Control Planning
　S 污染防治规划

zao sheng lai yuan
噪声来源 ［0101H］
Noise Source
　F 交通运输噪声
　　工业生产噪声

生活噪声
建筑施工噪声

nian tu
黏土 ［0101C］
Clay
S 悬浮物质

nian tu
黏土 ［0101C］
Clay
S 土壤

nian xing ni shi liu
黏性泥石流 ［0102C］
Viscous Debris Flow
S 泥石流

zhan lüe huan jing ying xiang ping jia
战略环境影响评价 ［0102B］
Strategic Environmental Impact Assessment
S 环境影响评价

zhan xin zuo biao xi
站心坐标系 ［0101A］
Site-Centered Coordinate System
Y 东北天坐标系

chang qi gong zuo fu zai
长期工作负载 ［0102F］
Long-Term Workload
S 星上用电负载

chang zhou qi shi jian fen bian lü
长周期时间分辨率 ［0101G］
Long Cycle Temporal Resolution
S 时间分辨率

zhou jiu
啁啾 ［0102F］
Chirp
Y 线性调频脉冲

zhao qi fa jiao
沼气发酵 ［0102B］
Biogas Fermentation
Y 厌氧发酵处理

zhao ze tu
沼泽土 ［0101E］
Marsh Soil
S 土壤

zhao ze zhi bei
沼泽植被 ［0101E］
Marsh Vegetation
S 植被

zhe zhou
褶皱 ［0101C］
Fold
S 地质构造

zhen xing ni shi liu
阵性泥石流 ［0102C］
Episodic Debris Flow
S 泥石流

zheng fa
蒸发 ［0102B］
Evaporate
S 蒸散

zheng fa
蒸发 ［0101E］
Evaporation
F 陆面蒸发
  农田蒸发
  水库蒸发
  水面蒸发
  土壤蒸发
  雪面蒸发
  抑制蒸发
  有效蒸发
  总蒸发

zheng fa qi
蒸发器 [0102F]
Evaporimeter
S 气象仪器

zheng fa shi yan zhan
蒸发实验站 [0102F]
Evaporation Experiment Station
S 试验站

zheng qi di re zi yuan
蒸汽地热资源 [0102A]
Steam Geothermal Resources
S 地热资源

zheng qi jin ti
蒸汽浸提 [0102F]
Steam Extraction
S 物理化学修复技术

zheng xing shu ju
整型数据 [0101H]
Integer Data
S 数字型

zhi xing ji gou
执行机构 [0101H]
Executive Mechanism
S 控制分系统组成

zhi jie jia zhi
直接价值 [0102D]
Direct Value
S 生物多样性价值

zhi jie jia zhi
直接价值 [0102D]
Direct Value
D 使用价值

zhi jie jing ji sun shi
直接经济损失 [0102D]
Direct Economic Loss

S 自然灾害损失程度指标

zhi jie wen jian
直接文件 [0101H]
Direct File
S 文件

zhi jie wen jian
直接文件 [0101H]
Direct File
D 随机文件

zhi neng hua fen fa
职能划分法 [0102F]
Functional Division
S 系统模块结构设计

zhi bei
植被 [0101E]
Vegetation
S 城市地物

zhi bei
植被 [0101E]
Vegetation
F 草场植被
草原植被
地带性植被
高山植被
古植被
荒漠植被
人工植被
森林植被
山地植被
沙生植被
水生植被
沼泽植被
自然植被

zhi bei jie gou
植被结构 [0101E]
Vegetation Structure
F 水平均匀植被

离散植被

zhi shu zao lin
植树造林 ［0102D］
Forestation
　F 固沙造林
　　荒山造林
　　林网化
　　绿化
　　盐碱地造林

zhi wu
植物 ［0101E］
Plants
　S 生物环境

zhi wu fu gai zhuang kuang
植物覆盖状况 ［0101E］
Plant Cover Status
　S 地表热状况

zhi wu gu sha
植物固沙 ［0102B］
Plant Sand Stabilization
　S 固沙

zhi wu sheng tai xue
植物生态学 ［0102B］
Plant Ecology
　S 生态学

zhi wu xiu fu ji shu
植物修复技术 ［0102B］
Phytoremediation Techniques
　S 生物修复技术

zhi wu ying yang wu zhi wu ran
植物营养物质污染 ［0102B］
Plant Nutrient Pollution
　S 水体污染类型

zhi shi sheng wu fa
指示生物法 ［0102B］
Bioindicator Method

S 生物监测方法

zhi lei
酯类 ［0101H］
Esters
　S 挥发性有机物（化学结构）

zhi ban
制版 ［0102F］
Platemaking
　S 地图制印

zhi hong qu
滞洪区 ［0101D］
Detention Area
　S 水文区

zhi xin du
置信度 ［0102F］
Confidence Coefficient
　C 置信区间

zhong chi du tian qi xi tong
中尺度天气系统 ［0102B］
Mesoscale Weather System
　F 台风暴雨
　　中尺度对流复合体
　　梅雨锋云系

zhong fen bian lü wei xing shu ju
中分辨率卫星数据 ［0101G］
Medium Resolution Satellite Data
　S 卫星遥感数据

zhong guo di li jing guan lei xing
中国地理景观类型 ［0101A］
Geographical Landscape Types in China
　F 寒温带温润针叶林景观
　　中温带湿润针叶阔叶林混交林景观
　　中温带干旱荒漠草原景观
　　中温带半湿润草原景观
　　中温带半干旱干草原景观
　　中温带干旱荒漠草原景观

中温带干旱荒漠景观
暖温带湿润落叶阔叶林景观
暖温带半湿润落叶阔叶林景观
暖温带半干旱干草原景观
暖温带干旱荒漠景观
北亚热带落叶阔叶林–常绿混交林景观
中亚热带常绿阔叶林景观
南亚热带常绿阔叶林景观
热带季雨林景观
赤道雨林景观
青藏高原半湿润草甸针叶林景观
青藏高原半干旱森林与草甸及草甸草原景观
青藏高原半干旱草甸草原与草甸景观
青藏高原干旱荒漠景观
青藏高原高寒荒漠景观

zhong guo fu zhong du bing qu sheng tai huan jing lei xing

中国氟中毒病区生态环境类型 ［0102B］

Ecological Environment Types of Fluorosis Areas in China

  F 浅层高氟地下水型
    深层高氟地下水型
    高氟温泉型
    高氟岩矿型
    生活燃煤污染型
    高氟茶水

zhong he

中和 ［0101H］

Neutralisation

  S 化学处理

zhong he fa

中和法 ［0101H］

Neutralization Method

  S 化学处理法

zhong liang yuan su fei liao

中量元素肥料 ［0101H］

Medium Element Fertilizer

  S 肥料

zhong wen dai ban gan han gan cao yuan jing guan

中温带半干旱干草原景观 ［0101E］

Temperate Semi-Arid Steppe Landscape

  S 中国地理景观类型

zhong wen dai ban shi run cao yuan jing guan

中温带半湿润草原景观 ［0101E］

Temperate Semi-Humid Grassland Landscape

  S 中国地理景观类型

zhong wen dai gan han huang mo cao yuan jing guan

中温带干旱荒漠草原景观 ［0101E］

Temperate Arid Desert Grassland Landscape

  S 中国地理景观类型

zhong wen dai gan han huang mo cao yuan jing guan

中温带干旱荒漠草原景观 ［0101E］

Temperate Arid Desert Steppe Landscape

  S 中国地理景观类型

zhong wen dai gan han huang mo jing guan

中温带干旱荒漠景观 ［0101E］

Temperate Arid Desert Landscape

  S 中国地理景观类型

zhong wen dai shi run zhen ye kuo ye lin hun jiao lin jing guan

中温带湿润针叶阔叶林混交林景观 ［0101E］

Temperate Moist Mixed Forest Landscape

  S 中国地理景观类型

zhong xin ji suan ji xi tong ruan jian

中心计算机系统软件 ［0102F］

Central Computer System Software

  S 数管分系统软件

zhong ya re dai chang lü kuo ye lin jing guan

中亚热带常绿阔叶林景观 ［0101E］

Subtropical Evergreen Broadleaf Forest Landscape

　　S 中国地理景观类型

zhong dian fu wu qu yu

重点服务区域 ［0102F］

Key Service Area

　　S 卫星覆盖区域

chong die guan xi

重叠关系 ［0101H］

Overlap Relationship

　　S 拓扑关系

chong fu zhou qi

重复周期 ［0102F］

Recurrence

　　Y 回归周期

chong fu zhou qi

重复周期 ［0102F］

Recurrence

　　C 轨道高度

chong fu zhou qi

重复周期 ［0102F］

Recurrence

　　C 轨道倾角

chong fu zhou qi

重复周期 ［0102F］

Recurrence

　　C 运行周期

chong fu zhou qi

重复周期 ［0102F］

Recurrence

　　C 轨道间隔

chong fu zhou qi

重复周期 ［0102F］

Recurrence

　　C 偏移系数

chong he guan xi

重合关系 ［0101H］

Overlap Relationship

　　S 拓扑关系

zhong jin shu

重金属 ［0102F］

Heavy Metal

　　S 无机污染物

zhong li chu chen zhuang zhi

重力除尘装置 ［0102F］

Gravity Dust Collector

　　S 除尘器（粒子分离原理）

zhong li di mao

重力地貌 ［0101C］

Gravitational Landform

　　S 地貌

zhong li fen li fa

重力分离法 ［0102F］

Gravity Separation Method

　　S 物理处理法

zhong liang fen xi fa

重量分析法 ［0102F］

Gravimetric Analysis Method

　　S 化学分析法

zhong liang yue shu

重量约束 ［0102F］

Weight Constraints

　　S 控制分系统技术指标

zhong tan suan yan lei he shui

重碳酸盐类河水 ［0101A］

Bicarbonate River Water

　　S 河水

zhong yao xing fa

重要性法 ［0101H］

Materiality Method

S 格网属性赋值方法

zhou ji shu
周计数 [0101H]
Weekly Count
S 时间信息

zhou nei shi
周内时 [0101H]
Cycle Time
S 时间信息

zhou ye ping fen dian
昼夜平分点 [0101H]
Equinox
Y 二分点

zhu bu xiu ding fa
逐步修订法 [0101H]
Stepwise Revision Method
S 客观分析法

zhu bi li chi
主比例尺 [0101B]
Master Scale
S 地图投影参数

zhu guan jian ci
主关键词 [0101H]
Main Keyword
S 关键词

zhu guan jian zi
主关键字 [0101H]
Main Keywords
S 关键字

zhu ji yao su
注记要素 [0101A]
Note Element
F 字体
字号
字色

字隔
字位
字向
字形

zhuan men xing di zhi tu
专门性地质图 [0101C]
Specialized Geological Map
S 地质图

zhuan ti di tu biao shi fang fa
专题地图表示方法 [0101H]
Thematic Map Representation
F 定点符号法
线状符号法
运动线法
等值线法
质底法
范围法
点值法
分级统计图法
图表统计图法
分区统计图法

zhuan ti di tu ji
专题地图集 [0101H]
Thematic Atlas
S 地图集

zhuan ti nei rong
专题内容 [0102F]
Thematic Content
S 地图要素

zhuan ti nei rong
专题内容 [0102F]
Thematic Content
D 地理要素

zhuan ti shu ju ku
专题数据库 [0101H]
Thematic Database
S 数据库

zhuan ti ying yong ceng
专题应用层 [0102F]
Thematic Application Layer
　　S 社会感知方法体系

zhui xing
锥形 [0101H]
Cone-Shaped
　　S 烟形

zhun ping yuan
准平原 [0101A]
Peneplain
　　S 平原

zi xun fu wu jian ce
咨询服务监测 [0102F]
Advisory Services Monitoring
　　S 特定目的监测

zi tai kong zhi jing du
姿态控制精度 [0101H]
Attitude Control Accuracy
　　S 控制分系统技术指标

zi tai kong zhi wu cha
姿态控制误差 [0101H]
Attitude Control Error
　　S 推进剂预算偏差

zi yuan cheng zai li
资源承载力 [0102A]
Resource Carrying Capacity
　　S 资源环境承载力

zi yuan cheng zai li
资源承载力 [0102A]
Resource Carrying Capacity
　　F 水资源承载力
　　　土地资源承载力
　　　矿产资源承载力

zi yuan duan que
资源短缺 [0102D]
Resource Shortage
　　S 次生环境问题

zi yuan fen pei
资源分配 [0102D]
Resource Allocation
　　D 定位与分配问题

zi yuan huan jing cheng zai li
资源环境承载力 [0102A]
Resource Environmental Bear Capacity
　　F 资源承载力
　　　环境承载力

zi yuan huan jing guan li
资源环境管理 [0102A]
Resource and Environmental Management
　　S 环境管理（范围）

zi yuan xin xi xi tong
资源信息系统 [0101H]
Resource Information System
　　S 地理信息系统

zi tu
子图 [0101H]
Subgraph
　　S 点状符号图元

zi zhen
子帧 [0101H]
Subframe
　　S 导航电文编排格式

zi se tu
紫色土 [0101E]
Purple Soil
　　S 土壤

zi lai shui
自来水 [0102F]
Tap Water

S 水

zi liu guan gai
自流灌溉 [0102E]
Gravity Flow Irrigation
　S 灌溉

zi liu shui
自流水 [0101C]
Artesian Water
　S 地下水

zi ran bao hu gui hua
自然保护规划 [0102F]
Nature Conservation Planning
　S 环境规划（性质）

zi ran bao hu qu jian she he guan li
自然保护区建设和管理 [0102B]
Construction and Management of Nature Reserves
　S 区域环境管理

zi ran di li huan jing
自然地理环境 [0101A]
Physical Geography
　S 地理环境

zi ran di li huan jing fen yi
自然地理环境分异 [0101A]
Physical Geographical Environment Differentiation
　F 纬度地带性分异
　　经度地带性分异
　　垂直带分异
　　地质构造-地貌分异

zi ran di li xue
自然地理学 [0101A]
Physiography
　S 地理学

zi ran di li xue
自然地理学 [0101A]
Physiography

　F 地貌学
　　气候学
　　水文学
　　生态学

zi ran fu she yuan
自然辐射源 [0101H]
Natural Radiation Sources
　S 电磁辐射源

zi ran fu she yuan
自然辐射源 [0101H]
Natural Radiation Sources
　F 太阳辐射
　　地球辐射

zi ran hua po
自然滑坡 [0102C]
Natural Landslide
　S 滑坡

zi ran jie xian
自然界线 [0101A]
Natural Boundary
　S 地理界限

zi ran ke xue
自然科学 [0101A]
Natural Science
　C 环境科学

zi ran liu
自然硫 [0101A]
Natural Sulphur
　S 非金属

zi ran sheng tai huan jing
自然生态环境 [0102B]
Natural Ecological Environment
　S 生态环境

zi ran sheng wu chu li fa
自然生物处理法 [0102B]
Natural Biological Treatment

S 生物处理法

zi ran ta xian
自然塌陷 ［0102C］
Natural Collapse
　S 地面塌陷

zi ran tai zai hai
自然态灾害 ［0102C］
Natural Disasters
　S 灾害

zi ran zai hai
自然灾害 ［0102C］
Natural Disaster
　F 气象灾害
　　洪涝灾害
　　海洋灾害
　　地质灾害
　　农林牧生物灾害
　　地震灾害
　　森林和草原火灾

zi ran zai hai di tu
自然灾害地图 ［0102C］
Natural Disaster Map
　S 地图

zi ran zai hai sun shi cheng du zhi biao
自然灾害损失程度指标 ［0102C］
Index of Loss Degree of Natural Disaster
　F 死亡人口
　　受伤人口
　　紧急转移人口
　　饥荒人口
　　疫病人口
　　生活困难人口
　　死亡畜禽
　　受灾农作物
　　成灾农作物
　　绝收农作物
　　直接经济损失
　　间接经济损失

zi ran zai hai wei xian xing fen xi
自然灾害危险性分析 ［0102C］
Natural Disaster Risk Analysis
　Y 自然灾害灾变程度指标

zi ran zai hai zai bian cheng du zhi biao
自然灾害灾变程度指标 ［0102C］
Disaster Degree Index of Natural Disaster
　D 自然灾害危险性分析

zi ran zhi bei
自然植被 ［0101E］
Natural Vegetation
　S 植被

zi ran zi yuan
自然资源 ［0102A］
Natural Resources
　S 国土资源

zi ran zi yuan
自然资源 ［0102A］
Natural Resources
　F 土地资源
　　气候资源
　　水资源
　　矿产资源
　　生物资源
　　能源资源
　　旅游资源
　　海洋资源

zi ran zi yuan shu ju
自然资源数据 ［0102A］
Natural Resource Data
　S GIS 数据来源

zi you rong liang fen pei
自由容量分配 ［0102F］
Free Capacity Allocation
　S DVB-RCS 带宽分配方法

zi ge
字隔 ［0101H］
Word Separation
 S 注记要素

zi jie
字节 ［0101H］
Bytes
 S 物理单位

zi se
字色 ［0101H］
Letter Color
 S 注记要素

zi ti
字体 ［0101H］
Typeface
 S 注记要素

zi wei
字位 ［0101H］
Word Bit
 S 注记要素

zi xiang
字向 ［0101H］
Word Direction
 S 注记要素

zi xing
字形 ［0101H］
Font
 S 注记要素

zong he di tu ji
综合地图集 ［0101H］
Comprehensive Atlas
 S 地图集

zong he huan jing xue
综合环境学 ［0102B］
Integrated Environmental Studies

S 环境科学（刘培桐）

zong he huan jing xue
综合环境学 ［0102B］
Integrated Environmental Science
 F 全球环境学
 区域环境学
 聚落环境学

zong he qi hou xue
综合气候学 ［0102B］
Integrated Climatology
 S 气候学

zong he shu ju ku
综合数据库 ［0101H］
Comprehensive Database
 S 数据库

zong gai tu
棕钙土 ［0101C］
Brown Calcareous Soil
 S 土壤

zong rang
棕壤 ［0101E］
Brown Soil
 S 土壤

zong chong
总冲 ［0101H］
Total Punch
 S 推进分系统技术指标

zong ren kou yu ce
总人口预测 ［0102D］
Total Population Forecast
 S 人口预测

zong ti can shu yu suan
总体参数预算 ［0102F］
Overall Parameter Budget
 S 通信卫星系统设计

zong ti can shu yu suan
总体参数预算 [0102F]
Overall Parameter Budget
  F 卫星重量预算
    卫星推进剂预算
    卫星功率预算

zong ti shi shi ji hua
总体实施计划 [0102F]
Overall Implementation Plan
  S GIS 应用系统总体设计

zong zheng fa
总蒸发 [0102B]
Total Evaporation
  S 蒸发

zong zhuang zhi shu jian
总装直属件 [0102F]
Assembly Direct
  S 卫星重量预算

zong zhuang zhi shu jian
总装直属件 [0102F]
Assembly Direct
  F 设备安装支架
    高低频电缆支架
    卡子
    接地柱
    接地线
    紧固件
    配重块

zou shan
走山 [0102C]
Landslide
  Y 滑坡

zu he ma
组合码 [0101H]
Combination Code
  S 伪码

zu tuan jie gou
组团结构 [0101D]
Community Structure
  C 空间交互模式

zu zhi xie tiao
组织协调 [0102F]
Organization and Coordination
  S 管理方式设计

zui duan lu jing gui hua
最短路径规划 [0101H]
Shortest Path Planning
  S 路径规划

zui jin lin yu fen lei fa
最近邻域分类法 [0101H]
Nearest Neighbor Classification
  S 最小距离分类法

zui jin she shi wen ti
最近设施问题 [0101H]
Nearest Facility Problem
  S 网络分析

zui xiao chong liang
最小冲量 [0101H]
Minimum Impulse
  S 推进分系统技术指标

zui zhong jiang jie
最终降解 [0102B]
Ultimate Degradation
  S 农业降解阶段

zuo biao ji he xue
坐标几何学 [0101A]
Coordinate Geometry
  C 几何变换

zuo biao wang
坐标网 [0101A]
Coordinate Network

S 地图要素

zuo biao wang
坐标网 ［0101A］
Coordinate Network
　F 经纬网
　　方里网

zuo biao xi
坐标系 ［0101A］
Coordinate System
　F 地理坐标系
　　笛卡儿坐标系
　　平面投影坐标系

zuo biao xi
坐标系 ［0101A］
Coordinate System
　C 黄道面

zuo biao xi
坐标系 ［0101A］
Coordinate System
　C 黄道

zuo biao xi
坐标系 ［0101A］
Coordinate System
　C 春分点

zuo biao xi
坐标系 ［0101A］
Coordinate System
　C 升交点

zuo biao xi
坐标系 ［0101A］
Coordinate System
　C 降交点

zuo biao xi
坐标系 ［0101A］
Coordinate System
　C 交点线

zuo biao xi
坐标系 ［0101A］
Coordinate System
　S 地图元数据

zuo biao xi ding yi
坐标系定义 ［0101A］
Coordinate System Definition
　S 地球坐标系建设

zuo biao xi tong
坐标系统 ［0101A］
Coordinate System
　F 1954 北京坐标系
　　1980 西安大地坐标系
　　2000 国家大地坐标系
　　WGS-84 坐标系
　　独立坐标系

导航技术叙词表

GNSS/INS zu he
GNSS/INS 组合 ［0402］
Combination of GPS and INS/DR
    F 松性组合
      紧性组合
      深性组合

GNSS/INS zu he dao hang she bei
GNSS/INS 组合导航设备 ［0402］
GNSS/INS Integrated Navigation Equipment
    S 终端设备

GPS ce ju ma
GPS 测距码 ［0402］
GPS Range Code
    F C/A 码
      P（Y）码

GPS ding wei
GPS 定位 ［0402］
GPS Positioning
    S 手机定位技术

GPS ji ben ding wei fang fa
GPS 基本定位方法 ［0402］
GPS Basic Positioning Method（Observation Volume）
    F 伪随机码测距定位
      载波相位观测量定位

GPS shi
GPS 时 ［0402］
GPS Time
    S 时间体系

GPS shu ju cai ji
GPS 数据采集 ［0402］
GPS Data Acquisition
    S 地理数据采集

GPS wei xing xing zuo
GPS 卫星星座 ［0402］
GPS Satellite Constellation
    S 全球定位系统

GPS xi tong ding wei fu wu
GPS 系统定位服务 ［0402］
GPS System Positioning Service
    F 标准定位服务
      精密定位服务

GPS xi tong ding wei wu cha
GPS 系统定位误差 ［0402］
GPS System Positioning Error
    F 卫星测量误差
      观测误差
      用户接收机误差

bei dou wei xing dao hang xi tong
北斗卫星导航系统 ［0402］
Beidou Navigation Satellite System（BDS）
    S 全球导航卫星系统

biao zhun ding wei fu wu
标准定位服务 ［0402］
Standard Positioning Service（SPS）
    S GPS 系统定位服务

bo lang xing
波浪形 ［0404］
Wave-Shaped

D 翻卷形

cha fen GPS（cha fen cao zuo de ji shu）
差分 GPS（差分操作的级数）［0402］
Differential GPS（Series of Differential Operations）
　　F 单差
　　　双差
　　　三差

cha fen GPS（di li fan wei）
差分 GPS（地理范围）［0402］
Differential GPS（Geographical Range）
　　F 局域差分 GPS
　　　区域差分 GPS
　　　广域差分 GPS

cha fen GPS（ding wei jie guo xing shi）
差分 GPS（定位结果形式）［0402］
Differential GPS（Positioning Result Form）
　　F 绝对定位
　　　相对定位

cha fen GPS（mu biao can liang）
差分 GPS（目标参量）［0402］
Differential GPS（Target Parameters）
　　F 位置差分
　　　伪距差分
　　　平滑后的伪距差分
　　　载波相位差分

cha fen GPS（shi shi xing ding wei）
差分 GPS（实时性定位）［0402］
Differential GPS（Real-Time Positioning）
　　F 实时处理
　　　测后处理

cha fen GPS（yun dong zhuang tai）
差分 GPS（运动状态）［0402］
Differential GPS（in Motion）
　　F 静态定位
　　　动态定位

chun fen dian
春分点［0405］
Spring Equinox
　　C 坐标系

dan cha wei ju ding wei
单差伪距定位［0402］
Single Difference Pseudo Distance Positioning
　　S 差分 GNSS 相对定位算法

dan cha zai bo xiang wei ding wei
单差载波相位定位［0402］
Single Difference Carrier Phase Positioning
　　S 差分 GNSS 相对定位算法

dan dian ding wei
单点定位［0402］
Single Point Positioning
　　Y 绝对定位

dao hang
导航［0402］
Navigation
　　F 天文导航
　　　地磁导航
　　　地形匹配辅助导航
　　　惯性导航
　　　脉冲导航
　　　无线电导航
　　　卫星导航

dao hang bian ma ji shu
导航编码技术［0402］
Navigation Coding Technology
　　S 导航电文设计

dao hang biao zhun
导航标准［0402］
Navigation Standard
　　F ISO 15638 标准
　　　ISO 14651 标准
　　　ISO 26262 标准
　　　SAE J3016 标准

dao hang dian wen bian pai ge shi

导航电文编排格式 ［0402］

Navigation Message Formatting

　　S 电文编排与播发

dao hang suan fa

导航算法 ［0402］

Navigation Algorithm

　　F 路径规划算法

　　　地图匹配算法

　　　避障算法

　　　多传感器融合算法

dao hang tai ding wei

导航台定位 ［0402］

Navigation Station Positioning

　　Y 卫星定位

dao hang wei xing

导航卫星 ［0402］

Navigation Satellites

　　S 应用卫星

dao hang wei xing

导航卫星 ［0402］

Navigation Satellites

　　F 中轨道地球导航卫星

　　　IGSO 导航卫星

　　　对地静止轨道导航卫星

dao hang wu cha

导航误差 ［0402］

Navigation Error

　　F 用户等效测距误差

　　　用户距离误差

　　　用户设备误差

　　　用户测速误差

　　　用户等效测速误差

　　　用户测加速度误差

　　　用户差分距离误差

　　　用户电离层垂直误差

dao hang xing ce shi yu ce ju quan qiu ding wei xi tong

导航星测时与测距全球定位系统 ［0402］

Navigation Satellite Timing and Ranging Global Position Syetem

　　D 全球定位系统

dao hang xing zuo ying xiang yin zi

导航星座影响因子 ［0402］

Navigation Constellation Influence Factor

　　F 精度因子

　　　几何精度因子

　　　位置精度因子

　　　高程精度因子

　　　平面位置精度因子

　　　时间精度因子

di ci dao hang

地磁导航 ［0404］

Geomagnetic Navigation

　　S 导航

di xing pi pei fu zhu dao hang

地形匹配辅助导航 ［0404］

Terrain Matching Aided Navigation

　　S 导航

dian li ceng yan chi

电离层延迟 ［0402］

Ionospheric Delay

　　S 观测误差

ding wei dao hang shu ju

定位导航数据 ［0402］

Positioning and Navigation Data

　　S 伽利略卫星导航电文数据

ding wei dao hang yun suan

定位导航运算 ［0402］

Positioning Navigation Operation

　　S GPS 接收机功能模块

dui di jing zhi gui dao dao hang wei xing
对地静止轨道导航卫星 [0402]
GEO Navigation Satellite
　　S 导航卫星

er fen dian
二分点 [0405]
Equinox
　　D 昼夜平分点

er wei ding wei ji qi fu zhu fang cheng duo pu lei ding su suan fa
二维定位及其辅助方程多普勒定速算法 [0402]
Two-Dimensional Positioning and its Auxiliary Equation Doppler Constant Velocity Algorithm
　　S 全球导航卫星系统伪距测量算法

jia li lüe wei xing dao hang dian wen ge shi
伽利略卫星导航电文格式 [0402]
Galileo Satellite Navigation Message Format
　　F 自由导航电文
　　　完好性导航电文
　　　商用导航电文
　　　政府级导航电文

jia li lüe wei xing dao hang dian wen shu ju
伽利略卫星导航电文数据 [0402]
Galileo Satellite Navigation Message Data
　　F 定位导航数据
　　　完好性数据
　　　附加数据
　　　公共管制数据
　　　合成孔径雷达数据

jia li lüe wei xing dao hang xi tong
伽利略卫星导航系统 [0402]
Galileo Satellite Navigation System
　　S 全球导航卫星系统

jia li lüe xi tong fu wu
伽利略系统服务 [0402]
Galileo System Service

　　F 开放服务
　　　生命安全服务
　　　商用服务
　　　公共管制服务
　　　搜寻与救援服务

jia li lüe xie yi
伽利略协议 [0402]
Galileo Protocol
　　S 导航协议

ge luo na si wei xing dao hang xi tong
格洛纳斯卫星系统 [0402]
Global Navigation Satellite System
　　S 全球导航卫星系统

ge luo na si wei xing xing zuo
格洛纳斯卫星星座 [0402]
GLONASS Satellite Constellation
　　F 格洛纳斯型卫星
　　　格洛纳斯-M 型卫星
　　　格洛纳斯-K 型卫星

guan xing dao hang
惯性导航 [0403]
Inertial Navigation
　　S 导航

guan xing dao hang
惯性导航 [0403]
Inertial Navigation
　　F 平台式惯性导航
　　　捷联式惯性导航

guan xing dao hang xi tong
惯性导航系统 [0403]
Inertial Navigation System
　　C 航位推测系统

guan xing dao hang xi tong
惯性导航系统 [0403]
Inertial Navigation System
　　S 手机定位技术

guang yu cha fen GPS
广域差分 GPS ［0402］
Wide Area Differential GPS
　S 差分 GPS（地理范围）

hai jun dao hang wei xing xi tong
海军导航卫星系统 ［0402］
Naval Navigation Satellite System
　D 子午卫星系统

hang wei tui ce xi tong
航位推测系统 ［0402］
Position Estimation System
　C 惯性导航系统

huang dao
黄道 ［0405］
Ecliptic
　C 坐标系

ji ben dao hang xin xi
基本导航信息 ［0402］
Basic Navigation Information
　S 电文内容

ji ben dao hang xin xi
基本导航信息 ［0402］
Basic Navigation Information
　F 时间信息
　　卫星时钟校正参数
　　卫星星历参数
　　卫星健康状况
　　测距精度指示

ji guang wei xing
极光卫星 ［0402］
TabletSat-Aurora
　C 地球资源卫星

jiang jiao dian
降交点 ［0402］
Landing Node
　C 坐标系

jie lian shi guan xing dao hang
捷联式 ［0403］
Strapdown Inertial Navigation
　S 惯性导航

jin di dian
近地点 ［0402］
Perigee
　S 卫星轨道参量

jin di dian fu jiao
近地点辐角 ［0402］
Perigee Argument
　S 轨道参数

jing tai ding wei
静态定位 ［0402］
Static Positioning
　S 差分 GPS（运动状态）

ju yu cha fen GPS
局域差分 GPS ［0402］
Local Differential GPS
　S 差分 GPS（地理范围）

jun heng po
均衡坡 ［0404］
Gradient Stability Slope
　S 坡

li shu
历书 ［0402］
Almanac
　S 电文内容

mai chong dao hang
脉冲导航 ［0402］
Pulsar Navigation
　S 导航

pian hang
偏航 ［0401］
Yaw

S 遥感平台的运动状态

ping chi dao mian
平赤道面 [0402]
Equatorial Plane
　　C 协议地球坐标系

ping chi dao mian
平赤道面 [0402]
Equatorial Plane
　　D 协议赤道面

ping jun jin dian jiao
平均近点角 [0402]
Mean Approach Angle
　　S 轨道参数

ping tai shi guan xing dao hang
平台式惯性导航 [0403]
Platform Inertial Navigation
　　S 惯性导航

qu yu cha fen GPS
区域差分 GPS [0402]
Regional Differential GPS
　　S 差分 GPS（地理范围）

quan qiu dao hang wei xing xi tong
全球导航卫星系统 [0402]
Global Navigation Satellite System
　　F 北斗卫星导航系统
　　伽利略卫星导航系统
　　格洛纳斯卫星导航系统
　　全球定位系统
　　印度导航星座
　　准天顶卫星系统

quan qiu dao hang wei xing xi tong ce liang wu cha zu cheng
全球导航卫星系统测量误差组成 [0402]
GNSS Measurement Error Composition
　　F 卫星相关误差
　　信号传播相关误差

接收机相关误差

quan qiu dao hang wei xing xi tong ce liang xing jie shou ji
全球导航卫星系统测量型接收机 [0402]
Geodetic GNSS Receiver
　　S 终端设备

quan qiu dao hang wei xing xi tong gou cheng
全球导航卫星系统构成 [0402]
GNSS System Composition
　　F 空间星座部分
　　地面监控部分
　　用户设备部分

quan qiu dao hang wei xing xi tong ruan jian wu xian dian jie shou ji
全球导航卫星系统软件无线电接收机 [0402]
GNSS Software Radio Receiver
　　S 终端设备

quan qiu dao hang wei xing xi tong shu ju cai ji
全球导航卫星系统数据采集 [0402]
GNSS Data Acquisition
　　S 野外数据采集

quan qiu dao hang wei xing xi tong wei ju ce liang suan fa
全球导航卫星系统伪距测量算法 [0402]
GNSS Pseudo-Distance Measurement Algorithm
　　F 牛顿迭代及其线性化方法
　　最小二乘法伪距定位算法
　　伪距定位原理
　　二维定位及其辅助方程多普勒定速算法
　　免时定位算法

quan qiu dao hang wei xing xi tong wei ju guan ce fang cheng shi
全球导航卫星系统伪距观测方程式 [0402]
GNSS Pseudo-Range Observation Equation

C 卫星钟差

quan qiu dao hang wei xing xi tong wei xing lei xing
全球导航卫星系统卫星类型［0402］
GNSS Satellite Type
　F 地球静止卫星
　　倾斜地球同步轨道卫星
　　地球中轨卫星

quan qiu dao hang wei xing xi tong wei xing xin hao
全球导航卫星系统卫星信号［0402］
GNSS Satellite Signal
　F 载波
　　伪码
　　导航电文数据码

quan qiu dao hang wei xing xi tong xin hao tiao zhi
全球导航卫星系统信号调制［0402］
GNSS Signal Modulation
　C 功率谱密度

quan qiu dao hang wei xing xi tong xin hao tiao zhi
全球导航卫星系统信号调制［0402］
GNSS Signal Modulation
　C 自相关函数

quan qiu dao hang wei xing xi tong yuan zi zhong
全球导航卫星系统原子钟［0402］
GNSS Atomic Clock
　F 铯钟
　　铷钟
　　氢钟

quan qiu dao hang wei xing xi tong zeng qiang xing xi tong
全球导航卫星系统增强型系统［0402］
GNSS Enhanced System

　F 星基增强系统
　　陆基增强系统

quan qiu ding wei shu ju
全球定位数据［0402］
Global Positioning Data
　S 野外数据

quan qiu ding wei xi tong
全球定位系统［0402］
Global Positioning System
　S 全球导航卫星系统

quan qiu ding wei xi tong
全球定位系统［0402］
Global Positioning System
　Y 导航星测时与测距全球定位系统

quan qiu ding wei xi tong
全球定位系统［0402］
Global Positioning System
　F GPS 卫星星座
　　运行控制系统
　　GPS 用户终端

sheng jiao dian
升交点［0402］
Ascending Node
　C 坐标系

shuang cha wei ju ding wei
双差伪距定位［0402］
Double Difference Pseudo Distance Positioning
　S 差分 GNSS 相对定位算法

shuang cha zai bo xiang wei ding wei
双差载波相位定位［0402］
Double Difference Carrier Phase Positioning
　S 差分 GNSS 相对定位算法

tai yang wei zhi
太阳位置［0405］
Solar Position

C 太阳辐射

tian wen dao hang
天文导航 [0405]
Astronomical Navigation
　S 导航

tian wen jing wei du
天文经纬度 [0405]
Astronomical Latitude and Longitude
　S 经纬度

tian wen xue wei xing
天文学卫星 [0402]
Astronomy Satellites
　S 科学卫星

tuo luo yi
陀螺仪 [0403]
Gyroscope
　S 导航传感器

wan hao xing dao hang dian wen
完好性导航电文 [0402]
Integrity Navigation Message
　S 伽利略卫星导航电文格式

wei ju ding wei yuan li
伪距定位原理 [0402]
Pseudo Distance Positioning Principle
　S 全球导航卫星系统伪距测量算法

wei sui ji ma ce ju ding wei
伪随机码测距定位 [0402]
Pseudorandom Code Ranging Location
　S GPS 基本定位方法

wei xing dao hang
卫星导航 [0402]
Satellite Navigation
　S 导航

wei xing ding wei
卫星定位 [0402]
Satellite Positioning

D 导航台定位

wei xing ding wei ji shu
卫星定位技术 [0402]
Satellite Positioning Technology
　S 定位技术

wu xian dian dao hang
无线电导航 [0401]
Radio Navigation
　S 导航

wu xian dian ding wei ji shu
无线电定位技术 [0402]
Radio Positioning Technology
　S 定位技术

xian dai dao hang dian wen shu ju nei rong
现代导航电文数据内容 [0402]
Modern Navigation Message Data Content
　S 电文内容

xiang dui ding wei
相对定位 [0402]
Relative Positioning
　F 静态差分
　　动态差分

xiang dui ding wei
相对定位 [0402]
Relative Positioning
　S 差分 GPS（定位结果形式）

xie yi chi dao mian
协议赤道面 [0402]
Protocol Equatorial Plane
　Y 平赤道面

zheng fu ji dao hang dian wen
政府级导航电文 [0402]
Government Navigation Message
　S 伽利略卫星导航电文格式

zhong gui dao di qiu dao hang wei xing
中轨道地球导航卫星 ［0402］
MEO Navigation Satellite
    S 导航卫星

zhun tian ding wei xing xi tong
准天顶卫星系统 ［0402］
Quasi-Zenith Satellite System
    S 全球导航卫星系统

zi wu wei xing xi tong
子午卫星系统 ［0402］
Meridian Satellite System
    Y 海军导航卫星系统

zi wu yi xi tong
子午仪系统 ［0402］
Meridian System
    C 多普勒频移技术

zi wu yi xi tong
子午仪系统 ［0402］
Meridian System

    S 低轨卫星导航系统

zi wu yi xi tong
子午仪系统 ［0402］
Meridian System
    F 定位卫星
      地面站组
      用户设备

zi you dao hang dian wen
自由导航电文 ［0402］
Free Navigation Message
    S 伽利略卫星导航电文格式

zui xiao er cheng fa wei ju ding wei suan fa
最小二乘法伪距定位算法 ［0402］
Least Square Pseudo-Distance Localization Algorithm
    S 全球导航卫星系统伪距测量算法

通信技术叙词表

4G ji zhan zhong ji
4G 基站中继 ［0301F］
4G Base Station Relay
　S 卫星宽带通信业务

BCH ma
BCH 码 ［0306A］
BCH Code
　S 分组码

C/A ma
C/A 码 ［0301A］
C/A Code
　S GPS 测距码

C/A ma
C/A 码 ［0301A］
C/A Code
　D 粗码

CNAV dian wen li shu can shu
CNAV 电文历书参数 ［0301A］
CNAV Message Calendar Parameters
　F 精简型历书参数
　　普通型历书参数

C pin duan
C 频段 ［0301A］
C-Band
　S 卫星通信频段

delta wei xing wang luo
delta 卫星网络 ［0301A］
Delta Constellation
　S 倾斜圆轨道星座

DVB-RCS
DVB-RCS ［0301F］
DVB-RCS
　S 数字视频广播标准

DVB-RCS dai kuan fen pei fang fa
DVB-RCS 带宽分配方法 ［0301A］
DVB-RCS Bandwidth Allocation Method
　F 连续速率分配
　　速率动态分配
　　数据量动态分配
　　绝对数据量动态分配
　　自由容量分配

DVB-RCS xie yi
DVB-RCS 协议 ［0301F］
DVB-RCS Protocol
　S 卫星通信协议

DVB-S
DVB-S ［0301A］
DVB-S
　S 数字视频广播标准

DVB-S2
DVB-S2 ［0301A］
DVB-S2
　S 数字视频广播标准

DVB-S2 fa she ji gong neng dan yuan zu cheng
DVB-S2 发射机功能单元组成 ［0301A］
DVB-S2 Transmitter Function Unit is Composed
　F 模式适配
　　流适配

FEC 编码
调制映射
物理层成帧
基带滤波
正交调制

DVB-S2 xie yi
DVB-S2 协议 ［0301A］
DVB-S2 Protocol
　S 卫星通信协议

DVB-S2 ye wu
DVB-S2 业务 ［0301A］
DVB-S2 Service
　F 广播业务
　　交互式业务
　　数字电视分发
　　卫星新闻采集

DVB-S2 yun xing mo shi
DVB-S2 运行模式 ［0301A］
DVB-S2 Running Mode
　F 固定编码调制
　　可变编码调制
　　自适应编码调制

DVB-S xie yi
DVB-S 协议 ［0301A］
DVB-S Protocol
　S 卫星通信协议

GPS jie shou ji
GPS 接收机 ［0302A］
GPS Receiver
　F 序贯通道接收机
　　复用通道接收机
　　并行通道接收机

GPS jie shou ji
GPS 接收机 ［0302B］
GPS Receiver
　S 输入设备

GPS jie shou ji gong neng mo kuai
GPS 接收机功能模块 ［0302A］
GPS Receiver Function Module
　F 射频前端处理
　　基带数字信号处理
　　定位导航运算

GPS jie shou qi
GPS 接收器 ［0302A］
GPS Receiver
　S 地面传感器

GPS jie shou qi
GPS 接收器 ［0302A］
GPS Receiver
　S 导航传感器

GPS shou shi he jiao pin fang fa
GPS 授时和校频方法 ［0301A］
GPS Timing and Frequency Calibration Method
　F 单项测量
　　共视测量
　　载波相位技术

GPS wei xing gui dao can shu pian cha
GPS 卫星轨道参数偏差 ［0301A］
GPS Satellite Orbit Parameter Deviation
　S 卫星测量误差

GPS yong hu zhong duan
GPS 用户终端 ［0302A］
GPS User Terminal
　S 全球定位系统

IPoS xie yi
IPoS 协议 ［0301F］
IP Over Satellite Protocol
　S 卫星通信协议

Ka pin duan
Ka 频段 ［0301A］
Ka Band
　S 卫星通信频段

Ku pin duan
Ku 频段 ［0301A］
Ku band
　　S 卫星通信频段

LEO wei xing tong xin yi dong xi tong
LEO 卫星通信移动系统 ［0301A］
LEO Satellite Communications Mobile System
　　F 铱星系统
　　　全球星系统
　　　轨道通信系统

LEO wei xing tong xin yi dong xi tong
zu cheng
LEO 卫星通信移动系统组成 ［0301A］
LEO Satellite Communications Mobile System
Components
　　F 低轨道卫星
　　　主控地球站
　　　地球信关站
　　　车载站
　　　船载站
　　　机载站
　　　手持机
　　　寻呼机
　　　无线电定位终端

L pin duan
L 频段 ［0301A］
L-Band
　　S 卫星通信频段

L pin duan shuang pin fa she ji
L 频段双频发射机 ［0301G］
L-Band Dual-Frequency Transmitter
　　S GPS 导航载荷

NMEA xie yi
NMEA 协议 ［0301F］
NMEA Protocol
　　S 导航协议

O3b xi tong
O3b 系统 ［0301F］
O3b System
　　S 卫星宽带通信系统

P（Y）ma
P（Y）码 ［0301A］
P（Y）Code
　　S GPS 测距码

P（Y）ma
P（Y）码 ［0301A］
P（Y）Code
　　D 精码

P ma xin hao（GLONASS）
P 码信号（GLONASS） ［0301A］
P Code Signal（GLONASS）
　　Y 军用高精度信号

P ma xin hao（GLONASS）
P 码信号（GLONASS） ［0301A］
P Code Signal（GLONASS）
　　D W 信号

RF zhong duan
RF 终端 ［0302C］
RF Terminal
　　S 通信地球站设备

RF zhong duan
RF 终端 ［0302A］
RF Terminal
　　F 天线
　　　高功率放大器
　　　低噪声放大器
　　　上变频器
　　　下变频器

RTCM xie yi
RTCM 协议 ［0301A］
RTCM Protocol
　　S 导航协议

star wei xing wang luo
star 卫星网络 ［0301A］
Star Satellite Network
　S 倾斜圆轨道星座

S-UMTS
S-UMTS ［0301F］
Satellite Component of UMTS/IMT-2000
　Y 卫星扩展标准

S ma xin hao
S 码信号 ［0301A］
S Code Signal
　Y C/A 码信号（GLONASS）

S pin duan
S 频段 ［0301A］
S-Band
　S 卫星通信频段

S pin duan jie shou ji
S 频段接收机 ［0301F］
S-Band Receiver
　S GPS 导航载荷

TDMA zi zhen
TDMA 子帧 ［0301F］
TDMA Subframe
　F 报头
　　信息

Turbo ma
Turbo 码 ［0306A］
Turbo Code
　S 信道编码

TVSAT
TVSAT ［0301A］
TVSAT
　S VAST 系统分类

VAST wang luo
VAST 网络 ［0301F］
VAST Network

　Y VAST 系统

VAST wei xing tong xin wang de wang luo
jie gou
VAST 卫星通信网的网络结构 ［0301A］
Network Structure of the VAST Satellite
Communications Network
　F 星状网
　　网状网
　　混合网

VAST wei xing tong xin wang ye wu
VAST 卫星通信网业务 ［0301A］
VAST Satellite Communication Network Services
　F 语音
　　传真
　　局域网互联
　　会议电话
　　可视电话
　　低速图像
　　可视电话会议
　　动态图像
　　电视
　　数字音乐

VAST zhong duan
VAST 终端 ［0302A］
VAST Terminal
　Y VAST 系统

VSAT
VSAT ［0301F］
VSAT
　S VAST 系统分类

VSAT wei xing tong xin xi tong
VSAT 卫星通信系统 ［0301F］
Vsat Communication System
　S 卫星固定通信系统

W xin hao
W 信号 ［0306A］
W Signal

YP 码信号（GLONASS）

XM wei xing xi tong
XM 卫星系统 ［0301A］
XM Satellite System
  S 卫星移动多媒体广播系统

X pin duan
X 频段 ［0301A］
X-Band
  S 卫星通信频段

an xu dai kuan fen pei ji shu
按需带宽分配技术 ［0301G］
On-Demand Bandwidth Allocation Technology
  D 按需分配多址技术

an xu fen pei duo zhi ji shu
按需分配多址技术 ［0301A］
Demand Assigned Multiple Access（DAMA）
Technology
  Y 按需带宽分配技术

bai sha di mian zhong duan
白沙地面终端 ［0302A］
White Sands Ground Terminal（WSGT）
  S 跟踪与数据中继卫星系统地面终端站

bai sha di er tao di mian zhong duan
白沙第二套地面终端 ［0302A］
White Sands Second Set of Ground Terminals（STGT）
  S 跟踪与数据中继卫星系统地面终端站

bao he gong lü tong liang mi du
饱和功率通量密度 ［0301A］
Saturated Power Flux Density（SPFD）
  S 有效载荷整体性能参数

bao tou
报头 ［0306A］
Masthead
  S TDMA 子帧

bao tou
报头 ［0306A］
Masthead
  F 载波与比特定时恢复序列
    独特码
    勤务比特
    控制比特

bei dou shuang mo jie shou ji
北斗双模接收机 ［0302A］
BeiDou Bi-Model Receiver
  S 终端设备

bei dou zhi hui xing yong hu zhong duan
北斗指挥型用户终端 ［0302A］
BeiDou Command User Terminal
  S 终端设备

bi chong
比冲 ［0301G］
Specific Impulse
  S 推进分系统技术指标

bi te
比特 ［0306A］
Bits
  S 物理单位

bian pin qi
变频器 ［0301G］
Frequency Converter
  S 测控接收机

bian xie zhong duan
便携终端 ［0302C］
Portable Terminal
  S 用户段

biao cheng shu ju
标称数据 ［0305A］
Nominal Data
  S 属性数据分类（测量范围）

biao ti

标题 ［0305A］

Title

    S 地图要素

biao zhun hua yuan ze

标准化原则 ［0305A］

Standardization Principle

    S GIS 系统设计原则

biao ge shu ju

表格数据 ［0305A］

Tabular Data

    S 土壤地理调查数据库

bo fen duo lu fu yong

波分多路复用 ［0301F］

Wavelength Division Multiplexing

    S 卫星通信多路复用技术

bo fen fu yong

波分复用 ［0301F］

Wavelength Division Multiplexing

    S 多路复用

bo fen jiao huan

波分交换 ［0301G］

Wave Division Switching

    S 光路光交换

bo shu xing cheng wang luo

波束形成网络 ［0301G］

Beamforming Network

    D 馈电网络

bo fa di qiu ding xiang can shu

播发地球定向参数 ［0301A］

Broadcast Earth Orientation Parameter

    S 现代导航电文数据内容

cai se da yin ji

彩色打印机 ［0302A］

Colour Printer

    F 喷墨打印机

     热转移打印机

     热升华打印机

can liang fang da qi

参量放大器 ［0301G］

Parametric Amplifiers

    S 低噪声放大器

cao zuo tai

操作台 ［0302A］

Operating Table

    S 遥感数字图像处理系统（硬件）

ce gui zhan

测轨站 ［0301F］

Orbit Measuring Station

    S 地面段

ce ju xin hao

测距信号 ［0306A］

Range Signal

    C 相对测距法

cha jiao fen pei ji an zhuang

插脚分配及安装 ［0302C］

Pin Distribution and Installation

    S 机械特性

chao sheng bo ding wei ji shu

超声波定位技术 ［0301G］

Ultrasonic Positioning Technique

    S 定位技术

chao zhen

超帧 ［0301F］

Superframe

    S 导航电文编排格式

che zai zhan

车载站 ［0301F］

Vehicle Station

    S LEO 卫星通信移动系统组成

chu zu che gui ji shu ju

出租车轨迹数据 ［0306A］

Taxi Trajectory Data

　　S 地理大数据

chu cun zhuan fa lei fu wu

储存转发类服务 ［0301G］

Store-and-Forward Service

　　S 卫星移动通信系统增值服务

chu li zhuan fa qi

处理转发器 ［0301F］

Processing Repeater

　　S 星载转发器

chu li zhuan fa qi

处理转发器 ［0301F］

Processing Repeater

　　F 载波处理转发器

　　　比特流处理转发器

　　　全基带处理转发器

chu li zhuan fa xi tong

处理转发系统 ［0301F］

Processing and Forwarding System

　　S 世广卫星有效载荷

chuan bo yan chi

传播延迟 ［0301F］

Propagation Delay

　　S 卫星通信系统传播问题

chuan bo yan chi

传播延迟 ［0301F］

Propagation Delay

　　C 对流层

chuan bo yan chi

传播延迟 ［0301A］

Propagation Delay

　　C 电离层

chuan shu ju li

传输距离 ［0301F］

Transmission Distance

　　C 自由空间传播损耗

chuan zhen

传真 ［0306A］

Fax

　　S VAST 卫星通信网业务

chuan zai tong xin zhong duan

船载通信终端 ［0302C］

Shipborne Communication Terminal

　　S 专用业务终端

chuan zai zhan

船载站 ［0301F］

Ship Loading Station

　　S LEO 卫星通信移动系统组成

ci dai mu lu wen jian

磁带目录文件 ［0306A］

Tape Directory File

　　S 波段顺序格式文件

ci guan jian ci

次关键词 ［0305A］

Secondary Keyword

　　S 关键词

cu ma

粗码 ［0305A］

Coarse/Acquisition Code

　　Y C/A 码

cun chu she bei

存储设备 ［0302C］

Storage Devices

　　S 遥感数字图像处理系统（硬件）

da di jing wei du

大地经纬度 ［0302A］

Geodetic Latitude and Longitude

S 经纬度

da di wei du
大地纬度 ［0302A］
Earth Latitude
　D 纬度

da qi xi shou sun hao
大气吸收损耗 ［0301A］
Atmospheric Absorption Loss
　S 星-地链路附加损耗

da qi zao sheng
大气噪声 ［0306A］
Atmospheric Noise
　S 地球站天线噪声

da zhong chuan mei shu ju
大众传媒数据 ［0306A］
Mass Media Data
　S 地理大数据

dai kuan
带宽 ［0301A］
Bandwidth
　C 光谱分辨率

dai nei gan rao
带内干扰 ［0301F］
In-Band Interference
　S 信号干扰（干扰信号频带的位置）

dai nei gan rao
带内干扰 ［0306A］
In-Band Interference
　D 局部频带干扰

dan bian dai fu zai bo
单边带副载波 ［0301G］
Single Sideband Subcarrier
　S 交替二进制偏移载波调制

dan shu xing cha xun
单属性查询 ［0305A］
Single Attribute Query

S 属性特征查询

dan xin dao bian xie shi zhong duan
单信道便携式终端 ［0302A］
Single Channel Portable Terminal
　S 应用终端

dao hang dian wen
导航电文 ［0301A］
Navigation Message
　F 遥测字
　　交接字
　　第一数据块
　　第二数据块
　　第三数据块

dao hang dian wen bian pai ge shi
导航电文编排格式 ［0301A］
Navigation Message Formatting
　F 子帧
　　帧
　　超帧

dao hang dian wen cun chu qi
导航电文存储器 ［0301A］
Navigation Message Storage
　S GPS 导航载荷

dao hang dian wen she ji
导航电文设计 ［0301A］
Navigation Message Design
　F 导航编码技术
　　电文内容
　　电文编排与播发
　　数据速率

dao hang dian wen shu ju ma
导航电文数据码 ［0301A］
Navigation Message Data Code
　S 全球导航卫星系统卫星信号

dao hang xie yi
导航协议 ［0301F］
Pilot Protocol

F NMEA 协议
RTCM 协议
伽利略协议
格洛纳斯协议

dao xian lian xian
导线连线 [0301F]
Conductor Line Connection
S 线状符号图元

dao pai wen jian
倒排文件 [0306A]
Inverted File
S 文件

dao pai wen jian
倒排文件 [0306A]
Inverted File
C 辅索引

di fang dian shi tai
地方电视台 [0306A]
Local Television Station
S 地面接收站

di mian duan
地面段 [0301F]
Ground Section
S 卫星通信系统

di mian duan
地面段 [0301F]
Ground Section
C 地球站

di mian duan
地面段 [0301F]
Ground Section
F 主控站
计算中心
测轨站
气压测高站
校准站

di mian jian kong bu fen
地面监控部分 [0301F]
Ground Monitoring Part
S 全球导航卫星系统构成

di mian jie shou zhan
地面接收站 [0301F]
Ground Receiving Station
S 卫星电视广播系统

di mian jie shou zhan
地面接收站 [0301F]
Ground Receiving Station
F 家用接收机
地方电视台
有线电视网前端站

di mian kong zhi yun ying wang luo
地面控制运营网络 [0301F]
Ground Control Operations Network
S 世广数字音频与多媒体广播系统

di mian quan ju kong zhi qi
地面全局控制器 [0302C]
Ground Global Controller
S 空间信息网络设计

di mian wei xing kong zhi zhong xin
地面卫星控制中心 [0301F]
Satellite Control Center (SCC)
S 空间段

di mian xi tong zhan xing
地面系统站型 [0301F]
Ground System Station type
F 管理站
通用业务终端
专用业务终端

di mian zhan
地面站 [0301F]
Ground Station
F 主控站

监测站

注入站

di mian zhan wang guan ce

地面站网观测 ［0301F］

Ground Station Network Observation

  S 洪水灾情检测

di mian zhan zu

地面站组 ［0301F］

Ground Station Group

  S 子午仪系统

di mian zhong duan

地面终端 ［0302A］

Ground Terminal

  F 固定终端

    移动终端

di mian zhong duan zhan

地面终端站 ［0301F］

Ground Terminal Station

  S 美国 TDRSS 系统组成

di mian zu wang fang shi

地面组网方式 ［0301F］

Ground Networking Mode

  S 卫星星座组网方式

di qiu tong bu gui dao tong xin wei xing

地球同步轨道通信卫星 ［0301A］

Geostationary Communication Satellite

  S 通信卫星（轨道）

di qiu xin guan zhan

地球信关站 ［0301F］

Earth Gateway Station

  S LEO 卫星通信移动系统组成

di qiu zhan

地球站 ［0301F］

Earth Station

  C 地面段

di qiu zhan

地球站 ［0301F］

Earth Station

  F 天线

    伺服跟踪分系统

    射频分系统

    调制解调分系统

    用户业务接入分系统

    管理控制分系统

    供配电分系统

di qiu zhan fa she zi xi tong

地球站发射子系统 ［0301F］

Earth Station Launch Subsystem

  F 变频器

    功率放大器

di qiu zhan ji hua ge li te xing heng liang zhi biao

地球站极化隔离特性衡量指标 ［0301F］

Measures of Polarisation Isolation Characteristics of Earth Stations

  F 极化隔离度

    极化鉴别率

di qiu zhan tian xian

地球站天线 ［0301F］

Earth Station Antenna

  F 反射面天线

    平板天线

    相控阵天线

di qiu zhan tian xian zao sheng

地球站天线噪声 ［0301F］

Earth Station Antenna Noise

  F 宇宙噪声

    大气噪声

    降雨噪声

    地面噪声

    太阳噪声

di qu zhan

地区站 ［0301F］

Regional Station

S 卫星应用系统地球站

di di qiu gui dao tong xin wei xing
低地球轨道通信卫星 ［0301A］
Low Earth Orbit Communication Satellite
S 通信卫星（轨道）

di gui wei xing tong xin xi tong
低轨卫星通信系统 ［0301F］
Low Orbit Satellite Communication System
S 卫星通信系统（轨道）

di si dai quan qiu hai shi wei xing tong xin xi tong
第四代全球海事卫星通信系统 ［0301A］
Inmarsat-4
S 全球通信卫星系统

di wu dai quan qiu hai shi wei xing tong xin xi tong
第五代全球海事卫星通信系统 ［0301A］
Inmarsat-5
S 全球通信卫星系统

dian dui dian wei xing tong xin xi tong
点对点卫星通信系统 ［0301A］
Point-to-Point Satellite Communication System
S 卫星固定通信系统

dian bo chuan bo
电波传播 ［0301F］
Radio Wave Propagation
C 对流层降雨

dian ci gan rao
电磁干扰 ［0301G］
Electromagnetic Interference
S 干扰

dian hua deng jiao hu shi ye wu
电话等交互式业务 ［0306A］
Interactive Services such as Telephone
S 卫星通信系统业务类型

dian li ceng
电离层 ［0301A］
Ionospheric
C 传播延迟

dian li ceng yan shi wu cha
电离层延时误差 ［0301A］
Ionospheric Delay Error
S 信号传播相关误差

dian li ceng zhe she rao dong
电离层折射扰动 ［0301A］
Ionospheric Refraction Disturbance
C 信号闪烁

dian qi te xing
电气特性 ［0306A］
Electrical Characteristic
F 信号逻辑电平
代码变换规则
输入波形
输出波形

dian shi
电视 ［0306A］
Television
S VAST 卫星通信网业务

dian wen bian pai yu bo fa
电文编排与播发 ［0301F］
Arrangement and Transmission of Messages
S 导航电文设计

dian wen nei rong
电文内容 ［0306A］
Message Content
S 导航电文设计

dian wen nei rong
电文内容 ［0306A］
Message Content
F 基本导航信息
历书

UTC 参数
电离层延时校正参数

tiao pin
调频 ［0306A］
Frequency Modulation
　S 调制方式

tiao xiang
调相 ［0301F］
Phase Modulation
　S 调制方式

tiao zhi
调制 ［0301F］
Modulation
　D 信号变换

tiao zhi fang shi
调制方式 ［0301F］
Modulation Mode
　F 调频
　　调相
　　强度调制
　　极化调制

tiao zhi jie tiao fen xi tong
调制解调分系统 ［0301F］
Modem Subsystem
　S 地球站

tiao zhi jie tiao qi
调制解调器 ［0301G］
Modem
　S 基带处理部分

tiao zhi yu jie tiao qi
调制与解调器 ［0301G］
Modem and Demodulator
　S 通信地球站设备

ding wei shi yan zhan
定位实验站 ［0301G］
Positioning Experiment Station
　S 试验站

ding wei wei xing
定位卫星 ［0301A］
Positioning Satellite
　S 子午仪系统

ding wei yu fen pei wen ti
定位与分配问题 ［0306A］
Localization and Allocation Problem
　Y 资源分配

dong tai ding wei
动态定位 ［0306A］
Dynamic Positioning
　S 差分 GPS（运动状态）

dong tai tu xiang
动态图像 ［0305C］
Dynamic Image
　S VAST 卫星通信网业务

dong zhong tong
动中通 ［0301F］
Move Through
　S 卫星宽带通信业务

du te ma
独特码 ［0303A］
Unique Code
　S 报头

dui di jing zhi gui dao wei xing tong xin xi tong
对地静止轨道卫星通信系统 ［0301F］
GEO Satellite Communication System
　F 宽带通信系统
　　窄带通信系统
　　防护系统
　　直播卫星
　　数据中继卫星系统
　　海事卫星系统
　　亚太卫星移动通信系统

中星系列通信卫星

dui di jing zhi gui dao wei xing tong xin xi tong
对地静止轨道卫星通信系统［0301F］
Geostationary Orbit Satellite Communication System
　S 卫星通信系统（轨道）

dui liu ceng shan shuo
对流层闪烁［0306A］
Tropospheric Scintillation
　C 电波传播

dui xiang he fu wu wang guan dui xiang
对象和服务网关对象［0301F］
Servicr Gate Way Object
　S 对象轮播

duo fa tong xin fu wu
多发通信服务［0301F］
Multiple Communication Service
　S 卫星移动通信系统增值服务

duo jin zhi xiang yi jian kong
多进制相移键控［0301F］
Multi-Phase Shift Keying
　S 数字调制

duo jin zhi zheng jiao zhen fu tiao zhi
多进制正交振幅调制［0306A］
Multibase Quadrature Amplitude Modulation
　S 数字调制

duo jing chuan bo
多径传播［0301F］
Multipath Propagation
　S 星-地链路附加损耗

duo lu fu yong
多路复用［0301F］
Multiplexing
　F 频分复用
　　时分复用

码分复用
波分复用

duo mei ti shu ju
多媒体数据［0306A］
Multimedia Data
　S GIS 数据来源

duo pin gong yong tian xian
多频共用天线［0301F］
Multi-Frequency Shared Antenna
　S 天线

duo shu xing cha xun
多属性查询［0305A］
Multi-Attribute Query
　S 属性特征查询

duo tong dao jie shou ji
多通道接收机［0301G］
Multichannel Receiver
　Y 并行通道接收机

duo xie yi feng zhuang
多协议封装［0301F］
Multi-Protocol Encapsulation
　S 数据广播应用类型

duo zai bo xin hao
多载波信号［0301F］
Multi-Carrier Signal
　S 卫星通信系统信号类型

duo zhi fang shi bian huan
多址方式变换［0301F］
Multiple Access Mode Transformation
　S 信号处理可实现的转发器功能

duo zhi gan rao
多址干扰［0301F］
Multiple Access Interference
　S 干扰

duo zhi gan rao gong lü
多址干扰功率 ［0301F］
Multi-Access Interference Power
　　S 噪声功率

duo zhi ji shu
多址技术 ［0301F］
Multiple Access Technology
　　F 频分多址
　　　时分多址
　　　码分多址
　　　空分多址
　　　混合多址

er jin zhi pian yi zai bo tiao zhi
二进制偏移载波调制 ［0301F］
Binary Offset Carrier Modulation
　　S 数字通信系统调制

er jin zhi pian yi zai bo tiao zhi
二进制偏移载波调制 ［0301F］
Binary Offset Carrier Modulation
　　C 线性偏移载波

fa dong ji bian gui zhi xiang wu cha
发动机变轨指向误差 ［0301A］
Engine De-Orbit Pointing Error
　　S 推进剂预算偏差

fa she ji shu
发射技术 ［0301G］
Launching Technique
　　S 大气环境遥感技术

fang wei jiao
方位角 ［0306A］
Azimuth Angle
　　S 星际链路特性

fei heng bao luo tiao zhi
非恒包络调制 ［0306A］
Non-Constant Envelope Modulation
　　S 深空通信调制技术

fei hou xiang jian rong guang bo ye wu
非后向兼容广播业务 ［0301A］
Non-Backward Compatible Broadcast Service
　　S 广播业务

fei xian xing ma
非线性码 ［0301F］
Nonlinear Code
　　S 伪码

fen bu shi wang luo tuo pu jie gou
分布式网络拓扑结构 ［0301F］
Distributed Network Topology
　　Y 网状拓扑结构

fen kuai cha zhao
分块查找 ［0305A］
Block Search
　　S 顺序文件查找

fen pei shi zhu zhan
分配式主站 ［0301G］
Shared Hub
　　S VAST 系统

fen zu jiao huan de xing shi
分组交换的形式 ［0301F］
The form of Packet Switching
　　F 虚电路方式
　　　数据报方式

fen zu jiu cuo ma
分组纠错码 ［0306A］
LDPC Code
　　S 信道编码

fen zu ma
分组码 ［0301F］
Block Code
　　S 信道编码

fen zu ma
分组码 ［0301F］
Block Code

F 汉明码
　格雷码
　BCH 码
　里德-所罗门码

fu dian xing shu ju
浮点型数据 ［0302A］
Floating-Point Data
　S 数字型

fu dian xing shu ju
浮点型数据 ［0306A］
Floating-Point Data
　D 小数数据

fu hao
符号 ［0305A］
Symbol
　S 地图要素

fu yi jian kong
幅移键控 ［0301F］
Amplitude Shift Keying（ASK）
　S 数字调制

fu suo yin
辅索引 ［0305A］
Coindex
　C 倒排文件

fu yong tiao zhi
复用调制 ［0301F］
Multiplex Modulation
　D 互复用调制

fu yong tiao zhi
复用调制 ［0301A］
Multiplex Modulation
　C 相干自适应副载波调制

fu yong qi
复用器 ［0301G］
Multiplexer

S 基带处理部分

fu yong tong dao jie shou ji
复用通道接收机 ［0301F］
Multiplexed Channel Receiver
　S GPS 接收机

gan zhi chuan shu ceng
感知传输层 ［0301G］
Sensing Transport Layer
　S 社会感知方法体系

gao di pin dian lan
高低频电缆 ［0301F］
High and Low Frequency Cables
　S 平台分系统

gao di pin dian lan zhi jia
高低频电缆支架 ［0301G］
High and Low Frequency Cable Brackets
　S 总装直属件

gao gong lü fang da qi
高功率放大器 ［0301G］
High Power Amplifier
　F 行波管放大器
　　速调管放大器
　　固态功率放大器

gao gong lü fang da qi
高功率放大器 ［0301G］
High Power Amplifier
　S RF 终端

gao gong lü gong fang
高功率功放 ［0301G］
High Power Amplifier
　F 电子管放大器
　　固态放大器
　　晶体管放大器

gao ji dian shi zhi shi
高级电视制式 ［0301F］
Advanced Television Systems Committee

S 数字电视传输制式

gao si lü bo zui xiao pin yi jian kong
高斯滤波最小频移键控 ［0301F］
Gaussian Filtered Minimum Shift Keying
S 数字调制

ge li gao li tian xian
格里高利天线 ［0301G］
Gregorian Antenna
S 后馈抛物面天线

ge luo na si-K xing wei xing
格洛纳斯-K 型卫星 ［0301A］
GLONASS-K Satellite
S 格洛纳斯卫星星座

ge luo na si-M xing wei xing
格洛纳斯-M 型卫星 ［0301A］
GLONASS-M Satellite
S 格洛纳斯卫星星座

ge luo na si hang dian wen nei rong
格洛纳斯航电文内容 ［0301A］
GLONASS Navigation Message Content
F 即时数据
非即时数据

ge luo na si wei xing xin hao
格洛纳斯卫星信号 ［0301A］
GLONASS Satellite Signal
F 民用标准精度信号
军用高精度信号

ge luo na si xie yi
格洛纳斯协议 ［0301A］
GLONASS Protocol
S 导航协议

ge luo na si xing wei xing
格洛纳斯型卫星 ［0301A］
GLONASS Satellite
S 格洛纳斯卫星星座

ge re dian pian
隔热垫片 ［0302C］
Heat Insulation Gasket
S 被动热控产品

ge nie xu dian chi zu
镉镍蓄电池组 ［0302A］
Cadmium-Nickel Battery Packs
S 供配电分系统组成

gen zong、yao ce ji zhi ling zhan
跟踪、遥测及指令站 ［0301F］
Tracking, Telemetry and Command Station (TT&C)
S 空间段

gen zong yu shu ju zhong ji wei xing
跟踪与数据中继卫星 ［0301F］
Tracking and Data Relay Satellite
D 中继卫星

gen zong yu shu ju zhong ji wei xing
xi tong di mian zhong duan zhan
跟踪与数据中继卫星系统地面终端站
［0301F］
TDRSS System Ground Terminal Station
F 白沙地面终端
白沙第二套地面终端
关岛远程终端
澳大利亚堪培拉地面站

gen zong yu shu ju zhong ji wei xing
xi tong fu wu dui xiang
跟踪与数据中继卫星系统服务对象
［0301A］
TDRSS System Service Object
F 陆地卫星
哈勃望远镜
卡普顿 α 射线观测器
地球辐射收支平衡卫星
太阳峰年探测卫星
太阳逸散层探测卫星
宇宙背景探测器

上层大气研究卫星
先进 X 射线天文物理设施
远紫外探测器 X 射线观测台
KH-11 卫星
改进型 KH-11 卫星
长曲棍球卫星
海洋监视卫星
海洋地形地貌测绘卫星

gong gong jiao tong shua ka shu ju
公共交通刷卡数据 ［0306A］
Public Transit Credit Card Data
 S 地理大数据

gong yong wei xing tong xin xi tong
公用卫星通信系统 ［0301A］
Public Satellite Communication System
 S 卫星通信系统（用户性质）

gong lü fang da qi
功率放大器 ［0301G］
Power Amplifier
 S 微波功率加载系统

gong pei dian fen xi tong
供配电分系统 ［0301G］
Power Supply and Distribution Subsystem
 S 卫星平台分系统

gong pei dian fen xi tong
供配电分系统 ［0301G］
Power Supply and Distribution Subsystem
 S 地球站

gong pei dian fen xi tong zu cheng
供配电分系统组成 ［0301G］
Power Supply and Distribution Subsystem Componet
 F 太阳电池阵
　　镉镍蓄电池组
　　氢镍蓄电池组
　　锂离子蓄电池组

gong dao gan rao
共道干扰 ［0306A］
Common Channel Interference
 S 卫星通信噪声

gu ding bian ma tiao zhi
固定编码调制 ［0306A］
Constant Coding and Modulation
 S DVB-S2 运行模式

gu ding di qiu zhan
固定地球站 ［0301F］
Fixed Earth Station
 Y 信关站

gu ding wei xing ye wu
固定卫星业务 ［0301A］
Fixed Satellite Services
 S 卫星通信业务

gu ding zhong duan
固定终端 ［0302C］
Fixed Terminal
 S 地面终端

gu ti mian tian xian
固体面天线 ［0301G］
Solid Surface Antenna
 S 天线

guan dao yuan cheng zhong duan
关岛远程终端 ［0302C］
Guam Remote Ground Terminal
 S 跟踪与数据中继卫星系统地面终端站

guan jian ci
关键词 ［0305A］
Keyword
 F 主关键词
　　次关键词

guan jian zi
关键字 ［0305A］
Keywords

C 关系型数据库

guan jian zi
关键字 ［0305A］
Keywords
　F 主关键字
　　外部关键字

guan xi mo xing
关系模型 ［0305A］
Relational Model
　S 数据模型

guan xi shu ju ku guan xi lei xing
关系数据库关系类型 ［0305A］
Relational Database Relationship Types
　F 一对一关系
　　一对多关系
　　多对一关系
　　多对多关系

guan xi xing shu ju ku
关系型数据库 ［0305A］
Relational Databases
　S 数据库类型

guan xi xing shu ju ku
关系型数据库 ［0305A］
Relational Databases
　C 关键字

guan li zhan
管理站 ［0301F］
Management Station
　S 地面系统站型

guang fen zu guang jiao huan ji shu
光分组光交换技术 ［0306A］
Optical Packet Optical Switching Technology
　F 光分组交换技术
　　光突发交换技术

guang fen zu jiao huan ji shu
光分组交换技术 ［0306A］
Optical Packet Switching Technology
　S 光分组光交换技术

guang jiao huan ji shu
光交换技术 ［0301G］
Optical Switching Technology
　F 光路光交换
　　光分组光交换

guang lu guang jiao huan
光路光交换 ［0301G］
Optical Circuit Switching
　S 光交换技术

guang lu guang jiao huan
光路光交换 ［0301G］
Optical Circuit Switching
　F 空分交换
　　时分交换
　　波分交换
　　混合交换

guang tu fa jiao huan ji shu
光突发交换技术 ［0301G］
Optical Burst Switching Technology
　S 光分组光交换技术

guang tu fa jiao huan xi tong ti xi jie gou
光突发交换系统体系结构 ［0306A］
Architecture of Optical Burst Switching System
　F 核心交换层
　　边缘分配光层
　　接入层

guang bo shang xing zhan
广播上行站 ［0301F］
Broadcast Uplink Station
　S 世广数字音频与多媒体广播系统

guang bo wei xing ye wu
广播卫星业务 ［0301A］
Satellite Broadcasting Service

S 卫星通信业务

guang bo ye wu
广播业务 ［0306A］
Broadcasting Service
S DVB-S2 业务

guang bo ye wu
广播业务 ［0306A］
Broadcasting Service
F 后向兼容广播业务
非后向兼容广播业务

guang yu wang
广域网 ［0301G］
Wide Area Network
D 远程网

gui dao bao chi
轨道保持 ［0301A］
Track Keeping
S 轨道控制

gui dao shu ju tong xin xi tong
轨道数据通信系统 ［0301F］
Orbital Data Communication System Orbcomm
C 多普勒频移技术

gui dao tong xin xi tong
轨道通信系统 ［0301F］
Orbcomn
S LEO 卫星通信移动系统

gui jian xing ji lian lu
轨间星际链路 ［0301F］
Inter-Orbit
S 星际链路

gui nei xing ji lian lu
轨内星际链路 ［0301A］
Intra-Orbit
S 星际链路

guo ji dian lian
国际电联 ［0301F］
International Telecommunication Union
Y 国际电信联盟

guo ji dian xin lian meng
国际电信联盟 ［0301G］
International Telecommunication Union
D 国际电联

guo ji hai shi wei xing tong xin xi tong
国际海事卫星通信系统 ［0301F］
Inmarsat System
S 静止轨道卫星移动通信系统

guo ji jiu yuan wei xing xi tong
国际救援卫星系统 ［0301A］
Cospas-Sarsat Rescue Satellite System
C 多普勒频移技术

guo ji wei xing tong xin xi tong
国际卫星通信系统 ［0301F］
International Satellite Communication System
S 卫星通信系统（覆盖范围）

guo nei wei xing tong xin xi tong
国内卫星通信系统 ［0301A］
Domestic Satellite Communication System
S 卫星通信系统（覆盖范围）

hai jun duo pin duan zhong duan
海军多频段终端 ［0302C］
Naval Multi-Band Terminal
S 应用终端

hai shi wei xing xi tong
海事卫星系统 ［0301A］
Maritime Satellite System
S 对地静止轨道卫星通信系统

hang tian ce kong ji shu di qiu zhan
航天测控技术地球站 ［0301F］
TT&C Earth Station

F 指令子系统
　测距子系统
　遥测子系统

he xin jiao huan ceng
核心交换层 ［0301F］
Core Exchange Layer
　S 光突发交换系统体系结构

heng bao luo tiao zhi
恒包络调制 ［0301G］
Constant Envelope Modulation
　S 深空通信调制技术

hou kui pao wu mian tian xian
后馈抛物面天线 ［0301F］
Feed Back Paraboloid Antenna
　F 格里高利天线
　　卡塞格伦天线

hou xiang jian rong guang bo ye wu
后向兼容广播业务 ［0301A］
Backward Compatible Broadcast Service
　S 广播业务

hu diao gan rao
互调干扰 ［0301F］
Intermodulation Interference
　S 卫星通信噪声

hu fu yong tiao zhi
互复用调制 ［0306A］
Intermultiplexing Modulation
　Y 复用调制

huan jing qi xiang wei xing
环境气象卫星 ［0301A］
Environmental Meteorological Satellite
　S 气象卫星

huan lu can shu
环路参数 ［0306A］
Loop Parameter

S 载波跟踪环路

huan lu dai kuan
环路带宽 ［0306A］
Loop Bandwidth
　Y 噪声带宽

huan xing tian xian
环形天线 ［0301G］
Circular Antenna
　S 大型可展开天线

hui gui zhou qi
回归周期 ［0301A］
Regression Cycle
　C 时间分辨率

hui tui n zhen fang shi GBn
回退 n 帧方式 GBn ［0306A］
Go-Back-n
　S 自动请求重传

hui yi dian hua
会议电话 ［0301F］
Conference Telephone
　S VAST 卫星通信网业务

hun he duo zhi
混合多址 ［0306A］
Hybrid Multiple Access
　S 多址技术

hun he wang
混合网 ［0301F］
Hybrid Network
　S VAST 卫星通信网的网络结构

hun he wang
混合网 ［0301F］
Hybrid Network
　D 星状十网状

ji dai fen zu jiao huan
基带分组交换 ［0306A］
Baseband Packet Switching

S 信号处理可实现的转发器功能

ji zhan ding wei
基站定位 ［0301F］
Base Station Positioning
S 手机定位技术

ji guang tong xin ji shu
激光通信技术 ［0301G］
Laser Communication Technology
F 信号发射技术
信号接收技术
瞄准捕获跟踪技术

ji guang tong xin ji shu mo kuai
激光通信技术模块 ［0301G］
Laser Communication Technology Module
F 光源
光调制器
发射光学系统
瞄准捕获跟踪控制系统
光学天线
接收光学系统
光解调器
信号处理器

ji guang tong xin wei xing
激光通信卫星 ［0301A］
Laser Communication Satellite
S 通信卫星（业务）

ji lian ma
级联码 ［0306A］
Concatenated Code
S 信道编码

ji gao pin pin duan
极高频频段 ［0301A］
EHF Band
S 卫星通信频段

ji guang wei xing
极光卫星 ［0301A］
TabletSat- Aurora

C 第聂伯运载火箭

ji shi shu ju
即时数据 ［0306A］
Real- Time Data
S 格洛纳斯航电文内容

ji he cha xun
集合查询 ［0306A］
Set Query
S 数据查询

ji he fu hao
集合符号 ［0305A］
Collective Symbol
S 地图符号

ji suan ji cun chu she bei
计算机存储设备 ［0302A］
Computer Storage Device
S 机载 LiDAR 设备

ji suan ji jian pan shu ju cai ji
计算机键盘数据采集 ［0302C］
Computer Keyboard Data Acquisition
S 地理数据采集

ji suan ji ying jian
计算机硬件 ［0302C］
Computer Hardware
S 信息系统组成

ji lu
记录 ［0306A］
Records
S 逻辑单位

ji lu
记录 ［0305A］
Records
F 逻辑记录
物理记录

jia yong jie shou ji
家用接收机 [0302A]
Household Receiver
　　S 地面接收站

jia gou shi tian xian
架构式天线 [0301G]
Frame Antenna
　　Y 架构式可展开天线

jian ce zhan
监测站 [0301G]
Monitoring Station
　　S 地面站

jiao huan ji
交换机 [0301G]
Switch
　　S 设备监控子系统

jiao huan ji wei xing
交换机卫星 [0301F]
Switching Satellite
　　S 空间信息网络设计

jiao huan she bei
交换设备 [0301G]
Switching Equipment
　　S 信关站

jiao huan zhan
交换站 [0301F]
Switching Facilities
　　S 移动用户目标系统卫星地面段

jiao jie zi
交接字 [0306A]
Handover Word
　　S 导航电文

jie di xian
接地线 [0301G]
Grounding Wires

S 总装直属件

jie di zhu
接地柱 [0302C]
Grounding Posts
　　S 总装直属件

jie kou gui fan
接口规范 [0306A]
Interface Specification
　　F 机械特性
　　　电气特性
　　　功能特性
　　　规程特性

jie ru ceng
接入层 [0301F]
Access Layer
　　S 光突发交换系统体系结构

jie ru fu wu
接入服务 [0301F]
Access Service
　　S 卫星移动通信系统增值服务

jie dian
节点 [0301F]
Nodes
　　Y 分支点

jie mu yuan de bian ji chu li
节目源的编辑处理 [0306A]
Program Source Editing Processing
　　S 信号处理可实现的转发器功能

jin shu wang mian tian xian
金属网面天线 [0301G]
Metal Mesh Antenna
　　S 天线

jin kong tong xin
近空通信 [0301F]
Near Space Communication

S 宇宙通信

jing wei du
经纬度 [0302B]
Longitude and Latitude
　F 天文经纬度
　　大地经纬度
　　地心经纬度

jing wei wang
经纬网 [0302A]
Warp and Weft Net
　S 坐标网

jing ti zhen dang pin lü yuan
晶体震荡频率源 [0302C]
Crystal Oscillation Frequency Source
　S 系统级芯片

jing zhen dian lu
晶振电路 [0302C]
Crystal Oscillator Circuit
　S 测控发射机

jing zhi gui dao wei xing yi dong tong xin xi tong
静止轨道卫星移动通信系统 [0301A]
Geostationary Orbit Satellite Mobile Communication System
　F 国际海事卫星通信系统
　　亚洲蜂窝卫星通信系统 ACeS
　　舒拉亚卫星系统

jing xiang
镜像 [0306A]
Mirroring
　S 图像几何处理

ju yu wang guang yu wang hu lian
局域网广域网互联 [0301F]
LAN Wide Area Network Interconnection
　S 网络互联形式

ju yu wang-guang yu wang-ju yu wang
局域网-广域网-局域网 [0301F]
LAN-WAN-LAN
　S 网络互联形式

ju yu wang hu lian
局域网互联 [0301F]
LAN Interconnection
　S VAST 卫星通信网业务

ju yu wang mo shi
局域网模式 [0301F]
LAN Mode
　S 地理信息系统硬件配置

juan ji ma
卷积码 [0301F]
Convolutional Code
　S 信道编码

jun shi wei xing tong xin xi tong
军事卫星通信系统 [0301A]
Military Satellite Communication System
　S 卫星通信系统（业务方向）

jun yong gao jing du xin hao
军用高精度信号 [0306A]
Military High-Precision Signal
　D P 码信号（GLONASS）

kai fang fu wu
开放服务 [0301A]
Open Service
　S 伽利略系统服务

kang duo jing xing neng
抗多径性能 [0301A]
Multipath Resistance
　C 伪码码率

ke bian bian ma tiao zhi
可变编码调制 [0306A]
Variable Coding and Modulation

S DVB-S2 运行模式

ke shi cha xun
可视查询 ［0306A］
Visual Query
　　C 可视性分析

ke shi dian hua
可视电话 ［0306A］
Video Phone
　　S VAST 卫星通信网业务

ke shi dian hua hui yi
可视电话会议 ［0306A］
Videoconferencing
　　S VAST 卫星通信网业务

kong fen duo zhi
空分多址 ［0301G］
Space Division Multiple Access
　　S 多址技术

kong fen jiao huan
空分交换 ［0306A］
Space Division Switching
　　S 光路光交换

kong jian duan tong xin wei xing
空间段通信卫星 ［0301G］
Space Segment Communication Satellite
　　F 地球静止轨道卫星
　　　中地球轨道卫星
　　　低地球轨道卫星

kong jian jiao hu xing shi
空间交互形式 ［0306A］
Spatial Interaction Form
　　F 对流
　　　传导
　　　辐射

kong jian liang zi tong xin ji shu
空间量子通信技术 ［0301A］
Space Quantum Communication Technology

　　F 量子信源
　　　量子调控
　　　量子信道
　　　量子测量

kong jian tong xin
空间通信 ［0301F］
Space Communication
　　Y 宇宙通信

kong jian tong xin xie yi ti xi jie gou
空间通信协议体系结构 ［0301G］
Space Communication Protocol Architecture
　　F 物理层
　　　数据链路层
　　　网络层
　　　运输层
　　　应用层

kong jian wei zhi
空间位置 ［0302C］
Spatial Position
　　S 位

kong jian xin xi wang luo she ji
空间信息网络设计 ［0301G］
Spatial Information Network Design
　　F 地面全局控制器
　　　局部控制器卫星
　　　交换机卫星

kong jian zu wang fang shi
空间组网方式 ［0301F］
Spatial Networking Mode
　　S 卫星星座组网方式

kong jian zuo biao
空间坐标 ［0302A］
Spatial Coordinates
　　S 外方位元素

kong qi zhi liang chuan gan qi
空气质量传感器 ［0301G］
Air Quality Sensor

S 地面传感器

kong zhi duan
控制段 ［0301F］
Control Section
　　F 中央站
　　　通信枢纽

kong zhi fen xi tong zu cheng
控制分系统组成 ［0301G］
Control Subsystem Component
　　S 控制分系统

kuai lian fang shi
块链方式 ［0306A］
Block Chain Mode
　　S 顺序文件形式

kuan dai bian xie tong xin zhong duan
宽带便携通信终端 ［0302C］
Broadband Portable Communication Terminal
　　S 通用业务终端

kuan dai gan rao
宽带干扰 ［0301F］
Broadband Interference
　　S 信号干扰（干扰信号带宽的大小）

kuan dai jie ru
宽带接入 ［0301F］
Broadband Access
　　S 卫星宽带通信业务

kuan dai tong xin wei xing
宽带通信卫星 ［0301A］
Broadband Communication Satellite
　　S 通信卫星（业务）

kuan dai tong xin xi tong
宽带通信系统 ［0301F］
Broadband Communication System
　　S 对地静止轨道卫星通信系统

kuan dai wei xing tong xin xi tong
宽带卫星通信系统 ［0301A］
Roadband Satellite Communication System
　　S 卫星通信系统（业务方向）

kui dian wang luo
馈电网络 ［0301G］
Feed Network
　　Y 波束形成网络

kuo pin tiao zhi
扩频调制 ［0301G］
Spread Spectrum Modulation
　　S 数字通信系统调制

la ba tian xian zhong lei（gong zuo mo shi）
喇叭天线种类（工作模式）［0301G］
Horn Antenna Type（Operating Mode）
　　F 基模喇叭天线
　　　双模喇叭天线
　　　多模喇叭天线
　　　混合模喇叭天线

lan ya ding wei
蓝牙定位 ［0301G］
Bluetooth Location
　　S 手机定位技术

leng qi tui jin xi tong
冷气推进系统 ［0301G］
Cold Air Propulsion System
　　S 推进系统

li cheng biao
里程表 ［0302C］
Odometer
　　S 距离传感器

li li zi xu dian chi zu
锂离子蓄电池组 ［0302A］
Lithium-Ion Battery Packs
　　S 供配电分系统组成

lian xu bo gan rao

连续波干扰 [0301F]

Continuous Wave Interference

    S 信号干扰（干扰信号带宽的大小）

lian lu fang cheng

链路方程 [0301F]

Link Equation

    Y 自由空间传播公式

liang zi xin dao

量子信道 [0301G]

Quantum Channel

    S 空间量子通信技术

liang zi xin yuan

量子信源 [0306A]

Quantum Information Source

    S 空间量子通信技术

liang zi xin yuan

量子信源 [0306A]

Quantum Information Source

    F 弱相干光源

      纠缠光源

liang zi xin yuan xi tong

量子信源系统 [0306A]

Quantum Source System

    F 微观系统

      宏观系统

      介观系统

lu you qi

路由器 [0301F]

Router

    S 网络连接器

ma duo fen zhi she bei

码多分址设备 [0301F]

CDMA Equipment

    S 信关站

ma fen duo lu fu yong

码分多路复用 [0301F]

Code Division Multiplexing

    S 卫星通信多路复用技术

ma fen duo zhi

码分多址 [0301A]

Code Division Multiple Access

    S 多址技术

ma fen fu yong

码分复用 [0301G]

Code Division Multiplexing

    S 多路复用

ma huan

码环 [0301G]

Code Loop

    Y 码跟踪环路

man ha dun ju li

曼哈顿距离 [0306A]

Manhattan Distance

    S 距离

mei guo TDRSS xi tong zu cheng

美国 TDRSS 系统组成 [0301A]

American TDRSS System Component

    F 地面终端站

      中继星

      用户星

mei guo tai kong zhi lu wei xing

美国太空之路卫星 [0301A]

Spaceway

    S 卫星宽带通信系统

min yong biao zhun jing du xin hao

民用标准精度信号 [0306A]

Civil Standard Precision Signal

    S 格洛纳斯卫星信号（传统）

min yong biao zhun jing du xin hao

民用标准精度信号 ［0301F］

Civil Standard Precision Signal

　　D C/A 码信号（GLONASS）

ming cheng zhu ji

名称注记 ［0302A］

Name Note

　　S 地图注记

mo ni dian shi xin hao

模拟电视信号 ［0306A］

Analog Television Signal

　　S 载波调制方式

mo ni liang

模拟量 ［0306A］

Analogue

　　Y 光学图像

mo ni xin hao

模拟信号 ［0306A］

Analog Signal

　　C 失真

nei bu zao sheng

内部噪声 ［0306A］

Internal Noise

　　F 电感噪声

　　　电阻噪声

　　　晶体管噪声

　　　本振噪声

　　　混频器噪声

nei bu zao sheng

内部噪声 ［0306A］

Internal Noise

　　S 图像噪声（产生原因）

nuan qi dong

暖启动 ［0301G］

Warm Start

　　S 启动方式

pa sheng xing

爬升形 ［0306A］

Ascending-Shaped

　　S 烟形

pa sheng xing

爬升形 ［0306A］

Ascending-Shaped

　　D 屋脊形

pei zhi he ding wei-pei zhi wen ti

配置和定位-配置问题 ［0301F］

Location-Allocation Problem

　　S 网络分析

pen mo da yin ji

喷墨打印机 ［0302C］

Ink-Jet Printer

　　S 彩色打印机

pian zhi si xiang xiang yi jian kong

偏置四相相移键控 ［0306A］

Offset Quadrature Phase Shift Keying

　　S 数字调制

pin fen duo lu fu yong

频分多路复用 ［0301G］

Frequency Division Multiplexing

　　S 卫星通信多路复用技术

pin fen duo zhi

频分多址 ［0301G］

Frequency Division Multiple Access

　　S 多址技术

pin fen fu yong

频分复用 ［0301G］

Frequency Division Multiplexing

　　S 多路复用

pin lü jie yue ji li

频率阶跃激励 ［0306A］

Frequency Step Excitation

S 相位激励信号

pin lü zai yong te xing
频率再用特性 ［0301A］
Frequency Reuse Characteristics
S 频段及带宽参数

ping ban pao wu mian tian xian
平板抛物面天线 ［0301G］
Plate Parabolic Antenna
S 天线

ping ban tian xian
平板天线 ［0301F］
Plate Antenna
S 地球站天线

ping ban tian xian
平板天线 ［0301F］
Plate Antenna
D 平面天线

ping mian wen jian
平面文件 ［0306A］
Flat Files
S 数据库类型

qi pian gan rao
欺骗干扰 ［0306A］
Spoofing
S 人为干扰

qi ye zhuan wang
企业专网 ［0301G］
Enterprise Private Network
S 卫星宽带通信业务

qi dong fang shi
启动方式 ［0301G］
Starting Mode
F 冷启动
暖启动
热启动

qi dong fang shi
启动方式 ［0301G］
Starting Mode
S 信号捕获

qi zhuang jie kou
起装接口 ［0302C］
Take-Up Interface
S 结构分系统组成

qi xiang wei xing
气象卫星 ［0301A］
Meteorological Satellites
S 应用卫星

qi xiang wei xing
气象卫星 ［0301A］
Meteorological Satellites
S 地球观测卫星

qi xiang yi qi
气象仪器 ［0301G］
Meteorological Instrument
F 风速仪
辐射计
湿度表
雨量器
蒸发器

qi xiang zhan
气象站 ［0301G］
Weather Station
S 试验站

qi ya ce gao zhan
气压测高站 ［0301G］
Barometric Altimeter Station
S 地面段

qi ya ji
气压计 ［0302A］
Barometer
S 距离传感器

qian kui pao wu mian tian xian
前馈抛物面天线 ［0301F］
Feedforward Paraboloid Antenna
   S 正馈抛物面天线

qian xiang jiu cuo bian ma
前向纠错编码 ［0301A］
Forward Error Correction Coding
   D 信道编码

qian xiang jiu cuo bian ma
前向纠错编码 ［0301F］
Forward Error Correction Coding
   S DVB-S2 发射机功能单元组成

qian tou
欠头 ［0306A］
Undershoot
   Y 未及

qin wu bi te
勤务比特 ［0306A］
Service Bit
   S 报头

qing zhong
氢钟 ［0301G］
Hydrogen Clock
   S 全球导航卫星系统原子钟

qu yu wei xing tong xin xi tong
区域卫星通信系统 ［0301F］
Regional Satellite Communication System
   S 卫星通信系统（覆盖范围）

quan ji dai chu li zhuan fa qi
全基带处理转发器 ［0301F］
Full Baseband Processing Transponder
   S 处理转发器

quan qiu bo shu tian xian
全球波束天线 ［0301F］
Global Beam Antenna

   S 通信卫星天线

quan qiu dao hang wei xing xi tong dao hang xing zhong duan
全球导航卫星系统导航型终端 ［0302A］
Navigation GNSS User Terminal
   S 终端设备

quan qiu dao hang wei xing xi tong ding wei xing zhong duan
全球导航卫星系统定位型终端 ［0302A］
Positioning GNSS User Terminal
   S 终端设备

quan qiu dao hang wei xing xi tong shou shi xing zhong duan
全球导航卫星系统授时型终端 ［0302A］
Time Service GNSS Terminal
   S 终端设备

quan qiu tong xin wei xing xi tong
全球通信卫星系统 ［0301A］
Global Communications Satellite System
   F 铱星低轨卫星移动通信系统
     全球性低轨卫星通信系统
     第四代全球海事卫星通信系统
     第五代海事卫星通信系统

quan qiu xing xi tong
全球星系统 ［0301A］
GlobelStae
   S LEO 卫星通信移动系统

quan qiu xing di gui wei xing tong xin xi tong
全球性低轨卫星通信系统 ［0301F］
GlobalStar
   S 全球通信卫星系统

quan xiang tian xian
全向天线 ［0301F］
Omnidirectional Antenna
   S 通信卫星天线

re guan

热管 [0302C]

Heat Pipe

　S 被动热控产品

re sheng hua da yin ji

热升华打印机 [0302C]

Thermal Sublimation Printer

　S 彩色打印机

re zhuan yi da yin ji

热转移打印机 [0302C]

Thermal Transfer Printer

　S 彩色打印机

ren gong fu she yuan

人工辐射源 [0306A]

Artificial Radiation Sources

　F 微波辐射源

　　激光辐射源

ren zao zao sheng

人造噪声 [0306A]

Artificial Noise

　S 外部噪声

ru wang yan zheng zhan

入网验证站 [0301F]

Access Verification Station

　S 卫星测控管理地球站

ruan jian GPS jie shou ji

软件 GPS 接收机 [0301F]

Software GPS Receiver

　D 软件无线电技术

ruan jian wu xian dian ji shu

软件无线电技术 [0301G]

Software Radio Technology

　Y 软件 GPS 接收机

san zhuang tian xian

伞状天线 [0301G]

Umbrella Antenna

　Y 径向肋天线

se zhong

铯钟 [0301G]

Cesium Clock

　S 全球导航卫星系统原子钟

shan cun

闪存 [0302C]

Flash Memory

　S 存储器件

shang yong dao hang dian wen

商用导航电文 [0301A]

Commercial Navigation Message

　S 伽利略卫星导航电文格式

shang xia xing tiao zhi fang shi

上下行调制方式 [0301F]

Uplink and Downlink Modulation Mode

　S 测控分系统设计指标

shang xing bu huo men xian zhi

上行捕获门限值 [0301A]

Uplink Capture Threshold

　S 测控分系统设计指标

shang xing di qiu zhan

上行地球站 [0301F]

Ascending Earth Station

　S 卫星电视广播系统

shang xing lian lu

上行链路 [0301F]

Uplink

　D 遥控链路

she bei jian kong ji suan ji

设备监控计算机 [0302C]

Equipment Monitoring Computer

　S 设备监控子系统

she bei jian kong zi xi tong

设备监控子系统 [0302C]

Equipment Monitoring Subsystem

S 管理控制分系统

双向非相干跟踪

she bei jian kong zi xi tong
设备监控子系统 [0301G]
Equipment Monitoring Subsystem
　F 设备监控计算机
　　交换机
　　网络串口设备

she jiao mei ti shu ju
社交媒体数据 [0306A]
Social Media Data
　S 地理大数据

she pin
射频 [0301F]
Radio Frequency
　S 系统级芯片

she pin fen xi tong
射频分系统 [0301G]
Radio Frequency Subsystem
　F 发射子系统
　　接收子系统

shen kong tong xin
深空通信 [0301G]
Deep Space Communication
　S 宇宙通信

shen kong tong xin tiao zhi ji shu
深空通信调制技术 [0301A]
Deep Space Communication Modulation Technique
　F 恒包络调制
　　准恒包络调制
　　非恒包络调制

shen kong tong xin gen zong
深空通信跟踪 [0301A]
Deep Space Communications Tracking
　F 单向跟踪
　　双向跟踪
　　三向跟踪

shen kong tong xin xi tong
深空通信系统 [0301F]
Deep Space Communication System
　F 指令分系统
　　跟踪分系统
　　遥测分系统

shen xiao kong jing zhong duan
甚小孔径终端 [0302A]
Very Small Aperture Terminal
　C VAST 系统

sheng huo zao sheng
生活噪声 [0306A]
Domestic Noise
　S 噪声来源

sheng bo
声波 [0306A]
Acoustic Waves
　S 波

shi fen duo lu fu yong
时分多路复用 [0301F]
Time Division Multiplexing
　S 卫星通信多路复用技术

shi fen duo zhi
时分多址 [0301A]
Time Division Multiple Access
　S 多址技术

shi fen fu yong
时分复用 [0306A]
Time Division Multiplexing
　S 多路复用

shi fen jiao huan
时分交换 [0301F]
Time Division Switching
　S 光路光交换

shi jian pian
时间片 [0306A]
Time Slice
　D 时隙

shi jian xin xi
时间信息 [0306A]
Time Information
　S 基本导航信息

shi jian xin xi
时间信息 [0306A]
Time Information
　F 周计数
　　周内时

shi xi
时隙 [0306A]
Time Slot
　Y 时间片

shi shi shi zhong
实时时钟 [0301G]
Real-Time Clock
　S 系统级芯片

shi xian
实线 [0306A]
Solid Line
　S 线状符号图元

shi guang shu zi yin pin yu duo mei ti guang bo xi tong
世广数字音频与多媒体广播系统 [0301A]
WorldSpace Digital Audio and Multimedia Broadcasting System
　F 地球同步卫星
　　广播上行站
　　数字接收机
　　地面控制运营网络

shi guang wei xing xi tong
世广卫星系统 [0301A]
World Broadcasting Satellite Voice Live Broadcast

System
　Y 世界广播卫星声音直播系统

shi jie guang bo wei xing sheng yin zhi bo xi tong
世界广播卫星声音直播系统 [0301A]
World Broadcasting Satellite Voice Live Broadcast System
　S 卫星移动多媒体广播系统

shi jie guang bo wei xing sheng yin zhi bo xi tong
世界广播卫星声音直播系统 [0301A]
World Broadcasting Satellite Voice Live Broadcast System
　D 世广卫星系统

shi jie shi
世界时 [0301A]
Universal Time
　S 时间体系

shi pin
视频 [0306A]
Video
　S 数据表现形式

shi nei ding wei shu ju
室内定位数据 [0302B]
Indoor Positioning Data
　S 地理大数据

shou fa gong yong tian xian
收发公用天线 [0301F]
Transmit and Receive Public Antenna
　S 光学天线

shou chi ji
手持机 [0302A]
Handheld Computer
　S LEO 卫星通信移动系统组成

shou ji ding wei ji shu

手机定位技术 ［0302B］

Mobile Phone Positioning Technology

  F 基站定位

    GPS 定位

    无线局域网络定位

    蓝牙定位

    惯性导航系统

shu la ya wei xing xi tong

舒拉亚卫星系统 ［0301A］

Thuraya Satellite System

  S 静止轨道卫星移动通信系统

shu chu she bei

输出设备 ［0302C］

Output Device

  F 矢量绘图机

    栅格式绘图设备

    图形终端

shu ru gong lü

输入功率 ［0301G］

Input Power

  C 系统增益

shu ru she bei

输入设备 ［0302C］

Input Device

  F 数字化仪

    扫描仪

    摄影测量仪器

    全站型速测仪

    GPS 接收机

shu yu

术语 ［0305A］

Terminology

  S 遥感技术通用基础

shu guan fen xi tong ying jian she bei

数管分系统硬件设备 ［0301G］

Digital Tube Subsystem Hardware Equipment

  F 数管中心计算机

    测控单元

    数据总线

shu guan zhong xin ji suan ji

数管中心计算机 ［0301G］

CNMC Computer

  S 数据管理分系统组成

shu ju bao fang shi

数据报方式 ［0306A］

Data Gram Mode

  S 分组交换的形式

shu ju cha xun

数据查询 ［0306A］

Data Query

  S SQL 查询语言的功能

shu ju cha xun

数据查询 ［0306A］

Data Query

  F 单表查询

    多表链接查询

    嵌套查询

    集合查询

shu ju ku ji ben jie gou

数据库基本结构 ［0302A］

Database Basic Structure

  F 物理级

    概念级

    用户级

shu ju lian lu ceng

数据链路层 ［0301F］

Data Link Layer

  S 空间通信协议体系结构

shu ju liu

数据流 ［0306A］

Data Flow

  S 数据广播应用类型

shu ju lun bo ye wu
数据轮播业务 ［0301F］
Data Casting Service
　F 文件下载
　　网站推送
　　远程教育

shu ju su lü
数据速率 ［0306A］
Data Rate
　S 导航电文设计

shu ju tong xin ye wu
数据通信业务 ［0301F］
Data Communication Service
　S 卫星通信系统业务类型

shu ju xian shi
数据显示 ［0304C］
Data Display
　S 地理信息系统要素

shu ju zhong ji
数据中继 ［0304B］
Data Relay
　S 低轨飞行器功能

shu ju zhong ji wei xing xi tong
数据中继卫星系统 ［0301F］
Data Relay Satellite System
　S 卫星通信系统（业务方向）

shu ju zong xian
数据总线 ［0301G］
Data Bus
　S 数管分系统硬件设备

shu zi dian shi chuan shu biao zhun
数字电视传输标准 ［0306A］
Digital Television Transmission Standard
　Y 数字电视传输制式

shu zi dian shi chuan shu zhi shi
数字电视传输制式 ［0306A］
Digital Television Transmission Standard
　D 数字电视传输标准

shu zi dian shi chuan shu zhi shi
数字电视传输制式 ［0301F］
Digital Television Transmission Standard
　F 数字电视广播
　　高级电视制式
　　综合业务数字广播

shu zi dian shi fen fa
数字电视分发 ［0301F］
Digital Television Distribution
　S DVB-S2 业务

shu zi dian shi guang bo
数字电视广播 ［0306A］
Digital Video Broadcasting
　S 数字电视传输制式

shu zi dian shi guang bo xi tong
数字电视广播系统 ［0301A］
Digital Television Broadcasting System
　F 信源
　　信道
　　信宿

shu zi tiao zhi
数字调制 ［0306A］
Digital Modulation
　S 载波调制方式

shu zi tiao zhi
数字调制 ［0306A］
Digital Modulation
　F 幅移键控
　　相移键控
　　频移键控
　　四相相移键控
　　偏置四相相移键控
　　Π/4-DQPSK

最小频移键控
高斯滤波最小频移键控
多进制相移键控
多进制正交振幅调制

shu zi hua she bei
数字化设备 ［0302C］
Digital Equipment
S 遥感数字图像处理系统（硬件）

shu zi jie shou ji
数字接收机 ［0301G］
Digital Receiver
S 世广数字音频与多媒体广播系统

shu zi shi pin guang bo biao zhun
数字视频广播标准 ［0306A］
Digital Video Broadcasting Standard
S 无线接口标准

shu zi shi pin guang bo biao zhun
数字视频广播标准 ［0306A］
Digital Video Broadcasting Standard
F DVB-S
DVB-S2
DVB-RCS

shu zi tong xin xi tong tiao zhi
数字通信系统调制 ［0301F］
Digital Communication System Modulation
F 扩频调制
载波调制
BPSK-R 调制
二进制偏移载波调制

shu zi xin dao hua zhuan fa qi
数字信道化转发器 ［0301F］
Digital Channelized Transponder
S 转发器

shu zi xin dao hua zhuan fa qi
数字信道化转发器 ［0301G］
Digital Channelized Transponder

F 信道解复用
信道交换
信道复用

shu zi xin hao
数字信号 ［0306A］
Digital Signal
C 损伤

shu zi xin hao
数字信号 ［0306A］
Digital Signal
S 卫星通信系统信号类型

shu zi yin yue
数字音乐 ［0306A］
Digital Music
S VAST 卫星通信网业务

shuang mo shi tui jin xi tong
双模式推进系统 ［0301G］
Dual Mode Propulsion System
S 推进系统

shuang wang shou chi zhong duan
双网手持终端 ［0302A］
Dual Network Handheld Terminal
S 通用业务终端

si xiang xiang yi jian kong
四相相移键控 ［0301G］
Quadrature Phase Shift Keying
S 数字调制

su du ji
速度计 ［0302C］
Speedometer
S 距离传感器

su lü dong tai fen pei
速率动态分配 ［0306A］
Dynamic Allocation of Rate
S DVB-RCS 带宽分配方法

sui ji cun qu cun chu qi
随机存取存储器 ［0302C］
Random Access Memory
S 存储器件

tai yang tian wen wei xing
太阳天文卫星 ［0301A］
Solar Meteorological Satellite
S 气象卫星

tai yang zao sheng
太阳噪声 ［0301A］
Solar Noise
S 地球站天线噪声

tai guo IP-STAR xi tong
泰国 IP-STAR 系统 ［0301A］
IP-STAR System, Thailand
S 卫星宽带通信系统

te gao pin
特高频 ［0301A］
UHF Band
S 卫星通信频段

tian ji tong xin wei xing
天基通信卫星 ［0301A］
Space-Based Communication Satellites
S 通信卫星（轨道）

tian lang xing wei xing
天狼星卫星 ［0301A］
Sirius Satellite System
S 卫星移动多媒体广播系统

tian xian fu gai
天线覆盖 ［0301F］
Antenna Coverage
S 测控分系统设计指标

tian xian zeng yi
天线增益 ［0301G］
Antenna Gain

F 相对增益
极化增益

ting deng fang shi S-W
停等方式 S-W ［0306A］
Stop-and-Wait
S 自动请求重传

tong xin di qiu zhan she bei
通信地球站设备 ［0301F］
Communication Earth Station Equipment
F RF 终端
调制与解调器
基带与控制设备
用户接口

tong xin fu wu xing neng zhi biao
通信服务性能指标 ［0306A］
Communication Service Performance Indicator
S 通信卫星总体性能指标

tong xin fu wu xing neng zhi biao
通信服务性能指标 ［0301F］
Communication Service Performance Indicator
F 轨道指标
有效载荷指标

tong xin guang bo wei xing
通信广播卫星 ［0301A］
Communication and Broadcasting Satellite
S 通信卫星（业务）

tong xin hua fen fa
通信划分法 ［0306A］
Communication Division Method
S 系统模块结构设计

tong xin ji shu shi yan wei xing
通信技术试验卫星 ［0301A］
Communications Technology Test Satellite
S 技术试验卫星

tong xin jian ce zhan
通信检测站 ［0301F］
Communication Detection（CSM）Station
　S 卫星测控管理地球站

tong xin lei fu wu
通信类服务 ［0301F］
Communication Service
　S 卫星移动通信系统增值服务

tong xin pin duan
通信频段 ［0301G］
Communication Bands
　S 频段及带宽参数

tong xin shu niu
通信枢纽 ［0301F］
Communication Hub
　S 控制段

tong xin tian xian she ji
通信天线设计 ［0301F］
Communication Antenna Design
　S 通信卫星载荷系统设计

tong xin tian xian she ji
通信天线设计 ［0301F］
Communication Antenna Design
　C 通信卫星天线

tong xin wei xing
通信卫星 ［0301A］
Communications Satellites
　S 应用卫星

tong xin wei xing（gui dao）
通信卫星（轨道）［0301A］
Communications Satellites（Orbit）
　F 地球同步轨道通信卫星
　　低地球轨道通信卫星
　　中地球轨道通信卫星
　　天基通信卫星

tong xin wei xing（ye wu）
通信卫星（业务）［0301A］
Communications Satellites（Business）
　F 通信广播卫星
　　移动通信卫星
　　宽带通信卫星
　　激光通信卫星

tong xin wei xing gui dao ji xing zuo she ji
通信卫星轨道及星座设计 ［0301A］
Communication Satellite Orbit and Constellation Design
　S 通信卫星总体设计

tong xin wei xing ren wu fen xi she ji
通信卫星任务分析设计 ［0301A］
Communication Satellite Mission Analysis and Design
　S 通信卫星总体设计

tong xin wei xing ren wu fen xi she ji
通信卫星任务分析设计 ［0301A］
Communication Satellite Mission Analysis and Design
　F 卫星轨位协调设计
　　卫星频率协调设计
　　适应性设计
　　卫星公用平台设计
　　长寿命高可靠性设计
　　大规模集成化设计
　　大规模综合化设计
　　自身变轨设计
　　在轨位置保持设计

tong xin wei xing ren wu fen xi she ji
通信卫星任务分析设计 ［0301A］
Communication Satellite Mission Analysis and Design
　C 通信卫星总体性能指标

tong xin wei xing xi tong she ji
通信卫星系统设计 ［0301A］
Communication Satellite System Design
　S 通信卫星总体设计

tong xin wei xing zong ti she ji
通信卫星总体设计 ［0301A］
Overall Design of Communication Satellite

F 通信卫星任务分析设计
通信卫星轨道及星座设计
通信卫星载荷系统设计
通信卫星平台设计
通信卫星系统设计
飞行程序设计

tong xin wei xing zong ti xing neng zhi biao
通信卫星总体性能指标 [0301A]
Overall Performance Index of Communication Satellite
C 通信卫星任务分析设计

tong xin wei xing zong ti xing neng zhi biao
通信卫星总体性能指标 [0301A]
Overall Performance Index of Communication Satellite
F 通信服务性能指标
卫星平台能力指标

tong yong ye wu zhong duan
通用业务终端 [0302A]
Universal Service Terminal
S 地面系统站型

tong yong ye wu zhong duan
通用业务终端 [0302C]
Universal Service Terminal
F 卫星手持终端
双网手持终端
应急手持终端
宽带便携通信终端
移动车载通信终端

tong gou xing ju yu wang hu lian
同构型局域网互联 [0301G]
Isomorphic LAN Interconnection
S 网络互联形式

tou wen jian
头文件 [0306A]
Header File
Y 元数据

tou ming zhuan fa qi
透明转发器 [0301A]
Transparent Repeater
S 转发器

tou ming zhuan fa xi tong
透明转发系统 [0301F]
Transparent Forwarding System
S 世广卫星有效载荷

tu xing zhong duan
图形终端 [0302A]
Graphic Terminal
S 输出设备

tui jin xi tong
推进系统 [0301G]
Propulsion System
F 冷气推进系统
单组元推进系统
双组元推进系统
双模式推进系统
电推进系统
混合推进系统

wai bu jiao huan wen jian fang shi
外部交换文件方式 [0306A]
External Exchange File Mode
S 空间数据转换方式

wai bu jie kou
外部接口 [0302A]
External Interface
S 系统级芯片

wai cha jie shou
外差接收 [0304C]
Heterodyne Reception
D 空间相干接收

wan guan shi zhuan fa qi
弯管式转发器 [0301F]
Bent Tube Repeater

D 透明转发器

wan hao xing shu ju

完好性数据 [0306A]

Integrity Data

   S 伽利略卫星导航电文数据

wang guan

网关 [0301F]

Gateway

   S 网络连接器

wang guan

网关 [0301F]

Gateway

   D 协议转换器

wang luo ceng

网络层 [0306A]

Network Layer

   S 空间通信协议体系结构

wang luo chuan kou she bei

网络串口设备 [0302C]

Network Serial Port Equipment

   S 设备监控子系统

wang luo guan li zhan

网络管理站 [0301F]

Network Management Facilities

   S 移动用户目标系统卫星地面段

wang luo hu lian xing shi

网络互联形式 [0306A]

Network Interconnection Form

   F 同构型局域网互联

    异构型局域网互联

    局域网广域网互联

    局域网-广域网-局域网

wang luo lian jie qi

网络连接器 [0301G]

Network Connector

   F 中继器

    网桥

    路由器

    网关

wang qiao

网桥 [0301F]

Network Bridge

   S 网络连接器

wang qiao

网桥 [0301F]

Network Bridge

   F 本地桥

    远程桥

wang zhan tui song

网站推送 [0306A]

Website Push

   S 数据轮播业务

wang zhuang tuo pu jie gou

网状拓扑结构 [0301G]

Network Topology

   S 卫星星座拓扑结构

wang zhuang tuo pu jie gou

网状拓扑结构 [0301G]

Network Topology

   D 分布式网络拓扑结构

wang zhuang wang

网状网 [0301F]

Mesh Network

   S VAST 卫星通信网的网络结构

wei bo zhong ji zhan

微波中继站 [0301F]

Microwave Relay Station

   C 星载转发器

wei chu li qi

微处理器 [0302A]

Microprocessor

S 系统级芯片

wei fang dian jian ce xi tong

微放电检测系统 ［0301G］

Microdischarge Detection System

    F 真空系统

      电子源

      微波功率加载系统

      负载

wei xing ji suan ji

微型计算机 ［0302A］

Microcomputer

    S 信号检测系统

wei xing zhan

微型站 ［0301F］

Microstation

    C VAST 系统

wei ma

伪码 ［0306A］

Pseudo-Code

    S 全球导航卫星系统卫星信号

wei ma

伪码 ［0306A］

Pseudo-Code

    Fm 序列

      组合码

      非线性码

wei ma

伪码 ［0306A］

Pseudo-Code

    D 测距码

wei ma

伪码 ［0306A］

Pseudo-Code

    C 金码

wei ma bo li

伪码剥离 ［0306A］

Pseudo-Code Stripping

    S 基带数字信号处理

wei ma ma lü

伪码码率 ［0306A］

Pseudo Code Rate

    C 码相位跟踪精度

wei ma ma lü

伪码码率 ［0306A］

Pseudo Code Rate

    C 抗多径性能

wei ma xiang guan xing neng

伪码相关性能 ［0306A］

Pseudo Code Dependent Performance

    F 最大自相关侧峰值

      互相关侧峰值

      平衡性

      游程长度

      零自相关旁瓣性

      偶相关

      奇相关

wei xing ce kong guan li di qiu zhan

卫星测控管理地球站 ［0301F］

Satellite Measurement and Control Management
Earth Station

    S 卫星通信系统地球站

wei xing ce kong guan li di qiu zhan

卫星测控管理地球站 ［0301F］

Satellite Measurement and Control Management
Earth Station

    F 测控跟踪和指令站

      在轨测试站

      入网验证站

      通信检测站

wei xing dian shi guang bo xi tong

卫星电视广播系统 ［0301A］

Satellite Television Broadcasting System

F 上行地球站
卫星转发器
地面接收站

wei xing gu ding tong xin xi tong
卫星固定通信系统 [0301F]

Satellite Fixed Communication System
S 卫星通信系统（业务方向）

wei xing gu ding tong xin xi tong
卫星固定通信系统 [0301F]

Satellite Fixed Communication System
F VSAT 卫星通信系统
点对点卫星通信系统

wei xing guang bo xi tong
卫星广播系统 [0301F]

Satellite Broadcasting System
S 卫星通信系统（业务方向）

wei xing gui dao pian xin lü
卫星轨道偏心率 [0301A]

Eccentricity of Satellite Orbit
C 卫星钟差的相对论效应矫校正量

wei xing gui wei xie tiao she ji
卫星轨位协调设计 [0301A]

Satellite Orbit Position Coordination Design
S 通信卫星任务分析设计

wei xing hang kong yi dong ye wu
卫星航空移动业务 [0301A]

Satellite Aviation Mobile Service
S 移动卫星业务

wei xing kong zhi zhan
卫星控制站 [0301F]

Satellite Control Facilities
S 移动用户目标系统卫星地面段

wei xing kuan dai tong xin（yong tu）
卫星宽带通信（用途）[0301F]

Satellite Broadband Communication（Purpose）

F 中继型
面向用户型

wei xing kuan dai tong xin xi tong
卫星宽带通信系统 [0301F]

Satellite Broadband Communication System
F 美国太空之路卫星
泰国 IP-STAR 系统
O3b 系统

wei xing kuan dai tong xin ye wu
卫星宽带通信业务 [0301A]

Satellite Broadband Communication Service
F 宽带接入
动中通
4G 基站中继
数字新闻采集
企业专网
应急通信
远程教育与医疗

wei xing lu di yi dong ye wu
卫星陆地移动业务 [0301A]

Satellite Land Mobile Service
S 移动卫星业务

wei xing pin lü xie tiao she ji
卫星频率协调设计 [0301A]

Satellite Frequency Coordination Design
S 通信卫星任务分析设计

wei xing re she ji fang zhen fen xi
卫星热设计仿真分析 [0301A]

Satellite Thermal Design Simulation Analysis
S 热控分系统设计

wei xing shi pin guang bo ye wu
卫星视频广播业务 [0301A]

Satellite Video Broadcasting Service
S 卫星通信系统业务类型

wei xing shou chi zhong duan
卫星手持终端 [0302A]

Satellite Handheld Terminal

S 通用业务终端

wei xing shu ju
卫星数据 ［0302A］
Satellite Data
F 气象卫星数据
资源卫星数据
环境卫星数据
制图卫星数据

wei xing shui shang yi dong ye wu
卫星水上移动业务 ［0301A］
Satellite Maritime Mobile Service
S 移动卫星业务

wei xing tong xin duo lu fu yong ji shu
卫星通信多路复用技术 ［0301A］
Satellite Communication Multiplexing Technology
F 频分多路复用
时分多路复用
码分多路复用
波分多路复用

wei xing tong xin pin duan
卫星通信频段 ［0301A］
Satellite Communication Frequency Band
F 特高频
L 频段
S 频段
C 频段
X 频段
Ku 频段
Ka 频段
极高频频段

wei xing tong xin xi tong
卫星通信系统 ［0301F］
Satellite Communication System
F 地面段
空间段

wei xing tong xin xi tong （fu gai fan wei）
卫星通信系统（覆盖范围）［0301A］
Satellite Communication System（Coverage）

F 国际卫星通信系统
国内卫星通信系统
区域卫星通信系统

wei xing tong xin xi tong （gui dao）
卫星通信系统（轨道）［0301A］
Satellite Communication System（Prbit）
F 对地静止轨道卫星通信系统
中轨卫星通信系统
低轨卫星通信系统

wei xing tong xin xi tong （ye wu fang xiang）
卫星通信系统（业务方向）［0301A］
Satellite Communication System（Business Direction）
F 卫星广播系统
卫星固定通信系统
宽带卫星通信系统
卫星移动通信系统
数据中继卫星系统
军事卫星通信系统

wei xing tong xin xi tong （yong hu xing zhi）
卫星通信系统（用户性质）［0301A］
Satellite Communication Systems（User Nature）
F 公用卫星通信系统
专用卫星通信系统

wei xing tong xin xi tong chuan bo wen ti
卫星通信系统传播问题 ［0301A］
Satellite Communication System Propagation Problem
F 信号衰减
噪声增加
信号去极化
折射
大气多径
信号闪烁
反射多径
传播延迟

wei xing tong xin xi tong di qiu zhan
卫星通信系统地球站 ［0301F］
Satellite Communication System earth Station

F 卫星测控管理地球站

卫星应用系统地球站

wei xing tong xin xi tong xin hao lei xing

卫星通信系统信号类型 [0301A]

Satellite Communication System Signal Type

F 数字信号

模拟电视信号

多载波信号

wei xing tong xin xi tong ye wu lei xing

卫星通信系统业务类型 [0301A]

Satellite Communication System Service Type

F 卫星视频广播业务

电话等交互式业务

数据通信业务

因特网业务

移动通信业务

wei xing tong xin xi tong yuan xing gui dao

卫星通信系统圆形轨道 [0301A]

Circular Orbit of Satellite Communication System

F 低轨轨道

中轨轨道

静止轨道

wei xing tong xin xie yi

卫星通信协议 [0301A]

Satellite Communication Protocol

F DVB-S 协议

DVB-S2 协议

DVB-RCS 协议

IPoS 协议

wei xing tong xin xin hao chu li ji shu

卫星通信信号处理技术 [0301A]

Satellite Communication Signal Processing Technology

F 信号编码与解码技术

信号调制与解调技术

信号多路复用与分路技术

信号压缩与解压技术

wei xing tong xin ye wu

卫星通信业务 [0301A]

Satellite Communication Service

F 固定卫星业务

移动卫星业务

广播卫星业务

星间卫星业务

wei xing tong xin zao sheng

卫星通信噪声 [0301A]

Satellite Communication Noise

F 系统热噪声

宇宙噪声

大气和降雨噪声

系统间干扰

共道干扰

互调干扰

交叉极化干扰

wei xing tui jin ji

卫星推进剂 [0301G]

Satellite Propellant

S 卫星重量预算

wei xing tui jin ji yu suan

卫星推进剂预算 [0301A]

Satellite Propellant Budget

S 总体参数预算

wei xing wai re liu huan jing fen xi

卫星外热流环境分析 [0301A]

Satellite External Heat Flow Environment Analysis

S 热控分系统设计

wei xing xin hao chuan shu lu jing wu cha

卫星信号传输路径误差 [0301F]

Satellite Signal Transmission Path Error

S 观测误差

wei xing yi dong duo mei ti guang bo xi tong

卫星移动多媒体广播系统 [0301F]

Satellite Mobile Multimedia Broadcasting System

F 世界广播卫星声音直播系统
天狼星卫星
XM 卫星系统
移动广播卫星系统
Echostar G1 卫星系统
Eutelsat 10A 卫星系统

wei xing yi dong tong xin xi tong
卫星移动通信系统 [0301F]
Satellite Mobile Communication System
S 卫星通信系统（业务方向）

wei xing yi dong tong xin xi tong zeng zhi
fu wu
卫星移动通信系统增值服务 [0301A]
Satellite Mobile Communication System
Value-Added Service
F 语音增值服务
接入服务
云服务
智能网服务
在线数据处理与交易处理业务
储存转发类服务
多发通信服务
信息服务
通信类服务

wei xing ying yong xi tong di qiu zhan
卫星应用系统地球站 [0301F]
Satellite Application System Earth Station
S 卫星通信系统地球站

wei xing ying yong xi tong di qiu zhan
卫星应用系统地球站 [0301F]
Satellite Application System Earth Station
F 中心站
地区站
信关站
中转站
用户站

wei xing zhong mo xing pian cha
卫星钟模型偏差 [0301A]
Satellite Clock Model Deviation

S 卫星测量误差

wei xing zhuan fa qi
卫星转发器 [0301F]
Satellite Transponder
S 卫星电视广播系统

wei tong bu
位同步 [0306A]
Bit Synchronization
S 基带数字信号处理

wei tu
位图 [0306A]
Bitmap
S 点状符号图元

wen ben xing
文本型 [0306A]
Text
S 属性数据分类（数据类型）

wen ben xing
文本型 [0306A]
Text
D 字符串

wen jian
文件 [0306A]
Documents
S 逻辑单位

wen jian
文件 [0306A]
Documents
F 顺序文件
索引文件
直接文件
倒排文件

wen jian dui xiang
文件对象 [0306A]
File Object

S 对象轮播

wen jian xia zai
文件下载 [0306A]
File Download
　S 数据轮播业务

wen zi
文字 [0306A]
Text
　S 数据表现形式

wu ren jia shi yao kong fei ji
无人驾驶遥控飞机 [0301E]
Drone, Pilotless Airplane
　S 航空平台

wu ren jia shi yao kong fei ji
无人驾驶遥控飞机 [0301E]
Drone, Pilotless Airplane
　C 无人机

wu ren jia shi yao kong fei ji
无人驾驶遥控飞机 [0301E]
Drone, Pilotless Airplane
　C 遥控飞行器

wu ren jia shi yao kong fei ji
无人驾驶遥控飞机 [0301E]
Drone, Pilotless Airplane
　C 遥控飞机

wu xian dian ding wei zhong duan
无线电定位终端 [0302B]
Radiolocation Terminal
　S LEO 卫星通信移动系统组成

wu xian jie kou biao zhun
无线接口标准 [0301G]
Wireless Interface Standard
　F 卫星扩展标准
　　数字视频广播标准

wu xian jie ru zhan
无线接入站 [0301F]
Radio Access Facilities (RAF)
　S 移动用户目标系统卫星地面段

wu xian ju yu wang luo ding wei
无线局域网络定位 [0306A]
Wireless Local Area Network Location
　S 手机定位技术

wu li ceng
物理层 [0306A]
Physical Layer
　S 空间通信协议体系结构

wu li ceng cheng zhen
物理层成帧 [0306A]
Physical Layer Framing
　S DVB-S2 发射机功能单元组成

xi tong ji xin pian
系统级芯片 [0302C]
System-Level Chip
　F 微处理器
　　数字信号处理技术芯片
　　存储器件
　　晶体震荡频率源
　　实时时钟
　　外部接口
　　模数转换器
　　射频
　　微机电系统

xi tong jian gan rao
系统间干扰 [0306A]
Intersystem Interference
　S 卫星通信噪声

xi tong zeng yi
系统增益 [0301G]
System Gain
　C 输入功率

xia xing lian lu
下行链路 ［0301F］
Downlink
   D 遥测链路

xian jin chao shi ju zhong duan
先进超视距终端 ［0302A］
Advanced Over-the-Horizon Terminal
   S 应用终端

xian jin ji gao pin an quan yi dong kang gan rao ke kao zhan shu zhong duan
先进极高频安全移动抗干扰可靠战术终端
［0302A］
Advanced Extremely High Frequency Safe Mobile
Anti-jamming Reliable Tactical Terminal
   S 应用终端

xian shi he shu chu she bei
显示和输出设备 ［0302A］
Display and Output Devices
   S 遥感数字图像处理系统（硬件）

xian shi qi
显示器 ［0302A］
Display
   S 信号检测系统

xian dai dao hang dian wen shu ju nei rong
现代导航电文数据内容 ［0301A］
Modern Navigation Message Data Content
   F 播发地球定向参数
     GPS/GNSS 时间差异参数
     卫星时钟差分校正参数
     星历差分校正参数

xian xing pian yi zai bo
线性偏移载波 ［0301A］
Linear Offset Carrier
   C 二进制偏移载波调制

xiang gan zi shi ying fu zai bo tiao zhi
相干自适应副载波调制 ［0301G］
Coherent Adaptive Subcarrier Modulation

   C 复用调制

xiang yi jian kong
相移键控 ［0306A］
Phase Shift Keying
   S 数字调制

xiao xing shu ju zhan
小型数据站 ［0301F］
Small Data Station
   C VAST 系统

xiao xing zhu zhan
小型主站 ［0301F］
Mini Hub
   S VAST 系统

xiao zhan
小站 ［0301F］
Way Station
   S VAST 系统

jiao zhun zhan
校准站 ［0301F］
Calibration Station
   S 地面段

xie tiao shi
协调时 ［0306A］
Coordination Time
   S 时间体系

xie yi zhuan huan qi
协议转换器 ［0301G］
Protocol Converter
   Y 网关

xin dao
信道 ［0301F］
Channel
   S 数字电视广播系统

xin dao bian ma
信道编码 ［0301G］
Channel Coding

Y 前向纠错编码

xin dao bian ma
信道编码 ［0306A］
Channel Coding
 F 分组码
  卷积码
  级联码
  Turbo 码
  分组纠错码

xin dao fei xian xing shi zhen
信道非线性失真 ［0301F］
Channel Nonlinear Distortion
 S 信号损害原因

xin dao fei xian xing shi zhen
信道非线性失真 ［0306A］
Channel Nonlinear Distortion
 F 幅度非线性失真
  相位非线性失真

xin dao fu yong
信道复用 ［0301F］
Channel Multiplexing
 S 数字信道化转发器

xin dao fu yong
信道复用 ［0301G］
Channel Multiplexing
 D 子信道综合

xin dao gao si zao sheng
信道高斯噪声 ［0306A］
Channel Gaussian Noise
 S 噪声功率

xin dao jiao huan
信道交换 ［0301F］
Channel Switching
 S 数字信道化转发器

xin dao jiao huan
信道交换 ［0301F］
Channel Switching
 D 子信道交换

xin dao jie fu yong
信道解复用 ［0301G］
Channel Demultiplexing
 S 数字信道化转发器

xin dao jie fu yong
信道解复用 ［0301G］
Channel Demultiplexing
 D 子信道分离

xin dao xian xing shi zhen
信道线性失真 ［0306A］
Channel Linear Distortion
 S 信号损害原因

xin dao xian xing shi zhen
信道线性失真 ［0301F］
Channel Linear Distortion
 F 幅度频率失真
  相位频率失真

xin guan zhan
信关站 ［0301F］
Gateway Station
 D 固定地球站

xin guan zhan
信关站 ［0301F］
Gateway Station
 F 射频子系统
  CDMA 设备
  交换设备

xin guan zhan
信关站 ［0301F］
Gateway Station
 S 卫星应用系统地球站

xin hao chu li ke shi xian de zhuan fa qi

gong neng

信号处理可实现的转发器功能 ［0301F］

Signal Processing Enables Transponder Functions

  F 射频波束交换

    解调-再调制处理

    中频信道路由

    基带分组交换

    节目源的编辑处理

    多址方式变换

xin hao chu li qi

信号处理器 ［0302A］

Signal Processor

  S 激光通信技术模块

xin hao tiao zhi yu jie tiao ji shu

信号调制与解调技术 ［0306A］

Signal Modulation and Demodulation Technology

  S 卫星通信信号处理技术

xin hao duo lu fu yong yu fen lu ji shu

信号多路复用与分路技术 ［0306A］

Signal Multiplexing and Shunt Technolog

  S 卫星通信信号处理技术

xin hao fa she ji shu

信号发射技术 ［0301G］

Signal Transmission Technology

  S 激光通信技术

xin hao gan rao（gan rao xin hao pin dai

de wei zhi）

信号干扰（干扰信号频带的位置）

［0306A］

Signal Interference（Location of Interference Signal

Band）

  F 带内干扰

    带外干扰

xin hao jian ce xi tong

信号检测系统 ［0301G］

Signal Detection System

  F 放大器

    显示器

    信号采样平均器

    微型计算机

xin hao jie shou

信号接收 ［0301F］

Signal Reception

  F 功率探测接收

    外差接收

xin hao luo ji dian ping

信号逻辑电平 ［0306A］

Signal Logic Level

  S 电气特性

xin hao sun hai yuan yin

信号损害原因 ［0306A］

Cause of Signal Damage

  F 信道线性失真

    信道非线性失真

xin hao yuan

信号源 ［0301G］

Signal Source

  S 微波功率加载系统

xin su

信宿 ［0306A］

Sink

  S 数字电视广播系统

xin xi ji lu he chuan shu

信息记录和传输 ［0306A］

Information Recording and Transmission

  S 遥感系统

xin yuan

信源 ［0306A］

Information Source

  S 数字电视广播系统

xing-di lian lu chuan bo sun hao

星–地链路传播损耗 ［0301A］

Satellite-Earth Link Propagation Loss

　　F 自由空间传播损耗

　　　星–地链路附加损耗

xing-di lian lu fu jia sun hao

星–地链路附加损耗 ［0301A］

Additional Loss of Satellite-Earth Link

　　S 星–地链路传播损耗

xing-di lian lu fu jia sun hao

星-地链路附加损耗 ［0301A］

Additional Loss of Satellite-Earth Link

　　F 大气吸收损耗

　　　雨衰和云雾

　　　大气折射

　　　电离层闪烁

　　　对流层闪烁

　　　多径传播

xing ji zeng qiang xi tong

星基增强系统 ［0301A］

Satellite-Based Augmentation Systems

　　S 全球导航卫星系统增强型系统

xing ji lian lu

星际链路 ［0301A］

Interstellar Link

　　F 轨内星际链路

　　　轨间星际链路

xing ji lian lu te xing

星际链路特性 ［0301F］

Interstellar Link Characteristic

　　F 仰角

　　　方位角

　　　星间距离

xing jian ju li

星间距离 ［0301A］

Interstar Distance

　　S 星际链路特性

xing jian wei xing ye wu

星间卫星业务 ［0301A］

Intersatellite Service

　　S 卫星通信业务

xing xing tuo pu jie gou

星形拓扑结构 ［0301G］

Star Topology

　　S 卫星星座拓扑结构

xing zhuang wang

星状网 ［0301F］

Stellate Web

　　S VAST 卫星通信网的网络结构

xu dian lu fang shi

虚电路方式 ［0301F］

Virtual Circuit Mode

　　S 分组交换的形式

xuan ze xing zhong chuan

选择性重传 ［0306A］

Selective-Repeat

　　S 自动请求重传

xun hu ji

寻呼机 ［0302A］

Pager

　　S LEO 卫星通信移动系统组成

ya tai wei xing yi dong tong xin xi tong

亚太卫星移动通信系统 ［0301A］

Asia-Pacific Mobile Satellite Communication System

　　S 对地静止轨道卫星通信系统

ya zhou feng wo wei xing tong xin xi tong

亚洲蜂窝卫星通信系统 ［0301A］

Asian Cellular Satellite Communication System

　　S 静止轨道卫星移动通信系统

yang jiao

仰角 ［0306A］

Elevation

S 星际链路特性

yao kong lian lu
遥控链路 [0301G]
Remote Link
　Y 上行链路

yi xing di gui wei xing yi dong tong xin xi tong
铱星低轨卫星移动通信系统 [0301A]
Iridium
　S 全球通信卫星系统

yi xing xi tong
铱星系统 [0301A]
Iridium
　S LEO 卫星通信移动系统

yi dong che zai tong xin zhong duan
移动车载通信终端 [0302C]
Mobile Vehicle Communication Terminal
　S 通用业务终端

yi dong guang bo wei xing xi tong
移动广播卫星系统 [0301A]
MBSAT Satellite System
　S 卫星移动多媒体广播系统

yi dong shou ji shu ju
移动手机数据 [0301F]
Mobile Phone Data
　S 地理大数据

yi dong tong xin wei xing
移动通信卫星 [0301A]
Mobile Communication Satellite
　S 通信卫星（业务）

yi dong tong xin ye wu
移动通信业务 [0301F]
Mobile Communication Service
　S 卫星通信系统业务类型

yi dong wei xing ye wu
移动卫星业务 [0301A]
Mobile Satellite Service
　S 卫星通信业务

yi dong wei xing ye wu
移动卫星业务 [0301A]
Mobile Satellite Service
　F 卫星陆地移动业务
　　卫星水上移动业务
　　卫星航空移动业务

yi dong zhong duan
移动终端 [0302C]
Mobile Terminal
　S 用户段

yi dong zhong duan
移动终端 [0302A]
Mobile Terminal
　S 地面终端

yi gou xing ju yu wang hu lian
异构型局域网互联 [0301F]
Heterogeneous LAN Interconnection
　S 网络互联形式

yin te wang ye wu
因特网业务 [0306A]
Internet Service
　S 卫星通信系统业务类型

yin pin
音频 [0306A]
Audio
　S 数据表现形式

ying ji shou chi zhong duan
应急手持终端 [0302C]
Emergency Handheld Terminal
　S 通用业务终端

ying ji tong xin

应急通信 ［0301G］

Emergency Communications

S 卫星宽带通信业务

ying yong zhong duan

应用终端 ［0302C］

Application Terminal

F 单信道便携式终端

先进极高频安全移动抗干扰可靠战术终端

海军多频段终端

先进超视距终端

ying xiang GPS xin hao zhi liang de yin su

影响 GPS 信号质量的因素 ［0301A］

Factors Affecting the Quality of GPS Signal

F 噪声

失真

干扰

yong hu

用户 ［0302C］

User

S 信息系统组成

yong hu duan

用户段 ［0301F］

User Segment

F 移动终端

便携终端

yong hu jie kou

用户接口 ［0302C］

User Interface

S 通信地球站设备

yong hu jie shou she bei

用户接收设备 ［0302A］

Subscriber Receiving Equipment

Y 用户终端

yong hu jie mian

用户界面 ［0302C］

User Interface

S 专家系统结构

yong hu she bei

用户设备 ［0302A］

User Equipment

S 子午仪系统

yong hu she bei bu fen

用户设备部分 ［0302C］

User Equipment Part

S 全球导航卫星系统构成

yong hu ye wu jie ru fen xi tong

用户业务接入分系统 ［0301F］

User Service Access Subsystem

S 地球站

yong hu zhan

用户站 ［0301F］

Subscriber Station

S 卫星应用系统地球站

yong hu zhong duan

用户终端 ［0302A］

User Terminal

D 用户接收设备

you xian dian shi wang qian duan zhan

有线电视网前端站 ［0301F］

Cable Television Network Front-End Station

S 地面接收站

you xu shu ju

有序数据 ［0305A］

Ordered Data

S 属性数据分类（测量范围）

you xuan sheng jiao dian chi jing

右旋升交点赤经 ［0301A］

Right Ascension of Dextral Ascending Node

S 轨道参数

yu zhou tong xin

宇宙通信 ［0301G］

Space Communication

D 空间通信

yu zhou tong xin
宇宙通信 ［0301A］
Space Communication
　F 近空通信
　　深空通信

yu yin
语音 ［0306A］
Voice
　S VAST 卫星通信网业务

yu yin zeng zhi fu wu
语音增值服务 ［0306A］
Voice Value-Added Service
　S 卫星移动通信系统增值服务

yuan zi shi
原子时 ［0306A］
Atomic Time
　S 时间体系

yuan cheng qiao
远程桥 ［0301F］
Remote Bridge
　S 网桥

yuan cheng wang
远程网 ［0301G］
Telenet
　Y 广域网

yun shu jie kou
运输接口 ［0301G］
Transport Interface
　S 结构分系统组成

yun xing zhou qi
运行周期 ［0301A］
Operating Cycle
　C 重复周期

zai bo
载波 ［0301F］
Carrier Wave
　S 全球导航卫星系统卫星信号

zai bo tiao zhi fang shi
载波调制方式 ［0306A］
Carrier Modulation System
　F 模拟调制
　　数字调制

zhai dai gan rao
窄带干扰 ［0306A］
Narrow-Band Interference
　S 信号干扰（干扰信号带宽的大小）

zhai dai tong xin xi tong
窄带通信系统 ［0301G］
Narrow-Band Communication System
　S 对地静止轨道卫星通信系统

zhe xian
折线 ［0302A］
Broken Line
　S 点状符号图元

zhen tong bu
帧同步 ［0306A］
Frame Synchronization
　S 基带数字信号处理

zhen kong xi tong
真空系统 ［0301G］
Vacuum System
　S 微放电检测系统

zheng jiao tiao zhi
正交调制 ［0306A］
Orthogonal Modulation
　S DVB-S2 发射机功能单元组成

zheng kui pao wu mian tian xian
正馈抛物面天线 ［0301F］
Positive Feed Paraboloid Antenna

S 反射面天线

zhi bo wei xing

直播卫星 ［0301A］

Direct Broadcast Satellite

　S 对地静止轨道卫星通信系统

zhi neng wang fu wu

智能网服务 ［0306A］

Intelligent Network Service

　S 卫星移动通信系统增值服务

zhong di qiu gui dao tong xin wei xing

中地球轨道通信卫星 ［0301A］

Medium Earth Orbit Communication Satellite

　S 通信卫星（轨道）

zhong gui wei xing tong xin xi tong

中轨卫星通信系统 ［0301F］

Medium Orbit Satellite Communication System

　S 卫星通信系统（轨道）

zhong ji qi

中继器 ［0301F］

Repeater

　S 网络连接器

zhong ji xing

中继型 ［0304B］

Trunk Type

　S 卫星宽带通信（用途）

zhong pin xin dao lu you

中频信道路由 ［0301F］

Intermediate Frequency Channel Routing

　S 信号处理可实现的转发器功能

zhong su lü ji zai tong xin zhong duan

中速率机载通信终端 ［0302C］

Medium Rate Airborne Communication Terminal

　S 专用业务终端

zhong xin zhan

中心站 ［0301F］

Central Station

zhong xing xi lie tong xin wei xing

中星系列通信卫星 ［0301A］

Chinasat Series Communications Satellite

　S 对地静止轨道卫星通信系统

zhong yang zhan

中央站 ［0301F］

Central Station

　S 控制段

zhong zhuan zhan

中转站 ［0301F］

Transit Station

　S 卫星应用系统地球站

zhong duan lü bo qi

终端滤波器 ［0302C］

Terminal Filter

　S 测控接收机

zhong duan she bei

终端设备 ［0302A］

Terminal Equipment

　F 全球导航卫星系统定位型终端

　　全球导航卫星系统导航型终端

　　全球导航卫星系统测量型接收机

　　全球导航卫星系统授时型终端

　　北斗指挥型用户终端

　　北斗双模接收机

　　多系统接收机

　　GNSS/INS 组合导航设备

　　全球导航卫星系统软件无线电接收机

chong qi tian xian

重启天线 ［0301F］

Restart Antenna

　S 天线

zhu kong di qiu zhan

主控地球站 ［0301F］

Master Earth Station

S 卫星应用系统地球站

S LEO 卫星通信移动系统组成

zhu kong zhan
主控站 ［0301F］
Main Control Station
S 地面站

zhu kong zhan
主控站 ［0301F］
Main Control Station
S 地面段

zhu zhan
主站 ［0301F］
Dedicated Large Hub
S VAST 系统

zhu ru zhan
注入站 ［0301F］
Injection Station
S 地面站

zhuan yong wei xing tong xin xi tong
专用卫星通信系统 ［0301F］
Dedicated Satellite Communication System
S 卫星通信系统（用户性质）

zhuan yong ye wu zhong duan
专用业务终端 ［0302C］
Dedicated Service Terminal
S 地面系统站型

zhuan yong ye wu zhong duan
专用业务终端 ［0302A］
Dedicated Service Terminal
F 低速移动记载
船载通信终端
中速率机载通信终端

zhuan fa qi
转发器 ［0301F］
Repeater
S 通信卫星有效载荷

zhuan fa qi
转发器 ［0301F］
Repeater
F 透明转发器
星载转发器
数字信道化转发器

zhuan fa qi fei xian xing zhi biao
转发器非线性指标 ［0301A］
Transponder Nonlinear Index
S 转发器性能指标

zhuan fa qi fen xi tong zeng yi zhi biao que ding
转发器分系统增益指标确定 ［0301F］
Transponder Subsystem Gain Index Determination
S 通信载荷系统指标分解

zhuan fa qi gong lü
转发器功率 ［0301G］
Repeater Power
C EIRP 指标分解

zhuan fa qi ling min du
转发器灵敏度 ［0301F］
Transponder Sensitivity
S 转发器性能指标

zhuan fa qi shu chu duan sun hao
转发器输出端损耗 ［0301F］
Transponder Output Loss
C EIRP 指标分解

zhuan fa qi xing neng zhi biao
转发器性能指标 ［0301A］
Forwarder Performance Specifications
F 噪声系数
系统增益
增益平坦度
输入输出特性
转发器灵敏度
转发器非线性指标

zi xin dao fen li

子信道分离 ［0306A］

Subchannel Separation

　　Y 信道解复用

zi xin dao jiao huan

子信道交换 ［0301F］

Subchannel Switching

　　Y 信道交换

zi xin dao zong he

子信道综合 ［0301F］

Subchannel Synthesis

　　Y 信道复用

zi dong gen zong

自动跟踪 ［0306A］

Automatic Tracking

　　S 天线跟踪

zi dong gen zong

自动跟踪 ［0306A］

Automatic Tracking

　　F 步进跟踪

　　　圆锥扫描跟踪

　　　电子扫描跟踪

　　　单脉冲跟踪

zi dong pin lü kong zhi

自动频率控制 ［0306A］

Automatic Frequency Control

　　Y 频率锁定环路

zi dong qing qiu zhong chuan

自动请求重传 ［0301F］

Automatic Request Request

　　F 停等方式 S-W

　　　回退 n 帧方式 GBn

　　　选择性重传 SR

zi you kong jian chuan bo gong shi

自由空间传播公式 ［0306A］

Free Space Propagation Formula

　　D 福莱斯传播公式

zi you kong jian chuan bo gong shi

自由空间传播公式 ［0306A］

Free Space Propagation Formula

　　D 链路方程

zi you kong jian chuan bo sun hao

自由空间传播损耗 ［0301G］

Free Space Propagation Loss

　　C 传输距离

zi you kong jian chuan bo sun hao

自由空间传播损耗 ［0301G］

Free Space Propagation Loss

　　S 星–地链路传播损耗

zi

字 ［0305A］

Word

　　S 物理单位

zi duan

字段 ［0305A］

Field

　　F 字段名称

　　　宽度

　　　类型

　　　小数位数

zi duan

字段 ［0305A］

Field

　　Y 数据项

zi duan ming cheng

字段名称 ［0305A］

Field Name

　　S 字段

zi fu chuan

字符串 ［0305A］

String

Y 文本型

zi hao

字号 ［0305A］

Font Size

　S 注记要素

zong he ye wu shu zi guang bo

综合业务数字广播 ［0306A］

Integrated Service Digital Broadcasting

　S 数字电视传输制式

zong xian dian lan

总线电缆 ［0301G］

Bus Cables

　S 平台分系统

索　　引

范畴索引

01 地理信息科学

0101 地理信息科学基础理论
0101A 基础自然地理信息理论

0101D 土地与房产宗地信息理论

0101E 基础覆被信息理论

0101F 海洋基础地理信息理论

0102C 灾害与灾难应用

02 遥感科学

0201 遥感设施

0201A 遥感设施基本概念

0202 遥感信息处理与应用

0202A 遥感反演

0202C 遥感其他处理方式

0203 遥感基础理论与验证

0203A 地物波谱

0203B 遥感样本

0203C 遥感测控

03 通信技术

0302 通信终端

0302A 基本终端

04 导航技术

0401 无线电导航

0402 卫星导航

05 环境科学

词 族 索 引